Dill

Geschichte der lateinamerikanischen Literatur

Hans-Otto Dill

Geschichte der lateinamerikanischen Literatur im Überblick

Philipp Reclam jun.
Stuttgart

Umschlagabbildung: ■
Diego Rivera, Mosaik an der Fassade des Teatro de los Insurgentes, Mexico City 1953 (Ausschnitt)
(Foto: Archiv des Autors)

Universal-Bibliothek Nr. 9738

Gesamtherstellung: Reclam, Ditzingen. Printed in Germany 1999
RECLAM und UNIVERSAL-BIBLIOTHEK sind eingetragene Marken der Philipp Reclam jun. GmbH & Co., Stuttgart
ISBN 3-15-009738-X

Inhalt

Vorbemerkung 11
Allgemeine Auswahlbibliographie 13

I

Die Literatur der Entdeckung und Conquista
1492–1550

Orale indigene Literatur 16
Orale hispanische Literatur 18
Der Diskurs der Entdecker und Eroberer 20
Der conquistakritische Diskurs 25
Der skripturale indigen-mestizische Diskurs . . . 28
Ein Versepos außerhalb des kulturellen Kontexts:
La Araucana 32

II

Die Kolonialliteratur im 16. Jahrhundert

Orale Volksliteratur 36
Empörer-Epik und Bürgerkriegschroniken 38
Schriftliterarische Kolonialkultur 42
Die italianisierende Renaissancelyrik 48
Die epische Poesie der Renaissance 50
Das Theater im 16. Jahrhundert 57
Die Sonderentwicklung Brasiliens 60

III

Das barocke 17. Jahrhundert

Politik, Wirtschaft und geistige Kultur Hispanoamerikas 62
Die Prosa im 17. Jahrhundert 64
Das religiöse Epos 69
Die Barock-Lyrik 72
Das Theater im 17. Jahrhundert 79
Eine Dichterin von Weltrang: Sor Juana Inés de la Cruz 82
Brasilien-Barock 87

IV

Das aufklärerische 18. Jahrhundert

Aufklärungsliteratur und Sachprosa versus Barockpoesie 91
Das Theater im 18. Jahrhundert 95
Dezentralisierung der Literatur: Argentinien . . . 98
Die Polemik über die Neue Welt 98
Narrative Aufklärungsprosa 101

V

Das 19. Jahrhundert von Neoklassizismus bis Modernismo

Die Unabhängigkeitsrevolution von 1810 und der Neoklassizismus 108
Drei neue Literaturzentren: La Plata, Venezuela, Kuba 110
Brasilien zwischen Arkadiertum und *inconfidência mineira* 117
Die Romantik 120
Der Roman der Romantik 125
Das Versepos der Romantik 139
Die romantische Lyrik 144
Das Drama der Romantik 154
Der Costumbrismo 155
Literarische Kultur und literarischer Diskurs . . . 157
Der realistische Roman 159
Der Feuilletonroman 166
Das realistische Drama 167
Der naturalistische Roman 168
Das naturalistische Theater 176
Gaucho-Literatur 178
Indianismus zwischen Romantik und Naturalismus 182
Der Modernismo 184
Parnassiertum als brasilianische Variante des Modernismo 201

VI

Epischer Realismus versus lyrische Avantgarde: Die kontinental bedeutsamen Strömungen von der mexikanischen Revolution bis zum Zweiten Weltkrieg

Antiimperialismus, Kreolismus und Postmodernismus 204
Der Roman von der mexikanischen Revolution bis zum Zweiten Weltkrieg 218
Die Avantgardedichtung 248
Brasilianischer Modernismus als Avantgardismus 280
Die avantgardistische Erzählprosa 285
Theater zwischen Engagement, Amüsement und Avantgarde 293
Die Synthese zwischen Avantgardismus und Realitätsengagement 301

VII

Gesamtlateinamerikanische Strömungen der zweiten Hälfte des 20. Jahrhunderts: Von der Verinnerlichung über den magischen Realismus zum Neuen Roman

Das Finale des mexikanischen Revolutionsromans 307
Die neue Innerlichkeit von magischem Realismus, Neoindigenismus, Dorf- und Stadtroman . . . 310
Der Boom des Neuen hispanoamerikanischen Romans 1960–1980 321
Der Postboom der 70er und 80er Jahre 339

VIII
Ein halbes Jahrhundert Nationalliteraturen zwischen Südkegel und Karibik

Die Südkegel-Literatur zwischen Demokratie und Diktatur 351
Argentinien 352 Uruguay 362 Chile 369
Paraguay 380

Die Andenregion zwischen Neoindigenismus und Postmoderne 381
Bolivien 382 Peru 386 Ecuador 393

Die südkaribischen Länder 397
Kolumbien 397 Venezuela 404

Mexiko 409

Mittelamerika: kleine Länder mit großen Literaturen 425
Nicaragua 426 Guatemala 431 Costa Rica 434
El Salvador 437 Panama 440 Honduras 442

Die Karibik zwischen Afroliteratur und Postmoderne 444
Puerto Rico 445 Dominikanische Republik 449
Kuba 453

Brasilien, ein Land mit eigenem Boom und eigenem Neuen Roman 475

Statt eines Ausblicks 495

Verzeichnis der Abkürzungen 496

Namenregister 497

Vorbemerkung

Die lateinamerikanische Literatur unterscheidet sich von der europäischen durch eine Reihe von Besonderheiten, die auch Gliederung und Darstellungsweise nachfolgender Literaturgeschichte bedingen.

Iberoamerika ist ein polyethnischer, multikultureller, multinationaler und mehrsprachiger Subkontinent. Das Neben-, Gegen- und Ineinander indianischer, afroamerikanischer, euroiberischer Ethnien, Kulturen und Idiome (Spanisch, Portugiesisch, Ketschua, Nahua; afrikanische Sprachen hatten nur phonetischen und lexikalischen Einfluß) ist Resultat eines Prozesses, der mit der Siedelung von Iberern und Afrikanern in dem indianischen Subkontinent einsetzte. Präkolumbische (ibero-europäische, altamerikanische, altafrikanische) Literaturen sind ihre Vorgeschichte, nicht ihre Bestandteile. Vorkolumbische indianische Literatur hat hier so wenig zu suchen wie portugiesische oder kongolesische. Das europäische Element herrscht infolge kolonialen Charakters der Wirtschaft, Politik und Literatur vor: im klassischen Kolonialismus waren es Spanien und Portugal, zur Zeit der Vorherrschaft der Industriemetropolen über die peripheren Entwicklungsländer England, Frankreich und die USA.

Lateinamerikanische Literatur, besonders die nichtiberische, ist vielfach oral (Stichwort Analphabetismus). Die Wechselbeziehungen Mündlichkeit – Schriftlichkeit sind literarisch relevante Sachverhalte. Der literarische Diskurs trennte sich von nichtliterarischen (historiographischen, politischen, journalistischen) Diskursen später und anders als in Westeuropa, weshalb unter Literatur oft anderes begriffen wird als in Europa. Literaturgeschichte ist auch

Geschichte dieses anderen Literaturbegriffs. Dieser schloß lange Zeit Historiographie und Essay ein. Wir nehmen erstere auf, soweit sie narrative Struktur hat und literarische Bedürfnisse mitbedient, letzteren, sofern er kulturhistorische oder poetologische Reflexion ist.

»Lateinamerika« meint keine Nation im europäischen Sinne, sondern einen Subkontinent ehemals spanischer und portugiesischer Kolonien. Zwei (später vier) hispanoamerikanische Vizekönigreiche und Brasilien bildeten die literarischen Hauptkommunikationssysteme der Kolonie. Nach der Unabhängigkeit zerfielen sie politisch wie literarisch in regional-nationale Einheiten, aus denen sich bis zum 20. Jahrhundert zwanzig Nationalliteraturen entwickelten. Dabei bauten sich zeitweilig, manchmal nur genreweise (Roman), gesamtlateinamerikanische Literatursysteme auf. Nachfolgende Literaturgeschichte ist daher auch die Geschichte lateinamerikanischer Literaturgeographie.

Allgemeine Auswahlbibliographie

Ainsa, Fernando: Identidad cultural de Iberoamérica en su narrativa, Madrid 1986; Alegría, Fernando: Nueva Historia de la novela hispanoamericana, Hanover 1986; Anderson Imbert, Enrique: Historia de la literatura hispanoamericana, Mexiko [5]1961; Bellini, Giuseppe: Historia de la literatura hispanoamericana, Madrid 1985; Berg, Walter Bruno: Lateinamerika. Literatur, Geschichte, Kultur. Eine Einführung, Darmstadt 1995; Carter, Boyd G.: Historia de la literatura hispanoamericana a través de sus revistas, Mexiko 1968; Cometta Manzoni, Aida: El Indio en la novela de América, Buenos Aires 1960; Dill, Hans-Otto: Sieben Aufsätze zur lateinamerikanischen Literatur, Berlin/Weimar 1975; Dill, Hans-Otto / Gründler, Carola / Gunia, Inke / Meyer-Minnemann, Klaus (Hrsg.): Apropiaciones de realidad en la novela hispanoamericana de los siglo XIX y XX, Frankfurt a. M. 1994; Fernández Moreno, César (Hrsg.): América Latina en su literatura, Mexiko/Paris [12]1990; Fernández, Teodosio: La poesía hispanoamericana (hasta final del Modernismo), Madrid 1989; Ferro, Helen: Historia de la poesía hispanoamericana, New York 1964; Franco, Jean: Historia de la literatura hispanoamericana a partir de la independencia, 8., überarb. Aufl., Barcelona 1990; Gálvez, Marina: La novela hispanoamericana del siglo XX, Madrid 1984; García Canclini, Néstor: Las culturas populares en el capitalismo, Havanna 1981; Goic, Cedomil: Historia y crítica de la literatura hispanoamericana, 3 Bde., Barcelona 1988; Grossmann, Rudolf: Geschichte und Probleme der lateinamerikanischen Literatur, München 1969; Henríquez Ureña, Pedro: Las corrientes literarias en la América hispana, Mexiko / Buenos Aires [3]1964; Lazo, Raimundo: Historia de la literatura hispanoamericana. Desde sus orígenes hasta 1966, Havanna 1968; Links, Christoph (Hrsg.): Lateinamerikanische Literaturen im 20. Jahrhundert, Berlin/Bern 1992; Mead, Robert G. jr.: Breve historia del ensayo hispanoamericano, Mexiko 1956; Pizarro, Ana (Hrsg.): La literatura latinoamericana como proceso, Buenos Aires 1985; Pollmann, Leo: Geschichte des lateinamerikanischen Romans, 2 Bde., Berlin 1982–84; Reichardt, Dieter (Hrsg.): Autorenlexikon Lateinamerika, Frankfurt a. M. 1992; Rössner, Michael (Hrsg.): Lateinamerikanische Literaturgeschichte, Stuttgart/Weimar 1995; Roloff, Volker / Wentzlaff-Eggebert, Harald (Hrsg.): Der hispanoamerikanische Roman, 2 Bde., Darmstadt 1992; Ross, Waldo: Nuestro imaginario cultural – Simbólica literaria hispanoamericana, Barcelona 1992; Ross, Waldo: Problemática de la literatura hispanoamericana, Berlin 1976 (Biblioteca ibero-americana); Sáinz de Medrano, Luis: Historia de la literatura hispanoamericana (Desde el Modernismo), Madrid 1989; Sánchez, Luis Alberto: Nueva historia de la literatura americana desde sus orígenes hasta nuestro tiempo, Buenos Aires 1944; Sánchez, Luis Alberto: Escritores representativos de América, 3 Bde., Madrid 1967; Sánchez, Luis Alberto: Proceso y contenido de la novela hispanoamericana, Madrid 1953; Shimose, Pedro: Diccionario de autores iberoamericanos, Madrid 1982; Siebenmann, Gustav: Die lateinamerikanische Lyrik 1892–1992, Berlin 1993; Strosetzki, Christoph: Kleine Geschichte der lateinamerikanischen Literatur im 20. Jahrhundert, München 1994; Terterjan, Inna (Hrsg.): Chudožestennoe svojeobrazie literatur Latinskoj Ameriki (russ.), Moskau 1976; Torres-Ríoseco, Arturo: Nueva historia de la gran literatura iberoamericana, Buenos Aires 1960; Zemskov, Valerij (Hrsg.): Istorija literatur Latinskoj Ameriki. Ot drevnejšich vremen do načala vojny za nezavisimost' (russ.), Moskau 1985; Zum Felde, Alberto: Indice crítico de la literatura hispanoamericana, 2 Bde., Mexiko 1954–59.

I

Die Literatur der Entdeckung und Conquista 1492–1550

Die Geschichte Lateinamerikas beginnt mit der Entdeckung 1492 und nachfolgender Conquista und Christianisierung der Indios und Besiedlung durch Spanier und Portugiesen. Insofern diese Ereignisse von schriftstellernden Entdekkern und Conquistadoren literarisch festgehalten wurden, scheint die Literaturgeschichte anfangs mit der Realgeschichte, beginnend mit der Entdeckung durch Kolumbus, und der Realgeschichtsschreibung des Kontinents, angefangen mit dem *Bordbuch* des Europäers Kolumbus, identisch. Doch wäre dies eine eurozentristische, zudem Literatur auf Schriftliteratur begrenzende Sicht. Im Schriftdiskurs der Entdeckung und Eroberung wird europäischen Lesern Amerika von europäischen Autoren aus europäischer Sicht beschrieben. Doch gleichzeitig existiert ein oraler Diskurs, der genuin lateinamerikanisch ist, insofern er zwischen amerikanischen Autoren und amerikanischen Adressaten stattfindet und Lateinamerika nicht schlechthin thematisiert, sondern aus lateinamerikanischer Perspektive darstellt. Er hat zudem im Unterschied zur Sachprosa der Chroniken poetischen Anspruch.

Orale indigene Literatur

Als iberische Eindringlinge zur Zeit der Renaissance die Neue Welt beschrieben (»beschreiben« verweist auf das Gutenbergzeitalter), existierten dort orale indianischsprachige Stammesliteraturen, die kollektive praktische sowie künstlerische Funktionen wahrnahmen und halbkünstlerische Vorformen von Epos, Drama, Lyrik waren. Mythen waren als kollektives Gedächtnis, Kosmogonien und Stammesgeschichten vor-epische Narrationen. Rituale als animistisch-religiöse Initiations-, Jagd- oder Fruchtbarkeitszauber in gestisch-verbaler, musikbegleiteter Darstellung waren Vorform von Theater, Zaubersprüche und Arbeitslieder Vorstufen von Lyrik. Allem wohnte neben dem praktischen ein künstlerischer, sich in sprachlicher Gestaltungslust äußernder Selbstzweck inne. Die Mythen, Rituale, Lieder – verbale Diskurse, synkretisch verbunden mit nicht-verbalen (gesanglich-instrumentalen, darstellenden, tänzerisch-gestischen, optisch-visuellen, chemosomatischen) Codes – überlebten die Conquista infolge ihrer immateriellen oralen Existenz und Speicherung im kollektiven Gedächtnis, aber auch als Ausdruck kultureller Selbstbehauptung und Identität unter der Fremdherrschaft.

Die Postconquista-Mythen dienten historiographischer Speicherung und emotionaler Bewältigung der Kolonisierung. Der Ketschua-Mythos vom *Inkarri* = Inka-rey = Inkakönig, Fusion der Inka Atahualpa und Tupac Amaru, die beide vom *Españarrí* (España-rey = Spanierkönig = Pizarro) hingerichtet wurden, stellt die Täter-Opfer-Beziehung zwischen Spaniern und Indios heraus und prophezeit die Vereinigung des in Cajamarca vergrabenen Rumpfes des Inka Atahualpa mit dem in Cuzco bestatteten Kopf des Inka Tupac Amaru als Symbol der Auferstehung des Inkareiches. Die *Wauri*-Lyrik der Ketschua und aztekische Poesie thematisieren elegisch-tragisch die Conquista. Die *cantares de la Conquista*, verfaßt von überlebenden Nahua-Poeten (*cuicapicques*) sind durch lakonische Deskription vandalischer Kulturzerstörung beeindruckende Klagen der Opfer:

En los caminos yacen dardos rotos,
los cabellos están esparcidos.
Destechadas están las casas,
enrojecidos tienen sus muros.

Gusanos pueblan por calles y plazas,
y en las paredes están salpicados los sesos.
Rojas están las aguas, están como teñidas,
y cuando las bebimos,
es como si bebiéramos aguas de salitre.

Visión de los vencidos, span. Übers. hrsg. von Miguel León-Portilla, Havanna: Casa de las Américas, 1972, S. XXII f.

Auf den Wegen liegen zerbrochene Dolche,
die Haare sind zerwühlt.
Dachlos stehen die Häuser,
gerötet sind ihre Mauern.

Gewürm wimmelt in Straßen und Plätzen,
und hirnbespritzt sind die Wände.
Rot sind die Wasser, wie eingefärbt,
und wenn wir sie trinken,
Ist's als tränken wir Salpeterwasser.

Ein Ketschua-Gebet, aufgezeichnet vom Chronisten Cristóbal de Molina el Cuzqueño (um 1572), lautet:

Viracochan apocochan ticsi viracochan hualpay huana viracochan tocapo acnupo viracochan. Runa yachachuchum huarmay acha chuchun mirachun llacta. Pacha casilla quispilla cachun. Camascayqui tahua caycha yatali imay Pachacamac haycay Pachacamac.

O Viraqocha, der Wunder vollbringt
und nie gesehene Dinge!

Barmherziger Viraqocha, groß ohne Maß!
Mach, daß das Volk sich vermehrt
und daß es Kinder gibt,
daß ohne Gefahr seien Felder und Dörfer!
Denen das Sein du gabst,
behüte sie und halt sie an deiner Hand,
über die Zeitalter, ohne Ende!

Ketschua-Lyrik, aus dem Span. nachgedichtet von Juliane Bambula-Diaz, hrsg. von Mario Razzeto, Leipzig: Reclam, [3]1991, S. 33.

Das guatemaltekische Ritualdrama *Rabinal Achi,* einst alljährlich von allen Mitgliedern des Quiché-Stammes aufgeführt als Beschwörung ihrer erkämpften Selbstbehauptung gegenüber einem Nachbarstamm, erhielt sich oral als Symbol indigener Identität, bis im 19. Jh. die indianische Fassung von Philologen in lateinischer Transkription verschriftet wurde. Charakteristisch der funktionale Synkretismus von Religion und Poesie, Ritual und Theater.

Verharrt der eurohispanische Diskurs lange in okzidentaler Denk- und Literaturtradition, drückt der indigene Diskurs bald linguistische und literarische Bikulturalität (Mestizierung) aus.

Orale hispanische Literatur

Die oralen achtzeiligen spanischen Reconquista-Romanzen vom Kampf des Cid und Karls des Großen gegen die Sarazenen wurden an die Conquista angepaßt, die als Krieg gegen Andersrassige und -gläubige nur als die Fortsetzung der Reconquista erschien. Analphabetische Soldaten wie gebildete Caudillos (im spätmittelalterlichen Spanien unterschieden sich Volks- und Kunstpoesie wenig) sangen diese Romanzen ihren Mitkämpfern vor. Sänger-Autoren wie Zuhörer-Adressaten waren erste weiße Amerikaner »auf Zeit«. Cortés sang beim Gemetzel von Cholula folgende Romanze:

Mira Nero de Tarpeya
A Roma como se ardía;
Gritos dan niños y viejos,
Y él de nada se dolía.

Vom Fels Tarpejens sah in Ruh
Dem Brande Roms einst Nero zu.
Zwar hört er Greis' und Kinder schrein;
Hart aber blieb sein Herz wie Stein.

In: Bartolomé de Las Casas: Kurzgefaßter Bericht von der Verwüstung der Westindischen Länder, hrsg. von Hans Magnus Enzensberger, übers. von D.W. Andreä, Frankfurt a. M.: Insel, 1981, S. 42 f.

Hispanische wie indianische Oralliteratur thematisieren dasselbe zeitgenössische Geschehen der Conquista, unterscheiden sich jedoch politisch, ethnokulturell und literarisch: in der Perspektive (Klage aus indigener Opferperspektive = *visión de los vencidos* vs. hispanische Täterperspektive = Triumph und Apologie), in den Traditionen und Genres (Romanze vs. *wauri*) sowie den Raum-, Zeit- und Kausalstrukturen (indigen-magisch-zyklische vs. okzidental-rational-evolutionäre).

Autoren wie Publikum waren Teil der amerikanischen Realität, auf die sich die beiden Oralliteraturen bezogen, sie bildeten die ersten – getrennten – literarischen Kommunikationssysteme der Neuen Welt. Mit der oralen, nicht mit der oft als einzig literaturgeschichtsschreibungswürdiger Literatur angesehenen Schriftliteratur beginnt die lateinamerikanische Literatur. Kolumbus' *Bordbuch* ist so wenig ihre Geburtsurkunde wie Tacitus' *Germania* die der deutschen.

Der Diskurs der Entdecker und Eroberer

Neben analphabetischen Seeleuten und Soldaten gab es Schreib- und Lesekundige, die ihre Erlebnisse lesekundigen Adressaten beschrieben – die es nicht in dem neuen Kontinent, aber in Spanien gab, mit denen sie mittels dort gedruckter Bücher kommunizierten. Gegenüber lateinamerikanischer oraler Literatur konstituierte die Schriftliteratur ein transatlantisches Altwelt-Neuwelt-Kommunikationssystem. Dies bestand aus zeitweilig, später lebenslang in Amerika weilenden protolateinamerikanischen Autoren, aus einer europäischen Leserschaft und einem europäischen Distributionsapparat.

Literarische Adaptation an die Neue Welt zeigt sich in partieller und progressiver Aneignung lateinamerikanischer (kreolischer) Perspektive bei der Lateinamerikadarstellung. Die Autoren, autodidaktisch gebildete Militärs, Seefahrer, Priester, schrieben ihre Berichte aus rein praktischen, unliterarischen Schreibmotivationen heraus, sie wollten über die Neue Welt informieren, sich ihrer Taten bei der Unterwerfung und Missionierung der Indios rühmen, den Genozid an den Ureinwohnern ideologisierend-missionarisch rechtfertigen oder christlich-humanistisch denunzieren. Dieser historiographisch-ethnographische, geographische, landeskundliche und politisch-moralische Diskurs ist weder objektiv-wissenschaftlich noch aus genuin lateinamerikanischer Optik geschrieben. Er sieht in subjektiver abendländischer Perspektive im Anderen (dem Indio) nicht das Anderssein, sondern die Negation eigener Werte: als Heiden, Unzivilisierten, Kannibalen. Das persönliche Interesse der Autoren als Kolonisatoren an Ländereien, Geld und Ruhm schloß die Verleumdung der Indianer wegen Perfidie, Kannibalismus und Heidentum zwecks Rechtfertigung des Ethnozids als gerechter Strafe ein.

Künstlerische Momente sind die spürbare Subjektivität, das Beschreiben (der Küsten- und Insellandschaft, der Fauna, Flora und Indios) in den Entdeckungschroniken und das Erzählen (der Kriegszüge, Schlachten) in den Conquista-Chroniken. Nach damaligem Literaturbegriff waren Geschichtsschreibung und Geographie keine wissenschaftlichen Diskurse, sondern subjektive, deskriptive, narrativ-anekdotische Chronik und Reisebeschreibung, Kunstprosa. An das Lektüre-Vorwissen aus Werken der Antike und Reiseberichten über Asien (wohin man ja per westlichem Seeweg gelangen wollte) wurde die amerikanische Realität phantastisch-literarisch angepaßt. Kolumbus sieht mit Marco Polo die Neue Welt, erblickt als Argonaut der antiken Mythologie Sirenen und Amazonen und will am Orinoco den Eingang zum irdischen Paradies gefunden haben. Andere entdecken in Amerika die Monster und Fabelwesen der Reiseberichte aus dem Orient. Alttestamentliche Motive (Sintflut, Turm von Babel, die Indios als siebenter Stamm Israel, das Paradiesisch-Utopische wegen der Nacktheit der Einwohner und Üppigkeit der Natur) werden zu typischen Neue-Welt-Topoi. Díaz del Castillo assoziiert die Conquista mit dem *Amadis*-Ritterroman.

Diese Bezüge verleihen den Chroniken Intertextualität und Literarizität. Die Konflikte zwischen zwei Völkern und Feldherren sind episch. Dramatik und Spannung, genuin literarische Phänomene, werden durch Gefahren (Bestien, Erdbeben, Indios) erzeugt. Wie im Ritterroman wird auf die Wunder dieser Realität hingeschrieben, um die Leser zu verblüffen: Amerika als Kontinent des Ungewöhnlichen, Maßlosen, »Real-Wunderbaren« mit Indios als Paradiesbewohnern oder Monstern, wobei die Ausdruckskraft des Spanischen/Portugiesischen durch indianische Lehnwörter und Neologismen gesteigert wird.

Zugleich betonen die Buchtitel die »Wahrheit« und Objektivität der Darstellung, vor allem die Augenzeugenschaft (*testimonio*): Díaz del Castillo erklärt in der *Historia verdadera de la Conquista de la Nueva España* (Hervorh. vom Verf.) gegen López de Gómara, der nie in Amerika war, aber eine *Historia general de las Indias* schrieb, der Chronist dürfe nur das von ihm Erlebte oder Gesehene, *lo visto y lo vivido,* als *buen testigo de vista* berichten. Die Entdecker- und Conquista-Chronik begründet das zwischen Kunst- und Sachprosa stehende lateinamerikanische Genre des *testimonio* (Dokumentarfiktion).

Christoph Kolumbus (Cristóbal Colón, 1451–1506) aus Genua suchte, beeinflußt von Kopernikus, Toscanelli, Marco Polo, Pierre d'Ailly (*Imago Mundi*), den westlichen Seeweg nach Indien. April 1492 Vertrag mit Isabella von Kastilien über Ausrüstung dreier Schiffe und Ernennung zum Großadmiral und Vizekönig. Entdeckte am 12. Oktober Guanahí. Sein als Nichtmuttersprachler geschriebenes Bordbuch, Geburtsurkunde des apologetischen Diskurses der Conquista, schildert Überfahrt, Entdeckung, Begegnungen mit Indios und Landschaften, vermischt mit Lektürewissen über Antike und Asien. Verwendet häufig den Topos des *locus amoenus* (Vogelgesang, Bach, Wiesengrün) für die Antillenlandschaft. Perspektivwechsel bei Auffinden von Gold: Die Natur wird vom ästhetischen zum kommerziellen Objekt, der Indio vom Paradiesbewohner zum Kannibalen und Sklaven. Kolumbus' eurozentristische Perspektive hindert ihn, das Anderssein der Indios wahrzunehmen:

> [...] les di a algunos de ellos unos bonetes colorados y unas cuentas de vidrio que se ponían al pescuezo, y otras cosas muchas de poco valor, con que tuvieron mucho placer y quedaron tanto nuestros que era maravillas. Los cuales depués venían a las barcas de los navíos a donde nos estábamos, nadando. Y nos traían papagayos, y hilo de algodón en ovillos azaguayas y otras cosas muchas, y nos las trocaban por otras cosas que les dábamos, como cuentecillas de vidrio y cascabeles. En fin, todo tomaban y daban de aquello que tenían de buena volun-

tad. Mas me pareció que era gente muy pobre de todo. Ellos andan todos desnudos como su madre los parió [...].

Diario del primer viaje de Colón, hrsg. von Gregorio Marañón, Barcelona: Nauta, 1965, S. 34.

[...] gab ich einigen von ihnen ein paar bunte Mützen und etliche Glaskugeln, die sie sich um den Hals hängten, und allerhand andere Dinge von geringem Wert, an denen sie großes Vergnügen fanden, und sie waren uns derart zugetan, daß es ein Wunder war. Hernach kamen sie zu den Booten geschwommen, in denen wir saßen, und brachten uns Papageien und Knäuel mit Baumwollfäden, Wurfspieße und viele andere Dinge und tauschten sie gegen Dinge ein, die wir ihnen gaben, zum Beispiel Glaskügelchen und Glöckchen. Kurz gesagt, sie nahmen alles und gaben sehr bereitwillig von dem, was sie hatten. Aber mir schien, als seien die Leute sehr arm an allem. Sie gehen allesamt nackt herum, wie sie ihre Mutter zur Welt gebracht hat [...].

Schiffstagebuch, übers. von Roland Erb, Leipzig: Reclam, 1986, S. 23.

Hernán Cortés (1485–1547), Eroberer Mexikos (Neuspaniens). Jurist, 1504–11 Beamter auf La Española und Kuba, machte 1519 aus einer Erkundungsexpedition nach Mexiko einen Eroberungszug. Zerstörte Tenochtitlán, ließ Cuauhtémoc 1521 hinrichten. Generalkapitän Neuspaniens. Von Machiavelli beeinflußter Renaissance-Politiker, wollte die Habsburger Universalmonarchie schaffen. *Relaciones* und *Cartas* 1520, 1522, 1524 und 1526 an den Kaiser. Im ersten Brief anschauliche Beschreibung des Indiomarkts von Tenochtitlán mit Bewunderung für die Azteken-Stadt, die im zweiten bloßes Militärobjekt wird. Rationalistisch-präzise Diktion ohne Phantastik.

Bernal Díaz del Castillo (1492–1580?), Offizier und Cortés-Vertrauter, Encomienda-Besitzer in Guatemala, Hauptvertreter des romanesk-dokumentarischen Kriegsberichts mit *Historia verdadera de la conquista de la Nueva España* (post. 1632, Wahrhaftige Geschichte der Entdekkung und Eroberung von Mexiko), griff als Achtzigjähriger zur Feder, um apologetische Berichte über Cortés' Rolle durch dessen Sekretär López de Gómara richtigzustellen. Autodidakt. Unbewußte Literarisierung durch stilistisches Gespür, Sinn für Dramatik, anschauliche Beschreibung, packendes Erzählen. Romanhafte Chronik in Umgangssprache einfacher Conquistadoren im Gegensatz zur gelehrt-schriftsprachlichen Rhetorik der Renaissance. Erzählt (testimoniale) Realgeschichte der Eroberung Mexikos wie einen Ritterroman, vermischt Dokument und Fiktion, Real-Historiographisches und Wunderbar-Phantastisches (*encanto*). Postuliert als Protagonist der Conquista *lo visto y lo vivido*, sagt jedoch von Tenochtitlán: »decíamos que parecía a las cosas de encantamiento que cuentan en el libro de Amadis«. Beste narrative Schilderung der Conquista!

> [...] este Tezcatepuca era el dios de los infiernos [...] y tenía ceñidas al cuerpo unas figuras como diablillos chicos, y las colas de ellos como sierpes [...]; y allí le tenían presentado cinco corazones de aquel día sacrificados; y en lo más alto de todo el cu, estaba otra concavidad muy ricamente labrada la madera de ella, y estaba otro bulto como de medio hombre y medio lagarto, todo lleno de piedras ricas [...].
>
> Historia verdadera de la conquista de la Nueva España, Madrid: Espasa-Calpe, [8]1989 (Colección austral), S. 193 f.

> Auf dem anderen Postament stand der Gott der Hölle. [...] Um seinen Leib wand sich ein Kreis von Figuren, die wie Teufel aussahen und lange nackte Schwänze hatten. [...] Dem Ungeheuer waren an diesem Tag schon fünf Menschenherzen geopfert worden. Auf der höchsten Spitze des Opfertempels stand wieder ein kapellenartiger Bau aus Holz, der ganz besonders schön und kostbar war. Er war der Fruchtbarkeitsgöttin gewidmet. Auch sie saß erhaben da. Halb Mensch, halb Eidechse. [...]
>
> Wahrhaftige Geschichte der Entdeckung und Eroberung von Mexiko, übers. von Georg A. Narziß, Frankfurt a. M.: Insel, 1988, S. 219.

Fray Gaspar de Carvajal (1504–48), gebildeter Dominikaner, Begleiter Orellanas' bei Erkundung des Amazonas. In seiner *Relación del nuevo descubrimiento del famoso río Grande de las Amazonas* (publ. 1894, Bericht über die jüngste Entdeckung des berühmten Rio Grande de las Amazonas) ist der Autor nicht Protagonist, sondern Zeuge, mischt Dokument (Beschreibung der Kämpfe mit Indios, deren Bräuche und Denkweisen er ohne Sinn für Alterität aus eurozentristischer Perspektive interpretiert) und Phantastik in von antiker Vor-Lektüre eingegebenen Begegnungen mit kriegerischen Frauen (daher *Amazonas*!) in der Nähe von Goldschätzen. Begründete Eldorado-Mythos.

Gerónimo de Vívar (1524–60?) erzählt in *Crónica y relación copiosa y verdadera de los reinos de Chile* (1558, Chronik und ausführlicher und wahrhaftiger Bericht von den Chile-Reichen) als Akteur, gestützt auf Mitaugenzeugen, den Eroberungszug Valdivias, dessen Tod beim Araukaneraufstand, das Eintreffen von Hurtado de Mendoza und die Niedermetzelung der Indios.

Der conquistakritische Diskurs

Gegen diese Apologie tritt der subversive conquistakritische Diskurs auf, begründet von **Bartolomé de Las Casas** (1474–1566), Begleiter des Kolumbus, Dominikaner, 1502 in Santo Domingo, 1511 in Kuba, erkannte Unrecht der Conquista, verzichtete auf Güter und Sklaven, erreichte durch Proteste beim König in 14 Spanienreisen die *Nuevas Leyes de las Indias* (Verbot der Encomienda, Mindestlohn). 1547 Bischof von Chiapas. Mit der *Brevísima Relación de la destrucción de las Indias Occidentales* (1552, Kurzer Bericht von der Zerstörung der Westindischen Länder), für Karl V. bestimmte, durch Buchdruck verbreitete Dokumentation des Ethnozids in der Karibik, ist er Urheber der *Schwarzen Legende*. Antieurozentrist mit teils amerikanischer Perspektive. Erkannte als erster den Eigenwert der Indiokulturen. Für Selbstbestimmungsrecht der Völker. Sprachgewaltiger Polemiker und Beschreiber.

> [...] y sólo porque huía de gente tan inicua y cruel [...] lo hubieron vivo de quemar.
> Atado al palo decíale un religioso [...] lo que podía bastar aquel poquillo tiempo que los verdugos le daban, y que si quería creer aquello que le decía que iría al cielo. [...] Él, pensando un poco, preguntó al religioso si iban los cristianos al cielo, el religioso le respondió que sí, pero que iban los que eran buenos. Dijo luego el cacique sin más pensar, que no quería él ir allá sino al infierno, por no estar donde estuviesen, y por no ver tan cruel gente.

El P. de Las Casas / Vergas Machuca: La destrucción de las Indias. Respuesta a Las Casas, Paris / Buenos Aires: Michaud, 1913, S. 39.

> Weil er [Hatuey] vor diesen grausamen und ruchlosen Menschen floh [...], so beschlossen sie, ihn lebendig zu verbrennen. [...]
> Der Geistliche suchte sich die wenige Zeit, welche ihm die Henkersknechte verstatteten, so gut als möglich zu nutzen, und versicherte ihm endlich, wenn er dasjenige, was er da sage, glauben wolle, so werde er in den Himmel kommen. [...] Der Cacique [...] fragte sodann den Geistlichen, ob denn auch Christen in den Himmel kommen. Allerdings, sagte der Geistliche, kommen alle guten Christen hinein! Sogleich, und ohne weiteres Bedenken, erwiderte der Cacique, dort wolle er nicht hin, sondern lieber in die Hölle, damit er nur dergleichen grausame Leute nicht mehr sehen, noch da sich aufhalten würde, wo sie zugegen wären.

Kurzgefaßter Bericht von der Verwüstung der Westindischen Länder, hrsg. von Hans Magnus Enzensberger, übers. von D. W. Andreä, Frankfurt a. M.: Insel, 1981, S. 26 f.

Weniger polemisch ist die conquistakritische Perspektive von **Alvar Núñez Cabeza de Vaca** (1490?–1564?), Teilnehmer der Florida-Expedition von Pánfilo de Narváez, Gouverneur von Paraguay, nach Amtsenthebung Rückkehr nach Sevilla. Beschreibt in *Naufragios* (1542, Schiffbrüche) den Untergang der Narváez-Expedition durch Naturgewalten und Indios. Statt Chimären Tatsachenbericht, statt exotisch-paradiesischem *locus amoenus* feindliche Natur. Statt historiographischer Kriegschronik autobiographischer Bericht über seine abenteuerliche, neun Jahre währende Flucht durch die Wildnis zum Pazifik. Der Titel verweist auf den Unterschied zum offiziellen Chronistentriumphalismus: statt Siegeseuphorie Schilderung von Niederlage und Flucht. Der Autor dekonstruiert den Mythos vom heroischen Conquistador durch Rollentausch (er ist nackt und kannibalisch wie die Indios). Statt Ideologie Psychologie: die Motivationen der Spanier sind unheroisch (Hunger und Mangel). Statt klischeehafter »Wilder« in Maßen hilfreiche Indios. Das Buch, Vorläufer späterer Flucht-in-die-Wildnis-Abenteuerromane, fokussiert auf den Protagonisten als Individuum. In der homodiegetischen Identität Autor-Protagonist-Zeuge-Ich-Erzähler hebt sich bereits der Erzähler heraus. Die *escritura* ist so wichtig wie der Inhalt, die *relación* (*récit*) so wichtig wie die berichtete *histoire*. Literarische Topoi (Prophezeiung, antikes Fatum) und Rekurse (Spannung) werden bewußt eingesetzt. Die rein chronologische oder evenementielle Struktur wird durch eine literarische (Exposition – Entwicklung – Klimax – Lösung) ersetzt. Die Einfügung indigener Sagen (vom Männlein *Mala Cosa*) erzeugt einen ersten Synkretismus von indigener und Europhantastik.

Partidos estos cuatro cristianos, de ahí a pocos días sucedió tal tiempo de frío y tempestades que los indios no podían arrancar las raíces, y de los cañales en que pescaban ya no había provecho ninguno y como las casas eran tan desabrigadas, comenzóse a morir la gente; y cinco cristianos que estaban en rancho en la costa llegaron a tal extremo, que se comieron los unos a los otros, hasta que quedó uno solo, que por ser solo no hubo quien lo comiese. Los nombres de ellos son estos: Sierra, Diego López, Corral, Palacios, Gonzalo Ruiz. De este caso se alteraron tanto los indios, y hubo entre ellos tan gran escándalo, que sin duda si al principio ellos lo vieran, los mataran, y todos nos viéramos en grande trabajo.

Naufragios y comentarios, hrsg. von Dionisio Ridruejo, Madrid: Taurus, 1969, S. 59.

Als diese vier Spanier abgereist waren, wurde das Wetter so kalt und stürmisch, daß die Indianer keine Wurzeln ausreißen konnten. Sie fanden nichts mehr in den Kanälen, in denen sie gewöhnlich fischten, und da die Hütten gegen die Kälte nur schlecht geschützt waren, starben unsere Leute einer nach dem andern. Fünf Christen, die in der Nähe des Meeres wohnten, aßen einander vor Hunger auf. Einer nur überlebte die andern, da niemand da war, auch ihn zu verschlingen. Ihre Namen waren: Sierra; Diego López; Corral; Palacios; Gonzalo Ruiz. Die Indianer nahmen an diesem Vorfall ein solches Ärgernis, daß sie unsere Landsleute gewiß getötet haben würden, hätten sie es früher gemerkt; uns brachte es in große Gefahr.

Amerika, seine Entdeckung und seine Vorzeit, hrsg. von Henri Ternaux, übers. von Ludwig von Alvensleben, Bd. 1, Meißen: F. W. Goedsche, 1839, S. 200.

Der skripturale indigen-mestizische Diskurs

Der schriftliterarische indigen-mestizische Diskurs amerikanischer, alphabetisierter Autoren mit amerikanischer Perspektive ist an europäische Adressaten gerichtet. Lediglich die mesoamerikanischen Mayas und Nahua verfügten über Schriftkultur, die Piktographie, in der z. B. das *Popol Vuh*, das Mythen- und Stammesgeschichtsbuch der Quiché, aufgezeichnet war. Außer anonym-kollektiven Mythen und Ritualen hielten die Piktographien auch lyrische und epische Dichtungen namentlich bekannter Nahua-Autoren (König Netzahualcóyotl) fest, die individuelle Befindlichkeit, Kontemplation, Meditation und, charakteristisch für indianisches Dichten angesichts von Krieg, Opferritualen und Kannibalismus, eine tragisch-elegische Todes-Philosophie artikulierten. Die Tendenz zu reiner Kunstpoesie beweisen Poetiken, ein Kanon natur- und kulturtypischer Bilder (Vogelfeder, Blume, Schmetterling, Schlange, Mais, Vulkan) in poetischer Funktion als Symbole, Metaphern, Metonymien, und das Aufkommen einer Kunstsprache (Strophen, Verse, rhythmisch-phonemische Regularitäten). Die Inquisition verbrannte die Piktographien und vernichtete die Bedingungen ihrer Produktion, Distribution und Rezeption, reanalphabetisierte, genauer: entschriftlichte Mesoamerika, dessen Bilderschrift nur wenige Intellektuelle (*tlamatinimes*) beherrschten, warf es auf die orale Kultur des übrigen Subkontinents zurück (Quippu, die Knotenschrift der Ketschua war nicht literaturfähig).

Der indigene Schriftdiskurs, conquistakritisch und subversiv-dekonstruktiv gegen den offiziellen Diskurs, wurde nach lateinisch-hispanischer Alphabetisierung der Indioelite von *tlamatinimes* in Indiosprache mit lateinischem Alphabet oder in Spanisch verfaßt, letztes vorkolumbisches und erstes autochthon-lateinamerikanisches Literaturzeugnis mit Eigenheiten des indigenen Diskurses (Palimpseste indigenen Denkens und Sprechens in Syntax, Erzählperspektive, Protagonisierung, Wertung, elegischer Klage, tragischem Weltgefühl, mythisch-zyklischen Raum-, Zeit- und Kausalstrukturen). Vorkolumbische piktographische Chroniken wie das *Popol Vuh* der Quiché wurden als kritisch-klagende Stammeschroniken der Leiden der Conquistaopfer und emotionale Verarbeitung des Kulturschocks und kulturellen Identitätsverlusts mitsamt dadurch potenziertem tragischen Lebensgefühl fortgeschrieben.

In den guatemaltekischen *Anales de los cakchiqueles* berichtet **Francisco Hernández Arana** (1505–81) vom herrschenden Clan der Xahil des Ortes Cakchiquel nach Rückblick auf die vorkolumbische Stammesgeschichte als Augenzeuge und Protagonist aus der Opferperspektive über Ankunft der Spanier 1524, Widerstand, Niederlage, Unterjochung, Enteignung, Missionierung, Encomienda-Gründung, Tributzahlungen, gregorianische Kalenderreform. Es ist ein hybrides Kulturprodukt, in Indiosprache, aber lateinischer Schrift, mit indianischer Deformation der spanischen Phonetik (*avilantero* statt *adelantado*). Der literarische Wert liegt in der Narrativität, dem lakonisch-testimonialen Berichtsstil, der subjektiven Betroffenheit des Autoren-Protagonisten-Augenzeugen: »Yo mismo lo vi ¡oh hijos mismos! En verdad muchas penalidades tuvimos que sufrir.« **Francisco Díaz** (Mitte 16. – Anfang 17. Jh.) schrieb die Fortsetzung 1581–1605 als unbewußt literarische Narration mit Wechsel von Erzählen, Berichten, Dialogen, direkter und indirekter Rede.

Luego Tunatiuh les pidió dinero a los reyes. Quería que le dieran montones de metal, sus vasijas y coronas. Y como no se las trajesen inmediatamente, Tunatiuh se enojó con los reyes y les dijo: »¿Por qué no me habéis traído el metal? Si no traéis con vosotros todo el dinero de las tribus, os quemaré y os ahorcaré«, les dijo a los Señores.

Anales de los cakchiqueles, hrsg. von Manuel Galich, übers. von Adrián Recinos, Havanna: Casa de las Américas, 1967 (Col. Literatura Latinoamericana), S. 78.

Darauf verlangte Tunatiuh [der Conquistador Pedro de Alvarado] Geld von den Königen. Er wollte, daß sie ihm Berge von Metall, ihre Trinkbecher und Kronen gäben. Und als sie sie nicht sofort herbeischleppten, wurde Tunatiuh böse auf die Könige und sagte zu ihnen: »Warum habt ihr mir nicht das Metall gebracht? Wenn ihr nicht alles Geld eurer Stämme herbeitragt, werde ich euch verbrennen und aufhängen«, sagte er den Herren.

Ähnlich bikulturelle Mestizierung von Sprache und Sichtweise bei **Fernández de Alva Ixtlilxóchitl** (1580–1650; *Historia de los Chichimecas*, 1648) und **Hernando de Alvarado Tezozómoc** (um 1600; *Historia Mexicana*, 1598). **Diego Muñoz Camargo** (um 1600) rechtfertigt in seiner *Historia de Tlaxcala* (1580) die Kollaboration seines Stammes mit Cortés gegen die Azteken.

Felipe Huamán Poma de Ayala (1526–1613), bedeutendster andinischer Chronist, Enkel Túpac Incas, Dolmetscher und Amtsschreiber der Spanier, wurde in Abwesenheit beraubt. Sein schriftlicher Protest an den König, *Primer Nueva crónica y buen gobierno* (1584–1612, 1908 entdeckt), ein narrativ-literarischer Text, drückt den bikulturellen Synkretismus Christentum – indigene Welt, spanisch-katholisches Denken – indigene Tradition und Emotionalität, bei elegischer Trauer über die Conquista aus: »¡Escribir es llorar!« Im ersten Teil (Geschichte und Kultur der Indios) werden diese als bereits evangelisierte Abkömmlinge Noahs dargestellt; Cuzco ist statt Jerusalem das Zentrum der Welt. Der zweite Teil enthält Vorschläge an König Philipp betreffs indianisch-mestizischer Autonomie der Dörfer, wogegen den Spaniern die Städte überlassen werden. Greift mit dem Ideal einer guten Regierung auf die okzidentale schriftliterarische Tradition der Utopie sowie auf Las Casas zurück. Sein Spanisch ist nicht rational-abendländisch, sondern mythisch-indigen (Bildhaftigkeit, Tiervergleiche), ist Synkretismus indianisch-kosmischer (Sterne, Mond, Sonne) und christlicher Symbole (Rosenkranz, Bibel, Kreuz), von oralem Spanisch und Ketschua, von piktoraler und skripturaler Repräsentation: 400 der 1200 Blätter sind Illustrationen für Analphabeten, für »los que no saben leer«. Die Bilder sind Hauptsache, die Texte Bildkommentare.

Titu Cusi Yupanqui (1529–70), vorletzter Inka, verfaßte die *Relación de la conquista del Perú* (1568, Bericht über die Eroberung Perus) an den König, Beschreibung indianischen Widerstandes und des Gegensatzes zwischen Indios und

Spaniern mit Biographie des Vaters Manco Inca und Klage über Conquistadoren als Friedensbrecher, Wortbrüchige, Gewalttäter gegenüber den gastfreundlichen Indios. Teil des subversiven, antioffiziellen Diskurses aus amerikanischer Perspektive. Bikultureller Synkretismus von indianischer und christlicher Religion und von Oralität und Skripturalität auch in der Schreibsituation: der Autor diktiert dem Augustinerpater Marcos García, dem *escriba-traductor*, den Text, den der Mestize Martín de Pando kopiert. Testimonialer Charakter: Zeugen-Unterschriften bekräftigen Echtheit des Textes.

Juan de Santa Cruz Pachacuti Yamqui Salcamaygua (Ende 16. Jh. – nach 1620) von dem von den Inkas unterworfenen Collagua-Stamm verfaßte mit der *Relación de antigüedades deste reyno del Pirú* (1613, Bericht über die Altertümer des Reiches Peru) eine Autobiographie, Sippengenealogie und Conquista-Chronik als Infragestellung des offiziellen (auch inkaischen) Diskurses. Conquista sei kein Krieg, sondern rationalistische Tücke. Bikulturelles Zeitgefühl im Ineinander von zyklisch-indianischer und lineareuropäischer Zeit.

Ein Versepos außerhalb des kulturellen Kontexts: *La Araucana*

Die künstlerisch unambitionierten Prosachroniken sind die wahren Epen von Entdeckung und Conquista, nicht das Versepos, Genre par excellence zur Darstellung »epischer« Begebenheiten. Ausnahme: *La Araucana* (1569–89) von **Alonso de Ercilla y Zúñiga** (1533–94). Verkehrte als Page und Reisebegleiter von Philipp II. mit Renaissancedichtern. 1549 in Lima, 1557 Teilnahme an Eroberung Chiles unter García Hurtado de Mendoza und Expedition gegen Lope de Aguirre, 1563 Rückkehr nach Spanien. Wie der conquistakritische Diskurs gestaltet er nicht Triumph, sondern Niederlage der Spanier, denen die Indios moralisch und militärisch gleichwertig sind. Tapferkeit, Rechtssinn und Edelmut sind Eigenschaften des Indianers Caupolicán:

Era este noble mozo de alto hecho,
varón de autoridad, grave y severo,
amigo de guardar todo derecho,
áspero, riguroso y justiciero,
de cuerpo grande y relevado pecho,
hábil, diestro, fortísimo y ligero,
sabio, astuto, sagaz, determinado.

La Araucana, hrsg. von Archer M. Huntington, New York: Kraus, 1967 [reprogr. Nachdr. der Ausg. Madrid 1569–78], S. 41.

Er war ein blühender Mann von großem Körperbau,
Voll Würde und Erhabenheit,
Gerecht, streng, in Erfüllung seiner Pflicht genau,
Und Recht und Unschuld zu beschützen stets bereit,
Von breiten Schultern und gewölbter Brust,
Behend, gewandt und seiner Stärke sich bewußt,
Verschlagen, weise, schlau, verschlossen,
Bei plötzlicher Gefahr entschlossen.

Die Araucana, übers. von Carl Maria Winterling, Bd. 1, Nürnberg: Riegel und Wiessner, 1831, S. 28.

Ercilla erzählt die Ereignisse als Protagonist und Augenzeuge nach dem testimonialen Prinzip des *visto y vivido* der Chronisten als homodiegetisches Ich. Seine Option für das Versepos statt Prosachronik kündet von literarischem Anspruch statt von Apologie oder Historiographie. Das Epos, nach Renaisssance-Vorbild (Ariosts *Orlando furioso)* in Stanzen (*octavas reales*) und Elfsilbern (*endecasílabos*) in Abhebung von den popularen Achtsilbern (*octosílabos*) der Romanzen geschrieben, richtet sich nicht wie die Prosachronik an offiziell-königliche oder allgemein interessierte

Adressaten, sondern an die europäische Kulturelite. Charakteristisch die Mischung authentischer und fiktionaler Figuren, die dramatische Narration der Kämpfe, die idyllische Beschreibung von Liebesszenen sowie der Natur, die häufige metaphorische, symbolische und allegorische Verwendung mythologischer Figuren der Antike und Renaissance, kunstvolle Versifikation (Vorbilder: Vergils *Aeneis* und Lukans *Pharsalia).* Reiseberichte und Ritterromane, die Modelle der Prosachronisten, spielen keine Rolle. Ercilla europäisiert Natur und Menschen Amerikas durch Antikisierung: weder reale Indios noch kannibalische Monster, sondern mediterrane Nymphen und Sirenen in arkadischer statt andinischer Landschaft, ein römischer Jupiter statt des Inkasonnengottes.

Die *Araucana* allein konstituiert keine amerikanische Renaissance: es fehlen das entsprechende Kommunikationssystem, Kulturinstitutionen und Publikum. Doch durch die Vita des Autors, durch langen Amerika-Aufenthalt ein halber Kreole, und die fast amerikanische, Kreolen wie Indios gerecht werdende Perspektive bei der Beschreibung des Feldzugs gegen die Mapuches (Araukaner) sowie den eklektischen Synkretismus von okzidentaler und autochthoner Kultur gehört sie zur lateinamerikanischen Literatur, deren Merkmale Synkretismus und Mestizierung sind.

II

Die Kolonialliteratur im 16. Jahrhundert

Auf die Conquista folgten im 16. Jh. massive Ansiedlung iberischer Einwanderer und Negersklaven und Aufbau einer politisch-administrativen Struktur. Der Vertrag von Tordesillas (1494) zog die Grenze zwischen Spanisch-Amerika und Portugiesisch-Brasilien. Hauptzentren Spanisch-Amerikas waren die Vizekönigtümer, zuerst Santo Domingo, danach Neuspanien (Mexiko) und Peru (Lima), im 18. Jh. auch Neugranada (Bogotá) und La Plata (Buenos Aires). Audienzen und Generalshauptmannschaften waren Verwaltungs- und schriftsprachliche Kommunikationszentren (bei analphabetischem Land): Isabela 1494, Santo Domingo 1496, San Juan 1508, Santiago de Cuba 1514, Havanna (San Cristobal de La Habana) 1515, Veracruz 1519, Charcas 1542, Caracas 1562, Guatemala 1519, Quito 1534, Santa Fé de Bogotá 1538; in Brasilien: Salvador da Bahia 1549, Rio de Janeiro 1565. Wirtschaft: Abbau und Export nach Spanien bzw. Portugal von Gold, Silber, Edelsteinen, Anbau von Spezialkulturen (Tabak, Gewürze, Baumwolle, Kakao, Kaffee, Zucker) auf Plantagen. Landwirtschaft betrieben die Conquistaveteranen auf feudalen Encomiendas mit indianischen Peonen und afrikanischen Sklaven, Handwerk, Binnenhandel, Verkehrs- und Transportsysteme sicherten Lebensmitteleigenversorgung. Kirchen, Episkopate, Klöster der Franziskaner, Dominikaner und Jesuiten die Christianisierung. Universitäten, Kollegien und Gerichte etablierten sich.

Die neue kreolische, indianische, afroamerikanische Population entfaltete eigene literarische Bedürfnisse auf je verschiedenen Kulturniveaus als lateinamerikanische Rezipienten europäischer und autochthoner Literatur und als Autoren von Werken mit amerikanischen, aus amerikanischer Perspektive gesehenen Sujets. Da indigene Literatur meist oral, Schriftliteratur meist iberisch war, ordnet der Inkarrí-Mythos dem *Inkarrí* Quippus, dem *Españarrí* Bücher als Identitätssymbole zu. Mit Verbreitung oraler Literatur der analphabetischen Kreolen und der schriftliterarischen Kultur der Gebildeten gerät die Oralität der Ungebildeten beider Ethnien in Opposition zur elitären Schriftkultur, wird die Opposition Oralität vs. Skripturalität vom ethnischen zum literatursoziologischen Fakt. Schriftliteratur war, im Unterschied zur oralen, Teil des iberischen literarischen Kommunikationssystems. Doch mit Urbanisierung, Aufbau von Verwaltung, Kirche, Schulen, Universitäten entstanden eigene schriftliterarische Zentren.

Orale Volksliteratur

Das Ketschua-Lied thematisiert den durch die Kolonisierung modifizierten Alltag und existentielle Probleme in vielen Genres: *haylli* ist ein kultischer Hymnus, *harawi* Klage über unglückliche Liebe, *wanka* Elegie, *huayno* und *haylli* kollektiver Wechselgesang bei Feld- und Hausarbeit. Beliebt sind (narrative) Legenden (*Vater Chimborazos Zorn, Der Chacualunga*) und Tierfabeln (*Fuchs und Rebhuhn, Kondor und Fuchs*). Auch das traumatische Verhältnis beider Ethnien wird thematisiert. Anonym verbreitet sind der Inkarrí-Mythos, die *wanka An den mächtigen Inka Atahualpa* (Ketschua: *Apu Inca Atawallpaman*). Der Ketschua-Dichter **Juan Wallparrimachi Myta** aus Potosí (1793–

1814), Kommandeur einer Indio-Brigade im Unabhängigkeitskrieg, schrieb elegisch-tragische *harawis* (von der unglücklichen Liebe eines Indios zur Minenbesitzerfrau Vicenta Quiroz).

Bikultureller Synkretismus zwischen Indio-Denken und Katholizismus findet sich in vom Cuzqueñer Padre Liza notierten Ketschua-Hymnen des 16. Jh.s und in mesoamerikanischer Nahua-Lyrik. Argentinische Mestizen besangen ein indigenes Sujet, die tödliche Erpressung des Inka durch den goldgierigen Conquistador, in dem genuin euroiberischen Romanzengenre (*Romance del rescate de Atahualpa*). Mit der Anpassung an Landschaft und Sitten verbreiteten sich die Romanzen weithin als gesungene oder deklamierte kreolische Volksliteratur. Machistische iberische Lieder mit fragmenthafter Struktur, Standardthemen (Liebe, Verlassensein, Ehebruch, Ehrenhändel), Standardfiguren (betrogener Ehemann, Verschmähte, bestrafte Ehebrecherin) und Standardsituationen (»Por sí acaso me mataren / No me entierren en sagrao / Entiérrenme en un llanito« – »wenn ich einmal sterben sollte / begrabt mich nicht auf dem Friedhof, / begrabt mich auf einem Kamp«) wurden auf die Neue Welt bezogen und hießen nach der amerikanischen Musikform *corridos* (*Corrido de Don Carlos, Corrido del Negro Primero*). Im 18. Jh. entsteht eine liedepische Liebestragödie zwischen Pfarrer und India-Hausmädchen aus Potosí. Die von Wandersängern zur Handorgel vorgetragenen Romanzen gingen Mitte des 20. Jh.s durch Konkurrenz der elektronischen Medien zurück und sanken zu Kinderliedern ab. Die im Siglo de Oro von Martínez Espinel kreierte komplizierte *décima* wurde in der Karibik als *décima guajira* Gefäß witziger, proverbialer, bei öffentlichem oder familiärem Anlaß vorgetragener Bauernlyrik. Höhenkamm wurde zu Folklore.

Empörer-Epik und Bürgerkriegs-chroniken

Die Adaptation oder wechselseitige Mestizierung oraler Folklore bedeutete kulturelles Heimischwerden in der Neuen Welt. Die Eigeninteressen der Kreolen gegenüber den die Macht innehabenden Eurospaniern zeigten sich in Rebellionen und Bürgerkriegen der Cortés- bzw. Pizarro-Sippen in Mexiko und Peru aus Anlaß der ihre Privilegien beschneidenden *Nuevas Leyes de Indias*.

Romanzen besingen wie mittelalterliche Empörer-Epen die Bürger- und Piratenkriege (*Romance del Tirano Aguirre*, peruanische Lieder über den hingerichteten Rebellen Girón) mit einer Wiederholungstäter abschreckenden Moral: »Vean cuán mal acaba / el que es a su Rey traidor« (»Seht nur das üble Ende / des Verräters an seinem König«). Eine Romanze über die Guaraní-Predigten von Sankt Thomas belegt Paraguays Zweisprachigkeit: »Santo Tomé iba un día / orillas del Paraguay, / aprendiendo el guaraní / para poder predicar« (»Sankt Thomas ging eines Tages / an des Paraguays Ufer, / und lernte Guaraní, / um darin predigen zu können«).

Testimoniale Bürgerkriegschroniken des rebellischen Postconquistadiskurses artikulieren, den conquistakritischen Diskurs fortsetzend, die Widersprüche zwischen Spaniern und Kreolen und das Anderssein letzterer aus amerikanischer Sicht.

In PERU: **Pedro Cieza de León** (1520–53), Abenteurer, ab 1534 in Cartagena, 1539 Soldat, Encomendero in Popayán, bereiste Peru 1548–50 während des Krieges des Vizekönigs Blasco Núñez de Vela gegen Gonzalo Pizarro. Schrieb als offizieller *cronista* die *Crónica del Perú* (1553), eine *oral history* der Conquista, Geschichte und Kultur der Indios. Beim Reisen bekam er Lust, detailliert zu beschreiben »lo que yo por mis propios ojos había visto y también [...] lo que había oído a personas de gran crédito« (»was ich mit meinen eigenen Augen gesehen und auch [...] was ich von sehr glaubwürdigen Personen gehört«). Sieht Nutzen des Schreibens und Schriftstellers im Testimonialen: »llamó a la escriptura Cicerón testigo de los tiempos, maestro de la vida, luz de la verdad« (»Cicero nannte die Schrift den Zeugen der Zeiten, Meister des Lebens, Licht der Wahrheit«). Literarischer Höhepunkt ist der dramatisch-narrative testimoniale Teil über die *guerra de Quito* aus der Perspektive eines zugleich erlebenden und erzählenden homodiegetischen Autor-Ich.

Pedro Pizarro (1515–87), Neffe Franciscos, Bürgerkriegsteilnehmer auf seiten des Vizekönigs, schrieb Memoiren (*Relación*, 1571) über den Pizarro-Aufstand nach dem Testimonio-Prinzip *visto y vivido*: »Los escritores no escriben lo que vieron, sino lo que oyeron« (»Die Schriftsteller schreiben nicht, was sie gesehen, sondern was sie gehört haben«). Er aber sei eine Person »que se ha hallado en estas provincias desde el principio de la conquista hasta el fin« (»die sich von Anfang bis Ende der Conquista in diesen Provinzen befunden hat«). **Diego de Trujillo** (1505–76?), ab 1547 Bürgerkriegsteilnehmer, war Vormund der Enkel Atahualpas in Cuzco, wo er seine mündlichen Berichte *Relación del descubrimiento del reyno del Perú* (1571, Bericht über die Entdeckung des Reiches Peru) über den Krieg bis zur Einnahme Cuzcos in oralem Erzählton, mit vielen Anekdoten gewürzt, niederschreibt. **Pedro Gutiérrez de Santa Clara** (1521–1603), mexikanischer Mestize, Bürgerkriegsteilnehmer, gründet die *Historia de las guerras civiles del Perú* (1552, Geschichte der Bürgerkriege Perus), literarisch hochklassige psychologische Narration mit geistig-physiognomischen Porträtstudien der Protagonisten bis in ihre Kleidung hinein, auf *lo visto y lo vivido*. **Agustín de Zárate** (1506–65), Chronist und Augenzeuge, erklärt in der *Historia del descubrimiento y conquista del Perú* (1555, Geschichte der Entdeckung und Eroberung Perus) den Aufstand kreolischer Encomenderos mit den neuen Indien-Gesetzen, die sie ins Elend stürzten. Narrative peruanische Empörerchronik ist die *Relación de la jornada de Omaguas y Dorado* (publ. 1979, Bericht der Reise zu den Omaguas und nach Eldorado) von **Pedro Simón** (1574–1627), *testimonio* über die Rebellion Aguirres, der dem König die Treue aufkündigt und die Unabhängigkeit proklamiert.

Auch in MEXIKO sind hintergründige Mitakteure an bürgerkriegsähnlichen Unruhen der Cortés-Sippe *Lo-visto-y-lo-vivido*-Chronisten. **Francisco Cervantes de Salazar** (1514?–75), ab 1551 in Mexiko, Professor für Rhetorik, Rektor der Universität, Stadtchronist, Kanonikus der Kathedrale, mit Hernán Cortés in Spanien und dem dissidentischen Cortés-Sohn Martín in Mexiko befreundet, schrieb eine narrative *Crónica de la conquista de la Nueva España* (publ. 1914, Chronik der Eroberung Neuspaniens), zentriert auf die Cortés-Apologie und die Spaltung der mexikanischen Gesellschaft in Spanier und Kreolen.

Juan Suárez de Peralta (1535 – nach 1600), einer der ersten in Amerika geborenen Schriftsteller, Cortés- und Martín-Cortés-Parteigänger, in Postconquistavorgänge involviert, schrieb den *Tratado del descubrimiento de las Indias y su conquista* (publ. 1878, Traktat über die Entdeckung und Eroberung Westindiens), autobiographische Testimonialchronik über die Cortés-Konspiration. Macht den Riß zwischen Kreolen und Spaniern, kreolische Alterität im Menschenbild, die Tragik der Kreolen durch Zentrierung der Handlung auf Gefangennahme, Aburteilung und Hinrichtung der Aufständischen sichtbar. Tragische Tableaus, düstere Stimmung, leserwirksame Sensationsberichterstattung erzeugen romanhafte Wirkung zwischen Journalismus und Fiktion. Protagonisierung des Kreolen auch in **Alonso Enríquez de Guzmáns** (1501–49) *Vida y costumbres de don Alonso Enríquez de Guzmán, Caballero noble desbaratado* (nach 1540, Leben und Sitten des edlen, verarmten Ritters Don Alonso Enríquez de Guzmán), dem ersten autobiographischen Entwicklungsroman eines peruanischen Kreolen und der ersten kreolischen Alltagssittenchronik.

Historiker nehmen den neuen Menschenschlag des Kreolen und künftigen Lateinamerikaners wahr: **Juan López de Velasco** (16. Jh.) in *Geografía y descripción universal de las Indias* (1571–73):

> Los que nacen de ellos, que llaman criollos, y en todo son tenidos y habidos por españoles, conocidamente salen ya diferenciados en la color y el tamaño [...] y no solamente en las calidades corporales se mudan; pero en las del ánimo suelen seguir las del cuerpo y, mudando él, se alteran también.
>
> Zit. nach: Alejo Carpentier: La novela latinoamericana en vísperas de un nuevo siglo, Mexiko: Siglo XXI, 1981, S. 170.

> Die von ihnen abstammen werden Kreolen genannt und in allem für Spanier gehalten und behandelt, doch geraten sie schon unterschiedlich in Hautfarbe und Körperwuchs [...], und nicht nur in ihren körperlichen Eigenschaften verändern sie sich, sondern auch in denen des Geistes folgen sie denen des Leibes, und so wie dieser sich wandelt, verändern auch sie sich.

Juan de Cárdenas (gest. 1563) in *Primera parte de los problemas y secretos maravillosos de las Indias* (publ. 1591): »No hay hombre, por ignorante que sea, que luego no eche de ver cual sea cachupín y cual nacido en Indias« (»Es gibt keinen Mann, so unwissend er auch sei, der nicht herauskriegt, wer Spanier und wer in Westindien gebürtig ist«). Bernardino de Sahagún in *Historia general de las cosas de la Nueva España,* 1569: »Los que en ella nacen, en el aspecto parecen españoles, y en las condiciones, no lo son« (»Die dort geboren sind, sehen wie Spanier aus, aber in ihren Lebensverhältnissen sind sie es nicht«).

La Plata: Bei wenig Indio-Widerstand fanden statt Conquista Bürgerkriege zwischen den Siedlern statt, von denen Vers- und Prosachroniken berichten. **Luis de Miranda de Villafaña** (1515–75) beschreibt in *Romance* (1538) Kämpfe zwischen Conquistadoren und Expeditionären und ihren hungerbedingten Kannibalismus. Núñez Cabeza de Vaca rechtfertigt in *Comentarios* (1555) seine Gouverneurstätigkeit. **Martín del Barco Centenera** (1535?–1605?) beschreibt in *Argentina y conquista del Río de la Plata* (1602, Argentinien und die Eroberung des Rio de la Plata), einem Versepos in *octavas,* Indios, erste kreolischen Ansiedlungen, die Flußlandschaft Paraná – Rio de la Plata, die Einfälle der Conquistadoren und des Piraten Drake und lockere Bonaerenser Sitten (Polygamie). **Ruy Díaz de Guzmán** (1558–1629), Mestize, Kolonialbeamter in Asunción, verfaßte mit den *Anales del descubrimiento, población y conquista de las provincias del Río de la Plata* (1612, Annalen der Entdekkung, Besiedlung und Eroberung der La-Plata-Provinzen) den ersten Wildnis-Abenteuer-Reiseroman mit Einführung der typisch lateinamerikanischen Topoi vom ausgesetzten, verirrten, von Indios gefangenen »Zivilisierten« und der transkulturellen, bukolisch-tragischen Dreiecks-Liebesgeschichte zwischen Indios und Kreolen.

Schriftliterarische Kolonialkultur

Eine koloniale, von den iberischen Metropolen abhängige kreolische geistige Hochkultur (Hauptträger: Hof, Kirchenhierarchie, Mönchsorden, Klöster) entwickelte sich an den Vizekönigshöfen Mexiko und Lima sowie in der Jesuitenherrschaft Paraguay (San Ignacio) mit Verwaltung, Rechtswesen, Militär, Universitäten und einer auf Schriftkultur angewiesenen Elite (Beamte, Richter, Militärs, Mediziner,

Priester, Professoren). Die Kirche (ab 1505 erste Bistümer Mexiko, Puebla, Chiapas, Lima), kulturell bedeutender als der Staat, stellte die Hauptmasse der Intellektuellen und sicherte die Schriftkultur.

Jesuiten (Missionen in Paraguay), Franziskaner und Dominikaner (Santo Domingo ab 1502) betreuten Primar- und Sekundarschulen (*colegios*) auch für Indios (*Colegio Imperial de Santa Cruz*, Tlaltelolco), gründeten erste Universitäten als Pflanzstätten einer Elite von Juristen, Theologen, Medizinern und Magistern der Freien Künste (Santo Domingo 1540, Lima, San Marcos, Mexiko 1551); Unterrichtssprachen: Spanisch, Latein, Italienisch, indianische Idiome.

In den Kolonien wurde punktuell eine Printmedienkultur aufgebaut, die Schriftliteratur von und für Lateinamerikaner ermöglichte. Juan Cromberger, der mit Monopol Karls V. ab 1535 Drucke aus Europa importierte, eröffnete im gleichen Jahr in Mexiko die erste Druckerei der Neuen Welt für Amts- und Kirchendrucksachen: *La escala espiritual para llegar al cielo* (1535), er druckte Zumárragas *Brevísima y compendiosa Doctrina Cristiana en lengua castellana y mexicana* (1539). In Peru verlegte Antonio Ricardi 1583 die *Doctrina Cristiana o Catecismo para instrucción de los indios y de las demás personas.* Bis 1820 erschienen in den Kolonien 15 000 Titel, hinzu kamen viele Importbücher und Kloster-, Diözesan-, Universitäts- sowie Privatbibliotheken. Bücher dienten der Wissenschaftsvermittlung, Belehrung und Information.

Ein Corps erasmischer Renaissance-Humanisten mit breiten wissenschaftlich-philologischen Interessen rezipierte und verfaßte einschlägige Publikationen. An die Stelle laienhafter Unbedarftheit der Entdecker und Conquistadoren trat professionelle Gediegenheit. Den synkretischen literarisch-historio-geographischen Diskurs ersetzte durch nun mögliche Spezialisierung und Arbeitsteilung der historiographische, geographische, ethnologische, philologische, juristische Fachdiskurs. Das bedeutete Verlust von

Narrativität und Literarizität. Statt Erzählung abstrakte Darlegung durch einen heterodiegetischen Historiker. Statt Journalen von Entdeckungsreisenden und Conquistachronisten Traktate und Handbücher. Geschichtschronik und Landeskunde verabschiedeten sich, weil unnarrativ und rein informativ, aus der Literatur (die sich künstlerisch in den Poesie-Genres der Renaissance spezialisiert).

Offizieller Geschichtsdiskurs: Hauptvertreter **Gonzalo Fernández de Oviedo y Valdés** (1478–1557), *Cronista de Indias* ab 1532 in Santo Domingo, Gegenspieler von Las Casas. Rechtfertigte in der *Historia general y natural de las Indias* (1547, Allgemeine und Naturgeschichte Westindiens) Eroberung und Christianisierung als Hauptetappen spanisch-imperialer Universalmonarchie. Ausdrücklich an Leser in Spanien gerichtete Chronik, betont Augenzeugenschaft und dokumentarische Wahrhaftigkeit. Sieht als erster Vertreter der Kolonialökonomie die Produktivität amerikanischer Natur.

José de Acosta (1540–1600) durchlief schon eine typisch professionelle Wissenschaftlerkarriere: Jesuit, Philosophie- und Theologiestudium, 1572 Lehrer am Jesuitenkolleg Lima, 1587 Rektor des Kollegs von Salamanca. Will als Historiograph in der *Historia moral y natural de las Indias* (1590, Moralische und Naturgeschichte Indiens) statt narrativer Chronik »declarar las causas y razón de tales novedades y extrañezas de naturaleza« (»die Ursachen und Gründe solcher Neuheiten und Sonderbarkeiten der Natur klären«), also eine systematisch-wissenschaftliche Bestandsaufnahme der Neuen Welt. Wissenschaftliche Methode überwiegt auch bei **Sarmiento de Gamboa** (1530? – um 1610) in *Hystoria Indica* (1572). Neu die Tendenz zu Spezialgeschichten: **Fray Jerónimo de Mendieta** (1525–1604) mit der kirchengeschichtlichen *Historia Eclesiastica Indiana* (1596), **Juan de Matienzos** (um 1530 – 1600) mit *Gobierno del Perú* (1567), einem juristischen Spezialwerk eines Gerichtsauditors. Erste Regionalgeschichten und Landeskunden: **Fray Reginaldo de Lizárraga** (d. i. Baltasar de Ovando, 1545–1612): *Descripción breve de toda la tierra del Perú, Tucumán, Río de la Plata y Chile* (publ. 1968, Kurze Beschreibung des ganzen Landes von Peru, Tucumán, Rio de la Plata und Chile); **Vicente do Salvador** (1564–1639): *Historia da Custodia do Brasil* (publ. 1889, Geschichte der Schutzherrschaft Brasiliens). Wahrheit wird nun durch Quellenstudium statt *testimonio* garantiert.

Bedeutsam der philologische und indianistisch-ethnographische Fachdiskurs: Die vom Renaissance-Humanismus ausgearbeitete philologische Textkritik, Edition, Übersetzung antiker Texte wurde auf Indiosprachen angewendet.

Fray Bernardino de Sahagún (d. i. Ribeira, 1499–1590?), Missionar in Mexiko ab 1529, studierte Nahua-Sprachen, um die Indiokultur und -religion bei Missionierung zu berücksichtigen. In Santiago Tlatelolco Lehrer am Kolleg für Indios. Ab 1545 Archiv- und Quellenstudien, Enqueten. Seine *Historia general de las cosas de la Nueva España* (1564/65, Allgemeine Geschichte der Dinge Neuspaniens) in Nahua, vom ihm 1575 ins Spanische übersetzt, ist Geschichte der Kultur, Religion, Sitten, des Schulwesens, der Mythologie und Ethik.

Motolinía (d. i. Fray Toribio de Paredes o Benavente, 1495–1568), ab 1524 in Mexiko, Franziskaner-Missionar, Las-Casas-Gegner, beschreibt in der *Historia de los Indios de la Nueva España* (1541, Geschichte der Indios Neuspaniens) indigene Kultur, Natur und Christianisierung. Die Indios, nicht die Conquistadoren sind die Protagonisten der Geschichte(n). **Fray Diego de Landa** (1524–79), Franziskaner-Missionar, Lehrer in Yucatán, Begründer der Maya-Studien, beschrieb Kultur, Literatur, Kalender und Weltbild der Maya in *Relación de las cosas de Yucatán* (publ. 1864, Bericht über die Dinge Yucatáns).

»El Inca« Garcilaso de la Vega (d. i. García Lasso y Gómez Suárez de Figueroa, 1539–1616), »indianistisch-kulturhistorischer« Chronist, Ethnograph, Historiker, Dichter, Mestize, Sohn eines Conquistadorenhauptmanns und von Isabel Chimpu Ocllo, Inkaprinzessin und Cousine Atahualpas, verinnerlichte während der Kindheit in Cuzco mütterlicherseits inkaische Kultur, ebenso wie die spanische des Vaters. In Biographie, Denken (mit mestizischem Geschichts- und Zukunftsbild), persönlichem Bekenntnis (bewußtes Führen des Titels »El Inca«) und Werk erster Vertreter des Bikulturismus in lateinamerikanischer Literatur. Die *Comentarios reales* (1609, Wahrhaftige Kommentare) rekonstruieren Geschichte, Kosmogonien, Mythen, Rituale, Sitten, Wirtschaft, Staats- und Familienstruktur der Inka, Kindheitserinnungen an Cuzco und propagieren die kulturelle Emanzipation Indo-Amerikas. Vergleicht zwecks Aufwertung indigener Kultur Inkareich mit griechisch-römischer Antike, Cuzco mit Rom, Sonnen- mit Christengott. *Oral history* auf Grundlage von Erinnerungen und brieflichen Enqueten statt *testimonio*. Die Poesie der *Comentarios reales* liegt in der narrativen Wiedergabe von Legenden, Mythen, Erzählungen der Inka, in präzisem Stil und Metaphorik und dem Nachempfinden der Inka-Poesie sowie im Renaissance-Ideal von Ordnung und Harmonie im Kontrast zu Gewaltbildern und Schreckensvisionen.

> [...] acaeció que estando mis parientes un día en esta su conversación, hablando de sus reyes y antiguallas, al más anciano dellos, que era el que me daba cuenta dellas, le dije: »Inca, tío, pues no hay escritura entre vosotros, que es la que guarda la memoria de las cosas pasadas, ¿qué noticias tenéis del origen y príncipio de nuestros reyes? Porque allá los españoles, y las otras naciones sus comarcanas, como tienen historias divinas y humanas, saben por ellas cuándo empezaron a reinar sus reyes [...]. Empero vosotros, que carecéis dellos, ¿Qué memoria tenéis de vuestras antiguallas? ¿Quién fue el primero de nuestros Incas? ¿Cómo se llamó? ¿Qué origen tiene su linaje?

¿De qué manera empezó a reinar? ¿Con qué gente y armas conquistó este gran imperio? ¿Qué origen tuvieron nuestras hazañas?«

Comentarios reales de los Incas, hrsg. von Aurelio Miró Quesada, Bd. 1, Caracas: Biblioteca Ayacucho, [2]1985, S. 37.

[...] geschah es, daß ich, als meine Angehörigen eines Tages wieder ein solches Gespräch führten von ihren Königen und ihrer Vergangenheit, zu dem Ältesten unter ihnen sagte, dem, der mir davon erzählte: »Inka, Oheim, ihr habt ja keine Schrift, und sie ist es, die die Erinnerung an Vergangenes bewahrt. Welche Kund habt ihr vom Ursprung und Anfang unserer Könige? Denn die Spanier drüben und die anderen ihnen benachbarten Völkerschaften haben göttliche und menschliche Geschichten und wissen aus ihnen, wann ihre Könige zu herrschen begannen. [...] Aber ihr, die ihr keine habt, was für eine Erinnerung habt ihr an eure Vergangenheit? Wer war der erste unserer Inka? Wie hieß er? Welchen Ursprung hatte sein Geschlecht? Wie hat er zu herrschen begonnen? Mit was für Menschen und Waffen hat er dieses große Reich erobert? Woraus entsprangen unsere Heldentaten?«

Wahrhaftige Kommentare zum Reich der Inka, übers. von Wilhelm Plackmeyer, Berlin: Rütten & Loening, [2]1986, S. 15 f.

Studierte in Córdoba antike und italienische Renaissanceliteratur (Petrarca, Boiardo, Ariost). Vorbilder: Boscán, Santillana, Garcilaso de la Vega, dem zu Ehren er seinen Namen führte. *Florida del Inca* (1605), Chronik der verunglückten Expedition Hernando de Sotos in die heutigen US-Südstaaten, auf Archivstudien gegründete Narration, ist literarisch durch romanhaften Aufbau, Psychologisierung der Figuren und gut gebaute, spannende Handlung. Narrative Modelle: Núñez Cabeza de Vaca, Ritterromane, byzantinische Reiseromane, italienische Renaissancenovellistik. Keine »*Araucana* in Prosa«, sondern Romanchronik.

Die italianisierende Renaissancelyrik

Die Institutionalisierung speziell künstlerischer Literatur (Poesie) in Peru, Mexiko und Brasilien erfolgte in Nachahmung der italienischen Renaissance. Nach den Einzelfällen Ercilla und Garcilaso brachten Spanier und Italiener die Renaissance als Kunstrichtung und literarisches Kommunikationssystem von Autoren, Rezipienten, Kritikern, Institutionen (Akademien) und Literaturbetrieb (Wettbewerbe) nach Peru und Mexiko (im einstigen Vizekönigtum Santo Domingo sind einige Sonette und *versos sueltos* der Nonne **Leonor de Ovando**, um 1550 – 1609, bekannt).

Die kreolische Kulturelite entwickelte im 16. Jh. kunstliterarische Bedürfnisse. Trotz Importverbots von Romanen als indioverderbender Lügen (*reales cédulas* 1531, 1536, 1543 und 1575) enthielt 1540 Crombergers Nachlaß 398 Exemplare des *Amadis-Romans*, die *Celestina* und andere Schmuggelware. Neben Gelegenheitsdichtern gab es wirkliche Lyriker in popularer *arte menor* und gelehrten italienischen Genres.

Mateo Rosas de Oquendo (1559–1621), Peruano-Mexikaner, der sich voll mit dem Kreolentum identifiziert (*Sátira que le hizo un galán a una dama criolla que le alaba mucho a México*, um 1600, Satire eines Galans auf eine kreolische Dame, die ihm gegenüber Mexiko sehr lobte; *Romance en lengua de indio mexicano*, um 1600, Romanze in mexikanischer Indiosprache; *Soneto a Lima del Perú*, vor 1598, Sonett auf Lima in Peru), begründet die kreolisches Wesen ausdrückende sittenkritische Satire, Hauptgenre der Kolonialliteratur.

Stimuliert wurde die Renaissanceliteratur durch Vereinigungen zu Vortrag und Diskussion nach dem Muster der *Accademia della Crusca* (Florenz). Die bedeutendste ist die *Academia Antártica* (Akademie der südlichen Halbkugel) in Lima. Kultfiguren: Petrarca, ferner Dante, Ariost, Tasso,

Bembo, Castiglione. Setzte den *endecasílabo* (statt *octosílabo* der Romanze) durch. Anthologien signalisieren gemeinsame Programmatik: *Miscelánea Austral. Coloquios* (1602 in Lima gedruckt), *Parnaso Antártico* (1608–17), hrsg. von **Diego Mexía de Fernangil** (1565–1620). Akademie-Direktor: **Antonio Falcón** (um 1550 – nach 1608), Dichter im Stil Dantes und Tassos. Weitere Mitglieder: **Diego Dávalos y Figueroa** (1550 – um 1610), Übersetzer Tansillos und Vittoria Colonnas; **Ludovico Bertonio** (1552–1625), Jesuit, Begründer der Ketschua- und Aimara-Studien; **Enrique Garcés** (um 1530 – nach 1593), aus Portugal, Übersetzer von Camões' *Lusiades* und von Petrarca (1591), und Pedro de Oña.

Auch in Mexiko gab es Dichtergemeinden, Dichtertreffen und eine Anthologie (*Flores de varia poesía*, 1577). **Gutierre de Cetina** (1514–37), Verfasser von Madrigalen, brachte aus Spanien Renaissancelyrik mit; italienische Metrik – den *endecasílabo* anstelle des Romanzenverses – führten **Pedro Trejo** (1534–75) und der Erasmist **Lázaro Bejarano** (1500–74?) ein. Animositäten zwischen Spaniern und Kreolen in Alltag und Liebe spiegeln sich in Trejos *Canción de una dama,* sarkastischer Kritik an den schlampigen spanischen Behörden und den in der Kolonie schnelles Geld machenden Spaniern:

Minas sin plata, sin verdad mineros,
mercaderes por ella codiciosos,
caballeros de serlo deseosos,
con mucha presunción bodegoneros
[...]
y el otro que agujetas y alfileres
Vendía por las calles, ya es un conde
En calidad, y en cantidad un Fúcar [...].

Cancionero general, hrsg. von Sergio Lopez Mena,
Mexiko: UNAM, 1981, S. 15.

Gruben ohne Silber, ohne richtige Bergleut,
Krämer, voll geiler Gier auf Frauenzimmer,

Kavaliere, mehr Wunsch als Wirklichkeit,
und Kneipenwirte, angeberisch immer.
[...]
und der andere, der einst mit Nadeln und Anstecker
in den Gassen hausieren ging, ist ein Graf in bezug
auf die Klasse und ein Fugger in bezug auf die Masse [...].

Von mexikanischem Selbstbewußtsein strotzen die Terzinen von **Juan de la Cueva** (1543–1610) über die Wunder der Neuspanien-Kapitale. Bedeutendster Renaissancelyriker Mexikos: **Francisco de Terrazas** (1525–1600), »neuer Apoll« (Cervantes). Inspiriert von Petrarca, Garcilaso, Herrera, Fray Luis de León, Camões, wendet er sich in petrarkistischen Sonetten privater Thematik zu.

Die Privatisierung verweist auf Frieden, Genießen, Ruhe, zivile Verhältnisse nach Conquista und Bürgerkrieg. Dagegen signalisieren Satire wie Versepik und Geschichtschronik (alle drei Hauptgenres des 16. Jh.s) Gesellschaftsbezogenheit.

Die epische Poesie der Renaissance

Hauptgegenstand der Epik, des angesehensten Poesiegenres, ist nicht mehr die spanische Conquista, sondern die kreolische Identität stiftende Entstehung Iberoamerikas. Terrazas' Fragment gebliebenes Geschichtsepos *Nuevo Mundo y Conquista* (publ. 1962, Neue Welt und Conquista) über Cortés, ohne *testimonio* und Dokumententreue, mit lyrisch-fiktionalen Episoden, beschreibt die Benachteiligung der Kreolen, vermittelt kreolisches Geschichtsbewußtsein und Identität. Der unpersönliche politisch-historische Stoff wird von poetischen Aufschwüngen in unpolitischen Nebenepisoden durchbrochen: der pittoresken Beschreibung einer Haifischjagd, der Trennung, Gefangenschaft und glücklichen Wiedervereinigung des indianischen Liebespaares Huítzel von Campeche und Quetzal von Tabasco. Das modische Conquista-Thema ist Vorwand für Abarbeitung lyrischer Vokation. Die Form (*cantos*, *octavas reales*, *endecasílabos*, mythologische Bilder) folgt Ariost, Bojardo, Camões, Homer, Vergil und – in inneramerikanischer Tradition! – Ercilla. Das Auseinanderdriften amerikanischer und spanischer Literaten zeigt der Vergleich von Terrazas' Werk mit dem apologetischen, aus europäischer Sicht geschriebenen Epos des Spaniers Gabriel Lobo Lasso de la Vega über dasselbe Sujet: *Cortés valeroso y Mexicana* (1588, Tapferer Cortés und Mexikanerin).

Die Privilegierung des Versepos in antiker und Renaissance-Poetik förderte die Häufung von Versepen über den Cortés-Stoff mit kreolischen oder antikreolischen Identifikationsstrategien, was bei Talentlosigkeit zu äußerlicher Versifizierung prosaischen Materials führte, so bei **Antonio de Saavedra y Guzmán** (1555–99): *El pelegrino Indiano* (1599, Der Indiopilger) und **Gaspar García de Villagrá** (um 1570–1620?): *Historia de la Nueva México* (1610). Reimchroniken verfertigten die das Entstehen literarischer Zentren am Südkegel bezeugenden Ex-Spanier **Martín del Barco Centenera** (1535–1606) mit *Argentina* (1602) und **Melchor Xufré del Aguila** (1568–1637) mit *Compendio historial de Chile* (1630), Epos in drei elfsilbigen Gesängen. Auch in der Audienz Neugranada (Kolumbien) regten sich Humanismus, Gelehrsamkeit, Bildung und Literatur. Castellanos' und Freyles Chroniken zeigen das für den Auseinanderfall von Epik und Chronik signifikante äußerliche (durch Versifizieren) oder wesenhafte (durch durchgängige Narration) Episieren der Historiographie.

Juan de Castellanos (1522–1607?), Pfarrer 1561 in Tunja, verfertigte das monumentale Versepos *Elegías de varones ilustres de Indias* (Tl. 1, 1589, Elegien auf berühmte Kämpen Westindiens), das den Zwang eines mittelmäßigen Poeten zur Literarisierung der Geschichtschronik unter dem

Druck der Höherprivilegierung von Poesie illustriert. Er schrieb eine Kompilation von Berichten über die Entdekkung und Conquista von Kolumbus bis Drake auf Drängen von Freunden in dreißig Jahren zu dem mit 150 000 Versen längsten Gedicht spanischer Sprache in Oktavstrophen und *endecasílabos* um. Aus der Elegie auf den Tod von Conquistadoren wurde eine Apologie ihrer Heldentaten. Die Gesänge tragen noch prosaische Kapitelüberschriften. Literarisierung durch antike und Renaissance-Topoi, z. B. den *locus amoenus*: die Margarita-Insel ist »lieblicher Ort« bukolischer Dichtung mit »rústicos pastores [...] debajo de ramas tan amenas« (»bäurischen Hirten [...] unter so hübschen Zweigen«), wo die Conquistadoren »hübsche« Orte betreten (»los amenos lugares frecuentando«). Verweise auf das Paradiesische führen Kolumbus' idyllisierend-utopische Ansätze, das Nebeneinander von amerikanisch-realer »ceiba deleitosa« (»köstlichem Ceibabaum«) und antik-mythologischer Ceres den Eklektizismus Ercillas weiter:

Año de cuatrocientos y noventa
con mil y un año más era pasado,
cuando los argonautas desta cuenta
iban a conquistar vellón dorado;
mas no donde Medea la sangrienta
al padre, viejo rey, dejó burlado [...].

Las naciones más altas y excelentes
callen con el valor de la española,
pues van con intenciones de hallar gentes
que pongan pies contrarios en la bola;
espanto no les dan inconvenientes
ni temen del dragón ardiente cola,
deseando hacer en su corrida
de más precio la fama que la vida.

Elegías de varones ilustres de Indias I, hrsg. von Miguel Antonio Caro, Bogotá: Editorial ABC, 1955, S. 71 (Elegía I, Canto II).

Das Jahr vierhundertneunzig
sowie tausend und ein Jahr mehr waren vergangen,
als die Argonauten dieser Geschichte
das goldne Vlies erobern gingen;
doch nicht dahin, wo die blutrünstige Medea
den Vater, den alten König, hinterging [...].

Die höchsten und erhabensten Nationen
schweigen vor dem Mut der Spanier,
denn sie suchen Leute absichtsvoll,
die sie aus ihrem Wege stoßen;
Schrecken macht ihnen nichts aus,
noch fürchten sie des Drachens glühenden Schweif,
was sie in ihrem schnellen Erdenlauf begehren,
ist mehr als das Leben: Ruhm.

Juan Rodríguez Freyle (1566–1642?), Soldat, Auditorengehilfe, Landwirt, setzt frühlateinamerikanische Mischung von Geschichte und Narration, Information und Prosafiktion fort. Aus einer geplanten Regionalchronik wurde unter der Hand eine Sammlung von Kunstprosa, was den Weg lateinamerikanischer Narration von Chronik zu novellistischer Fiktion, von »Geschichte« zu »Geschichten« zeigt. Ihrem wissenschaftlichen Titel *Conquista y descubrimiento del Nuevo Reino de Granada de las Indias Occidentales del Mar Oceánico y fundación de la ciudad de Santa Fe de Bogotá [...]* (ab 1636, publ.1859; Eroberung und Entdekkung des neuen Königreichs Granada am ozeanischen Meer und Gründung der Stadt Santa Fe de Bogotá [...]) setzte ein Unbekannter den belletristischen Zusatz »El carnero« (»Rammbock«) voran. Quellen: Juan de Castellanos' *Elegías,* Bibel, Theologie, antike Mythologie und Historiographie. Statt offizieller Hofchronik oder Historiographie Alltagsgeschichte, novellistisch-anekdotische Kuriosa, Kriminalfälle, Skandalgeschichten, Abenteuer, Liebes- und Ehebruchsaffären, Hexereien, Racheschwüre, Legenden von der Eroberung bis 1636. Dialog mit dem Leser in der ersten Person Singular als allwissender Autor zwischen Witzwort und Moralpredigt. Historische Personen werden mit Leben erfüllt wie Figuren aus Boccaccios *Decameron*. Schreibt realistisch, unidealisiert, flüssig, bildhaft, mit lokalen Bogotaner Wendungen, mündlicher Umgangssprache nahe. Neben dem Unterhaltungswert, moralisch-exempelhafter Belehrung, lokal-regionalem Identitäts- und Heimatgefühl erste Darstellung der neuen kreolischen Personalität der Bewohner und Kritik an Sitten der Kolonialgesellschaft. Freyle ist Ahnherr der costumbristisch-narrativen, lokalgeschichtlichen *tradiciones* des 19. Jh.s (Palma).

> Cuatro viejos se desafían dos a dos en un banquete a beber los años de su edad, y contados, el que bebía al otro había de beber tantas veces como tenía el otro de años, y el más mozo era de cincuenta y ocho años, el segundo de setenta y cuatro, el tercero de ochenta y siete, y el cuarto de noventa y dos, y se escribe que el que bebió menos bebió cincuenta y ocho tazas de vino, y que alguno bebería noventa y dos. [...] Hase de entender que los buenos lo beben destemplado con agua, para conservar la salud, y los malos lo beben puro hasta embriagarse y perderla, y suele costar también la vida. De mí sé decir que en todo el año no lo veo ni sé qué color tiene, y no me lo agradezcan, porque esto es no por la voluntad, sino a más no poder.
>
> Conquista y descubrimiento del Nuevo Reino de Granada, hrsg. von Jaime Delgado, Madrid: Historia 16, 1986, S. 237 f.

Vier Greise forderten einander zwei gegen zwei bei einem Bankett heraus, soviel Wein zu trinken, wie sie Jahre alt waren, und nach dem Zählen hatte derjenige, der dem anderen zuprostete, sooft zuzusprechen, wie der andere Jahre auf dem Buckel hatte. Der jüngste war achtundfünfzig, der zweite vierundsiebzig, der dritte siebenundachtzig und der vierte zweiundneunzig. [...] Es versteht sich, daß die Guten den Wein mit Wasser vermischt trinken, um ihre Gesundheit zu erhalten, und die Schlechten trinken ihn pur, bis sie betrunken werden und selbige verlieren, und dies pflegt gemeinhin das Leben zu kosten. Von mir kann ich sagen, daß ich den Wein das ganze Jahr über nicht sehe noch weiß, welche Farbe er hat, doch dankt mir nicht dafür, denn nicht freiwillig geschieht es, sondern weil ich es nicht mehr kann.

Pedro de Oña (1570–1643), Höfling zu Lima, Stipendiat des Vizekönigs an *Colegio real* und San-Marcos-Universität. Sein raffiniertes, manieristisches, metaphernreiches, den Übergang zum Barock markierendes Versepsos *El Arauco domado* (1596, Besiegtes Araukanien) über die Eroberung Chiles beweist die Leistungsfähigkeit lateinamerikanischer Poeten und die Verwurzelung der Institution Literatur in der Neuen Welt. Das Werk, geschult an Ariosts *Orlando furioso*, demonstriert als Paraphrase von Ercillas *Araucana* bereits inneramerikanische Literaturtradition. Es münzt die Niederlage der Spanier in einen Sieg um und exaltiert das von Ercilla ignorierte Heroentum des Expeditionschefs García Hurtado de Mendoza, der, inzwischen Vizekönig, diese *re-escritura* in Auftrag gab, die dem Autor eine Pfründe einbrachte. Seinen Kampfszenen fehlt die testimoniale, erlebnisfrische Dramatik Ercillas, doch beeindrucken die Beschreibung der mit antiken Fabelwesen (Phoebus) bevölkerten Natur und die der Antike nachempfundenen sinnlichen Liebesepisoden zwischen dem Indio Caupolicán und seiner Geliebten Fresia, die europäischen Liebenden gleichen (»si fuera Dafne en Laura convertida«), doch durch Herausstellung ihres Gefühlslebens kreolische Persönlichkeitsstrukturen zeigen. In diesen Szenen beweist Oña Phantasie, verbale Originalität, syntaktische Kühnheit à la Góngora und führt ein neuartiges Reimschema der Oktaven (abbaabcc) ein.

Aquí Caupolicano caluroso,
con Fresia, como dije, sesteaba,
y sus pasados lances le acordaba
por tierno estilo y término amoroso:
no estaba de la guerra cuidadoso,
ni cosa por su cargo se le daba,

porque do está el amor apoderado,
apenas puede entrar otro cuidado.

El Arauco domado, Madrid: Ediciones Cultura Hispánica, 1944, S. 69 f.

Hier pflegte der feurige Caupolicán,
mit Fresia, wie ich schon sagte, der Ruhe
und erinnert' sich vergangener Händel
so zart im Stil, so lieblich endend.
Nicht kümmerte ihn der Krieg,
noch bedrückte ihn sonst irgend etwas,
denn wird man erst vom Liebesgott beherrscht,
übermannt uns keine andere Sorge.

Sein technisch perfektes Epos *El Vasauro* (1635) besingt auf Geheiß des vizeköniglichen Mäzens die Reconquista in Spanien und die Verdienste des Ahnen des Auftraggebers. Dies Werk und gongorinische Poeme wie *El temblor de Lima* (1609, Das Beben von Lima) und *Ignacio de Cantabria* (1636) weisen ihn als Dichter des Barock aus. Auch seine Käuflichkeit und Instrumentalisierung für Gönner charakterisieren kulturökonomisch den Barockpoeten mit luxuskonsumistischem Versorgungsdenken, der Apologien für Sinekuren liefert. Für die *Canción Real Panegírica* auf den Vizekönig bekam er die Pfründe Los Yauyos.

Ein amerikanistisch-kreolisches Versepos schrieb der Kubaner **Silvestre de Balboa** (1564–1624), Stadtschreiber von Puerto Príncipe. In *El espejo de la paciencia* (1608, Der Spiegel der Geduld) feiert er bukolisch in Elfsilbern mit barocken Einsprengseln das ländliche Bayamo und kubanisch-kreolische Patrioten, die 1604 unter einem Negersklaven (*salvador criollo*, *negro honrado*) den vom französischen Piraten Gilbert Giron entführten Bischof Juan de las Cabezas befreiten, mit erstmaliger Würdigung von afrokubanischer Musik und Instrumenten sowie positiver Erwähnung eines Afrokubaners. Die Tendenz ist kreolisch-patriotisch und antihugenottisch im Sinne der Gegenreformation.

Das Theater im 16. Jahrhundert

Gegenüber der funktionalen wie formalen Poetisierung von Epik und Lyrik behielt das früh installierte Kolonialtheater lange einen didaktisch-missionarischen Charakter, war weniger literarischer als religiöser Diskurs, trug zur Christianisierung der analphabetischen, des Spanischen nicht mächtigen Indios und zur Ausprägung des katholischen Charakters lateinamerikanischer Kultur bei. Das missionarische mestizische Theater in Mexiko (ab 1530) und Peru (ab 1546) nutzte indianische Dramenformen in Nahua bzw. Ketschua mit traditionellen, christlich umgedeuteten, an das mittelalterliche Mysterienspiel erinnernden Allegorien zur Illustration christlicher Inhalte. Nach den Vorstellungen erfolgten Massentaufen.

Fray Andrés de Olmos (1500–71) ist Autor der Nahua-Missionsstücke *Auto del Juicio Final* (Spiel vom Jüngsten Gericht), *Auto del ofrecimiento* (Spiel von der Hingabe), *Adoración de los Reyes* (Anbetung der Könige), *Sacrificio de Isaac* (Opferung Isaaks) und *Destrucción de Jerusalén* (Zerstörung Jerusalems), die mit Villancicos, rituellen Indiotänzen und Blumenfesten aufgeführt wurden.

In Paraguay inszenierten Jesuiten geistliche Spiele mit indianischen Darstellern in Guaraní, im brasilianischen São Paulo schrieb und inszenierte Pater Anchieta um 1580 amerikanisierte *autos sacramentais* (Fronleichnamsspiele) mit Monologen und Dialogen in Latein, Portugiesisch und Tupí. Didaktisch-religiöses spanisch- oder lateinischsprachiges Theater wurde in den *colegios* der Städte Perus (ab 1568) und Neuspaniens (ab 1572) oft skurril-realistisch zur Erziehung der Elite gespielt; 1599 kamen in Lima in der *Historia alegórica del Anticristo y del Juicio Final* (Allegorische Geschichte vom Antichrist und dem Jüngsten Gericht) als Auferstehungsallegorien aus Friedhöfen exhumierte Mumien auf die Bühne. Vier mexikanische *colegios* führten

1578 beim Eintreffen von Reliquien ein *Triunfo de los Santos* auf. Nach erfüllter Bekehrung verschwanden die geistlichen *comedias* (Verbot in Peru 1582).

Gegen Jahrhundertende entstand ein neues, literarisches, vom spanischen Siglo de Oro beeinflußtes Theater, das das literarische und Unterhaltungsbedürfnis der neuen kreolischen Residenzstadtgesellschaft in sogenannten *corrales*, später *coliseos* befriedigte und erzeugte.

In Mexiko gastierte 1586 die spanische Truppe von Alonso de Buenrostro, 1589 engagierte die Stadt Arias de Villalobos zur Aufführung der Corpus-Christi-Spiele, 1594 schuf sie die Stelle des *actor de la ciudad*, 1595 Aufführung von *Conquista de México.* 1596, nur 20 Jahre nach Londons Shakespeare-Bühnen und 17 Jahre nach Madrid, spielte das erste ständige Theater *Hospital de Jesús.* Ab 1597 existierte in der Calle del Arco ein *corral de comedias* und im vizeköniglichen Palast ein Privattheater.

Ständige einheimische Berufskompagnien, Laientheater von Schülern, Studenten und Akademien spielten in Lima ab 1598 spanische und – als *entremeses* – einheimische Stücke zwischen Apologie und (satirischer) Kritik der morallosen Gesellschaft und korrupten Verwaltung der Kolonie. Diese Theater brachten die ersten kreolischen Dramatiker hervor. **Cristóbal de Llerena** (1550?–1624?), Organist und Universitätsprofessor in Santo Domingo, schrieb *Entremés,* einzig bekanntes Werk, in expressiv-flüssiger Prosa, von Studenten am 23. Juni 1588 in der Kathedrale aufgeführt. Dies erste lateinamerikanische Stück gibt ein Grundthema aller späteren realistischen Kolonialdramatik: Korruption, Bürokratie, Mißwirtschaft, und deren kritisch-satirischen Grundton an, wofür der Autor das typisch lateinamerikanische Dichterschicksal erlitt: Verurteilung und Exil.

Juan Pérez y Ramírez (1540 – um 1600) Priester, Nahua-Kenner, erfaßte in *Desposorio espiritual entre el pastor Pedro y la Iglesia mexicana* (1574, Geistiges Verlöbnis zwischen dem Hirten Pedro und der mexikanischen Kirche), allegorischer geistlicher Pastorale, erstmals die Psyche der zeitgenössischen Mexikaner. **Fernán González de Eslava** (1534–1601), Priester, Lyriker, gestaltete allegorisch-satirisch, mit saftiger Alltagsdarstellung, Lokalkolorit und sprachlichen, auch indianersprachlichen Regionalismen die Kreolisierung der Neuen Welt im *Entremés entre dos rufianes* (Entremés zwischen zwei Gaunern), in drei *loas* (Festspielen) und 16 *Coloquios espirituales y sacramentales* (1567–1600, Geistige und heilige Gespräche). Themen: Bischofsweihen, Volksfeste, Steuereintreibung, Kurpfuscherei, Glücksspiel, Fabrikeinweihungen. Das 16. Kolloquium (*Del Bosque Divino donde tiene Dios sus aves y animales* – Vom Göttlichen Wald, in dem Gott seine Vögel und Tiere hält) ist vom indianischen Theater beeinflußt. Im 7. Kolloquium beschwert sich die eitle Teresa über ihren Ehemann, der ihr keine modischen Kleider kauft:

¿Que en México he de quedar?
No haré, así Dios me ayude:
no lo podré soportar
que un alguacil me desnude
sin quererme respetar.
No sé qué mujer honrada
en este México queda [...].

In: Literatura hispanoamericana, Bd. 1: Época virreinal, hrsg. von Luis Saínz de Medrano, Madrid: Alhambra, 1986, S. 90 f.

Was soll ich in Mexiko bleiben?
Das tu ich nicht, so wahr mir Gott helfe:
ich könnte es nimmer ertragen,
daß ein Polizist mich nackt auszieht
und keine Ehrerbietung zeigt.
Ich weiß nicht, wie ein anständiges Weib
in diesem Mexiko bleibt.

Diego de Ocaña (gest. 1608) zeigt in *Comedia de nuestra Señora de Guadalupa y sus milagros* (1601, Komödie unserer Lieben Frau von Guadalupe und ihrer Wunder) ebenfalls kreolisierende Tendenzen.

Die Sonderentwicklung Brasiliens

Auf die Entdeckung im Jahre 1500 folgten literarisch uninteressante Berichte portugiesischer Expeditionäre: Brief von **Pero Vaz de Caminha** (Mitte 16. – Anfang 17. Jh.) an König Manuel (1500), **Pero Lopes de Sousas** (1501–42) *Diário de Navegaçâo* (1530/31, Bordbuch). Infolge Fehlens von Edelmetallen und Indiohochkulturen gab es weder Conquista noch Chroniken. Die indigene Oralliteratur reagierte kaum auf die sanfte Conquista. Portugiesen siedelten an der Küste zwecks Brasilholzeinschlag. Ab 1548 residierte der Generalgouverneur in Salvador (da Bahia). Aufbau von Kirche, Kultur und Bildung durch Jesuiten (Kolleg São Paulo de Piratiniga 1534). Erste Schriftliteratur auf dem Gebiet der Theologie: **Manuel da Nóbregas** (1519–70) *Diálogo sobre a Conversão do Gentio* (1557?, Dialog über die Bekehrung der Leute); der Landeskunde und Geographie: **Pedro Magalhães Gândavos** (gest. 1576) *Tratado da Terra do Brasil* (1570, Traktat über das Land Brasilien), **Gabriel Soares de Sousas** (1540–91) *Tratado descritivo do Brasil* (1587, Traktat-Beschreibung Brasiliens); der Geschichte: **Ambrósio Fernandes Brandãos** (1560–1630) *Diálogos das Grandezas do Brasil* (1618, Dialoge über Brasiliens Größen). **Frei Vicente do Salvador** (1564–1639) schrieb die *História do Brasil* (1627) zwecks praktischer Information der Kolonial- und Kirchenbehörden in Portugal.

Neben Indiogrammatiken (*Arte de Gramática da Língua mais usada na Costa do Brasil*, 1595, Kunst der Grammatik der am meisten benutzten Sprache an Brasiliens Küste) verfaßte der humanistische Jesuiten-Missionar **José de Anchieta** (1534–97) erste lyrische und dramatische Poesie in Portugiesisch, Spanisch, Tupí und Latein: eine Regierungschronik des Generalgouverneurs Mem de Sá (*De Gestis Mendi de Saa*, 1563) und ein barockes Kirchspiel in Portugiesisch, Spanisch und Tupí (*Auto na Festa de São Lourenço*, UA 1583, Sankt-Lorenz-Festspiel). Erster eingeborener Poet ist der Marane **Bento Teixeira** (1545–1619) mit *Prosopopéia* (1601), frühbarockem Lobgedicht auf Pernambuco und seinen Statthalter.

Mangel an Reichtum und Edelmetallen, schleppende Städteentwicklung, fehlende Universitäten, Verlage und Druckereien, spärliche Luxusentfaltung der Gouverneure und geringe Zahl von Intellektuellen verzögerten die Kulturentwicklung im Vergleich zu Hispanoamerika um hundert Jahre. Den Glanz Mexikos, Limas oder Havannas im 17. Jh. erreichten weder Salvador noch Pernambuco.

III

Das barocke 17. Jahrhundert

Politik, Wirtschaft und geistige Kultur Hispanoamerikas

Auf die pragmatische historiographische und landeskundliche Zweckprosa der Entdeckung und Eroberung und die in Poesie und Prosa gleichgewichtige Renaissance folgt die totale Wende im barocken 17. Jh. zu kunstbetonter, autonomer, genußvoller Literatur. Bei starkem demographischen Wachstum durch iberische Einwanderer und afrikanische Negersklaven, politischer Durchstrukturierung und wirtschaftlichem Aufschwung gewinnt die Kolonialkultur und -kunst an Dynamik. Administrative, kirchliche und kulturelle Institutionen entwickeln sich punktuell auf europäischem Niveau. Ackerbau und Viehzucht zur Ernährung der wachsenden Bevölkerung und die Infrastrukturen werden erweitert: Handel, Transportwesen, Straßen, Verkehr, Häfen, Flußschiffahrt, Post. Extraktive Industrie (Silber-, Gold- und Pretiosenförderung) und lukrative Plantagenwirtschaft akkumulieren in Mexiko, Peru, Mittelamerika und Karibik, vor allem in den Residenzen, bei sinkendem Zwangsexport Reichtum. Das kurbelt die Luxuskonsumtion und das Repräsentationsbedürfnis der über Muße und Geld verfügenden Eliten an, wozu neben Profanbauten, Gärten, bildender Kunst und Musik auch Theater und Literatur gehören. Eine bodenständige Bildungselite mit literarischen Bedürfnissen und Fähigkeiten rekrutiert sich aus Klerikern, Beamten, Patriziern und Freiberuflern im Rahmen eines Netzes kirchlicher (Klöster, Pfarreien, Episkopate), juristischer (Verwaltung, Gerichte) und pädagogischer (Universitäten, *colegios*) Institutionen.

Gegenüber den Wissenschaften, die der geistigen Aneignung und praktischen Nutzung der neuen Wirklichkeit sowie der Herrschaftsausübung dienten, war der Zweck der Künste Unterhaltung, Erbauung und ästhetischer Genuß. Nach den anstrengenden Kriegen der Conquista und Postconquista waren Frieden und private Geselligkeit, Individual- und Persönlichkeitsentwicklung via Literatur und Kunst gefragt. So förderte die Reichtumsentwicklung Lateinamerikas die Ausbreitung des üppigen, sinnlich-sensualistischen, luxuriösen Barock, der sich im katholischen Europa als Ausdruck der Gegenreformation nach dem Trienter Konzil 1545–63 und entsprechend dem Repräsentations-, Prunk- und Luxusbedürfnis des reichen, sinnenfreudigen Adels gegen asketisch-sparsame Calvinisten durchgesetzt hatte. Er manifestierte sich im visuell-räumlichen Prunk der Kathedralen, Schlösser, Gärten, Möbel, Skulpturen und Städteensembles (Mexiko, Lima, Cartagena, Potosí, Havanna, Salvador da Bahia). Die verschwenderische Menge edlen Materials (Gold, Edelsteine, Hölzer) im ornamentalen Plateresco und Churriguerismo überflutete die geradlinige Renaissance. Lateinamerika war »gelobtes Land des Barock« (Carpentier).

Der Aufschwung des Barock erfolgte durch Akademien und andere Literatenvereinigungen und dank mäzenatischer Protektion der Vizekönige. Góngora wurde zur Kultfigur. Der Peruaner Espinosa Medrano schrieb einen *Apologético en favor de Don Luis de Góngora, príncipe de los poetas líricos de España* (1662, Apologie zugunsten Don Luis de Góngoras, Fürsten der lyrischen Dichter Spaniens) gegen den portugiesischen Góngora-Gegner Manuel de Faria e Sousa, erste profunde Studie über die kulterane Poetik. Kennzeichen des lateinamerikanischen Kulteranismus: artistische Beherrschung schwieriger Formen, seltenes Vokabular, verbale Üppigkeit, strukturelle Kompliziertheit, Verrätselung, Häufung von Hyperbeln, Metaphern, Metonymien, Anaphern, Periphrasen. Themen: spitzfindiges Philosophieren, sinnlicher wie geistiger Lebensgenuß, Vergänglichkeit. Statt Pragmatismus Autonomisierung der Kunst. Zweckfreie Poesie drängte die utilitäre Prosa zurück. Um die Vizekönigshöfe entstand ein reger Literaturbetrieb mit Akademien, Dichtwettbewerben (*certámenes*), Blumenspielen (*juegos florales*) und Anthologien.

In Peru förderten im ersten Viertel des 17. Jh.s die Vizekönige Toledo, Montesclaros und Francisco de Borja als Sponsoren der *Academia Antártica* barocke Dichtung (Diego Mexía de Fernangils Sammlung *Parnaso Antártico. Discurso en loor de la poesía,* 1608, Antarktischer Parnaß. Rede zum Lob der Dichtung; Beiträger: Hojeda, Oña, Falcón). In Mexiko vergaben die Vizekönige samt Gattinnen Auftragswerke an Künstler. Sigüenza y Góngora edierte die Anthologie *Triunfo parténico – corte lírica* (Parthenischer Triumph – Dichterhof), Ernte der Saison 1682/83 (Beiträger: Juan de Guevara, Salazar Torres, Sor Juana, Bernardo de Balbuena).

Die Prosa im 17. Jahrhundert

Der Hirtenroman

Der von Vergil und Theokrit beeinflußte, Poesie und Prosa mischende arkadische Hirtenroman Sannazaros erhält als Pastorale *a lo divino* in der Gegenreformation einen Vorzugsstatus. Mediterrane Bukolik mit ihrer Idyllisierung von Landarbeit und Landschaft wird auf lateinamerikanische Landschaften übertragen. Bernardo de Balbuena lateinamerikanisiert in *El Siglo de Oro en las Selvas de Erifile* (1608,

Das Goldene Zeitalter in den Wäldern Erifiles) Sannazaros pastorale Idyllen unter Einfluß des *Amadis-Romans*, von Boiardo und Ariost: In mediterranem Ambiente steigen mexikanische Landschaft und die in den Wassern versunkene, exaltiert besungene Stadt Mexiko als Vision auf. Für Menéndez y Pelayo ist Balbuenas allegorisches Poem *Bernardo o la Victoria de Roncesvalles* (1624, Bernardo oder der Sieg von Roncesvalles), 12 Eklogen im Stil Garcilasos in Vers und Prosa über die Abwehr der Sarazenen in den Pyrenäen, ein spanischer *Orlando furioso.*

Francisco Bramón (gest. 1654), Professor der Universität Mexiko, schreibt mit *Los sirgueros de la Virgen sin original pecado* (1620, Die Lobsänger der Unbefleckten Jungfrau) einen Hirtenroman *a lo divino.* Dies barocke Gesamtkunstwerk, Montage von Poesie, Prosa, dramatischem Dialog, Liturgie und Musik, glorifiziert die Unbefleckte Empfängnis als kreolisches Ereignis mexikotypischen Marienkults. Das Marienwunder geschieht in mexikanischer Landschaft, Tier- und Pflanzenwelt, unter Kreolen und Indios vor der Kathedrale von Mexiko mit autobiographischen Mexiko-Referenzen des Erzählers.

Palafox läßt in *El Pastor de Nochebuena* (1644, Der Weihnachtshirte), einer dialogischen, von einem homodiegetischen Erzähler vorgetragenen Kombination popularer Einfalt mit komplizierten barocken Allegorien und Metaphern, den Protagonisten durch Engel vom Übel erlösen.

Reise- und Abenteuerprosa

Mit Absinken der Bedeutung des Militärischen und Verselbständigung der Historiographie löst sich der autobiographische landeskundliche Reisebericht in der Nachfolge des conquistakritischen Diskurses (Núñez de Vaca) in die lateinamerikatypische, nach dem Reiseschema des pikaresken Romans strukturierte Abenteuererzählung auf. Sie handelt nicht mehr von epischen kollektiven Geschehen, sondern von romanhaften Einzelschicksalen: Ein Städter gerät in der Wildnis unter »Wilde«, bewährt sich in Gefahr und kehrt gerettet in die Zivilisation zurück. Lernprozeß und Psyche des Subjekts werden wichtiger als die landeskundliche Beschreibung der Umwelt.

Alonso de Ovalle (1601–51), Jesuitenzögling, brachte seine abenteuerliche Flucht durch Chile über die Anden nach Córdoba, empirische Grundlage seiner Landeskenntnis, narrativ in die *Histórica relación del reino de Chile y de las misiones y ministerios que ejercita en él la Compañía de Jesús* (1646, Historischer Bericht über das Reich Chile und die Missionen und Dienste dortselbst der Gesellschaft Jesu) ein. Diese Aufklärungsschrift über Land und Leute, besonders die Jesuitenniederlassungen in Chile, ist emphatisch-poetische, von Identifizierung des Kreolen mit der Heimat kündende Beschreibung von Landschaft und Vegetation und ethnopsychologische Präsentation der Chilenen aller Rassen. In späterer Prosa rückt der Autor als Protagonist in die Diegese, Biographisches wird Hauptstoff, die Reise vom Sujet zum strukturierenden Element, Narratives überwiegt gegenüber Deskriptivem.

Juan de Palafox y Mendoza (1600–59), Bischof von Puebla, Vizekönig, Las-Casas-Anhänger, Mitglied des *Consejo de Indias*, verfaßte *Tratados mexicanos* über landschaftlich-kulturelle Mexikanität, Philosophie und Grammatik. *De la naturaleza y virtudes del indio* (1650?, Von der Natur und den Tugenden des Indios), ethnopsychologische Studie über die Mentalität des Indios als tugendhaften *bon sauvage,* hat durch viele Episoden, Legenden und Exempel narrativen Charakter.

Fray Gaspar de Villaroel (1587–1665), Bischof in Chile, Erzbischof in Charcas, tritt in den *Comentarios y discursos sobre la cuaresma. Historias sagradas eclesiásticas morales y Gobierno eclesiástico-pacífico o Unión de los dos cuchillos pontificio y regio* (1656–57, Kommentare und Abhandlungen über das Fasten. Moralische, heilig-kirchliche Geschichten und kirchlich-friedliche Herrschaft oder Vereinigung der beiden Messer: des päpstlichen und des königlichen), einer lokalen Rechts- und Kirchengeschichte, als Las-Casas-Anhänger für Selbstbestimmung der Kreolen ein. Sein Werk enthält narrative Einschübe, Exempel und Anekdoten aus eigener Lebenserfahrung sowie ästhetisch wirkungsvolle Beschreibungen von Landschaft und Gesellschaft.

Den Übergang vom conquistakritischen narrativen Diskurs zu romanhafter Biographie bildet die José de Acosta zugeschriebene 40seitige *Peregrinación de Bartolomé Lorenzo* (publ. 1899, Die Pilgerfahrt des Bartolomé Lorenzo), erster Versuch eines aus einer Kurzbiographie entwickelten lateinamerikanischen Romans aus indiofreundlicher Sicht. Der Protagonist, Conquistador wider Willen, beteiligt sich nicht an Überfällen auf Indiodörfer, wird wegen Desertion zum Tode verurteilt, von Jesuiten gerettet und geht ins Kloster.

Francisco Núñez de Pineda y Bascuñán (1607–80?), chilenischer Jesuit, der nach 40 Jahren Kampf gegen die Mapuches von ihnen gefangen, generös behandelt und heil und gesund entlassen wurde, schrieb den autobiographischen Bericht *Cautiverio feliz o Razón de las guerras dilatadas de Chile* (1650, Glückliche Gefangenschaft oder Ursache der langandauernden Chilekriege), lateinamerikanische Mischung von Dokument und Fiktion, Abenteuerroman mit In-die-Wildnis-verschlagen-Sein-Topos, der bewußt auf Spannung, Lesevergnügen, Erotik setzt. Moralisierend-psychologisierender Natur sind mit lateinischen Zitaten gespickte Autoreneinschübe über das harte Leben der »guten Wilden«.

Sigüenza y Góngora variiert das stereotpye Motiv von Gefangenschaft und Befreiung im Abenteuerroman *Infortunios que Alonso Ramírez padeció en poder de los ingleses* (1690, Mißgeschicke, die Alonso Ramírez in englischer Gefangenschaft erlitt). Realitätshintergrund: Krise der Kolonie, Nöte, Revolten von 1690. Der homodiegetische Erzähler betont den Unterhaltungseffekt und die romanhafte Schreibmotivation.

> Es mi nombre Alonso Ramírez y mi patria la ciudad de San Juan de Puerto Rico. [...] Era mi padre carpintero de ribera, e impúsome (en cuanto permitía la edad) al propio ejercicio, pero reconociendo no ser continua la fábrica y temiéndome no vivir siempre, por esta causa, con las incomodidades que aunque muchacho me hacían fuerza determiné hurtarle el cuerpo a mi misma patria para buscar en las ajenas más conveniencia.
> Valíme de la ocasion que me ofreció para esto una urqueta del capitán Juan del Corcho que salía de aquel puerto para el de La Habana, en que corriendo el año de 1675, y siendo menos de trece los de mi edad me recibieron por paje. No me pareció trabajosa la ocupación considerándome en libertad y sin la pensión de cortar madera; pero confieso que tal vez presagiendo lo porvenir dudaba si podría prometerme algo que fuese bueno, habiéndome valido de un corcho para principiar mi fortuna.
>
> Relaciones históricas, hrsg. von Manuel Romero de Terreros, Mexiko: UNAM, 1954, S. 6f.

> Mein Name ist Alonso Ramírez, und meine Heimat ist die Stadt San Juan de Puerto Rico. [...] Mein Vater war Schiffszimmermann und zwang mir (als es mein Alter erlaubte) denselben Beruf auf, aber weil dieses Gewerbe nicht ewig währte und ich auch befürchtete, daß ich aus ebendiesen Gründen nicht ewig leben würde mit den Ungelegenheiten, die mich schon als Knaben plackten: da beschloß ich, meinen Leib meinem Heimatland zu entwinden, um in fremden Landen mehr Befriedigung zu suchen.
> Ich nutzte die Gelegenheit, die mir der Frachter des Kapitäns Johannes von Kork eröffnete, der aus jenem Hafen im Jahre 1675 nach Havanna auslief, und weil ich nicht einmal dreizehn Jahre alt war, nahmen sie mich als Schiffsjungen. Diese Anstellung schien mir nicht mühevoll zu sein, zumal ich in Freiheit war und ohne den Zwang, Holz zu sägen. Aber ich bekenne, daß ich, vielleicht das Kommende vorausahnend, daran zwei-

felte, ob die Zukunft mir etwas Gutes versprach, wenn ich mich ausgerechnet eines Korks bediente, um mein Glück zu versuchen.

Die Flucht-in-die-Wildnis-Prosa ist erstmalige literarische Aneignung eines Hauptbereichs amerikanischer Wirklichkeit: der »barbarischen« Wildnis im schroffen Gegensatz zu den »zivilisierten« Städten und der mediterranen Kulturlandschaft des Hirtenromans. Sie fokussiert, im Unterschied zur kollektivistischen Conquista-Chronik und in Fortsetzung des conquistakritischen Diskurses, auf private Einzelschicksale. Durch individuellen Protagonisten und individuelle Handlung tendiert sie zum Roman, durch Reisestruktur zur Pikareske, durch dramatische Verfolgung, Flucht und unerwartete Rettung zum Abenteuerroman. Sie tritt an die Stelle von Versepos und Hirtenroman, einst narrative Hauptgenres. Poesie wird zu Lyrik, Narration zu Prosa: Lyrik vs. narrative Prosa konstituieren den barocken Literaturbegriff.

Das religiöse Epos

Nach dem Trienter Konzil verstärkten sich Indoktrination, Inquisition und Aktivitäten der Jesuiten. Thematik, Tendenz und Protagonisten des Versepos wechseln: an die Stelle der Militärhelden der Conquista traten Jesus, Heilige, Märtyrer, Missionare. Der Spanier **Luis Antonio de Oviedo y Herrera** (1636–1717) schrieb ein Epos auf die heilige Teresa von Lima (1711).

Hauptwerk gegenreformatorischer Epik im gesamtiberischen Raum: *La Christiada* (1611) von **Diego de Hojeda** (1571–1615), Dominikaner, seit 1588 in Peru. Der *Academia Antártica*, deren Mitglied er war, verdankte er seine literarische Bildung. Ihr hatte er aber auch Denunziation und

Degradierung vom Limeñer Prior zum einfachen Bruder im fernen Huánuco zuzuschreiben. Lope de Vega nannte ihn »sacro Apolo, nuevo David, y Evangelista quinto«. Sein Epos in beziehungsvollen 12 Gesängen und gutgebauten Oktavstrophen erzählt den Kreuzweg vom Abendmahl bis zum Tode mit barocken Abschweifungen. Muster: *Christias* des Italieners Girolamo Vida, Dantes *Commedia* (*Inferno*), Vergil, Tasso, Ercilla, Oña. Thematisches Programm: anstelle der Ritter Ariosts und kriegerischen Conquistadoren bisheriger Epik gilt es, Jesus Christus zu besingen:

Canto al Hijo de Dios, humano, y muerto
con dolores y afrentas por el hombre.
Musa divina, en su costado abierto
baña mi lengua y muévela en su nombre.

La Christiada, hrsg. von Mary Helen Patricia Corocoran, Washington: The Catholic Univ. of America, 1935, S. 1.

Ich singe Gottes Sohn, Mensch und gestorben
mit Schmerzen und Beleidigungen, für den Menschen.
O göttliche Muse, in seiner offenen Lende
bade meine Zunge und bewege sie in seinem Namen.

Juan de Miramontes y Zuázola (1550?–1620?), Militär, nahm 1576 in Panama an Strafaktionen gegen britische Piraten teil. Ab 1586 Mitglied der *Academia Antártica*. Seine *Armas Antárticas* (um 1610) verraten den Einfluß von Tassos manieristischer *Gerusalemme liberata* sowie amerikanischer Literaturtradition (Ercilla, Oña, Chronisten):

Las armas y proezas militares
de españoles católicos, valientes,
por que ignotos y soberbios mares
fueron a dominar remotas gentes,
poniendo al Verbo Eterno en los altares,
que otro tiempo con voces insolentes

de oráculos gentílicos, espanto
eran del indio, agora mudas, canto.

Armas Antárticas, hrsg. von Rodrigo Miró, Caracas: Biblioteca Ayacucho, 1978, S. 4.

Die Waffen- und Soldatentaten
tapferer katholischer Spanier,
welche über unbekannte und stolze Meere
ferne Menschen zu beherrschen gingen
und das göttliche Wort auf die Altäre stellten,
die einstmals durch freche Stimmen
der Stammesorakel der Schrecken waren
des Indios und jetzt verstummt sind, will ich singen.

Erste Hälfte und Schluß der 20 Gesänge in *octavas reales* beschreiben historiographisch Conquista, Tod Atahualpas, die Bürgerkriege sowie, als gegenwartsbezogenes *testimonio*, den Kampf gegen britisch-protestantische Piraten. Der zweite Teil erzählt literarisch-fiktiv die bukolisch-tragische Liebe des inkaischen Indiopaares Chalcuchima und Curicoyllor, pastoral-mediterraner Europäer in indianischer Verkleidung. Modischer Konflikt: staatsverordnete Pflicht vs. private Liebe. Verherrlichung der Missionierung, Betonung von Vergänglichkeit und Wandel, Sicht der Welt als Theater (Siglo-de-Oro-Topos).

Gegenreformatorisch ist das Marienepos *Primavera indiana* (1668, Indianerfrühling) von Sigüenza y Góngora.

Es entstanden mehrere Epen über Loyola, dessen jesuitische Jünger in Lateinamerika eine große religiös-kulturelle Rolle spielen: *San Ignacio de Loyola* (1613) von Alonso Díaz, *San Ignacio de Loyola* (1617) von Antonio de Escobar y Mendoza, *Ignacio de Cantabria* (1636), Auftragswerk des Jesuitenordens, von Oña, das unvollendete biographische *San Ignacio de Loyola. Poema heroico* (1666) von Domínguez Camargo (Modelle: Tasso, Ercilla, Oña, Hojeda).

Die Barock-Lyrik

Das 17. Jh. ist das Jahrhundert der Lyrik. Der Aufstieg barocker Lyrik war sowohl Folge kolonialen Reichtums als auch des Aufbaus literarischer, Autoren und Publikum umfassender Kommunikationssysteme. Im Barock erreicht die lateinamerikanische Lyrik hohe ästhetische Qualität dank einer Reihe von Spitzenautoren (Balbuena, Caviedes, Espinosa Medrano, Sor Juana, Domínguez Camargo), vielen Talenten und einem sensibilisierten Elitepublikum, das durch Lektüre von nun häufiger auch in Amerika gedruckten Büchern, öffentlichen und privaten Vortrag, *juegos florales* und in Akademien erreicht wird. Einflüsse: der Kulteranismus Góngoras, der Konzeptismus Quevedos und Graciáns; doch handelt es sich in Thema, Stoff und Autorensubjektivität um eine ausgeprägt kreolisch-amerikanische Variante des Barock. Das Jahrhundert beginnt mit Balbuenas Apologie des Kolonialbarock und endet kritisch mit Caviedes, Espinosa Medrano, Sigüenza und Sor Juana.

In PERU florierte die Barockdichtung unter Vizekönig Francisco de Borja (1615–21). **Rodrigo de Carvajal y Robles** (1575–1650?), Militär, der gegen Indios und Piraten kämpfte, schrieb neben einem Epos auf die Schlacht bei Antequera ein narrativ-deskriptives Gedicht in Silvas: *Fiestas que celebró la Ciudad de los Reyes del Perú al nacimiento del Serenísimo Príncipe Don Baltasar Carlos de Austria* (1632, Feste, die die Königsstadt Perus anläßlich der Geburt von Prinz Don Baltasar Carlos de Austria feierte), das sinnlich-farbig die prächtigen Paraden, Indio-Defilees, Folklore, Theater und Fest-Dekorationen in barocken Anaphern, Hyperbeln und verbalem Prunk preist. Barock als ständiges koloniales Fest und Apologie der Verschwendung.

Clarinda (um 1600), anonyme Limeñer Dichterin, Schülerin von Diego Mexía de Fernangil, der ihren metapoetischen *Discurso en loor de la poesía* (1608, Abhandlung zum Lob der Poesie) in seiner *Antártica*-Anthologie publizierte, schrieb frühbarocke, technisch vollendete *endecasílabo*-Terzinen mit üblicher Einbettung in antike Mythologie und Metaphorik und Bezüge zu Diego Mexía und anderen Dichtern Perus. Sie ist sich des ungewöhnlichen Fakts bewußt, als Frau zu dichten, wie eine ebenfalls dichtende Zeitgenossin und Landsmännin, eine Nonne mit dem Pseudonym **Amarilis**; diese korrespondierte mit Lope de Vega, der 1621 ihr Gedicht *Amarilis a Belardo. Epístola a Belardo* (=Lope), das gedanklich-intellektuell wie formalpoetisch sein Gegengedicht übertrifft, publizierte.

Juan de Espinosa Medrano (gen. Lunarejo, wegen seiner Sommersprossen, 1632–88), Jesuitenschüler in Cuzco, schrieb Dramen und Predigten in Spanisch und Ketschua und systematisierte die Barock-Poetik in seiner Góngora-Apologie, einer Auflistung der Stilmittel Góngoras und dessen Vereinnahmung im Wissen um die Affinität Amerikas zum Barock.

Juan del Valle Caviedes (1645–97), Bergmann, Händler, Gastwirt in Palastnähe, Autodidakt, Kenner sowohl des Alltags der einfachen Leute und der Volksmeinung (»en cada hombre tengo un libro« – »in jedem Menschen habe ich ein Buch«) als auch des Hofes, schrieb teils gesellschafts-, teils ichbezogene Gedichte. Die *Quintillas* beim *certamen* zum Regierungsantritt von Vizekönig Conde de la Moncloa sind alltagsschwere, gesellschaftskritisch-realistische Dialoge zwischen den stadtbekannten Bettlern El Portugués und El Bachán. *Remedios para ser lo que quieres* (1687?, Wundermittel, damit du wirst, was du sein möchtest) ist im schroffen Gegensatz zum apologetischen Jubel von Oña bis Balbuena widerborstige, disharmonische Satire auf Schein, Heuchelei und Schmeichelei bei Hofe:

Para hallar en palacio estimaciones
se ha de tener un poco de embustero,
poco y medio de infame lisonjero,
y dos pocos cabales de bufones.

Obra completa, hrsg. von Maria Leticia Cáceres, Luis Jaime Cisneros und Guillermo Lohmann Villena, Lima: Banco de Crédito del Perú, 1990 (Biblioteca clásica del Perú), S. 488.

Um bei Hofe zu gefallen,
sei man ein Betrüger klein,
wie anderthalb Schmeichler so infam,
und treibe für zwei Lot Narren-Kabalen.

Scharfer Geist, spitze Zunge, geschickter Verseschmied, epigrammatischer Satiriker im Stil Quevedos mit kulterangongorinischen Stilmitteln ist Caviedes in *Diente del Parnaso, guerra física, proezas medicinales, hazañas de la ignorancia, sacadas a luz por un enfermo que milagrosamente escapó de los errores de los médicos por la protección del señor San Roque, abogado contra todos los médicos o contra la peste que tanto monta* (1690, Parnaß-Zahn, physischer Krieg, medizinische Streiche, Heldentaten der Ignoranz, ans Licht gebracht von einem Kranken, der wundersam den Irrtümern der Ärzte entrann durch Protektion des Herrn San Roque, Advokat gegen alle Mediziner oder gegen die Pest, die sich so weit verbreitet). Schon der lange Titel ist barock. Limeñer Ärzte werden als »asesinos graduados, venenos con guantes, verdugos en latín« (»graduierte Mörder, behandschuhte Giftmischer, lateinsprechende Henker«) verhöhnt:

Bermejo con mucho amor
cura a las damas, de suerte
que se las come la Muerte
lo mismo que el buen doctor.
El Adonis matador
es, y por cierto aforismo

él se receta a sí mismo
en jeringas por delante,
remedio que es importante
para el mal del priapismo.

Ebd. S. 280 f.

Bermejo mit viel Liebe
die Damen kuriert, so daß
sie der Tod visitiert,
ganz wie der gute Doktor.
Der ein mörderischer Adonis ist
und wie ein Aphorist
sich selber Klistiere von vorn verschreibt,
was ein gutes Heilmittel ist
und seine priapische Krankheit vertreibt.

Anlaß: schwere Erkrankung 1683 infolge Kurpfuscherei. Der unfähige Arzt ist Metonymie der kranken (weil korrupten, heuchlerischen) Hof- und Kolonialgesellschaft und Metapher der peruanisch-kolonialen Literatur, wie der Titel »Diente del parnaso« andeutet. Peruanische Literaten sind so schlecht wie peruanische Ärzte. Einem Dichterling sagt er, seine *cursos* seien *cacas*, seine *coplas cacofonías.* »Fe de errata« ist Anweisung zur metaphorischen Lektüre des Textes, zur Substitution medizinischer durch literarische Ausdrücke. Ärztesatire ist auch Anlaß zum Vorzeigen eigenwilligen Stiles und autonomen Dichtens. In persönlichen, ichbezogenen Gedichten, Indiz sich entwickelnder Privatheit und Subjektivität, häufen sich barocke Themen und Topoi: Sein vs. Schein, Vanitas, Memento mori und *desengaño*:

A mi muerte próxima

Que no moriré de viejo,
que no llego a los cuarenta,
pronosticado me tiene
de físicos la caterva.

Ebd. S. 770.

Auf meinen baldigen Tod

Ich werde nicht alt werden
und vor vierzig sterben,
das hat mir vorausgesagt
der Ärzte wüste Rotte.

Barockes Privatisieren, Verpersönlichen und Verinnerlichen, Psychologisierung und Ich-Bezug zeigen sich in Liebes-, religiöser und philosophischer Dichtung. Gegenüber der Renaissance mit italienischer Metrik ist barocktypisch das Aufgreifen popularer Formen (*endechas, quintillas, octosílabo, heptasílabo*). Frecher Humorismus und Referentialität sind Ausdruck kreolisch-limeñer Subjektivität.

In MEXIKO enthielt Sigüenza y Góngoras *Triunfo Parténico* beachtliche Anthologiestücke mit hohem Durchschnittsniveau, zu meist religiösen Themen, so vom Padre **Matías de Bocanegra** (1612–68), dessen berühmte *Canción a la vista* mit bis dato ungewohntem Verbalismus, Emphase und Amplifikation den Übergang zum Kulteranismus vollzieht, oder vom Augustinermönch **Miguel de Guevara** (1585–1646?), Verfasser des ersten konzeptistischen Gedichts Lateinamerikas, des Sonetts *A Cristo crucificado* (1638).

Grandioser Beginn mexikanischer Lyrik ist **Bernardo de Balbuena** (1568–1627). Er kam als Zweijähriger nach Mexiko und wurde nach Promotion in Spanien 1608 Abt in Jamaica, 1623 Bischof von Puerto Rico. *Grandeza mejicana* (1604) ist die erste große Amerikadichtung.

Argumento

De la famosa Méjico el asiento,
origen y grandeza de edificios,
caballos, calles, trato, cumplimiento,
letras, virtudes, variedad de oficios,
regalos, ocasiones de contento,

primavera inmortal y sus indicios,
gobierno ilustre, religión, estado,
todo en este discurso está cifrado.

La grandeza mejicana y compendio apologético en alabanza de la poesía, hrsg. von Luis Adolfo Dominguez, Mexiko: Porrúa, 1971, S. 59.

Thema

Vom hochberühmten Mexiko, seiner Lage,
von Herkunft und Größe seiner Gebäude,
von Pferden, Straßen, Sitten der Leute,
von Künsten, Tugenden, Berufen und dergleichen,
von seinen Gaben, der Bürger Wohlgefühl,
vom ewigen Frühling und seinen Zeichen,
illustrer Regierung, Religion und Staat,
von allem sei in dieser Abhandlung die Rede.

Diese Dichtung artikuliert Bewunderung von Opulenz, Reichtum, Kathedralen, Profanbauten, Luxus, Wissenschaften, Künsten – barocken Lieblingsobjekten –, von Hof und Elitegesellschaft Mexikos, apologetischen Stolz des Kreolen auf die amerikanische Stadt, die den Städten Europas den Rang abläuft. Gongorinische Metaphern, Hyperbeln, Anaphern kumulieren deskriptiv die Farben und Formen Mexikos.

Carlos de Sigüenza y Góngora (1645–1700), aus wohlhabender Familie, studierte im Colegio Tepotzotlán Philosophie, Theologie, Literatur, Indiosprachen. Jesuit, 1672 Professor der Astronomie und Mathematik, Historiker, Theologe, Altamerikanist. Allseitig gebildeter und fachlich kompetenter Rationalist. Erneuerte die Lyrik inhaltlich und lexikalisch. Weitläufiger Verwandter Góngoras, gongorinischer Poet mit mexikanischer Thematik und Subjektivität in *Primavera indiana* (Indianerfrühling, 1668 bei Bernardo Calderóns Witwe in Mexiko verlegt), didaktisch-religiösem Poem über den bikulturellen mexikanischen Nationalmythos der Jungfrau von Guadalupe, die dem Indio Juan

Diego in Tepeyac erschien. Die Jungfrau findet Deutschland, Frankreich und England unwirtlich, doch das stolze Tenochtitlán gefällt ihr. Die Jungfrau von Guadalupe wird als hybrides Symbol und Stifterin der auf indianisch-hispanischer Biethnizität und Religiosität beruhenden mexikanisch-kreolischen Identität dargestellt. Sigüenza, politischer Gegner der rebellischen Indios in *Alboroto y motín de los indios de México* (1692, Aufruhr und Erhebung der Indios Mexikos), beschreibt poetisch in 79 *octavas reales* vorkolumbisches Erbe als Bestandteil mexikanischer Kreolität. Mit der Identität von Jungfrau von Guadalupe und indianischer Tonantzin nimmt er die Legende der vorkolumbischen Christianisierung der Indios beim Wort.

Außerhalb der Residenzen Mexiko und Lima entwickelt sich barockes Dichten in Santa Fé de Bogotá (NEUGRANADA). **Hernando Domínguez Camargo** (1606–59), Jesuit, Mitglied der Inquisition, von Gerardo Diego in seiner Anthologie zum Góngora-Jubiläum 1927 als großer Poet wiederentdeckt, modifiziert in seinem Loyola-Epos Episoden aus Góngoras *Soledades* und *Polifemo* (Jagdszenen, Festgelage). Brillantes Feuerwerk frei variierter gongorinischer Gestaltungsmittel mit barockem Wort- und Bildreichtum, barocker Syntax (Muster sein Drei-Wort-*endecasílabo*: »dulcemente alabastro fugitivo«), Häufung von Hyperbata in Sonetten, Romanzen und anderer *poesía menor* zu amerikanischen Themen. Charakteristisch für seine kreolische Góngora-Rezeption in Metaphorik, Syntax (Hyperbaton, Parenthesen) mit Einschluß indigen-amerikanischer Referentialität in europäische Realien ist die Strophe XXXIX:

El que América en una y otra mina
hijo engendra del sol, oro luciente,
indiana se vistió la clavellina,
y al pie torcido su natal serpiente
(talar su mejor hoja) se destina:
Mercurio de los huertos que, elocuente

(si el caduceo el pie le dió y la copa),
del Inca embajador voló a la Europa.

Obras, hrsg. von Torres Quintero, Bogotá: Instituto Caro y Cuervo, 1960, S. 54.

Derjenige, den Amerika in diesem oder jenem Bergwerk
als Sohn zeugte der Sonne, gleißendes Gold,
Amerika, das sich indianisch kleidete als Federnelke,
und seine eingeborene Schlange dem gekrümmten Fuße
(sein bestes Blütenblatt einheimsend) weiht:
Merkur der Gärten, beredsam
(wenn der Merkurstab den Fuß ihm gab und den Pokal),
er flog als Inka-Botschafter gen Europa.

Das Theater im 17. Jahrhundert

Neben dem indigenen Theater in ländlichen Regionen der Anden und Mesoamerikas gab es das katholisch-populäre Schau-Entertainment der Corpus-Christi-Prozession mit Theater, Tanz, Musik. Das Barocktheater in den Residenzen mit an amerikanische Verhältnisse adaptierten Stücken des Siglo de Oro (Lope, Calderón, Tirso de Molina) und einheimischen Dramen übertraf in Ausstrahlung und Aufwand das Renaissancetheater gewaltig. Mit Bühnenbild, Musik, Text, als sich an alle Sinne wendendes »Gesamtkunstwerk«, hatte es hohen Stellenwert in der Hofgesellschaft, deren Leben Karneval, immerwährendes Fest, ständige Inszenierung war. An Festtagen, königlichen Geburtstagen, bei Amtsantritt der Vizekönige agierten auf den Plätzen der Städte inmitten aufwendiger Dekorationen Berufs- und Laienkünstler und Amtsträger in tagelangen teuren Inszenierungen. Das Barock-Theater war Bestandteil feudalkolonialen Luxus.

In Cuzco verfaßte Medrano in Spanisch ein biblisches Drama mit Anspielungen auf politische Verhältnisse in PERU: *Amar su propia muerte* (1650, Den eigenen Tod lieben), in Calderón-Nachfolge und in Ketschua das gegenreformatorische *Auto sacramental del Hijo Pródigo* (1658?, Spiel vom verlorenen Sohn). **Vasco de Contreras y Valverde** (vor 1600–50), Priester in Cuzco, ketschuanisierte Marlowes *Faust* unter Calderónschem Einfluß in *Usca Paucar* (1641): Ein Inka verschreibt sich dem Teufel gegen Geld und Amt, doch ein Gebet an die Jungfrau rettet ihn. In Bogotá enthält das religiöse Theater regionale Anspielungen: **Fernando Fernández de Valenzuela** (1616–77?) schrieb das zeitkritische *entremés Laurea crítica* (1629), **Juan de Cueto y Mena** (1604–69) *La competencia en los nobles y la discordia concordada* (1659, Wettbewerb unter den Adligen und die einhellige Zwietracht) und *Paráfrasis panegírica en forma de coloquio de la milagrosa vida y muerte del Ilustre Señor Santo Tomás de Villanueva, Arzobispo de Valencia* (1660, Panegyrische Paraphrase in Kolloquienform vom wundersamen Leben und Sterben des berühmten Herrn Sankt Thomas von Villanueva, Erzbischof von Valencia), ein Anonymus das *Auto del Nacimiento del Hijo de Dios intitulado La prisión más prolongada con el más feliz suceso* (Spiel von der Geburt des Gottessohnes mit dem Titel Das längste Gefängnis mit dem glücklichsten Geschehen).

In MEXIKO schrieb **Bartolomé de Alva** (geb. 1610), Sohn des Chronisten Alva Ixililxochitl, 1641 ein *entremés* in Nahua und übersetzte Stücke von Lope und Calderón in diese Sprache. **José Antonio Pérez de Fuente** (geb. um 1580) schrieb in Nahua 20 *loas* und die Komödie *El portento mexicano* (Anfang 17. Jh., Der wundersame Mexikaner). **Martín Acabado** (16.–17. Jh.) in Mixtekisch und Chocho *autos sacramentales, dramas alegóricos* und die *Mexica Comedia de los reyes* (nach 1600, Mexikanische Königskomödie). Bramón montierte in den Roman *Los sirgue-*

ros de la Virgen sin original pecado ein dramatisch wirksames Stück über die Jungfrau von Guadalupe: *Auto del triunfo de la Virgen y gozo mexicano* (1620, Spiel vom Triumph der Jungfrau und Mexikos Freude). Matías de Bocanegra, Jesuit, schrieb eine gegenreformatorische *Comedia de San Francisco de Borja* (UA 1640 in Puebla).

Bedeutendster Kolonialdramatiker, Hauptvertreter des Siglo de Oro und ernsthafter Konkurrent Lope de Vegas und Quevedos ist der Mexikaner **Juan Ruiz de Alarcón** (1575/76–1639), Bergmannssohn aus Taxoco, nach Jurastudium in Mexiko und Salamanca Advokat in Sevilla, Promotion und Anwalt in Mexiko, ab 1615 in Madrid. Schrieb die bis heute vielgespielten Dramen *La verdad sospechosa* (Die verdächtige Wahrheit; von Corneille, Molière, Goldoni bearbeitet), *Las paredes oyen* (Die Wände haben Ohren), *No hay mal que por bien no venga* (Jedes Übel hat auch sein Gutes), alle 1622 bzw. 1628 gedruckt. Erneuerer des spanischen Dramas durch psychologische Vertiefung und Komplexität der Figuren, Umformung der Lopeschen Typendramatik zum Charakterstück, des Mantel-und-Degen-Stücks zur Sittenkomödie. Seine eigene komplizierte Psyche und seine Mexikanität sensibilisierte ihn für psychisch-mentale Phänomene und ließ ihn die Persönlichkeit der Madrider durchschauen. In *Las paredes oyen* (Die Wände hören) fragt der arme und mißgestaltete Don Juan de Mendoza – eine autobiographische Figur – den klugen Diener Beltrán, ob er bei der schönen Doña Ana Chancen habe:

Tiénme desesperado,
Beltrán, la desigualdad,
si no de mi calidad,
de mis partes y mi estado.
La hermosura de doña Ana,
el cuerpo airoso y gentil,
bella emulación de abril,
dulce envidia de Diana,
mira tú: ¿cómo podrán

dar esperanza al deseo
de un hombre tan pobre y feo
y de mal talle, Beltrán?

Obras completas, hrsg. von Alva Vernon Ebersole, Bd. 1, Valencia: Editorial Castalia, 1966 (Estudios de Hispanófila 59), S. 75.

In Verzweiflung hält mich,
Beltrán, die Niedrigkeit,
wenn nicht meiner Qualitäten,
so doch meiner Rollen und meines Standes.
Doña Anas Schönheit,
ihr behender und edler Leib,
schönster Rivale des Monats April
und Dianas süßes Neidobjekt,
du siehst doch: wie können sie
Hoffnung einflößen dem Verlangen eines Mannes,
der so arm und häßlich ist
und so schlecht gebaut, Beltrán?

Abseits der Zentren, in NICARAGUA, entstand die mestizistische Tanzsatire *Güegüense o Mjacho-ratón*, Mischung aus Spanisch und Nahua, die passiven Widerstand gegen Herrscher und Behörden propagiert.

Eine Dichterin von Weltrang: Sor Juana Inés de la Cruz

Höhepunkt des Barocktheaters und kolonialer Literatur ist **Sor Juana Inés de la Cruz** (1651–95), bedeutendste Schriftstellerin der Weltliteratur des 17. Jh.s. Frühreif, Autodidaktin in Wissenschaften, Kunst und Literatur, mit 13 Jahren Hofdame der Vizekönigin Marquesa de Mancera. Schneller Ruhm wegen Schönheit und Klugheit. Protegiert von mehreren Vizekönigen (Marqués de Mancera, Conde de Paredes, Conde de Galve). Ging aus Aversion gegen Hof und Ehe zur Wahrung von Selbstbestimmung und geistiger Unabhängigkeit 1668 in das Hieronymuskloster. Schreibverbot und Schikanen durch den Klerus, dem ihr selbständiges Denken und ihre Rolle als Intellektuelle mit ihrem Status als Nonne und Frau unvereinbar erschienen. Ihre lyrische, dramatische, philosophisch-epische Poesie und autobiographisch-narrative Prosa, kreolische Dichtungen mit mestizischer Tendenz, Ausdruck weiblichen Emanzipationsstrebens, haben tiefen geistig-philosophischen Gehalt (Einfluß von Raimund Lull, Athanasius Kircher und Descartes), lobpreisen geistige Tätigkeit und Vernunft ohne Aufgabe religiöser Dogmen und markieren den Übergang vom Barock zur Frühaufklärung. Einflüsse: Góngora, Quevedo, Calderón. Charakteristika: Neologismen, Onomatopoesien, Fremdzitate, gelehrte Ausdrücke.

Dramatik: Schrieb als Auftragswerke für religiöse oder profane Feste gutgebaute allegorische Stücke nach Siglo-de-Oro-Muster. Zwei Komödien: *Amor es más laberinto* (UA 1689 in Madrid, Die Liebe ist der Labyrinthe größtes), über Theseus-Ariadne-Minotaurus-Stoff. *Los empeños de una casa* (UA 1683 in Mexiko, Haushaltsangelegenheiten), ein Mantel-und-Degen-Stück, kritisiert Adel und ironisiert Damenmode.

Lyrik: Ihre Sonette, Villancicos, Redondillas, Satiren schwanken zwischen konventioneller Liebeslyrik von geringem Erlebniswert und tiefempfundener, philosophisch-reflexiver Ich-Aussage. Hervorkehrung mexikanischen Selbst- und Geschichtsbewußtseins und bikulturell-mestizischer Identität bei Geburt des Sohnes des Vizekönigs Cerda:

[...] el Aguila Mejicana
el imperial vuelo tienda,
pues ya en su Alcazar Real,
donde yace la grandeza
de gentiles Moctezumas
nacen católicos Cerdas.

Obras completas, hrsg. von Alfonso Méndez Plancarte, Bd. 1, Mexiko / Buenos Aires: FCE, 1951, S. 72.

Der mexikanische Adler
setzt an zu imperialem Flug,
denn im Königsschloß,
Schrein der Grandeza
edler Moctezumas,
sind katholische Cerdas geboren.

In *El divino Narciso* (1690, Der göttliche Narziß), in dem *indio galán* und *india bizarra* den Indiogott Huitzlilopochtli besingen, heißt es, die Azteken hätten das Christentum antizipiert, in der *loa* zu *El Cetro de José* (1692, Josephs Zepter) identifiziert sie aztekischen Kannibalismus mit Eucharistie. Mexikanische Identität drücken Indianismen, Sonnensymbolik, Afroamerikanismen und afroamerikanische Verselbständigung von Klang und Rhythmus aus.

Negrillos

Cantemo, Pilico,
que se va la Reina,
y dalemu turo
una noche buena:

Iguale yolale,
Flacico, de pena,
que nos deja ascula
a turo las Negla.

Si las cielo va
y Dioso la lleva,

¿para qué yolá,
si Eya se cuntenta?

Ebd., Bd. 2, S. 15.

Negerlein

Singen wir, Pilico,
die Himmelskönigin geht von uns,
und wünschen wir allen
eine gute Nacht.

Desgleichen weinen wir,
Flacico, aus Pein,
daß sie im Dunkeln läßt,
alle die Negerlein.

Wenn sie im Himmel ist,
wohin Gott sie bringt,
warum dann weinen,
wenn sie's zufrieden ist?

Sie stellt als erste in der iberischen, vielleicht in der Weltliteratur Forderungen in bezug auf Gleichberechtigung der Frau (Bildung, Studium, Beruf, Unabhängigkeit vom Mann). Sie protestiert gegen die Behauptung, Schriftstellerei sei unweiblich:

Yo no entiendo de esas cosas;
sólo sé que aquí me vine
porque, si es que soy mujer,
ninguno lo verifique.

Y también sé que, en latín,
sólo a las casadas dicen
uxor, o mujer, y que
es común de dos la virgen.

Ebd., Bd. 1, S. 138.

Ich verstehe nichts von diesen Dingen;
ich weiß nur, daß ich hier herkam,
damit keiner überprüfe,
ob ich wirklich Frau bin.

Und ich weiß auch, in Latein
werden nur Eheweiber uxor
oder Frau genannt, sowie daß
beiden die Jungfrau gemeinsam ist.

Typisch das Höherpreisen geistigen gegenüber materiellen Reichtums mit Kritik am verschwenderischen barocken Luxus von Hof und Adel:

Yo no estimo tesoros ni riquezas,
Y así, siempre me causa más contento
poner riquezas en mi pensamiento,
que no mi pensamiento en las riquezas.

Ebd. S. 277 f.

Ich schätze weder Schätze noch Reichtum,
und so verschafft mir mehr Befriedigung,
Reichtum in meine Gedanken zu legen
als meine Gedanken in Reichtum.

Philosophischer Grundzug ihres Dichtens ist die Spannung zwischen Theologie und Philosophie, Sensualismus (Pascal) und Rationalismus (Descartes), Naturwissenschaften und schönen Künsten, Inquisition und Aufklärung. Ihre dialektische Selbstanalyse zwischen Gefühl und Verstand entspricht der frühaufklärerischen Diskussion in Europa:

En dos partes dividida
tengo el alma en confusión:
una esclava a la pasión,
otra, a la razón medida.

Ebd. S. 234.

In zwei Teile getrennt
ist meine verwirrte Seele:
einer ist der Leidenschaft versklavt,
der andere kennt nur den Verstand.

Philosophische Dichtung zwischen Barock und Frühaufklärung ist die Silva *Primero sueño* (1690, Erster Traum), symbolische Traumreise ihrer Ich-Psyche ins Weltall und ins eigene Innere. Das teils kulterane, teils konzeptistische, stark intertextuelle Werk in der Nachfolge der *Primera soledad* Góngoras poetisiert genial das damalige Weltbild in Physik, Astronomie, Philosophie und Religion.

Prosa: Ihre kurze Autobiographie *Respuesta a Sor Filotea de la Cruz* (1691, Antwort an Sor Filotea de la Cruz) schildert rückhaltlos Werdegang und Charakter: Wißbegier, Lernwillen, Lerntechnik, Eitelkeit, Ansichten über Welt, Religion, Literatur, ihr Selbstbewußtsein als Frau. Bedeutendes Prosastück wegen der homodiegetischen Darstellung kreolischer Innerlichkeit und Mischung aus *testimonio* und Narration.

Ein spätes Gegenstück zu Sor Juanas Autobiographie auf niedrigerem Niveau ist *Mi vida* (*Vida de la venerable Madre Josefa de la Concepción,* 1720?, Leben der verehrungswürdigen Mutter Josefa de la Concepción) von **Francisca Josefa Castillo y Guevara** (1671–1742), Mystikerin, Nonne aus Neugranada. Die romanhafte Autobiographie ist Abfolge seelischer Stimmungen, psychologische Selbstanalyse. Themen: Einsamkeit, Angst, Hoffnung, Vergessen, *engaño* (Trug). Ihre schnörkellose Sprache ist antibarock.

Brasilien-Barock

Brasilien hatte mangels Publikum, entwickelter Wirtschafts- und Kulturverhältnisse, literaturfördernder Faktoren (Hofhaltung, Urbanität, Universitäten, Druckereien) keine in Masse und Qualität mit Hispanoamerika vergleichbare Literatur. An der Südwestküste brachte der Zuckerrohranbau wirtschaftlichen, demographischen und kulturellen Aufschwung unter Einfluß des spanischen Barock.

Gregório de Mattos (1633–96), wegen seiner scharfen Satiren »Höllenmaul« genannt, Jesuitenzögling, nach Jurastudium in Coimbra Beamter in Lissabon, 1694 wegen Satiren nach Angola verbannt, starb in Recife. Einflüsse: Lope de Vega, Quevedo und Góngora, deren Dichtungen er intertextuell in typischer Barockstrategie in eigene Lyrik einarbeitet (Vanitas-Sonett *Discreta, e formosíssima Maria*). Satiren auf privilegierte und korrupte Beamte, Mulatten, gierige Kleriker neben reuigen religiösen Gedichten. So in *Décima* (Caveira, Deão und Pereira waren bekannte Notabeln):

A nossa Sé da Bahia,
com ser um mapa de festas,
é um presépio de bêstas,
se não for estrebaria:
várias béstias cada dia

vemos, que o sino congrega,
Caveira mula galega,
o Deão burrinha parda,
Pereira besta de albarda,
tudo para a Sé se agrega.

Obra poética, hrsg. von James Arnedo, Rio de Janeiro: Ed. Record, [2]1990, S. 195.

Unser Sé de Bahia
mit Festen überall
gleicht einem Stall,
Nichts uns zu erstaunen vermag:
viel Getier sehn wir jeden Tag

vom Schicksal vereint.
Caveira, das galicische Maultier
oder Deão, der Schwarzesel,
und Pereira, das Saumtier,
alles trifft sich ausgerechnet hier.

Als schriftlich fixierte orale Hervorbringungen gehören die barocken Kanzelreden des Jesuitenpaters **Antônio de Vieira** (1608–97) *Sermão da Sexagésima*, *Sermão pelo bom Sucesso das Armas de Portugal contra as de Holanda* (Sexagesima-Predigt für den Erfolg der Waffen Portugals gegen die Hollands) unter den damaligen Literaturbegriff. Berater von König Johann IV. 1652 in Jesuitenmissionen am Amazonas. Wegen Predigten zum Schutz getaufter Juden und Indios mit Las Casas verglichen, von der Inquisition mit Redeverbot und Hausarrest belegt. Seine rhetorisch ausgefeilten Predigten geißeln die Ungerechtigkeiten der Sklaverei.

Verwandte Gedanken drückt sein Salvadorianer Konventkollege **André João Antonil** (1649–1716) in seiner Wirtschafts- und Landeskunde *Cultura e Opulência do Brasil* (1711, Kultur und Reichtum Brasiliens) aus, in der er zur Information portugiesischer Wirtschaftskreise und Einwanderer die wichtigsten Wirtschaftszweige anschaulich-lebendig und literarisch beschreibt.

Manuel Botelho de Oliveira (1636–1711) setzt in Lyrik und Dramatik die gongorinische Dichtung Mattos' fort. Vorbilder: Tasso, Marino, Camões. Seine *Música do Parnaso* (1705), erstes (in Portugal) gedrucktes Buch eines Brasilianers mit Dichtungen in Portugiesisch, Spanisch, Latein und Italienisch, enthält petrarkistische Liebesgedichte an eine in Lissabon wohnhafte fiktive Laura-Anarda sowie die poetische Beschreibung der *Ilha da maré* vor Salvador, erstes brasilianisches Gedicht auf eine brasilianische Landschaft. Außerdem schrieb er zwei Komödien, *Hay amigo para amigo* (1705, Für den Freund den Freund) und *Amor, engaños y celos* (1705, Liebe, Trug und Eifersucht), in Calderóns Manier auf spanisch. Die Aufführung Calderónscher Stücke in Salvador, Vila Rica und Recife zeigt, daß sich hier zweihundert Jahre nach Mexiko und Lima Theaterpublikum und Schauspieler eingebürgert hatten.

Relativ früh entsteht eine pikareske, moralisierend-missionierende Jesuiten-Prosa. **Alexandre de Gusmão** (1629–

1724) verfaßte die exempelhafte, in mehreren Auflagen erschienene *História do predestinado Peregrino e seu Irmão precito* (1682, Geschichte vom auserwählten Pilger und seinem ruchlosen Bruder): das Leben als Pilgerreise ungleicher Brüder zwischen Gut und Böse, der eine nach Rom, der andere ins Sündenbabel. Das in mehreren Auflagen verbreitete romanhafte *Compêndio narrativo do Peregrino da América* (1728, Geschichten-Kompendium des Pilgers aus Amerika) von **Nuno Marques Pereira** (1652?–1733?) beschreibt exempelhaft, vor den Todsünden warnend, eine Reise durch Bahia, Pernambuco, Minas Gerais und Salvador.

IV

Das aufklärerische 18. Jahrhundert

Aufklärungsliteratur und Sachprosa versus Barockpoesie

Das 18. Jh. brachte einen Totalabbruch, ja eine vollständige Kehrtwendung der Literaturgeschichte: die frontale Ablehnung des Barock, die Rücknahme seines Poesiezentrismus, seines Hanges zum Artifiziellen, den Rückfall in pragmatische, informierende, propagandistische Prosa. Statt Verschwendung Sparsamkeit, statt Genuß Nützlichkeit. Wissenschaft und Philosophie werden höher als Kunst und Literatur, Wirtschaft höher als Kultur gewertet. Statt Gegenreformation Aufklärung, statt Kolonialismus Unabhängigkeitsdenken. Trägerschichtwechsel: statt Höflinge, Aristokraten, Priester und Beamte nun kreolische Bildungsbürger und Universitätslehrer. Ortswechsel: statt Höfe und Residenzen Handels- und Hafenviertel und -städte. Statt Zentralismus dezentralisierte Literatur auch außerhalb Mexikos und Limas. Ursachen: Krise, Hungersnöte, Seuchen, Rückgang von Produktion und Handel, Aufstände. Spanien hatte keine Industrie, war verschuldet, verlor Kriege und Vorherrschaft in Europa. Literatur, Künste, Wissenschaften wurden bedeutungslos. Die Kolonien wollten Befreiung von Lasten, das Bürgertum den Ausbau von Handel, Wirtschaft, Bildungswesen, politische und Wirtschaftsfreiheit (Liberalismus), Denk- und Pressefreiheit, Wissenschaft statt Scholastik, Produktion statt Konsum, Arbeit statt Muße, Industrie statt Luxus. Anstelle militärischer Aktionen wissenschaftliche Expeditionen zur Erkundung des Landes. Gründung naturwissenschaftlich-technischer Institutionen: *Jardín Botánico*, Mexiko 1788, *Escuela de Minería*, Mexiko 1792, *Observatorio Astronómico*, Bogotá 1799, *Escuela de Náutica*, Buenos Aires 1799. Die bourbonischen Reformen Karls III., josephinische Aufklärung, Vertreibung der (ebenfalls aufklärerischen) Jesuiten, Mitsprache der Kreolen in Stadträten (*cabildos*) und Handelsfreiheit sollten Entwicklung steuern. Die auf Reform und Gleichberechtigung der Kolonien setzende Aufklärung wurde zur Ideologie der Unabhängigkeitsbewegung.

Die Krise der Kolonie und die Bedürfnisse des Bürgertums führten zu rasanten Veränderungen in der literarischen Kultur, besonders bei den Printmedien: mehr amerikanische Autoren, größeres kreolisches Publikum, mehr in Lateinamerika verfaßte und gedruckte Bücher, Druckereien in Paraguay, Guatemala, Havanna 1707, Bogotá 1738, Ecuador 1794, Córdoba 1754, Buenos Aires 1780, Santiago de Chile 1780, Veracruz 1794. (In Brasilien gab es bis 1808 keine Universitäten und keinen Buchdruck.) Mehr und stabilere Zeitungen in Mexiko ab 1722 (*Gaceta de México*, *Mercurio de México*), in Guatemala 1729, Lima 1743, Havanna 1764, Bogotá 1785, Buenos Aires 1801. Tageszeitungen: *Diario Erudito, Económico y Comercial de Lima* 1790–93, *Diario de México* 1793–1800. Zeitschriften: *El Mercurio Volante*, Mexiko 1772, *Papel Periódico de La Habana* 1790, *El Mercurio Peruano* 1791, *Semanario del Nuevo Reino de Granada* (hrsg. von José Francisco de Caldas, in der ersten Nummer *Descripción apologética de la geografía física y económica* des Landes).

Die Aufklärungsliteratur war Neubeginn. Statt spielerischer Verkunstung handfeste Sachliteratur. Statt literarischer wissenschaftliche Diskurse, auf die schon Lunarejo, Caviedes und Sigüenza abgehoben hatten, der wie Sor Juana *la verdad y la razón* pries und im *Manifiesto filosófico contra los cometas despojados del imperio que tenían sobre los tími-*

dos (1681, Philosophisches Manifest gegen die ihrer Herrschaft über die Furchtsamen beraubten Kometen) szientizistisch-rationalistische Gedanken über Aberglauben und Astrologie wegen eines Kometen äußerte, ein Jahr vor den *Pensées diverses sur la comète* (1682) des französischen Frühaufklärers Bayle aus gleichem Anlaß! Starker Einfluß der radikalen französischen (Montesquieu, Condillac) und zahmen spanischen Aufklärung (Feijóos *Teatro crítico universal*). Der Argentinier Mariano Moreno übersetzte Rousseaus *Contrat social*. Antiaufklärerisch wüteten Zensur und Inquisition mit Gefängnis und Garrotte. Der Jesuit José María Vallartasa votierte in *El sabio con aprobación de Dios* (1763, Der Gelehrte mit Gottes Billigung) für Inquisition, gegen Aufklärung.

In der Sachliteratur traten an die Stelle halbbelletristischer Reise- und Abenteuerchroniken wissenschaftliche Expeditions- und Forschungsberichte über Archäologie, Bodenschätze, Verkehr, Fauna, Flora, Mineralien: die *Relación histórica del viaje a la América meridional* (1748, Historischer Bericht über die Reise in das südliche Amerika) der Gebrüder Ulloa, Alexander von Humboldts *Reise in die Äquinoktialsgegenden* (1805–34) und seine politischen Essays über Mexiko und Kuba. Die Historiographie erforschte die kreolische Geschichte zwecks Identifikation mit der Region: José de Oviedo y Baños' *Historia de la conquista y población de la provincia de Venezuela* (1723, Geschichte der Eroberung und Bevölkerung der Provinz Venezuela) im Auftrag des Stadtrats von Caracas. Wissenschaftliche Archäologie betrieb Francisco Javier Clavijero in seiner *Historia antigua de México* (1780/81). Zu den ersten Fachenzyklopädien gehört der *Diccionario geográfico-histórico de las Indias Occidentales o América* (1786–89, Geographisch-historisches Wörterbuch Westindiens oder Amerikas) des Ecuadorianers Antonio de Alcedo. Kolumbianische Naturforscher, Anhänger der Enzyklopädisten, verbreiten jetzt (!) kopernikanisch-galileische Ideen: Francisco José de Caldas (1768–1816), von den Spaniern hingerichtet, verfaßte die erste ökonomische Abhandlung *Estado de la geografía del virreinato con relación a la economía y al comercio* (1808, Stand der Geographie im Vizekönigreich in bezug auf Wirtschaft und Handel) und das naturwissenschaftlich-soziologische Traktat *El influjo del clima sobre los seres organizados* (1808, Der Einfluß des Klimas auf die organischen Wesen). In den Schriften treten die Person des Reisenden, Narrativität und Literarizität zugunsten objektiver Realitätswiedergabe zurück. Die Autoren sind statt Kleriker und Beamte Intellektuelle und Freiberufler.

Die Poesie, den Höfen verbunden, spielt eine mindere Rolle. **Juan Bautista Aguirre** (ec 1725–86), Jesuit, Autor verspielter Rokoko-Liebes- und Gelegenheitslyrik, ist Nachzügler. Der Rokokopoesie zwischen Barock und Klassizismus verbunden ist die Akademie von Vizekönig Manuel Oms de Santa Pau, Mârqués de Castell-dos-Ríus, in Peru. Mitglieder: der Spanier Conde de la Granja und **Pedro de Peralta Barnuevo** (1663/64–1743). Letzteren interessiert in *Lima fundada o Conquista del Perú. Poema heróico en que se decanta toda la historia del descubrimiento y sujeción de sus provincias por don Francisco Pizarro* (1732, Die Gründung Limas oder Eroberung Perus. Heldenlied, in dem die ganze Geschichte der Entdeckung und Unterwerfung seiner Provinzen durch Don Francisco Pizarro erklärt wird) weniger die spanische Conquista als die Gründung der peruanisch-kreolischen Stadt Lima mit ihren Vizekönigen, Gelehrten, Dichtern, ihrer Urbanität, Kultur, Geschichtsträchtigkeit, wenn er Pizarro prophezeit:

La ciudad nueva a quien fundar meditas
Y los reyes darán nombre y nobleza,
Fortunas logrará tan infinitas
Que labre en cada piedra una grandeza.

Colección de Documentos Literarios del Perú, hrsg. von Manuel Odriozola, Bd. 1, Lima [o. V.] 1863, S. 51.

Die neue Stadt, die du zu gründen unterfangen
und der die Könige Namen und Adel verleihn,
wird unendlich viel Reichtum erlangen
und Größe wird eingehauen jedem Stein.

Statt verbalem Spiel rationalistische Belehrung. Rückgang spanischen zugunsten französischen (aufklärerischen) Einflusses.

Das Theater im 18. Jahrhundert

Mit der Wirtschaftskrise fanden luxuriöser barocker Lebensstil, Mäzenatentum und damit auch das aufwendige höfische Theater ihr Ende. Dezentrale Wandertruppen, Berufs- und Laienbühnen in umgebauten *corrales* bedienten die Freizeit- und Unterhaltungsbedürfnisse urbaner Patrizier und Mittelschichten. Infolge Zensur reflektieren sie keine separatistisch-antikolonialen und nur verdeckt aufklärerische Tendenzen. In Peru begründete Peralta mit der Adaptation französischer Stücke den überragenden Einfluß französischer Literatur auf Kosten der spanischen: *Triunfos de amor y poder* (1711, Triumphe von Liebe und Macht) nach Molières *Le Malade imaginaire*, *Rodoguna* (1720) nach Corneille.

Das neue Publikum wollte kreolische Selbstdarstellung und kreolisches Milieu. **José Agustín de Castro** (mex 1730–1814) brachte in *Autos sacramentales* und *loas* plebejische Volksschichten auf die Bühne. **Fray Francisco de Castillo** (gen. El Ciego de la Merced, per 1714–70) inszenierte in *Todo el ingenio lo allana* (vor 1749, Das Genie hobelt alles glatt) und *Entremés del justicio y litigantes* (vor 1749, Entremés von Gerechtsame und Prozeßführern) kreolische Bürgerlichkeit und Satire auf die Limeñer. Unter den mexikanischen Komödienschreibern in der Calderón-Nachfolge

(Jerónimo de Monforte, Vera und Jerónimo Fernández de Castro y Bocángel) ragt **Eusebio Vela** (1688–1737), Schauspieler und Direktor des *Coliseo,* mit *La pérdida de España por una mujer* (um 1730, Der Untergang Spaniens wegen einer Frau) und *Apostolado en las Indias y martirio de un cacique* (um 1730, Apostolat in Westindien und Martyrium eines Kaziken) heraus. **Santiago de Pita** (1693?–1755), Polizeichef und Bürgermeister von Havanna, schrieb *El príncipe jardinero y fingido Cloridano* (um 1733, Der Prinz als Gärtner und vorgeblicher Cloridano), zugkräftige Rokokokomödie nach dem gleichnamigen italienischen Stück (Einflüsse: Lope, Calderón, Sor Juana).

Das indianische Dorftheater politisierte sich im Zusammenhang mit der Rebellion des Tupac Amaru in Peru. Indiobauern führten auf Ketschua die identitätsstiftende, das Trauma der Conquista evozierende *Tragedia del fin de Atau Wallpa* (*Atau Wallpaj P'uchukakuyninpa Wankan,* Tragödie vom Ende Atahualpas) auf, ebenso das altinkaische *Ollantay*-Drama – in der Hoffnung auf Reformen vom Priester Antonio Valdés in Ketschua bearbeitet: General Ollanta liebt die Inkatochter Kusi Qóllur, aus Gründen des sozialen und Sippenabstands verweigert der Inka ihm diese, steckt beider Kind ins Kloster und läßt Ollanta, der eine Rebellion anzettelt, verhaften. Doch Nachfolger Tupac Yupanki verzeiht und erlaubt die Heirat. Dies lyrische Stück über richtiges Regieren weicht mit segmentierenden *arawi*-Liedern und schneller filmartiger Montage kurzer Sequenzen an wechselnden Orten vom aristotelischen Dramentyp ab und beeinflußt lateinamerikanisches Theater.

Während der Unabhängigkeitskriege nutzen weiße Autoren indigenes Erbe als Identifikations- und Integrationselement der Kreolen. **Bernardo de Monteagudo** (arg 1787 – bol 1825) läßt im *Diálogo entre Atahualpa y Fernando VII en los Campos Eliseos* (1809, Dialog zwischen Atahualpa und Ferdinand VII. im Elysium) Atahualpa die Peruaner zum Freiheitskrieg gegen den Spanier aufrufen. Die Tragödie *Siripo* (1789), eine rassistische Dreiecksgeschichte des Argentiniers Lavardén von einem Ehepaar weißer Eindringlinge, die vom Indiohäuptling Siripo grausam getötet werden, weil sich die Spanierin ihm nicht hingibt, gehört in den Kontext der Flucht-in-die-Wildnis-Prosa. In Santa Fé dramatisierte **Antonio Fuentes del Arco** (vor 1690 – 1733) als Dank für die Aufhebung der Matesteuer in *Loa* (1717) die Geschichte des Matehandels in Santa Fé, Misiones, Iguazú und La Plata; die Danksagung an den Monarchen wird in diffizilen kulteranen Versen, die Steuerfrage in aufklärerischer Sachlichkeit vorgetragen.

Gegen Jahrhundertende finanzierten und besuchten Kaufleute, Pflanzer und Hacendados bürgerliche Theater, die bei starkem Lokalkolorit ein neues soziales Rollenverständnis dieser Klassen und bürgerliche Moralauffassungen in übersetzten aufklärerischen Stücken von Beaumarchais, Molière, Goldoni, Kotzebue, Alfieri, Crébillon, Chénier, Voltaire (übers. von Heredia) artikulierten. *Coliseos* entstanden in Havanna 1776, Buenos Aires 1783, Caracas 1784, Bogotá und Montevideo 1794, Rio de Janeiro 1812, Santiago de Chile und Matanzas 1820. Die extemporierenden kritischen Bezugnahmen auf lokale aktuelle Politik, die Popularität von Schauspielerpersönlichkeiten (Covarrubias in Havanna, die Pericholi in Lima), das Renommee einheimischer Autoren, die Konstituierung eines Publikums, die Gründung von Theatergesellschaften (*Sociedad del Buen Gusto de Teatro*, Buenos Aires 1817), die Theaterkritik in neuen Periodika, der Stadtklatsch über die Komödianten trugen zum Entstehen dezentraler städtischer literarischer Kommunikationsfelder und damit zur Entstehung literarischer Öffentlichkeit über eine aristokratische Hofelite hinaus bei, machten eine bürgerliche, nicht-höfische peruanisch-mexikanische Literatur möglich. Wanderbühnen zwischen Zirkus, Volksbelustigung, Stier- und Hahnenkampf bedienten in Stadt und Land das Unterhaltungsbedürfnis der analphabetischen Massen.

Dezentralisierung der Literatur: Argentinien

Mit administrativer Dezentralisierung und wirtschaftlichen Schwerpunktverlagerungen vom Edel- zu Nutzmetallabbau, Viehzucht und Ackerbau und wachsender Bedeutung von Wirtschaft gegenüber Politik und Verwaltung entstanden weitere urbane Zentren, neben Bogotá (Neugranada) Buenos Aires als Haupthafen des Europahandels (Rinderzucht, Getreide). Mit der Gründung des Vizekönigtums La Plata 1776 treten Argentinien und Uruguay in die Literatur.

Manuel José de Lavardén (1754–1809), Haupt des Literatenzirkels im Bonaerenser Café Marcos, artikuliert in französisch-klassizistischer Art argentinisches Selbstbewußtsein gegenüber Lima in *Sátira* (1786). Seine *Oda al majestuoso río Paraná* (1801), im *Telegrafo Mercantil* (!) erschienen, besingt erstmals die grandiose iberoamerikanische Landschaft und preist aufklärerisch den Fortschritt am La Plata.

Die Polemik über die Neue Welt

Eine große Rolle für die Herausbildung kreolischer Identität und die Ausrichtung der Aufklärung auf die Unabhängigkeit spielten die Polemik über die Neue Welt und die Jesuitenliteratur. Undifferenzierte Polemiken europäischer Aufklärer gegen das rationalismusfeindliche Spanien diskriminierten die Kreolen, riefen deren Protest hervor und trugen so zum kreolischen Identitätsbewußtsein und Alteritätsgefühl gegenüber Europa bei: Corneliusz de Pauw, Vorleser Friedrichs II., mit *Recherches philosophiques sur les*

Américains (1768/69), Guillaume Raynal mit der *Histoire philosophique et politique des établissements des Européens dans les deux Indes* (1770) und William Robertson mit *History of America* (1777). Laut Pauw sind Flüsse und Tiere Lateinamerikas rachitisch, die Indios dumm und gefühllos, die Kreolen wissenschafts- und denkunfähig. Gegen die *delirios del filósofo de Prusia* polemisierten unter Nachweis der Ignoranz Pauws die Kolumbier Mutis und Caldas sowie die Peruaner José Manuel Dávalos und Hipólito Unanue.

Bedeutsam waren neben Freimaurern lateinamerikanische Jesuiten, Pioniere des Bildungswesens, Schöpfer einer binationalen Kultur in Paraguay, 1759 aus Brasilien und 1767 aus Spanisch-Amerika gewiesen. Sie stellten viele Schriftsteller und Poeten der Kolonialzeit. Im 18. Jh. bedeutend war neben dem Historiker Juan Rivero (*Historia de las misiones de los Llanos de Casanare y los ríos Orinoco y Meta*, 1728?, Geschichte der Missionen der Casanare-Ebenen, am Orinoco und am Meta) **José Gumilla** (1690–1758?) mit dem Bestseller *El Orinoco ilustrado* (1741), einem geographischen, ökonomischen, historischen, biologischen, toxikologischen, ethnologischen und sittenkundlichen Kompendium der Region und ihrer indianischen Bewohner, die er mit Vorurteil und Liebe zeichnet. Durch den narrativen Zug des allwissenden homodiegetischen Erzähler-Autors, der sich im Pluralis modestiae mit dem impliziten Leser als fiktivem Mitwanderer unterhält, durch Spannung, Unterhaltung und Sprachkultur hat sein Werk literarische Qualität, zumal im weiten Literaturbegriff der Aufklärung, auf die der Buchtitel anspielt. Auf die Chroniktradition verweist die ständige Betonung von Augenzeugenschaft und testimonialem Charakter von Aussagen Dritter sowie des Berichtsmodus:

> Y para que con más suavedad corra el hilo de la narración [...] apartamos la vista de aquellas vastas llanuras, no la fatiguemos más, supuesto que desde esta bella cumbre, en que estamos,

podemos ver más de cerca curiosidades más agradables, y que con mayor novedad diviertan nuestros ánimos.

El Orinoco ilustrado. Historia natural y geográfica de este Gran Río, Bogotá: Editorial ABC, 1955, S. 171.

Und damit sich der Faden der Erzählung noch geschmeidiger abspule [...], wenden wir jetzt den Blick von jenen weiten Ebenen; ermüden wir ihn nicht noch mehr. Natürlich können wir von diesem schönen Hügel, auf dem wir uns befinden, aus nächster Nähe angenehmere Sehenswürdigkeiten betrachten, die durch größere Neuheit unseren Geist entzücken.

Die Liebe der Jesuiten zur amerikanischen Heimat steigert sich infolge ihres typisch lateinamerikanischen Exil- bzw. Vertriebenenschicksals zum Patriotismus, so der gegen Pauw polemisierende Francisco Clavijero (*Storia antica del Messico,* 1780). Literarischer ist **Rafael Landívar** (1731–1793), Rhetorik- und Philosophie-Professor, 1767 aus Guatemala ausgewiesen. *Rusticatio mexicana* (1781) in lateinischen Hexametern nach Vergils *Georgica*, bürgerliches Gegenstück zu Balbuenas *Grandeza mejicana*, betont die Heimatliebe (*terrae natalis amore*), geht ab von mediterraner Renaissancebukolik, entdeckt Landschaft, Fauna und Flora des tropischen Lateinamerika (Quetzal, Kolibri, Cenzontle, Xochimilco-See, Hahnenkampfatmosphäre), besingt statt Idyllen den Anbau nützlicher Produkte (Zucker, Indigo, Cochenille) durch fleißige Indios. Vorläufer von Bellos Amerikadichtungen.

Juan Pablo Vizcardo (1748–98), peruanischer Jesuit, protestierte im *Lettre aux espagnols américains* (1792) gegen die Vertreibung und rief zum Abschütteln des spanischen Kolonialismus auf.

Das letzte Versepos des 18. Jh.s bringt die wachsende Differenz zwischen Kreolen und Spaniern zum Ausdruck: **Estebán de Terralla y Landa** (1750–97), Ingenieur, Jurist, Historiker, Geograph, lieferte in den 4000 satirischen Romanzenversen von *Lima por dentro y por fuera* (1792, Lima von innen und außen) ein Porträt Limas, der Bewohner, ihrer Sitten, Moden, Speisen, Unarten. Artikuliert Spanierfeindlichkeit der Peruaner und seine Perufeindlichkeit in Vorahnung der Unabhängigkeit. Schrieb halbautobiographische Vita eines parasitären Stutzers: *La vida de muchos o sea una semana bien empleada por un corrutaco de Lima* (1791?, Das Leben vieler oder eine von einem Stutzer aus Lima gut verbrachte Woche).

Narrative Aufklärungsprosa

Die Prosa als Hauptfeld der Aufklärung bedient sich zu aufklärerischen Zwecken paraliterarischer Genres (Autobiographie, Brief, Manifest, Dialog, Reisebericht). Hauptgenre: pikaresker Reiseroman, der nicht mehr die Wildnis, sondern die Kolonie unter spanischer Kuratel (Verwaltung, Verkehr, Sitten) testimonial als »barbarisch« zurückgeblieben kritisiert.

Francisco Javier Eugenio de Santa Cruz y Espejo (ec 1747–95), Zambo, Mediziner, Jurist, Radikalaufklärer, machte Vorschläge zur Pockenbekämpfung und Hygiene in Quito und kritisierte den spanischen Kolonialminister, dafür 1787 Gefängnis, 1788 Verbannung nach Bogotá. 1791 in Quito Gründer der *Sociedad Patriótica de Amigos del País*, einer reformistischen Kreolenvereinigung, 1792 Herausgeber der ersten Zs. Ecuadors *Las Primicias de la Cultura de Quito*, 1795 Kerker und Tod. *El Nuevo Luciano de Quito o Despertador de ingenios quiteños en nueve conversaciones eruditas para el estímulo de la literatura* (1779, Der Neue Lukian von Quito oder Wecker der Geister Quitos in neun gelehrten Unterhaltungen zwecks Anreiz der Literatur) sind handschriftlich verbreitete Dialoge im Stil Lukians zwischen dem Aufklärungsphilosophen Mera und dem gongorinischen Mediziner Murillo, Satiren auf verschrobene Sprache und Rhetorik des Barock, auf Aberglauben und Rückständigkeit in der Kolonie. Mera entwickelt Santa Cruz y Espejos antischolastisches Bildungsreformprogramm, fordert Französisch- und Italienisch- statt Latein- und Griechischunterricht, verklärt die jesuitische Aufklärung. In der Fortsetzung (*Luciano, La ciencia blancardina*, 1781, Lukian, Blancardos Wissenschaft) überführen beide Blancardo, Quitos Zensor, der Ignoranz.

Concolorcorvo (d. i. Alonso Carrió de la Vandera, 1715?–83), peruanischer Postinspektor, schrieb den *Lazarillo de ciegos caminantes* (1775/76, Lazarillo für blinde Reisende), typisch lateinamerikanische Mischung von (autobiographischem) *testimonio* und Fiktion, nützlichem Wissen und Unterhaltung. Praktischer Zweck: Baedeker-Information für Reisende (Auflage von 300 Exemplaren zum Verkauf an diese!) über Reisezeiten, Entfernungen, Gasthöfe der Route La Plata – Lima. Kritische Beschreibung der kolonialen Primitivität und Uneffektivität von Verkehr und Verwaltung, der Kriminalität und Unsicherheit. Philosophische Einflüsse: Feijóo, Descartes, Fénelon, Montesquieu, literarische: Quevedo, Torres Villaroel. Der im Titel angespielte pikareske *Lazarillo de Tormes* liefert die Episoden- und Reisestruktur mit eingestreuten Anekdoten, Aphorismen und costumbristischen Sittenbildern.

> Gauderíos: Estos son unos mozos nacidos en Montevideo y en los vecinos pagos. Mala camisa y peor vestido, procuran encubrir con uno o dos ponchos, de que hacen cama con los sudaderos del caballo, sirviéndoles de almohada la silla. Se hacen de una guitarrita, que aprenden a tocar muy mal y a cantar desentonadamente varias coplas, que estropean, y muchas que sacan de su cabeza, que regularmente ruedan sobre amores. Se pasean a su arbitrio por toda la campaña y con notable com-

placencia de aquellos semibárbaros colonos, comen a su costa y pasan las semanas enteras tendidos sobre un cuero, cantando y tocando.

El lazarillo de ciegos caminantes desde Buenos Aires hasta Lima, Buenos Aires / Mexiko: Espasa-Calpe, 1946 (Colección Austral), S. 37.

Die Gauchos: Es sind dies junge Burschen, die aus Montevideo und den benachbarten Gauen stammen. Ihr schäbiges Hemd und ihre noch schäbigere Oberbekleidung suchen sie unter einem oder zwei Ponchos zu verbergen, welche sie zusammen mit den Pferdedecken auch zu ihrem Bette machen, während der Sattel ihnen als Kissen dient. Sie verschaffen sich eine kleine Gitarre, lernen überaus schlecht darauf zu spielen und eignen sich dazu ein paar Lieder an, die sie mit ihrem mißtönenden Gesang verstümmeln, nebst vielen anderen, die ihrem eigenen Kopf entspringen und sich gewöhnlich um Liebschaften drehen. Sie streifen nach ihrem Gutdünken über das Land, ernähren sich mit auffallender Nachsicht seitens der halbwilden Siedler auf deren Kosten und verbringen ganze Wochen auf einem Fell ausgestreckt singend und musizierend.

Die Gauchos, übers. von Wilfried Böhringer, in: Die Neue Welt. Chroniken Lateinamerikas von Kolumbus bis zu den Unabhängigkeitskriegen, hrsg. von Emir Rodríguez Monegal, Frankfurt a. M.: Suhrkamp, 1982, S. 401.

Servando Teresa de Mier (mex 1765–1827), Priester, Gegner der Französischen Revolution, motivierte öffentlich die Unabhängigkeit Mexikos mit mestizischem Kult der Jungfrau von Guadalupe. Verschmolz christliche Legende und aztekischen Mythos zur Unabhängigkeits- und Eigenständigkeitsthese Mexikos. Verfolgung, Gefängnisse, Fluchten, Irrfahrten durch Amerika und Europa, phantastisch-magisch-realistisch beschrieben in *Memorias* (publ. 1876), Fiktion und Dokument, Autobiographie und Pikareske, Reise- und Abenteuerroman, vernichtende, haßerfüllte kreolische Kritik an Europa und am Vatikan. Rom ist »país de la perfidia y el engaño, el veneno, él del asesinato y el robo« (»Land der Perfidie und des Betrugs und des Gifts sowie des Mordens und Raubens«). Romantisierend-rousseauanischer Aufklärer, Übersetzer von Chateaubriands *Atala*.

Gegenpart: **Pablo de Olavide y Jáuregui** (1725–1804), reicher Peruaner, Enzyklopädist, ab 1752 in Spanien, wo er auf eigenem Theater von ihm übersetzte Stücke Racines und Voltaires aufführte. Floh vor Inquisition nach Frankreich, Kontakte mit Diderot, Voltaire, d'Alembert, Marmontel, Ehrenbürger der Revolution, wegen Kritik am Jakobinerterror eingesperrt, Rekonversion zum Katholizismus. Autobiographie *El Evangelio en triunfo o Historia de un filósofo desengañado* (1797, Triumph des Evangeliums oder Geschichte eines ernüchterten Philosophen) im von der empfindsamen Aufklärung gepflegten Genre des Briefromans.

Es entstanden viele kolonialgesellschaftsspiegelnde und -kritische, moralisierende, erstmals sich offen Roman nennende Texte: Terralla y Landas *Memorias para la historia de la virtud. Novela moral* (1791, Erinnerungen für die Geschichte der Tugend. Sittenroman). In MEXIKO: **José Sanchas** (2. Hälfte 18. Jh.) *Novela moral dedicada al Dr. e Mtro. Gregorio de Cancio, Cura de la parroquia de la Soledad de México* (um 1780, Sittenroman, gewidmet dem Dr. und Magister Gregorio de Cancio, Pfarrer der Soledad-Pfarrkirche zu Mexiko). **José Mariano Acosta Enríquez** (1750?–1820), Priester aus Querétaro, beschrieb nach dem Muster Quevedos und Villaroels eine Reise durch das Totenreich mit typisch mexikanischem Totenkult: *Sueño de sueños* (1775, Traum der Träume). **José Antonio Rojas** (2. Hälfte 18. Jh.): *Colección de cuentos morales que contiene el Zimeo, novela americana* (1796), Sammlung moralischer Erzählungen, darunter Zimeo, amerikanischer Roman), **Justo Vera de Ventosa** (2. Hälfte 18. Jh.): *El Siglo*

Ilustrado. Vida de don Gundo Cerezo, nacido, educado, instruido, sublimado y muerto, según las luces del presente siglo, que para seguro modelo de las costumbres dió a luz don Justo Vera de la Ventosa (um 1790, Das Jahrhundert der Aufklärung. Leben von Don Gundo Cerezo, geboren, erzogen, unterwiesen, verklärt und verstorben im Lichte unseres Jahrhunderts, welches als sicheres Sittenmodell von Don Justo Vera de la Ventosa ans Licht der Welt gebracht wurde). **Manuel de Campo y Rivas** (2. Hälfte 18. Jh.): *Crítica de París y Aventuras del infeliz Damón* (1788, Pariser Kritik und Abenteuer des unglücklichen Damon), Sittenroman nach Restif de la Brétonne über französisches Ancien régime als Parabel der spanischen Kolonien.

Bedeutendster Romancier ist **José Joaquín Fernández de Lizardi** (mex 1776–1827), Sohn eines unbemittelten Arztes. Wechselte vom aufklärerischen Journalismus (*El Pensador Mexicano*), wegen Zensur 1812–13 im Gefängnis, zur Literatur als Fortsetzung des Journalismus und Mittel für ideologische und politische Zwecke. *El Periquillo Sarniento* (1816) teilt didaktisch-dichotomisch das Romanpersonal in *pícaros* und *hombres de bien*, Müßiggänger und Arbeitsame, die der plebejische Protagonist bei seiner Reise durch alle Stände und Berufe kennenlernt. Sarniento wandelt sich exemplarisch-lehrreich vom *pícaro* zum *hombre de bien*, vom Faulenzer zum produktiv Tätigen. Müßiggang und Luxus charakterisieren die Kolonialfeudalität, Sparsamkeit, Fleiß, Nützlichkeit, Vernunft die Freiberufler, Kaufleute und Landwirte. Lizardi propagiert die Utopie einer bürgerlichen Arbeitsgesellschaft anstelle müßiggängerischer Kolonialgesellschaft durch Erziehung und Reform, nicht die Unabhängigkeit von Spanien. Seine Utopie ist nach den Topoi von Morus, Defoe, Swift eine chinesische Insel ohne Müßiggang:

– Yo no entiendo esto – decía el chino. – ¿Conqué tu padre batió castillos, rindió ciudades, derrotó ejercicios, en una palabra, afianzó la corona en las cabezas de sus señores, y acaso perdería la vida en alguna refriega de ésas, y tú, sólo porque fuiste hijo de aquel valiente y leal caballero, te hallaste en estado de ser conde y rico de la noche a la mañana, sin haber probado los rigores de la campaña, y sin saber qué cosa son los afanes del gabinete? [...] estos nobles que nacen y no se hacen, ¿en qué se ejercitan en tu país? Supuesto que no sirven ni en la campaña ni en los bufetes de los príncipes, ni son útiles ni en la paz ni en la guerra, ni saben trabajar con la pluma ni con la espada ¿Qué hacen, dime?

El Periquillo Sarniento, Mexiko: Porrúa, [4]1974, S. 366.

Das verstehe ich nicht – versetzte der Chinese – weil dein Vater Schlösser schleifte, Städte zur Übergabe zwang, Heere schlug, mit einem Wort die Krone auf den Köpfen seiner Herren befestigte und vielleicht sogar das Leben in einem dieser Unternehmen verlor – deshalb siehst du dich als der Sohn jenes tapferen und treuen Edelmannes im Laufe einer Nacht in den Grafenstand erhoben und reich, ohne daß du die Entbehrungen der Feldzüge erfuhrst und die Obliegenheiten des Kabinetts kennst? [...] Diese Adligen, die als solche geboren werden und nicht sich dazu machen, was üben sie denn in deinem Vaterlande aus? Gewiß dienen sie weder in den Feldzügen noch in den Kanzleien der Fürsten, sie sind weder im Frieden noch im Krieg zu etwas nütze, wissen weder mit der Feder noch mit dem Schwert umzugehen. Was machen sie bloß, sag es mir!

Leser-Belehrung erfolgt durch Testament und exemplarisch-lehrreiche Lebensbeichte des Protagonisten als fingierte Autobiographie. Die Rückblende gestattet kritische Distanz des homodiegetischen Erzählers, erweitert durch die Kommentare des Herausgebers/Verlegers über diesen. Schnelle Neuauflagen zeugen von breitem Lesepublikum. Romane mit homodiegetischen *narrador-testigo*: *Don Catrín de las fachendas* (1832), erster moderner lateinamerikanischer Roman, und *La Quijotita* (1818/19), ohne autobiographische Rückblende und eingeschalteten Verleger, tragen ähnliche Grundaussagen weniger didaktisch vor. (Die Revolution hatte gesiegt!)

Literaturhinweise

Arrom, José Juan: El teatro de Hispanoamérica en la época colonial, Havanna 1956; Blanco, José J.: La literatura en la Nueva España, 2 Bde., Mexiko 1989; Chang-Rodríguez, Raquel: El discurso disidente. Ensayos de literatura colonial peruana, Lima 1991; Chang-Rodríguez, Raquel: Violencia y subversión en la prosa colonial hispanoamericana, siglos XVI y XVII, Madrid 1982; Concha, Jaime: La sangre y las letras, Havanna 1987; Garibay, A. M.: Historia de la literatura náhuatl, 2 Bde., Mexiko [3]1979; Gerbi, A.: La disputa del Nuevo Mundo. Historia de una polémica (1750–1900), Mexiko 1960; Gewecke, Frauke: Wie die neue Welt in die alte kam, Stuttgart 1986; Hernández Sánchez-Barba, Mario: Historia y literatura en Hispano-América (1492–1820), Valencia 1978; Janik, Dieter / Lustig, Wolf (Hrsg.): Die spanische Eroberung Amerikas. Akteure, Autoren, Texte. Frankfurt a. M. 1989; Kothe, Flávio R.: O cânone colonial, Brasília 1997; Lazo, Raimundo: Historia de la literatura hispanoamericana. El período colonial (1492–1780), Bd. 1, Havanna 1967; Leonard, Irving A.: Los libros del Conquistador, Mexiko 1953; León-Portilla, Miguel: El reverso de la Conquista, Mexiko 1964; Lienhard, Martin: La voz y su huella. Escritura y conflicto étnico-social en América Latina 1492–1988, Lima 1992; Menéndez Pidal, Ramón: Los romances de América y otros estudios, Buenos Aires / Mexiko [4]1945; Menéndez y Pelayo, Marcelino: Historia de la poesía hispanoamericana, 2 Bde., Santander 1948; Pastor, Beatriz: Disçurso narrativo de la conquista de América, Havanna 1983; Peña, Margarita: Historia de la literatura mexicana. Período colonial, Mexiko 1989; Picón Salas, Mariano: De la Conquista a la Independencia. Tres siglos de historia cultural hispanoamericana, Mexiko 1944; Todorov, Tzvetan: Die Eroberung Amerikas. Das Problem des Anderen, Frankfurt a. M. 1985; Vidal, Hernán: Socio-Historia de la literatura colonial hispanoamericana: tres lecturas orgánicas, Minneapolis 1985.

V

Das 19. Jahrhundert von Neoklassizismus bis Modernismo

Die Unabhängigkeitsrevolution von 1810 und der Neoklassizismus

Die Aufklärung hatte wesentlich zur hispanoamerikanischen Unabhängigkeitsrevolution 1810–30 beigetragen. Die Hauptschlachten schlugen in Mexiko die Bauern unter den Priestern Hidalgo und Morelos, in Neugranada und Peru die Revolutionsarmeen unter Bolívar, Santander, Sucre, in La Plata Linientruppen und Gauchos unter San Martín. Es ging um die politische, nicht bloß wirtschaftliche oder geistige Aneignung Amerikas durch die Kreolen. Die europäischen Aufklärer, die Revolution in den englischen Kolonien und die Französische Revolution von 1789 beeinflußten die Führer der Unabhängigkeitsbewegung. Ihre Reden und Briefe sind die eigentliche Prosa der Unabhängigkeit. **Simón Bolívar** (gen. El Libertador, 1783–1830) aus Caracas begründete in der *Carta de Jamaica* die kulturelle amerikanische Identität aus dem multiethnischen Charakter der Kreolen. **Simón Rodríguez** (1771–1854) aus Caracas, Lehrer Bolívars, Rousseauaner, propagierte in den *Sociedades americanas* (publ. 1842, Amerikanische Gesellschaften) demokratisch verfaßte industrielle Staaten Lateinamerikas nach dem Muster der USA. Diese Prosa ist unnarrativ, rhetorisch, agitatorisch; die wahre Epik fand in der Realität, in Kriegszügen, Schlachten, Staatengründungen statt. Die meisten Dichter sind politische Aktivisten, Militärs, Abgeordnete.

Das Theater hatte mit patriotischen Stücken im Kontext der Befreiungskriege später nicht wiederholte Publikumserfolge: *Camila, o La patriota de Sud América* (1817, Camila oder die Patriotin von Südamerika) von **Fray Camilo Henríquez** (chi 1769 – arg 1825), Theoretiker des politisch-didaktischen Theaters; *Argia* (1824), ein antimonarchisch-antispanisches Stück im antik-neoklassizistischen Gewand nach Alfieri (*Antigona*), von **Juan Cruz Varela** (arg 1794–1839); *México libre* (1821, Freies Mexiko) von **Francisco Ortega** (mex 1793–1849); *Atalá* (1822), nach Chateaubriand, und *Guatimotzin* (1827), eine klassizistische Tragödie in fünf Akten über Altmexiko, von **José Fernández Madrid** (col 1784–1830); *Antônio José* (1838), patriotisch-aufklärerische Tragödie über den Tod des jüdisch-brasilianischen Dichters Antônio José da Silva (*O Judeu*) auf dem Scheiterhaufen der Inquisition, von **Domingos José Gonçalves de Magalhães** (bra 1811–82).

Die revolutionsbegleitende Lyrik ist politisch, wendet sich an die neue Öffentlichkeit der Soldaten, Abgeordneten, Volksvertreter, da sie sich vermöge ihrer Oralität zur Anfeuerung analphabetischer Massen eignete. Sie gibt sich neoklassizistisch, wie die der Französischen Revolution und der zeitgenössischen französischen Literatur, deren Einfluß mit der Unabhängigkeit zunimmt: in klassischer Metrik, mit antiker Mythologie, rational, syntaktisch einfach, antibarock.

Lavardén hatte 1801 mit seiner *Oda al majestuoso río Paraná* Odengenre und neoklassische Form vorgegeben. In Bukolik im Stile von Horaz und Catull mit einem Hauch Rokoko-Erotik erging sich noch **Fray Manuel de Navarrete** (mex 1768–1809), der am Vorabend der Unabhängigkeitsbewegung verstarb.

José Joaquín de Olmedo (1780–1847), Ecuadorianer, Cortes-Abgeordneter, Unabhängigkeitsaktivist, persönliche Haßfreundschaft mit Bolívar, besang Siege und Helden der

Unabhängigkeitskriege. In seiner neoklassizistischen, patriotischen Rhetorik, beeinflußt von Quintanas antinapoleonischem Patriotismus, identifiziert sich das lyrische Ich mit amerikanischer Landschaft und Geschichte. Die *Oda a la victoria de Junín. Canto a Bolívar* (1825, Ode auf den Sieg von Junín. Lied auf Bolívar) besingt den Befreier als Inkarnation des kreolischen Amerika mit Inca Huaina Capac als Freiheitssymbol, feiert, von Vergil beeinflußt, die Größe Amerikas, dessen Metapher die gewaltigen Anden (Vorläufer Mistrals, Nerudas) sind, den ägyptischen Pyramiden gleichwertig. Die Ode *Al general Flores, vencedor en Miñarica* (1835, An General Flores, Sieger von Miñarica) drückt Enttäuschung über das Scheitern der amerikanischen Einheit und die Geld- und Machtgier der Sieger aus:

¡Leyes y patria y libertad proclaman [...]
y oro, sangre, poder [...] ésas sus leyes
ésa es la libertad, de que se llaman
ínclitos vengadores!

Obras completas, hrsg. von Aurelio Espinosa Pólit, Quito: Casa de la Cultura Ecuatoriana, 1945, S. 196.

Sie reden groß von Gesetz, von Vaterland und Freiheit [...],
doch Gold und Blut und Macht [...] sind ihre Gesetze
das ist die Freiheit,
die sie zu hüten bereit sind!

Drei neue Literaturzentren: La Plata, Venezuela, Kuba

ARGENTINIEN bzw. das Vizekönigtum LA PLATA, mit permanentem Kontakt zu Europa, Universität, Periodika und großem Intellektuellenpotential, wird literarisches Kommunikationszentrum in Zusammenhang mit ideologischer (Moreno, Übersetzer Rousseaus) und politisch-militärischer Führerschaft (San Martín). Militärische Siege gegen Portugiesen Ende des 18. und englische Invasoren Anfang des 19. Jh.s erzeugten kreolisches Selbstbewußtsein und eine patriotische Lyrik, die nahtlos in die Unabhängigkeitsbewegung und -dichtung überging.

Juan Baltazar Maziel (1727–88), Lehrer der politischen Führer der Unabhängigkeit (Rivadavia, Belgrano, Moreno) am Colegio San Carlos in Buenos Aires, wegen antischolastischer Schrift nach Montevideo verbannt, eröffnete mit der Romanze auf Vizekönig Cevallos' Sieg über die Portugiesen *Canta un guaso en estilo campestre los triunfos del Excmo. D. Pedro de Cevallos* (um 1775, Ein *guaso* besingt in ländlichem Stil die Triumphe Seiner Exzellenz Don Pedro de Cevallos) in erfundenem Pampajargon sowohl die patriotische als auch die Gaucho-Dichtung.

Vicente López y Planes (1785–1856) schrieb *Triunfo argentino*, argentinische Nationalhymne in assonantischen Elfsilbern, Juan Cruz Varela, Sänger der Siege der Lateinamerikaner (*Maipú*, 1818), den Nekrolog auf Belgrano. Seine Ode *Sobre la invención y libertad de la imprenta* (um 1820, Über Erfindung und Freiheit der Presse) vermittelt Glauben an Fortschritt und Aufklärung.

Gaucho-Lyrik: Im Zusammenhang mit der starken Gaucho-Beteiligung an der Unabhängigkeit entstanden antispanische, später antirosistische Tanzlieder in achtsilbigen Quartetten, die *cielitos* (so genannt nach dem stereotypen Kehrreim) mit Gitarrenbegleitung. Hauptvertreter der *poesía gaucha*: **Pantaleón Rivarola** (1754–1821; *Romance heroico*, 1806). Aus dieser *poesía gaucha* entwickelte sich die patriotische Kunstlyrik der *poesía gauchesca*. **Juan Gualberto Godoy** (1793–1864) schrieb populäre Gaucho-Unabhängigkeitslieder in kreolischem Spanisch, **Bartolomé Hidalgo** (ur 1788–1822) Stadt- und Buenos-Aires-Gegner, literarischer Entdecker des Rio-de-la-Plata-Ambiente, Begründer der patriotischen uruguayischen Gaucho-Poesie, schrieb stilisierte *cielitos* und humoristische Gaucho-*diálogos.* Die Gaucho-Poesie am La Plata erzeugte ein volkstümlich-rustikales Wandertheater, das die spanisch tradierten *loas* und *sainetes* (*El amor de la estanciera,* 1794, Die Liebe der Estanciera) zu kreolischem Pampa-Costumbrismo mit Gaucho-Protagonisten umfunktionierte.

VENEZUELA wird weiteres literarisches Zentrum als Folge seiner intellektuell-ideologischen Führungsrolle in der Unabhängigkeit (Wiege der Unabhängigkeitsrevolution, die vom Stadtrat von Caracas in einem Brief von 1810 ausgelöst wurde, Heimat von Miranda, Rodríguez, Bolívar, Bello). **Rafael María Baralt** (1810–60), letzter Neoklassizist, Humorist, Epigrammatiker, Historiker, Kämpfer für Demokratie und Pressefreiheit, schrieb costumbristische Stücke in *Correo de Caracas.* Lebte in Frankreich, England, Spanien. Heimatliebe zu Venezuela in *Adiós a la patria* (1846, Abschied vom Vaterland). Beharrte aus Opposition gegen disziplinlose Romantik auf neoklassizistischer Form. Verurteilte im Vorwort zu *Caramurú* des uruguayischen Romanciers Alejandro Magariños Cervantes das Europäisieren in der Literatur. Trat für lateinamerikanischen Roman und lateinamerikanische Stoffe ein.

Fermín Toro (1807–65) besingt mit amerikanischer Sensibilität amerikanische Identität in Klima, Natur, Landwirtschaft in *A la ninfa de Anauco* (1842, An die Nymphe von Anauco), *Canto a la conquista* (1842, Lied auf die Conquista), *Oda a la zona tórrida* (1842, Ode an die heiße Erdzone).

Andrés Bello (1781–1865), bedeutendster *letrado* der Unabhängigkeit, von Humboldt beeinflußt, Gründer und Rektor der Universidad de Chile, Autor der Verfassung Chiles, Philologe (*Gramática de la lengua española,* 1832), trug als Übersetzer aus dem Englischen, Französischen, Italienischen und Deutschen (Herder, Humboldt) zur weltliterarischen Öffnung Lateinamerikas bei. In zwei epischen Silven eines geplanten Amerika-Poems *A la agricultura de la zona tórrida* (1826, An die Landwirtschaft der heißen Zone) und *Alocución a la poesía* (1823, Ansprache an die Poesie) – Fortsetzung von Landívars *Rusticatio* und Vorwegnahme epischer Dichtungen Mistrals und Nerudas – grenzt er den Subkontinent als Heimstatt der Poesie von Europa ab und verherrlicht Amerikas Natur, Landschaft und Agrikultur mit ihren typischen tropischen Früchten (Mais):

[...] tiempo es que dejes ya la culta Europa,
que tu nativa rustiquez desama,
y dirijas el vuelo adonde te abre
el mundo de Colón su grande escena.

Obras completas, hrsg. von Rafael Caldera [u. a.], Bd. 1: Poesías, Caracas: Ministerio de la Educación, 1952, S. 35.

[...] Zeit ist's, daß du das gebildete Europa läßt,
das deine eingeborene Rustikalität nicht schätzt,
und deinen Flug dahin lenkst, wo sich dir öffnet
der Welt des Kolumbus große Bühne.

In KUBA, dem Zentrum des Klassizismus, entwickelte sich, angeregt von der Unabhängigkeitsrevolution, obwohl weiterhin Kolonie, auf Grundlage der Zuckerrohr- und Tabakplantagen und der militärisch-kommerziellen Sonderrolle Havannas im ersten Drittel des 19. Jh.s lebhaftes geistiges Leben mit Zeitungen, Zeitschriften (*Papel periódico de la Habana)*, Gesellschaften (*Sociedad económica de amigos del país*, *Academia Cubana de Literatura*), Universität seit 1729, literarischen Salons und hervorragenden Intellektuellen und Autoren philosophischer, historischer, politischer und juristischer Werke im Sinne der Aufklärung.

Der Antischolastiker, Locke- und Condillac-Anhänger **José Agustín Caballero** (1762–1835) verfaßte eine *Philosophía electiva* sowie ein Projekt nationaler Autonomie. Bekannt mit Alexander von Humboldt, besuchte er Goethe in

Weimar. **Félix Varela y Morales** (1787–1853), Aufklärer, Unabhängigkeitsapostel in *Miscelánea filosófica* (1819), exiliert 1823 nach Philadelphia; Gründer der Zs. *El Habanero*. Der Kritiker **Domingo del Monte** (1804–53) regte in berühmten *tertulias* viele Autoren an. Separatist, ab 1844 im Exil, verfaßte er *Romances cubanos* (1833) über die *vegueros*, nationale Identität stiftende Tabakanbauer. Begründet *poesía vernacular*, heimatverbundene, regionalistische Landlebenliteratur. **Manuel Zequeira y Arango** (1764–1846, Habanero), Idylliker, Bukoliker, ist jubelnder poetischer Entdecker kubanischer Landschaft und Landwirtschaft, ihrer Fruchtbarkeit und Früchte:

¡Salve, suelo feliz, donde prodiga
Madre naturaleza en abundancia
La odorífera planta fumigable!
¡Salve felix Habana!

Poesías, Havanna: Comisión Nacional Cubana de la UNESCO, 1964, S. 193.

Gegrüßt seist du, glückliche Erde, wo verschwenderisch
Mutter Natur in Überfülle
die duftende rauchbare Pflanze ausstreut!
Gegrüßt seist du, glückliches Havanna.

Ähnlich preist **Manuel Justo de Rubalcava** (1769–1805) aus Santiago in *Silva cubana* (1829) die kubanischen Früchte Papaya, Aguacate, Mamey als den europäischen gleichwertig oder überlegen.

José María Heredia (1803–39), frühreifer Dichter, Jurist, an gescheiterten bolivaristischen Konspirationen gegen spanische Kolonialherrschaft beteiligt, starb im Exil (typisch kubanisches Dichterschicksal!) in Mexiko. Ich-Betroffenheit, Nachdenklichkeit, Todesgedanken, Vergänglichkeitsdenken, Wissen um persönliches und politisches Scheitern signalisieren Übergang zu Romantik, die ihm als Übersetzer und Leser (Byron, Chateaubriand, Lamartine, Foscolo) bekannt ist. Dramatiker (*Tiberio*; *Saul*; *El fanatismo*), vor allem Lyriker. Verfaßte patriotisch-antikoloniale Gedichte: *Al océano*. Thematisierung des Exils (*Himno del desterrado*, Hymne des Verbannten). Erstmals nach Lavardén lyrische Aneignung amerikanischer Landschaft in *A una tempestad* (1822, Auf einen Sturm) und *Al Niágara* (1824) und indigener Vergangenheit in *En el teocalli de Cholula* (1820):

¡Cuánto es bella la tierra que habitaban
los aztecas valientes! En su seno
en una estrecha zona concentrados,
con asombro se ven todos los climas
que hay desde el Polo al Ecuador. Sus llanos
cubren a par de las doradas mieles
las cañas deliciosas. El naranjo
y la piña y el plátano sonante,
hijos del suelo equinoccial, se mezclan
a la frondosa vid, al pino agreste,
y de Minerva el árbol majestuoso.

En el teocalli de Cholula, in: Los poetas románticos cubanos. Antologia, hrsg. von Cintio Vitier, Havanna: Consejo Nacional de Cultura, 1962, S. 12.

Wie schön doch ist das Land, das
die tapferen Azteken bewohnten! In seinem Innern,
auf einen schmalen Streifen konzentriert,
sieht man staunend alle Klimazonen
vom Pol bis zum Äquator. Seine Ebenen
bedecken goldenen Honigwaben gleich
die köstlichen Zuckerrohre. Die Orange
und die Ananas und die köstliche Banane,
Kinder des Bodens der Tagundnachtgleiche, mischen sich
mit dem laubreichen Weinstock, der ländlichen Fichte,
und dem majestätischen Minervabaum.

Die einst literarisch führenden Vizekönigreiche Mexiko und Peru halten mit der neuen Literatur nicht mit. In

MEXIKO blühte revolutionäre Bauernliedlyrik. **Manuel Sánchez de Tagle** (1782–1847) besang die Größe Amerikas in Dichtungen, in denen noch antike Mythologien bemüht werden. **Andrés Quintana Roo** (1787–1851) war anakreontischer Lyriker, Hrsg. der Zs. *Semanario Patriótico Americano* und *Ilustrador Americano*.

In PERU lud **Mariano Melgar** (1791–1815), Arequipeñer, Liebeslyriker, Ovid-Übersetzer, populare Liedformen (*palomitas*, *yaravíes*) mit Unabhängigkeitsideen auf. Griff als Mestize auf orale Ketschualyrik zurück. Als Aufständischer von Spaniern hingerichtet. **José Faustino Sánchez** (1787–1825) betrieb in *Carta del solitario de Sayán* (1822, Brief des Einsiedlers von Sayán) republikanische Propaganda. **Felipe Pardo y Aliaga** (1806–68), Beamter aus der Oberschicht, stellte in costumbristischen Dramen satirisch die Familien- und Moralprobleme der zeitgenössischen, sich europäisch gebenden Oligarchie dar: *Frutos de la educación* (1829, Früchte der Erziehung). **Manuel Ascencio Segura** (1805–71), Militär, Journalist, Politiker, schrieb neben dem Versepos *La Pelimuertada* (1851) zwölf erfolgreiche volkstümliche Komödien über das peruanische Volksleben. Seine Protagonisten: Soldaten, Dienstmädchen, Geistliche, Gauner: *Catita* (1856, dt. Doña Elster), vielgespieltes Stück über eine Eulenspiegel-Tartüffin, die den dummen Reichen das Geld aus der Tasche zieht. Nachahmer Seguras ist **José María Samper** (col 1828–98).

Neoklassizistische Lyriker anderer Regionen: **José Batres Montúfar** (gua 1809–44) verfaßte *Tradiciones de Guatemala* (1845), Verserzählung in *octavas reales* mit Heimatsinn, Kritik an Conquista und Identifizierung mit guatemaltekischer Landschaft, **José Cecilio del Valle** (hon 1780–1834), Erzähler, schildert die Landschaft Honduras'.

Brasilien zwischen Arkadiertum und *inconfidência mineira*

Brasilien erlebte im 18. Jh. unter Portugals Reformminister Pombal einen Wirtschaftsboom und demographisches Wachstum infolge der Ablösung der Küsten-Zuckerwirtschaft durch Goldabbau in Minas Gerais und Goiá mit Verlagerung des Wirtschaftszentrums in neue Städte – Vila Rica (Ouro Preto) – deren Bevölkerungszahl durch massiven Sklavenimport schnell wuchs.

Die Verschiebung des Wirtschaftszentrums zog eine literarisch-intellektuelle Blüte in der zweiten Jahrhunderthälfte nach sich. Sie äußerte sich in der bildenden Kunst (dem Bildhauer Aleijadinho) wie in einer gegenüber dem tradierten literarischen Diskurs subversiven Dichtung. In der Poesie, im printmedienarmen Land gängigstes Medium, bildeten sich als Nachfolger der antibarocken römischen und portugiesischen Arcadia-Akademien (*Arcádia ultramarina*, 1768) neue literarische Systeme mit bürgerlichen Autoren und Rezipienten anstelle kolonialer Beamten und Kleriker (vertriebener Jesuiten).

Der arkadische Minas-Gerais-Antikonformismus richtete sich innerliterarisch gegen den kolonialen Barock, setzte gegen dessen Schwulst auf bukolische Einfachheit in Kunst und Leben im Stil Vergils, Homers, Anakreons und Camões' bei Bevorzugung brasilianischer Stoffe. Die *poetas mineiros*, eine *Plêiade mineira* von sieben Lyrikern der Bergbauprovinz, offenbarten in bukolischer, rokokohafter bzw. neoklassizistischer Liebes- und Landschaftsdichtung ihre Heimatliebe zu Minas Gerais und hintergründig aufklärerischen Rousseauismus, nicht aber ihre konspirative antiportugiesische Tätigkeit in der gescheiterten *inconfidência mineira* (1789) unter Tiradentes.

Cláudio Manuel da Costa (1729–89), Beamter, Anwalt in Vila Rica, erinnerte nach barockem Beginn in neoklassizistischen Eklogen und Oden nostalgisch an die arkadische Landschaft Portugals (*Obras*, 1768). Nach Verhör als *inconfidência*-Teilnehmer Selbstmord oder Ermordung. **Tomás Antônio Gonzaga** (1744–1812) poetisierte im Idyllenkranz *Marília de Dirceu* (1792) persönliche Liebeserfahrung mit Anflügen von Natürlichkeit; wegen Aufstandsbeteiligung nach Angola verbannt wie sein Mitverschwörer **José Inácio Alvarenga Peixoto** (1744–93), der noch wie Ercilla und Oña amerikanische Tropenlandschaft mit antiker Mythologie mischte. **Manuel Inácio da Silva Alvarenga** (1749–1814), Plebejer unter den Sprößlingen der Oberschicht, schrieb manierierte Liebesgedichte in Rondeau-Form (*Glaura*, 1799). Gonzaga oder Da Costa gelten als Autoren der handschriftlich verbreiteten *Cartas chilenas*, wie Montesquieus *Lettres persanes* eine fingierte Korrespondenz als Satire auf koloniale Unterdrückung. Schon romantisch ist der Arkadismus Rio de Janeiros (**Antônio Pereira da Souza Caldas**, 1762–1814, **Frei Francisco de San Carlos**, 1768–1829, und **José Bonifácios**, 1765–1838).

Geschichts- und Nationalbewußtsein wollen die neuen Epiker erzeugen. **José Basílio da Gama** (1741–95), Jesuitenzögling, im römischen Exil *Arcadia*-Mitglied, schrieb das sprachlich meisterhafte, farbige Epos *O Uruguai* (1769) über die Vertreibung der Jesuiten am Uruguay durch die in Schwarzweißmanier als Bösewichte dargestellten Portugiesen, Spanier und Indios. Mit lockerem Blankvers, brandaktuellem Stoff und natur- und landschaftsnaher Bildsprache ist dies hispanoamerikanische Gründerchroniken nachholende Epos antiarkadisch. Antiarkadisch beschreibt auch **José de Santa Rita Durão** (1722–84), Ex-Jesuit, Theologe, im Versepos *Caramurú. Poema épico do Descobrimento da Bahia* (1781, Caramurú. Episches Gedicht über die Entdekkung Bahias) in konventionellen Camões-Stanzen die Geschichte Brasiliens von der Gründung Bahias bis zur holländischen Besetzung Pernambucos, die Indiositten, die Flora und Fauna und stilisiert den legendären Bahianer Kolonisator und Indiofreund Diego Alvares Correia, von den Indios Donnerbüchse (Caramurú) genannt, der zum Schluß samt indianischer Frau segensreich missioniert, zum Lokalmythos. Mestizismus wird zum Symbol brasilianischer Identität erhoben. Die »ufanistische« prahlerische Beschreibung der Reichtümer und Schönheiten Brasiliens erinnert an die hispanoamerikanischen Panegyriker. In der Nachfolge von da Gamas *Uruguai* glorifiziert Cláudio Manuel da Costa von der *Plêiade mineira* die Bergbaumetropole Vila Rica (*Obras,* 1768).

Die Dramatik orientierte sich nach Begründung des Nationaltheaters durch Gonçalves de Magalhães auf nationale Realität unter Einschluß des niederen, nationaltypischen Volkes, auf nationales Publikum und Inszenierung der *brasilidade* durch costumbristische, der Gesellschaftskomödie Mussets und Scribes aufgepfropfte Genreszenen.

Luís Carlos Martins Pena (1815–48), beeinflußt von Segura, debütierte mit *O Juiz de Paz na roça* (1838, Der Friedensrichter auf dem Sturzacker). Dem Erstling folgten 30 publikumswirksame, in stilisierter Volkssprache verfaßte Stücke mit volkstümlichen Standardtypen (Gauner, Richter, Vagabund, Einwanderer, hinterwäldlerischer Bauerntölpel in der Stadt) aus dem städtischen Alltagsmilieu Rios mit vorsichtiger Kritik an Moral und Kommerz. **Antônio Gonçalves Dias** (1823–64) schrieb historische Dramen im Shakespeare- und Hugo-Stil aus der Geschichte Portugals (*Leonor de Mendonça*, 1847).

Die Romantik

Die Romantik, herrschende literarische Schule des zweiten Drittels des Jahrhunderts, verabscheut wie in Europa neoklassizistische Formstrenge und Regeln, liebt Lockerheit und Unkonventionalität. Sie ist, anders als der kontinental orientierte Klassizismus, der neuen politischen Realität entsprechend national: das gewaltige Territorium ohne marktvereinheitlichende Wirtschaftskräfte war infrastrukturell nicht zu einem einzigen Staat zusammenfügbar. Partikularismus führte zum Zerfall Lateinamerikas in zwanzig Länder mit Universitäten, Schulen, Zeitungen, Zeitschriften, Buchdruck, Theater und literarischen Kommunikationssystemen. Infolge Mangels an Verlagen, Druckereien und speziellem Lesepublikum erschienen die Romane meist in den neuen nationalen und lokalen Zeitschriften als *folletín*-Annex (in *entregas*), wodurch der literarische Geschmack des nur politisch oder allgemein interessierten Publikums geschult, ein Lesepublikum herangebildet wurde. Zu Mexiko, Peru, Brasilien, Kolumbien, Argentinien/Uruguay, Venezuela, Kuba kamen als Literaturnationen Chile, Guatemala, die Dominikanische Republik, Ecuador. In Bolivien, den meisten Ländern Mittelamerikas und der Karibik gab es nur einzelne Schriftsteller. Die Nationalliteraturen haben kaum Beziehungen untereinander, etablieren rezeptiven Kontakt zu nichthispanischen Autoren: Lamartine, Bernardin de Saint-Pierre, Chateaubriand, Byron, Young, Heine ersetzen die spanisch/lusitanischen, antiken und italienischen Modelle. Die neuen Nationalliteraturen sind keine kommunizierenden Röhren, sondern Uhren, die wie im Leibnizschen Gleichnis gleich gehen, weil sich die Situation in den meisten Ländern ähnelt. Diese wurden keine stabilen parlamentarischen Parteiendemokratien mit auf Landwirtschaft, Handel und Industrie basierender Wirtschaft und entwikkeltem Bildungssystem, wie von Aufklärung und Unabhängigkeitsbewegung nach dem Muster Frankreichs und der USA propagiert. Die ererbten autoritären Strukturen der Kolonie bedingten Caudilloismus der Latifundisten und Militärs. Parlamentarisch-demokratische und autoritär-diktatorische Phasen, friedliche Perioden und Bürgerkriege wechselten einander ab, demokratische Verfassungen wurden erlassen und außer Kraft gesetzt. Die Demokraten organisierten sich in der liberalen, ihre Gegner in der konservativen Partei. Die Romantiker engagierten sich auf seiten der Liberalen, während die Konservativen literarisch schwache Repräsentanten in klerikalen Ideologen hatten.

Der *poeta cívico* dominierte. Die meisten Autoren entstammen dem eher unliterarischen Bürgertum von Handel, Gewerbe, Industrie und Verwaltung, das zur politischen Macht drängt; keine Intellektuellen, sondern Politiker, Publizisten, Ideologen in einem; keine von der Politik verführten Dichter, sondern Politiker, die auch Literatur betreiben. Erzählprosa und Lyrik trennen sich stärker bei Prosazentriertheit, im Unterschied zum Lyrikzentrismus von Neoklassizismus und europäischer Romantik. Der Roman wird von den Romantikern sowohl zur politischen Denunziation als auch zur Gesellschaftsmodellierung instrumentalisiert: ihr Ideal, die zivilisierte, liberale, demokratische, arbeitsteilige moderne Gesellschaft, war in Frankreich von positivistischen Soziologen (Comte, Taine, Cousin) erforscht worden, an denen sich die probürgerlichen Lateinamerikaner orientierten. Da sich das Figurenpersonal des Romans ideal zur Gesellschaftsmodellierung eignete, wurde er als literarisches Pendant der Soziologie zur Darstellung lateinamerikanischer Gesellschaft übernommen.

In romantischer Lyrik dagegen tritt das moderne Individuum mit seinen privaten Problemen und emotionalen, rationalen und gedanklichen Beziehungen als lyrisches Ich auf, das das Gefühl höher als die Ratio stellt und neben allgemein menschlichen Themen (Existenz, Liebe, Religion, Weltanschauung) sowohl Einsamkeit als auch Begeisterung für die grandiose amerikanische Landschaft sowie die Nationalgeschichte einschließlich der kolonialen und vorkolumbischen reflektiert. Die Lyrik ist das am weitesten verbreitete, von zahllosen Autoren betriebene, jedoch in Thematik wie Technik schwächste Genre der Romantik. Aus vielen durchschnittlichen und trivialen, mit romantischen Gemeinplätzen und Versatzstücken gespickten Reimereien ragen wenige Gruppen und Einzeldichter heraus.

Die Dramatik behandelt sowohl die individuellen als auch die gesellschaftlichen Kollisionen der neuen Nationen und bedient das Unterhaltungsbedürfnis des republikanischen Publikums. Sie ist auf das Theater als Institution und Ensemble von Gebäuden, Schauspielern, Regisseuren verwiesen, wendet sich an Gebildete wie Analphabeten, macht statt höfisch-elitärem literarisches und Volkstheater. Das Versdrama wird weitgehend durch das Prosatheater ersetzt.

Am Rio de la Plata entsteht die erste und bedeutendste Romantikerschule auch wegen dortigen Fehlens barockhöfischer Tradition bei entwickelter soziokultureller Infrastruktur auf der Basis von Theoriebewußtsein und programmatischer (Echeverría: *El dogma socialista*, Sarmiento: *Facundo*), kritischer und literarhistorischer Schriften (Juan María Gutiérrez, Bartolomé Mitre). Literarische Kommunikation findet in Vereinigungen statt (Marcos Sastres Salon, die *Joven Generación Argentina*, die *Asociación de Mayo* der *proscritos* Echeverría, Alberdi, Gutiérrez, López, Ascasubi, Sarmiento im Montevideoer bzw. chilenischen Exil). Ihr Grundthema: Zivilisation vs. Barbarei.

Der Begründer der lateinamerikanischen Romantik, der Argentinier **Esteban Echeverría** (1805–51), Kaufmann, Politiker, Theoretiker, ist in Personalunion Poet und Prosaist. In Paris 1825 bekannt mit Positivisten (Comte, Cousin, Saint-Simon) und Romantikern (Vigny, Musset, Dumas père, Wordsworth, Coleridge, Byron, Heine, Schlegel, Mazzini), verbreitete er deren Ideen in La-Plata-Zs. (*La Moda*, *El Iniciador*, *El Nacional*), gründete die *Joven Gene-*

ración Argentina und danach die *Asociación de Mayo* gegen den Diktator Rosas, der mittels Geheimpolizei seit 1835 das Land unterdrückte. Echeverría vertrat die Einheit von Romantik, Demokratie und Liberalismus (= Sozialismus). Freiheit, Gleichheit, Brüderlichkeit, Assoziation, Fortschritt sind die Schlagworte des Essays *El dogma socialista* (1838). Hauptthemen: Demokratie vs. Caudilloismus, Unitarier der Hafen- und Hauptstadt Buenos Aires (Kaufleute, Beamte, Intellektuelle) vs. Föderierte (Grundbesitzer, Caudillos, Gauchos) der Provinzen, Zivilisation (okzidentale Stadt, Handel, Gewerbe, Ackerbau, Wirtschaft, Bildung, Kultur) vs. Barbarei (Pampa, Subsistenzwirtschaft, Analphabetismus). Für Konstituierung Argentiniens als »zivilisierte« Nation durch positivistische Erziehung der Massen mittels Literatur, sittliche mittels Christentum, Hauptgrundlage: Kollektiveigentum. Ab 1840 in Colonia und Montevideo im Exil.

Nach der Verserzählung *Elvira o la novia del Plata* (1832, Elvira oder Die Braut aus La Plata) entsteht das im gleichen Pampamilieu spielende Versepos *La cautiva* (1837, Die Gefangene), Bestseller, Begründungstext der Romantik in freier Strophik und Metrik. Die Opposition Zivilisation vs. Barbarei erscheint als Gegensatz Weiße vs. Indios unter Ummodelung des In-die-Wildnis-verschlagen-Sein-Topos. Echeverría bringt das Einsamkeitsgefühl des Menschen vor der Größe der amerikanischen Natur, der landwirtschaftlich ungenutzten, von Indios bewohnten Pampa zum Ausdruck, er entdeckt und artikuliert ihre Grandiosität:

El desierto

Era la tarde
en que el sol la cresta dora
de los Andes. El desierto
incommensurable, abierto
y misterioso a sus pies
se extiende, triste el semblante,

solitario y taciturno
como el mar, cuando un instante
el crepúsculo nocturno
pone rienda a su altivez.

La cautiva, Buenos Aires: Kaplusz, [2]1965, S. 3.

Die Wüste

Abend war es,
da die Sonne den Kamm der Anden
vergoldet. Unermeßlich,
weit und geheimnisvoll erstreckt sich
zu ihren Füßen
die Wüste, traurig das Antlitz,
einsam und schweigsam
wie das Meer, wenn einen Moment
das Dämmern der Nacht
seinen Hochmut zügelt.

Die Weißen María und Brian werden von den Wilden gefangen und massakriert, klischeehaften Ungeheuern mit tierischer Sprache und kannibalischen Sitten. Nationalpatriotische Apotheose: Tod Brians mit argentinischer Fahne, das Ehepaar wird zur Legende mythisiert. Der Indiostamm wird zur Strafe von Weißen liquidiert, was spätere »Lösung« des Indioproblems und Verwandlung Argentiniens in weiße Republik antizipiert. Der Indio ist nicht mehr der gute Wilde, die Natur nicht mehr die harmonisch-bukolische von Aufklärung, Neoklassizismus, europäischer Romantik, sondern inkarniert die Barbarei im Gegensatz zur Zivilisation.

Der Roman der Romantik

Der politische Roman

Echeverrías *El matadero* (1838, Der Schlachthof) ist Erzählprosa-Pendant zu *La cautiva:* statt Pampa Buenos Aires, statt Indios Schergen des Diktators Rosas. Die Diktatur ist so barbarisch wie die Pampa. Costumbristisches Sittenbild im Stil des Spaniers Larra. Beschreibt dichotomisierend, mit visuell-olfaktorischer Sinnlichkeit, das Alltagsleben unter der Diktatur (Ästhetik des Häßlichen), das Einfangen und Töten eines Stieres und dann eines Regimegegners durch Schlächter. Schlachthof als Symbol der Diktatur. Diese politisch-didaktische Enthüllung und Denunziation entspricht Echeverrías Funktionsverständnis von Literatur.

Domingo Faustino Sarmiento (1811–88), aus bescheidenen Verhältnissen stammender Provinzler, Autodidakt, Kaufmann, Lehrer, Politiker, Journalist. Frühe Lektüre von Aufklärern und Positivisten (Comte, Herder, Darwin, Guizot). Als Diktaturgegner im Gefängnis. Im chilenischen Exil (ab 1831) Polemik gegen Bellos Sprachklassizismus, verteidigte amerikanische Volks- und Regionalsprache als Literatursprache. Nach Rosas' Sturz Minister, Gouverneur. Entwickelte Echeverrías Barbarei-Zivilisations-Konzept weiter, setzte sein Zivilisationsprojekt als Staatspräsident 1868–74 mittels Bildungsreform, Indianerkriegen, Import europäischer Fachleute und britischen Kapitals um. Schrieb sprachgewaltige narrative Autobiographien und Reportagen: *Mi defensa* (1843, Meine Verteidigung), *Recuerdos de provincia* (1850, Erinnerungen aus der Provinz), *Viajes* (1845–47, Reisen), den Zeitgeschichtsreport *La campaña del ejército grande* (1852, Der Feldzug der großen Armee) und den rassistisch-darwinistischen Essay *Conflictos y armonías de razas* (1883, Konflikte und Harmonien der Rassen). Sein Hauptwerk *Vida de Juan Facundo Quiroga. Civi-*

lización y barbarie en la República argentina (1845, Leben von Juan Facundo Quiroga. Zivilisation und Barbarei in der argentinischen Republik) beschreibt den Gegensatz Pampaweidewirtschaft vs. Handelsstadt Buenos Aires als Gegensatz Land – Stadt, Pampa – Küste, Einöde – Bevölkerung, Nomadentum – Seßhaftigkeit, Gaucho – Städter, Einsamkeit – Sozietät, kurz als argentinische Variante des Gegensatzes Barbarei vs. Zivilisation. Für wirtschaftliche Nutzung, Ackerbau, Technik, Arbeitsteilung, Vergesellschaftung. Sieht Gemeinsamkeiten zwischen patriarchalischem Gaucho-Caudillo und Herrschern Asiens, Afrikas, Rußlands, Ägyptens (der »Dritten Welt«). Diese diskursive Landeskunde Argentiniens vereinigt synkretisch Politik, Geographie, Geschichte, Ökonomie, Kulturologie. Als Exempel und Personifikation der Barbarei dient die dokumentierte Biographie des Caudillo Facundo. Sarmiento führt die lateinamerikanische Tradition der Kopplung von landeskundlichem Essay (Anfangs- und Schlußteil) und Biographie historischer Personen als *vie romancée* weiter, doch nicht synkretisch, sondern geteilt in einen essayistischen Diskursteil und eine *vie romancée*.

El gaucho anda armado del cuchillo, que ha heredado de los españoles; esta particularidad de la Península, este grito característico de Zaragoza: ¡Guerra a cuchillo! es aquí más real que en España. El cuchillo, a más de un arma, es un instrumento que le sirve para todas sus ocupaciones; no puede vivir sin él; es como la trompa del elefante; su brazo, su mano, su dedo, su todo. El gaucho, a la par de jinete, hace alarde de valiente, y el cuchillo brilla a cada momento, describiendo círculos en el aire, a la menor provocación, sin provocación alguna, sin otro interés que medirse con un desconocido.

Vida de Juan Facundo Quiroga, Buenos Aires: Ediciones Culturales Argentinas, 1961, S. 54.

Der Gaucho läuft mit dem Messer bewaffnet herum, das er von den Spaniern geerbt hat; diese Besonderheit der Halbinsel, der charakteristische Schrei von Saragossa: Krieg bis aufs Messer! ist hier realer als in Spanien. Das Messer ist außer Waffe ein Instrument, das ihm zu allen seinen Obliegenheiten dient, er kann ohne es nicht leben, es ist wie der Rüssel des Elefanten, ist sein Arm, seine Hand, sein Finger, sein Alles. Der Gaucho, stets zu Pferd, spielt den Tapferen, und das Messer blitzt alle Augenblicke auf, beschreibt Kreise in der Luft bei der geringsten Herausforderung oder ohne jede Herausforderung, ohne anderes Interesse als das, sich mit einem Unbekannten zu messen.

José Mármol (1817–71), als Student wegen subversiver Verse im Gefängnis, publizistischer Polemiker gegen Rosas, Mitglied der *Asociación de Mayo*, drückte in lyrischem Bericht einer Seereise Rio – Valparaíso *Cantos del peregrino* (1847, Gesänge des Pilgers), nach Byrons *Child Harold's Pilgrimage*, Liebe zur tropisch-amerikanischen Natur und Heimat aus. *Amalia* (1851–55), erster argentinischer Roman, erschien in Fortsetzungen in der Montevideoer Zeitung *La Semana.* Geschichte einer liberalen Widerstandsgruppe gegen die Rosas-Diktatur und der tragischen Liebe des Protagonisten. Typisch romantische Verknüpfung von Politik und Liebe, öffentlichem und Privatleben. Auf Königsebene Porträt des Diktators, Bloßlegung politischer Mechanismen und Intrigen mitsamt Außenpolitik (Einmischung Englands und Frankreichs, Krieg mit Uruguay), sowie Privat- und Familienleben des Staatschefs. Costumbristische Darstellung von Alltag und Sitten der Mittelschichten und Intellektuellen unter der Diktatur. Die Figuren personifizieren den Gegensatz Zivilisation – Barbarei wie bei Echeverría und Sarmiento in Schwarzweißdarstellung: Liberale vs. Konservative = junge vs. alte Generation = Freiheit vs. Diktatur = Gut vs. Böse. Diese Gegensätze werden durch die Opposition Licht vs. Schatten symbolisiert (Farbgebung als stilistisches Hauptmittel). Mármol erfindet Grundstruktur der Handlungsstränge und des Figurenensembles sowie die Alptraumatmosphäre von Angst und Terror (*esperpento*) des lateinamerikarepräsentativen Diktatorenromans und dessen Topoi: Messer (Violencia-Symbol) und Pferdehuf, Pferd (Metonymien für Caudillo). Lateinamerikanische Kombination von Faktion und Fiktion, fiktiven und historischen Figuren, erfundenen Handlungen und Dokumenten (»Beweisstücken«). Durch Vordatierung der Handlung erster historischer Roman des Kontinents. Wegen Melodramatik (Einfluß Sues, Dumas', Scotts) und klischeehafter Darstellung weiblicher Gefühle erster sentimentaler Roman. Künstlerisch beeindruckend: Gestaltung von Diktatorenfamilie und Palast-Ambiente, satirische Szenen (Ballkapitel).

Weitere romanhafte politische Werke der *proscritos* als Retrospektiven des Kampfes gegen Rosas und Abrechnung mit zu politischen Rivalen gewordenen Mitkämpfern: **Juan Bautista Alberdi** (1810–84), Anti-Rosist, *proscrito* in Montevideo, schrieb *Peregrinaciones de luz del día o Viaje y aventuras de la verdad en el Nuevo Mundo* (1878, Tageslichtpilgerreisen oder Abenteuer der Wahrheit in der Neuen Welt), synkretisches Werk zwischen Roman und Pamphlet: Der Protagonist, Präsident, Ex-*proscrito*, ist wirklichkeitsfremd von Dekreten überzeugt, die niemand ausführt: Allegorie des Scheiterns des liberalen Romantikprojekts. **Bartolomé Mitre** (1821–1906), Exilant in Chile, Staatspräsident 1861–69, schrieb Biographien der Begründer der Nation: *Historia de Belgrano* (1856), *Historia de San Martín* (1887–1890), den Roman *Soledad* (1847).

In Mexiko reagierte der politische Roman auf die übermächtige Rolle des Militärs, das in 250 *pronunciamientos* 1824–48 31 Präsidenten ernannte. Armee, Klerus und Grundbesitz bildeten die konservative Partei, die *moderados* und *puros* (Gewerbetreibende, Beamte, Mestizen, Freiberufler, Intellektuelle) die liberale. Diktatur General Santa Annas ab 1834. Verlust Texas' 1846 durch US-Invasion. 1855 liberale Reforma, Presse- und Gewerbefreiheit, 1857 föderative Verfassung, Trennung von Staat und Kirche. Nach Bürgerkriegen, Diktaturen, liberaler Regierung Juárez 1861 französische Invasion zur Schuldeneintreibung und Durchsetzung imperialer Politik. 1865 Einsetzung Kaiser Maximilians durch Napoleon III. 1867 Sieg der Liberalen, Erschießung Maximilians. 1876–1910 Diktatur von Porfirio Díaz.

Die Literaten agierten als liberale Publizisten in den Zs. *El Siglo Diez y Nueve* (Zarco), *La Ilustración Mexicana*, *El Presente Amistoso*, *El Renacimiento* (Altamirano). **Francisco Zarco** (1829–69) proklamierte die erzieherische Rolle der Literatur und ihre Mexikanisierung. Entwickelt Literaturkritik (Zarco/Altamirano: *De la poesía épica y de la poesía lírica en 1870*, 1871, Über epische und lyrische Poesie).

Ignacio Manuel Altamirano (1834–93), Indio, lernte mit 14 Jahren Spanisch. Richter, Diplomat, Journalist, Kulturpolitiker, Bibliothekar, kämpfte gegen Santa Anna und für Reforma 1858–61, liberaler Kongreßabgeordneter 1861, kämpfte 1867 als Militär gegen die Franzosen und Maximilian. Setzte unentgeltliche, konfessionslose und obligatorische Schulbildung durch. Organisierte *veladas literarias* 1867/68. Begründete mexikanischen Roman mit *Clemencia* (1869, in Fortsetzungen in *El Renacimiento*), Episode aus Bürgerkrieg und französischer Intervention, die die Politik mit privater Liebesgeschichte verbindet: Der Offizier Fernando liebt Clemencia, doch der Nebenbuhler Enrique gewinnt ihre Gunst. Als dessen Verrat an der liberalen Sache herauskommt, läßt sich Fernando statt seiner erschießen, damit Clemencia nicht denke, er habe Enrique verraten, um sich den Rivalen vom Halse zu schaffen. Der unwahrscheinliche, nicht politisch, sondern psychologisch motivierte Konflikt beruht auf für mexikanischen Machismo typischer Ehrauffassung. Erzähltechnisch neu: allwissender *testigo*-Erzähler in der Rahmenerzählung *El Zarco. Episodios de la vida mexicana de 1861 a 1863* (1886, El Zarco. Episoden aus dem mexikanischen Leben von 1861–1863): Im Bürgerkrieg wird Manuelita, Verlobte eines Dorfschmieds, vom machistischen Banditen Zarco entführt und unwürdig behandelt. Der Schmied geht im Auftrag von Benito Juárez gegen die Bande vor, läßt Zarco hängen, doch Manuelita stirbt mit ihm. Darstellung mexikanischer Dörflermentalität mit Mythisierung von Banditentum, Violencia und Machismo. Psychologischer Realismus.

Juan Mateos (1831–1913), Autor vieler Romane und von 50 Bühnenwerken über die französische Intervention, das Kaiserreich und den Widerstand der Reformisten um Juárez. *El cerro de las Campanas* (1868, d. i. Ort, an dem Maximilian erschossen wurde) feiert den Sieg über Maximilian.

Vicente Riva Palacio (1832–96), General, Diplomat, Politiker, schildert in *Calvario y Tabor* (1868) Episoden und Kriegsgreuel aus dem Kampf der Reforma gegen die französischen Interventen zwischen Roman und *testimonio*. Verarbeitung eigener Erinnerungen des Autors, genaue Landschaftsschilderung Michoacáns.

José María Roa Bárcena (1827–1908), Notabel Maximilians, Kollaborateur, Historiker, stellt in *La quinta modelo* (1857, Die Modellfarm) kritisch-didaktisch aus konservativer Sicht das Scheitern eines Liberalen beim Aufbau einer Hazienda der Freiheit, Gleichheit und Toleranz dar, die erst durch Eingreifen eines Priesters funktioniert.

Der monarchistische, antiaufklärerische guatemaltekische Politiker und Diplomat **Antonio José de Irisarri** (1786–1868), Herausgeber kurzlebiger Zs. 1813–50 (*Semanario Republicano*, *El Censor Americano*, *La Verdad Desnuda*), schrieb polyfunktionale, nach eigener Definition aus historischen, politischen, philosophischen, moralischen und literarischen Teilen bestehende Romane. *El cristiano errante. Novela de costumbres* (1847, Der Wanderchrist. Sittenroman), erstes vollgültiges Erzählwerk Mittelamerikas in Nachfolge von Lizardis *El Periquillo Sarniento*, fingiert homodiegetisch erzählte Erinnerungen eines *pícaro* an die Wanderjahre im zerfallenden Vizekönigreich Neuspanien.

Sittenspiegel. Kreolische Regiolekte in Figurensprache. *Don Epaminondas del Cauca* (1863) ist pikareske, stark essayistische, handlungsarme Biographie des Habenichts Inocente Camueso, der vom Anführer einer Sklavenrevolte durch Revolution und Intrige im postbolivarianischen Großkolumbien zum autoritären Caudillo Epaminondas aufsteigt und das Eigentum der Hacendados und Sklavenhalter bedroht. Schuld sind die angelesenen Ideen von Aufklärung, Liberalismus, Proudhonismus und Menschenrechten sowie die soziale und rassische Abkunft von indianischem Flickschuster und schwarzer Köchin. Der allwissende Erzähler belehrt Leser, zitiert Dokumente und Geschichtschroniken, referiert eine Kurzgeschichte der lateinamerikanischen Diktatur.

In den übrigen Ländern gab es wegen unentwickelten politischen Lebens, Repression und Zensur keinen politischen Roman.

Der historische Roman

Der historische Roman der Romantik eignet nationale Geschichte zwecks Erzeugung von Patriotismus, National- und Geschichtsbewußtsein und Schaffung nationaler Geschichts-, Identifikations- und Gründermythen sowie als Rechtfertigungsideologie der kreolischen Mittelschichten an. Er entwickelt sich unter Einfluß von Scott, Hugo, Manzoni und des historiographischen Diskurses von Michelet, Thiers, Tocqueville. Aus kreolisch-liberalem Legitimationsbedürfnis werden die spanischen Kolonisatoren in Schwarzweißmalerei negativ geschildert. Antiklerikalismus geriert sich als Kritik von Missionierung und Inquisition.

Am RIO DE LA PLATA griff **Vicente Fidel López** (1815–1903), liberaler *proscrito*, nach einem Stoff aus Peru: *La novia del hereje* (1840, Die Ketzerbraut), Feuilletonroman, antiklerikal-liberale Abrechnung mit der Inquisition im Vizekönigreich zur Zeit des protestantischen Piraten Drake, Abenteuergeschichte mit genreüblichen Topoi: Mord, Verrat, Duell, Brandstiftung, Eifersucht. Die Unabhängigkeitskriege liefern den Stoff für den Nationalmythos im Briefroman *La gran semana de 1810* (1909, Die große Woche von 1810), Mischung von Faktion und Fiktion.

Olegario Andrade (1839–82), Gegner Sarmientos, mythisierte im Versepos *El nido del Cóndor* (1871, Das Nest des Kondors) in Victor-Hugo-Rhetorik den Nationalhelden San Martín und seine legendäre Andenüberquerung; Sänger des Lateinamerikanismus im Canto *Atlántida* (1881).

Der historische Roman in MEXIKO schuf den nationalen Gründungsmythos unter Rückgriff auf die reiche Geschichte von den Azteken bis zur Unabhängigkeitsrevolution.

Juan Díaz Covarrubias (1837–59), mit 22 Jahren als Reforma-Soldat hingerichtet, beschrieb in *Gil Gómez el Insurgente o la hija del médico* (1859, Der Aufständische Gil Gómez oder die Arzttochter) anhand einer Liebesgeschichte während der Unabhängigkeitsrevolution von 1810, wie die Mißstände der Kolonie (Despotismus, Sklaverei, Diskriminierung der Kreolen) von den Nationalhelden Morelos, Hidalgo und Guerrero bekämpft und durch Freiheit und Gerechtigkeit ersetzt werden.

Mateos verfaßte romanhafte Biographien der Helden der Unabhängigkeit: *Sacerdote y Caudillo* (1869, Priester und Caudillo) über Hidalgo und *Los insurgentes* (1869, Die Aufständischen) über Morelos und Itúrbide.

José Ramón Pacheco (1845–88) schrieb *El criollo* (1837, Der Kreole), eine patriotische Dreiecksgeschichte: Rosa soll einen reichen Spanier heiraten, während ihr kreolischer Liebhaber von Spaniern exekutiert wird. Das private Liebesmotiv geht im politischen Konflikt auf.

In **Ignacio Rodríguez Galváns** (1816–42) *La hija del oidor* (1837, Die Tochter des Auditors) liefert der Vater die Protagonistin wegen ihrer Liebe zu einem Rebellen der Inquisition aus. Über Besatzerwillkür und Inquisition im Vizekönigreich schrieb Vicente Riva Palacio klischeehafte Fortsetzungsromane wie *Monja, casada, virgen y mártir* (1868, Nonne, Ehefrau, Jungfrau und Märtyrerin) und *Los cuentos del general* (1896, Die Erzählungen des Generals), Sammlung mexikanischer Legenden und Anekdoten nach Art von Palmas *Tradiciones*. **José Joaquín Pesado** (1801–1861) klagt in *El inquisidor de México* (1835) den spanischen Inquisitionsterror gegen die Kreolen an. Der Protagonist von **Eligio Anconas'** (1836–93) *El filibustero* (1864, Der Freibeuter), von den Spaniern benachteiligter Kreole, entdeckt hinter deren religiösem Fundamentalismus egoistisches Bereicherungsstreben.

Ähnlich, jedoch nicht als kompakte Richtung wie in Mexiko, umkreisen einzelne Autoren anderer Länder in historischen Abenteuerromanen zwischen Fakt und Fiktion ihre jeweilige Geschichte mit negativer Standardbewertung von Conquista, Kolonialzeit und Inquisition. **Eustaquio Palacios** (col 1830–98): *El alférez real. Crónicas de Calí en el siglo XVIII* (1886, Der königliche Fähnrich. Cali-Chronik des 18. Jahrhunderts); **Manuel Bilbao** (chi 1827–95): *El inquisidor mayor* (1852, Der Großinquisitor). Das von Peru abgespaltene BOLIVIEN begründet seine Nationalliteratur durch Beschwören der Unabhängigkeitsrevolution: **Nataniel Aguirre** (1823–88) mit *Juan de la Rosa* (1885). Autobiographische Revolutionserinnerungen sind die *Memorias histórico-políticas* (1834) von **Vicente Pazos Kanki** (1779–1853) und das *Diario de un comandante de la independencia americana* (1814–25, Tagebuch eines Kommandanten der amerikanischen Unabhängigkeit) des Freischärlers **José Santos Vargas** (1. Hälfte 19. Jh.).

Lediglich in PERU findet die Kolonialzeit freundlich-satirische Aufnahme. **Ricardo Palma** (1833–1919), antiklerikaler Liberaler, Exilant in Chile, Direktor der Nationalbibliothek, Übersetzer von Heine und Hugo, Historiker der Inquisition im Vizekönigreich Peru. Seine berühmten *Tradiciones peruanas* (1872–83, 6 Bde.) samt Fortsetzungen sind nach Larras Vorbild costumbristisch-narrative Nachgestaltung historischer Dokumente aus der Kolonialzeit mit Berücksichtigung von Inkareich und Unabhängigkeitsrevolution. Keine Mischungen von Faktion und Fiktion, sondern ca. 500 reine Erzählkunstwerke (Chronik, Erzählung, Legende, Anekdote, Porträt, Sprichwort), in die Dokumente, Akten, Chroniken der Archive umgeschmolzen wurden. Weniger geschichtsbewußtseinsbildende Didaktik als hedonistischer Genuß an Erzählen und Lesen. Menschen- und Sittenbild der Stände des Vizekönigreiches: Prälaten, Höflinge, Soldaten, Handwerker, Bauern, Mestizen, Indios. Schildert Bräuche, Feste, Klatsch, Kirchweih, Feldzüge humorvoll und pointenreich, mit klassizistischer, dialogreicher Erzählersprache, in Sozio- und Regiolekt. Einflüsse: Boccaccio, Aretino, Rabelais, Quevedo.

Der indianistische Roman

Dem indianistischen Roman geht es nicht um indianische Zeitgenossen, deren wirtschaftliche und rechtliche Lage sich im 19. Jh. durch Enteignungen verschlechtert, sondern um die vorkolumbischen Indios, die man zu nationaler Kulturtradition und -identität benötigt, und um die Widerständler gegen die Conquistadoren als Verkörperung amerikanischen Selbstbewußtseins gegen europäischen Kolonialismus.

In MEXIKO, wo die Aztekenkaiser zum Begründermythos des offiziellen Diskurses gehören, ging der nationalhistorische in den indianistischen Roman über: **José María Lacunza** (1809–69) erzählt in *Netzula* (1837) von der Entscheidungsschlacht der Spanier gegen die Azteken aus Perspektive letzterer und räumt mit europäischen Vorurteilen über die Indios auf, die er idealisiert. Eligio Ancona schrieb auf Las Casas und Díaz del Castillo gestützte, christlich getönte, Sitten und Kultur der Indios aufwertende und in Erzählerdigressionen zur nationalen Tradition erhebende Conquistaromane: *La Cruz y la espada* (1866, Kreuz und Schwert), *Los mártires del Anáhuac* (1870, Die Märtyrer des Anáhuac).

In der Dominikanischen Republik, wo die Indios früh ausgerottet wurden, erschien *Enriquillo. Leyenda histórica dominicana 1503–1533* (1879, Enriquillo. Dominikanische Geschichtslegende), Chronik aus der Zeit Diego Colóns und Las Casas' von **Manuel de Jesús Galván** (1834–1910), kritische Darstellung von Don Diegos Intrigenhof. Spanische Encomenderos treiben durch Willkür den getauften Kaziken Enriquillo zur Rebellion, doch bei Friedensschluß erreicht er die Selbstverwaltung. Der Roman ist Beitrag zur nationalen Historiographie – der heterodiegetische Erzähler arbeitet mit Zitaten, Fußnoten und Quellen: Las Casas, Oviedo, Castellanos – und zum Nationalbewußtsein (*dominicanicidad*) – angesichts des Wiederanschlusses an Spanien und Grenzproblemen mit Haiti. Statt Schwarzweißmalerei kritische Rehabilitation des spanischen Kolonialismus und des Christentums.

In Brasilien nahm sich die Romantik des Indios der Vergangenheit zwecks Schaffung eines amerikanischen *brasilidade*-Nationalmythos an. **José de Alencar** (1829–77), Senatorensohn, Jurist, Journalist, konservativer Justizminister, schrieb historisch-indianistische Romane im Rahmen seines polyethnischen *brasilidade*-Konzepts unter Verwendung des tradierten Flucht-in-die-Wildnis-Topos: der Liebe zwischen in die Wildnis verschlagenen zivilisierten Weißen und (sowohl blutrünstigen als auch rousseauanisch guten) Wilden. *O Guaraní* (1857) erzählt in tropisch-farbiger Landschaft Rio de Janeiros die Liebe einer portugiesischen Adligentochter und eines Indiohäuptlingssohns als glückliche Verbindung zweier Rassen und Klassen (von Antônio Carlos Gomes zur Nationaloper vertont). Der Indio erhält durch Annahme christlich-okzidentaler Kultur und Ablegung seiner Identität brasilianische Dignität.

Em pé, no meio do espaço que formava a grande abóbada de árvores, encostado a um velho tronco decepado pelo raio, via-se um índio na flor da idade.
Uma simple túnica de algodão, a que os índios chamavam aimará, apertada à cintura por uma faxa de penas escarlatas, caía-lhe dos ombros até ao meio da perna, e desenhava o talhe delgado e esbelto como um junco selvagem.
Sobre a alvura diáfana do algodão, a sua pele, côr do cobre, brilhava com reflexos dourados; os cabelos pretos cortados rentes, a tez lisa, os olhos grandes com os cantos exteriores erguidos para a fronte; a pupila negra, móbil, cintilante; a bôca forte mas bem modelada e guarnecida de dentes alvos, davam ao rostro pouco oval a beleza inculta da graça, da força e da inteligência.

O Guaraní, Rio de Janeiro: Editorial Letras e Artes, [2]1967, S. 49.

Hochaufgerichtet sah man, inmitten des Raumes, den ein großes Baumgewölbe bildete, aufgestützt auf einen alten, vom Blitz getroffenen Baumstumpf, einen Indio in der Blüte der Jahre.
Eine einfache Baumwolltunika, von den Indios *aimará* genannt, mit einem Strauß schlarlachroter Federn am Gürtel, fiel ihm von den Schultern bis zur Mitte des Leibes und enthüllte eine Taille, die so schlank und geschmeidig wie eine Liane war.
Über dem durchsichtigen Weiß der Baumwolle erglänzte seine kupferfarbene Haut mit goldenen Reflexen; die schwarzen, kurzgeschnittenen Haare, die glatte Haut, die großen Augen mit den nach oben gezogenen äußeren Winkeln; die schwarze,

bewegliche, funkelnde Pupille; der starke, wohlgeformte und mit weißen Zähnen geschmückte Mund verliehen seinem leicht ovalen Gesicht die schlichte Schönheit der Anmut, der Kraft und der Klugheit.

In *Iracema* (1865) werden die Rollen vertauscht: ein Portugiese liebt eine Guaraní. Wie bei Zorrilla und Jesús Galván geht es weniger um Indios als um nationale Geschichte und romantische Liebesleidenschaft in Extremsituationen. Ähnlich Gonçalves Dias' Epos *Os Timbiras* (1860).

Der kubanische negristische Roman

In der Kolonie KUBA herrschte in der Lyrik Indianismus ohne Indios (Siboneyismus); der Roman dagegen thematisierte 14 Jahre vor Beecher Stowe die aktuelle Negersklaverei. **Juan Francisco Manzano** (1797–1854), von Del Monte freigekaufter und literarisch geförderter Sklave, verfaßte mit *Apuntes autobiográficos* (1839, Autobiographische Notizen) eine romanhafte Selbstdarstellung, in der er sein Leben als gedemütigter Sklave in einer Magnatenfamilie sowie seinen literarischen Werdegang beschreibt. Gab nach mehreren Lyrikpublikationen entmutigt auf.

Anselmo Suárez y Romero (1818–78), Patriziersproß, Lehrer, Journalist, schrieb animiert von Del Monte *Francisco* (1838), Lebensroman eines Negers, der im Bergwerk arbeitet, die Schrecken der Sklaverei durchlebt und Selbstmord begeht. Romantisch im Stil Scotts und Hugos die tränenreiche Liebe zwischen dem Protagonisten und Dorotea und die Inszenierung folkloristischer Szenen; realistisch à la Balzac das Porträt des Aufsehers und die Schilderung der Ambientes.

Gertrudis Gómez de Avellaneda (1814–73), Lyrikerin, Dramatikerin, aus einer Patrizierfamilie Camagüeys, lebte ab 1836 in Spanien, nach dem Tod des Mannes 1859–64 in

Kuba, danach wieder in Spanien. Formvollendete Gedichte (Liebe, Landschaft, Kuba-Sehnsucht), erfolgreiche Theaterstücke (*Munio Alfonso*, 1844; *Baltásar*, 1856; *El millionario y la maleta*, 1871, Der Millionär und der Koffer). Der Roman *Sab* (1841), 1844 in Kuba als antisklavistisch und sittenwidrig verboten, ist eine rührselige, mit konventionellen Klischees durchsetzte Liebesgeschichte zwischen dem Mulatten Sab und Carlota (Werthers Lotte!), Tochter seines Herrn. Sab rettet die Herrschaft durch Lotteriegewinn vor dem Bankrott, doch Carlota reist mit einem reichen Engländer nach Europa, worauf sich der Schwarze vergiftet. Der Roman traf den Nerv des Publikums und wirkte kraft des Prestiges der Autorin antirassistischer und sklavereifeindlicher als die Authentizität Manzanos und Suárez y Romeros.

Der sentimentale Roman

Amputierte man den genannten Romantypen ihre politisch-sozialen Teile, würde der private Part samt Gefühlswelt der bürgerlichen Protagonistinnen, d. h. der sentimentale Roman übrigbleiben. Er gestaltet kreolisches Seelen- und Privatleben (Gemüt, Haus, Liebe, Familie) klischeeentsprechend als Sphäre der Frau, seiner Hauptprotagonistin. Daher Frauennamen als Titel aller bedeutenden Romane der Romantik. Einflüsse: empfindsame Romane des 18. Jh.s: Rousseaus *La Nouvelle Héloïse*, Sternes *Sentimental Journey*, Goethes *Werther*, Saint-Pierres *Paul et Virginie*, Chateaubriands *Atala*.

Jorge Isaacs (col 1837–95), Ingenieur, Grundbesitzer, liberaler Politiker, Lyriker (*Poesías*, 1864), errang mit *María* (1867), dem bedeutendsten sentimentalen Roman, einen großen Publikumserfolg. Erzählt wird die Geschichte der quasiinzestuösen, unglücklichen Liebe zwischen María und Cousin Efraín auf dem Landgut von Efraíns Vater, der den

Sohn nach London schickt, um die Beziehung zu beenden. María stirbt vor dessen Rückkehr. Geschildert werden großbürgerliche Häuslichkeit, Sittenreinheit, patriarchalische Beziehungen in Familie und zwischen Herrn und Sklaven sowie eine teils paradiesische, teils grandiose Natur und Landschaft, die als traditioneller positiver Gegensatz zur Stadt erscheint. Doch in die Idylle bricht Morbidität, die Existenz des Vaters als Latifundist ist durch die Konkurrenz, Marías Leben durch Erbkrankheit bedroht. Dieser Realitätseinbruch geht in Richtung Realismus, sogar, bei medizinischer Diskussion von Marías Krankheit, Naturalismus. Andererseits wird Wirklichkeit künstlich harmonisiert, zum verlorenen Paradies mit nachfolgender Vertreibung metaphorisiert. Systematische Symbolisierung erzeugt einen allegorischen Text, in dem die Idylle eine artifizielle Konstruktion, die Naturharmonie eine Inszenierung ist. Roman als Konstrukt und Stilwille des autodiegetischen Erzählers. Efraíns Autobiographie ist keine Faktion, sondern fiktionale Literarisierung in Richtung Modernismo. Einflüsse: Goethe (*Werther*), Foscolo (*Ultime lettere di Iacopo Ortis*), Chateaubriand, Saint-Pierre.

Das Versepos der Romantik

Das tradierte Versepos erlebt in der Romantik seine letzte Blüte in verlorener Konkurrenz mit dem ebenfalls narrativepischen Roman, mit dem es die Darstellung größerer Zusammenhänglichkeiten teilt; mit dem sentimentalen Roman hat es die subjektive Stimmung gemeinsam, wie überhaupt die starke Präsenz des lyrischen Subjekts neben der Versifikation das von Lyrikern gepflegte Kunstepos charakterisiert. Gegenüber dem Roman fehlen die Selbständigkeit der Figuren, des Ambientes und der äußeren Umstände.

Wie der historische und indianistische Roman stellt es die vorkolumbische Epoche, die Conquista und die Kolonie als Vorgeschichte der Nation und nationaler Kulturidentität in meist tragischen Kollisionen heraus, dabei übernehmen diese Epochen die Funktion, die das Mittelalter für die deutsche Romantik hat. Das bürgerliche 19. Jh. wird dem dafür prädestinierten Roman überlassen. Am Anfang stehen in der hispanoamerikanischen Epik Echeverrías *Cautiva*, in der brasilianischen die neoklassizistisch-frühromantischen *O Uruguai* von Basílio da Gama und *Caramurú* von Santa Rita Durão. Darüber hinaus sind literarische Ahnherren Byron (*Childe Harold's Pilgrimage*), Chateaubriand (*Atala*), Zorrilla und Lamartine. Sich wiederholende Versatzstücke: Flucht-in-die-Wildnis-Motiv, tragisch endende, häufig inzestuöse Liebe zwischen sozial oder rassisch unterschiedlichen Partnern, lange Beschreibungen der tropisch-exuberanten Natur, Idealisierung des Indios, Entgegensetzung von Herz und Verstand.

MEXIKO: **Ignacio Rodríguez Galván** (1816–42) widerlegt in seinen Poemen, in denen sich historische Personen und Traumvisionen mischen, antiindianische Klischees, wertet Conquista und Indios um: Cortés ist moralisch und zivilisatorisch Cuauhtémoc unterlegen, der dem lyrischen Ich schemenhaft-anklägerisch in Chapultepec begegnet (*La profecía de Guatimoc*, 1839). In *La visión de Moctezuma* (1842) wird dem Aztekenkaiser, in unglücklicher Liebe zu einer armen India verstrickt, die zerstörerische Ankunft der Spanier geweissagt.

José Joaquín Pesado dichtete in freier Erfindung die spätklassizistischen, idealisierenden *Los Aztecas* (1854), deren Originalität darin besteht, daß der Verfasser sie wie einst Macpherson *Ossian* für Übertragungen der Werke des Dichterkönigs Netzahualcóyotl ausgab. José María Roa Bárcena, Fachmann für mexikanische Geschichte, verwandelte historisch überlieferte Episoden in Verserzählungen über das vorkolumbische Aztekenreich (*El casamiento de Netzahualcóyotl*, 1862, Die Hochzeit des Netzahualcóyotl).

Salvador Sanfuentes Torres (chi 1817–60) situiert in *El campanario* (1841, Der Glockenturm) eine unglückliche Liebe zwischen zwei sozial ungleichen Menschen in die chilenische Kolonialzeit, in *La destrucción de La Imperial* (1857, Die Zerstörung von La Imperial) ist es eine solche zwischen einem Spanier und einer India.

Julio Arboleda (col 1817–62), Politiker, General, Poet, setzt patriotische Begeisterung für Indios und präkolumbische Archäologie in das Epos *Gonzálo de Oyón* (1883) um. Der politische und persönliche, wegen der Liebe zu einer India ausgelöste Bruderzwist zwischen den in Schwarzweißmalerei gezeichneten Conquistadoren Gonzalo und Alvaro (Modell: die beiden Pizarros) vor beseelter amerikanischer Landschaftskulisse wird Gleichnis für den kolumbianischen Bürgerkrieg.

Proindianisch im Sinne von Las Casas ist das Versepos *Anacona* (1881) von **Salomé Ureña de Henríquez** (dom 1850–97) über die Kariben zur Zeit der Entdeckung Westindiens, angesichts der Ausrottung der Indios eher als Protest gegen Rehispanisierung und Ausdruck dominikanischen Nationalgefühls zu verstehen. Juan León de Mera (Ecuador) evoziert in *La virgen del sol* (1861, Die Sonnenjungfrau) den Inka Huiracocha als amerikanischen Freiheitskämpfer, Fermín Toro im Fragment *La Hecatonfonía* (1856) die Mayavergangenheit.

Ihren Höhepunkt erreicht die historisch-indianisch orientierte Versepik mit **Juan Zorrilla de San Martín** (ur 1855–1931). Der Bibliothekar und hochgebildete Grundbesitzer schrieb lebenslang an seinem Versepos über Indios aus der Conquista im »weißen« Uruguay: *Tabaré* (1879/88, 1923). Nach tradiertem lateinamerikanischen Flucht-in-die-Wildnis-Topos Entführung der Spanierin Magdalena durch

Charrúa-Kaziken. Die Liebe ihres Sohnes, des blauäugigen Mestizen Tabaré, zur Conquistadorenschwester Blanca endet tragisch, insofern ihr Bruder irrtümlich Tabaré tötet, als dieser gerade die von Indios entführte Blanca rettet. Von kulturhistorischer Genauigkeit sind die beschriebenen Indiobräuche und die verwendete Indio-Onomastik (Autor verfaßte *Descubrimiento y conquista del Río de la Plata*, 1892, Entdeckung und Eroberung des Rio de la Plata). Kein Indianismus, sondern Gleichnis: Geschichte Uruguays und Lateinamerikas und das Leben der Lateinamerikaner sind eine Folge von Mißverständnissen und tragischen Verkettungen, Gelegenheit für Ausbreitung christlichen Heilsdenkens und Vorwand für eine formvollendete Geschichte mit frühmodernistisch-musikalischer Sprache und Bildbehandlung (Einfluß: Zorrilla, Bécquer).

In BRASILIEN will die Epik nach Erlangung der Unabhängigkeit dem Volk Nationalbewußtsein, Geschichtsbewußtsein, einen National- und Gründungsmythos, kurz die *brasilidade* stiften, da die Selbständigkeit nicht Ergebnis nationalen Kampfes, sondern des Residenzwechsels des Herrschers war, die Nation a posteriori geschaffen werden mußte. Daher bevorzugten die Romantiker der ersten Generation unter Einfluß von Lamartine, Michelet, Chateaubriand und Lamennais das Geschichtsepos.

Die Frühromantik (1840–50) thematisiert mit dem Ureinwohner (der im indianistischen Romanwerk Alencars eine Hauptrolle bei der Nationfindung spielt) Land, Landschaft und ländliche Tradition als autochthonen Konterpart zu den portugiesisch-kosmopolitischen Städten, deren für die Nationbildung relevante Entwicklung Alencar in Romanen über die portugiesischen Siedler der Gründerzeit (*As Minas de Prata*, 1864/65, Die Silberbergwerke) erfaßte. Nationalistisches Geschichtsbewußtsein will Gonçalves de Magalhães mit *A Confederacão dos Tamoios* (1856, Der Bund der Tamoyos) erzeugen, einem Epos über den Aufstand der

Tupí Rios im 16. Jh. gegen portugiesische Siedler, das in 30 Gesängen die Indios als Vorkämpfer der modernen Brasilianer glorifiziert. **Manuel de Araújo Porto Alegre** (1806–79), Lyriker und Epiker zwischen Klassizismus und Romantik, schrieb ein Kolumbus-Epos in 40 Gesängen (*Colombo*, 1868) mit viel Rhetorik und Pathos und geglückter Beschreibung brasilianisch-tropischer Landschaft.

Eine Bello fortführende, Daríos, Mistrals und Nerudas Amerika-Dichtungen vorwegnehmende epische Vision des Subkontinents liefert Olegario Andrade mit der hochtönenden epischen Menschheitsdichtung *Leyenda de Prometeo* (1877) und vor allem der von Hugos *La Légende des siècles* und Platons Atlantis inspirierten Amerika-Dichtung *La Atlántida* (1881), positivistisch fortschrittsgläubiger Vision der strahlenden Zukunft des »lateinischen Amerika«. Dagegen verfaßte der Venezolaner **José Antonio Maitín** (1814–74) poetische Legenden über alltägliche, meist dramatische und novellenhaft zugespitzte Vorfälle im Stil Freyles, doch mit psychologischer Vertiefung (*El máscara*, 1851, Der Maskierte; *El Sereno*, 1851, Der Nachtwächter).

Das Versepos am La Plata tangiert die Gaucho-Dichtung. Der *proscrito* **Juan María Gutiérrez** (arg 1809–78) publizierte 1838 *Los amores del payador* (Die Liebschaften des Gauchosängers), eine das Leben der einfachen Gauchos idyllisierende und den Indio idealisierende Dichtung. Auch *Celiar* (1852), Verserzählung des Uruguayers Magariños Cervantes mit romantischem Ambiente und romantischer Intrige, vereinnahmt den Gaucho als Protagonisten der Kunstepik: von der Liebesidylle zwischen dem Gaucho Celiar und einer Ranchera, die ein spanischer Kolonialoffizier brutal zerstört, führt der Weg zum Gaucho-Versepos *Martín Fierro*.

Die romantische Lyrik

Dominierte der politisch und gesellschaftsorientierte Roman in der ersten Phase der Romantik, so die Lyrik in der zweiten, den politisch, gesellschaftlich und kulturell stabileren 60er und 70er Jahren mit einem Bürgertum, das Muße für Privatleben und Lektüre hat. Sie übernimmt Elemente des sentimentalen Romans und Einflüsse der französischen, englischen und deutschen Romantik (Hugo, Byron, Heine). Die Autoren brachten ihre Verse im Zeitungsfeuilleton, in schmalen Bändchen und Anthologien unter.

Grundkonstanten: Einsamkeit des Ich, Tristesse, *mal du siècle*-Empfindung, Landschaftsmalerei. Erste Phase (1840–1860): formal lockere, politisch-patriotische Dichtung; zweite Phase (1860–80): parnassische Formstrenge, Aufgabe des Engagements, Kunstwert statt Gebrauchswert, Amerikanismus statt Nationalismus (Vormodernismo).

In KUBA, bis 1898 spanische Kolonie, herrscht statt der Opposition Liberale vs. Konservative der Gegensatz Kreolen vs. Spanier. Die Romantiker, Teilnehmer vieler Verschwörungen, werden exiliert oder exekutiert. Zensurbedingt existiert keine politische Dichtung. Weltschmerz, Melancholie, Trauer, Bedrücktsein, Grundzustände der Romantik, verknüpfen die kleinbürgerlichen Autoren mit ihrer Perspektivlosigkeit angesichts Repression, Sklaverei und armseliger Verhältnisse. Besondere kubanisch-romantische Note: starke Rezeption spanischer Romantik und volkstümlicher Guajiro-Thematik, -Strophik und -Musikalität. Viele Autorinnen und Provinz-Autoren.

Gabriel de la Concepción Valdés (gen. Plácido, 1809–1844), armer Mulatte, Handwerker in Matanzas, Eltern: Frisör, Tänzerin. Als Teilnehmer an der *Conspiración de la Escalera* hingerichtet. Autodidakt, inspiriert von spanischen Romantikern, Zorrilla, Espronceda und Volkslyrik. Zwischen Negersklaven und Patriziern stehend, richtete er versteckte Invektiven und gereimte Lobhudeleien an spanische Machthaber, tarnte Kritik zensurbedingt hinter antiken oder europäischen Stoffen (*La muerte de Gessler*, Geßlers Tod), vereinte Patriotismus mit Erotik.

José Jacinto Milanés (1814–63), Handlungsangestellter, Bahnbeamter in Matanzas, Autodidakt, die letzten zwanzig Lebensjahre geistig umnachtet, ist trotz patriotisch-politischer Aufschwünge sanfter, bukolischer Dichter der kubanischen Landschaft in popularen musikalischen (*La fuga de la tórtola*, Die Flucht der Taube) Letrillas und Serranillas über kubatypische, Frauencharaktere symbolisierende Blumen und Blüten: *La flor del café* (Die Kaffeeblüte), *La flor de la caña* (Die Zuckerrohrblüte).

Juan Cristóbal Nápoles Fajardo (gen. El Cuculambé, 1829–62) lebte auf dem Lande, den Bauern verbunden. Separatist, bei Verfolgung Ermordung oder Freitod. Übernahm volkstümliche Motivik, Strophik und Musikalität der Bauern-(Guajiro-)Lyrik in *Rumores del hórmigo* (1856, Das Rauschen des Hórmigo). Ähnlich **Francisco Poveda y Armenteros** (1796–1881; *Poesías del trovador cubano*, 1879, Dichtungen des kubanischen Troubadours).

José Fornaris (1827–90) aus Bayamo, Rechtsanwalt, Journalist, Lehrer, schrieb *Cantos del Siboney* (1855, Lieder von Siboney), popular-rustikale Dichtungen auf von Spaniern ausgerottete Ureinwohner als Gleichnis für kreolische Kubaner (dafür Tadel vom Generalkapitän). Gab die Zs. *La Piragua* heraus, schrieb die Nationalhymne *La Bayamesa* (1851).

Gertrudis Gómez de Avellaneda bevorzugte Liebeslyrik (auch religiöse Liebe) mit freimütiger Ich-Aussprache unter Betonung ihrer Weiblichkeit und Emotionalität. Große Nähe Autorin – lyrisches Ich. Spanisch-kreolische Kosmopolitin mit universaler Schreibweise und kubanischen Assoziationen an Kindheit und Landschaft. **Luisa Pérez de Zambrana** (1835–1922) lebte in mehreren Provinzstädten, hielt in Havanna literarische *tertulias* ab. Gefühlsbetonte

Gedichte über Familie und Kindheit, Vorliebe für Elegien (*elegías familiares*), Heimatliebe und Patriotismus ausdrükkende Dichtungen über kubanische Landschaften und Städte (Santiago).

Rafael María de Mendive (1821–86), Pädagoge, Lehrer Martís, Herausgeber der *Revista de la Habana* (1853), schrieb Romanzen über kubatypische Landschaft und Natur: *Yumurí. La música de las palmas* (Yumurí. Die Musik der Palmen). **Joaquín Lorenzo Luaces** (1826–67), kränklicher Literat, Direktor von *La Piragua* (1856/57), verfaßte siboneyistisch-patriotische Gedichte (*La salida del cafetal*, Die Ausfahrt aus der Kaffeeplantage), auf Kuba gemünzte Freiheitsdichtungen auf Griechenland (*Caída de Misolongi*, Der Fall von Missolongi). Neu: Thematisierung von Fortschritt und Technik: *A Cyrus Field, por la inmersión del cable submarino* (Auf Cyrus Field anläßlich der Verlegung des Tiefseekabels) und parnassisch-frühmodernistische Ode *Al trabajo* (An die Arbeit).

Juan Clemente Zenea (1832–71), Waise, Autodidakt, Journalist, als Separatist von Spaniern füsiliert. Elegiker, beeinflußt von Musset, Lamartine, Byron. Schmales Werk in zuchtvoller, frühparnassischer Sprache, melodiös, rhythmisch. Seine Gedichte aus der Todeszelle *Diario de un mártir* (1871, Tagebuch eines Märtyrers) evozieren elegisch die Familie. *Fidelia* ist eine elegische Romanze auf den Tod der Geliebten mit Kontrapunktik zwischen vergangenem Glück und gegenwärtiger Trauer. Naturbilder sind Gleichnis für Seelenstimmungen.

In der übrigen Karibik, Mittelamerika und Mexiko ist die romantische Lyrik quantitativ wie qualitativ unbedeutender. **Alejandro Tapia** (pt 1826–82), Vielschreiber in allen Gattungen, bearbeitete karibische Volkslegenden (*El bardo de Guamaní*, 1862). Sein Versepos *La Sataniada* (1878) nach Goethes *Faust* ist phantastisch-alptraumhafte Dichtung ohne Bezug zum eigenen Land.

MEXIKO: **Guillermo Prieto** (1818–97), liberaler Militär und Politiker, Sänger des Bürgerkrieges in *Romancero* (1885), beschrieb in *Musa callejera* (1883, Straßenmuse) in lyrischem Costumbrismus mexikanische Landschaft und Sitte. Den romantischen Zweiklang von patriotischem Liberalismus und costumbristischer Landschaftsbeschreibung haben die *Rimas* (1871) Altamiranos.

Manuel Acuña (1849–73), Medizinstudent, Positivist, Stadtbohemien, langmähniger Bourgeoishasser. Provokationsromantiker, *poète maudit*, Gründer des linksradikalen Literaturvereins *Sociedad Netzahualcóyotl*, schrieb Lyrik voll Melancholie, Weltschmerz und Tristesse: »atheistischer Materialismus« wird artikuliert in dem berühmten Gedicht *Ante un cadáver* (Angesichts einer Leiche) in 32 Terzetten. Selbstmord aus Liebeskummer mit 24 Jahren.

Manuel José Othón (1858–1906) ist formstrenger Spätklassizist, dessen Bukolik nach antiken Vorbildern (Vergil, Horaz) der mexikanischen Landschaft und Natur in romantischer Beseelung gilt (*Himno de los bosques*, 1891, Hymne der Wälder; *Poemas rústicos*, 1902, Ländliche Gedichte). Prämodernist durch formale parnassische Perfektion und Eleganz.

An der südlichen Karibikküste ist die Romantik relativ stark verbreitet. VENEZUELA: **José Antonio Pérez Bonalde** (1846–92), bedeutendster Romantiker des Landes, USA-Exil, übersetzte europäische und nordamerikanische Romantiker (Poes *The Raven*, Heines *Buch der Lieder*). Bohemien, der verarmt, rauschgiftsüchtig, einsam in einer Fischerhütte starb. Thematisiert Gegensatz Fremde – Heimat, Bewußtsein des verlorenen Paradieses der Kindheit und Heimat (*La vuelta a la patria*, Die Rückkehr ins Vaterland). In *Estrofas* (1877) und *Ritmos* (1880) typisch romantische zweipolige Stimmungsdichtung: Einsamkeit, Melancholie, Tragik, Enttäuschung, Rührseligkeit des lyrischen Ich angesichts entfremdeter Stadt und enttäuschter Liebe,

Weltflucht und Trostsuche in Natur und Landschaft Venezuelas. In großartigem *Poema del Niágara* (1882) Empfindung der Grandiosität und Gewalt amerikanischer Natur. Ähnliche Zweipoligkeit bei Maitín: *Ecos de Choroní* (1844, Echos aus Choroni) über das gleichnamige Tal mit Pflanzen, Tieren, friedvollen Bewohnern, und *Canto fúnebre* (Trauergesang), Gedichtkranz der Erschütterung über den Tod der Frau. Landschaftsmaler und Indianist war **José Ramón Yepes** (1822–81) in legendenhaften *Anaida y Iguaraya* (1860). Landschaft und Indios evoziert **Francisco Guayacapuro Pardo** (1829–82; *Los caciques de Paramaconi*, 1872).

In Kolumbien wird die Romantik von der Zs. *El Mosaico* (1859–72) propagiert. **José Joaquín Ortiz** (1814–92) schwankt zwischen klassizistischer Formenstrenge und romantischer Emotionalität von erster (1834) bis letzter Gedichtsammlung (1880). Zweiklang von Patriotismus (Schlacht von Boyacá) und heimischer Natur (Tequendama-Wasserfall).

José Eusebio Caro (1817–53), Abgeordneter, Minister, steigt mit *Obras escogidas en prosa y verso* (1873, Ausgewählte Werke in Prosa und Vers) unter englischem Einfluß voll in romantische Ich-Bespiegelung mit philosophischer, sozialkritischer und indianistischer Note (*En boca del último Inca*, 1835, Im Munde des letzten Inka) ein. Metrische Experimente (griechische Versmaße) und Verslehre.

Gregorio Gutiérrez González (1826–72), Beamter, Abgeordneter von Antioquia, schrieb großartige Landschaftsdichtung: *Memoria sobre el cultivo del maíz en Antioquia* (1866, Denkschrift über den Maisanbau in Antiochia), Versepos mit agronomischen Daten, poetische Antrittsrede in einer wissenschaftlichen Gesellschaft, amerikanisiertes, tropikalisiertes, mit antiochischen Dialektismen gespicktes Lehrgedicht im Stil Vergils, Horaz', Lukrez' und Bellos, dessen Bukolik sich Kenntnis der Landarbeit, nicht der Schreibtisch-Meditation verdankt.

Rafael Pombo (gen. Edda, 1833–1912), Ingenieur, Offizier, Diplomat, Pädagoge, polyglotter Nachdichter. Vorbilder: spanische und nordamerikanische Romantiker (Longfellow). Ging von nachlässiger romantischer Form zu parnassischer Strenge (Sonett) über. Patriotische, philosophische, religiöse und Naturlyrik (Niagara-Gedicht). Sieht männliches Prinzip als destruktiv, weibliches als konstruktiv. Erste New-York-Impression eines Lateinamerikaners (*Las americanas en Broadway*, 1822, Die Amerikanerinnen am Broadway).

Die Andenregion ist wenig ergiebig an romantischen Dichtern. PERU: **Clemente Althaus** (1835–81), Journalist, Nachdichter aus dem Italienischen, artikuliert Melancholie, Einsamkeit, Widerwillen gegen Umgebung in *Poesías* (1872). Rückgriff auf Renaissance und Barock sowie auf orale Ketschuatradition in *yaravís*. **Carlos Augusto Salaverry** (1830–91), liberaler, weitgereister Diplomat, politischer Exilant, italianisierender Dichter der Einsamkeit, von Pessimismus und Nostalgie nach der Heimat durchdrungen. Schlug mit provozierendem Prosaismus und Termini aus moderner Technik und Wissenschaft antiromantische Töne an (*El pueblo y el tirano Atahualpa*, 1854, Das Volk und der Tyrann Atahualpa; *Diamantes y perlas*, 1869, Diamanten und Perlen). Dichter modischer Tristesse ist **José Arnaldo Márquez** (1830–1903; *Notas perdidas*, 1866, Verlorene Noten).

In ECUADOR ist León de Mera wie im Roman so auch im Versepos Indianist in *Melodías indígenas* (1868).

In CHILE gibt es einige, thematisch wie formal wenig profilierte, romantische Poeten, darunter **Eusebio Lillo** (1827–1910), Autor der Nationalhymne und **Guillermo Blest Gana** (1829–1903).

In Argentinien wirken eine ganze Reihe Lyriker. Juan María Gutiérrez besingt im uruguayischen Exil in liebevoller Identifikation (*Poesías*, 1869) Landschaft, Fauna, Flora, Menschen der Pampa; er führt mit *Caicobé* und *Aguapé* (Paraná-Wasserrose) in *Las flores del Lilpú* erstmals botanische Indiobezeichnungen in die Literatur ein.

Ricardo Gutiérrez (1838–96) schreibt Mitleidspoesie in *Los huérfanos* (1862, Die Waisen), erstmalige Denunziation der Gesellschaftsspaltung in Arme und Reiche in lateinamerikanischer Literatur. Sentimental-tränenreiche Poesie der Einsamkeit, Tristesse und Melancholie charakterisieren *El libro de las lágrimas* (1878, Das Buch der Tränen).

Carlos Guido y Spano (1827–1918) ist Spätromantiker mit subjektiver Emotionalität und costumbristischer Landschafts- und Typendarstellung in *Hojas al viento* (1871, Blätter im Wind) und *Ráfagas* (1879, Sturmböen). Mit Formstrenge und Versziselierung (Vorbild: die Parnassiens) antizipiert er den Modernismo. Sein bekanntestes Gedicht *Nenia* ist antinationalistisch-indigenistische Klage über paraguayische Opfer argentinisch-brasilianischer Aggression.

Almafuerte (d. i. Pedro B. Palacios, 1854–1917), provokanter Außenseiter, Lehrer, Journalist, populistischer Naturbursche, Bohemien, Gegner neureichen Establishments, macht aus romantischer Einsamkeit eine kokette, großsprecherische, öffentlichkeitswirksame Zurschaustellung gewollter Isolierung. Volkstribun im Stil Hugos, Sprecher der neuen Unterprivilegierten und Immigranten. Missionarische, alttestamentarische Rhetorik (erster Tolstoi-Rezipient) in *Evangélicas* (publ. 1915), Vorläufer sozial engagierter Lyrik.

Uruguay hat kaum Romantiker.

In Brasilien ist die Romantik die literarische Hauptströmung des Kaiserreiches. Sprachlich von Hispanoamerika getrennt, kulturell lange an Portugal orientiert, kaum von Bürgerkriegen geschüttelt, wird Brasilien im 19. Jh.

eine eigene Nation mit eigener Nationalgeschichte vom *Inconfidência*-Aufstand 1789 über die Flucht König Johanns VI. 1808 nach Brasilien, die Unabhängigkeitserklärung durch Prinzregent Dom Pedro 1822 und dessen Krönung zum Kaiser 1824 bis zum Ende des Imperiums 1888. Eine reiche Nationalliteratur wird stimuliert durch Urbanisierung, Wirtschaftsentwicklung, Bildungswesen, Gründung von Universitäten, Zeitungen und Verlagen. Das wirtschaftliche Schwergewicht verschob sich vom durch Antillenkonkurrenz zurückgedrängten Zuckerrohr zu Kaffeeanbau und Viehzucht im Zentrum und Süden, womit sich politische Zentrale und Urbanisierung mit Nachfolgeeffekt für die Literatur nach São Paulo und Rio de Janeiro verlagerten.

Die Romantik schuf den literarischen Mythos der Nation infolge Ungebrochenheit der Institutionen in Brasilien eher als in Hispanoamerika. Diese poetische Strategie wurde in neugegründeten Zs. verbreitet (*Niterói: Revista Brasiliense*, 1836, *Minerva Brasiliense*, 1843). Alencar reflektierte viel über Theorie und Ästhetik der brasilianischen Nationalliteratur und des Romans und entwickelte eine brasilianische Literatursoziologie. Zur kulturellen Identitätsfindung trug der Historiker und Archivar **Francisco Adolfo Varnhagen** (1816–78) mit *História geral do Brasil* (1854–75, Allgemeine Geschichte Brasiliens) und der Anthologie *Florilégio da Poesia brasileira* (1850, Blütenlese brasilianischer Poesie) bei. José Domingos Gonçalves de Magalhães, als Medizinstudent in Europa beeinflußt von französischer und deutscher Romantik, begründete die Nationalliteratur in dem von Mme de Staëls *De l'Allemagne* inspirierten *Ensaio sobre a História da Literatura do Brasil* (1836, Über die Geschichte der Literatur Brasiliens) theoretisch, praktisch-poetisch mit *Suspiros poéticos e Saudades* (1832, Poetische Seufzer und Sehnsüchte), voller Stimmung, Religiosität, Schöpfungsehrfurcht, Heimatliebe im Lamartine-Stil in klangvoll-rhythmischen Versen. Manuel de Aráujo Porto Alegres preist in *Brasilianas* (1866) die tropische Natur Brasiliens.

Antônio Gonçalves Dias (1823–64), Mulatte aus der Provinz, der durch Hilfe reicher Gönner in Coimbra studierte, aber gesellschaftlich diskriminiert blieb, schrieb Liebes- und Naturdichtung unter Einfluß von Lamartine, Vigny, Béranger, Schiller, Bürger. Sowohl Indianist (Tupí-Wörterbuch) als auch Kosmopolit. *Primeiros Cantos* (1846, Erste Gesänge), *Segundos Cantos* (1848, Zweite Gesänge), *Ultimos Cantos* (1850, Letzte Gesänge). Der Indio ist Chiffre für *pátria* und brasilianische Seele; das lyrische Ich identifiziert sich mit dem Tupí-Vater in der Ansprache an den Sohn (*Canção do Tamóio,* Tamóios Lied).

In großen Städten Brasiliens entstand erstmals in Lateinamerika eine Boheme als literarisches marginales Feld, Ort biographischer Selbstinszenierung aus Opposition gegen Establishment, Akademismus, Traditionalismus, Ausdruck der Diskrepanz zwischen entfremdeter Großstadt und hochfliegenden, durch Lektüre genährten Idealen von Humanität, Harmonie und kulturellem Aufschwung. Daraus resultiert übersteigertes Ich-Gefühl, Weltschmerz, gebrochene Biographie. Die Werke dieser zweiten brasilianischen Romantikergeneration sind eher fragmentarisch als vollendet.

Manuel Antônio Alvares de Azevedo (1831–52), als Jurastudent in São Paulos Boheme und Byronzirkel (Einflüsse von Heine, Shelley), starb mit 20 Jahren an Tuberkulose. Intimistische Poesie. Byronscher Weltschmerz, Zynismus, heinesche romantische Ironie, Groteskes, Selbstkarikatur, karnevalistische Selbstparodie, pubertärer Eros, Traum, Liebe und Todesgewißheit. Spielerischer Umgang mit Sprache dominiert in *A Lira dos vinte Anos* (1853, Die Leier mit zwanzig Jahren).

Luís José Junqueira Freire (1832–55), Benediktinermönch, schrieb zerquälte Gedichte über Spannung zwischen Kloster-Askese und Sinnlichkeit (*Inspirações do Claustro,* 1853, Klosterinspirationen). Nur 21 Jahre alt, wurde der ausschweifende **Casimiro de Abreu** (1839–60), außerehelicher Kaufmannssohn, vom Vater zur Strafe für

Schriftstellerei nach Portugal verbannt. Dort schrieb er *As Primaveras* (1859, Die Frühlingstage), dank einfacher Sprache und leicht faßbarer Aussagen populär gewordene Sehnsüchte nach Brasilien und verlorenem Kindheitsparadies, in Brasilien das *Livro Negro* (publ. 1859, Schwarzbuch) über unheilbares Kranksein und Enttäuschtsein vom Leben.

Luís Nicolau Fagundes Varela (1841–75), Grundbesitzer aus der Nähe Rios, Jurist, Bohemien, Alkoholiker, exemplifiziert seinen Weltschmerz an familiären Trauerfällen in *Noturnas* (1861, Nokturnen). Vorsymbolistische Naturlyrik in *Cantos do Ermo e da Cidade* (1869, Lieder aus dem Ermo und der Stadt), religiöse Meditation in *Ancheita ou O Evangelho nas Selvas* (1875, Ancheita oder Das Evangelium in den Urwäldern).

Am Ende der Romantik steht die *Escola Condoreira* (Condorismus), eine angesichts zunehmender sozialer Polarisierung politisch-sozial engagierte Strömung: Der Dichter schwingt sich kondorgleich auf die Höhe der großen Zeitprobleme Amerikas. Parnassische Form, von Leconte de Lisle und Hérédia beeinflußt. Bevorzugung gewagter Hyperbeln, schroffer Antithesen und Victor-Hugo-Rhetorik zwecks Aufrüttelung des Lesers. Reaktion auf den Paraguaykrieg (1864–70), die Niederlage Napoleons III. gegen Preußen, die Pariser Kommune, die Rückkehr Victor Hugos aus dem Exil, den Sturz der Bragança-Monarchie 1888 und die Sklavenbefreiung 1889 – an letzteren Ereignissen hatten die öffentlichkeitswirksamen Condoristen Anteil.

Antônio de Castro Alves (1847–71), Sohn eines linksliberalen Arztes und Grundbesitzers, der nach Jurastudium, Bohemeleben, früher Tuberkulose-Erkrankung, Fußamputation und dramatischen Liebesaffären früh verstarb. Parnassische Naturbilder und sinnliche Liebeslyrik in *Espumas fluctuantes* (1870, Wallende Schäume), freiheitlich-politisches Engagement gegen Sklaverei in *Vozes de Africa* (1880, Stimmen Afrikas) und *Os Escravos* (1883, Die Sklaven); darin das anthologische »Sklavenschiff« (*O Navio negreiro*) über die Schrecken auf einem Schiff voller für Brasilien bestimmter Sklaven, Gedichtzyklus über Romeo und Julia als liebende Sklaven, die sich auf der Flucht gemeinsam in den Tod stürzen. Im Prolog *O Século* utopische Zukunftsvision eines freien, gleichen, sozial gerechten Brasilien.

Tobias de Meneses Barreto (1839–89), Mulatte, Jurist, studierte deutsche Literatur und Philosophie, redigierte Zs. *Der deutsche Kämpfer*, was sich, samt progressiv-liberalem Denken, in dozierenden Gedichten *Dias e Noites* (publ. 1893, Tage und Nächte) widerspiegelt. **Luis Barreto Murat** (1861–1929), »letzter Romantiker«, ist mit *Quatro Poemas* (1885, Vier Gedichte) im Hugo-Ton ebenfalls Condorist.

Das Drama der Romantik

In ARGENTINIEN (*Teatro de la Victoria*, Buenos Aires) werden unter der Zensur der Rosas-Diktatur nur importierte oder orientalisch-antik verfremdete Stücke gespielt, während die *proscritos* im uruguayischen Exil (Mármol, Alberdi, Mitre) politische Satiren oder Tragödien über ihre Heimat schreiben, so **Pedro Echagüe** (1821–81) mit *Rosas* (1851, UA 1870) als Pendant zu Mármols *Amalia*.

Zwischen Romantik und Costumbrismus stehen in BRASILIEN die Theaterstücke Alencars *O Demônio familiar* (1858; Der Familienteufel) über einen Figaro in brasilianisch-bürgerlichem Ambiente und *Asas de um anjo* (1858, Engelsflügel) über eine reuige brasilianische Kameliendame, von dessen Dumasschem Urbild auch die rührselige *Lusbela* (1863) von Joaquím Manuel de Macedo gespeist ist.

In MEXIKO entstanden zahlreiche, an spanischer und französischer Romantik orientierte Versdramen – undramatische Lyrikerprodukte – so *Muñoz, visitador de México* (1838, Muñoz, Untersuchungsrichter in Mexiko) von Ignacio Rodríguez Galván über die Kolonialgeschichte Neuspaniens, eine so einseitig-brutale wie wahre Darstellung politischer und sexueller Willkür spanischer Kolonialbürokraten. Auch hispanisierende Historiendramen von **Fernando Calderón** (1809–45) und des in Kuba in Victor-Hugo-Nachfolge mit *Don Pedro de Castilla* (1837) reüssierenden **Francisco Javier Foxa** (mex 1816–65) waren beliebt. Hierher gehört die technisch versierte Dramatisierung einer altspanischen Troubadour-Romanze, *El conde Alarcos* (1838) des Lyrikers Milanés, der mit einer dramatischen Serie *Mirón cubano* (1840, Kubanischer Guckkasten) das costumbristische Sittengemälde begründete, das zu Jahrhundertende unter Offenbach-Einfluß zu den *Bufos habaneros* (Zarzuelas) der Music-Halls mit den notorischen Volksstereotpyen des *gallego*, des *negro* und der *mulata* wurde.

Der Costumbrismo

Der Costumbrismo, Ausdruck von neuem nationalen und regionalen Selbstbewußtsein, Heimatstolz und Identität mit Landschaft und Menschen des Landes, wird inspiriert von den *cuadros de costumbre* (Sittenbildern) des Spaniers Larra. Die im Unterschied zu Larra sehr narrativen lateinamerikanischen Costumbristen präsentieren Galerien landes»typischer« Menschen (Stände, Berufe, »Originale« unterer Klassen), Kostüme, Sitten (*costumbres*), Redeweisen, Landschaften. Diese werden deskriptiv-porträthaft auf dokumentarischer Grundlage als von der Handlung ablösbare »Bilder« dargeboten. Technik wie Terminologie entstammen den visuellen Künsten Malerei und Theater.

Der Costumbrismo entsprach einem Bedürfnis nach nationaler oder regional-regionalistischer Selbstdarstellung und Identitätsfindung in einer Zeit nationaler Selbstbewußtwerdung mit Hang zu humoriger Idyllisierung und poetischer Apologisierung bestehender und tradierter Zustände und ist Protest gegen den universalisierenden, lokale Eigenheiten nivellierenden, von Westeuropa und Nordamerika kommenden Fortschritt (Technik, Mode, Eisenbahn, Verstädterung, Einwanderung). Andererseits macht er regionale Typen und Sitten satirisch-karikierend als rückständiges provinzielles Hindernis des kreolischen Moderneprojekts lächerlich. Der Costumbrismus ist in Lateinamerika besonders vital und Vorläufer des Realismus.

Alle *Tradiciones* sind costumbristisch, die *Tradiciones de Guatemala* (1845) von Batres Montúfar, die peruanischen von Palma, die *Tradiciones cuzqueñas* (1884–86) von Matto de Turner, die venezolanischen *Costumbres de Barullópolis* (1839) von Toro, *Los cuentos del general* des Mexikaners Riva Palacio. Costumbristisch auch Romane mit Bildern aus dem Landleben wie *Astucia, el jefe de los Hermanos de la Hoja* (1865/66, Astucia. Chef der Brüder von der Schneide), von **Luis G. Inclán** (mex 1816–75) oder *Peonía* (1890) von **Manuel Vicente Romero García** (ven 1856–1917), letzterer bereits mit positivistischem Einschlag. **José Manuel Marroquín** (col 1827–1908) schrieb mit *Historia de Yerbabuena* (1899) die Geschichte seines Landguts und mit *El moro* (1897) die costumbristische Autobiographie eines Pferdes.

Herausragend der kritische Costumbrismus: *Una excursión a los indios ranqueles* (1870) von **Lucio Victorio Mansilla** (arg 1831–1913), Bericht von einer Inspektionsreise zu einem Indiostamm, der sein Land zum Eisenbahnbau hergeben soll, mit Beschreibung der Landschaft und Sitten der Indios und nachfolgender Erzähler-Identifikation mit den Ranqueles. **José Joaquín Vallejo** (gen. Jotabeche, chi 1811–1858) lieferte kritische Bilder politischer Zustände und schlampiger Bürokratie aus der Perspektive »von unten« des in vielen Berufen erfahrenen Praktikers, **Pedro Morillas** (cub 1803–81) in *El ranchador* (1839) und **Nicolás Heredia** (cub 1855–1901) in *Leonela* (1893) Genrebilder aus dem machistischen Sklavenhaltermilieu Kubas.

Juan Montalvo (ec 1832–95), Publizist (Zs. *El cosmopolita*, 1875), liberaler Gegner der Diktatoren Moreno und Veintemilla, Exilant in Kolumbien und Paris, verfaßte sprachlich brillante Polemiken (*Catilinarias*, 1879) und kulturhistorisch-literarische Essays (*Siete tratados*, 1882, Sieben Traktate). Sein Hauptwerk sind die von Larras Costumbrismo, Cervantes und spanischer Literatur und Sprache beeinflußten *Capítulos que se le olvidaron a Cervantes* (publ. 1895, Kapitel, die Cervantes vergaß), 60 narrativ-essayistische Episoden, die in cervantinischem Spanisch unter Beimischung von Ketschua und Hispanoamerikanisch die Biographien Quijotes und Sancho Panzas in einer Region weiterführen, die mental, landschaftlich und personal (Diktator Veintemilla endet symbolisch am Galgen) mit Ecuador identisch ist. Der Autor, der ausdrücklich hispanoamerikanische Leser im Auge hatte, sah Quijote als exemplarischen Typ des tugendhaften Wahrheitssuchers, der in den halbbarbarischen (*semi-bárbaros*) Lateinamerikanern des 19. Jh.s als seinen mentalen Zeitgenossen noch weiterleben konnte.

Literarische Kultur und literarischer Diskurs

Die massive Zunahme der Romanproduktion in der zweiten Phase der Romantik vollzieht sich vor dem Hintergrund einer sich stabilisierenden, abhängigen, asymmetrisch in den Weltmarkt integrierten Montan- und Agrarexportwirtschaft samt Binnenmarkt für den inneren Konsum. Daraus resultieren Urbanisierung, Institutionalisierung einer fragilen Demokratie und Herausbildung sowohl einer hochgebildeten Elite mit literarisiertem Lektürebedürfnis als auch einer städtischen Massenleserschaft mit Qualifikations-, Informations- und trivialem Lektüre- und Unterhaltungsbedarf. Diesen befriedigten Schul- und Sachbücher, Zeitungen, Zeitschriften, Feuilleton- und Buch-Romane, die neugegründete Verlage (Filialen von Garnier, Laemmert, Bouret, Maucci und Ollendorf in Rio de Janeiro, Buenos Aires, Mexiko-Stadt) verbreiteten.

Die Zahl der Autoren und Titel, vor allem der Romane stieg beträchtlich. Verfasser, Leser, Feuilleton- und Universitätskritiker (Mitjans, Piñeyro, Hostos, die Brüder Amunategui, Pimentel, Mera), spezialisierte, von Historiographie und Politik sich separierende Literatur- und Kunstzs. (*La Revista de Artes y Letras* in Chile, *Artes y Letras* in Argentinien, *La Revista Literaria* in Peru, *Página Literaria* in Bolivien), Literaturunterricht und printliterarische Infrastrukturen (Buchhandel, Bibliotheken) bildeten Kommunikationssysteme in den entwickelten Ländern. Für Oper und Drama werden ab den 80er Jahren Theater errichtet: *Colón* in Buenos Aires, *Teatro Municipal* in Santiago de Chile, *Palacio de Bellas Artes* in Mexiko-Stadt, *Teatro Municipal* in Rio de Janeiro, *Teatro Calderón* in Zacatecas, *Teatro Amazonas* in Manaus. Mit dieser Institutionalisierung erst konstituierte sich Literatur als selbständiger, vom politischen, historiographischen und anderen extraliterarischen Diskursen und Funktionen getrennter Diskurs.

Zu den schreibenden Politikern, Militärs und Literaten kamen vermögende Liebhaberschriftsteller, Schriftsteller-Journalisten, halbprofessionelle Literaten. Die Spezialisierung erhöhte das künstlerisch-technische Niveau: der Roman stieß unnarrative Elemente ab, die Lyrik verlor ihre nachlässige Form, das Theater gewann an Dramatik.

Der realistische Roman

War der Costumbrismus mehr rural, trieb die Entwicklung der Städte, Industrie- und Gewerberegionen zum Realismus, für welchen der Roman Balzacs, Stendhals, Hugos und Dickens', der aus diesen Verhältnissen erwachsen war, als adäquates Genre erschien. Er befriedigte bei Reduktion von Propaganda, Didaktik und Schwarzweißmalerei das Bedürfnis des Einzelnen nach Orientierung in der neuen Gesellschaft. Die Realität wurde nicht costumbristisch-dokumentarisch kopiert, vielmehr mit literarischer Inszenierung ein Ähnlichkeits- oder Realitätseffekt (*effet du réel*) durch einen heterodiegetischen Erzähler erzeugt, der dem impliziten Leser die neue Gesellschaft und adäquate Verhaltensweisen modellierte.

Alberto Blest Gana (chi 1830–1920), bedeutendster Realist, als Diplomat lange in Frankreich, liberaler Bildungsbürger, schrieb nach Balzac-Vorbild eine chilenische *Comédie humaine* von *La aritmética del amor* (1860, Die Arithmetik der Liebe) bis zu *Durante la Reconquista* (1897, Während der Reconquista). Der Verzicht auf den ursprünglichen Untertitel *Novela de costumbres político-sociales* (politisch-sozialer Sittenroman) von *Martín Rivas* (1862) ist Absage an den Costumbrismo. Dieser Stadtroman ohne romantisch-costumbristische Landschaftsmalerei führt einen geldverachtenden Protagonisten aus verarmter Familie als Sekretär der neureichen Encinas vor. Er heiratet die Tochter Leonor, die moralisch-kulturell »anders« als ihre habgierige, kultur- und morallose Neokapitalistenfamilie ist. Sie sind ein ideales Ehepaar: reich, geldverachtend und moralisch integer. Die romantische Verknüpfung von Politik und Liebe ist nur noch formal: die Kämpfe Konservative vs. Liberale werden nicht thematisiert, sondern verweisen per *effet du réel* den Leser referentiell auf das neue Chile, dessen Gesellschaft soziologisch von einem Figurenensemble à la Balzac modelliert und dessen Individuum durch den Topos vom Aufsteiger (statt romantischen Emporkömmlings) charakterisiert wird. Auktorialer Erzähler und Figuren vermitteln dem Leser nicht liberale Ideologie, sondern Modellverhalten – trotz Reichtum Moral zu bewahren - entsprechend der vom Autor der Literatur zugewiesenen Funktion. Das Happy-End ist Absage an den romantischen Topos der unglücklichen Liebe und den sentimentalen Roman, den Blest Gana metaliterarisch als Hausfrauenkitsch abqualifiziert.

Carlos María Ocantos (arg 1850–1949) schrieb nach Vorbild von Galdós und Zola zyklische Familienromane (*León Zaldívar*, 1888; *Quintilio*, 1891; *Don Perfecto*, 1902), deren Figurenensembles wie Balzacs *Comédie humaine* ein Typen-Panorama der Oberschicht der Belle Époque von den Gründerjahren bis zum Ersten Weltkrieg mit ihren Geschäften, Highlife und Privatleben zeigen.

In Havanna bündelten sich die nationalen, sozialen, rassischen und ethnokulturellen Widersprüche der spanischen Kolonie Kuba mit ihrer halbindustriellen, auf Negersklavenarbeit beruhenden Zucker-, Kaffee- und Tabak-Plantagenwirtschaft. Zum regen geistigen Leben (Universität Havanna, Kollegs, literarische Zirkel, Supplemente von Zeitungen/Zeitschriften, auditives und Lesepublikum, Theater in Havanna, Matanzas, Camagüey, Santiago) gehörte eine reiche Literatur. Die Literaten beteiligten sich aktiv an der Unabhängigkeitsbewegung 1868–98. **Cirilo Villaverde** (1812–94), Lehrer, Journalist, ab 1848 Teilnahme an Unabhängigkeitskampf, Verhaftung, Todesurteil, Begnadigung, 1849 Exil in USA, schrieb nach costumbristischen Werken (*Excursión a Vuelta Abajo,* 1838–42, Ausflug nach Vuelta Abajo) in zwei Anläufen den Roman *Cecilia Valdés o la Loma del Ángel* (1839/82), ein undidaktisches, vordergründig unpolitisches Werk des »modernen Realismus« Scotts und Manzonis. Leonardo, Sklavenhändler- und Zuckerproduzentensohn spanisch-kubanischer Eltern, liebt die Mulattin Cecilia, heiratet jedoch Isabel, Frau seiner Rasse und Klasse: der Mulatte José tötet aus Liebe zu Cecilia Leonardo vor der Trauung. Der Roman denunziert Sklaverei und Kolonialregime und trägt zum Nationalbewußtsein bei: die Mulattin Cecilia personifiziert nationale Identität. Geboten wird eine soziologische Studie der Klassen, Rassen, Geschlechter und Berufe (Spanier, Kreolen, Soldaten, Beamte, Sklaven) der Kolonialgesellschaft. Statt isolierter costumbristischer Porträts ein durch Narration und Dialog verbundenes Figurenensemble. Statt costumbristisch typisierter Regio- und Soziolekte multipler Dialog individueller Diskurse. Statt extraliterarischer Pragmatik literarische Inszenierung. Typisch lateinamerikanisch ist das zweipolige literarische Feld Exil vs. Heimat.

Mexikanische Realisten unter Galdós-Einfluß: **Rafael Delgado** (1853–1914; *Historia vulgar*, 1904, Gewöhnliche Geschichte), **José López Portillo y Rojas** (1850–1923; *La parcela*, 1898, Die Parzelle), Emilio Rabasa (*La guerra de tres años*, 1891, Der dreijährige Krieg).

Gonzalo Picón Febres (ven 1860–1918), Gelehrter, Linguist, Literat, demonstriert in *El sargento Felipe* (1889) die negativen Folgen der Bürgerkriege und Staatsstreiche für die Bauern. Der Titelheld, ein venezolanischer *Martín Fierro*, ist ein von Putschisten zur Armee gepreßter Bauer, dem die Tochter entehrt, das Haus niedergebrannt und die Frau zu Tode gegrämt wird und der nach blutiger Rache Selbstmord verübt.

Der brasilianische realistische Roman, obwohl ohne Querverbindungen zum hispanoamerikanischen Realismus, hat zu diesem infolge strukturell ähnlicher Realität und gleicher Einflüsse (Balzac, Hugo, Manzoni, Dickens, Scott) Parellelen. Gefördert wurde er durch ab Jahrhundertmitte gegründete Belletristik-Verlage (Garnier).

Zwischen Romantik, Realismus und Feuilletonroman steht **Bernardo Joaquim da Silva Guimarães** (1825–84) mit *A Escrava Isaura* (1875, Die Sklavin Isaura). Mittels Topos der »verfolgten Unschuld« wird klischeehaft die Unwürdigkeit der Sklaverei denunziert. **Joaquim Manuel de Macedo** (1820–82), Mediziner, Journalist, Lehrer, Abgeordneter, begründet den urbanen Gesellschaftsroman mit *A Moreninha* (1844, Die kleine Brünette) mit genauer Zeichnung des mittelständischen Milieus der Freiberufler, Kaufleute, Beamten, ihrer Vergnügungen und Geselligkeiten. Er endet nicht mehr romantisch mit unglücklicher Liebe, sondern bürgerlich-realistisch mit Vernunftheirat.

Manuel Antônio de Almeida (1830–61), aus bescheidenen Verhältnissen, nach Malerei- und Medizinstudium Beamter und Journalist, schildert in *Memórias de um Sargento de Milícias* (1852/53, Erinnerungen eines Landwehrunteroffiziers) nach authentischem Fall die Karriere des Soldaten Leonardo (Aufsteiger-Topos), der sich opportunistisch mit liebloser Geldheirat in die hauptstädtische Mittelklasse integriert. Retrospektive auf Epoche Brasiliens unter Johann VI. am Jahrhundertanfang durch Memoirenfiktion. Mehrere Zeitebenen, pikareske Fabel, feuilletonhaftes Happy-End. Kritisch-realistische Durchleuchtung hauptstädtischer Gesellschaft mit Kungeleien, Nepotismus, Protegé-Wirtschaft. Anschauliche Stadtschilderung Rios.

Alencar, der nach Vorbild Balzacs seine Romane in Zyklen nach Lebensbereichen (Geschichte, Land, Stadt, Region) gliederte, beschreibt in realistischen Stadtromanen Mittelschichten und Halbwelt mit besonderem Interesse für Frauenprobleme und -psychologie. *Viuvinha* (1860, Die kleine Witwe) endet statt mit exaltiert-romantischem Liebesdrama mit Harmonisierung von Kaufmannsdenken und Liebe. *Lucíola* (1864) ist nach vielen sentimentalen Liebesromanen die erste psychologisierende bürgerliche Ehegeschichte in städtischem Milieu. *Senhora* (1875) analysiert mit Maupassantscher Nüchternheit die weiblichen Motive für eine Heirat mit einem reichen, aber ungeliebten Mann. *A Pata de Gazela* (1870, Der Huf der Gazelle), eine Fallstudie über sexuellen Fetischismus, stößt in naturalistische Bereiche vor.

Joachim Maria Machado de Assis (1839–1908) aus Rio, Sohn eines armen Handwerkers und Mulatten, Autodidakt, Journalist, Beamter, 1897 Präsident der *Academia Brasileira de Letras,* beherrschte die Literaturszene im letzten Jahrhundertdrittel mit 200 Erzählungen und neun Romanen. Setzte die *brasilidade* gegen den Regionalismus durch. Nach Überwindung romantischer Modelle (*Ressurreição*, 1872, Auferstehung) verwendet er ab 1878 realistisch-naturalistische Techniken (Balzac, Zola, Maupassant) der Psycho- und Seelenanalyse. Aufgabe abenteuerlicher romantischer Handlung zugunsten autodiegetischer Selbstdarstellung (in unnaturalistischer Memoirenform) in *Memórias póstumas de Brás Cubas* (1881, dt. Brás Cubas. Nachträge zu einem verfehlten Leben): der Protagonist öffnet aus dem Jenseits den Brasilianern die Augen über die neue Wirklichkeit und erzählt exempelhaft seine Vita, den Leser durch wechselnde Erzählperspektive verunsichernd. Das vermittelte Gesellschaftsbild ist desillusionierend (Korruption und Laster werden belohnt, Tugend bestraft), das Menschenbild ist deterministisch (als Spielball fremder Mächte), das humorig-skeptische Weltbild positivistisch (Einfluß: France, Sterne, Dickens, Thackeray).

> [...] era um lindo garção, lindo e audaz, que entrava na vida com botas e esporas, chicote na mão e sangre nas veinas, cavalgando um corcel nervoso, rijo, veloz, como o corcel das antigas baladas, que o romantismo foi buscar ao castelo medieval para dar com êle nas ruas do nosso século. O pior é que o estafaram a tal ponto, que foi preciso deitá-lo à margem, onde o realismo o veio achar, comido de lazeira e vermes, e, por compaixão, o transportou para os seus livros.

Memórias póstumas de Brás Cubas, Brasília: Instituto Nacional do Livro, 1975, S. 127.

Alles in allem war ich ein hübscher junger Mann, kühn und verwegen, der gestiefelt und gespornt und mit einer Peitsche in der Hand ins Leben trat, dem das Blut heftig in den Adern pulste, der ein nervöses, starkes und schnelles Streitroß ritt, wie man es aus alten Balladen kennt, und der sich aufmachte, die Romantik in einem mittelalterlichen Schloß zu suchen, um mit ihr durch die Straßen unseres Jahrhunderts zu ziehen. Er verausgabte sich dabei aber dermaßen, daß er schließlich liegenblieb, und so fand ihn der Realismus, zerfressen von Fäulnis und Würmern. Aus Mitleid überführte er ihn in seine Bücher.

Brás Cubas. Nachträge zu einem verfehlten Leben, übers. von Erhard Engler, Berlin: Rütten & Loening, 1967, S. 52 f.

Quincas Borba (1891) ist philosophischer Desillusionsroman unter Einfluß Maupassants und der Huysmansschen, aufs Pathologische abhebenden Interiorisierungsvariante des Naturalismus. Der Titelheld, Begründer der Philosophie der postmortalen Humanität, vermacht einem Landlehrer ein Vermögen für die Betreuung seines Hundes, das dieser jedoch sinnlos für eine unmögliche Liebe verschleudert, wahnsinnig wird und so einen der absurden Welt adäquaten Seelenzustand erreicht. Die treulose Protagonistin von *Dom Casmurro* (1900), brasilianischer Variante von Ehebruchsromanen Maupassants, Flauberts, Eça de Queirós', verfügt über eine komplexe weibliche Psyche.

Zum Realismus gehört der Regionalismus. Das Riesenland ist in viele Regionen und wenige, weit voneinander entfernte Zentren aufgespalten. Alencar gestaltete die Regionen und ihre charakteristischen Typen in einer Mischung aus Romantik, Realismus und Naturalismus (*O Gaucho*, 1870; *O Sertanejo*, 1876, Der Sertão-Bewohner). **Franklin Távora** (1842–88), Jurist, Literat, schildert Bewohner und Natur des Sertão detailgetreu in *O Matuto* (1878, Der Hinterwäldler) und *Lourenço* (1881). **Alfredo d'Escragnolle, Visconde de Taunay** (1843–99), Offizier, Senator, Provinzialpräsident, beschreibt anhand romantischer Hintertreppenfabel mit Liebe, Eifersucht, Mord und Liebestod Natur und Menschen des Sertão in Sitte und Moral realistisch und detailliert in dem Weltbestseller *Inocência* (1872). **Domingos Olímpio Cavalcanti** (1850–1906), der in *Luzia-Homem* (1903) naturalistische Techniken verarbeitet, verkörpert in einer Indianerin den Menschen des Nordostens.

Höhepunkt des regionalistischen Realismus: *Os Sertões* (1902, dt. Krieg im Sertão) von **Euclides da Cunha** (1866–1909), Mestize aus dem Sertão, Ingenieur, Absolvent der positivistischen Militärakademie, Journalist. Enthüllte 1897 als Kriegsberichterstatter beim Feldzug gegen die Armenrepublik Canudos im Sertão mit obligatem Massaker den urbanen Lesern schockartig die sozialen Probleme der marginalisierten Region. Begründete den für Literatur, Lied und Film grundlegenden Sertão-Mythos. Komponierte aus Artikeln eine Juxtaposition, nicht Mischung, von Essay und Narration, Journalismus und Literatur, Faktion und Fiktion in lateinamerikanischer Tradition von Sarmientos *Facundo*: Gegenüber den wissenschaftlich-analytischen ersten Teilen »Land« und »Menschen« ist der dritte, »der Kampf«, Narration mit moderner elliptischer, sachlich-sinnlicher Sprache (Einfluß von Zolas *La Débâcle*):

> O batalhão de sertanejos avançou. Não foi a investida militar, cadente, derivando a marche-marche, num ritmo seguro. Viu-se um como serpear rapidíssimo de baionetas ondulantes, desdobradas, de chôfre, numa deflagração luminosa, traçando em segundos uma listra de lampejos desde o leito do rio até aos muros da igreja ...
> O mesmo avançar dos jagunços, célere, estonteador, escapante à trajetória retilínea, num colear indescritível. Não foi uma carga, foi um bote. Em momentos uma linha flexível, de aço, enleou o baluarte sagrado do inimigo. Coruscou um relâmpago de duzentas baionetas: o 5.° desapareceu mergulhando nos escombros ...

Os Sertões. Campanha de Canudos, Rio de Janeiro / São Paulo: Livraria Francisco Alves, 8 1925, S. 594.

> Das aus Sertanejos bestehende Bataillon ging vor. Es war dies keine militärisch korrekte Offensive, nicht taktmäßig im Eilschritt, in ehernem Rhythmus. Was man sah, war ein pfeilschnelles Dahinschlängeln wogender Bajonette, das sich wie ein blitzendes Lauffeuer entwickelte und in Sekundenschnelle einen funkelnden Streifen vom Flußbett bis zu den Kirchenmauern zog ...
> Sie stürmten nach Art der *jagunços* vor: geschwind, verwirrend, jeder Geradlinigkeit spottend, in unbeschreiblichen Windungen. Es war kein Angriff, es war ein Zustoßen. Im Nu umschlang ein geschmeidiges stählernes Band das heilige Bollwerk des Feindes. Ein Blitz von zweihundert Bajonetten zuckte auf: dann verschwand das 5. Bataillon, tauchte unter zwischen den Trümmern.
>
> Krieg im Sertão, übers. von Berthold Zilly, Frankfurt a. M.: Suhrkamp, 1994, S. 663 f.

Der Feuilletonroman

Der lateinamerikanische Feuilletonroman taucht als Ableger des sentimentalen Romans und abgesunkene Romantik zwecks Stillung der Lektürebedürfnisse eines neuen, wenig gebildeten Lesepublikums auf, als Fortsetzungsroman der Massenpresse, danach in billigen broschierten Buchausgaben. Entsprechender Bedarf existierte beim alphabetisierten städtischen Massenpublikum (Angestellte, Hausfrauen, Dienstbotinnen) mit Freizeit und Bedürfnis nach Unterhaltung sowie Ablenkung von – im Realismus beschriebener – trister Alltagswirklichkeit. Charakteristika: Aktionismus, Schwarzweißmalerei, Klischees, flache Charaktere, Rührseligkeit (Modelle: Dumas, Scott, Balzac, Verne, Salgari, Zola). In der La-Plata-Großstadtregion mit alphabetisierten Massen, lesegewohnten Immigranten, Massenpresse und -verlagen und unterhaltungs- und ablenkungsbedürftiger Mittelklasse florierte der Trivialroman mit Übersetzungen und Adaptationen von Verne und Dumas. Sues *Les Mystères de Paris* wurden zu *Los misterios del Plata.* **José Antonio Torres** (chi 1828–64) schrieb *Los misterios de Santiago* (1858), **Mariano Ricardo Terrazas** (bol 1833–78) *Misterios de corazón* (1869, Geheimnisse des Herzens), **Ramón Pacheco** (chi 1845–88) *El subterráneo de los jesuitas* (1878, Jesuitenkeller).

Das indianische Thema wurde nach dem Welterfolg von Beecher Stowes *Uncle Tom's Cabin*, Coopers *Leather-Stocking Tales* und Chateaubriands *Atala* zum auf Mitleid und Spannung spekulierenden Kitschroman ausgeschlachtet. Joaquim Manuel de Macedo schrieb rührselige Liebesromane mit weiblichen Protagonisten für das neue Hausfrauen- und Dienstbotenpublikum (*As Mulheres de Mantilha*, 1870, Die Frauen mit der Mantilla). Auf Massenpublikum setzen auch da Silva Guimarães' *A Escrava Isaura* und Antônio de Almeidas *Memórias de um Sargento de Milícias.*

Das realistische Drama

Das Drama wird mit einem auf Wirklichkeit ausgehenden, nüchternen, städtischen »realistischen Publikum« (Martí) ohne große literarische Vorkenntnisse in neuen urbanen Theaterbauten konfrontiert, von den Lyrikern aufgegeben und als Prosaschauspiel von realistischen, auf Theater spezialisierten Erzählern (Blest Gana, Machado de Assis, Mansilla) übernommen. Das sich in den Städten ausbreitende Unterhaltungstheater, »gesellschaftliches« Ereignis der Oberschichten, paßt die Importe durch Extempores und Bearbeitungen bis in die hispanisierten Namen der Protagonisten hinein der *couleur locale* und dem Geschmack des kreolischen Publikums an.

Erster Versuch realistisch-naturalistischen Thesendramas im Gewand des Historienstückes ist *La hija del rey* (1871, Die Tochter des Königs), eines der 200 Theaterstücke des schriftstellernden Yucataner Arztes **José Peón y Contreras** (mex 1843–1907), Mantel-und-Degen-Stück aus der Kolonialzeit unter Felipe Segundo. Die zeitgenössische Gesellschaft analysieren satirisch-kritisch in Komödien aus genauer Lebenskenntnis **Daniel Barros Grez** (chi 1834–1909), Bauingenieur, mit *Como en Santiago* (1875, Wie in Santiago) und **José Joaquim da França jr.** (bra 1838–90), Journalist mit realistischer Schilderung von Alltag und Sitten der Spekulanten, Investoren, Pioniere und erster Frauenrechtlerinnen (*As Doutoras*, 1889, Die Doktorinnen).

Der naturalistische Roman

Der Naturalismus verbreitet sich zuerst am La Plata, einer Region auf sozialökonomisch fast westeuropäischem Niveau mit enormem Wirtschaftsaufschwung (*mundo del ochenta* – Welt der achtziger Jahre) bei Eingliederung in die internationale Arbeitsteilung mit britischem Kapital, Modernisierung von Industrie und Landwirtschaft und massiver qualifizierter europäischer Einwanderung. Zeitgeistentsprechend aus Frankreich Import von Positivismus – in Mexiko und Brasilien Staatsphilosophie –, Szientismus, biologisch-medizinischem Denken und naturwissenschaftlichem Menschenbild. Der Naturalismus Zolas, der dieses Menschenbild auf den Roman projizierte, wurde zur Darstellung der neuen Wirklichkeit genutzt, vor allem seine szientistische Auffassung vom Roman als anthropologischem Experimentierfeld für dokumentgestützte vererbungswissenschaftliche, medizinisch-pathologische oder ambientale Fallstudien mit Thesencharakter. Die Romanfiguren aus den Oberschichten oder Elendsvierteln haben vererbte, durch das Milieu stimulierte Anlagen zu Alkoholismus, Triebsexualität (Lieblingstopos: Ehebruch) und Verbrechen. Dazu komplementär wird in deskriptiven Partien das Milieu geschildert – im Unterschied zur Romantik nicht die Natur, sondern die Stadt als Moloch, statt romantischer Landschaft und costumbristischer Fauna und Flora die Sachwelt moderner Produkte und Artefakte. Das Figurenensemble des realistischen Romans tritt zugunsten des Protagonisten zurück, der Schwerpunkt verlagert sich von der Gesellschaft als Soziologicum zur Persönlichkeit als Psychologicum. Die Figuren charakterisieren sich selbst durch sozioregiolektale direkte Rede bzw. durch *discours indirect libre* des heterodiegetischen Erzählers. Die aktive Einwirkung des Milieus auf die Menschen veranschaulichen verlebendigende Symbolisierungen von Stadt, Haus, Fabrik, Bergwerk, Ware, Ding. Szientizismus hebt nicht den narrativen zugunsten des wissenschaftlichen Diskurses auf, sondern weist ersterem auch eine wissenschaftliche Funktion zu, setzt so die lateinamerikanische Tradition von *testimonio* und »Naturalismus« avant la lettre fort.

Der Naturalismus, konzentriert auf den Südkegel, Mexiko und die Karibik, behandelt bevorzugt die Komplexe sittenverderbte Großstadtoberschicht, Prostitution (Dirnenroman) und Bergarbeitermilieu. Am La Plata überwiegt Darstellung der Verdrängung der Oligarchie durch Neureiche (Aufsteiger-Topos) und des Vorstadtelends, in Chile und Mexiko sind auch Bergarbeiter Protagonisten. In den Anden beeinflußt die Vererbungs- und Rassenlehre die Indianisten: Für Clorinda Matto de Turner und Alcides de Argüedas ist der Indio krank in Blut und Rasse. Auch erfolgt bloße Übernahme naturalistischer Sujets und Erzähltechniken: **Heriberto Frías** (mex 1870–1925) beschreibt in *Tomichic* (1892) die Niederkartätschung eines rebellischen Indiodorfes durch Regierungstruppen (Modell: Zolas *La Débâcle*). **Martín Morúa Delgado** (cub 1856–1909), Farbiger, Böttcher, Autodidakt, Exilant in USA, Senatspräsident, Minister, unternahm einen naturalistischen Versuch zur Totalsicht der Gesellschaft in dem unvollendeten Romanzyklus *Cosas de mi tierra* über Negersklaverei und spanische Kolonialherrschaft, einer nach Vorbild von Zolas Rougon-Macquart-Zyklus dokumentierten Familiengeschichte der Oberklasse als »bestia humana« mit Darstellung der rassischen und sozialen Lage der Farbigen. *Sofía* (1891), Gegenstück zu Villaverdes *Cecilia Valdés*, ist Lebensgeschichte eines Kindermädchens, Mulattin und uneheliche Tochter des Sklavenhändlers Unzúazu, vergewaltigt vom Stiefbruder. *La familia Unzúazu* (1896) ist eine Sklavenhändler-Familiengeschichte aus Sklavenerzählperspektive. Der homodiegetische Erzähler, der Mulatte Fidelio, ist Sprachrohr des Autors. In diesen kompositorisch schwachen, mit costumbristischen Sitten- und Landschaftsbeschreibungen durchsetzten Denunziationsromanen findet sich erstmals skandinavisch-russischer Einfluß (Ibsen, Dostojewski, Tolstoi).

Erfolgreicher versuchte **Emilio Rabasa** (gen. Sancho Pansa, mex 1856–1930), Publizist (*Universal*), eine Totale der Gesellschaft in einem realistischen, antinaturalistisch-antipositivistischen Romanzyklus, der Frontalkritik sowohl an Díaz-Diktatur als auch am Positivismus, der Staatsphilosophie des Porfiriats übt, in der Tetralogie *La bola* (1887, Die Kugel): *La gran ciencia* (1887, Die große Wissenschaft), *El cuarto poder* (1888, Die vierte Macht) und *Moneda falsa* (1888, Falschgeld). **Armando Bendoza Chirveches** (bol 1883–1926), Verfasser kritisch-naturalistischer Romane über die Oberschicht mit modernistischer *escritura* (*La candidatura de Rojas*, 1909), beschreibt in *Casa solariega* (1916, Adelssitz) die Ablösung der alten Elite durch Neureiche und wirtschaftlich-gesellschaftlichen Fortschritt.

Mercedes Cabello de Carbonera (per 1847–1909), wohlhabende Autodidaktin, Journalistin mit emanzipatorischen Ansprüchen, Positivistin, wegen radikaler Gesellschaftsideen exiliert, beschrieb in romantischen Romanen (*Los* *amores de Hortensia*, 1887, Hortensias Liebschaften) die gefühlsmäßige Auflehnung der Protagonistinnen gegen Konvention und Repression. Später ging sie zu psychologischer Erfassung des Individuums in naturalistischen (*Blanco Sol*, 1889, Helle Sonne) und politischen Romanen (*El conspirador*, 1892) über. Ihr Essay über den zeitgenössischen Roman *La novela moderna* (1892) plädiert für den Naturalismus und den Beitrag der Literatur zu Fortschritt und Sittlichkeit.

Eduardo Barrios (chi 1884–1963), weitgereister Journalist, Bibliotheksdirektor, Unterrichtsminister, Großagrarier konservativer Observanz, verfaßte positivistisch-naturalistische, von Vererbungstheorie und Tiefenpsychologie, Schopenhauer und Nietzsche beeinflußte Prosatexte, meist in Tagebuchform, über Verhalten und Psychologie von Mittelstandsindividuen, die unter Einfluß ihres Milieus und ihres Sexualtriebs scheitern. *El hermano asno* (1922, Bruder Esel) ist moralisches Psychodrama eines Mönchs. Dem populären Roman *El niño que enloqueció de amor* (1915, Der Junge, der vor Liebe verrückt wurde) folgte die darwinistische Darstellung des populistischen Herrenmenschen als Inkarnation der chilenischen Nation: *Gran señor y rajadiablos* (1948, dt. Ein toller Herr).

Der Großstadtroman

Romane über den Bonaerenser Börsenkrach nach dem Muster von Zolas *L'Argent* beschreiben die Verwandlung der Prestige- und Ehre-Gesellschaft der Nationsbegründer in eine Geldgesellschaft mit allgemeiner Bereicherungssucht und Lebensunsicherheit. Protagonisten sind Aufsteiger, die saurer Arbeit schnelles Geld durch Spekulation vorziehen und scheitern. Das Unvermögen, mit Geld sparsam-kapitalistisch umzugehen, wird statt auf barocke, vorkapitalistische lateinamerikanische Konsumtions- und Luxusmentalität positivistisch-psychologisierend auf moralische, pathologische oder rassische Defekte zurückgeführt.

Lucio Vicente López (1848–94) stellte in *La gran aldea* (1884, Das große Dorf), Roman der plötzlichen Verwandlung des idyllischen Buenos Aires zur europäisierten Metropole (jährlich 300 000 Einwanderer in zwei Jahrzehnten), das Finanzmilieu, die Spekulationen jüdisch-deutscher Bankiers (Schlingen, Mackser) und ihr Highlife-Privatleben mit medizinischen Fallbeschreibungen von Aufsteigern und Spekulanten dar. **José María Miró** (gen. Julián Martel, 1867–96) beschrieb in *La bolsa* (1891, Die Börse) zeitgleich mit Zolas *L'Argent* die Welt der Börsenspekulanten samt Highlife in Club, Amüsierlokal und auf der Rennbahn, ihre Morallosigkeit in Familie und Liebe. Ähnlich **Eduardo Wilde** (1844–1913; *Prometeo y Cía.*, 1899, Prometheus & Co.) und **Luis Orrego Luco** (chi 1866–1949; *Casa grande*, 1908, Großes Haus).

Eugenio Cambaceres (1843–88), aus wohlhabender Familie, Jurist, Politiker, entwickelte sich vom Costumbristen (*Pot-pourri*, 1882) zum Naturalisten: *Sin rumbo* (1885, Richtungslos) schildert das Innenleben des Protagonisten Andrés, Vertreter der alten Oligarchie, und seinen Lebensüberdruß im kulturlosen Highlife-Ambiente der oberen Zehntausend des kosmopolitischen Buenos Aires mit Theater, Golf, Club unter erstmaligem Einsatz des Großstadtjargons als Figurensprache. Die Vita des syphilitischen Protagonisten, endend unter Schopenhauer-Einfluß in Harakiri-Selbstmord mit Blut und Exkrementen, wird als pathologisch-naturwissenschaftlicher Experimentalfall beschrieben (Modelle: Huysmans, Bourget, Zola). In *En la sangre* (1887, Im Blut) heiratet der Aufsteiger Genaro, Sohn italienischer Immigranten, eine ungeliebte reiche Alt-Argentinierin und bringt ihr Geld durch. Schuld sind rassische Erbmasse des Italieners und das Einwanderer-Milieu. Figurensprache: Neologismen der Italo-Einwanderer.

Paul Groussac (1848–1929), naturalisierter, von Daudet, Zola und Maupassant beeinflußter Franzose, beschreibt in *Fruto vedado* (1884, Verbotene Frucht) eine unglückliche Liebe, die sich mit krudem Ehebruch als naturtriebhafte Sexualität im sündigen Paris erfüllt.

Carlos Reyles (ur 1868–1938) realisiert in *Beba* (1894) Zolas Idee des Experimentalromans am naturalistischen Mustertopos des Ehebruchs: Der wissenschaftliche Versuchszüchter verliebt sich in seine verheiratete Nichte. Biologische Triebsexualität statt Liebe erzeugt infolge Inzest (Topos!) Mißgeburt, die Protagonistin begeht Selbstmord. Diskussionen über Vererbung und Milieu, Lexik und Sachambiente sind typisch naturalistisch, der heterodiegetische Erzähler wird durch Innensicht des Tagebuchs ergänzt. *La raza de Caín* (1901) und *El terruño* (1916, Die Scholle) stellen naturalistisch die kapitalistische Umwälzung auf dem uruguayischen Kamp dar.

Hilario Frías y Soto (mex 1831–1905), Mediziner, wie Zola Anhänger der *Médecine experimentale* Claude Bernards, schreibt in *El diario del hogar: El hijo del estado* (1882, Haustagebuch: das Findelkind) die Geschichte eines unehelichen Waisenkindes hochgestellter Eltern, in der sich Geldgier, Erpressung, Heuchelei mit Second-Empire-Libertinage und Machismo amalgamieren. Wie in Zolas *Joie de vivre* wird eine medizinische Fallstudie des Geburtsvorganges und eine mit medizinischen Fachausdrücken gespickte Anamnese geliefert.

Rafael Delgado (mex 1853–1914) schrieb nach costumbristischen Porträts Veracruzaner Provinztypen (Modell Daudet) Romanchroniken in der Art von Galdós aus dem Kleinbürgertum. *La Calandaria* (1890) ist die naturalistische Geschichte der unehelichen Tochter eines *caballero*, die im Konflikt zwischen dem Verführer und einem Tischler Selbstmord begeht.

Die Fallgeschichten der Opfer des Trieblebens der Oberklasse werden im Dirnenroman beschrieben: **Federico**

Gamboa (mex 1864–1939), Journalist, Beamter, Zola-Verehrer, schrieb *Santa* (1903) nach dem Modell von Zolas *Nana*. Tradierter Topos: Anständiges Mädchen aus der Provinz wird Dirne in verderbter Großstadt. Bemerkenswert die lateinamerikanische Modifikation dieses Topos im Hinblick auf den kreolischen Machismo: Santa wird Opfer der Männer, ist nicht wie Nana Täterin. Ihre erbliche Vorbelastung wird durch Rotlichtmilieu und Tingeltangel aktiviert. Mit medizinischer Genauigkeit beschreibt der heterodiegetische Erzähler eine Operation und das Sterben Santas als klinischen Fall. Der Moloch Mexiko-Stadt, nach dem Muster von Zolas Parisschilderungen gezeichnet, evoziert aztekische Opferrituale. Auch **Manuel Gálvez** (arg 1882–1962; *Nacha Regulez,* 1918) und **Augusto d'Halmar** (chi 1880–1950; *Juana Lucero,* 1902) schrieben Dirnenromane im Großstadtmilieu.

Der Bergarbeiter im naturalistischen Anden-Roman

Es gibt wenig naturalistische Romane über Verelendung, Promiskuität, Alkoholismus im proletarischen Vorstadtambiente (Modell: Zolas *L'Assomoir*), jedoch mehrere über Bergarbeitersiedlungen (Modell: Zolas *Germinal*), die mit dem Expandieren des Bergbaus entstanden. In Mexiko wurde die soziale Lage der Bergarbeiter mit faktenreichem Naturalismus avant la lettre von **Pedro Castera** (1838–1906) 1877, acht Jahre vor *Germinal*, in *Cuentos mineros* (Bergarbeitergeschichten) denunziert.

Baldomero Lillo (chi 1867–1923), Bergwerksangestellter, beschreibt in Kurzerzählungen (*Sub-terra*, 1904, *Sub-sole*, 1907) sozial engagiert, doch undidaktisch Arbeit, Ausbeutung und Familienleben der neuen Klasse der Bergarbeiter, ihre Reduktion auf animalische Triebe, anarchische Rebellion, halbbäuerliche Mentalität und Aberglauben. Er übernimmt Zolas Symbolismus: das Bergwerk ist wie in *Germi-*

nal anthropophages Monster, Grubengäule sind Gleichnis für Bergarbeiter. Greift auch Bergarbeiterlegenden auf (*Jesús Fariña*).

Manuel Zeno Gandía (1855–1930), puertoricanischer Naturalist mit dem Zyklus *Crónica de un mundo enfermo* (Chronik einer kranken Welt): *La Charca* (1895), *Garduña* (1896), *El negocio* (1922, Das Geschäft).

Der naturalistische Roman in Brasilien

Die rapide Urbanisierung Brasiliens im letzten Jahrhundertdrittel führte zu Promiskuität, Prostitution und Kriminalität in den Arbeiter- und Elendsvierteln. Zugleich brachte der Wirtschaftsaufschwung den Oberschichten Luxus und Laster. Diese Entwicklung spiegelte sich in einer starken naturalistischen Bewegung (Einfluß von Zola, den Goncourts, Maupassant, Huysmans, Eça de Queirós).

Herculano Marcos Inglês de Sousa (1853–1918) schrieb den analytischen Roman *O Coronel Sangrado* (1877, Der Oberst Sangrado) und die naturalistisch-experimentelle Fallstudie *O Missionário* (1888).

Aluísio Gonçalves Azevedo (1857–1913), Buchhalter, Diplomat, Publizist (*O Pensador*) und Bohemien, insistierte in von Zola beeinflußten Romanen szientistisch auf Milieu, biologischen Faktoren und Rasse. *O Mulato* (1881), bedeutendster naturalistischer Roman des Landes, ist faktengestützte, nüchtern-analytische Wirklichkeitsdarstellung des Nordwestens mit soziologisch-psychologischer Analyse der Provinz-Oberschicht und Denunziation der Sklaverei. Pathosfrei wird der Kampf einer den Weißen menschlich gleichwertigen Mulattin gegen ein feindseliges Milieu dargestellt. Die Karriere ihres talentierten Sohnes scheitert an rassistisch-klassistischen Vorurteilen (Topos des Scheiternden); als Verdrängung und Rache an der Gesellschaft vergewaltigt er seine weiße Kusine. *Casa de pensão* (1884, Die

Pension), im Boheme- und Halbweltmilieu Rios spielend, erklärt die individuelle Handlungsmotivation naturalistisch-darwinistisch aus biologischen Atavismen. *O Cortico* (1890, dt. Ein brasilianisches Mietshaus), mit einer profitbringenden Mietskaserne Rio de Janeiros als sachlichem Milieu, entwirft ein düsteres Bild frühkapitalistischen Elends und moralischer Degradation der armseligen, von animalischen Instinkten beherrschten und verrohten Bewohner. Die Mieter sind ein Völker- und Rassengemisch, das Mietshaus Metapher für das bunte Brasilien, die Figurensprache Katalog aller Sozio- und Regiolekte des Landes. Der naturalistische Experimentalroman *O Homem* (1887, Der Mensch) »beweist« die psychischen Folgen sexueller Enthaltsamkeit.

Adolfo Caminha (1867–97) behandelt Sexualthematik in anstoßerregenden, als naturwissenschaftlich-biologische Fallstudien inszenierten Texten: *A Normalista* (1893, Der Lehrer), Inzestroman, und *Bom Crioulo* (1895, Guter Kreole), eine Homosexuellengeschichte. **Júlio Ribeiro** (1845–90) behandelt im Stil Zolas, Huysmans' und Eça de Queirós' in dem skandalumwitterten *A Carne* (1888, Das Fleisch) ein naturalistisches Lieblingsthema, die bis zum Selbstmord gehenden pathologischen Liebespraktiken eines erotomanen Psychotikers auf seinem Landgut.

Das naturalistische Theater

Der Naturalismus artikuliert sich kaum in der Lyrik, doch das Theater wird durch Übersetzungen und Gastspiele mit Stücken von Hauptmann, Sudermann, Gorki, Tolstoi, Ibsen und Strindberg beeinflußt, vor allem am urbanen La Plata, wo Industrie, Kapitalismus, Vorstädte, Armut und Verbrechen einziehen, der Gaucho in die Stadt wandert.

Gregorio de Laferrière (1867–1913) schreibt mit *Locos de Verano* (1905, Verrückte im Sommer) eine massenpsychologische Fallstudie und mit *Bajo la garra* (1906, Unter der Pranke) und *Los de Barranco* (1908, Die aus der Barranco-Vorstadt) sozialkritische Stücke über Bonaerenser Groß- und Kleinbürger.

Hauptadept skandinavischen, deutschen, russischen und französischen Bühnennaturalismus ist **Florencio Sánchez** (ur 1875–1910), Autodidakt, Journalist, Anarchosozialist mit sicherem Griff für Aktualität und Effekt, Verfasser von 21 den Gegensatz von Stadt und Land, die Demoralisierung in den Mietskasernen (*conventillos*) und die Kriminalisierung in den Vorstädten denunzierenden aufklärerischen Stücken mit Sympathien für die Unterprivilegierten. Bekanntestes Werk: *M'hijo el dotor* (1903, Mein Sohn der Doktor) über den Konflikt zwischen den ungebildeten Einwanderern und ihren studierten Söhnen, zwischen schlichten Landmenschen und raffinierten Stadttypen, der durch Heirat und Happy-End beigelegt wird. In *La gringa* (1904) gerät der Gaucho buchstäblich unter die Räder des Italo-Immigranten. Vermögen, Land und Familie verliert der ländliche Protagonist in *Barranca abajo* (1905, Die Schlucht hinab) infolge kapitalistischer Modernisierung und Immigration. Daneben entwickelte Sánchez moderne, von der bornierten zeitgenössischen Kritik abgelehnte narrativ-epische Bildersequenzen in großstädtischen, auf genauer Wirklichkeitskenntnis beruhenden Liebes- und Familiendramen (*Los muertos*, 1905, Die Toten).

Der Bohemien, Autodidakt und versierte Bühnenkenner **Ernesto Herrera** (1886–1917) dramatisierte Generationenkonflikte der Oberschicht, den Konflikt zwischen Liebe und Wahlmanipulation in dem aktuell-politischen Drama *El león ciego* (1911, Der blinde Löwe). Naturalist, Bohemien und Autodidakt ist der in dem modernen Uruguay ein Publikum findende Paraguayer **Otto Miguel Cione** (1875–1940) mit *El Arlequín* (1906, Der Harlekin), einer lateinamerikanischen Version von Ibsens *Gespenstern*: Der als Psychotiker in eine Anstalt gebrachte Protagonist bringt während eines Faschings den als Harlekin verkleideten Vater als erblichen Urheber seiner Erkrankung um.

Die in den Großstädten Amüsement suchenden Zuschauer bediente das vom Naturalismus beeinflußte Revue- und Vaudevilletheater von **Arturo Azevedo** (bra 1855–1908), der seine Komödien im modernen Ambiente der Hotels und mondänen Gesellschaft ansiedelte und mit Volkstypen Rios bevölkerte (*A Capital Federal*, 1897, Die Bundeshauptstadt).

Gaucho-Literatur

Als Kontrapunkt zur Stadtliteratur und als Protest gegen das Wachstum der Städte auf Kosten des Landes entwickelten sich Gaucho-Literatur und Indianismus mit romantischen, costumbristischen, realistischen und naturalistischen Elementen. Nach *poesía gaucha* und *gauchesca* und Sarmientos *Facundo* wurde der Gaucho, Mestize, Rinderhirte, Pampa-Nomade zu Pferde und Sänger (*gaucho payador*) mit eigener Gesangsfolklore zum Nationalmythos, Symbol argentinisch-uruguayischer kultureller Identität und Protagonisten der Nationalliteraturen am La Plata.

Hilario Ascasubi (gen. Aniceto el Gallo, 1807–75), liberaler Romantiker, mythisierte den Gaucho durch Idealisierung und Zeitenthebung. Die *Diálogos* sind Dignifikation saftig-spöttischer Sprache des Gaucho. Hauptwerk: *Santos Vega o Los mellizos de la Flor* (1872, Santos Vega oder die Flor-Zwillinge), eine Verserzählung in Schwarzweißzeichnung von Gut und Böse über den mutigen, machistischen, dickschädeligen Gaucho.

Estanislao del Campo (gen. Anastasio el Pollo, 1834–1880), Freund Ascasubis, liberaler Satiriker, schrieb nach einer Vorstellung der Faust-Oper Gounods im *Teatro Colón* am 24. August 1866 einen *Fausto* in populären Achtsilber-Quartetten über einen fiktiven Opernbesuch des Gaucho Anastasio el Pollo, doch nicht aus der Perspektive des allwissenden Erzählers, sondern aus der des Gaucho, der seinem Freund Laguna die Vorstellung beschreibt. Durch diese Erzählperspektive wird das Innere des Gaucho enthüllt, der entsprechend seiner Mentalität und Bildung das fiktionale Stück als testimonial mißversteht. Der Theaterbesuch verweist auf den Konflikt zwischen argentinischer Volks- und europäischer Hochkultur, sieht die »Zivilisation« in Umkehrung Sarmientos aus der Perspektive der »Barbarei«. Das mißverstehende Nacherzählen ergibt komische Effekte bis zu kabarettistischem Gaudium.

José Hernández (1834–86), liberaler Romantiker, Journalist, Abgeordneter, Minister, Gegner Sarmientos, aus der Pampa stammender Waffenbruder der Gauchos im Bürgerkrieg, schrieb den Versroman *Martín Fierro* (1872–78), Hauptwerk der Gaucho-Literatur, aus Protest gegen dessen pittoreske Darstellung durch die Städter Ascasubi und del Campo. Wollte Psyche und Mentalität des Gaucho mit Schwächen und Tugenden darstellen. In *Ida* (1872, Weggang) demaskiert er die positivistische Idealisierung von Fortschritt und Modernisierung, denunziert die Marginalisierung des Gaucho, kritisiert Justiz, Armee, Regierung sowie die Herrschaft der Stadt über das Land und macht erstmals auf die miserable soziale Kondition des Gaucho aufmerksam. Martín Fierro wird von der Armee eingezogen, bekämpft Indios, die ihr Land nicht aufgeben wollen, desertiert wegen ungerechter Behandlung und findet seinen Rancho zerstört, Frau und Kinder entführt, verfällt dem Spiel und Alkohol und flieht zu den Indios. In *Vuelta* (1878, Rückkehr) flieht Fierro wegen barbarischer Greuel der »wilden« Indios in die Zivilisation, und das Happy-End auf eigener Estancia mit wiedergefundenen Kindern ist die symbolische Versöhnung von Stadt und Land. Solche Werke in achtsilbigen Sextinen (abbccb) wurden in Groschenheften überall verbreitet.

Es el pobre en su horfandá
de la fortuna el desecho,
porque naides toma a pechos
el defender a su raza.
Debe el gaucho tener casa,
escuela, iglesia y derechos.

Al pobre al menor descuido
lo levantan de un sogazo;
pero yo compriendo el caso
y esta consecuencia saco:
el gaucho es el cuero flaco
da los tientos para el lazo.

Martín Fierro, hrsg. von Luis Saínz de Medrano, Madrid: Cátedra, 1982, S. 350.

Arm wie die Waise muß er gehn,
Als ob ihn das Glück verlache.
Keiner will ihm zur Seite stehn,
Zu kämpfen für seine Sache!
Wann werden sie endlich uns Häuser bauen?
Schulen den Kindern! Und Kirchen den Frauen?

Der Arme muß für geringes Vergehen
Harter Strafe entgegensehen.
Doch ich verstehe diese Dinge,
Weil ich zu richtigem Schlusse dringe:
Der Gaucho – wie gleicht er dem rohen Leder,
Die Riemen zu schlingen, benötigt ihn jeder!

Martin Fierro, übers. von Adolf Borstendoerfer, Buenos Aires: Editorial Cosmopolita, 1945, S. 252 f.

Rafael Obligado (1851–1920) stilisierte in *Santos Vega* (1885) den Gaucho zum Nationalmythos und Symbol eigener Kulturidentität gegenüber anflutenden Einwanderermassen. Der Gaucho-Sänger Santos Vega verliert ein Wettsingen mit dem Bösen – Allegorie des Städters und Einwanderers – und ist zu ewigem Ritt durch die Pampa verdammt.

Erster Gaucho-Romantiker Uruguays ist **Alejandro Magariños Cervantes** (1825–93) mit *Caramurú* (1848). **Antonio Lussich** (1848–1928) folgt mit *Tres gauchos orientales* (1872, Drei uruguayische Gauchos). **Javier de Viana** (1872–1925) verweist in *Campo* (1890, Kamp) und *Gaucha* (1899) sowie über 1500 realistischen Erzählungen entmythisierend auf den Niedergang des Gaucho infolge Besiedlung der Pampa, Industrialisierung, Export und Kommerzialisierung der Rindfleischproduktion. **Eduardo Acevedo Díaz** (1851–1924) schrieb die Geschichte des uruguayischen Gaucho in der Roman-Trilogie *Ismael* (1888), *Natia* (1890) und *Grito de gloria* (1893, Ruhmesschrei). *Lanza y sable* (1914, Lanze und Säbel) stellt den Gaucho als mythische Verkörperung Uruguays mit viel Pampa-Landschaft, Händeln, Eifersucht, Rache und Violencia dar.

Schematisierung und Trivialisierung des Gaucho-Romans verstärken sich mit dem Aufkommen ungebildeter Rezipientenmassen in den Städten. **Eduardo Gutiérrez** (1853–1890) schrieb Feuilletonromane in Massenauflage mit Schauereffekten und romantischer Schwarzweißmalerei des Gaucho als amoralischer Negativgestalt, Haudegen und einseitigen Gutmenschen in *Juan Moreira* (1888).

Das Gaucho-Theater begann mit der Dramatisierung von Gutiérrez' *Juan Moreira* durch die italo-argentinischen bzw. -uruguayischen Schauspieler Pablo und Manuel Podestà, die später dramaturgisch, dialogisch und zirzensisch erweitert wurde – mit Reiterkunststücken, Bolawürfen, Gitarrenständchen und Wirtshausschießereien als Ersatz für Texaner-Einlagen des US-Zirkus.

Das populare neue Genre wurde literarisiert von **Martiniano Leguizamón** (1858–1935) mit *Calandria* (1896), dessen Protagonisten die von Sarmiento aufgelisteten Gauchotypen (*rastreador* – Pfadfinder, *cantor* – Sänger) sind. In *La piedra del escándalo* (1889, Der Stein des Anstoßes) und *La chacra de Don Lorenzo* (1918, Don Lorenzos Bauernhof) von **Martín Coronado** (1850–1919) personifiziert der Gaucho die *argentinidad.*

Indianismus zwischen Romantik und Naturalismus

Der indianistische Roman entstand in der Andenregion am Jahrhundertende, als liberale Reformen die Indios enteigneten und marginalisierten und ihre Integration in die Nation verhinderten. Peru verlor den Krieg mit Chile, weil die Indios das weiße Peru nicht als verteidigenswertes Vaterland betrachteten. Der peruanische Indianismus González Pradas und Matto de Turners war nicht literarisch, sondern politisch motiviert; daher die thematische, nicht literarische Benennung der Strömung als Indianismus, der sich eklektisch verschiedener literarischer (romantischer, costumbristischer, realistischer, naturalistischer) Verfahren bediente, um auf den Indio als Opfer menschlichen Unrechts aufmerksam zu machen, weshalb die Zuordnung zum Thema »Indianismus« relevanter ist als die zu einer literarischen Schule. Romantisch ist die emotional wirksame Fabel, realistisch die soziologische Gesellschaftsanalyse, naturalistisch die sozialdarwinistische Grundlage. Die Autoren waren keine fertigen, sich dem Indio als neuem Stoff zuwendenden Schriftsteller, sondern an der Indioproblematik interessierte Staatsbürger, die sich in lateinamerikanischer Tradition der Literatur als Mittel politischer Denunziation bedienten.

Dolores Veintimilla de Galindo (ec 1830–57) wurde wegen ihrer *Necrología* (1857), Verteidigung eines zum Tode verurteilten Indios, in den Selbstmord, Matto de Turner wegen ihres Indioromans *Aves sin nido* ins Exil getrieben.

Juan León de Mera (ec 1832–94) schrieb den Roman *Cumandá o un drama entre salvajes* (1871, Cumandá oder ein Drama unter Wilden), um Vorurteile abzubauen, die den Zusammenschluß der Ecuadorianer zur Nation behindern. Das indianische Naturmädchen Cumandá wird vom Weißen Carlos geliebt, ist aber dessen von Indios aufgezogene Schwester (Inzest-Topos). Moral: Charakter und Umstände, nicht die Rasse sind entscheidend.

Clorinda Matto de Turner (per 1852–1909) aus Cuzco, Schülerin González' Pradas, die sich als Bewohnerin der Ex-Inkakapitale humanitär für die Indios engagierte, schrieb nach costumbristischen, indianische Tradition einschließenden *Tradiciones cuzqueñas* (1884–86) den Bestseller *Aves sin nido* (1889, Vögel ohne Nest): In dem Dorf Kíllac werden Indios von weißen Notabeln unterdrückt (metonymisch: Häuser vs. Hütten). Die Maríns, »Hinzugezogene«, denunzieren dies Unrecht und adoptieren indianische Waisen, »Vögel ohne Nest«. Margarita, in die sich der Gouverneurssohn Manuel verliebt, entpuppt sich als seine Schwester (Inzest-Topos) und beide als uneheliche Kinder des Ex-Dorfpfarrers. Einführung der von González Prada sogenannten »trinidad embrutecedora« von Gouverneur, Richter und Pfarrer als Standardfiguren der Indio-Literatur. Das Vorwort verkündet extraliterarische Ziele: Mitleid, Verheiratung der Dorfpriester, Erziehung der Indios, und bekennt sich zum Naturalismus als photographischem Abbild, zur Typisierung der Personen und zur Nützlichkeit der Literatur. Lösung des Indioproblems durch die symbolische »Adoption« durch Weiße, d. h. okzidentale Akkulturation und Aufgabe eigener Identität: aus der Mestizin Margarita wird in *Herencia* (1893, Erbschaft) eine »normale« Limeñer Dame. Charakteristisch: ein allwissender heterodiegetischer Erzähler aus »weißer« Perspektive.

Alcides Argüedas (bol 1879–1946), Angehöriger der Oligarchie, gesponsert vom Zinnmagnaten Patiño, Historiker (*Historia de Bolivia*, 1922), Kulturphilosoph (*Pueblo enfermo*, 1909 – biologistische völkerpsychologische Studie über das »kranke« Lateinamerika), Gegner ethnischer Heterogenität, für rassische Integration unter weißer Dominanz. Der costumbristische Roman *Wata-Wara* (1904), umgearbeitet zu *Raza de bronce* (1919, Rasse aus Bronze), gestaltet den blutigen Konflikt zwischen einer Indiokommune und dem brutal-arroganten Grundherrn, dessen Mayordomo die India Wata-wara vergewaltigt (*chingada*-Topos). Stellt »die« indianische Protagonistin – inmitten schwelgerisch beschriebener grandioser Andenlandschaft – manichäisch bösen Unterdrückern und der degenerierten Indiomasse gegenüber. Die Lösung: paternalistische Umerziehung der Indios und Beseitigung ihres »Aberglaubens« (d. h. ihrer kulturellen Identität) schlägt der allwissende Erzähler dem Leser vor.

Der Modernismo

Der Modernismo bedeutet einen ungeheuren Anstieg ästhetischer Qualität, lateinamerikanischer Originalität und dichterischer Individualität gegenüber Costumbrismo, Realismus und Romantik, die er alle drei vehement ablehnt. Rückständigkeit ist für ihn ebenso barbarisch wie die neue bürgerliche Zivilisation, soweit sie vulgär, geldgierig, banausisch, kunstfeindlich ist. Er schreibt jedoch nicht kritisch gegen sie an wie der Realismus/Naturalismus, sondern ignoriert sie bis hin zur Flucht in exotische Antiwelt. Die Verweigerungshaltung spiegelt die veränderte gesellschaftliche Rolle des Schriftstellers vom mitgestaltenden Politiker zur Randfigur. Die arbeitsteilige Auffächerung der Gesellschaft in Sektoren: Industrie, Handel, Verwaltung, Finanzwelt und Kultur (Wissenschaft, Bildung, Künste) erzeugt skripturale urbane Produktions-, Vertriebs- und Rezeptionszirkel mit neuen marginalen elitären Kommunikationssystemen, bestehend aus Schriftstellern, Literaturmittlern (Kritikern, Feuilletonjournalisten, Professoren, Verlegern), Künstlern anderer Sparten (Schauspieler, Musiker, bildende Künstler) sowie interessierten Intellektuellen als hochspezialisierten impliziten Lesern, mit Gruppen, Zeitschriften, Literatencafés, Theatern. Damit erstand der Schriftsteller als spezialisierter Literaturproduzent mit literaturaffinem Brotberuf in Bildungswesen oder Medien oder Sinekuren in der Diplomatie. Der literarisch-künstlerische Bereich wird eine eigene »Realität« zweiter Ordnung, Hauptstofflieferant für eine relativ autonome Literatur. Diese wirft jede extraliterarische Funktion und Diskursform ab. Bevorzugte Gattung ist die Lyrik. Im Roman sind meist Schriftsteller und Künstler die Protagonisten; die Beziehung Künstler – bürgerliche Welt wird problematisiert.

In der Lyrik erfolgt stärkere Verkunstung, Musikalisierung durch Rhythmus und Klang, Nachahmung musikalischer Gattungen wegen Klangverselbständigung und ihres asemantisch-syntaktischen Charakters (Einfluß von Verlaine, später Reverdy) in Titeln wie *Sinfonía en gris mayor*, *Serenata*, *Nocturno*, Piktorisierung (Herausarbeiten von Farbwerten), Statuarisierung und kunstgewerbliche Ziselierung; statt naturalistischer Sachorgien Schwelgen in Edelsteinen, Gewändern, Möbeln, Gärten, Kunstwerken als nutzlos-schönen Gegenständen und Metaphern (Modell: Gautier, *l'art pour l'art*). Kult des »Seltenen« (*raro* vs. Massenhaftes) und des Artifiziellen (vs. Natürliches). Wie im Jugendstil (*art nouveau*) in Architektur und bildenden Künsten erfolgt starke Erotisierung und Versinnlichung. Diese literarische Innovation geht über Euro-Modelle weit hinaus, ist modern und insoweit »Modernismus«. Nach jahrhundertelangem Nachvollzug europäischer Schulen die erste eigenständige Literaturbewegung Lateinamerikas. Die *modernistas* machten aus den Anregungen von Parnasse und Symbolismus etwas Neues, noch nicht Dagewesenes, spezifisch Lateinamerikanisches, das erstmals von europäisch-spanischen Poeten aufgenommen wird. In Brasilien dagegen blieben Parnasismo und Simbolismo den Namen nach Repliken europäischer Schulen.

Die Modernität als Überwindung von Rückständigkeit bedeutet Gleichziehen mit, oder Überlegenheit über, Europa durch kunsttechnischen Höchststand bei Akzeptanz wirtschaftlich-technischen Rückstands. Statt iberischer werden modernste französische (Baudelaire, Parnasse, Symbolismus), angelsächsische, deutsche, skandinavische, slawische, orientalische, fernöstliche Autoren schnell rezipiert. Eklektizismus, Synkretismus, Universalität sind Spezifika des Modernismo.

Dieser tritt nicht national-regional, sondern gesamtsubkontinental auf, wegen gemeinsamer europäischer Vorbilder und des Bewußtwerdens gemeinsamer antiker, christlicher und vorkolumbischer Traditionen und kultureller Grundstrukturen sowie wegen des neuen lateinamerikanistischen Selbstbewußtseins (Amerikanismus). Autoren verschiedener Länder bilden ein innerhispanoamerikanisches Kommunikationssystem durch gemeinsame Zs. (*Revista de América*, hrsg. vom Bolivianer Freye, dem Nicaraguaner Darío, dem Argentinier Lugones) mit Korrespondenzen und gegenseitigen Besuchen dank neuer kontinentaler Verkehrsverbindungen.

Vorläufer des Modernismo

José Martí (1853–95) war sowohl antikolonialer Revolutionär, Ideologe und Journalist im spanischen Kuba als auch vormodernistischer Dichter, Kritiker und Literaturtheoretiker. Als Schüler wurde er zu Zwangsarbeit wegen antispanischer Konspiration verurteilt, verbannt, war im Exil in Spanien, Mexiko, Venezuela, Guatemala und den USA, von wo aus er die Unabhängigkeitsrevolution vorbereitete. Fiel nach der Landung auf Kuba. Sein politisch-propagandistischer Diskurs galt der Unabhängigkeit Kubas (*Manifiesto de Montecristi*, 1895), sein ideologischer, angesichts historisch-kultureller Gemeinsamkeiten sowie gemeinsamer Gefahr politisch-wirtschaftlicher Vereinnahmung durch die USA, dem Amerikanismus, d. h. der Einheit Lateinamerikas (*Nuestra América*, 1891), sein kulturell-ästhetischer der Schaffung einer genuin lateinamerikanischen Literatur. In programmatischen Schriften (*Nuestra América*, Vorwort zu Bonaldes *Al Niágara*) warb er für eine einheitliche polyethnisch-multikulturelle lateinamerikanische Literatur. Als Erbe empfahl er die präkolumbische und die Kolonialkultur, die indianischen und kreolischen Mythen und Legenden. Er forderte die literarische Darstellung von Conquista, Kolonialzeit, Befreiungsrevolution und der typisch lateinamerikanischen Simultaneität verschiedener Geschichts- und Kulturepochen von der Steinzeit bis zum Dampfroß und die Thematisierung der Gegensätze Zurückgebliebenheit vs. Moderne, Tradition vs. Fortschritt. (Ähnliche Ansichten vertraten **Eugenio de Hostos,** pt 1839–1903, **Enrique José Varona,** cub 1849–1933, und **Pedro Henríquez Ureña,** dom 1884–1946.)

Martís eigene Dichtung war strukturell, thematisch und funktional von seinem politischen Diskurs kategorial getrennt. Umgekehrt ist seine politische Prosa – die *Escenas norteamericanas* (1881–91, Reportagen über die USA), der Essay *Nuestra América* (1891, Unser Amerika) das *Diario de campaña* (1895, Feldtagebuch) – ästhetisch innovativ, »modernistisch«, mit ungewohnter Syntax, verblüffender Metaphorik, eigenwilliger Symbolik, originärer Lexik. Seine Lyrik (Einflüsse: Siglo de Oro, Baudelaire, Parnasse, Symbolismus, angelsächsische und deutsche Romantiker, vor allem Heine) steht zwischen Romantik und Modernismo. *Ismaelillo* (1882) und *Versos sencillos* (1891, Einfache Verse) verarbeiten eigenes Erleben (Vater-Kind-Beziehung, Liebe, Exil, Heimat, Spanien, Einsamkeit, Tod) in achtsilbigen volksliedhaften Romanzenversen, verständlich, »einfach«, »aufrichtig«. Vormodernistische Innovationen: Verwendung kostbarer Gegenstände als Metaphern; auf altaztekischer Mythologie aufbauende Tropen; klanglich-rhythmische Musikalität und Farbsymbolik.

Si ves un monte de espumas,
Es mi verso lo que ves:
Mi verso es un monte, y es
Un abanico de plumas.

Mi verso es de un verde claro
Y de un carmín encendido:
Mi verso es un ciervo herido
Que busca en el monte amparo.

Mi verso es como un puñal
Que por el puño echa flor;
Mi verso es un surtidor
Que da un agua de coral.

Mi verso al valiente agrada:
Mi verso, breve y sincero,
Es del vigor de acero
Con que se funde la espada.

Versos sencillos V, in: Obras completas, hrsg. von Gonzalo de Quesada, Bd. 16, Havanna: Editorial Nacional de Cuba, 1964, S. 72.

Denkt eine Schaumkrone euch:
Es ist mein Vers, den ihr seht,
der wie ein Gebirge steht,
wie ein Federfächer zugleich.

Mein Vers ist in lichtem Grün
und in flammendem Rot gesetzt.
Mein Vers ist ein Hirsch, der, verletzt,
versucht, in die Berge zu fliehn.

Mein Vers ist wie ein Stilett
mit einer Blüte im Knauf,
er schießt wie ein Springquell auf
und fällt in ein goldklares Bett.

Dem Tapfren gefällt mein Lied,
knapp, ehrlich, voll Leidenschaft.
Mein Vers hat des Stahles Kraft,
aus dem man die Schwerter glüht.

Mit Feder und Machete. Gedichte, Prosaschriften, Tagebuchaufzeichnungen, hrsg. von Hans-Otto Dill, übers. von Annemarie Boström, Berlin: Rütten & Loening, [2]1986, S. 55.

Versos libres (1882, Freie Verse) und *Versos cubanos* (publ. 1933) thematisieren Exil, Entfremdung in der US-Großstadt, Heimweh nach Kuba, philosophische und metaphysische Fragen des Ich. Neu: Gedicht als Statue und Fragment, Freivers, Innovationen in Syntax und Lexik.

Manuel González Prada (per 1848–1918), Führer der liberalen *Unión Nacional*, Ideologe, Kritiker an Grundbesitz, Armee, Kirche, für Erneuerung, Volksrevolution und nationale Integration des Indios in Essays, Reden und Satiren. Übersetzte Goethe, Schiller, Körner und Parnasse. Durch metrische Experimente mit neuen und archaischen Genres (Rondeau, Ballade, Letrilla), skandinavische und deutsche Modelle und Musikalität des Verses ist er *premodernista* (*Minúsculas*, 1901).

Die Hauptvertreter des Modernismo

Salvador Díaz Mirón (mex 1853–1928), von großem Einfluß auf Darío, hat in *Poesías* (1896) noch die rhetorische Emphase Byrons und Hugos, den obsoleten patriotisch-revolutionären Gestus der Frühromantik. In *Lascas* (1901, Splitter) erscheint in parnassischer Formbeherrschung mit

Rückgriff auf Barock ein modernes, narzißhaftes Ich mit neuer Sensibilität.

Julián del Casal (cub 1863–93), Modejournalist, Dandy, Kritiker (*La Habana elegante*), thematisiert Tristesse und Einsamkeit seines Ich als Künstler, Homophiler und unheilbar Kranker in kolonialer Rückständigkeit und provinzieller Enge Havannas, die er in Zeitungschroniken beschreibt und aus der er lyrisch in exotische Antiwelten flieht. Einflüsse: Baudelaire, *poètes maudits*, Parnasse, Symbolismus, Leopardi, der Maler Moreau. Nach frühmodernistischen *Hojas al viento* (1890, Blätter im Wind) parnassischer Modernist in *Nieve* (1892, Schnee), kunstvoll ziselierten Versen voll Unbefriedigtsein, Nostalgie und Exotismus. *Bustos y rimas* (1893, Büsten und Reime) sind traumhaft-mystische, melancholische, vage, stimmungsvolle, erotisierte, körperhafte Texte über Sündhaftigkeit, Sittenlosigkeit und Triebsexualität der Großstadt mit Femme fatale, Neurose, Todessehnen, Lebensüberdruß (*taedium vitae*), Vorliebe für Geschmeide, Elfenbein, elegante Kleider.

Manuel Gutiérrez Nájera (mex 1859–95), Journalist, Kritiker, gründete 1894 die *Revista Azul*, offizielles Organ des mexikanischen Modernismo. Schrieb Gedichte voller Narzißmus, Melancholie, koketter Morbidität, pariserischer Erotik, *taedium vitae*, Todessehnsucht, nostalgischen Erinnerns an vergängliches Glück. *La duqueza Job, Paris, 14 de julio* (Die Fürstin Job, Paris, 14. Juli) ist Bekenntnis zu Frankophilie und modernistischem Frauenbild der sinnlich-bedenkenlosen Grisette und Femme fatale sowie zur sensiblen, kunstsinnigen Träumerin (*La soñadora de dulce mirar*, Die Träumerin mit dem süßen Blick). Harmonisch-kontrapunktische symbolistische, musikalische Verse von fließendem Rhythmus. Einflüsse: Verlaine, Mendès, Parnassiens, Musset, Bécquer.

Synthese französischer Modernität und hispanischer Tradition ist **José Asunción Silva** (col 1865–96), Diplomat. Früher Verlust der Lieblingsschwester durch Tod, des Vermögens durch Konkurs, des unveröffentlichten Werkes durch Schiffbruch. Selbstmord als inszenierter Tod mit D'Annunzio-Losung *Triunfo della morte*. Schlug aus eigenem Unglück poetisches Kapital in Form vollendeter Verse. Charakteristika: nostalgische Evokation der Kindheit, Trauer über Vergänglichkeit, Lob der Vergangenheit, *desengaño*, Todesthematik (*Día de difuntos*, Totensonntag), Gedichte über Tod der Geliebten (drittes *nocturno*, 1892). Einflüsse: Parnasse, Verlaine, Mallarmé, Valéry, Leopardi. Seltene Versformen (Alexandriner), Farb- und Geruchssensationen, Klangmusikalität, musikalische Genrebezeichnungen (*nocturno*) und Metaphern. Rhythmisierung durch Wiederholungen. Trotz gelegentlicher Ironie ethischer Anspruch an Poesie als *vaso santo* (heiliges Gefäß). Vielfache *mise en abyme*: Gedichte über Entstehung von Gedichten (*Ars* über Entstehung von *nocturno*, 1886 [sic]).

Amado Nervo (mex 1870–1919), Politiker, Publizist (Herausgeber der *Revista Moderna*), Mittelpunkt der mexikanischen Modernisten, Freund Daríos. Kostbare Gegenstände sind Sujets von *Perlas* (1898). Religiosität und Transzendenz werden thematisiert in *Místicas* (1898). Der Tod erscheint als Glück, die Frau als hehres Ideal und Heilige in der Elegie *La amada inmóvil* (1912, Die starre Geliebte).

José Juan Tablada (mex 1871–1945) thematisiert erstmals die Dekadenz (*El florilegio*, 1899). Als Frucht von Goncourt-Lektüre und Fernostreise akklimatisiert er japanische Haikus im Spanischen (*Li-Po y otros poemas*, 1920). Erster visueller Dichter.

Ricardo Jaimes Freyre (bol 1868–1933), Lehrer, Diplomat, gründete mit Darío und Lugones die *Revista de América*. *Castalia bárbara* (1897) nach Leconte de Lisles *Poèmes barbares* ist kunstvolle Nachschaffung germanischer Mythologie. *Los sueños con vida* (1917, Lebendige Träume) sind Vanitas-Dichtung mit traumhafter Landschaft.

Guillermo Valencia (col 1873–1943), klassizistischer Modernist, Haupt der kolumbianischen Modernisten, zweimaliger Präsidentschaftskandidat, ist Autor des Gedichtbandes *Ritos* (1891) und von Nachdichtungen von D'Annunzio, Wilde, George, Hofmannsthal, Heine und chinesischen Dichtern. Statt Daríos Schwan ist der Storch Hoffnungssymbol (*Cigüeños blancos*). Elegische Vanitas-Dichtung und Vergangenheitsevokation. Kult der weißen Farbe, der antik-orientalischen Mythologie, ästhetisierender Katholizismus (*San Antonio y el centauro*, Sankt Antonius und der Zentaur).

Leopoldo Lugones (arg 1874–1938), Sozialist, später Nationalist, Haupt der La-Plata-Modernisten, Herausgeber der *Revista de América* mit Darío und Freyre und der *Revue Sudaméricaine*, Paris. Selbstmord. Umfangreiche Produktion. Experimentierfreudig. Einflüsse: Moréas, Samain, Laforgue, Baudelaire, fernöstliche Philosophie und Religion. *Las montañas del oro* (1897, Die goldenen Berge) sind romantisch-vollmundig im Stil Hugos. Symbolistische *Los crepúsculos del jardín* (1905, Gartendämmerungen) mit Ablehnung jeder Frivolität. Hauptwerk: *El lunario sentimental* (1909, Sentimentales Mondbuch), zwischen Sentimentalität und Ironie, nimmt Surrealismus durch somnambulen schwarzen Humor vorweg.

Julio Herrera y Reissig (ur 1875–1910), reicher Grundbesitzer, Bohemien, unter Verfolgungswahn und Plagiatsbezichtigungen leidender extravaganter Verfasser virtuoser, intimistischer, zunehmend hermetischer, geheimnisvoller, von der Realität abgehobener Dichtungen, kultiviert modernistisch viele Strophen und Versformen. Einflüsse: Rimbaud, Mallarmé, D'Annunzio, Lugones, Nietzsche, Bakunin. Weltflucht in seinem *Torre de los panoramas* (Panoramaturm). *Las pascuas del tiempo* (1900, Ostern der Zeit) sind »funambuleske« Lyrik mit schwarzem Humor, Metaphysik, Spiel mit dem Unbewußten in halluzinatorischen Bildern. Moderner Barockismus, *clair-obscur*-Dichtung, onomatopoetische, visuelle, olfaktorische, taktile Sinnlichkeit. Schaffung einer irrealen Phantasiewelt (*La torre de las esfinges*,

Der Turm der Sphinxe) mit Vorliebe für Groteskes, Surrealist avant la lettre.

José Santos Chocano (per 1875–1934), Journalist, unter Diktator Cáceres im Zuchthaus, populistischer Volkstribun, Diplomat, gefördert von Estrada Cabrera, Diktator Guatemalas. 1925 Gefängnis wegen Mord an einem Schriftsteller. Wurde in Chile in Straßenbahn von Wahnsinnigem erdolcht. Verglich sich großsprecherisch mit Whitman. Brachte Narzißmus, rhetorische Emphase und Pathos in den Modernismo. Thematisierung Amerikas in *Alma América* (Seele Amerika). Die *Poemas indoespañoles* (1906) basieren auf modernem Konzept des Subkontinents als bikultureller ibero-indianischer Einheit. Dichtungen über Kolonialepoche, indigene Kultur und üppig-tropische Natur Perus.

Weitere Modernisten sind **Leopoldo Díaz** (arg 1862–1947; *La sombra de Hellas*, 1902, Hellas' Schatten), **Eugenio Díaz Romero** (arg 1877–1927; *Harpas en silencio,* 1900, Harfen im Schweigen), **Santiago Argüello** (nic 1872–1942; *Primas ráfagas*, 1897, Erste Böen); in Kuba in der Nachfolge Julián del Casals die Gebrüder **Carlos Pío** (1872–97) und **Federico** (1873–1932) **Uhrbach** (*Gemelas*, 1894, Zwillingsschwestern) und des ersteren Braut **Juana Borrero** (1877–96; *Rimas*, 1895); **María Josefa Mujía** (1813–88), mit 13 Jahren erblindet, eine der ersten modernen intellektuellen Frauen Boliviens; **Adela Zamudio** (bol 1854–1928), christliche Feministin zwischen Romantik und Modernismo, **Francisco Gavidia** (sal 1863–1955) mit patriotischem *Canto a Centroamérica* und familiär-intimem *Libro de los azahares* (1913, Buch der Orangenblüten).

Rubén Darío (nic 1867–1916), Haupt des Modernismo, gründlicher Kenner der spanischen und französischen Romantik, der lateinamerikanischen Tradition und des französischen Parnasse, Journalist, Diplomat, empfand als Zöllner in Valparaíso den brüsken Unterschied der Rückständigkeit Nicaraguas zur Modernität des Chile des Salpeterbooms, was den Anstoß für sein Modernismus-Konzept gab. *Azul* (1888, Blau), erstes modernistisches Werk als totale Negierung romantischen Sentiments, realistischer Soziologie und naturalistischen Szientismus. Statt dessen pantheistischer Gestus, Liebes- und Naturlyrik, Gefühl des Vergehens der Zeit, wagnerisch fließende Wortmusikalität, Licht- und Farbenwerte, ungewohnte Adjektivierung, auserwählte Lexik, raffinierter Tempusgebrauch, gelehrte Etymologien, Kunst der Allusion (Alkovengeräusche, »frauliche« Boudoirnippes), Apostrophierung einer mythisch-unfaßbaren Geliebten, antike Bukolik und Erotik (*Primaveral*, *Autumnal*), Kunstmärchen statt Costumbrismus. Einfluß: Baudelaire, Mendès, Symbolisten. Ungemeine Aufwertung des Ästhetischen und der Form. Reisen nach Madrid, Paris (Verkehr mit Verlaine, Moréas, Banville), New York. Gründete in Buenos Aires mit Lugones und Freyre die *Revista de América* (1894), Vehikel heftiger Kämpfe gegen Traditionalisten. Starb, überarbeitet und alkoholzerstört, im Alter von 49 Jahren.

Prosas profanas (1896, Weltliche Liturgien) ist reifstes Werk mit ungeheuren Innovationen und revolutionierendem Einfluß auf hispanische Lyrik. Charakteristika: schöne Menschen, diffuse Stimmungen (Melancholie), kostbare Gegenstände, antik-bukolische Landschaften, *desengaño*, Mythologie, Beziehung zu anderen Künsten in Sujet, Klang, Struktur (Skulptur, Malerei, Musik). Setzt französische Kultur vs. Griechentum, Reinheit vs. Verderbtheit, Heidentum vs. Christentum, Erotik vs. Religion (Geliebte = Hostie, Schwanenflügel = Eucharistie) mit Schwan als religiös-erotischem Symboltier; epikureische Vorliebe für Rokoko, Aristokratie und »Griechenland Frankreichs«. Sakrale Verehrung von Wort und Sprache, Dichtung als »poetische Orgie«. Formale Neuerungen: dekorativ-theatralische Inszenierungen, Kolorismus, Musikalität (*Sinfonía en gris mayor*, *Sonatina*). Metrische Innovationen: Alexandriner, Neunsilber, archaische Strophik, antike Metrik (Anapäst, Daktylus, Jambus).

El olímpico cisne de nieve
con el ágata rosa del pico
lustra el ala eucarística y breve
que abre al sol como un casto abanico.

Es el cisne, de estirpe sagrada,
cuyo beso, por campos de seda,
ascendió hasta la cima rosada
de las dulces colinas de Leda.

En la forma de un brazo de lira
y del asa de un ánfora griega
es su cándido cuello que inspira
como proa ideal que navega.

Blanco rey de la fuente Castalia,
su victoria ilumina el Danubio;
Vinci fue su barón en Italia;
Lohengrín es un príncipe rubio.

Prosas profanas, in: Poesía, Caracas: Biblioteca Ayacucho, 1977, S. 188 f.

Der olympische Schneeschwan
mit dem agathischen Rosa des Schnabels
läßt den eucharistisch-kurzen Flügel erglänzen,
der sich der Sonne wie ein keuscher Fächer öffnet.

Es ist ein Schwan aus heiliger Sippe,
sein Kuß stieg an durch Seidenfelder
bis zum rosenfarbenen Gipfel
der sanften Hügel der Leda.

Geformt wie der Fuß einer Leier,
wie der Henkel einer griechischen Amphore,
läßt denken sein reinweißer Hals
an einen idealen Bug, der durch das Wasser zieht.

Weißer König der castalischen Quelle,
sein Sieg erleuchtet die Donau.
Vinci war sein Schutzpatron in Italien
und Lohengrin sein blonder Ritter.

Der modernistische Roman

Der modernistische Roman negiert kategorisch Inhalte und Themen von Romantik, Costumbrismo, Realismus und Naturalismus, lehnt politisches Engagement, costumbristische Verklärung regionaler Typen (Gauchos, Guajiros), realistisch-soziologische Gesellschaftsdarstellung und die naturalistische Erkundung der Welt der Kranken, Arbeitenden und Deklassierten ab. Er markiert Bewußtwerden des Widerspruchs zwischen der lateinamerikanischen Gesellschaft, die sich teils dem industriell-technischen zivilisatorischen Fortschritt verweigert, teils diesen in brutaler bzw. karikaturesker Weise überstülpt, einerseits und einer hochgebildeten, sensiblen, sich mit der modernen kosmopolitischen Kunst identifizierenden geistigen Elite der Hauptstädte andererseits. Der französische spätnaturalistische Roman (Bourget, Rod, Huysmans) hatte auf den Gegensatz zwischen Innenwelt der hochkultivierten Protagonisten und vulgärer gesellschaftlich-kultureller Außenwelt des Fabrikkapitalismus abgehoben und, im Unterschied zu Zola, letztere zugunsten ersterer ausgeblendet.

Auch die lateinamerikanischen Modernisten fokussierten auf die Innenwelt sensibler Ästheten, ersetzten jedoch den Konterpart, die europäische Fin-de-siècle-Gesellschaft, durch die lateinamerikanische Realität. Teilweise knüpften sie an lateinamerikanische Naturalisten (Cambaceres, Reyles) an, die diesen Romantyp zwecks Vorführung psychologisch-pathologischer Fallstudien übernommen hatten, ersetzten jedoch die naturalistische Identitäts- und Kausalitätsbeziehung zwischen Außen und Innen durch den Gegensatz zwischen beiden. Sie übernahmen postnaturalistische Erzählweisen: erlebte Rede (*discours indirect libre*), homo- bzw. autodiegetischen Erzähler mit bekenntnishafter Offenlegung seiner Psyche, oft in Diarienform (Muster: Amiels *Fragments d'un journal intime*) unter Zurücknahme oder Unterbrechung der Aktion (*histoire*) zwecks

Ausbreitung des Innenlebens. Typischer Titel: **Alberto Nin Frías** (ur 1882–1937) *Sordello Andrea. Sus ideas y sus mentiras. Novela de la vida interior* (1911, Sordello Andrea. Seine Ideen und Lügen. Roman des inneren Lebens).

Neuer Protagonist wurde der Schriftsteller oder ein schriftstellerndes Individuum (Tagebuchschreiber!), was verstärkte Ästhetisierung und Autonomisierung des Textes in Lexik, Metaphorik und Syntax und beschriebener Welt bedeutete: statt romantischer Natur und naturalistischer Sachorgien toposartige Beschreibung von Pretiosen, kostbaren Gewändern, Möbeln, Kunstwerken, Büchern als geschmacksadäquatem Ambiente des Protagonisten sowie (wie in Huysmans *À rebours*) als Antiwelt zur vulgären Außenwelt. Nichtkonformistische, den Dissens zwischen Protagonisten und Umwelt unterstreichende Topoi: Hypersexualität, so in Nervos *Pascual Aguilera* (1892), Fallgeschichte eines pathologischen Erotomanen, und *El bachiller* (1895, Der Abiturient), pathologischer Fall der Selbstkastration eines Abiturienten zwecks Unterdrückung sexueller Triebe; Amoralität, Dekadenz, Byzantinismus, Extravaganz in Kleidung und Sprache, erlesene Andersartigkeit des künstlerisch-literarischen Geschmacks, Paris-Syndrom des Protagonisten; häufige *mise en abyme* (romaninterne Diskussion über seine *escritura*).

Literarisierung und Interiorisierung haben Roman und Lyrik des Modernismo gemeinsam. Sein Theoretiker ist Rodó mit *La novela nueva* (1897, Der neue Roman). José Martís *Amistad funesta* (1885, Unheilvolle Freundschaft), Psycho- und Eifersuchtsdrama mit tödlichem Ausgang, ist Vorläufer wegen Interiorisierung, Reduktion des Figurenensembles, Symbolisierung, Verwendung des Pretiosen-Topos; hat aber noch den Aktionsreichtum der Romantik, auch fehlt die Opposition Innen- vs. Außenwelt.

Am Beginn des modernistischen Romans steht José Asunción Silvas *De sobremesa* (Zum Nachtisch), Neufassung nach Manuskriptverlust (publ. 1925). Die Handlung, eine Mord- und Reisegeschichte, ist unwichtig gegenüber Innenleben, Gedanken, Gefühlen, Beobachtungen im Tagebuch, das der Protagonist nach Tisch Freunden vorliest; wie Huysmans Des Esseintes ist er elitärer *décadent*, byzantinisch, hypersexuell, drogengeneigt, Liebhaber von Edelsteinen und Büchern, fasziniert vom präraffaelitischen Frauentyp. Einflüsse: Loti, Huysmans, Barrès, D'Annunzio, Amiel, Marie Baschkiriew.

Carlos Reyles (ur 1868–1938), reicher Estanciero, schrieb die Romantrilogie *Academias. Primitivo* (1896, Akademiestudien. Der Primitive) mit programmatischem Vorwort, das hispanische Tradition ablehnt und sich an Huysmans' Spätnaturalismus orientiert. *El extraño* (1897, Der Fremde) führt das Innenleben des psychisch komplexen, kunstbegabten, morbiden Protagonisten Julio Guzmán vor, eines Dichters, der bürgerlicher Konvenienz und Geschmack »fremd« gegenübersteht, mit nonkonformistischer Liebe zu erlesener moderner Kunst vs. obsolet-trivialem Geschmack der banausischen Umgebung. Vorlieben: Góngora, Baudelaire, Ibsen, D'Annunzio, Wagner. Tabulose Sexualität (Sadomasochismus, Liebe zu verheirateter Mutter, Heirat der Tochter). In *La raza de Caín* (1901, Kains Rasse) unterliegt der lateinisch morbide Träumer und Künstler Julio Guzmán wirtschaftlich wie privat dem pragmatisch tüchtigen Angelsachsen Crooker und wird wie Kain zum Mörder (Hintergrund: nordisch-germanische Einwanderermassen verdrängen Lateinamerikaner am La Plata). Fazit: Die Romanen sind wurzellos wie Kain. Die Trilogie illustriert Rodós Arielismus (lateinische Geistigkeit vs. angelsächsische Tüchtigkeit). *El terruño* (1916, Die Scholle) fokussiert regionalistisch auf den Gegensatz Innerlichkeit vs. Pragmatismus.

Pedro César Dominici (ven 1872–1954), Diplomat, Codirektor der modernistischen Literatur-Zs. *Cosmópolis*, schrieb *La tristeza voluptuosa* (1899, Die wollüstige Trauer): Eduardo Doria, Lateinamerikaner in Paris, kunstsinnig und sensibel, von finisäkulärer Dekadenz wie Huysmans' Des Esseintes, erleidet den Gegensatz beider Welten, das Paris-Syndrom mit Persönlichkeitsdestruktion, *taedium vitae* und Selbstmord (heterodiegetischer Erzähler mit erlebter Rede).

Manuel Díaz Rodríguez (ven 1871–1927) studierte Medizin in Wien und weilte lange in Europa und den USA. *Idolos rotos* (1901, Zerbrochene Idole): Der Bildhauer Alberto Soria ist bei seiner Rückkehr aus Paris von venezolanischer Mediokrität angewidert. Seine modernistischen Statuen werden vom Publikum mißverstanden und von der Armee zertrümmert. Gegenüber der Modernität Albertos vereint die karikatureske, karnevalistische Modernität von Caracas, personifiziert in der Femme fatale Teresa, okzidentale Dekadenz mit kreolischer Depravation. In *Sangre patricia* (1902, Patrizierblut) verliert Tulio Arcos, Patriziersohn im Pariser Exil, seine Braut, die auf der Überfahrt zu ihm stirbt und im Meer bestattet wird. Bei seiner Heimfahrt ertränkt er sich am Begräbnisort der Braut. Erkundung des Unbewußten und Unterbewußten des Protagonisten, als deren Projektionen seine Träume vorfreudianisch interpretiert werden. Tulio ist krank und dekadent wie Lateinamerika. Modernistische Topoi: Gegenwelt, Traum, Femme fragile, Paris-Syndrom.

Manuel Gálvez beschrieb in *El mal metafísico* (1916, Die metaphysische Krankheit) zwischen Naturalismus und Modernismus das literarisch-künstlerische Leben in Buenos Aires Anfang des Jh.s in einem Schlüsselroman um den kunstpriesterhaften Protagonisten Carlos Riga mit Prominenten der Bonaerenser Szene. Die metaphysische Krankheit ist Metapher der Trennung des modernen Künstlers vom realen Leben. Auch Darío und Freyre entwerfen in historischen und exotischen Romanen antike oder orientalische Gegenwelten zur vulgären Mediokrität der Gegenwart mit Evokation antik-heidnischer Erotik als impliziter Opposition zum Puritanismus. Vorbilder: Flaubert (*Sa-*

lammbô), Louÿs (*Aphrodite*), France (*Thaïs*), D'Annunzio, Nietzsche.

Emilio Cuervo Márquez (col 1873–1937) erzählt in *Phinées. Tragedia de los tiempos de Cristo* (1909, Phineas. Tragödie aus der Zeit Christi) die Geschichte eines leprösen hellenischen Patriziers mit Vanitas-Topos. Auch Dominici und Larreta schrieben Spätantikenromane. Als Antiwelt gegen den zeitgenössischen Materialismus und Egoismus erweist sich der Katholizismus in vom französischen *renouveau catholique* (Barrès, Peladan, Huysmans) beeinflußten Romanen: **Enrique Gómez Carrillo** (gua 1873–1927) votiert in *El evangelio del amor* (1922, Evangelium der Liebe) mit dem Märtyrer Theophil aus Byzanz als Protagonisten (nach Flauberts *Tentation de Saint Antoine)* für sinnliches Christentum, gegen puritanische Asexualität.

Der Modernismo hatte wie der Jugendstil Affinität zu Kitsch und Pornographie. Seine Trivialisierung für breite Leserschichten besorgten Vargas Vila und Gómez Carrillo, die ersten Berufsschriftsteller bzw. Bestsellerschreiber des Subkontinents. **José María Vargas Vila** (col 1860–1933), antidiktatorial-antiimperialistischer Volkstribun, Nietzscheaner, theatralisch-rhetorischer Meister der Selbstinszenierung, schrieb leicht rezipierbare Feuilletonromane (*Flor de Fango*, 1890, Sumpfblüte) mit erotischen Sujets voller Emotion und Leidenschaft, die überreden, emotionalisieren, keine reflexive Lektüre erfordern. Milieu: Highlife und Demimonde. Modelle: Peladan, Barrès, D'Annunzio, Louÿs, Dumas, Sue. Enrique Gómez Carrillo, journalistischer Chronist der Pariser Künstlerszene, schildert in Kolportageromanen klischeehafte, leichtsinnige Pariser Boheme à la Murgers *Scènes de la vie de bohème* (*Del amor, del dolor y del vicio*, 1898, Von Liebe, Schmerz und Laster).

Parnassiertum als brasilianische Variante des Modernismo

In Brasilien kam es trotz Einflusses des hispanoamerikanischen Modernismo (Martí, Darío, Herrera y Reissig) nicht zu dieser Strömung, zumal es kosmopolitisch-desarrollistisch auf euro-nordamerikanischen Fortschritt auch der Literatur ausgerichtet war. Brasiliens amerikanistische Emanzipation vollzog sich erst nach dem Fall der Bragança-Dynastie 1889, ein Jahr nach Daríos *Azul.* Antiromantismus und Antirealismus äußerten sich im französisch-portugiesisch orientierten formstrengen Parnassianismus Machado de Assis' (*Crisálidas*, 1864, Schmetterlingspuppen).

Olavo Bilac (1865–1918), Chirurgensohn, Journalist, Freund Eça de Queirós', 1907 zum »Fürsten der brasilianischen Dichter« erwählt, bedeutendster brasilianischer Parnassier, thematisiert in den viel (re)zitierten *Poesias* (1888) Sinnenliebe und weibliche Schönheit, im Spätwerk philosophische und existentielle Fragen (Alter, Tod, verlorenes Paradies der Jugend, Desillusion). Explizites Bekenntnis zum bildhauerischen, handwerklichen Parnaß-Ideal. Seine Sonette in Alexandrinern und Zehnsilbern sind sprachlich an Portugal, ästhetisch an Gautier und Leconte de Lisles *l'art pour l'art* orientiert.

Sobre minh'alma, como sobre um throno,
Senhor brutal, pesa o aborrecimento.
Como tardas em vir, último outono,
Lançar-me as folhas últimas ao vento!

Oh! dormir, no silêncio e no abandono,
Só, sem um sonho, sem um pensamento,
E, no lethargo do aniquilamento,
Ter, ó pedra, a quietude do teu somno!

Oh! deixar de sonhar o que não vejo!
Ter o sangue gelado, e a carne fria!
E, de uma luz crepuscular velada,

Deixar a alma dormir sem um desejo,
Ampla, funebre, lugubre, vazia
Como uma catedral abandonada! . . .

Poesia, hrsg. von Alceu Amoroso Lima, Rio de Janeiro: Agir, 1957 (Nossos Clássicos), S. 218.

Auf meiner Seele, einem Throne gleich,
sitzt drückend, ein brutaler Herrscher, die Langeweile.
Wie zögernd zeigst du dich, o letzter Herbst,
um mir die letzten Blätter in den Wind zu schleudern!

Oh, schlafen, im Schweigen und Verlassensein,
allein, traumlos, gedankenlos
und, in der Vernichtungslethargie,
dem Steine gleich des Schlafes Ruhe pflegen.

Oh, zu träumen aufzuhören, was ich nicht sehe!
Daß in den Adern das Blut gerinnt, der Leib vereist!
Und in einem dämmerhaft verhangenen Licht,

die Seele schlafen lassen ohne jedes Begehr,
weit, traurig, unheilvoll und leer
wie eine verlassene Kathedrale! . . .

Der Afrobrasilianer **João da Cruz e Sousa** (1861–98) verbindet romantisches Anti-Sklaverei-Engagement und durch Rassismus motivierten Weltschmerz mit Parnassianismus zu Brasilo-Symbolismus (*Broquéis*, 1893; *Ultimos Sonetos*, publ. 1905) mit Schwarzweißsymbolik.

Literaturhinweise

Romantik: Carilla, Emilio: El Romanticismo en la América hispánica, Rev. Ausg., 2 Bde., Madrid 1958; Recopilación de textos sobre la novela romántica latinoamericana, Havanna 1975; Le roman romantique latino-américain et ses prolongements, Paris 1984; Suárez-Murias, Marguerite C.: La novela romántica en Hispanoamérica, New York 1964.

Realismus/Naturalismus: Ara, Guillermo: La novela naturalista hispanoamericana. Buenos Aires 1965.

Modernismo: Henríquez Ureña, Max: Breve historia del Modernismo, Mexiko / Buenos Aires 1962; Meyer-Minnemann, Klaus: Der spanisch-amerikanische Roman des Fin de Siècle, Tübingen 1979; Pérus, Françoise: Literatura y sociedad en América Latina: el modernismo, Mexiko 1976; Rodríguez Fernández, Mario: El Modernismo en Chile y en Hispanoamérica, Santiago de Chile 1967; Schulman, Iván A. (Hrsg.): Nuevos asedios al modernismo, Madrid 1987; Torres-Rioseco, Arturo: Precursores del Modernismo, New York 1963.

VI

Epischer Realismus versus lyrische Avantgarde: Die kontinental bedeutsamen Strömungen von der mexikanischen Revolution bis zum Zweiten Weltkrieg

Antiimperialismus, Kreolismus und Postmodernismus

Um die Jahrhundertwende erfährt Lateinamerika einen Schock: die USA provozieren den Krieg gegen Spanien 1898 mit Intervention im kubanischen Bürgerkrieg, Aneignung der Marinebasis Guantánamo und von Puerto Rico sowie der Abtrennung von Panama und der Kanalzone, ersten panamerikanischen Kongressen zur Disziplinierung der lateinamerikanischen Staaten, dem Programm der Politik *of the big stick* und Roosevelts Deklarierung des südlichen Subkontinents zum »Hinterhof« der USA. Die Spannung zwischen Realitätsferne des Modernismus und neuer Realität löste sich durch Repolitisierung der Literatur, Solidarität mit Spanien und Wiederbesinnung auf spanisches Erbe.

Am stärksten schockiert waren die direkt betroffenen kubanischen Modernisten, die im Unabhängigkeitskrieg gegen Spanien romantisch-patriotische Töne angeschlagen hatten, wie der Lyriker **Bonifacio Byrne** (1861–1936), und lautstark Empörung über die US-Besetzung ausdrückten, so **Enrique Hernández Miyares** (1859–1924). **Luis Llorens Torres** (pt 1878–1944) betonte die kulturelle Einheit der Antillen in der *Revista de las Antillas* (1913), den Gedichtbänden *La canción de las Antillas* (1913, Das Lied von den Antillen) und *Alturas de América* (1940, Die Höhen Amerikas), Landschaftsgedichten in popularen karibischen *décimas* mit Karibismen, Sprachmusik, kühnen Bildern, Einfachkeit und Themenoffenheit entsprechend dem literarischen Programm des Pancalismo und Panedismo.

Darío reagierte mit Abrücken vom Modernismo (*Cantos de vida y esperanza*, 1905, Lieder von Leben und Hoffnung) und der *Oda a Roosevelt*:

Eres los Estados Unidos,
Eres el futuro invasor.
[...]
Crees que la vida es incendio,
Que el progreso es erupción,
Que en donde pones la bala
El porvenir pones.
[...]
Mas la América nuestra, que tenía poetas
desde los viejos tiempos de Netzahuacóyotl,
[...]
La América del grande Moctezuma, del Inca,
La América fragante de Cristóbal Colón [...] vive.

Du bist die Vereinigten Staaten,
Du bist der kommende Eroberer,
[...]
Du glaubst, das Leben sei Feuersbrunst,
Der Fortschritt vulkanische Eruption,
Und daß du dort, wo deine Kugel einschlägt,
Der Zukunft eine Bleibe schaffst.
[...]
Aber unser Amerika, das Dichter hatte
Seit den alten Zeiten Netzahuacoyotls,
[...]
Das Amerika des großen Moctezuma, des Inka,
Das strahlende Amerika des Christoph Kolumbus [...], es lebt!

Oda a Roosevelt, in: Un continente de esperanza, hrsg. und übers. von Hans-Otto Dill, Berlin: Volk und Wissen, 1974, S. 16.

Daríos Opposition katholischer, indigener, dunkler, uneigennütziger, kunstliebender Lateiner vs. germanischer, protestantischer, pragmatischer, profitsüchtiger blonder Gringo als Umkehrung von Sarmientos Binom Zivilisation – Barbarei entspricht dem Arielismus.

Der Kulturphilosoph **José Enrique Rodó** (ur 1871–1917) formulierte im Essay *Ariel* (1900) den antipositivistischen Spiritualismus als Kulturprogrammatik, die Lateinamerika statt aus dem Gegensatz zu Europa nun aus dem Gegensatz zu den USA definiert. Frei nach Shakespeares *The Tempest* personifiziert er den Lateinamerikaner im Luftgeist Ariel, den Yankee im erdgebundenen Calibán. Ersterer ist ästhetisch, voll interessefreien Wohlgefallens, letzterer pragmatisch, auf Nutzen und Erfolg bedacht; ersterer geistig-künstlerisch, letzterer industriell, ersterer »spirituell«, letzterer materialistisch.

Máximo Soto-Hall (gua 1871–1944) ersetzt das modernistische Paris-Syndrom durch den USA-Komplex: Im Roman *El problema* (1899) kehrt der Künstler Julio aus Paris in das nach Nicaraguakanalbau US-beherrschte, englischsprechende Guatemala zurück und verübt nach Ruinierung durch den US-Manager Mr. Crissey, der ihm die Braut ausspannt, Selbstmord. Opposition Innerlichkeit vs. neue Realität, träumerischer Latino vs. US-Geschäftsmann, hispanische Tradition vs. Kapitalismus, Pferd vs. Lokomotive. Eine Negativ-Utopie, erster antiimperialistischer Roman Lateinamerikas. Fortsetzung: *La sombra de la Casa Blanca* (1927, Der Schatten des Weißen Hauses). US-Bedrohung thematisiert **Manuel Ugarte** (arg 1878–1951), Historiker, Vorkämpfer der Vereinigten Staaten Lateinamerikas, in *La novela de las horas y los días. Notas íntimas de un pintor* (1903, Roman der Stunden und Tage. Vertrauliche Notizen eines Malers).

Indirekte Reaktion ist die Rückbesinnung auf spanische Kulturwurzeln. **Enrique Larreta** (arg 1875–1961), vermögender Grundbesitzer, Publizist, läßt *La gloria de Don Ra-*

miro (Madrid 1908, Don Ramiros Ruhm) im Spanien Philipps II. spielen. Der Protagonist, Tannhäusertyp zwischen morisker (= modernistischer) Sinnenfreude und Askese, opfert in Peru in symbolischer Abbuße sein Leben als christlicher Conquistador barmherzig für einen Indio. Alt-Spanien als Gegenwelt-Topos zur politisch-kulturellen Bedrohung durch die USA. Antiwelt zum kargen Spanien auch ein modernistisch-preziös beschriebenes Schloßintérieur.

Reyles' modernistisch-sinnliche *écriture artiste* (Farben, Gerüche, Klänge) liefert in *El embrujo de Sevilla* (1922, Der Zauber Sevillas) romaneske Identifikation mit costumbristisch-exotisch evozierter Hispanität. Diese Sevillaner Liebesgeschichte beschreibt Volkssitten, Stierkampf, Prozessionen und andere Hispanitätstopoi und Spanienklischees (Folklore, minotaurische Kampf- und Todesmythologie).

In der Erzählprosa löste der Criollismo den Modernismo ab, in Venezuela von Romero García mit *Peonía* praktisch und Urbaneja Achsenpohl theoretisch begründet, von Francisco Contreras im *Mercure de France* »mondonovismo« genannt. Er bedeutet Neuorientierung der Literatur auf bedrohte autochthone, regionale Werte. Da diese nicht in verwestlichten Metropolen, sondern auf dem Lande zu finden sind, ist der Kreolismus stadtfeindlich, rural-provinziell in Personal, Themen, Stoffen. Er knüpft an Costumbrismus, Bauernerzählung, regionale Tradition (Gaucho-Literatur) an, doch mit modernistischer Sprache und Sensibilität.

Dominicis *Música bárbara* (1903) ist Abwehr und Kritik der von den Modernisten ersehnten Moderne. Modernität erscheint als Unheil, das die Arbeiter entwurzelt, als Eisenbahn, die die Lohnkärrner arbeitslos macht. Protagonisten sind statt Intellektueller einfache Landleute. Benito hat die barbarische Melodie einer Rückkehr zum Gestern im Ohr, seine Blindheit symbolisiert Nicht-sehen-Wollen der neuen Realität. Er stirbt in karnevalesker Situation, im Glauben, wieder in der Vergangenheit zu leben.

Kreolistisch sind Spätwerke Larretas und Reyles' *La raza de Caín* und *El terruño* (Darstellung des Kamp). Reanimation des Gaucho als bodenständiger Inkarnation des Kreolen erfolgt in Reyles' *El gaucho Florido* (1932) sowie in Lugones' antimodernistischem *La guerra gaucha* (1905, Der Gauchokrieg), Bildsequenzen über den Unabhängigkeitskrieg mit Guerrilla-Gaucho-Kollektiven fast ohne individuelle Protagonisten. **Javier de Viana** (ur 1869–1926) beschreibt hartes Gaucho-Dasein und Verfall der Pampa-Dörfer bei Eindringen der Moderne (*Gaucha*, 1899), **Alberto Gerchunoff** (arg 1884–1950) autobiographisch das Leben jüdischer Pampa-Immigranten (*Los gauchos judíos*, 1910, Die Judengauchos).

Rufino Blanco-Fombona (ven 1874–1944), Journalist, Diplomat, oppositioneller Bohemien (Duell, Totschlag, Eheskandale), oft im Gefängnis, 25 Jahre Exil während der Gómez-Diktatur, beeinflußt von Schopenhauer, Nietzsche, Carlyle, Darwin, lehnt den Modernismo als exotisch, französisch, preziös und wirklichkeitsfremd ab und votiert für Realismus, »nationale Literatur« und Kreolismus. Seine Protagonisten gehören zur städtischen Mittelklasse. *El hombre de hierro* (1907, Der Mann aus Eisen) ist Handelsangestellter mit »eiserner« Pflichterfüllung, betrogen von der Ehefrau, ruiniert vom Bruder, beherrscht von der Schwiegermutter, Variante von Flauberts Charles Bovary. Die Familie ist düstere Allegorie der Caraqueñer egoistisch-lieblosen Geldgesellschaft. Ohne Denunziation und Didaktik, zwischen Realismus (Typen und Individuen) und Naturalismus (Vererbung, Milieu, Dekadenz) mit costumbristischen Bildern und viel erlebter Rede. *El hombre de oro* (1915, Der Mann aus Gold) ist Erfolgsstory eines gewissenlosen, geld- und machtgierigen Paares. Satire auf die opportunistische und kulturlose Gómez-»Barbarokratie« ist *La mitra en la mano* (1927, Die Mitra in der Hand).

Rafael Pocaterra (ven 1890–1955), Politiker, unter Gómez in Gefängnis und Exil, stellt in *El doctor Bébe* (1913) unter Zola- und Flaubert-Einfluß satirisch das Privat- und Geschäftsleben der Oberschicht während der Diktatur bloß, die er in *Cuentos grotescos* (1922, Groteske Erzählungen) karikiert.

Jesús Castellanos (cub 1879–1912) begann unter Einfluß von Eça de Queirós und Maupassant in Abkehr vom Costumbrismus den Übergang zur verinnerlichenden Darstellung niederer kubanischer Volksschichten (*La conjura*, 1908, Die Verschwörung). Durch kosmopolitische Psychologisierung und Auslotung des Gefühlslebens seiner meist bürgerlichen Charaktere erneuerte der anticostumbristische **Alfonso Hernández Catá** (cub 1885–1940), mehr der spanischen Literatur zugehörig, unter Einfluß von Conrad und Clarín die Kurzgeschichte (*Pelayo González*, 1911). **Luis Felipe Rodriguez** (cub 1884–1947) beschreibt in *Marcos Antilla* (1939) psychologisierend-anticostumbristisch die miserable Lage der Bauern und Zuckerrohrschnitter. Der Mediziner **Miguel de Carrión** (cub 1875–1929) schildert naturalistisch die Amoral der Elite Havannas (*Las honradas*, 1917, Die anständigen Frauen). **Carlos Loveira** (cub 1882–1928), Gewerkschaftsführer, Autodidakt, denunziert in sprachlich-strukturell defekten Romanen (*Generales y doctores*, 1920; *Juan Criollo*, 1927) die neureiche, korrupte kubanische Zuckerbourgeoisie und den Regierungsfilz. José Antonio Ramos beschreibt in *Caniquí* (1936) tiefenpsychologisierend die Neurosen kubanischer Negersklaven um 1830 in ruralem Ambiente.

Roberto J. Payró (arg 1867–1928), anarchistisch-sozialistischer Gesellschaftskritiker, führt in *El casamiento de Laucha* (1906, Lauchas Hochzeit) realistisch-kritisch Protagonisten aus dem Volk vor. Laucha, kreolischer Pikaro, heiratet die Ladenbesitzerin Carolina, bringt ihr Geld durch (popularer Schwanktopos) und verläßt sie. Ein autodiegetischer Erzähler mit »Sicht von unten« erzählt in volkssprachlichem Regiolekt humorig-moralisierend im Einverständnis mit popularem Leser. Erlebte Rede enthüllt Inneres der Figuren. *Pago Chico* (1908), loser Kranz von Erzählungen mit gemeinsamem Protagonisten, der Stadt Pago Chico, mit korrupter Spitze: Gouverneur, Polizeichef, Caudillos und Presse organisieren bestellte Morde, Wahlfälschungen und Immobilienspekulationen. In einer Art Polit-Costumbrismo wird die Sprache der Provinzpolitiker und Sensationsreporter parodiert.

Tomás Carrasquilla (col 1858–1940), Minenbesitzerssohn, Autodidakt, Antimodernist, schrieb Kurzprosa über das Provinzleben im Gegensatz zur Großstadt. Die Groteske *Frutos de mi tierra* (1896, Früchte meiner Erde) handelt von Brüdern, die sich mehr dünken als sie sind, deren unattraktive Schwester von einem Vetter aus der Hauptstadt um das Familienvermögen betrogen wird. *La marquesa de Yolombó* (1926, Die Marquise von Yolombó) ist Parabel aus der Kolonialzeit zum kreolistischen Thema der Ausbeutung der Provinz durch die Hauptstadt. Die tüchtig wirtschaftende, politisch ahnungslose Minenbesitzerin Bárbara wird von spanischem Pikaro, Allegorie des Hauptstädters, um ihr Kapital gebracht (Topos des Kreolismus). Direkte Figurenrede im ländlichen Regiolekt mit Verarbeitung oralliterarischer Motive, Legenden und Sagen.

Luis Martínez (ec 1869–1909) liefert in *A la costa* (1904, An der Küste) das erbaulich-didaktische Beispiel eines Hauptstädters, der aufs Land geht, um eine Plantage vor dem Ruin zu retten.

Mariano Latorre (chi 1886–1955), der sich selber als Kreolist bezeichnete, beschrieb in 7 Zyklen von Erzählungen (*Cuentos de Maule*, 1912) und Romanen (*Zurzulita*, 1921) die Hauptregionen Chiles in einer Art costumbristischem Atlas. Die Landschaft erdrückt die Menschen in handlungsarmen, zu Bildern erstarrenden Texten.

Städtische Thematik behandelt dagegen das Theater im urbanen La Plata. Die sozial engagierte Dramatik verwendet den Jargon (*lunfardo*) der Vorstadt (*arrabal*) im Munde der zu Proleten oder Messerhelden gewordenen Gauchos.

Das spanische *sainete* (*género chico*) und das Gaucho-Theater mischen sich zum *drama criollo* mit tänzerischen Elementen von Payada, Milonga und Tango. Florencio Sánchez schrieb mit *El desalojo* (1906, Die Zwangsräumung) und *El conventillo* (1906, Die Mietskaserne) soziale Stücke über städtische Marginalisierte (Einflüsse: Hauptmann, Ibsen, Sudermann, Turgenjew, Nietzsche, Zola). Das *sainete criollo* ist das Vorstadt-*drama criollo* mit Tango, Couplets und Sprachkomik.

Nemesio Trejo (1862–1916) verfaßte 33 solcher Einakter mit Monologen in den verschiedenen Einwanderersprachen (Italos, Galicier). *Los políticos* (1897) führt den familiären Patriarchalismus und Machismo eines Politikers, Wahlmachination und Vetternwirtschaft vor. *El conventillo de la paloma* (1929, Die La-Paloma-Mietskaserne) über Konflikte zwischen Vorstadt-*compadritos* und Euro-Einwanderern von **Alberto Vaccarezza** (1886–1959), Verfasser von 110 *lunfardo*-Stücken, erreichte 1500 Vorstellungen.

Die postmodernistische Lyrik ist martianisch aufrichtig und einfach, sozial sensibilisiert, lehnt den Schwulst des Modernismo bei Bewahrung seiner formalen Errungenschaften ab, setzt statt auf Intertextualität und Erudition auf Empirie, Realität und Alltagssprache. Daríos *Cantos de vida y esperanza* (1905, Lieder von Leben und Hoffnung) sind Besinnung auf menschliche Beziehungen, Alltag, soziales Empfinden, beziehen aktuellen Kontext, lateinamerikanische Geschichte und Zukunft ein (*Salutación del optimista*, Gruß des Optimisten), evozieren erinnernd die Jugenddichtung *Prosas profanas* (»Yo soy aquél ...«), dämpfen frühere Ästhetisierung und Artifizialität zugunsten einfacher Sprache und Aufrichtigkeit (*Canto errante*, 1907, Wandergesang) und patriotischen Amerikanismus (*Canto a la Argentina*, 1914) ab.

Enrique González Martínez (mex 1871–1952) formuliert rigorose Absage an den Modernismo in *Los senderos* *ocultos* (1911, Die verborgenen Pfade) und *La muerte del cisne* (1915, Der Tod des Schwans), mit Hinrichtung des Schwans, modernistischen Emblemtiers (»Tuércele el cuello al cisne« – »Dreh ihm den Hals um, dem Schwan«), und dessen Ersetzung durch den stillen und weisen Uhu. *La palabra del viento* (1921, Das Wort des Windes) ist verinnerlichte Lyrik zu existentiellen Problemen des Ich. **Amado Nervo** (mex 1870–1919) demonstriert in *Los jardines interiores* (1905, Die inneren Gärten) und *En voz baja* (1909, Mit leiser Stimme) innere Ausgeglichenheit und Zurückgezogenheit statt modernistischer Opulenz. **Baldomero Fernández Moreno** (arg 1886–1950), Vertreter des postmodernistischen Sencillismo, beschreibt Alltag, Familienleben, Häuslichkeit in stillen, unaufgeregten Versen (*Iniciales del misal*, 1915, Initialen des Gebetbuchs). Agressiv antimodernistisch nimmt **Luis Carlos López** (col 1883–1950) in *De mi villorio* (1908, Aus meinen Dörfchen) unter Aktivierung des Erbes von Valle Caviedes und Terralla seine Cartagener Mitmenschen satirisch aufs Korn.

Carlos Sabat Ercasty (ur 1887–1982) verfaßte pantheistische, biblische, whitmansche Landschaftsdichtung, vor allem über das Meer (*Poemas del hombre. Libro del mar*, 1922, Gedichte vom Menschen. Buch des Meeres).

Chile ist mit Gabriela Mistral eine Hochburg des Postmodernismus. **Ángel Cruchaga** (1893–1964) fand nach avantgardistischen Anfängen zu regionalistisch-religiöser Lyrik in *Job* (1922, Hiob) und *Afán del corazón* (1933, Herzensbemühung). **Carlos Pezoa Véliz** (1879–1908) schrieb sozialkritische Gedichte auf niedere Stände, Landarbeiter, Stadtstreicher (*Alma chilena*, publ. 1912, Chilenische Seele), **Emilio Prado** (1886–1952) mit Augusto d'Halmar, 1916 Gründer der postmodernistischen Zs. und Gruppe *Los diez*, intimistisch-verhaltene Lyrik (*Camino de las horas*, 1934, Weg der Stunden).

José María Eguren (per 1882–1942), hermetischer Symbolist, stiller Poet der inneren Welt des Menschen, bevorzugt in spielerischen, modernistisch formvollendeten Versen vage Stimmungen und Zustände, Mysteriöses, Märchenhaftes, indirekte Darstellung, Andeutungen (*Sombra*, 1920, Schatten) bei kritischer Sicht Limas und der als barbarisch angesehenen westlichen Zivilisation. Er bildete mit dem Kritiker, Verleger und Lyriker **Enrique Bustamente y Ballivián** (1883–1973) und **Abraham Valdelomar** (1888–1919), Verfasser modernistisch-symbolistischer Romane unter D'Annunzios und Wildes Einfluß (*La ciudad muerta*, 1911, Die tote Stadt), die postmodernistische Gruppe um die Zs. *Colónida*, Vorläuferin Vallejos und Mariáteguis bei der Erneuerung der peruanischen Literatur.

Alfonso Cortés (nic 1887–1969), aufgewachsen in Daríos Geburtshaus in León, Lehrer, Journalist, lange im Irrenhaus, thematisierte in »intimistischen«, ins Menscheninnere horchenden symbolistischen, antimodernistischen Gedichten existentiell-ontologische, religiöse und transzendente Probleme, essentielle Schuldhaftigkeit und »Geworfensein« des Menschen, Angst, Tod, Wahnsinn, kosmische Vorgänge, Metaphysisches. Einflüsse: Swedenborg, Martí, Darío, Whitman, französische Surrealisten (Wahnsinnsphantasien = Traumprotokolle). *Las siete antorchas del sol* (1952, Die sieben Sonnenfackeln).

In Kuba war die Zs. *Cuba Contemporánea* (1910–15) Hauptorgan der Postmodernisten, die zumeist in der Provinz wirkten. **José Manuel Poveda** (1888–1926) aus Oriente wies in *Versos precursores* (1917, Vorläuferverse) den Modernismo als inaktuell unter Zurückgehen auf José Asunción Silva und die französischen Symbolisten und Parnassier zurück, mit denen er die Vorliebe für Raffinement, Luxus und Antikekult sowie Abscheu vor der Alltagstrivialität teilt. **Agustín Acosta** (1886–1979) aus der Zuckerprovinz Matanzas, in hohen Regierungs- und Parlamentsämtern tätig, im Exil in Miami verstorben, ist postmodernistischer Erneuerer der kubanischen Lyrik durch Findung einer einfachen, unprätentiösen Sprache (*Ala*, 1915, Flügel). *La* *zafra* (1926, Die Zuckerrohrernte) ist ein national, sozial und politisch engagiertes kreolistisches Poem aus Sicht des nationalen Hacendados über die vom Zuckerrohr geprägte kubanische Kulturlandschaft und die Zuckerrohrernte als für Kuba zentrale, das ganze Land betreffende, identitätsstiftende, kollektive Aktion. **Felipe Pichardo Moya** (1892–1957) aus der Viehzucht- und Zuckerrohrprovinz Camaguey schrieb das berühmte, dem Zuckerrohr gewidmete Großgedicht *El poema de los cañaverales* (1925, Das Poem der Zuckerrohrfelder), das von nostalgischer Liebe für das Provinzielle, Autochthon-Kreolische und Bukolische durchdrungen ist.

Ricardo Pérez Alfonseca (dom 1892–1950) ist Postmodernist in den vertraulichen *Palabras a mi madre* (1925, Worte an meine Mutter). Prosaisch graue Alltäglichkeit bestimmt den Postumismo von **Domingo Moreno Jiménes** (dom 1894) in *Mi vieja se muere* (1925, Meine Alte stirbt).

Der lyrische Postmodernismus öffnet sowohl den Übergang zum später dominierenden Avantgardismus als auch zu der weniger bedeutenden sozial engagierten Poesie, so **Manuel Navarra Luna** (cub 1894–1966), der soziale Protest- und politische Kampf- und Bekenntnislyrik von Machado bis Castro schrieb (*La tierra herida*, 1936, Die verwundete Erde).

Die stark aufkommende Frauenlyrik ist eine besondere Leistung des Postmodernismus. Einerseits entsprach dieser mit seiner Ablehnung von Politik und seiner Hinwendung zu Familie und Privatleben der traditionellen Frauenrolle, andererseits wurde Frauendichtung vor allem im Südkegel durch die aufkommende Frauenbewegung und weibliche Berufstätigkeit gefördert. Gleichberechtigung erreicht die Frau zuerst in der Literatur- und Kunstszene. Die feminine Lyrik lebt von der Spannung zwischen Emanzipationsanspruch und tradierter Frauenrolle in hispanisch-machistischer Gesellschaft. Keine prononciert staatsbürgerliche

Emanzipationsdichtung, sondern »weibliche« Thematisierungen (Liebe, Ehe, Kinder, Haus) mit »weiblicher«, emotional-leidenschaftlicher Schreibweise und Forderung nach Selbstbestimmung der Frau, die meist auf Liebe und Sexualität begrenzt ist.

Delmira Agustini (ur 1886–1914), aus wohlhabender Familie, war Femme fatale des Modernismo, deren emanzipatorischer Lebensentwurf in Liebe und Ehe zu frühem Tod führte (ihr scheidungsunwilliger Ehemann erschoß sie). Ihre Gedichtbände erregten Skandal ob tabubrechenden erotischen Freimuts und Häufung von Sex-Symbolen. *Los cálices vacíos* (1913, Die leeren Kelche) schwanken zwischen sexueller Selbstbestimmtheit und Akzeptanz der Rolle der Frau als Sexobjekt des Mannes. Postmodernistisch ist ihre autobiographische Ehrlichkeit in Liebesdingen, modernistisch ihre Sprache. Einflüsse: D'Annunzio, Lugones, Nervo, Herrera y Reissig.

Juana de Ibarbourou (ur 1895–1979), aus wohlhabender Familie, hochkultiviert, erregte Skandal wegen des dionysischen Liebestaumels im Debütband *Las lenguas de diamante* (1919, Diamantene Zungen). Teilt mit anderen Autorinnen emanzipatorischen Anspruch in Liebe und Sexualität, doch nicht deren tragische Lebenserfahrung: erlebte Ehe- und Mutterglück und literarischen Erfolg. Das lyrische Ich ist selbstsicher, bacchantisch, zwischen Rausch und Reflexion, erstreckt Sinnlichkeit über Erotik hinaus auf Umgebung. Postmodernistisch sind lebenswirkliche Erotik, Ehrlichkeitspathos, Einfachheit der Sprache und Ästhetisierung des Alltäglichen und Flüchtigen. Ihre Lyrikbände ordnen ihre geistige Autobiographie nach Lebensaltern in Analogie zu Jahreszeiten, vom frühlingshaften *El cántaro fresco* (1920, Der frische Krug) bis zu Todesthematik (*Perdida*, 1950, Verlorene).

María Eugenia Vaz Ferreira (ur 1875–1924) beendete ihr Außenseiterinnenleben in mittelmäßigem Milieu nach unbefriedigter Liebe in Überspanntheit und Wahnsinn. Sie ist modernistisch im Formalen, postmodernistisch durch Thematisierung von Lieblosigkeit, Kälte, Machismo, Einsamkeit, Gequältheit und Unbefriedigtsein (*La isla de los cánticos*, 1924, Die Insel der Lieder). **Luisa Luisi** (ur 1888–1940) ist Dichter-Philosophin mit metaphysisch-existentieller Dichtung (*Sentir*, 1916, Fühlen; *Poemas de la inmovilidad*, 1926, Gedichte der Unbeweglichkeit). **Alfonsina Storni** (arg 1892–1938), aus verarmter Schweizer Familie, Näherin, Schauspielerin, Lehrerin, alleinerziehende Mutter, Freitod wegen Krebs, thematisiert die Polarisierung Frau – Mann in der Spannung zwischen geistiger Überlegenheit und physischer Abhängigkeit ersterer. Rebellion gegen großstädtische Kälte, Anonymität und Enthumanisierung in *El dulce daño* (1918, Der süße Schaden). *Mascarilla y trébol* (1938, Maske und Klee) sind Antisonette über Kunst, Liebe, *desengaño*, Tod.

Gabriela Mistral (d. i. Lucila Godoy Alcayaga, chi 1889–1957), Lehrerin, Diplomatin, UNO-Mitarbeiterin, erhielt ersten lateinamerikanischen Nobelpreis (1945). Schrieb durch Einfachheit und Verhaltenheit postmodernistische Gedichte über Negativerfahrungen im Individual- und Familienleben: unerfüllte Liebe, Mutterschaft, Ledigsein, Kinder. *Desolación* (1922, Verzweiflung) ist Klage über Verlassenheit und Angst in stilisierter Umgangssprache, naivem Kinderliedergestus (Achtsilber) und seltenen Versmaßen (Alexandriner). Expressionistisch-bäuerliche Sprachgebung in christlich-biblisch inspirierten Gedichten ist *Tala* (1938, Kahlschlag), ihr gelungenstes Werk, Solidaritätsbuch für Kinder von spanischen Bürgerkriegsopfern. Ein starkes lyrisches Ich, oft in dritte Person distanziert, setzt sich in Bezug zu den sozialen und psychischen Befindlichkeiten einfacher Leute, Bauern, Indios, Kranker, Einsamer, Kinder (Kinder- und Wiegenlieder), thematisiert Alltag, einfache Verrichtungen, Familienbeziehungen. *Poemas de Chile* (publ. 1967), lyrische Chile-Reise mit Indiobegleitung, ist episch-lyrische Dichtung auf chilenische Landschaft (Evokation der Kindheit in Anden) mit neuer Sicht lateinamerikanischer Natur, besonders der Tropen (Vorläufer von Nerudas *Canto general*).

Dios lo quiere

La tierra se hace madastra
si tu alma vendes a mi alma.
Llevan un escalofrío
de tribulación las aguas.

El mundo fue más hermoso
desde que me hiciste aliada
cuando junto de un espino
nos quedamos sin palabras,
¡y el amor como el
espino nos traspasó de
fragancia!

Pero te va a brotar víboras
la tierra si vendes mi alma;
baldías del hijo, rompo
mis rodillas desoladas.

Se apaga Cristo en mi pecho
¡y la puerta de mi casa
quiebra la mano al mendigo
y avienta a la atribulada!

Desolación, Mexiko: Porrúa, ³1979, S. 25.

Gott will es

Die Erde wird dir zur Stiefmutter,
wenn deine Seele meine Seele verkauft.
Einen Schüttelfrost aus Trübsal
werden dir die Wasser herbeibringen.

Schöner war die Welt,
seit du dich mit mir verbündet,
wir wortlos unterm Weißdorn ruhten,
uns die Liebe wie die Weißdornblüten
mit ihrem Duft durchdrang.

Die Erde aber wird dir Schlangen keimen,
verkaufst du meine Seele.
Ich zerbreche meine öden Knie,
die mir ein Kind nicht tragen.

In der Brust erlischt mir Christus.
Meine Haustür zermalmt
dem Bettler die Hand,
scheucht die Gequälte hinweg!

Motive des Töpfertons. Lyrik, übers. von Albert Theile und Gisela Pape unter Mitw. von Heinz Müller, Leipzig: Reclam, 1989, S. 8 f.

Postmodernistische Frauenliteratur verfaßt auch die Erzählerin **Teresa de la Parra** (ven 1891–1936), aus reicher Oberschicht, in Madrid erzogen. Sie thematisierte in leicht autobiographischen Romanen die Rolle der Frau im machistischen venezolanischen Patriarchat aus Sicht der emanzipierten Westeuropäerin. Die Protagonistin enthüllt ihr Inneres per inneren Monolog (Proust-Einfluß) in *Ifigenia* (1924), fiktivem Tagebuch eines sich langweilenden wohlhabenden Fräuleins und Satire auf Machismo. *Memorias de Mamá Blanca* (1929) sind Kindheitserinnerungen und Abschied von einer Frauenrolle der Aufopferung für Mann, Haus und Familie.

Der Roman von der mexikanischen Revolution bis zum Zweiten Weltkrieg

Das oligarchische Gesellschafts- und Kulturmodell wurde durch Ersten Weltkrieg, Oktoberrevolution und mexikanische Revolution zerstört. Der Erste Weltkrieg führte zur Integration Lateinamerikas in Weltverkehr und -markt als Rohstofflieferant mit Rekrutierung von Bauern, Indios und

Negern als Arbeitern; mit den neuen Klassen traten soziale Konflikte auf, die zuvor nur aus Westeuropa und den USA bekannt waren. Die Oktoberrevolution beeinflußte Politik und Ideologie der herrschenden Eliten und der jungen Arbeiterschaft. Die mexikanische Revolution lieferte ein kreolisches Entwicklungsmodell auch für Kultur und Kunst. Kapitalistische Verhältnisse etablierten sich in Großstädten, Bergbau, Plantagen bei Weiterbestehen persönlicher Abhängigkeit (*peonaje*, *mita*, Schuldknechtschaft) und traditioneller Lebensweise.

Vor diesem Hintergrund entwickeln sich zwei auseinanderstrebende Hauptrichtungen der Literatur: 1. eine inhaltlich innovative, die neue Realität aneignende, politisch-sozial engagierte Erzählprosa: der mexikanische Revolutionsroman, der proletarisch-revolutionäre, der indigenistische, teilweise auch der nativistische Roman greifen mit neuen Autoren, Themen, Sujets und osteuropäischen Einflüssen (Dostojewski, Gorki, Andrejew, frühe Sowjetliteratur) zu Denunziation, Pamphlet, Schwarzweißzeichnung, zu Makrostrukturen von Reiseroman, Pikareske, *testimonio*, fiktiver Autobiographie und zu Faktion-Fiktion-Mischung, 2. ein vor allem die Schreibweise revolutionierender Avantgardismus, der sich besonders in der Lyrik artikulierte, im Zusammenhang mit gesellschaftlichen Bewegungen für die Modernisierung durch Wissenschaft, Technik und Bildung entstand und zusammen mit der Avantgarde Europas (Dadaismus, Surrealismus) die kosmopolitische Moderne konstituierte.

Literarische Kommunikationssysteme: In den meisten Ländern gab es eine Verlags- und Druckindustrie für Schulbücher, Sachbücher und auch Belletristik. In Brasilien förderte Monteiro Lobato junge Autoren, statt nur den Literaturkanon der Schulen und Schulbücher zu edieren. In Argentinien wurden neue traditionelle Verlage durch Ingenieros, Rojas und Gálvez sowie die avantgardistischen Verlage Proa und Sur, in Peru von Mariátegui Minerva als Verlag für neue Literatur gegründet. Buchimporte sanken wegen hoher Weltmarktpreise (in Brasilien wird Garnier durch José Olympio verdrängt). Verlage, Nationalbibliotheken, Büchermessen wurden staatlich gestützt. Brasilien versechsfachte die Buchproduktion. Periodika spielen eine große Rolle für die Publikation von Texten, Manifesten, Polemiken und Diskussionen. Mexiko: *Contemporáneo* vs. *Crisol* und *Frente a frente*. Argentinien: *Claridad* (Boedo) vs. *Martín Fierro* (Florida). (Die Cafés *Florida* und *Boedo* waren Sitze rivalisierender Strömungen.) Chile: *Mandrágora* vs. 38er Generation.

Der mexikanische Revolutionsroman

Die mexikanische Revolution (1910–17/34) stürzte die jahrzehntelange Díaz-Diktatur, verabschiedete 1917 in Querétaro eine demokratische Verfassung, revolutionierte die feudalkolonialen Gesellschafts-, Besitz-, Wirtschaftsverhältnisse, die politischen Strukturen und die Kultur, scheiterte bei der Errichtung einer westlichen Zivilgesellschaft. Es folgten Bürgerkriege zwischen den Caudillos um die Umverteilung von Macht und Besitz (Ermordung Pancho Villas 1923), die ab den 20er Jahren zu Verteilungskämpfen um Posten wurden. In den 30er Jahren institutionalisierte sich die Revolution im bürgerlichen PRI (*Partido de la Revolución Institucionalizada*).

Die Revolution lieferte dem Roman sowohl die Stoffe als auch die kulturellen Bedingungen: eine große Leserschaft für realistische, Popular- und Trivialliteratur entstand durch Alphabetisierung, Schulbauten und Massen von Neulehrern, ihrerseits neue Rezipienten gehobener Belletristik. **José Vasconcelos** (1881–1959) realisierte mittels seines Erziehungsministeriums die Ideen des *Ateneo de la Juventud*: Besinnung auf kreolische Kulturtradition, geistige Erneuerung im Sinne des Spiritualismus und kulturellen Mestizismus, den er (in *La raza cósmica*, 1925, und *Indología*, 1926) und **Ricardo Rojas** (arg 1882–1957, in *Eurindia*, 1924) propagierten. Die revolutionäre Künstlervereinigung LEAR wurde gegründet, ihre Mitglieder durch Staatsaufträge für narrativ-illustrierende Wandmalereien an öffentlichen Gebäuden (Rivera, Orozco, Siqueiros), durch Verlagsgründungen (Publikation von ca. 300 Revolutionsromanen) usw. gefördert. Die Autoren waren Augenzeugen der Geschehen als Truppenärzte, Mitarbeiter oder Militärs, sie kannten sowohl die Königsebene (Caudillos, Generale, Minister) wie das Volk, die Soldaten und Bauern (*los de abajo* – die von unten).

Die bewaffneten Kämpfe 1910–17 werden von Azuela in *Los de abajo* und ab 1924 retrospektiv von anderen Autoren in zwei Romantypen, dem fiktional-costumbristischen (Azuela) und dem testimonial-autobiographischen (Guzmán) beschrieben. Die Machtkämpfe und Postenverteilung unter den Führern in den 20er und 30er Jahren unter Calles behandelt der politische Revolutionsroman jener Jahre. Aus der Perspektive der 30er Jahre werden sodann die bewaffneten Kämpfe als Vorspiel erinnert (Biographien, Memoiren). In diesem Jahrzehnt entstanden auch proletarisch-sozialistische und indigenistische Revolutionsromane.

Mariano Azuela (1873–1952), Arzt in Lagos, Gegner von Díaz, debütierte mit realistischen Romanen über die Provinzgesellschaft unter dem Porfiriat (*Los fracasados*, 1908, Die Gescheiterten). Zolas Einfluß zeigte sich in *La Malhora* (1923, Die Unzeit), »klinischer Fall« einer Prostituierten. *Los de abajo* (1916, dt. Die Rechtlosen), Widerspiegelung seiner Erfahrungen als Truppenarzt Pancho Villas, wichtigster Revolutionsroman, erzählt die Geschichte des Bauern Demetrio Macías, der sich wegen erlittenen Unrechts erhebt, als Unterführer in Villas marodierender Truppe kämpft und bei Rückkehr von Regierungstruppen getötet wird. Die Figuren sind undisziplinierte, anarchische Soldaten aus unteren Volksschichten ohne politische Motivation. Der allwissende heterodiegetische Erzähler wird durch figurencharakterisierende Dialoge in Regio- und Soziolekt sowie die erlebte Rede des Protagonisten und des Intellektuellen Solis, Azuelas Sprachrohr, ergänzt. Der Autor wandelte die costumbristische Szenenreihung (Untertitel: *Cuadros y escenas de la revolución actual* – Bilder und Szenen der gegenwärtigen Revolution) in moderne Schnappschuß- oder Montagetechnik um. Bildmetaphern: Hurrikan = Revolution, geworfener Stein = Mensch, Chac Mol (aztekischer Opfergott) = Allegorie der Revolution, die ihre Kinder frißt. Auch die Zirkelstruktur als Allegorie der (Sinnlosigkeit der) Revolution weist über europäische Modelle hinaus.

¡Arriba, arriba!; gritaron sus hombres, siguiendo tras él, como venados, sobre las rocas, hombres y bestias hechos uno. Sólo un muchacho perdió pisada y rodó al abismo; los demás aparecieron en brevísimos instantes en la cumbre, derribando trincheras y acuchillando soldados. Demetrio lazaba las ametralladoras, tirando de ellas cual si fuesen toros bravos. [...] De lo alto del cerro se veía un costado de la Bufa, con su crestón, como testa empanachada de altivo rey azteca. La vertiente, de seiscientos metros, estaba cubierta de muertos, con los caballos enmarañados, manchadas las ropas de tierra y de sangre, y en aquel hacinamiento de cadáveres calientes, mujeres haraposas iban y venían como famélicos coyotes esculcando y despojando.

Los de abajo, Madrid: Cátedra, 1988, S. 175.

›Auf sie!‹ schrien seine Männer und folgten ihm über die Felsen wie Hirsche, als seien Pferd und Reiter zusammengewachsen. Nur ein Junge tat einen falschen Schritt und rollte den Abhang hinunter. Die anderen waren in wenigen Augenblikken oben angelangt, fielen über die Schützengräben her und stachen die Soldaten nieder. Demetrio warf das Lasso um die Maschinengewehre und zog an ihnen, als seien es wilde Stiere. [...] Vom Berggipfel aus sah man eine Seite des Bufa-Gebirges, dessen Kamm aussah wie das mit einem Federbusch geschmückte stolze Haupt eines Aztekenkönigs. Der sechshundert Meter hohe Abhang war mit Toten übersät. Ihr Haar war strubblig, ihre Kleider voller Lehm und Blut. Zwischen den noch warmen Toten scharrten zerlumpte, leichenfleddernde Frauen, hungrigen Kojoten gleich, herum.

Die Rechtlosen. Roman aus der mexikanischen Revolution, übers. von Klaus Jets, Frankfurt a. M.: Dipa, 1992, S. 68.

Martín Luis Guzmán (1887–1976), Parteigänger Maderos und Pancho Villas, liberaler Abgeordneter, Diplomat, beschreibt Revolution als chaotisch und böse, als sinnlosen Heroismus. *El águila y la serpiente* (1926, Der Adler und die Schlange) mit heraldischer Symbolik (beutelüsterner Adler = weiße Caudillos frißt paralysierte Schlange = Indios) zeigt eine Galerie führender Männer der Revolution mit Bereicherungsstreben, Autoritarismus und Anarchie. Der autodiegetische Erzähler ist fast identisch mit implizitem Autor. Synkretismus von Historiographie, Biographie und Roman. *La sombra del caudillo* (1929, Der Schatten des Caudillo), Politikerroman über Calles-Zeit, erzählt von der Ermordung des Kriegsministers Ignacio Aguirre, Präsidentschaftskandidat, durch Mitbewerber Hilario Jiménez. Da Schlüsselroman (Präsident Calles beseitigte seinen Rivalen Serrano), erst 1938 in Mexiko publizierbar. Satirisch-kritische Darstellung von Revolutionsrhetorik, Korruption, Violencia, Machtgelüsten, Ehrgeiz. Moral: Caudillos verhindern Demokratie in Mexiko! Zwecks Illustration dieser These zweipoliges Figurenensemble um Aguirre und Jiménez als Gute und Böse (Licht-und-Schatten-Symbolik). Pseudonyme historische Caudillos vs. fiktionale Demokraten. Azuela verfolgt die Karriere eines proletarischen, vom Calles-Regime korrumpierten Aufsteigers (*El camarada Pantoja*, 1928/37, Genosse Pantoja). *La luciérnaga* (1932, Glühwürmchen), Lebensbeichte eines Geschäftsmannes, schildert den Umbruch der 20er Jahre, die Spekulationen und Bankrotte der Neureichen.

José Rubén Romero (1890–1952), Beamtensohn aus der Provinz, Journalist, Abgeordneter, Diplomat, »Rabelais criollo« genannt, schrieb satirische Romane über Michoacán. *Micaballo, mi perro, mi rifle* (1936, Mein Pferd, mein Hund, meine Flinte) ist Abenteuerfolge über Revolutionskriege, *La vida inútil de Pito Pérez* (1938, Das nutzlose Leben des Pito Pérez) makabre moral- und sozialkritische Landstreicher-Pikareske als Anekdoten- und Episodenfolge.

Rafael Felipe Muñoz (1899–1972) aus Chihuahua, Mitkämpfer Pancho Villas, Sekretär Obregóns, Journalist, literarisierte den charismatischen Pancho Villa in (fiktiven) *Memorias de Pancho Villa* (1923). *Vámonos con Pancho Villa* (1931, Gehn wir mit Pancho Villa) entmythisiert den Caudillo durch Darstellung seiner Vergottung: Tiburcio Maya führt jeden Befehl für Villa aus, inklusive den, für den Mörder seiner Familie zu sterben. Die westernhaft abenteuerliche Handlung verselbständigt sich gegen die politische, soziale und historische Dimension der Revolution. Ähnlich *Se llevaron el cañón para Bachimba* (1941, Sie brachten die Kanone nach Bachimba), autobiographische Kindheitserinnerung: der Protagonist, ein heroengläubiges naives Kind, verehrt General Marcos Ruiz wie einen Halbgott. Plakative Propagandareden (in Figurenrede) ergehen an den impliziten Leser. Guzmáns *Memorias de Pancho Villa* (1936), fiktive Memoiren des Caudillo, gehören in diesen Kontext wie auch José Vasconcelos Autobiographie *Ulises criollo* (1936–1959).

Gregorio López y Fuentes (1895–1967), Hacendado-Sohn aus Veracruz, Lehrer, Soldat, Journalist, stellt in *Tierra* (1932, Land), *vie romancée* Zapatas, dessen Mythisierung durch seine Anhänger dar, die für den Tag seiner Auferstehung die Gewehre geölt halten.

Die proletarisch-revolutionäre Variante des Revolutionsromans wird aktiviert in der Cárdenas-Phase. **José Mancisidor** (1895–1956), Autodidakt, 1935 LEAR-Präsident, beschreibt in *La ciudad roja* (1932, Die rote Stadt) sozialistisch-realistisch einen Mieterstreik in Veracruz. Der Dokker Juan Manuel will das Mieterbewußtsein revolutionieren, agitiert zum Widerstand gegen Exmittierung und wird ermordet. Der Konflikt wird nicht aus individueller Mieterproblematik, sondern aus rhetorischen Ansprachen des Protagonisten und Kommentaren des allwissenden Erzählers entwickelt.

Die indigenistische Variante vertritt der unter Indios aufgewachsene López y Fuentes: Protagonist von *El indio* (1935) ist eine indianische Kommune. Nach dem Konflikt der Indios mit Ladinos und costumbristischen Szenen des Indiolebens werden die Folgen der Revolution für die Indios beschrieben: stärkere Ausbeutung und Entrechtung durch Staat, Kirche und Kaziken. Menschenbild des Indios: klischeehaft fatalistisch, paternalistisch. **Mauricio Magdaleno** (1906–56) enthüllt in *El resplendor* (1937, Der Abglanz) die Verelendung der Indiodörfer in der Revolution durch mestizische Abzocker und Aufsteiger sowie in erlebter Rede die Persönlichkeit der Indios als gehorsam, charismagläubig und personalistisch.

Der indigenistische Roman

Der andinische Indigenismus war keine genuin literarische Strömung, sondern eine politisch-soziale proindianische Bewegung von Nicht-Indios und aus deren Perspektive. Er stand unter dem Einfluß des marxistischen Kulturtheoretikers und KP-Begründers **José Carlos Mariátegui** (1894–1930), der in *Siete ensayos de interpretación de la realidad peruana* (1928, Sieben Essays zur Interpretation der peruanischen Realität) den Zusammenhang von Indio- und Bodenfrage aussprach und die kommunitäre Inkagesellschaft idealisierend aufwertete. Die Rechtfertigungsideologie verbreitete das Klischee vom »verschlossenen« Indio als Herdentier, Alkoholiker, hereditärem Kleptomanen und geborenem Verbrecher, so der Jurist Enrique López Albujar in *La psicología del indio* (1926) oder die Romanciers Roberto Leiton (bol) und Fernando Chaves (ec) in *Los eternos vagabundos* (1939, Die ewigen Vagabunden) bzw. *Plata y bronce* (1927, Silber und Bronze).

Die Indigenisten protestierten unter dem Motto »revelar, denunciar, conservar« gegen die politische, wirtschaftliche und soziale Marginalisierung, Enteignung und Proletarisierung der Indios infolge Verkehrserschließung und Mineralienabbau durch US-Gesellschaften und Grundbesitzer. Sie wollten den Weißen die unbekannte Welt der Indios enthüllen, die Verantwortlichen denunzieren und Besserung einfordern. Sie verstanden unter Rettung des Indios seine Akkulturation und Integration, die Aufgabe seiner Kulturidentität und störenden Alterität.

Der Roman war Ausdruck und Instrument dieser Strategie. Entsprechend indigenistischem sozialen und antiimperialistischen Engagement wurde die indianistische Trinität Gouverneur, Richter und Pfarrer um die Figuren des Latifundisten und des Gringos erweitert. Die indianische Mentalität der Protagonisten wurde vom allwissend-paternalistischen, mitleidenden Erzähler ethnozentrisch und rationalistisch als Aberglaube und falsches, durch die »richtige« weiße Weltsicht per »Aufklärung« zu ersetzendes Bewußtsein denunziert. Von der Kulturanthropologie übernommene Sorge um das Aussterben der Indiokulturen führte später zu Integration von Lebensweise, Mythen, Folklore und Lexik (mit notwendigen Glossaren) in den Romaninhalt (Bewahrungsfunktion des Indigenismus) im Neo-Indigenismus, der Akkulturation, Integrationismus, indigenistische Klischees und Mestizierungskonzepte zugunsten der Heterogenität aufgibt und indianische Kultur von okzidentaler »Zivilisation« abgrenzt. Der Indigenismus pflegte eine schmucklose, unliterarische Sprache und traditionelle Erzähltechnik. Neu ist der massive russische Einfluß (Gogol, Tolstoi, Dostojewski, Gorki, ferner Zola).

Jorge Icaza (ec 1906–73), durch seine Jugend auf dem Landgut des Onkels guter Kenner der Indios, Schauspieler, Diplomat, läßt in *Huasipungo* (1934, Haus und Hof) den Gutsbesitzer Don Alfonso die Indios mit Hilfe von Polizeichef und Pfarrer dazu zwingen, für einen US-Konzern (Gringo-Topos) eine Autostraße zu bauen: die Indios verlieren ihre Hütten, organisieren einen Aufstand und werden von der Polizei massakriert (typische Topoi). Das Kollektivschicksal der Gemeinde überwuchert die private Tragik des Protagonisten Andrés (seine Frau stirbt an Aas-Verzehr), der durch falsche Behandlung eines Arbeitsunfalls infolge Aberglaubens zum Krüppel wird. Der allwissende Erzähler führt ihn als Ausgebeuteten, nicht aber in seiner indianischen Persönlichkeit vor. Anders in *El chulla Romero y Flores* (1958, dt. Caballero im geborgten Frack): Der Mestize Romero y Flores deckt als Finanzbeamter die Korruption der Herrschenden auf, wird dafür entlassen und ins Elend gestoßen. Psychologisierung und Literarisierung, innerer Monolog, Indiomythen, »Totengespräche« des Protagonisten mit »inneren Stimmen« der Eltern, des weißen Grundbesitzers und der indianischen Magd, sind Ergebnis des Einflusses Rulfos und des magischen Realismus.

Ciro Alegría (per 1909–67), Gutsbesitzerssohn, Schüler Vallejos, Journalist, APRA-Politiker, lange im Gefängnis und im Exil. Der kollektive Protagonist der Romanepopöe *El mundo es ancho y ajeno* (1941, Die Welt ist weit und fremd), die Indiokommune Rumí, die als verklärter *locus amoenus* erscheint, verliert ihr Land an den Gutsbesitzer Amenábar, der den Indio-Alkalden Rosendo in Gefängnis und Tod treibt und die Modernisierung der Kommune unter dem studierten Indio-Regidor Benito Castro verhindert. Darauf folgen Aufstand und Massaker (Topoi-Serie). Der heterodiegetische Erzähler wendet sich mit Kommentaren und Ansprachen an den impliziten Leser. Erlebte und direkte (regiolektale) Rede der indianischen Protagonisten enthüllen bäuerlich-indianisches Denken. Indianische Kultur (Folklore) wird in einmontierten Geschichten (Biographien von Tieren und Äckern) von Dörflern einem Ethnologen erzählt (und so bewahrt). Indigenistisch ist auch César Vallejos *El tungsteno* (1931, dt. Wolfram für die Yankees).

In BOLIVIEN denunziert eine Reihe von Indigenisten die Land- und Rechtlosigkeit der Indios: **Alfredo Guillén Pinto** (1895–1950) in *Lágrimas indias* (1920, Indianische Tränen) und der costumbristische Heimatschriftsteller **Hugo Blym** (1910) in *Puna* (1940), einer Erzählung von der durch subversive Lektüren provozierten indigenistisch-sozialen und ödipalen Rebellion eines Mayordomo-Sohnes, sowie **José Felipe Costa Arguedas** (1906), der in *El sol se iba* (1944, Die Sonne verschwand) in indirekter Kritik an okzidentalem Kulturimperialismus unter hypothetischer Umdrehung des realen Geschichtsprozesses einen Sieg der Indios beschreibt, die den Weißen assimilatorisch ihre Kultur aufzwingen.

Der von Asturias beeinflußte existentialistisch-sozialistische **Mario Monteforte Toledo** (gua 1911), der im Debütroman *Anaité* (1938/48) das tradierte Verhältnis Barbarei – Zivilisation umdreht und die urbane Welt als eigentliche Barbarei darstellt, behandelt das konfliktreiche Verhältnis okzidentale vs. Indiokultur in den Romanen *Entre la piedra y la cruz* (1948, Zwischen Stein und Kreuz) und *Donde acaban los caminos* (1952, Wo die Wege enden) nicht als Kampf zwischen Zivilisation und Barbarei, sondern als Ausdruck kultureller Heterogenität. In letzterem endet die Liebe eines Arztes und einer India tragisch, da beide, der wissenschaftsgläubige Rationalist und die magisch denkende Mythologin, in Lebensweise und Mentalität verschiedenen Welten angehören.

Der proletarische Roman

Der proletarische Roman konzentriert sich auf La-Plata-Großstädte, andinische Bergwerksregionen und karibisch-zentralamerikanische Plantagen. Die Schreibmotivation ist außerliterarisch: Enthüllung, Denunziation, revolutionäre Veränderung. Charakteristisch sind traditionelle sozial- oder sozialistisch-realistische Schreibweisen.

Der urban-proletarische Roman am La Plata

Ein marginales proletarisches Kommunikationssystem um die linke Autorengruppe *Boedo*, nach gleichnamigem Vorstadtcafé, instrumentalisierte den Roman propagandistisch-didaktisch, d. h. sozialistisch-realistisch, wie es der Gesellschafts- und Kunsttheoretiker Aníbal Ponce proklamierte: Da die bürgerliche Schule kein proletarisches Bewußtsein erzeuge (*Eduación y luchas de clases*, 1934, Erziehung und Klassenkampf), müssen sozialistisch-realistische Literatur und Theater (*El realismo socialista*, 1935, Der sozialistische Realismus) die proletarische Schule ersetzen. Zum proletarischen Kommunikationsfeld gehörten außer den Autoren die Arbeiterleser, Taschenbuchverlage, Periodika (*Conducta*, *Claridad* nach Barbusses *Clarté*, *Extrema Izquierda*), ein Volkstheater (Direktor Barletta), der Autorenverband *Unión de Escritores Proletarios* (1933). Modelle: die Sowjetautoren Gorki, Andrejew, Ehrenburg, Jessenin, die linken Avantgardisten Piscator, Malewitsch und Proletkult. *Claridad* und *Conducta* polemisierten gegen letztere und gegen argentinische Avantgardisten und publizierten klischeehafte Entwicklungsromane (vom naiven Arbeiter zum bewußten Klassenkämpfer). Eingesetzt werden traditionelle sozial- oder sozialistisch-realistische Schreibweisen mit manichäischer Figurenkonstellation, einfacher Handlung, viel Erzählerkommentar und wenig Distanz zwischen Autor und Erzähler. Die Autoren, oft schreibende Arbeiter, wurden betreut von Barletta und Castelnuovo.

Alvaro Yunque (arg 1889–1982), *Boedo*-Mitglied, Journalist, Anarcho-Sozialist, Marxist, ist Essayist, Lyriker, Dramatiker und Erzähler. Seine Protagonisten sind Arbeiterkinder in Konfrontation mit autoritären Erwachsenen und Erwerbsleben. Einfluß: Tolstoi. Erzählungen: *Barcos de papel* (1926, Papierschiffchen), *Muchachos pobres* (1956, Arme Jungs). **Leónidas Barletta** (arg 1902–75), *Boedo*-Mitglied, Publizist (*Claridad*, *La Conducta*), Gründer des *Teatro del Pueblo* (1930), schrieb realistische Romane über den Lebenskampf der Arbeiter und Kleinbürger, ihre Deformation und unterdrückte Solidarität (*Royal Circo*, 1930, Zirkus Royal).

Elías Castelnuovo (ur 1893–1982), *Boedo*-Mitglied, Publizist, Autodidakt, publizierte didaktisch-psychologische Romane mit sozialem Engagement: *Malditos* (1924, Verdammte). Protagonisten: Stadtproletarier. Beschreibung von Verbrechen, Alkoholismus und Prostitution im Stil Zolas und Gorkis als Folge sozial-ökonomischer Verhältnisse. In *Calvario* (1949) ist der Kalvarienberg Symbol des Lebensweges eines vagabundierenden Arbeitslosen von Montevideo nach Buenos Aires, der hungernd, frierend, krank, schlecht behandelt rebelliert und im Gefängnis endet. Starke Fiktionalisierung und Metaphorisierung (»Heiligen«-Biographie, »Tagewerke« statt Kapitel, pikareske Romanstruktur). **Adelia di Carlo** (arg 1905) verarbeitet in *La herencia de un proletario* (1934, Die Erbschaft eines Proletariers) die autobiographische Erfahrung des Uriburu-Staatsstreichs 1930 und der Diktatur als Lehrstück für den Leser. Homodiegetischer Erzähler als Identifikationsfigur. Der implizite Leser ist Adressat der Propagandadiskurse der Figuren. **Roberto Mariani** (1882–1946) schrieb mit *El cruz nuestra de cada día* (1943, Unser tägliches Kreuz) einen proletarischen Entwicklungsroman: Der Schlosserlehrling Edo vermittelt als homodiegetischer Erzähler das seinen Altershorizont übersteigende Autor-Wissen dem Leser.

Der andinische Bergarbeiterroman

Die große Nachfrage der Industrieländer nach Kupfer, Salpeter, Zinn und Kohle führte in den Anden zum Bergbauboom und Entstehen einer Bergarbeiterklasse, deren Elend in Romanen denunziert wurde (da die Bergleute meist Indios waren, Überschneidung mit Indigenismus). César Vallejo schrieb *El tungsteno* (1931, dt. Wolfram für die Yankees), den ersten indigenistischen Bergarbeiterroman, aus aktuellem Anlaß in vier Wochen nieder (gleichzeitig Reportagen über die Sowjetunion: *Rusia en 1932: reflexiones al pie del Kremlin*, Rußland 1932, Reflexionen am Fuße des Kreml). Beschreibt psycho-kulturellen Schock eines Indiostammes, der vom US-Wolfram-Konzern enteignet, zu Lohnbergarbeitern gemacht und aus der Steinzeit in die Moderne geschleudert wird. Der Schmied Huanca aus der Stadt hält Referate im Stil eines Parteifunktionärs über Lenin, Oktoberrevolution und Ausbeutung, obwohl seine Zuhörer nicht einmal Geld kennen. Sein heterodiegetischer Adressat ist der implizite weiße Leser. Erstmaliges Auftauchen des Haupttopos dieses Romantyps, der Ereignisfolge Streik, Demonstration, Massaker. Auch in Alegrías indigenistischem *El mundo es ancho y ajeno* werden Indios zu Bergleuten einer US-Kupfermine und lernen die Vokabel »Streik«.

In BOLIVIEN erscheinen die indianischen Bergarbeiter der Zinngruben erstmals als literaturwürdige Protagonisten in dem sozialkritischen, von Gorki inspirierten, auf genauer Milieukenntnis beruhenden Roman des Truppenarztes **Jaime Mendoza** (1874–1939) *En las tierras de Potosí* (1911, In den Fluren Potosís). **Fernando Ramírez Velarde** (1913–1948), Jurist, Chacokriegsteilnehmer, Zollbeamter, beschreibt in *Socavones de la angustia* (1947, Stollen der Angst) die vor Gutsbesitzerwillkür in die Minen geflohenen Bergarbeiter der ersten Generation, die sich von dem verdienten Geld im Heimatdorf ein Häuschen kaufen wollen.

Die Gegenseite, die Welt der Bergwerksbesitzer, wird kritisch inspiziert von **Augusto Céspedes** (1904), liberaler Journalist und Politiker, der in *Metal del diablo* (1946, Teufelsmetall) die Karriere eines Habenichts zum Bergwerksbesitzer erzählt. Der Roman besticht durch philosophische Reflexion des allwissenden Erzählers, starke Metaphorisierung und Mischung von Fiktion mit dokumentierter Biographie des bolivianischen Zinnkönigs Patiño, an dessen Beispiel Céspedes die antinationalen Machenschaften einheimischer Magnaten illustriert.

In Chile, wo Lillos Bergarbeitererzählungen Anfang des Jh.s eine Tradition begründet hatten, entstand im Zusammenhang mit starken Gewerkschaften und Arbeiterparteien ein Corpus traditionell gearbeiteter Denunziationsromane über das harte Leben und die Kämpfe der Kohle-, Kupfer- und Salpeterbergleute. Bis in die 50er Jahre hinein beschreiben denunzierend und agitierend Journalisten und Mitglieder der Gewerkschaft bzw. der KP in Romanform die soziale Kondition der Bergleute, wie **González Zenteno** (1910–60) in *Caliche* (1954) und *Los pampinos* (1956, Menschen der Pampa). **Volodia Teitelboim** (1916), Jude, KP-Funktionär, Historiker, schrieb mit *Hijo del salitre* (1952, Salpetersohn) eine dokumentgestützte unhagiographische *vie romancée* des Parteigründers Elías Lafertte vom Salpeterkumpel zum Arbeiterführer. Der heterodiegetische Erzähler führt in erlebter Rede die ideologisch-philosophische Entwicklung des Protagonisten vor. Mit dessen Augen wird der Leser Zeuge der Hauptetappen der Geschichte Chiles im 20. Jh. Höhepunkt der tradierte Dreifach-Topos Generalstreik, Demonstrationen und Massaker 1907 in Iquique, erster Test von MGs an lebenden Zielen.

Gesellschaftliche, moralische und kulturelle Umbrüche, soziale Unterdrückung und Rassendiskriminierung im Zusammenhang mit der Erdölförderung in VENEZUELA beschreibt kritisch-realistisch und dokumentengetreu **Ramón Díaz Sánchez** (1903–68) in *Mene* (1936).

Plantagenarbeiterromane in der Karibik, in Mittelamerika und Brasilien

Baumwolle, Sisal, Zuckerrohr, Kakao, Kaffee, Bananen und Tabak wurden in der Karibik, in Mittelamerika und Brasilien als industrielle Monokulturen auf Plantagen des US-Konzerns United Fruit mit ehemaligen Negersklaven als Lohnarbeitern angebaut. **Carlos Luis Fallas** (cos 1909–66), Journalist, Gewerkschafts- und KP-Funktionär, Abgeordneter, schrieb *Gentes y gentecillas* (1947, Menschen und Leute), einen Roman über Arbeit und Leben der Kaffeepflücker. *Mamita Yunai* (1941) ist ein autobiographisch grundierter Roman ohne kohärente Fabel: Ein Journalist entdeckt bei der Wahlkampagne, daß die United Fruit nicht nur die Arbeiter ausbeutet, sondern auch die Wahlen manipuliert. Darstellung des elenden Lebens der *bananeros* wird mit der der Diktatur und des mit dieser verbündeten Machtmonopols der United Fruit (*Mamita Yunai* im Regiolekt) verknüpft (letztere kaufte die erste Auflage des Romans auf, um seine Verbreitung zu verhindern). Einheit von Faktion und Fiktion. Ursprünglich Reportageserie für die Zeitung *Trabajo*. Protagonist ist der homodiegetische Erzähler mit innerem Monolog.

Joaquín Gutiérrez (cos 1919), Journalist, schrieb mit *Puerto Limón* (1950) einen autobiographisch grundierten Roman über einen Streik der United-Fruit-Bananenarbeiter. Psychologisch verfeinert unter dem Einfluß der *nueva novela* ist *Murámonos, Federico* (1973, Laß uns sterben, Federico), Roman über den Filz der Oligarchie mit US-Monopolen. **Fabián Dobles** (cos 1918), Journalist, beschreibt Landarbeiterleben in *Ese que llaman pueblo* (1942, Das sogenannte Volk), **Ramón H. Jurado** (pan 1922) das Leben panamaischer Zuckerrohrschneider (*San Cristóbal*, 1947), **Joaquín Beleño** (pan 1921), Ex-Hafenarbeiter, den Arbeiter der Kanalzone mit kritischer Darstellung der US-Herrschaft in *Luna verde* (1951, Grüner Mond).

Frühe sozial engagierte Arbeiterliteratur entstand in PUERTO RICO. **Matías González García** (1866–1938) schrieb nach Zolaschem Vorbild naturalistische Romane (*Gestación*, 1905, Keimzeit) und über 500 humoristisch-costumbristische Erzählungen. Diese Literatur berücksichtigt wenig die ethnisch-kulturelle Dimension und Psyche der Plantagenarbeiter, meist Neger oder Indios. Im Diskurs der allwissenden »weißen« heterodiegetischen Erzähler kommen keine erlebten Reden Farbiger vor, weiße homodiegetische Erzähler dagegen reproduzieren nur die okzidentale, nicht die »andere« Kultur. Eine Ausnahme bildet der ecuadorianische *Grupo de Guayaquil*, der realistisch-naturalistische Wahrheits- und Denunziationspoetik mit Literarisierung verband. **Demetrio Aguilera Malta** (1905–81) beschrieb Identität von Klassenausbeutung und Rassendiskriminierung in *Don Goyo* (1933) mit erstmaliger Einführung des Cholo (Mestizen) als Protagonisten. Neben Arbeit und Ausbeutung führt er das Privatleben der farbigen Arbeiter vor, ihre Lebensweise, Liebes- und Sexualmoral, Familienbräuche, ihre phantastische, irrationale, abergläubische, onirische Seele.

Alfredo Pareja Diez-Canseco (1908) denunzierte in *Muelle* (1933, Mole) rassisch-soziale Diskriminierung. *Baldomera* (1938) ist Lebensbild einer Mulattin, Prostituierten und Mutter. *Hombres sin tiempo* (1941, Männer ohne Zeit) ist ein Häftlingsroman über die Paez-Diktatur.

Adalberto Ortiz (1914), Neger, Lyriker, beschreibt in *Juyungo. Historia de un negro, una isla y otros negros* (1942, Juyungo. Geschichte eines Negers, einer Insel und anderer Neger) via heterodiegetischen Erzähler mit viel erlebter Rede, teils magisch-realistisch, das Schicksal des schwarzen

Protagonisten Asunción, Plantagen- und Straßenarbeiter, der wegen Ausbeutung und Diskriminierung an Streiks und Aufständen teilnimmt und im Krieg gegen Peru fällt. Auch sein Privat- (Moral, Liebe, Familie, Haus, Küche) und Seelenleben mit Mythenglauben, Legendengedächtnis und Phantastik wird dargestellt.

Der regionalistisch-nativistische Roman

Im regionalistisch-nativistischen Roman spielen im Unterschied zum Costumbrismo und Criollismo weniger die regionalen Sitten und Typen als vielmehr als eigentliche Protagonistin die »wilde«, nicht domestizierte, gewalttätige Natur (Pampa, Urwald, Steppe, Ströme, Küste) die Hauptrolle. Sie prägt die regionalen Menschentypen, die als naturhaft, instinktgetrieben, mythoman, machistisch, gewalttätig (Violencia) dargestellt werden: moderne Version des Kampfes von Barbarei und Zivilisation. Die mit Modernismo und Avantgardismus vertrauten Autoren mischen modernistische Sprache mit Regiolekt und Glossaren als Paratexten und moderne mit traditionellen Romanstrukturen.

José Eustasio Rivera (col 1889–1928), aus verarmter Gutsbesitzerfamilie, Jurist, Beamter, war 1918–20 wegen eines Rechtsfalles am Amazonas. *Tierra de promoción* (1921, Das gelobte Land) enthält spätmodernistische Urwald-Sonette. Hauptwerk: *La vorágine* (1924, dt. Der Strudel. Das Buch vom Kautschuksammler) ist Gegenroman zu Isaacs *María*. Der Protagonist Arturo Cova durchquert mit entführter Geliebter alle Landschaften von der Hauptstadt über Agrarzone und Steppe bis in die Wildnis (pikareskes Reiseromanschema mit Flucht-in-die-Wildnis-Topos und Entführungsmotiv), wo ein zerstörerischer Daseinskampf der Tiere, Pflanzen und Menschen tobt, die Kautschuksammler durch Natur, Violencia und barbarische Ausbeuter bestialisiert werden und ökologischer Raubbau betrieben wird. Die mythisch personalisierte Natur rächt sich für das destruktive Handeln der Menschen und verschluckt den Protagonisten. Der homodiegetische Erzähler (ein heterodiegetischer fungiert als Herausgeber des gefundenen Tagebuchs) enthüllt seine Innenwelt als Städter und Intellektueller in Abhebung vom Milieu, das er durch sein verfremdendes Anderssein besonders scharf wahrnimmt. Modernistische Metaphorik, sinnliche Deskription der Farben, Formen, Gerüche, Ästhetisierung ungeschlachter Natur und menschlicher Brutalität in herrlichen Bildern verleihen dem Buch einen morbiden literarischen Glanz.

Las visiones del soñador fueron estrafalarias: procesiones de caimanes y de tortugas, pantanos llenos de gente, flores que daban gritos. Dijo que los árboles de la selva eran gigantes paralizados y que de noche platicaban y se hacían señas. Tenían ganas de escaparse con las nubes, pero la tierra los agarraba por los tobillos y les infundía la perpetua inmovilidad. Quejábanse de la mano que los hería, del hacha que los derribaba [...]. El Pipa les entendió sus airadas voces, según las cuales debían ocupar barbechos, llanuras y ciudades, hasta borrar de la tierra el rastro del hombre y mecer un solo ramaje en urdimbre cerrada, cual en los milenios del Génesis.

La vorágine, Mexiko: UNAM, ²1978 (Nuestros clásicos), S. 112.

Die Visionen des Träumers waren seltsam: Schwärme von Kaimanen und Schildkröten, – Sümpfe, in denen Menschen steckten, – Blumen, die laut aufschrieen. / Er sagte, die Bäume des Waldes seien Riesen, die durch einen Zauber festgebannt wären und bei Nacht miteinander redeten und sich zuwinkten. Sie wollten mit den Wolken davonziehen, aber die Erde halte sie fest und zwinge sie zu ewiger Reglosigkeit. / [...] Sie beklagten sich über die Menschenhände, die sie verwundeten, und über die Äxte, die sie niederschlügen. [...] El Pipa verstand ihre zornigen Reden, wonach sie Fruchtfelder, Ebenen und Städte überziehen müßten, um jede Spur des Menschen von der Erde zu tilgen und ein einziges ungeheures Blätterdach über die Erde zu spannen, wie in den Tagen der Urzeit.

Der Strudel. Das Buch vom Kautschuksammler, übers. von Georg Hellmuth Neuendorff, Leipzig: Deisler, 1934, S. 149.

Weniger literarisch sind die dramatischen Erzählungen über Kautschuksammler im Urwald *Relatos de caucheria* (1934, Kautschukerzählungen) von **César Uribe Piedrahita** (col 1897–1951), der in *Mancha de aceite* (1935, Ölfleck) die Ausbeutung von Urwald-Erdölvorkommen durch US-Konzerne beschreibt.

Rómulo Gallegos (ven 1884–1969), Lehrer, Journalist, im Exil während der Gómez-Diktatur, 1947 Präsident, durch Putsch gestürzt, beschreibt in *Doña Bárbara* (1929), Romanepopöe aus der Steppe, eine Neuauflage des Sarmientoschen Kampfes Zivilisation vs. Barbarei, hier zwischen der Protagonistin Bárbara, einer räuberischen, diktatorischen, geldhortenden Gutsbesitzerin, Personifikation der Steppe und vorkapitalistischer »Barbarei«, und Luzardo, Personifikation kapitalistischer »Zivilisation«, Städter, der die moderne Landwirtschaft gegen Bárbara durchsetzt und selbige ehelicht. Die Protagonisten gehen in abstrakte Symbole (Namenssymbole Bárbara vs. Luz-ardo) auf. Protagonist von *Canaima* (1935) ist der Urwald, von dem die naturhaften Indios ihren gewalttätig-destruktiven Geist haben. Kein Protest gegen kommerzielle Zerstörung des Urwalds, aber Denunziation der Schuldsklaverei der Kautschukarbeiter, Hoffnung auf Sieg einer mestizischen bikulturellen Zivilisation, personifiziert im Mischling Vargas. Poetische, gut durchstrukturierte Narration. Rückgriff auf Figuren der Volksmythe: Canaima, Geist des Guten, vs. Cajuni, Geist des Bösen.

Carlos Wild Ospina (1891–1956) hat in drei Romanen die guatemaltekische Variante des Kampfes Zivilisation vs. Barbarei geliefert. *La gringa* (1935) weist eine ähnliche Konstellation wie *Doña Bárbara* auf. In diesem Roman und in Erzählungen (*La tierra de las Nahuyakas*, 1933, Das Land der Nahuyakas) wird in Abkehr von Modernismo, Avantgarde und Kosmopolitismus guatemaltekische Idiosynkrasie in Nationalpsychologie, Landschaft und indigenem Element neorealistisch-kreolistisch gestaltet. Sein Landsmann **Flavio Herrera** (1895–1967) fiktionalisiert in dem neonaturalistischen Arztroman *El tigre* (1932) neben der Problematik des Indios auf guatemaltekische Art das Thema des Kampfes zwischen Zivilisation und tropisch-mittelamerikanischer Barbarei in Mentalität, Sinnlichkeit und Klima, wobei neben der machistischen Grundherren-Violencia Urwald und Indio Verkörperungen der Barbarei sind.

Horacio Quiroga (ur 1878–1937), Lehrer, Pflanzer, Standesbeamter, Ökologe avant la lettre, stark depressiv, beging Selbstmord nach Selbstmord der Ehefrau. Spezialität: Tiergeschichten aus dem Urwald von Misiones (Einfluß: Kipling, Poe, Baudelaire). Protagonisten sind meist Tiere (*Anaconda*, 1921), die jedoch selten Parodien menschlicher Institutionen, meist Inkarnationen nichtdomestizierter Natur sind, anthropologisiert, mit Willen und Emotion (Haß auf menschliche Eindringlinge) begabt, die den Menschen erdrücken, sich an ihm für die Mißhandlung rächen. Das Besondere ist die Tierperspektive, aus der der heterodiegetische Erzähler in erlebter oder direkter Tierrede über Menschen aus »tierischer Sicht« berichtet (*Cuentos de la selva*, 1918, Erzählungen aus der Wildnis). In seinen Märchen dominiert eine freundliche Vision der Natur; beseelte, anthropologisierte Tiere helfen Kindern. *Cuentos de amor, de locura y de muerte* (1917, Geschichten von Liebe, Wahnsinn und Tod) sind meist in der Stadt spielende, psychologische Erzählungen von im Wahnsinn endenden, naturhaft von Leidenschaften beherrschten Psychopathen.

Enrique Amorim (ur 1900–60), Journalist, KP-Mitglied, Borges-Freund, Autor von 40 Titeln aller Genres von Lyrik bis Science-fiction, literarische Vaterfigur in Montevideo,

Buenos Aires und Salta, ist Verist mit kreolistischer (*El paisano Aguilar*, 1934, Landsmann Aguilar), sozial-realistischer, zuweilen sozialistisch-realistischer Tendenz (*La victoria no viene sola*, 1952, Der Sieg kommt nicht von allein). Hauptthemen: Gegensatz Stadt vs. Land, Einheimische vs. Immigranten. Phantastik und Metaphorik. Gaucho-Mythos und Magie verweisen auf magischen Realismus. Amorim gestaltet im impliziten Gegensatz zur Stadt Konflikte des Bauern als Nachfolger des von ihm desakralisierten, als autoritativ und machistisch kritisierten Gaucho (*El caballo y su sombra*, 1941, Das Pferd und sein Schatten). *La carreta* (1929/52, Der Karren), protagonistenlos ineinander verschränkte Geschichten von Wanderprostituierten mit dem Karren als nationalem Symbol des nomadisierenden Uruguayers, denunziert Autoritarismus, Marginalisierung, Depravierung und den Gegensatz Estanciero – Peon.

Ventura García Calderón (per 1886–1960), Diplomat, Kulturbeamter, Lyriker, Essayist, stilistisch von Modernismo und zeitgenössischen Franzosen beeinflußter Meister kurzer, sprachlich geschliffener Erzählprosa (*La venganza del condor*, 1924, Die Rache des Kondors), sah in ländlichem Milieu (Urwald, Anden, Flüsse, Tiere, Mythen, Legenden) und Typen peruanische Wesenheiten, stellte aber die Indios klischeehaft dar.

Alfredo Varela (arg 1914–89?), Journalist (Reportagen über Sowjetunion und Kuba), Übersetzer von Brecht und Hikmet, schrieb mit *El río oscuro* (1943, Der dunkle Fluß) nach traditionellem Reiseromanschema die Geschichte zweier Matepflücker, die im Urwald barbarisch ausgebeutet werden, doch in umgekehrtem Flucht-in-die-Wildnis-Topos auf »zivilisierte« Mateplantagen, vom Erzähler privilegierte domestizierte und vermenschlichte Natur, flüchten.

Ricardo Güiraldes (arg 1886–1927), Sohn wohlhabender Estancieros mit Kindheit in Paris und auf Estancia, frühavantgardistisch-ultraistischer Lyriker (*El cencerro de cristal*, 1925, Die gläserne Schelle; über Antinomie Stadt –

Pampa), verfaßte todkrank sein Hauptwerk *Don Segundo Sombra* (1926, dt. Das Buch vom Gaucho Sombra). Der Protagonist Cáceres kommt als Kind in die Pampa, lernt das Gauchohandwerk, Zureiten der Pferde, Rinderaustrieb, Fährtensuche. Die Pampa ist nicht feindliche Natur, sondern gauchogemäßes Ambiente, feindlich dagegen sind Stadt und Industrie. Er wird zum Gaucho erzogen durch Segundo Sombra, idealisierten Alleskönner mit hoher Moral, abergläubisch, machistisch, mit Vorurteilen gegen Stadt, Politik und Bücher. Als unehelicher Sohn eines Estanciero gibt Cáceres sein Gaucho-Dasein auf: symbolischer Abgesang auf den Gaucho, seine melancholisch-nostalgische Verklärung aus konservativer Sicht, als er durch Industrialisierung und Einzäunung der Pampa verschwindet. Erziehungs- und Entwicklungsroman mit symmetrischer Komposition: 9 Kapitel Lehre, 9 Kapitel Taten, Fahrten und Vergnügungen des Gaucho, 9 Kapitel Fiebertraum von Zukunft als Besitzer. Homodiegetischer (Ich-)Erzähler spiegelt in innerem Monolog aus Kinder- und Jugendperspektive die geistige Entwicklung des Protagonisten. Viel direkte regiolektal-stilisierte Rede enthüllt Gauchomentalität. Die Pampa ist (verlorenes) Kindheitsparadies. Der Gaucho ist hier Mythos, nur noch Schatten (*sombra*) einstiger Größe.

Benito Lynch (arg 1885–1951) beschrieb costumbristisch die patriarchalisch-machistische Herrschaft des Estanciero und den modernen, barbarisch gebliebenen Peon im Italo-Regiolekt (*Romance de un gaucho*, 1930). *El inglés de los güesos* (1924, Der Engländer mit den Knochen) demonstriert Unvereinbarkeit zwischen Pampabewohnerin und Europäer in Lebensstil, Denkweise und Liebesauffassung.

Enrique Serpa (cub 1900–68), Ex-Minorist, Batista-Diplomat, schrieb mit *Contrabando* (1938, Schmuggel) einen naturalistischen Roman über das karibische Meer und einen Fischer in Havanna, der während der Wirtschaftskrise und US-Prohibition auf Rumschmuggel umsteigt. Sozialkritische Milieubeschreibung à la Zola von Hafenstimmung und

Ambiente der Seeleute, Fischer, Bordelle, Kneipen, der themaimmanenten US-Abhängigkeit, der Spezifika der *cubanidad*: Insularität, Maritimität, karibische Tropik. Die Interiorisierung erfolgt erstmals in lateinamerikanischer Literatur als joycescher *stream of consciousness* per Selbstbeschreibung psychisch-moralischer Befindlichkeiten durch den Protagonisten. *La trampa* (1954, Die Falle) ist der erste Roman über widerständige Terroristen gegen Batista – zwischen psychologischer Objektivitität und politischer Ablehnung.

José de la Cuadra (ec 1903–41), Jurist und Soziologe, verfaßte den Familienroman *Los Sangurimas. Novela mantuvia ecuatoriana* (1934, Die Sangurimas. Ecuadorianisch-mantuvischer Roman), in einem mythischen Küstenort La Hondura spielende Familiensaga über vier Generationen mit Inzest, Machismo, Wahnsinn, Einsamkeit und Katastrophe – im Regionalen verbleibende Vorwegnahme von García Márquez' *Hundert Jahre Einsamkeit.*

Der brasilianische Regionalismus

Aufgrund großer landschaftlicher, wirtschaftlicher (Monokulturen), demographischer und kultureller Unterschiede zwischen den riesigen Regionen erlangt der regionalistische Roman in Brasilien nationale Bedeutung. Er reagiert auf den Übergang von Feudalpatriarchat zum Frühkapitalismus auf dem Lande – viele Autoren stammen aus verarmten Pflanzerfamilien – sowie literarisch auf den kosmopolitischen Avantgardismus (Modernismo) der Lyrik, dessen formaler Revolutionierung der Literatur er eine inhaltliche, dessen literarischer Revolution er eine reale entgegensetzt.

Er war vor allem Roman des Nordostens, des Sertão. Hauptauslöser: der »Kongreß der Regionalisten des Nordostens« 1926. Rückbesinnung auf die Region forderte der Anthropologe und Ethnologe **Gilberto de Melo Freyre**

(1900–87) im *Manifesto regionalista de 1926*. Die theoretisch-historische Fundierung lieferte er in *Nordeste. Aspectos da Influência da Cana sobre a Vida e a Paisagem do Nordeste do Brasil* (1937, Der Nordosten. Aspekte des Einflusses des Zuckerrohrs auf Leben und Landschaft des Nordostens Brasiliens), die Verallgemeinerung des Regionalismus als für die brasilianische Identität grundlegenden polyethnisch-polykulturellen Synkretismus in *Casa grande e senzala* (1933, Herrenhaus und Sklavenhütte).

Der Regionalismus prangerte den Zentralismus Rios an, der die Probleme des Nordostens ignorierte. Auffällig die Tendenz zu Romanzyklen nach Vorbild Balzacs und Zolas, zur makrokosmischen Erfassung der Region sowie zur Mythenbildung. Doch kehrte der Roman nicht zum Realismus des 19. Jh.s zurück, sondern übernahm zwecks Darstellung regionaler Psyche Psychoanalyse und Behaviourismus, inneren Monolog, Tagebuch, erlebte Rede und wechselnde Erzählperspektive von europäisch-nordamerikanischen Erzählern, die Dekonstruktion von Fabel und Raum-Zeit-Struktur des traditionellen Romans vom avantgardistischen Modernismo. Durch die Häufung direkter Figurenrede im Regiolekt und vertiefte Figureninteriorisierung mittels avantgardistischer Erzähltechnik erweist sich der brasilianische Regionalismus als moderner als sein hispanoamerikanisches Pendant.

Vorläufer sind **José Pereira da Graça Aranha** (1868–1931) mit *Canaã* (1902), nietzscheanischem Roman der Desillusion europäischer Immigranten und Kritik am Konservativismus der brasilianischen Bourgeoisie; der Fin-de-siècle-Autor **Henrique Maximiliano Coelho Neto** (1864–1934) mit *Sertão* (1896) und **Afonso Henriques Lima Barreto** (1881–1922), Sohn eines Mittelschichten-Mulattenehepaares aus Rio, Beamter, Journalist, erster Regionalist Rio de Janeiros, Entdecker der Großstadt. Nach dem tragikomischen Roman über einen humanitären Volksbeglücker (*Triste Fim de Policarpo Quaresma*, 1915, Trauriges Ende von Policarpo Quaresma) liefert er in *Vida e Morte de M. J. Gonzaga de Sá* (1919, Leben und Tod von M. J. Gonzaga de Sá) ein sarkastisches Bild der Oberschicht von den Machthabern bis zu käuflichen Journalisten, das sich im Blick eines ausländischen Besuchers in *Os Bruzundangas* (1923?), avantgardistischer Destruktion des traditionellen Romans, grotesk verfremdet.

José Américo de Almeida (1887–1980), Aktivist der Revolution von 1930, inneres Exil, Funktionär der Vargas-Diktatur, beschreibt in *A Bagaceira* (1928, Die Zuckerrohrdeponie) anhand einer naturalistischen Inzestgeschichte zwischen einem Fazendeiro und seiner Nichte die monokultive Zuckerregion mit ihren wirtschaftlichen, sozialen und kulturellen Sonderproblemen, schicksalhaften Dürrekatastrophen und der Psyche von Fatalismus, Grausamkeit und Machismo ihrer Bewohner. *O Boqueirão* (1935, Das große Loch) und *Coiteiros* (1935) mythisieren Taten und Untaten der regiontypischen Cangaceiros und Capangas im Sertão-Regiolekt.

José Lins do Rêgo (1901–57), aus verarmter Landwirtsfamilie, christlicher Sozialist, Finanzbeamter, schrieb von Bänkelsängerepik inspirierten *Ciclo da Cana de açucar*, Zuckerrohrzyklus über den Übergang von Herr-Knecht-Beziehungen zur technisch-industriellen Moderne mit brutalem Sozialverhalten. In autodiegetischer Ich-Form wird das Leben Carlinhos von der Kindheit auf dem Lande (*Menino de engenho*, 1932, dt. Herrenkind von der Zuckermühle) über Stadt und Studium zur desillusionierenden Rückkehr aufs Land und Zwangsverkauf des Landguts (*Banguê*, 1934, Zuckermühle; *Usina*, 1936, Fabrik) in symbolischer Zirkelstruktur erzählt. Der Zyklus ist bewahrendes Gedächtnis der vom modernen Leben verdrängten kollektiven Volksmythologie, *Cangaceiros* (1953) ist balladeskromanesker Beitrag zur Sertão-Banditenmythologie.

Érico Veríssimo (1905–75), aus verarmter Familie Porto Alegres, Apotheker, Übersetzer, Literaturprofessor, kultiviert den auf die Psyche des Bürgertums der südlichen Region fokussierten intimistischen Zyklenroman mit balzacscher Figurenwiederkehr. Frauen sind Mittelpunktsfiguren mit starken Charakteren (*Clarissa*, 1933; *Caminhos cruzados*, 1935, Kreuzwege). Zum realistischen Roman kontrastiert die von Gide, Virginia Woolf, Dos Passos und Huxley übernommene Kontrapunkttechnik. Der Zyklus *O Tempo e o Vento* (1949–62, dt. Die Zeit und der Wind) ist eine Gründerfamiliensaga vom Rio Grande do Sul mit verwickelter, García Márquez' *Hundert Jahre Einsamkeit* antizipierender Genealogie: die Protagonisten tragen die Symbolnamen Missioneiro, Terra, Bolívar (Einfluß Galsworthys und Thomas Manns) mit Mythisierung des Hauses als Sitz der Familie und typischer Geschlechterrollenverteilung (Männer destruktiv, Frauen konservativ). Ein weiterer Zyklus denunziert Diktatur, US-Komplizenschaft, Violencia, Folter: *O Senhor Embaixador* (1964, dt. Seine Exzellenz, der Botschafter) bezieht die kubanische Auseinandersetzung Batista – Castro auf den ganzen Kontinent. *O Incidente em Antares* (1971, Zwischenfall in Antares) ist die kafkaeske, vom magischen Realismus beeinflußte Geschichte von der Auferstehung infolge Totengräberstreiks.

Die Dürre des Nordens gibt den neorealistischen Romanen der christlich-trotzkistischen Sozialistin **Raquel de Queiroz** (1910), zeitweilige KP-Mitgliedschaft, Gefängnis, Journalistin, UNO-Delegierte, den Rhythmus vor, so in *O Quinze* (1930, Das fünfzehnte Jahr), einem Roman mit figurennahem heterodiegetischen Erzähler in erlebter Rede, die die Mentalität der *retirantes* wiedergibt, einer vom Fazendeiro in der Dürreperiode entlassenen Vaqueiro-Familie mit Verlust der Heimat und Auflösung der Familienbande. *João Miguel* (1932) reflektiert im inneren Monolog die psychische Verarbeitung revolutionären Kampfes durch einen Häftling. *Caminho de pedras* (1937, Steiniger Weg) zeigt Frauen auf dem steinigen Weg zur Emanzipation.

Marques Rebêlo (1907–73), Professorensohn aus Rio de Janeiro, Geschäftsmann, Übersetzer, Journalist, beschreibt regionalistisch die Psychologie der kleinen Leute Rios. *Oscarina* (1931) erzählt vom Vorstadt-Mittelklasse-Alltag der Angestellten und Halbwelt zwischen Büro und Sambaschule in direkter, die Mentalität wiedergebender Figurensprache. *Marafa* (1935) ist großstädtischer Gaunerroman mit Regio- und Soziolekt in direkter Figurenrede mit Schwerpunkt auf der Kollektivpsyche. *A Estrela sobre* (1938, Ein Stern über) thematisiert erstmals die Sprache der Massenmedien mit Parodierung der Sprechersprache und demonstriert die persönlichkeitszerstörerische Wirkung des Rundfunkmediums auf die Protagonistin.

Graciliano Ramos (1892–1953), Kaufmannssohn, Geschäftsmann, Lehrer, Journalist, wegen kommunistischer Betätigung 1936/37 im Zuchthaus, 1945 KP-Mitglied. Vorbilder: Machado de Assis, Eça de Queirós. *São Bernardo* (1934) ist die Lebensgeschichte des Paulo Honório aus dem Sertão, seine Karriere vom Landarbeiter zum Besitzer der Plantage São Bernardo, die mit der Entwicklung eines rücksichtslosen, gewalttätigen Charakters und menschlicher Vereinsamung einhergeht. Bemerkenswert der Zweifel des Protagonisten am Sinn seines Lebens im Tagebuch. Tagebuchretrospektive und autodiegetischen inneren Monolog verwendet Ramos auch in *Angústia* (1936, dt. Angst), Lebensbeichte eines verarmten und vereinsamten Pflanzersohnes, der aus dem selbsttherapeutischen Motiv der Manifestmachung verdrängter sexueller und sozialer Schuld- und Minderwertigkeitskomplexe in *stream-of-consciousness*-Technik die Vergangenheit erinnert. Ramos' bekanntester Roman, *Vidas secas* (1938, dt. Karges Leben), analysiert die Psyche regionaltypischer, auf eine verlassene Fazenda während der Dürre geflüchteter *retirantes*, wobei die Trockenheit angesichts der Armut und Drangsalierung allegorische Bedeutung hat.

Jorge Amado (1912), weltbekanntester brasilianischer Regionalist, erfolgreichster Schriftsteller Lateinamerikas mit ca. 30 Millionen Weltauflage, Sohn eines verarmten Kakaopflanzers aus Bahia, Reporter, Jurist, 1945 KP-Abgeordneter, 1948–52 Exil. Nach dem XX. Parteitag der KPdSU Bruch im Schaffen. Soziales, oft politisches Engagement, phantasievolles, unterhaltendes, sinnlich-erotisch aufgeladenes, humorvolles, handlungspralles, fabulierfreudiges Erzählen mit viel direkter Rede der den Unterschichten angehörenden Figuren, linearem Handlungsaufbau, Massenverständlichkeit. Begann mit 18 Jahren den sozial engagierten Bahia-Zyklus: *O País do Carnaval* (1931, dt. Das Land des Karnevals), *Cacau* (1933, dt. Im Süden) ist Soziogramm der Plantagenarbeiter, *Suor* (1934, dt. Das Mietshaus) schildert städtisches Mietskasernenelend. *Jubiabá* (1935) und *Mar morto* (1936, dt. Tote See) beschreiben das Leben farbiger Schiffer und Fischer und deren mythisch-folklorische Überlieferungen (magischer Realismus, ein vom Autor nicht weiter gegangener Weg). *Capitães de Areia* (1937, dt. Herren des Strandes) führt das abenteuerliche, gesetzlose, solidarische Dasein einer asozialen Straßenkinderbande vor. Ein zweiter Zyklus erzählt Arbeiterschicksale während der Wende von traditioneller zu kapitalistischer Gesellschaft in der Kakaoprovinz Ilhéus: *Terra do Sem Fim* (1942, dt. Kakao), *São Jorge do Ilhéus* (1944, dt. Das Land der goldenen Früchte). Den politischen Kampf der Arbeiter und Gewerkschaften thematisiert *Os Subterrâneos da Liberdade* (1952, dt. Die Keller der Freiheit). *Vida de Luis Carlos Prestes. O Cavaleiro da Esperança* (1942, dt. Das Leben des Luis Carlos Prestes. Der Ritter der Hoffnung) ist hagiographische Biographie des KP-Chefs. Die nach dem XX. Parteitag der KPdSU erschienenen, als TV-Mehrteiler Allgemeingut gewordenen »unpolitischen« Werke *Os Pastôres da Noite* (1964, dt. Nächte in Bahia), *Dona Flor e seus dois Maridos* (1967, dt. Dona Flor und ihre beiden Ehemänner) und *Gabriela, Cravo e Canela* (1958, dt. Gabriela wie Zimt und Nelken) schildern unterhaltend den Alltag einfacher Menschen mit Sympathie, Humor und Sex:

Quando a lua surgia por detrás da pedra do Rapa, rasgando o negrume da noite, as costureiras viravam pastoras. Dora se transforava em rainha, a casa de Dora em barco de vela. O cachimbo de seu Nilo era uma estrela, ele trazia na mão direita um ceptro de rei, na esquerda a alegria. Atirava, ao entrar, como a mão certeira, o boné marítimo, onde escondia os ventos e as tempestades, em cima do velho manequim. Começava a magia. O manequim se animava, mulher de uma perna só, envolto num vestido por acabar, o boné na cabeça que não havia. Tomava-o pela cintura seu Nilo, dançavam na sala. Dançava engraçado o manequim com sua única perna. Riam as pastoras, Miquelina soltava sua gargalahada de louca, Dora sorria como rainha que era.

Gabriela, Cravo e Canela. Crónica de una Cidade do interior, Lissabon: Europa-América, 1960, S. 464.

Wenn der Mond hinter dem Rapafelsen aufging und das Dunkel der Nacht zerriß, wurden die Schneiderinnen zu Hirtinnen. Dora verwandelte sich in eine Königin und ihr Haus in ein Segelschiff. Und Nilos Pfeife war ein Stern; in der rechten Hand hielt er ein Zepter, in der linken die Freude. Er kam herein und warf seine Matrosenmütze, die voller Wind und Stürme war, auf eine alte Schneiderpuppe. Der Zauber begann. Die Schneiderpuppe wurde lebendig – eine einbeinige Frau in einem halbfertigen Kleid, eine Matrosenmütze auf dem nicht vorhandenen Kopf. Nilo faßte sie um die Taille und wirbelte mit ihr in tollem Tanz durchs Zimmer. Die Schneiderpuppe hüpfte komisch auf ihrem einen Bein. Dora lächelte wie eine Königin, die sie ja auch war.

Gabriela wie Zimt und Nelken, übers. von Gerhard Lazarus und E.-A. Nicklas, Reinbek bei Hamburg: Rowohlt, 1963, S. 441 f.

Der sozial und politisch engagierte regionalistische Roman Brasiliens wirft früher und schneller als seine hispanoamerikanischen Pendants traditionelle Schreibweisen ab, hat eine stärker ausgeprägte Tendenz zur Verinnerlichung und Subjektivierung und Übernahme moderner (angelsächsischer) Erzählweisen und geht relativ konfliktlos eine Synthese mit dem Avantgardismus ein.

Die Avantgardedichtung

Die Avantgarde ist positive Reaktion auf moderne Technik, Nachrichten-, Transport- und Medienwesen von Film über Auto bis Flugzeug und das neue dynamische Zeit- und Raumgefühl, auf Phänomene wie Sport und Unterhaltungsindustrie, auf die Entwertung tradierter Kultur, Kunst und Literatur einschließlich Realismus, Costumbrismo, Criollismo, Romantik, Symbolismus, Parnassianismus und Modernismo. Sie inspirierte sich am Futurismus Marinettis (*Manifest* von 1909), am Kubismus der Malerei mit seinen Realitätsfragmentierungen, Montagen, Collagen und Assemblagen, am literarischen Kubismus Apollinaires und Reverdys; am französischen Surrealismus Bretons, Aragons, Desnos' mit Psychoanalyse, sexueller Enttabuisierung, Traumprotokollen, assoziativem Schreiben unter dem »Diktat des Unbewußten«, Zerstörung der Syntax zwecks Störung gewohnter Wahrnehmung, sowie am Dadaismus Tzaras und Arps mit Sprachexperimenten (Zufallsgenerator-Lexik, Sprachspiel, Wortwitz). Dazu kam der Neogongorismus der spanischen *generación del 27* (Jorge Guillén, Antonio Machado, García Lorca, Juan Ramón Jiménez' *poesía pura*). Bevorzugt wurden Fragment, Parataxe, unverbundene Lexeme, Montage- und Überblendetechnik des Films.

Der Euro-Avantgardismus wurde durch Ortega y Gassets *Revista de Occidente* von in Europa lebenden Schriftstellern (Huidobro, Asturias, Carpentier, Uslar Pietri, Mariátegui) aktiv rezipiert. Lateinamerikanischer Vorläufer war Lugones' schwarzer Humor, parodistische Distanzierung und sprachliches Experiment, seine Verspottung der Romantiker und Symbolisten mit syntaktischen Brüchen, Kakophonien, Barockismen, Neologismen und Publikumsbeschimpfung (»a mis cretinos« – »an meine Kretins«).

Der Kubismus entstand als euro-lateinamerikanisches Phänomen durch Kooperation der Franzosen Apollinaire und Reverdy und des Chilenen Huidobro. Lateinamerikanisch ist die Verbindung von futuristischer Technikbegeisterung mit surrealistischer Interiorisierung und Psychologisierung und die bevorzugte Rezeption der Spanier Lorca, Jiménez und Góngora. Technik und Wissenschaft werden zur Beseitigung der Rückständigkeit Lateinamerikas reklamiert.

Der Avantgardismus, der von jungen Leuten, meist Studenten, die sich gegen das politische und literarische Establishment wandten, vertreten wurde, entwickelte sich im Zusammenhang mit der Studentenbewegung zur Universitätsreform 1918 in Córdoba, 1919 in Montevideo und Lima, 1920 in Chile, 1921 in Mexiko und der kubanischen Minoristenbewegung von 1923, die die Neuorientierung der Lehre auf moderne Naturwissenschaften und Technik statt auf Jura, *Letras* und Theologie forderte, um Lateinamerika aus der Zurückgebliebenheit zu reißen. Hierzu gehörte auch die Volkshochschulbewegung für moderne Erwachsenenbildung. Parallel zu den technikbegeisterten Universitätsreformern entstanden avantgardistische Gruppen, deren Namen, wie die zentralen avantgardistischen Tropen, den dynamischen Bereichen der Technik und des Sports (Motorrad, Zahnrad, Flugzeug) entstammen. Der Avantgardismus negierte nach dem Modell technischer Konstrukte und Erfindungen, die ja keine Naturgegenstände imitieren, jeden Realismus, zumal dieser die Wirklichkeit hinnahm, statt sie zu verändern (zu modernisieren). Daher die Betonung der schöpferischen verbalen Phantasie, die ohne Rücksicht auf Realitäten neue sprachliche Wirklichkeiten schafft. Der Avantgardismus artikulierte sich in Anthologien: *Exposición de la actual poesía argentina* (1927), *Antología de la moderna poesía uruguaya* (1927), *Motocicleta. Indice de la poesía vanguardista* Ecuadors (1927), *Antología de la poesía mexicana moderna* (1928), *Antología de la poesía chilena nueva* (1935), *Del movimiento postumista* Santo Domingos (1922).

In Chile bildeten sich mehrere bedeutende Avantgardistengruppen mit gleichnamigen Zs. in Santiago, Concepción und Valparaíso: *Creación* (1921, 1924), *Pro*, *Ombligo*, *Vital*, *Total* (1934–38), *Dinamo*, *Antena* (1922), *Caballo de Bastos* (1925), *Nguillatún* (1924), *Gong* (1929–1930), *Mandrágora* (1938–43).

Vicente Huidobro (1893–1948), aus wohlhabender Oberschicht, zweisprachig (spanisch-französisch), begründete nach ikonoklastischen Essays 1916 als Diplomat in Paris mit Reverdy und Apollinaire den Kubismus. 1914 trug er in Santiago und 1916 in Buenos Aires sein Konzept des Creacionismo vor, der das Sprach- und Realitätsschöpferische des Dichtens betont und erstmals in lateinamerikanischer Poetik die Mimesis und jeden Realismus radikal ablehnt. Dichter als »kleiner Gott«, Dichten als Schöpfen (*Manifiesto de manifiestos*, 1925), als Kalkül und Imagination. Hauptinnovation: Wortkombinationen ohne Rücksicht auf die bezeichneten Objekte, sprachliche Irrealitäten ohne Wirklichkeitskorrelat (Horizont plus quadratisch = quadratischer Horizont). Grammatik und Semantik werden durch Zertrümmerung zu neuem Gebrauch freigemacht. Fließende, interpunktionslose, bewußtseinsstromgleiche Lyrik. Kalligraphische Anordnung der Verse (Einfluß: Apollinaire) erzeugt neue semantische und syntaktische Strukturen, statt logisch-referentieller eine magisch-assoziative Ordnung.

Arte Poética

¡Por qué cantáis la rosa, oh poetas!
Hacedla florecer en el poema.
Sólo para nosotros
viven todas las cosas bajo el sol.
El poeta es un pequeño Dios.

Poesía y Prosa de Vicente Huidobro, Madrid: Aguilar, 1957, S. 78.

Dichtkunst

Warum besingt ihr die Rose, o Dichter!
Laßt sie im Gedicht erblühen.
Nur für uns
leben alle Dinge unter der Sonne.
Der Dichter ist ein kleiner Gott.

Pablo Neruda (d. i. Neftalí Ricardo Reyes Basoalto, 1904–73), bedeutendster Lyriker Lateinamerikas mit einem der umfangreichsten lyrischen Œuvres der Weltliteratur. Sohn eines Eisenbahners, Kindheit in Temuco, Schüler Gabriela Mistrals. 1921 Student und Bohemien in Santiago. *Veinte poemas de amor y una canción desesperada* (1924, Zwanzig Liebesgedichte und ein Lied der Verzweiflung) werden mit 1 Million Exemplaren Riesenerfolg. Diplomat 1927–32 in Colombo, Rangun, Djakarta, wo sein Gefühl von Einsamkeit, Chaos, Ekel und Haß auf Bürokratie sich in den ersten Teilen des Zyklus *Residencia en la tierra* (1931–47, Aufenthalt auf Erden) als Verwesung, Witwerschaft, Abscheu, Angst, gehetzte Sexualität äußert. Surrealistische Onirik mischt sich mit den grotesken Situationen und dem schwarzen Humor des Dadaismus (Anregungen: Baudelaire, Verlaine, Rimbaud, Apollinaire, Lautréamont, Huidobro, Breton, Aragon). Kühne, zusammenhanglose Bilder, Metaphern, Metonymien, Symbole, chaotische Enumeration, Anapher, Asyndeton, Anakoluth, Bilderverschachtelung, Auflösung traditioneller Reim-, Vers- und Strophenschemata. Viele Dingmetaphern (Fischgräte, Essigkrug, Fingernagel, Radiergummi): Verdinglichung, Gebrauch und Verbrauch machen die Gegenstände unansehnlich, »unrein«. Daraus Nerudas Ästhetik »unreiner (Gebrauchs-)Dichtung« gegen Jiménez' *poesía pura.*

Walking around

Sucede que me canso de ser hombre.
Sucede que entro en las sastrerías y en los cines

marchito, impenetrable, como un cisne de fieltro
navegando en un agua de origen y ceniza.
[...]
Sin embargo sería delicioso
asustar a un notario con un lirio cortado
o dar muerte a una monja con un golpe de oreja.
Sería bello
ir por las calles con un cuchillo verde
y dando gritos hasta morir de frío.

Residencia en la tierra (1925–1935), Buenos Aires: Losada, 1944, S. 185.

Walking around

Es geschieht, daß ich müde bin, Mensch zu sein!
Ich trete in Schneiderstuben, in Kinos
schlaff, undurchdringlich wie ein Schwan aus Filz,
der auf einem Wasser von Ursprung und Asche treibt.
[...]
Dennoch wäre es köstlich,
einen Notar mit einer ausgerauften Lilie zu erschrecken
oder eine Nonne mit einer Ohrfeige umzubringen.
Es wäre wunderbar,
mit einem grünen Messer durch die Straßen zu laufen
und zu brüllen, bis man tot umfällt vor Kälte.

Das lyrische Werk I, übers. von Erich Arendt, Darmstadt/Neuwied: Luchterhand, 1984, S. 108.

1935–36 in Madrid Freundschaft mit Dichtern der *generación del 27* (García Lorca, Machado, Hernández, Alberti), Teilnahme am Schriftstellerkongreß zur Verteidigung der Kultur 1937. Organisiert in Mexiko 1940–43 Rettungsaktionen für Francogegner.

Nach Spanienkrieg und Zweitem Weltkrieg wurde Neruda 1945 KP-Mitglied und -Abgeordneter und politisch-sozial engagierter, massenverständlicher Dichter (*España en el corazón*, Spanien im Herzen). Statt Einsamkeit Solidarität, statt Chaos geordnete Weltsicht, statt Apokalypse blauäugige Zukunftsgewißheit. Distanzierung vom avantgardistischen Frühwerk. Sozialistisch-realistische Werke unter Umfunktionierung avantgardistischer Techniken. *Canto general* (1950, Der große Gesang), auf der Flucht ins Exil unter der Videla-Diktatur geschriebene Amerika-Dichtung als modernisierte poetische Geschichtschronik und Landeskunde in Nachfolge der Chronisten, Bellos und Mistrals. Wechsel von Narration, Deskription, lyrischer Ich-Aussprache, epischem Erzähler-Ich. Zusammenhängender Kosmos der Geschichtsepochen Lateinamerikas vom Inkareich über Entdeckung, Conquista, Kolonie, Unabhängigkeitsrevolution bis Gegenwart, der Länder, Bewohner, Dichter und Künstler, der Natur und Landschaft mit Anden, Pazifik, Mineralen, Pflanzen, Mollusken, Erzen, Blumen, Früchten, Speisen, dem »Einfachen«, das er auch in den *Odas elementales* (1954, Elementare Oden) besingt. Nach dem XX. Parteitag der KPdSU Distanz vom Dogmatismus, aber nicht von der Utopie. Wendepunkt: *Extravagario* (1958, Extravaganzenbrevier), mit Reintegration des Avantgardismus statt sozialistischen Realismus in persönliche, kolloquiale, surrealistische, ironisch pointierte Gedichte, fortgeführt im *Memorial de Isla Negra* (1964). 1970 Botschafter in Paris. Nobelpreis 1971. Krebstod nach Tod Allendes und Pinochet-Putsch. Autobiographie: *Confieso que he vivido* (1974, Ich bekenne, ich habe gelebt).

Pablo de Rokha (d. i. Carlos Díaz Loyola, 1894–1968), aus wohlhabendem Hause, Journalist, Geschäftsmann, Kunsthändler. 1933 KP-Mitglied. Exil. Selbstmord. 40 Gedichtbände, darunter viel kommunistische Agitations- und Bekenntnislyrik. Erfand, nach anfänglicher Beeinflussung durch Huidobro, den Tremendismo, eine nonkonformistische, ichsüchtige, megalomanische, technikbegeisterte, antitraditionalistische Poesie (*Cosmogonía*, 1927). Politisch engagierter Avantgardist in *Cinco cantos rojos* (1938, Fünf rote Gesänge), Haßgegner Nerudas (*Neruda y yo*, 1956, Neruda und ich). Kulinarischer Gedichtkranz *Epopeya de las comidas y bebidas de Chile* (1965, Epopöe auf die Speisen und

Getränke Chiles). Hermetische, kreationistisch-kubistische Dichtung schrieb **Rosamel del Valle** (1900–65): *La visión comunicable* (1956, Kommunizierbare Vision).

In ARGENTINIEN dominierte der von Huidobro, Guillermo de Torre und Borges in Madrid 1918 begründete Ultraísmo, eine die Metapher als zentral begreifende antimimetische, antirealistische und antibarocke Richtung, die 1921 durch Borges nach Buenos Aires kam. Wurde propagiert in der Wandzeitung *Prisma* (1921, Ltg. Borges) und den Zs. *Proa* (1922, Borges, Macedonio Fernández) und *Martín Fierro* (1924–27). 1924 ultraistisches Manifest Girondos für totale Erneuerung von Realität, Dichtung und Sensibilität. Manifest der Martinfierristas 1924 (Bezug zum Futurismus-Manifest Marinettis).

Jorge Luis Borges (1899–1986), Kosmopolit, Kenner angelsächsischer, skandinavischer und deutscher Literatur, Direktor der Nationalbibliothek. Rücktritt unter Perón-Regime. Politisch konservativ bis hin zu Umgang mit dem chilenischen Diktator Pinochet. Kreatives Metaphernkonzept (nicht veranschaulichend, sondern neuschaffend). Buenos Aires als mythische urbane Inkarnation des *Sur* (Südens) mit Vorstädten, Familiengenealogie und Tango. Gestaltet poetisch die Bonaerenser und Immigranten in seiner Lyrik: *Fervor de Buenos Aires* (1923, dt. Buenos Aires mit Inbrunst), *Muertes de Buenos Aires* (1943, dt. Tode von Buenos Aires).

Yo

La calavera, el corazón secreto,
Los caminos de sangre que no veo,
Los túneles del sueño, ese Proteo,
Las vísceras, la nuca, el esqueleto.
Soy esas cosas. Increíblemente
Soy también la memoria de una espada
Y la de un solitario sol poniente

Que se dispersa en oro, en sombra, en nada.
Soy el que ve las proas desde el puerto;
Soy los contados libros, los contados
Grabados por el tiempo fatigados;
Soy el que envidia a los que se han muerto.
Más raro es ser el hombre que entrelaza
Palabras en un cuarto de una casa.

Obra poética 1923–1976, Buenos Aires: Emecé, 1978, S. 415.

Ich

Der Schädel und das Herz, durch das ich leide,
Die Wege meines Bluts, die ich nicht sehe,
Die Tunnels meines Traums, durch die ich gehe,
Gerippe und Genick und Eingeweide.
Ich bin all das. Und wenn man's recht bedenkt,
Bin ich auch die Erinnrung eines Degens,
Erinnern eines Abendsonnensegens,
Der sich in Gold, in Dunst, in Nichts versenkt.
Ich bin der, der die Schiffe sieht im Hafen;
Ich bin die seltnen Kupfer, seltnen Bände,
ermüdet von der Zeit wie meine Hände;
Ich bin der Neider derer, die entschlafen.
Dann bin ich der, der sich die Stunde leiht,
In seinem Raum ein Wort ans andre reiht.

Gesammelte Werke, Bd. 2: Gedichte 1969–1976, hrsg. und übers. von Curt Meyer-Clason, München: Hanser, 1980, S. 107.

Die meisten Avantgardisten am Rio de la Plata sind lautstärker.

Oliverio Girondo (1891–1967), kosmopolitischer, vielgereister Poet, schrieb *Veinte poemas para ser leídos en el tranvía* (1922, Zwanzig Gedichte zur Straßenbahnlektüre) und *Calcomanías* (1925, Abziehbilder) als – oft komischen – Protest gegen Konvention und solemnen Akademismus. Stößt Kulturdenkmäler der Alten und Neuen Welt vom Sockel der Erhabenheit oder touristischen Trivialität ins Alltägliche.

Aldo Pellegrini (1903–72), Propagandist des Surrealismus, Übersetzer Lautréamonts und Bretons, Herausgeber der Zs. *Qué* und einer *Antología de la poesía surrealista hispanoamericana* (1972). **Nicolás Olivari** (1900–66) verwendet prosaische Fachsprache und Regiolekt in *La musa de la mala pata* (1926, Hinkefußmuse). **Ricardo E. Molinari** (1898) vollzieht lyrische Neubewertung von Landschaft und Dekonstruktion historischer Persönlichkeiten (der Führer der Unabhängigkeits- und Bürgerkriege des 19. Jh.s) in Oden, Elegien, Langversen mit unrhetorischer Melancholie (*El Imaginero*, 1927, Der Phantast). **Eduardo González Lanuza** (1900–84) ist Antisurrealist mit tragischer Weltsicht und Vanitas-Dichtung in traditionsnegierender Version (Schillers *Ode an die Freude* wird zum Todesgesang in *Oda a la Alegría*, 1949) und pantheistischen Naturgesängen (*Oda al reino vegetal*, 1924, Ode auf das Reich des Vegetabilen). **Francisco Luis Bernárdez** (1900–1978) schrieb ultraistische Gedichte (*Kindergarten*, 1924), in denen sich bekennender Katholizismus und spanischer Klassizismus artikulieren (*El buque*, 1935, Das Schiff). **Enrique Molina** (1910), Breton-Übersetzer, Herausgeber der spätsurrealistischen Zs. *A partir de cero* (1950), ist Surrealist in *Las cosas y el delirio* (1941, Die Dinge und das Delirium).

Uruguay brachte mit **Álvar Armando Vasseur** (1878–1969) den vielleicht ersten Avantgardisten hervor. Er begründete seinen Auguralismo mit dem unorthodoxen Gedichtband *Cartas del otro yo* (Briefe des anderen Ich) 1909, zeitgleich mit Marinettis futuristischem Manifest, weshalb ihn Huidobro den Erfinder des Futurismus nannte. Ansonsten herrschte ein moderater Ultraísmo in den Zs. *Los Nuevos* (1919–20), *La Cruz del Sur* (1924–31), *Cartel* (1929–1931), *Alfar* (1929) und *La Pluma* (1927–31). **Alfredo Mario Ferreires** (1899–1950) schrieb *El hombre que se comió un autobus* (1927, Der Mann, der einen Omnibus fraß),

Dichtung zwischen Dada-Groteske und futuristischem Geschwindigkeits- und Technikrausch.

Hérib Campos Cervera (1908–53), einer der wenigen Avantgardisten PARAGUAYS, Landvermesser, Politiker, Lyriker zwischen Surrealismus, politischem Engagement und Volksnähe, rezipierte im Exil mehr die lateinamerikanische (López Velarde, Neruda, Borges, Guillén) als die europäische Avantgarde. In *Ceniza redimida* (1950, Erlöste Asche) sprechen sich die Ängste des politisch Verfolgten aus.

In BOLIVIEN erneuerten nach verlorenem Chacokrieg (1932–35) die *Eclécticos* unter Führung von **Nicolás Ortiz Pacheco** (1893–1953) die Lyrik. **Guillermo Viscarra Fabre** (1901–80) schrieb *Criaturas del alba* (1949, Geschöpfe des Morgengrauens) zwischen Creacionismo und *poesía pura.* **Octavio Campero Echazú** (1900–70), beeinflußt von García Lorca und Neruda, verlieh nach dem Krieg seiner Lyrik in der »roten Dekade« der 30er Jahre einen sozialen und nationalen Zug (*Escuela vernacular*). Ähnlich der Ketschua-Lyriker Jesús Lara.

In PERU scharten sich die Avantgardisten um die Zs. *Flechas* (1924), *Amauta* (1926–30) und *Colónida* (1916). **Juan Parra del Riego** (1894–1925) bedichtete Sport und Maschinenwelt (*Himnos del cielo y de los ferrocarriles*, 1925, Hymnen von Himmel und Eisenbahnen). **Alberto Hidalgo** (1897–1967) besang, dem profaschistischen Marinetti folgend, in einer skandalösen *Arenga lírica al Emperador de Alemania* (1916, Lyrische Ansprache an den Kaiser von Deutschland) die Materialschlachten und Zerstörungen des Weltkrieges und die Rassereinheit. **Alberto Guillén** (1897–1935) schrieb ichsüchtige Gedichte des Energie- und Willenskults in *Deucalión* (1920). Surrealisten sind die Gründer der Zs. *El Uso de la Palabra* (1939): **César Moro** (1903–56,

Lettre d'amour und *Trafalgar Square,* 1944) und **Emilio Adolfo Westphalen** (1911), Herausgeber der Zs. *Las Moradas,* mit gewagten Metaphern in *Las ínsulas extrañas* (1933, Die seltsamen Eilande). Ultraisten sind **Martín Adán** (1908–85) mit *La rosa de la espinela* (1939, Die Rose mit dem Dorn) und **Xavier Abril** (1905) mit *Difícil trabajo* (1935, Schwierige Arbeit). Intimist ist **Luis Valle Goicochea** (1908–54) mit *El sábado y la casa* (1934, Der Sonnabend und das Haus). Auch die *poesía pura* Juan Ramón Jiménez' hatte Anhänger: **Carlos Oquendo de Amat** (1904–36, *5 metros de poemas,* 1927, 5 Meter Gedichte) und die Gruppe *Orkopata* (Puno) mit dem indigenistisch-avantgardistischen *Boletín Titicaca,* hrsg. von **Alejandro** (1899–1973) und **Arturo Peralta** (alias Gamaliel Churata, 1898–1969), Verfasser von *El pez de oro* (1927, Der Goldfisch).

Bedeutendster peruanischer Avantgardist ist **César Vallejo** (1892–1938), Mestize, nach Jura- und *Letras*-Studium Lehrer in Trujillo und Lima. Gefördert von Eguren, Valdelomar, Mariátegui. Ging 1923 nach Frankreich. Reisen in die Sowjetunion 1928/29. Antistalinistischer, durch Bürgerkrieg in Spanien emotionalisierter Kommunist. Verhungerte in Paris. Einflüsse: Villon, Verlaine, Quevedo, Góngora, Dostojewski, Gorki. Dichter des Leidens und der Einsamkeit und der unschuldig Verfolgten (Indios, Arbeiter, spanische Republikaner). Angstvolle, schmerzliche, existentielle, elegische, aber auch humoristische und sprachspielerische Poesie mit häufigem Kreuz- und Christus-Vergleich, Bildern des Alten und Neuen Testaments; Familie und Kindheit als verlorenes Paradies. *Los heraldos negros* (1919, Die schwarzen Herolde) enthält Restbestände modernistischer Literatursprache (»Herolde«, »barbarische Attilas«, »nostalgias imperiales«), aber Hinwendung zu einfachen Gegenständen und Alltagssprache, Allusionen an die indigene Tradition. Typisch Vallejosche bikulturelle Kreuzung: »Eucharistie der goldenen Chicha«. *Trilce* (1922) ist subversive, eine chaotische Welt vorführende, existentialistische Dichtung avant la lettre (bewußter Umgang mit *ser* und *estar* als Sein und Dasein). Konstatiert Widersprüchlichkeit des lyrischen Ich. Aufnahme indianischer Mentalität, Geschichte, Denken, Kultur, von Fäkalischem und persönlichen Intimitäten. Eigenständiger Surrealismus, Futurismus, Kubismus (pars statt totum) mit verrenkter Syntax, Norm- und Regelbruch, familiärem Soziolekt, kolloquialem Alltagsspanisch, Archaismen, Bürosprache, technischen Ausdrücken, Sprache der Mathematik. Unregelmäßig gebaute Verse bis hin zu Prosaismen, Anakoluthen, Ellipsen, Paradoxa (»el placer de sufrir«, »proletarios burgueses«, »tartufo sincero«, »obispo bolchevique«), Oxymora, Archaismen, Alogismen, Stilbrüchen, Fragmentarischem, Onirischem, dadaistischen Wort- und Zahlenspielen (»Odumodneurtse« = Umdrehung von »Oh estruendo mundo«). *España, aparta de mí este cáliz* (1937–38) ist Spanien-Solidaritätsdichtung.

Piedra negra sobre una piedra blanca

Me moriré en París con aguacero,
un día del cual tengo ya el recuerdo.
Me moriré en París – y no me corro –
talvez un jueves, como es hoy, de otoño.

Jueves será, porque hoy, jueves, que proso
estos versos, los húmeros me he puesto
a la mala y, jamás como hoy, me he vuelto,
con todo mi camino, a verme solo.

César Vallejo ha muerto, le pegaban
todos sin que él les haga nada;
le daban duro con un palo y duro

también con una soga; son testigos
los días jueves y los huesos húmeros,
la soledad, la lluvia, los caminos ...

Schwarzer Stein auf weißem Stein

Ich werde sterben in Paris, mit Wolkenbrüchen,
schon heut erinnre ich mich jenes Tages.
Ich werde sterben in Paris, warum auch nicht,
an einem Donnerstag vielleicht, wie heut, im Herbst.

Ein Donnerstag wird sein; denn heut, am Donnerstag,
da ich dies sage, tun mir meine Knochen weh;
noch nie wie heut hab ich mich allein
und meinen Weg erblickt von unserm Ende her.

Tot ist César Vallejo. Eingeschlagen
habt ihr auf ihn. Er hat euch nichts getan.
Mit einem Stock gabt ihr ihm Saures, Saures

mit einem Tau. Die Donnerstage
sind seine Zeugen, Zeugen seine Knochen,
der Regen, die Verlassenheit, die Straßen ...

Gedichte, spanisch und deutsch, übers. von Hans Magnus Enzensberger, Frankfurt a. M.: Suhrkamp, 1963, S. 24 f.

In ECUADOR vermischen sich Einflüsse von Futurismus, Surrealismus, Dadaismus in Gruppen um die Zs. *Singulus* (1921), *Proteo* (1922), *Savia* (1924) und *Hélice* (1926). **Hugo Mayo** (1908) verfaßte kalligraphisch-visuelle Gedichte mit futuristischer Technik und Dynamik, **Gonzalo Escudero** (1903–71) Traumprotokolle (*Introducción a la muerte*, 1960, Einführung in den Tod).

Der bedeutendste Lyriker des Landes, **Jorge Carrera Andrade** (1903–78), Sekretär der Sozialistischen Partei, Justizbeamtensohn, Journalist, Gelegenheitsarbeiter, Außenminister, UNESCO-Vertreter, existentialistischer Surrealist, schrieb visuelle Dichtung und sinnliche Objektgedichte (Dichtungen = Gemälde; Zentralmetapher: Fenster). Solidarisierte sich mit Arbeitern in Wirtschaftskrise, entfremdeter Maschinenwelt und amoralischer Großstadt (*El tiempo manual*, 1935, Die Handarbeitszeit), aus der er immer wieder in ländliche Bukolik flüchtete. Artikulierte existentielle Grenzsituationen des Individuums (*Biografía para uso de los pájaros*, 1937, Biographie zum Gebrauch der Vögel) wie Tod und Einsamkeit mit Schatten- und Asche-Metaphern im Tokioter Gedichtband *País secreto* (1940, Geheimes Land). In aus Japan importierten visualistischen Haikus (*Microgramas*, 1940) wird surrealistisch eine imaginäre Gegenwelt zu Spanien- und Weltkrieg evoziert.

In KOLUMBIEN war der Avantgardismus relativ verhalten: **Porfirio Barba Jacob** (d. i. Miguel Ángel Osorio, 1883–1942), aus verarmter Familie, Vagabund, Bohemien, Journalist, mit vielen Pseudonymen, ist amerikanistischer Dichter in *Canciones y elegías* (1932). Existentielle Lieder, Elegien, Gelegenheitsdichtungen sind gesammelt in *La canción de la vida profunda* (1937, Gesang vom profunden Leben). Hauptwerk: *Acuarimantima* (1938), Langgedicht mit rhythmischen Phonemen (*jitanjáforas*).

Zur gemäßigten, zwischen Posmodernismo und Avantgardismus oszillierenden Gruppe *Los nuevos* gehörte **León de Greiff** (1895–1976), Bohemien, von Poe, Baudelaire, Verlaine und Mallarmé beeinflußt. Spielt karnevalistisch mit der Identität des Ego und vielen Rollen und Pseudonymen in hochartifizieller Dichtung zwischen Ironie und Angst über existentielle Themen in *Tergiversaciones* (1925, Verdrehungen) und *Variaciones alrededor de nada* (1937, Variationen um Nichts).

Rafael Maya (1897–1980) ist Postmodernist und Neoparnassier im verhalten-gemäßigten Ton seiner pantheistisch-metaphysischen Natur- und Gedankenlyrik (*La vida en la sombra*, 1925, Das Leben im Schatten; *Después del silencio*, 1939, Nach dem Schweigen), deren Sprache den semantischen und polysemen Reichtum des Wortes aufnimmt.

Der dritte *nuevo* ist **Germán Pardo García** (1902), Villaurrutia und den mexikanischen *Contemporáneos* persönlich wie künstlerisch verbunden. Seine farbige Lyrik bevorzugt existentielle und metaphysische Themen des Ego wie Angst, Einsamkeit, Tod, Flüchtigkeit und Unsicherheit menschlicher Existenz, wendet sich ins Kosmische und spürt pantheistisch-mystisch der geheimen Harmonie von Natur und Welt nach (*Voluntad*, 1930, Wille; *Osiris preludial*, 1960, Vorspiel-Osiris).

Den eigentlichen Traditionsbruch bringt die Gruppe *Piedra y cielo* (1939), die sich an der spanischen *generación del 27*, Jiménez' *poesía pura*, García Lorca, Salinas, Jorge Guillén, Alberti, Huidobro, Neruda, Valéry, Rilke, Eliot orientierte. **Eduardo Carranza** (1913), Mystiker von Sein und Existenz, thematisiert Alltag, Umgebung, Natur und Gott (*Canciones para iniciar una fiesta*, 1936, Lieder, um ein Fest zu beginnen). **Jorge Rojas** (1911) artikuliert in *Poemas* (1943–46) und *Soledades* (1948, Einsamkeiten) melancholisch Vergänglichkeit (Vanitas-Topos) als Kontrast zum Glück des Augenblicks (Einflüsse: Góngora, Salinas).

In Venezuela ist **Andrés Eloy Blanco** (1897–1955) bedeutendster Avantgardist. Politisch gegen Diktatur, sozial für die Armen engagiert, ging er ins Gefängnis und Exil. *Giraluna* (1954, Mondblume) faßt seine Hauptthemen zusammen: menschheitliche Solidarität und Vaterland. Die Zs. *Viernes* (1936) mit sozial engagierten Dichtern wie **Jacinto Fombona Pachano** (1901–51, *Virajes*, 1932, Wendungen) wurde Organ der avantgardistischen *generación del 28*, Datum des Aufstands gegen die Gómez-Diktatur. Sie berief sich auf lateinamerikanische (Creacionismo, Neruda) und spanische Avantgardetradition (*generación del 27*). Mitglieder: **Ángel Miguel Queremel** (1900–39, *El trapecio de las imágenes*, 1926, Das Bildertrapez), **Otto D'Sola** (1912, *De la soledad y de las visiones*, 1943, Von der Einsamkeit und den Visionen), **Vicente Gerbasi** (1913) mit existentialistischer Mensch- und Weltproblematik, Naturlyrik, mystisch-pantheistischer Religiosität (*Vigilia del naufragio*, 1937,

Schiffbruchsnachtwache), **Manuel Felipe Rugeles** (1904–1959) mit Liebes- und pantheistischer Dichtung (*Cántaro*, 1937, Krug) und anthropologisch-existentieller Reflexion mit Hoffnung auf Auferstehung (*La errante melodía*, 1943, Die schweifende Melodie).

In MEXIKO wird der Avantgardismus durch die Spannung zwischen seiner kosmopolitisch-literarischen, elitär-marginalen Dichtpraxis und der mexikanischen Revolution mit ihrer nationalen, auf die Massen setzenden Kultur- und Bildungspolitik und deren Ausdruck in Wandmalerei, Revolutionsroman und Film geprägt.

Ramón López Velarde (1888–1921) aus Zacatecas beschwört in *La sangre devota* (1916, Das fromme Blut) nostalgisch Kindheit und Liebe in der Kleinstadt. *Zozobra* (1919, Angst), in Strophik und Reim eigenwillige erotische Gedichte, verbinden ironisch Anbetung und sinnliches Begehren. Mischt Umgangssprache mit modernistischen Wendungen, überraschenden Metaphern und artifizieller Schreibweise. Juan Tablada schreibt visuelle Lyrik in der Art von Apollinaires Kalligrammen. Wahrt Distanz zu revolutionärem Mexiko (*La feria*, 1928, Der Jahrmarkt).

Spektakulärer sind die *Estridentistas* (Schrillisten): **Manuel Maples Arce** (1898–1981), Jurist aus Papantla, verfaßt das avantgardistische Wandzeitungs-Manifest: *Actual-No. 1 Hoja de Vanguardia* (1921, Aktuell Nr. 1 Avantgardeblatt), Aufruf zu antinationalem, technizistischem Kosmopolitismus (Stichworte: Wolkenkratzer, Telegraph, Fahrstuhl, Turnen, Lokomotive). Äußert sich disharmonisch, schrill mit dem Ideal einer industrialisierten, technisierten und mobilen Zukunft in *Andamios interiores* (1922, Innere Gerüste). Will Land im Geist der mexikanischen und Oktoberrevolution verändern: *Urbe. Superpoema bolchevique en 5 cantos* (1924, Großstadt. Bolschewistisches Superpoem in 5 Gesängen). **Germán List Arzubide** (1898) verfaßt neben *Esquina* (1923, Ecke) das programmatische *El movimiento estriden-*

tista (1927, Die schrillistische Bewegung). **Salvador Gallardo** (1893–1981), Koautor schrillistischer Manifeste, führt in *El pentagrama eléctrico* (1925) opake, verfremdete Stadtlandschaft vor.

Die *Contemporáneos*, moderat im Vergleich zum schrillistischen Ikonoklasmus, hatten Legitimationsdruck durch Revolutionsroman und -malerei. Die Gruppe um die Zs. *Contemporáneo* (1928–31), *Ulises* (1927–28) und *Examen* (1932) wurde von den revolutionären Kunstaktivisten, vor allem den Muralisten, als elitär diskriminiert, zumal sie nicht national, sondern kosmopolitisch, nicht mestizisch, sondern assimilatorisch, nicht realitäts-, sondern textorientiert war.

Salvador Novo (1904–74), Stadtchronist Mexikos, Theaterdirektor, Hobbykoch, entdeckt die kosmopolitische Großstadt Mexiko als poetischer Journalist im autobiographisch grundierten Roman *El joven* (1923/33, Der Jüngling). *XX Poemas* (1925) und *Espejo* (1933, Spiegel) sind ironisch-lakonische, unschrille Dichtungen. Surrealistisch-automatische Schreibweise in *Never ever* (1933) und *Poemas proletarios* (1934/55) karikieren das Pathos der Revolutionsrhetorik. Novo schreibt kaschiert und offen homoerotische Dichtungen.

José Gorostiza (1901–73), Geschichtsprofessor, Diplomat, Außenminister, begann mit *Canciones para cantar en las barcas* (1925, Lieder auf den Booten zu singen), einer Mischung von Postmodernismus und spanischer *poesía popular.* Berühmt sein avantgardistisches Langgedicht *Muerte sin fin* (1939, Tod ohne Ende), 749 Verse in Romanzen-, Seguedilla- und Silva-Form analog zu Sor Juanas *Primero Sueño.* Gedankentiefe, teils existentielle, teils metaliterarische Reflexion über reine Kunst und Tod, Antwort auf die Krise der Avantgarde, Zurückweisung des Creacionismo Huidobros als endlosen Tod der Kunst und des Reine-Kunst-Anspruchs der *Contemporáneos* durch Setzung der Inhalt-Form-Dialektik. Abschied vom Formalismus der Avantgarde.

Jaime Torres Bodet (1902–74), Bibliothekar, Direktor der UNESCO, der die Mitte zwischen romantisch-modernistischer Tradition und radikaler Neuerung hielt, schrieb alogisch-surrealistische, von naiver Einfachheit und Bezug zum Alltag konterkarierte Gedichte (*Cripta*, 1937).

Xavier Villaurrutia (1903–50) verfaßt Nachtstücke in surrealistisch-barocker Schreibweise zu existentiellen Themen: Liebe, Tod, Traum und Nacht (*Nostalgia de la muerte*, 1938, Todesnostalgie), **Bernardo Ortiz de Montellano** (1899–1949) Traumprotokolle in *Sueños* (1933, Träume).

Carlos Pellicer (1899–1977), Mitarbeiter von Vasconcelos im Volksbildungswesen, antiimperialistischer Panamerikanist, unabhängig von *Estridentistas* und *Contemporáneos*, der sehr farbenreich-impressionistisch mit fingierter volkstümlicher Einfachkeit dichtet, ist indigenistisch-amerikanistisch in *Piedra de sacrificios. Poema ibero-americano* (1924, Opferstein. Iberoamerikanisches Gedicht) und neoklassizistisch in *Hora de junio* (1937, Junistunde).

Der *Grupo de Taller* knüpft an die *Contemporáneos* an, fragt nach gesellschaftlicher Funktion von Kunst in der Cárdenas-Ära mit ihren bedeutenden außenpolitischen und sozialpolitischen Maßnahmen (Bodenreform, Verstaatlichung der Erdölförderung), ist prononciert antifaschistisch. **Octavio Paz** (1914–98), *Tallerista* Journalist, Publizist, mit 22 Jahren jüngster Teilnehmer am antifaschistischen Schriftstellerkongreß 1937 in Paris, schrieb engagierte Spaniengedichte: *No pasarán. El barco* (1938, Sie kommen nicht durch. Das Schiff). *Raíz del hombre* (1937, Wurzel des Menschen) ist existentielle, metaphysische Sicht von Liebe, Leben und Tod. Entschied sich zu Weltkriegsbeginn gegen sozialistischen Realismus, aber auch gegen verspielten Avantgardismus; brach mit Neruda und dem Kommunismus, ging zum Surrealismus in *¿Aguila o sol?* (1951, dt. Adler oder Sonne?) über. Suche nach dem Sinn menschlicher Existenz, Metaphysik und Kosmogonie mit Verwandtschaft zu den gleichgearteten Hauptwerken von Sor Juana und

Gorostiza in *La estación violenta* (1957, Heftige Jahreszeit). In Lyrik wie Essayistik (*El laberinto de la soledad*, 1950, dt. Das Labyrinth der Einsamkeit) nehmen vorkolumbisches Denken und Dichten und Mexikanität als kollektives Unbewußtes, Verdrängung, Kulturschock, Psychosyndrom von Violencia und Machismo der Conquista großen Raum ein. Friedenspreis des Deutschen Buchhandels 1984, Nobelpreis 1990.

Espiración 3

Sol de sombra Solombra cegadora
mis ojos han de ver lo nunca visto
lo que miraron sin mirarlo nunca
el revés de lo visto y de la vista

Los laúdes del laúdano de loas
dilapidadas lápidas y laudos
la piedad de la piedra despiadad
las velas del velorio y del jolgorio

El entierro es barroco todavía
en México
Morir es todavía
morir a cualquier hora en cualquier parte

Cerrar los ojos en el día blanco
el día nunca visto cualquier día
que tus ojos verán y no los míos.

Homenaje y profanaciones (1960), in: Lo mejor de Octavio Paz. El fuego de cada día, Barcelona: Seix Barral, 1989, S. 123.

Aushauchen 3

Sonnenschatten blendender Sonnenschatt
meine Augen müssen das Niegesehene sehn
das Geschaute das sie nie geschaut
die Rückseite des Gesehenen und des Gesichts

Der Lautenklang narkotischen Lobgesangs
verstreute Grabmale und Urteilssprüche

das Barmen erbarmungslosen Felsgesteins
die Kerzen der Totenwache und der Trinkgelage

Beerdigen ist immer noch barock
in Mexiko
Sterben ist immer noch
sterben zu jeder Stunde an jedwedem Ort

Heißt Augen schließen hellerlichten Tags
an jenem Tag der keinen Tags noch gesehen ward
den deine Augen sehen werden und nicht die meinen

Efraín Huerta (1914–82), Kritiker, Journalist. Nach hymnischen und kolloquialen Liebes- und Naturgedichten mit whitmanschen epischen Aufschwüngen (*Absoluto amor*, 1935, Absolute Liebe) Wende durch Spanienkrieg zu politischem und sozial engagiertem Dichten. Blieb, anders als Paz, Sozialist, Sowjet- und Kubafreund. Politische Bekenntnisdichtung und lyrische Verarbeitung der Großstadt Mexiko in *Poemas de guerra y esperanza* (1943, Gedichte von Krieg und Hoffnung). Späte *Poemas prohibidos y de amor* (1973, Verbotene und Liebesgedichte) verbinden in vielfältigen Versformen Persönliches und Politisches.

Der Avantgardismus in Mittelamerika geriert sich meist national und politisch. In NICARAGUA artikuliert er sich in Auseinandersetzung mit Daríos Modernismo. Vorläufer der zweisprachige **Salomón de la Selva** (1893–1958) mit *Tropical town and other poems* (1918) und *El soldado desconocido* (1922, Der unbekannte Soldat), **José Coronel Urtecho** (1906–94), Jesuitenschüler, Journalist, beeinflußt von Poe, Whitman, Frost, mit Manolo Cuadra Herausgeber der antimodernistischen katholischen Zs. *Viernes* (1928), 1930 der antisandinistischen Zs. *El correo* und der somozistischen Zs. *La Reacción.* Diplomat Somozas. Gründete 1942 *Taller de San Lucas* mit Pablo Antonio Cuadra. Begründer des neoavantgardistischen Exteriorismus, der sich auf kommentarloses Präsentieren äußerlicher Objekte und kolloquiale, alltagssprachliche Diktion beschränkt und interioristische Dichtung ablehnt. Schrieb Gedichte für eine friedlich-patriarchalische Welt und zur Vanitas-Thematik sowie mythisierende Poeme auf die Ehefrau (*Pequeña biografía de mi mujer*, 1963, Kleine Biographie meiner Frau) und auf Nicaraguas Landschaft als irdisches Paradies (Großer See von Nicaragua als *locus amoenus* in *Popol Vuh*-Tradition). Später prosandinistische Gedichte. Werkausgabe: *Pol-la d'ananta, katanta, paranta* (1970).

Pablo Antonio Cuadra (1912), Herausgeber der avantgardistischen *Cuadernos del Taller de San Lucas* (1942), antisomozistischer Feuilletonist in *La Prensa* und *El Pez y la Serpiente*. Nationalistische *Poemas nicaraguenses* (1934) thematisieren heimatliche Landschaft, ländlich-rustikales Leben, indigene Urbevölkerung, Mythos und Erde. Identifikation des lyrischen Ich als *gran lengua* und *poeta vates* mit tropisch-maritimer Natur Nicaraguas (Paradies-Topos) in *Tierra prometida* (1952, Gelobtes Land). *Cantos de Cifar* (1971) sind Gesänge vom nicaraguanischen Odysseus. Memento für Erdbebenopfer und gefallene Guerilleros ist *Esos rostros que asoman en la multitud* (1976, Jene Gesichter, die in der Masse erscheinen). **Joaquín Pasos** (1914–47), mehrmals eingekerkert. Einfluß von Huidobro, Vallejo, Neruda, Lorca. Melancholische Dichtungen (*Poemas de un joven que no ha amado nunca*, Gedichte eines Jungen, der nie geliebt hat) postum in *Breve suma* (1947, Kurze Summe) mit Gedicht über eigenen Tod und Klage über Hinfälligkeit des Körpers: *Canto de guerra de las cosas. Cementerio* (Kriegsgesang der Dinge. Friedhof). Schrieb mit Coronel Urtecho das antibourgeoise Stück *La Chinfonía burguesa, »opera bufa«* (1937).

In GUATEMALA realisiert Miguel Ángel Asturias die Synthese von Modernismo/Posmodernismo (Modelle: Darío, Barba Jacob, Santos Chocano), französischem Surrealismus und Maya-Poesie (*Popol Vuh*). Als *gran lengua* der

Indios offenbart sich das lyrische Ich in *Sien de alondra* (1949, Lerchenschläfe) und dem Poem *Clarivigilia primaveral* (1965, Frühlingshafter Wachtraum). Beide verbinden surrealistische Traumprotokolle mit Mayatradition und -mythologie, mit indigener Aufhebung okzidentaler Raum- und Zeitordnung und mit antik-mediterraner Bukolik bei Darstellung der guatemaltekischen Landschaft.

Luis Cardoza y Aragón (1904), linker Kulturpolitiker, Kritiker, thematisiert Diktatur und langes politisches Exil in surrealistischen Dichtungen (*Maelstrom*, 1929; *Luna Park*, 1943). Avantgardistische Gruppen mit politisch-antidiktatorialem und sozialem Engagement: *Grupo Tepeus* (1930), *Grupo Acento* mit gleichnamiger Zs., beeinflußt von Lorca, Miguel Hernández, Neruda, mit Autoren wie **Raúl Leiva** (1916–74; *Angustia*, 1942, Angst) und **Otto-Raúl González** (1921; *Voz y voto del geranio*, 1943, Stimme und Votum der Geranie).

Avantgardisten in El Salvador: **Vicente Rosales y Rosales** (1897) bewegt sich mit Landschaftsdichtungen (*El bosque de Apolo*, 1924, Der Wald Apolls) vom Modernismo zur Avantgarde. **Claudia Lars** (1899–1974) schreibt gegenüber der sozialen und politischen Realität evasive, existentielle, ichorientierte Gedichte voll Lebensangst und Todesahnung unter Neruda-Einfluß: *Canción redonda* (1937, Rundgesang). Hugo Lindo drückt katholisches Lebens- und Glaubensgefühl, metaphysische und existentielle Ängste in *Poemas eucarísticos* (1943) und *Sinfonía sin límites* (1953, Grenzenlose Sinfonie) aus.

In Panama verzögerte sich der kosmopolitisch konnotierte Avantgardismus wegen verspäteter Nationalstaatlichkeit zugunsten eines nationalistischen Spätmodernismus mit romantischen Zügen (Zs. *El Cosmos*, *El Heraldo del Istmo*). Den Nationalismus in der Lyrik begründet **Ricardo Miró** (1883–1940), Herausgeber der Zs. *Nuevos Ritos*

(1908–17), nach modernistischem *Patria* (1909) mit *La leyenda del Pacífico* (1919, Die Pazifiklegende), Geschichts- und Landschaftsepos über Vasco Núñez de Balboas Entdeckung der Atlantikküste. Der von Krankheit und Diskriminierung gequälte Negerdichter **Gaspar Octavio Hernández** (1893–1918) bringt seinen Leidensdruck in persönlich-intimistischen Versen auf große dichterische Höhe (*Cristo y la mujer de Sichar*, 1916, Christus und Sichars Frau). **María Olimpia de Obaldia** (1891) betont mit modernistischer Sprache, postmodernistischer Haltung, christlicher Ethik und barockem Vanitas-Topos die konventionelle Frauenrolle als Eheweib und Mutter (*Breviario lírico*, 1925, Lyrisches Brevier). Weibliche, oft ekstatische Sicht der Liebe und Natur bringt **Stella Sierra** (1919; *Sinfonía jubilosa*, 1943) in die Lyrik ein.

Der bedeutendste Poet, **Rogelio Sinán** (1904), Diplomat, Literatur-Professor, Kulturbeamter, schrieb unter Einfluß von Juan Ramón Jiménez und der spanischen *generación del 27* »reine Poesie« (*Onda*, 1929, Welle); nach Europareise surrealistische, onirische, autobiographisch grundierte Dichtungen mit phantastischen Metaphern: *Incendios* (1944, Brandstiftungen).

Ultraist, Mitglied der Gruppe um die Zs. *Antena* unter Einfluß der Generation von 1927, Huidobros und Nicolás Guilléns war **Demetrio Herrera Sevillano** (1902–50) mit *Kodak* (1937). Übergang zu politischer Dichtung in *La fiesta de San Cristobal* (1937, Das Fest von San Cristobal). **Moisés Castillo** (1899) schrieb von García Lorca und Nicolás Guillén inspirierte ländliche *Romances de mi tierra* (1939, Romanzen meiner Erde) mit afrokaribischen Onomatopoesien und Rhythmen, heterosexueller Sinnlichkeit und Protest gegen Rassendiskriminierung.

In Costa rica und Honduras überwiegen spätmodernistische und kreolistische Poeten.

Eine Besonderheit der KARIBIK ist die weltliterarisch bedeutende Afrolyrik, die sich auf die nichtokzidentale Kulturtradition der Negersklaven (Mythos, magisches Ritual, Tanzliedfolklore) stützt. Sie ist sowohl Ausdruck von Transkulturation als von kultureller Heterogenität mit Zügen von Mestizierung. Sie artikuliert kulturelle Identität, Protest und Emanzipationsstreben angesichts Marginalisierung und Diskriminierung der Neger im Zusammenhang mit Modernisierung und Einfluß der US-Kultur durch Tourismus und Wirtschaft, aber auch Lebensfreude und Sinnlichkeit. Die sprachlich-kulturelle Bedrohung durch die USA fördert besondere karibische Rezeptivität für hispanische Tradition (Jiménez' *poesía pura*, die *generación del 27*, Góngora und Barock).

In der oralen, musikbegleiteten Volksdichtung ist auf dem Lande die teils in Zs. verbreitete *décima* (*guajira*) populär. Aus dem kubanischen Oriente kommend erobert sich der Bolero mit meist sentimentalen, klischeehaften Texten über Liebe und Treue in den 20er und 30er Jahren die Music-halls sowie den Rundfunk der Karibik. Frecher, ursprünglicher, aber stärker vom Tourismus vermarktet sind afrokubanischer Son und Rumba, Tanzlieder mit Repetitionen und rufendem Kehrreim, die auch in die literarische Poesie Eingang fanden.

Für KUBA ist charakteristisch das Gegeneinander von popularer Afrolyrik und elitärem Transzendentalismus in der polykulturellen Metropole Havanna als zweigeteilter Topographie von Afro-Vorstädten und okzidental-kreolischer *ciudad letrada* (Ángel Rama). Der Avantgardismus beginnt mit der Bewegung zur Universitätsreform und der José-Martí-Volkshochschulbewegung 1923, mit den dreizehn Intellektuellen der Minoristen-Gruppe unter Varona und Martínez Villena und ihrem Manifest von 1927 gegen Machado und Imperialismus, für Demokratie und für Avantgardismus als »neue Kunst in allen ihren Manifestationen«. Hauptmedium: *Revista de Avance* (1927–30, hrsg. von Marinello, Carpentier und Mañach).

Den Übergang vom Posmodernismo zum Vanguardismo markiert **Regino E. Boti** (1878–1958). Auf neoparnassische *Arabescos mentales* (1913, Mentale Arabesken) und *La torre del silencio* (1926, Der Turm des Schweigens), in denen er die kubanische Lyrik wieder auf die Linie Martí-Casal einschwor, folgten in Technik und Inhalt futuristische Gedichte: *Kodak-Ensueño* (1929, Kodak-Verzauberung), *Kindergarten* (1930).

Mariano Brull (1891–1956), Diplomat, Kritiker, Valéry-Übersetzer (Einflüsse: García Lorca, Jiménez, Valéry) ist Vertreter der *poesía pura,* Erfinder der (nach einem Brull-Vers von Alfonso Reyes sogenannten) *jitanjáforas*, asemantischer, euphonischer, phonemisch-rhythmischer Syntagmata (Nicolás Guillén, Barba Jacob) in *Verdehálago. Poemas en menguante* (1928, Grünschmeichel. Verschwindende Gedichte) und *Canto redondo* (1934, Rundgesang).

Rubén Martínez Villena (1899–1934), Minoristenchef, Sozialist, Gewerkschaftsführer, ist lyrischer Gefühlsironiker. Sein Gedichtband *La pupila insomne* (1936, Die schlaflose Pupille) hatte mit seiner Aktivität als Studentenführer und Streikorganisator gegen Machado wenig zu tun. Sein Avantgardismus liegt im ironisch-sarkastisch-elegischen Vorführen der Konventionen und Verlogenheiten des bürgerlichen Alltags und im sprachgenauen, worteinfachen Stil (*Canción del sainete póstumo*, Lied vom postumen Sainete; *Defensa del miocardio inocente*, Verteidigung des unschuldigen Herzkranzes). Moderaten dadaistisch-surrealistischen Humor entfalten **José Z. Tallet** (1893–1989) in *La semilla estéril* (1951, Die sterile Saat) und **María Villar Buceta** (1899–1977) im Gefolge Jules Romains' in *Unanimismo* (1927).

Regino Pedroso (1896–1983) schrieb außer exotischer und postmodernistischer (*Las canciones de ayer*, 1926, Die Lieder von gestern) sozial engagierte Lyrik mit futuristischer Begeisterung für Maschinen, Mechanik und neue Dynamik (*Salutación fraterna al taller mecánico*, Brudergruß der Schlosserwerkstatt) in *Nosotros* (1933, Wir). Es gab eine Vielzahl avantgardistischer Lyrikerinnen: **Serafina Núñez** (1913), Schülerin von Juan Ramón Jiménez während des Kuba-Exils (*Vigilia y secreto*, 1941, Nachtwache und Geheimnis), **Rafaela Chacón Nardi** (1926), surrealistisch-onirisch in *Viaje al sueño* (1948, Reise in den Traum).

Dulce María Loynaz (1901–97) konterkariert abstoßend empfundene Realität durch imaginierte Gegenwelten in *Versos* (1920–38) und *Juegos de agua* (1939–55, Wasserspiele). Einflüsse: Tagore, Jiménez. Ihre Gedichte über Haus, Natur, Dinge des Alltags und Sinn des Menschenlebens werden sprachlich immer einfacher bis zu Prosagedichten (*Poemas sin nombre*, 1955, Gedichte ohne Namen). Cervantes-Preis 1992.

Eugenio Florit (1903), Diplomat, Lehrer in den USA, schrieb nach postmodernistischen *32 poemas breves* (1927, 32 Kurzgedichte) von Jiménez' *poesía pura* geprägte formalistische, metaphernreiche, wortasketische Lyrik-Exerzitien (*Reino*, 1938, Reich).

Emilio Ballagas (1910–54), Pädagoge, verfaßte emotive Dichtungen zu allgemein-menschlichen Themen voller Wortspiele und Preziosität (*Poema de la ele*, L-Gedicht, in *Júbilo y fuga*, 1931–39, Jubel und Flucht) und afrokubanische Poesie im *Cuaderno de poesía negra* (1934) mit berühmter *Elegía de María Belén Chacón*, Elegie auf eine Rumbatänzerin.

Die *Orígenes*-Gruppe (*Trascendentalistas*) schreibt elitäre Lyrik in suggerierender Geheimchiffre für spezialisierte Superleser. Ihr metaphorischer, symbolischer und allegorischer Abstraktionismus und Neogongorismus verbleibt innerhalb der Sprache und nimmt Realität kaum zur Kenntnis. Zs.: *Verbum* (1937), *Espuela de Plata* (1939), *Nadie parecía* (1942) und *Orígenes* (1944).

José Lezama Lima (1912–76), Haupt von *Orígenes*, aus kultivierter Oberschicht, hochbelesen, philosophisch gebildet, homoerotisch. Hermetischer Neogongorist. Sein eigentliches Leben waren Literatur und Sprache. Seine frei rhythmisierten Gedichte (*Muerte de Narciso*, 1937, Der Tod des Narziß) sind vernetzte Allegorien, Symbole, Anspielungen, hermetische neogongorinische Verrätselungen mit barocker Syntax und ständigem Entgleiten des Sinnes. In *Dador* (1960, Spender) erreicht er maximale Ästhetisierung, Erotisierung und Ausdruckskraft der Sprache. Fortschreitende Metaphorisierung und Entwirklichung eines zufälligen Kneipenbesuchs in höhere poetische Wirklichkeit in Mischung von Prosa und Poesie in ungleicher Strophik in *El coche musical* (Musikalische Kutsche), orphische Sprachsinfonie über kubanische Karnevalsmusik als metaphorisches Fest dichterischer *escritura* mit zahllosen historisch-kulturellen Bezügen, semantischer Indeterminiertheit und epiphanischer Apotheose der Maskenzüge zur allegorischen Figura als Sichtbarmachung des Unsichtbaren. Programmatische Essays: *Analecta del Reloj* (1953, Uhr-Analekten), *Tratados en La Habana* (1958, Traktate in Havanna).

Ángel Gaztelu (1914), spanischer Priester in Havanna mit rhythmischen und technischen Innovationen (*Gradual de laúdes*, 1955, Lautengradual). **Cintio Vitier** (1921), Kritiker, Lehrer, verfaßte intellektuelle, formal perfektionierte existentielle Seins- und Daseinslyrik (*Extrañeza de estar*, 1943, Seltsamkeit des Daseins). **Fina García Marruz** (1923) thematisierte religiös-intimistisch Familie, Vergänglichkeit und Ewigkeit in einfachen Versen in Nachfolge von Jiménez' *poesía pura* (*Transfiguración de Jesús en el monte*, 1947, Jesu Verklärung auf dem Berg). **Eliseo Diego** (1920–94), Englischlehrer, Bibliothekar, Katholik, schuf subtile Dichtungen als Gegenwelten zur korrupten und gewalttätigen Realität aus christlich-ethischer Verantwortung. Einflüsse: Augustinus, Franz von Assisi, Camilo Torres; Juan Ramón Jiménez, Siglo de Oro, angelsächsische und deutsche Romantiker, Rilke. Seine asketische Schlichtheit kontrastiert mit Lezama Limas Erotismus und Neobarock. Existentiellindividuelle Dichtung nach Lebensaltern, Evokation der Kindheit als verlorenem Paradies und Chiffre der Vergänglichkeit vor allem in *En la calzada de Jesús del Monte* (1949, Auf der Chaussee Jesús del Monte). Seine Dichtung ist Suche nach dem Wesentlichen und Transzendenten jenseits der brüchigen Realien. Wenig Liebeslyrik, aber Familiendichtung und Liebe zu den Dingen des Alltags. Elegische Todesahnungen in Altersgedichten (*En mi espejo*, 1981, In meinem Spiegel). Rulfo-Preis 1993.

Die afrokubanische Lyrik rekurriert auf ursprüngliches, infolge der magisch-beschwörenden Macht des Wortes metaphernloses Benennen der Dinge in Ritualen, Legenden und Bräuchen der Neger, ethnologisch aufgearbeitet durch **Fernando Ortiz** (1881–1969), Negerfolkloreforscher, Antirassist, Gründer der *Sociedad de Estudios Afrocubanos* (*Los factores humanos de la cubanidad*, 1940, Die menschlichen Faktoren der Kubanität). Sammlungen: *Antología de poesía negra hispanoamericana* (1935, hrsg. von Ballagas) und *Orbita de la poesía afrocubana* (1938, hrsg. von Guirao). **Nicolás Guillén** (1902–89), Hauptvertreter der afrokubanischen Lyrik, Mulatte, Senatorensohn, Beamter, Journalist, wurde durch Wirtschaftskrise, Batista-Diktatur und Rassendiskriminierung politisch und sozial sensibilisiert (*Ideales de una raza*, 1929). Wegen regimekritischer Artikel inhaftiert, im Bürgerkrieg Korrespondent in Spanien, KP- und ZK-Mitglied. Von Batista-Diktatur verfolgt, exiliert, nach 1959 Präsident der UNEAC (Schriftsteller- und Künstlerverband). Nach modernistischem und futuristischem Frühwerk (*Pequeña oda a un negro boxeador cubano*, 1929, Kleine Ode auf einen kubanischen Negerboxer) Sensationserfolg mit *Motivos de son* (1930, Son-Motive), antimodernistisch-antiromantischen Alltags- und Liebesgedichten (*Negro Bembón,* Wulstlippenneger) in anapästischem oder *esdrújulo*-Maß mit asemantischen Interjektionen, afrokubanisch deformierter Umgangssprache und Rhythmus von Son und Rumba, schlagerartiger Afro-Tanzliedfolklore. *Sóngoro co-*

songo (1931), mulattische Gedichte der Verklärung physischer und mentaler Rassenmischung mit der *mulata* als personalem *mestizaje*-Symbol, Mischung spanischer Romanze mit Afrofolklore, Achtsilber mit hämmernden, wechselnden Afrorhythmen und asemantischen, rhythmisch-phonemischen *jitanjáforas* (*sóngoro cosongo*).

Ya yo me enteré, mulata,
mulata, ya sé que dise
que yo tengo la narise
como nudo de cobbata.

Y fíjate bien que tú
no ere tan adelantá
poqque tu boca e bien grande,
y tu pasa, colorá.

Tanto tren con tu cueppo,
tanto tren;
tanto tren con tu boca,
tanto tren;
tanto tren con tu sojo,
tanto tren.

Si tú supiera, mulata,
la veddá;
que yo con mi negra tengo,
yo no te quiero pa na!

Obra poética 1920–1958, Bd. 1, Havanna: Instituto Cubano del Libro, 1972, S. 104.

Ich kenn, Mulattin, die Schoten,
die du von mir erzählst. Dich stört
meine Nase, hab ich gehört,
sieht aus wie ’n Krawattenknoten.

Aber denk dran, auch du
bist längst nicht so weiß, wie du scheinst,
dein Mund ist dir großgeraten,
deine Loden dunkler, als du meinst.

Soviel Schwung dein Leib,
soviel Schwung;
soviel Schwung dein Mund,
soviel Schwung;
soviel Schwung deine Pupillen,
soviel Schwung.

Ach wüßtest du doch, Mulattin,
die Wahrheit: wie toll ichs jeden Tag
mit meiner Negerin treib
und dich überhaupt nicht mag.

Sie gingen Gitarren jagen, hrsg. und übers. von Hans-Otto Dill [u. a.], Berlin: Volk und Welt, 1977, S. 17.

West Indies Ltd. (1934), Versepos über Karibik als Inselarchipel mit tropisch-maritimer Natur, mulattischer Bevölkerung, Zuckermonokultur, bedrohlicher USA-Nähe, armen Zuckerrohrschneidern, Arbeitslosen, gewaltbereiten Militärs und Abzockerpolitikern, metaphorisch als gigantischer US-Konzern dargestellt. Theatralisch-karnevalistische Inszenierung mit vielen Rollen und Chören, Liedeinlagen, Gesängen wechselnden Versmaßes (Einflüsse: Whitman, Villon, Verlaine, Hughes). *España, poema en cuatro angustias y una esperanza* (1937, Spanien, Poem in vier Ängsten und einer Hoffnung), Solidaritätserklärung an Spanien im Bürgerkrieg, ist Evokation hispanischer Kulturtradition (García Lorca, Góngora, Lope de Vega). *El son entero* (1947, Der ganze Son) beschwört kubanische Hölzer, Landschaft, Inseln als poetische Wiederherstellung des ganzen, von den Verhältnissen fragmentierten Menschen, *La paloma de vuelo popular* (1958, Die Taube im volkstümlichen Flug) ist amerikanistische Reminiszenz von Reisen in die Länder Lateinamerikas, ihrer Natur, Menschen und Lieder. Die *Elegía a Jésus Menéndez* (1948), auf einen von Soldateska ermordeten Gewerkschaftsführer, ist polyphones Versepos mit Montagen von Lopeschem Romanzenvers, Silvas, Son- und Rumba-Rhythmen, biblischen Versetten,

Prosablöcken und Nerudaschen chaotischen Enumerationen, Anaphern, Dokumenteinschüben (Aktienkurse, Zeitungsausschnitte).

Weitere Afro-Schriftsteller: **Ramón Guirao** (1908–49, *La bailadora de rumba*, 1928, Die Rumbatänzerin), **Lino Novás Calvo** (1905) mit dem Roman *Pedro Blanco, el negrero* (1933, Pedro Blanco, der Sklavenhändler) und *Cuentos negros de Cuba* (1940, Negergeschichten aus Kuba) von **Lydia Cabrera** (1899–1991) gehören in diesen Kontext.

In PUERTO RICO verwirrt die Vielzahl rivalisierender avantgardistischer Gruppierungen und Zs.: Pancalismo, Panedismo, Diepalismo, Noísmo, Euforismo, Atalayismo, Integralismo. **Luis Lloréns Torres** (1878–1944), Begründer des pantheistisch-avantgardistischen Pancalismo, Nationaldichter mit patriotischen, karibischen und amerikanistischen Tönen in *La canción de las Antillas* (1929) und *Alturas de América* (1940, Die Höhen Amerikas). **Cesáreo Rosa-Nieves** (1901–74), Begründer des Noísmo (1925) und Ensueñismo (1954), schrieb *Siete caminos con luna de sueños* (1957, Sieben Wege mit Traummond). Noist ist der surrealistische **Vicente Palés Matos** (1903–63; *Viento de espuma*, 1945, Schaumwind), **Julio Soto Ramos** (1903) erfand den visualistischen Cumarisotismo (*Relicuario azul*, 1933, Blaues Reliquarium).

Der bedeutendste Lyriker der Insel, **Luis Palés Matos** (1898–1959), begründete den Diepalismo, eine Negrismo-Variante mit asemantischen Onomatopoesien, lautlich-rhythmischen Stilisierungen (*jitanjáforas*) und trommelnden Wiederholungen von Tanz- und Straßenszenen, chaotischen Enumerationen und humoristischer Aufarbeitung afropuertoricanischen Ritual-Erbes (*ñáñigo del cielo*, 1937, Himmelsñañigo). Trotz einiger Konzessionen an touristischen Exotismus ist seine Dichtung Behauptung antillischer Kulturidentität (*Majestad negra*, 1934, Schwarze Majestät; *Elegía del Duque de la Mermelada*, 1930, Elegie vom Marmeladenfürsten), Beschwörung heimatlicher Erfahrungen aus Guayana, treffende Schilderung tropisch-provinzieller Dorf- und Stadtlandschaften, von Zuckerrohrzafra und *tiempo muerto*, sozialökonomischer Misere der Bewohner. Diese poetische Welt wird gesehen aus der Perpektive und Stimmungslage eines protestantisch-jüdischen Ich unter animistisch-katholischen, kulturell andersartigen Negern, deren Afro-Erbe er als Teil der Nationalkultur sieht, ohne Blick für Rassendiskriminierung, der kulturellen Heterogenität bewußt, angewidert angesichts kultureller anglophoner Überfremdung und Mediokrität einheimischer Politikaster, Bourgeois und Oligarchen. Übernimmt avantgardistische Bilder aus moderner Technik- und Maschinenwelt. Einflüsse: Nicolás Guillén, Neruda, Nietzsche, Whitman.

In der DOMINIKANISCHEN REPUBLIK wurden die meisten Strömungen Puerto Ricos übernommen. Neuerer war **Rafael Américo Henríquez** (1899–1969), Kodirektor der Zs. *La poesía sorprendida* (1943–47), beeinflußt von Góngora und García Lorca in *Rosa de tierra* (1944, Landrose). Existentielle Gedichte unter Nerudas Einfluß schrieb **Antonio Fernández Spencer** (1923) mit *Vendaval interior* (1944, Innerer Südwest).

Bedeutendster Avantgardist in typisch antillanischer Mischung von futuristischer Dynamik, elementaristischer Identifizierung mit Meer und Tropen, popularer Afrodichtung, Sex und antiimperialistischen Aufschwüngen unter Einfluß der spanischen *generación del 27* ist **Manuel del Cabral** (1907), Diplomat, mit *12 poemas negros* (1935, 12 Negergedichte), *8 gritos* (1937, 8 Schreie), *Trópico negro* (1941, Schwarze Tropik). Einflüsse: Nicolás Guillén, Whitman, Neruda, Borges, spanische *generación del 27. Compadre Mon* (1943) ist lyrisch-epische Schöpfung eines fiktiven dominikanischen Volkssängers nach Art *Martín Fierros* und Guilléns *Cantaliso* mit Betonung des musikalischen (onomatopoetischen und rhythmischen) und ethnischen (negroiden) Elements. Problematisiert fragwürdigen Fortschritt, soziales Unrecht und Diskriminierung, bedrohlichen US-Einfluß und moderne metropolitane Lebensweise. Zugleich denunzierende Paraphrase der politischen und Sozialgeschichte der zurückgebliebenen, von der Modernisierung und Urbanität isolierten Region Cibao. In die Darstellung sind lebendige orale Afro-Traditionen und -Volkstypen inkorporiert.

Der Phantastik, dem Universalismus und Lateinamerikanismus des Neuen Romans und den neuen Themen des Postbooms und der Postmoderne ist der Roman *El presidente negro* (1973, Der schwarze Präsident) verpflichtet. Er handelt von einem schwarzen US-Präsidenten und seinen Erfahrungen in der Dominikanischen Republik. Seine Alternative zur entfremdeten Stadtgesellschaft, soziale Gerechtigkeit ohne Rassentrennung, Machismo, Umweltzerstörung, Polykulturalität und sexuelle Selbstbestimmung, als Theaterstück inszeniert, bezahlt der Protagonist mit dem Leben.

Brasilianischer Modernismus als Avantgardismus

In Brasilien dominierte bis zum Ersten Weltkrieg statt des hispanoamerikanischen »amerikanistischen« Modernismo und Posmodernismo ein französisch-portugiesisch beeinflußter Parnasianismo als offizieller Diskurs der *Academia Brasileira de Letras*. Der brasilianische Avantgardismus, der mit dem hispanoamerikanischen den schroffen Traditionsbruch gemeinsam hat, war antiparnassianisch statt antimodernistisch und nannte sich »Modernismo«. Von der europaorientierten, kosmopolitischen hispanoamerikanischen Avantgarde unterschied er sich, mehr der antillischen Afrolyrik verwandt, trotz Anleihen bei Dada (schwarzer Humor) und Surrealismus (Metaphorik) durch betonten Antieuropäismus, Brasilianismus, Indianismus und Negrismus. Moderater, im hispanoamerikanischen Sinne »postmodernistischer« Vorläufer der Avantgarde, des Regionalismus und des späteren *novo romance brasileiro* war der Verleger und KP-Sympathisant **José Bento Monteiro Lobato** (1882–1948), der sich dem alltäglichen Volksleben des Sertão zuwandte und die Alltagssprache auch in vulgärer Variante verwandte in *Urupês* (1918), pessimistischen Erzählungen, deren Protagonist der sprichwörtlich gewordene *caboclo* Jeca Tatú ist, Inkarnation von Apathie, Indolenz, Faulheit, Initiativlosigkeit und Aberglauben, Symbol mentaler Rückständigkeit.

Offizieller Beginn der Avantgarde war die von jungen Gegnern des offiziellen Literaturbetriebes vom 13.–17. Februar 1922 organisierte *Semana de arte moderna* in São Paulo mit Lesungen, Diskussionen, Konzerten von Villa-Lobos, Ausstellungen von Malfatti. Nach der *Semana* bildeten sich Gruppen mit Zs. und Manifesten (der Modernismo produzierte mehr Manifeste als Lyrik): *Klaxon* (1923, São Paulo), *Estética* (1924, Rio), *A Revista* (1925, Belo Horizonte). *Manifesto da Poesia Pau-Brasil* (1924) um Oswald de Andrade. Die Gruppe *Verde-amarelismo* (1927) um Plinio Salgado mit futuristischem Manifest *O Curupira e o Carão*, benannte sich 1927 zur indiophilen Gruppe *Anta* (nach dem Totemtier der Tupí) um.

Paulo Menotti del Picchia (1892–1988), Bankier, Politiker, Journalist, futuristischer Wortführer, verfaßte als nationalistischer Verdemarelist die faschistoide Gedichtsammlung *República dos Estados Unidos do Brasil* (1928).

Oswald de Andrade (1890–1954), Journalist, Anarchist, KP-Mitglied 1931–45, kombinierte europäischen Futurismus und Kubismus mit autochthonen Elementen im *Manifesto da poesia Pau-Brasil* (1924) mit brasilianisch-antieuropäischer Tendenz (»Was ist Wagner gegen den Karneval von

Rio?«), antirealistisch, antiharmonisch, für Überraschung, Erfindung, Geometrie und Synthese. Autochthon-avantgardistische Gedichte in *Pau-Brasil* (1925). Daraus *Escapulário*:

No Pão de Açucar
De Cada Dia
Dai-nos Senhor
A Poesia
De Cada Dia.

Poesias reunidas, São Paulo: Difusão Européia do Livro, 1966, S. 67.

In dem täglichen
Zuckerhut
gib uns, Herr,
unsere tägliche
Poesie.

Sein *Manifesto antropófago* (1928, Menschenfressermanifest) in der *Revista de Antropofagia* drückte unter Berufung auf Lévy-Bruhl und Freud Zivilisationsüberdruß und ekstatisches Bekenntnis zur unverdorbenen Natur Brasiliens und den von den Europäern als Kannibalen verpönten Indios aus, Gleichnis des lateinamerikanischen Literaten als Allesfresser, der sich synkretisch-polykulturell alle Literaturen einverleibt und mit indianischem Magen zu Eigenem verdaut. Die politische und anthropophagische Kulturrevolution soll das Patriarchat durch das Matriarchat ersetzen, eine Synthese von Naturmensch und Technik mit Freizeit für alle auf vergesellschafteter Erde schaffen.

Mário de Andrade (1893–1945), Musiklehrer, kommunaler Kulturpolitiker in São Paulo, »Papst des Modernismus«, schrieb *Paulicéia desvairada* (1922, São Paulo im Delirium), 22 untraditionelle Gedichte über die Faszination der Großstadt São Paulo mit Distanzierung vom europäischen Futurismus im Manifest-Vorwort. Seine Dichtung in kolloquialem Brasilianisch, mit Regionalismen und lyrischer Transponierung von Volkstänzen und -liedern, drückt die ethnokulturelle Identität Brasiliens durch Identifikation des lautespielenden lyrischen Ich mit Tupí-Indianern aus. *Losango Cáqui* (1926, Rhombus in Khaki) ist humoristische Desakralisierung tradierter Lyrik-Themen (Liebe, Landschaft, Vaterland) und respektlose Apologie des Brasilianers, seiner Faulheit, Vergnügungssucht und Disziplinlosigkeit. Formale Innovationen: typographische Dichtung, Collage, Assoziationsmechanismen. *Remate de males* (1930, Krönung der Übel) schafft durch deformierte, zusammenhanglose Wortfetzen, ungewöhnliche Metaphern, Pausen, Ambiguitäten eine magisch-surreale Atmosphäre. Kryptik und Hermetismus wechseln mit popularer Volksliedhaftigkeit und verschmelzen zu *Lira paulistana* (1945).

Manuel Bandeira (1886–1968), Ingenieurssohn, Freund Éluards, Kritiker, Literaturprofessor, artikuliert in *Carnaval* (1919) Unbehagen und Bewunderung beim brasilianischen Volksspektakel. Fern der Gruppen und Manifeste ist er stiller Worthandwerker in *Poesias* (1924) über traditionelle persönliche Themen (Liebe, Melancholie) in Freivers, Umgangssprache und dadaistischem Humor. *Libertinagem* (1930) zeigt avantgardistische Erneuerungstendenzen.

Jorge de Lima (1893–1953), Mestize, Mediziner, Abgeordneter, verknüpfte regional-bodenständige Themen mit kosmopolitisch-avantgardistischer Form: 1927 futuristische *Poemas* mit *G. W. B. R.* (Gedicht auf die Eisenbahn), 1928 afrobrasilianische Verse (die Romanze *Essa negra Fulô* ist in nuce eine Geschichte der Sklaverei in Brasilien), 1947 *Poemas negros*. Nach neoklassizistischem *Livro dos Sonetos* (1949) hermetisches Alterspoem mit surrealistischer Metaphorik: *Orfeu da Invenção* (1952, Orpheus der Erfindung).

Der Modernismo, politisch durch Wirtschaftskrise und Vargas-Diktatur obsolet, wird durch den sozial engagierten, oft religiös grundierten Pos- und Neomodernismo abgelöst.

Carlos Drummond de Andrade (1902–87), Lehrer, Journalist, Beamter, beschloß experimentelle Phase des Modernismo mit *Alguma Poesia* (1930, Irgendein Gedicht). *Brejo das Almas* (1934, Sumpf der Seelen), sachliche Momentaufnahmen des Alltags, ist Darstellung existentialistischen In-der-Welt-Seins, Ontologisierung von Liebe, Familie, Freundschaft, Vaterland, Dichten, Konfrontation des lyrischen Ich mit kulturellem Kontext, metaphysische Spekulation über Begrenztheit menschlicher Erkenntnis und Dunkelheit eigenen Dichtens als *opaco* und *quarto escuro*. Metaliterarische Problematisierung der Literatur als sprachlicher Existenz zwischen »unreiner« Referentialität und autonomer Immanenz der Struktur, Sorge um Poesie in Massen- und Mediengesellschaft. Technisch: Zusammenfügung nicht-kontingenter Worte, Juxtaposition von Konkreta und Abstrakta, entlegene Assoziationen, Diskurs-Mischung (Sport, Politik, Philosophie). Im Zweiten Weltkrieg Thematisierung des Friedens, Propagierung sozialistischer Utopie in *Sentimento do Mundo* (1940, Gefühl der Welt), *José* (1942) und *A Rosa do Povo* (1942, Die Rose des Volkes) über die Aporie Schriftsteller – Volk. Erotische Alterslyrik: *Amor, Amor* (1975).

Cecília Meireles schrieb intimistische Lyrik aus weiblicher Perspektive in *Viagem* (1939, Reise) und *Doze Noturnos da Holanda* (1952, Zwölf Nokturnen aus Holland).

Murilo Mendes (1901–75), Bankier, Journalist, Lehrer, Diplomat, ist Surrealist mit *écriture automatique* und Traumprotokoll in *Poemas* (1930). Behandelte pazifistische und politisch-soziale Thematik während des Zweiten Weltkrieges in *Mundo Enigma* (1940, Rätsel-Welt), verkündete mystisch-religiöse völkerversöhnende Utopie in *Poesia Liberdade* (1948). **Vinícius de Moraes** (1913–80) füllt nach Avantgarde-Erfahrung klassische Genres (Sonett, Kanzone) mit sozialen und philosophischen Inhalten (*Novos Poemas*, 1938). War auch Sambatexter und -sänger.

Die avantgardistische Erzählprosa

Die avantgardistische Erzählprosa hat futuristische, surrealistische und dadaistische Elemente (Psychoanalyse, Traumprotokoll, fragmentierte Wirklichkeit, Film-Montagetechnik, verrenkte Syntax, Technik-Metaphern). Statt wahrscheinlicher realistischer Kausalhandlung unheimliche, unerklärliche Geschehen. Psycho-Vorgänge sind nicht Produkt sozialen Milieus, sondern genuin individuelle Phänomene mit phantastischen Folgen. Häufige *mise en abyme*, Behandlung poetologischer Fragen, literarischer Techniken und der Entstehung des Romantextes innerhalb der Diegesis. Enger Lyrikbezug bei Personalunion Lyriker/Erzähler: Vicente Huidobro greift in *Cagliostro* (1934) auf den avantgardistischen Experimentalfilm zurück. Torres Bodet verfaßte Romane (*Margarita de niebla*, 1927, Nebelmargarita) entsprechend der *Contemporáneos*-Poetik.

Arqueles Vela (mex 1899–1977), estridentistischer Poet, schrieb den futuristischen Roman *La señorita etcétera* (1922, Fräulein Undsoweiter), **Gilberto Owen** (mex 1905–52), Theatermann der *Contemporáneos*, die *Novela como nube* (1928, Roman als Wolke), der Ecuadorianer **Pablo Palacio** (1906–47) den kafkaesken Antiroman *Vida del ahorcado. Novela subjetiva* (1929, Leben des Erhängten. Subjektiver Roman) sowie ungewöhnliche Ereignisse und exzentrische Personen schildernde Erzählungen (*Un hombre muerto a puntapiés*, 1927, Ein zu Tode getretener Mann). **Martín Adán** (1908–85) verfaßte *La casa de cartón* (1928, Das Papphaus), den einzigen avantgardistischen Roman Perus.

Pablo Nerudas *El habitante y su esperanza* (1926, Der Bewohner und seine Hoffnung), Vorläufer des Neuen Romans, ist eine vom personalen homodiegetischen Erzähler berichtete Dreiecks-, Eifersuchts- und Mordgeschichte unter Pferdedieben mit surrealistischen Traumprotokollen, dadaistisch gebrochener Syntax und Handlungsfetzen.

Ein Vorläufer phantastischer Prosa ist **Rafael Arévalo Martínez** (gua 1884–1975), Journalist, Diplomat. Seine groteske, antimimetische, antirealistische, metaphorisch-symbolische Phantastik erinnert an Dada, den Surrealismus, Jarry und Apollinaire. Spezialität: »psychozoologische« Kurzromane über archetypische Tiere mit charakteristischem Äußeren (Pferd, Hund, Tiger, Maulwurf), das sie bestimmten Menschen(typen) leihen. Weder Tiergeschichten à la Kipling oder Quiroga, noch Fabeln à la Äsop oder La Fontaine, sondern Metaphorisierungen in Richtung von Kafkas *Die Verwandlung*. Tieräußeres steht für Menschenpsyche (Einfluß: Nietzsche, Darwin, Nahua-Mythologie). Die Löwin in *La signatura de la esfinge* (1933, Die Unterschrift der Sphinx) ist Gabriela Mistral. Der Dichter Barba Jacob ist Modell für *El hombre que parecía un caballo* (1915, Der Mann, der ein Pferd schien).

Der Surrealismus hatte besondere Affinität zur phantastischen Literatur. **Jenaro Prieto Letelier** (chi 1889–1946), Jurist, Hypnosespezialist, schrieb mit *Un muerto de mal criterio* (1926, Ein Toter mit schlechtem Urteilsvermögen) einen kafkaesken Roman: Ein Richter muß im Jenseits weiter amtieren und Urteile fällen. *El socio* (1928, Der Sozius) thematisiert psychopathologische Besessenheit, Persönlichkeitsverdopplung und Rollentausch. Statt biographieorientierter Fabel ein alptraumhafter, unheimlicher, den Protagonisten zerstörender Vorgang im Stil Pirandellos und surrealistischer Traumprotokolle. Julián Pardo erfindet aus kommerziellen Gründen einen Sozius, der ihn wach- und alptraumartig als seine eigne, ihm entfremdete Person in Besitz nimmt und zum Selbstmord treibt.

Die phantastische Literatur ARGENTINIENS formiert sich um die Zs. *Sur* von **Silvina Ocampo** (1903–93), Verfasserin von Kurzerzählungen aus kindlich-phantastischer Erzählperspektive, und **Victoria Ocampo** (1890–1973), die mit Borges die Literaturszene in Buenos Aires beherrschten. Borges setzt die Phantastik als narrative Metaphysik gegen realistische und surrealistische Prosa durch. Ohne Rücksicht auf Realität und Wahrscheinlichkeit werden philosophische Theoreme narrativ demonstriert. Gegen eine die Emotionalität des Lesers ansprechende Psychologisierung und Verinnerlichung des irrationalistischen Surrealismus, mit denen er als Rationalist nichts anfangen konnte, setzte Borges die äußere, spannende Fabel und die die Denkarbeit und Imagination des Lesers stimulierende phantastische Kriminal- und Abenteuererzählung. *Historia universal de la infamía* (1935, dt. Universalgeschichte der Niedertracht) erzählt Abenteuergeschichten aus aller Welt nach. Phantastische, philosophische und Kriminalgeschichten, deren innerstes Zentrum stets das Metaphorische ist, sind ideale Vehikel für seine rationalistische Denkphantasie. In ihnen demonstriert er Metaphysik als Spiel des Zufalls, spielt er narrativ philosophische Theoreme (Zeit, ewige Wiederkehr, Gleichzeitigkeit aller Zeiten, Zufälligkeit) in *Ficciones* (1944, dt. Fiktionen), *El aleph* (1949, dt. Das Aleph), virtuelle Welten und doppelte Existenz in *El hacedor* (1960, dt. Borges und ich), *El otro* (1975, dt. Der Andere) durch.

Der rationale Erzähler löst vermittels labyrinthischen Denkens Mysterien und Rätsel (*El jardín de los senderos que se bifurcan*, 1941, dt. Der Garten der Pfade, die sich verzweigen). Als angewandte Metaphysik ähneln die Narrationen seinen Essays (*Discusión*, 1932; *Otras inquisiciones*, 1952, dt. Weitere Nachforschungen). Der passionierte Bibliothekar und Leser Borges illustriert die Bedeutung und Verselbständigung des Buches in der Gutenbergära (*La Biblioteca de Babel*), erfindet in phantastischen Bibliographien inexistente Bücher und Länder (*Tlön, Uqbar, Orbis Tertius*). Phantastischste Imaginationen versieht er durch akribische Fakten mit dem *effet du réel*, um den Leser für den methodischen Zweifel (Einfluß Descartes', Humes, Berkeleys, Schopenhauers) zu sensibilisieren, wobei er nicht nur einen hochgebildeten Superleser voraussetzt, sondern entsprechend eigenem Schreiben als Umwandlung von Lektüreerfahrungen die kreative Rolle des Lesers der des Autors gleichsetzt. Quellen: hellenische und mittelalterliche Philosophie, Kabbala, Averroes, Nietzsche, altnordische Literatur.

Phantastisch ist der erste Roman von Borges' Freund **Adolfo Bioy Casares** (1914–99), *La invención de Morel* (1940, dt. Morels Erfindung), in dem das Erzähler-Ich auf einer Insel eine kinematographische Versuchswelt für real hält – erste literarische Annäherung an das brisante Thema medialer Beeinflussung. Bioy Casares, Großgrundbesitzerssohn, Meister des Humors und der Parodie, ist Gegner des Realismus. Da alle narrativen Elemente nur funktional im Ganzen des Textes zählen, rehabilitiert er die von den Surrealisten diffamierte Fabel. Seine Geschichten beweisen eine metaphysische These oder führen unterschiedliche Interpretationen eines rätselhaften Vorgangs vor. Er entdeckt das Unheimliche, Rätselhafte, Kriminalistische im Alltag der Bonaerenser Vorstädte sowie in der massenpsychologischen Praxis der Perón-Diktatur in einer therapeutischen Selbstanalyse Argentiniens. *El sueño de los héroes* (1954, dt. Der Traum der Helden) negiert die zeitliche Sukzession zugunsten des Zusammenfließens synchroner Zeiten: Ein Mann sucht nach einem Fetzen seiner in einer alkoholisierten Karnevalsfeier verlorenen Vergangenheit (einer Messerstecherei) und findet diese schließlich in seiner unheldischen Gegenwart in erneuter *cuchillada*. Heldenmythos wird als unbewußte Verdrängung der Vergangenheit entlarvt. *Diario de la guerra del cerdo* (1969, dt. Tagebuch des Schweinekrieges) führt die eliminatorische Diskriminierung einer Minoriät, der alten Menschen, durch Massensuggestion als Allegorie der Demagogie populistischer Diktaturen vor.

Ein plebejischer Vorgänger der Darstellung großstädtischer Psycho-Vorgänge mit phantastischer Handlungsführung ist **Roberto Arlt** (1900–42), Redakteur, Gerichtsreporter, *Boedo*-Mitglied, Sohn mittelständischer deutsch-italienischer Immigranten mit sozialistisch-anarchistischen Ideen. Entdeckte die unheimliche Phantastik von Buenos Aires in Romanen (Anreger: Dostojewski, Gorki, Stevenson, Conrad), die die psychisch-ideologische Welt der Kleinbürger, Gauner, Straßenhändler, Einwanderernachkommen beschreiben. Mit *El juguete rabioso* (1926, Das wütende Spielzeug) beginnt der Buenos-Aires-Roman mit Protagonisten von unten, nicht als Kollektiva, sondern als einsame, wahnsinnige, skurrile Individuen mit komplexer Psychologie in großstädtischer Anonymität. Der »scheiternde Aufsteiger« Silvio, jugendliches Mitglied einer Diebesbande, realisiert seinen Traum über mehrere berufliche Stationen bis zum Denunzianten. Eine typisch avantgardistische Fabel strukturiert *Los siete locos* (1929, Die sieben Verrückten) mit der Fortsetzung *Los lanzallamas* (1931, Die Flammenwerfer). Unheimliche, surrealistisch-futuristische Vorgänge werden ausgelöst durch die Großstadtkreatur Erdosaín, einen frustrierten Ehrgeizling, der die Weltherrschaft durch einen Zuhältergeheimbund mittels Giftgaseinsatzes anstrebt, den eine Bordellkette finanzieren soll, die vom Lösegeld für einen gekidnappten Reichen bezahlt wird. Erdosaín scheitert und verübt Selbstmord. Mit avantgardistischer Erzähltechnik erzeugt Arlt eine alptraumhafte Atmosphäre. Die Dialoge und erlebten Reden im *lunfardo* (Vorstadtjargon) zeigen das zerquälte Innenleben der Protagonisten.

Macedonio Fernández (1874–1952), Jurist, Beamter, Bonaerenser Bohemien um *Proa* und *Martín Fierro*, schrieb Zwillingsroman *Adriana Buenos Aires* (1922) und *Museo de la novela de la Eterna* (1928, publ. 1967, Museum des Romans der Ewigen), schreibpraktische Anwendungen seiner avantgardistischen Romantheorie (*Para una teoría de la novela*, 1928). Votiert für *novela-belarte*, gegen *novela inartística*. Nicht künstlerisch sind didaktische, informative, denunziatorische, wahrscheinliche, realistische, künstlerische dagegen sind »reine Romane«, »reine Schreibtechnik«, Literatur als ontischer Bewußtseinszustand, als Metaphysik, Bruch mit traditionellen Codes und der Institution Literatur. *Adriana*, »letzter schlechter Roman«, ist romantisch-realistische Dreiecksgeschichte mit auktorialem Erzähler und Romankonventionen. *Museo de la novela de la Eterna*, *Belarte*-Roman, hat eine unwahrscheinliche Fabel: Einige Leute werden auf dem Landgut »Der Roman« vom Präsidenten zusammengerufen, um Buenos Aires für die Schönheit zu erobern. Der Metacharakter des Werkes zeigt sich in umfangreichen Paratexten: einer Widmung, 56 Prologen, zwei Postprologen, drei Epilogen über Metaphysik, dem Roman selber, den Romanfiguren und dem Autor. Produktion und Rezeption des Romans werden per *mise en abyme* diegetisiert: Autor und Leser sind schreibende/lesende Figuren. Der Autor erschafft seine Figuren, die literarisch leben wollen wie in Pirandellos *Sechs Personen suchen einen Autor*, in der Diegesis des Romans, den, in Umkehrung tradierter Rolle, sich der Leser selber schreiben soll.

Emar (von frz. *j'en ai marre*, d. i. Alvaro Yáñez Bianchi, chi 1893–1964), aus wohlhabendem Elternhaus, Feuilletonchef von *La Nación*, schrieb *Miltín* (1934), labyrinthische Erzählung mit historischen Personen und imaginären Wesen (Phantasietieren) mit narrativen Brüchen und futuristischen Warnbildern: 1641 werden in einer Schlacht zwischen Conquistadoren und Indios Giftgase, MGs und Panzerwagen eingesetzt. *Diez* (1937, Zehn) besteht aus surrealistischen Erzählungen mit dadaistischem Witz über 4 Phantasietiere, 3 Frauen, 2 Örtlichkeiten und 1 Laster. Neruda nannte Emar »unseren Kafka«. Einflüsse: Pirandello, Joyce, Proust. *Umbral* (publ. 1977, Schwelle) ist Roman in Briefen, Berichten, Anekdoten, Dialogen, Liedertexten und Tangoversen. Der Autor erzählt in *mise en abyme*, wie er die Figuren und Ambientes des Romans erfindet.

Felisberto Hernández (ur 1902–64), Pianist, Buchhändler, schrieb nichtmimetisch-antirealistische, antitraditionalistische, phantastische, die soziale wie psychische Realität ignorierende Prosa (*Fulano de tal*, 1925, Ein gewisser Dingsda). Onirische, surrealistisch-dadaistische Bildkompositionen aus der subjektiven sinnlichen Wahrnehmung eines extrem imaginativen und sinnlichen homodiegetischen Ich-Erzählers, Absurditäten, unwahrscheinliche Situationen und alogische Handlungen überwiegen in *Nadie encendía las lámparas* (1947, Niemand entzündete die Lampen) und *Las hortensias* (1949).

Manolo Cuadra (1907–57) ist erster avantgardistischer Prosaist Nicaraguas mit *Sandino en la montaña* (1942, Sandino im Gebirge), autobiographischen Erzählungen über seinen Militärdienst, mit innerem Monolog und Bewußtseinsstrom.

Der avantgardistische Roman in BRASILIEN dekonstruiert den konventionellen realistischen Roman, ergänzt Textualität durch Intertextualität, Realität durch metaliterarische Referentialität, Satire auf die Realität durch Satire (Parodie) auf den realistischen Roman mit der Tendenz zu Innerliterarität und Autoreferenz. In Oswald de Andrades *Memórias sentimentais de João Miramar* (1924, Sentimentale Memoiren von João Miramar) sind die Inhalte sekundär gegenüber der formalen Destruktion des alten Romans: 163 Kapitel auf 70 Seiten, manche umfassen nur einen Satz (bis in Titel und Memoirenform Parodie von Machado de Assis' *Brás Cubas*) mit Syntaxverrenkung, Neologismen, Umgangs- und Fachsprache, kinematographischer Visualität, Überblendungs- und Montagetechnik, Genremischung von Theater, Lyrik und Reklamespot.

Antônio de Alcântara Machado (1901–35) aus Paulistaner Schriftstellerfamilie, Jurist, Politiker, setzt in Großstadterzählungen *Brás, Bexiga e Barra Funda* (1927) und dem Roman *Mana Maria* (publ. 1936) Oswald de Andrades

Sprachexperimente fort. Mario de Andrade parodierte mit *A Escrava que não è Isaura* (1925, Die Sklavin, die nicht Isaura ist) da Silva Guimarães' *A Escrava Isaura*, Dekonstruktion des traditionellen Romans wie bei Macedonio Fernández, zugleich erster lateinamerikanischer Text über Text. *Amar, Verbo intransitivo* (1927, Lieben, intransitives Verb) kontrastiert satirisch-freudianisch anhand der sexuellen Initiation eines brasilianischen Jünglings durch eine deutsche Lehrerin Europäer und Lateinamerikaner, Deutschtum und *brasilidade*. Metaliterarische Diskussionen des auktorialen Erzählers mit dem Leser verleihen dem Text spielerisch modernen Charakter. *Macunaíma. O Herói sem nenhum Caráter* (1928, dt. Macunaíma. Der Held ohne jeden Charakter), Musils Romantitel antizipierend, ist »anthropophagische Rhapsodie« aus avantgardistisch aufgeputzten Indiomythen. Titelheld ist der Gott der Taulipang- und Arekuna-Indios, Gauner, Vielfraß, Faulenzer und Identifikationsfigur der Brasilianer:

> No fundo do mato-virgem nasceu Macunaíma, herói de nossa gente. Era preto retinto e filho do medo da noite. Houve um momento em que o silêncio foi tão grande escutando o murmurejo do Uraricoera, que a india tapanhumas pariu uma criança feia. Essa criança é que chamaram de Macunaíma.
> Já na meninice fez coisas de sarapantar. De primero passou mais de seis anos não falando. Si o incitavam a falar exclamava:
> – Ai! que preguiça! ... e não dizia mais nada. Ficava no canto da maloca, trepado no jirau de paxiúba, espiando o trabalho dos outros [...].
>
> Macunaíma. O Herói sem nenhum Caráter, São Paulo: Marius, [4]1965, S. 5 f.

Tief im Urwald wurde Macunaíma geboren, Held unseres Volksstammes. Er war pechschwarz und Sohn der Nachtangst. Es gab einen Augenblick, da war die Stille, wenn man das Murmeln des Uraricoera hörte, so tief, daß die Indiofrau der Tapanhumas ein häßliches Kind gebar. Dieses Kind nannten sie Macunaíma.

Schon in der Kindheit tat Macunaíma Dinge zum Staunen. Zunächst vergingen mehr als sechs Jahre, bis er sprach. Wenn man ihn zum Sprechen anhielt, rief er: »Ach! Diese Faulheit!...« und sagte keinen Ton mehr. Blieb in der Ecke des Sippenhauses auf der Palmenpritsche hocken und sah der Arbeit der anderen zu [...].

Macunaíma. Der Held ohne jeden Charakter, übers. von Curt Meyer-Clason, Frankfurt a. M.: Suhrkamp, 1982, S. 7.

Ähnlich das Epos in Blankversen *Cobra Norato* (1928/1931) von **Raúl Bopp** (1898–1984), Jurist, Journalist, Verdemarelista, Antropofagista. Ein indianisches Märchen verarbeitete er zur Saga des in Kobrahaut gehüllten Helden, der durch die Wälder abenteuert und die Prinzessin heiratet, kühner Synkretismus von surrealistischer Phantastik und magischer Volksmythologie, Vorläufer von García Márquez' *Hundert Jahre Einsamkeit*.

Theater zwischen Engagement, Amüsement und Avantgarde

Professionelles Theater mit aufwendigem Apparat und Lokal existierte nur in größeren Städten, vorwiegend in Mexiko und im Südkegel. Theaterverlage, Theaterzs. (*La Escena* in Argentinien), staatliche Bühnen wurden gegründet (*Comedia Nacional Argentina*, 1935, *Teatro Municipal de Buenos Aires*, 1944). Unter dem Einfluß der Gastspiele von García Lorcas Studentenbühne *La barraca* entstanden Studio- und Versuchstheater: in Montevideo *El galpón*, in Peru ein Studententheater mit klassischem Repertoire, in Kuba *La Cueva*, in Puerto Rico *Areyto*. Das mexikanische *Festival Cervantino de Guanajuato* präsentierte Experimentalstücke (Cocteau, Pirandello, O'Neill). Es gab neben dem elitären, avantgardistischen literarischen Theater das popular-realistische für die städtische Mittelklasse und gehobene Arbeiterschaft sowie das vorstädtische, mit Varieté und Zirkus verbundene, aus dem *género chico* entstandene Volksspektakel. Die Dramatik behielt bis in die 20er Jahre das hispanisch-costumbristische Repertoire kommerzieller Wanderbühnen mit Siglo-de-Oro-Stücken, Zarzuelas und Vaudevilles bei.

Ergänzt bzw. überwunden wurde der Traditionalismus einerseits durch das politische Theater (Barlettas *Teatro del pueblo*, Buenos Aires, *Orientación*, Mexiko, *Teatro de la Cueva*, Havanna), das sich in der Wirtschafts- und politischen Krise unter Einfluß des deutschen Expressionismus (Piscator, Toller) und des angelsächsischen Neorealismus (*Princetown-Players*) herausbildete, und andererseits durch das avantgardistische Theater (Gorostiza, Villaurrutia, Novo, Usigli, *Teatro Ulises*, Mexiko; Eichelbaum, Nalé Roxolo, Argentinien), das unter französischem dadaistisch-surrealistischen Einfluß entstand. Realismus und Avantgardismus beeinflußten sich gegenseitig.

In MEXIKO förderte und finanzierte die Revolution das Volkstheater, weil es wie die Wandmalerei von analphabetischen Massen rezipierbar war, deren Aufklärung ermöglichte. Das didaktische *Teatro de Ahora* wurde 1932 von Bustillo Oro und Magdaleno begründet. Von **Juan Bustillo Oro** (1904) ist das sozialkritische Stück *Los que vuelven* (1931, Die Rückkehrer): In der Stadt Gescheiterte kommen aufs Land zurück, wo sie auch noch Familie und Leben verlieren: bittere Revolutionsbilanz der Armen. In *Masas* (1933) werden Arbeiter durch Beamte, Großagrarier, Militärs und Industrielle betrogen und massakriert, in *Justicia, S. A.* (1933, Justiz AG) siegt Bestechlichkeit über einen unbeugsamen Richter. Mauricio Magdaleno beschreibt aggressiv in *Pánuco, 137* (1933, dt. Bohrloch Pánuco 137), wie eine US-Erdölgesellschaft mit Hilfe mexikanischer Bonzen die Besitzer eines fündigen Landes enteignet.

Daneben gab es costumbristisch-ethnosoziales Folklore-Theater: **Miguel N. Lleras** (1905) nutzt orale Traditionen. *Vuelta a la tierra* (1938, Rückkehr zur Heimaterde) modernisiert das Golo-Genoveva-Motiv: Ein junger Mann geht nach Mexiko und vertraut seine Braut dem Schutz des Bruders an, der sie vergewaltigt und umbringt. Das 1932 als Pendant zur Revolutionsmalerei gegründete *Teatro de Orientación* spielte sowjetische und mexikanische, ab 1933 revolutionskritische Stücke in costumbristischen Bildfolgen.

Das avantgardistische Theater: Die Gruppe *Ulises* (1928) spielte neben der europäischen Avantgarde (O'Neill, García Lorca, Pirandello, Giraudoux) Werke von **Xavier Villaurrutia** (1903–50), *Contemporáneo*, Literaturprofessor, Theaterwissenschaftler, der psychologische, existentielle, metaphysische und individuelle Konflikte in Stücken über Zeit, Sein und Schein thematisierte (*Parece mentira*, 1934, Es scheint Lüge). Seine Einakter sind Mysterienspiele oder metaphysische Kryptogramme (*Ha llegado el momento*, 1938, Der Augenblick ist gekommen), Mehrakter ab 1941 behandeln Individual- und Familienprobleme mit freudianischer Psychologisierung: Von Ödipalkomplexen wird der Protagonist von *La mujer legítima* (1943, Die rechtmäßige Frau) bedrängt. *Juego peligroso* (1950, Gefährliches Spiel) denunziert machistische Moralheuchelei (verheirateter Mann mit außerehelichem Verhältnis traktiert eigene Frau als Ehebrecherin). Surrealistisch-dadaistisch war das von Novo mitsamt Prominenten-Schlemmerrestaurant geleitete *Teatro de la Capilla* der *Contemporáneos* mit Villaurrutias *autos profanos*, Konversations-Einaktern im Stil Shaws und Wildes. Später vereinigen sich beide Tendenzen im gesellschafts- und geschichtsorientierten Drama Rodolfo Usiglis mit sozialkritischen Satiren auf die oberen Zehntausend und die Geldwelt.

Im Volkstheater, das in Zirkuszelten agierte, dominieren Sketche improvisierender Komiker mit Standardtypen (akkulturierter *indio ladino*, *ranchero*, *guajiro*, regionale Ulkfiguren), z. B. der spätere Filmkomiker Cantinflas, der sich als Bauerntölpel im Hochspanischen verheddert, viel redet, wenig sagt und die nichtssagende Rhetorik der Revolutionsführer karikiert.

Im SÜDKEGEL stagnierte das literarische Drama in den 20er Jahren mit spätmodernistischen antiken, orientalischen und kolonialzeitlichen Historienstücken. **Conrado Nalé Roxolo** (ur/arg 1898–1971) schrieb realistische Erfolgsstücke über die Stadt-Land-Problematik (*El pacto de Cristina*, 1945, Cristinas Vertrag) und die szenische Allegorie *La cola de la sirena* (1941, Der Schwanz der Sirene), märchenhaft-phantastische Parabel von einer Sirene, die sich aus Liebe mittels Operation in eine Frau verwandelt, die der Mann jedoch so nicht mehr liebt. **Enrique García Velloso** (arg 1880–1938) verfaßte das koloniale Historienstück *Los amores de la virreina* (1919, Die Liebschaften der Vizekönigin), Groussac das Spätwerk *La divisa punzó* (1923, Das rote Abzeichen), Historiendrama um den Caudillo Rosas und dessen Tochter Manuela nach Mármols *Amalia*. **Belisario Roldán** (arg 1873–1922) verfaßte 23 handlungsarme Versdramen, so das kapitalismus- und moralkritische Börsen- und Ehebruchsstück *Los contagios* (1915, Ansteckungen). **José de Maturana** (arg 1884–1917) ist lyrisch-sozialkritisch in dem Familien- und Generationendrama *Canción de primavera* (1912, Frühlingslied). **Vicente Martínez Cuitiño** (ur 1887–1964) schrieb psychologische Stücke unter Einfluß von Freud und Pirandello: *La humilde quimera* (1908, Die bescheidene Chimäre), Entdeckung einer »Unterschlagung aus Liebe« mit psychischen Folgen für die Täterin. **José León Pagano** (arg 1875–1965) dramatisierte Konflikte zwischen Wissenschaft und Religion (*Más allá de la vida*, 1919, Jenseits des Lebens).

Die Wende brachten auch hier sowohl das politisch engagierte als auch das literarische Experimentaltheater Anfang der 30er Jahre. Das angesichts von Wirtschaftskrise und

Diktatur von der Arbeiter- und Gewerkschaftsbewegung geförderte *Teatro del pueblo* Barlettas spielte außer europäischen Naturalisten (Gorki, Tolstoi, Ibsen) vor allem Roberto Arlts sozial engagierten Expressionismus.

In Arlts *Trescientos millones* (1932, Dreihundert Millionen) gehen Realität und Fiktion ineinander über, die Figuren werden nach Pirandello-Muster in eine *mise en abyme* verstrickt: die Protagonistin gebiert viele Figuren, die als reale Personen zu agieren beginnen und ihren Selbstmord provozieren. In *El fabricante de fantasmas* (1936, Der Gespensterfabrikant) rebellieren die Figuren gegen ihren Schöpfer. *Saverio el Cruel* (1936, Saverio der Grausame) ist Parabel der Diktatur als Psychologicum: der Protagonist spielt die Rolle des Tyrannen, die ihm im Spiel zufällt, auch als Realität – Vorwegnahme des Theaters der Grausamkeit. Roberto Payró schrieb gesellschaftskritische Thesenstücke im Stil von Galdós (*Sobre las ruinas*, 1904, Über den Ruinen).

Das populäre Bonaerenser Theater thematisierte das Phänomen massiver Einwanderung. **Armando Discépolo** (1887–1971) stellt die Stadt, metaphorisch ein italienisches Restaurant, in der Groteske *Babilonia* (1925) als Ort der Sprachverwirrung und Nationalitätenrivalitäten dar: *cocoliche*-Jargon, Frankospanisch, Galizisch, Deutsch kreuzen sich komisch unter dem aus Einwanderern und Einheimischen bestehenden Küchenpersonal. **Francisco Defilippis Novoa** (1892–1930) präsentiert in *He visto a Dios* (1930, Ich habe Gott gesehen) phantastisch-unrealistisch, von Pirandello und Strindberg beeinflußt, die Psychopathologie der Immigranten: ein italienischstämmiger Wucherer wähnt, er werde von Gottvater-Schwindler um sein Geld gebracht. Samuel Eichelbaum behandelt in *Un guapo del 900* (1940, dt. Ein Bursche von 1900) das *Compadrito*-(Kumpanei-) und Einwanderer-Thema in psychologistischer Ibsen-Dostojewski-Manier.

Das *drama criollo* wurde durch Tangomusik populär. **Carlos Gardel** (1887–1935), Tango-Sänger, brachte mit dem

Librettisten Alfredo Le Pera den nostalgischen Tango auf die Bühne. Berühmtestes Tango-Stück: *Camabalache* (1935) von Discépolo.

Sozialkritisches Theater dominierte in CHILE: **Antonio Acevedo Hernández** (1886–1962), aus Arbeiterkreisen, Gründer des ersten Arbeitertheaters des Landes, wegen anarchistischer Stücke eingesperrt, dramatisierte den Überlebenskampf der Arbeiter in *Caín* (1928), einer Ehrenrettung des Brudermörders durch soziale Motivierung seiner Tat. *Chañarcillo* (1933) führt die soziale Misere und den mythisierenden Aberglauben der Bergleute des Nordens vor. **Armando Mook** (1894–1942) schrieb über 400 sozialkritische Stücke unter Einfluß von Ibsen und Florencio Sánchez (*Crisis económica*, 1914, Wirtschaftskrise). Anstöße für radikale Erneuerung kamen vom 1941 gegründeten *Teatro Experimental de la Universidad de Chile*, dem späteren *Instituto de Teatro de la Universidad de Chile* (ITUCH).

Die Dramatik in PERU wurde bis zum Ersten Weltkrieg von den komplexen, figurenreichen Stücken von **Leónidas Yerovi** (1881–1917) beherrscht (*La de cuatro mil*, 1903, Die von viertausend; *Tarjetas postales*, 1905, Ansichtskarten). **José Chioino** (1900–58) schrieb geistreiche Konversationsstücke im Stil Shaws: *La divina canción* (1932, Das göttliche Lied), der vielseitige Salazar Bondy ironisch-satirische Komödien und Farcen über die Limeñer Bourgeoisie (*Algo que no quiere morir*, 1951, Etwas, das nicht sterben will). Bekanntester Dramatiker der ersten Jahrhunderthälfte in VENEZUELA **Leopoldo Ayala Michelena** (1897–1962), Autodidakt, Immobilienmakler, mit naturalistisch-psychologischen Dramen: *Al dejar las muñecas* (1914, dt. Ende des Puppenspielens) über Pubertätsprobleme à la Wedekind.

Bedeutend das literarische Theater in BOLIVIEN. **Franz Tamayo** (1879–1956), modernistisch-symbolistischer Lyriker und Verfasser geistreicher Sentenzen (*Epigramas griegos*, 1945), schrieb außer neoklassizistischen, im antiken Griechenland angesiedelten Tragödien (*La Prometheida*, 1917) das amerikanistische Geschichtsdrama *Los Conquistadores* (1918). In PARAGUAY machte **Julio Correa** (1890–1955) Versuche, Theater in Guaraní zu spielen.

In GUATEMALA beginnt das literarische Theater nach dem Sturz Estrada Cabreras mit der von Asturias animierten Gruppe *Renacimiento*. Der Avantgardist **Miguel Marisicovétere Durán** (1912) modernisierte Dramaturgie und Bühnentechnik in den 30er Jahren (*La mujer y el robot*, 1935, Die Frau und der Roboter). In den 40er Jahren förderte die Revolution die costumbristisch-gesellschaftskritischen Stücke des linken Journalisten **Manuel Galich** (1912; *M'hijo el bachiller*, 1939, Mein Sohn der Abiturient).

Das Theater in NICARAGUA wurde in den 30er Jahren durch die kosmopolitisch-dadaistische Dramatik Coronel Urtechos und Pablo Antonio Cuadras begründet. Danach Rückwende unter Beibehaltung avantgardistischer Techniken zu realistischem Theater mit lokalgeschichtlichen Stoffen zwecks Schaffung von antisomozistisch-antiimperialistischem Nationalbewußtsein, wegen der Zensur meist Parabelstücke wie Cuadras *Por los caminos van los campesinos* (1939, Die Wege entlang ziehen die Bauern) mit bäuerlichen Protagonisten als Instrumenten und Opfern der US-Intervention, in oraler Bauernsprache und Simultanszenen.

In BRASILIEN schrieb **Nelson Rodrigues** (1912) europäisierende psychoanalytische Frauen-Dramen: *A mulher sem pecado* (1942, Die Frau ohne Sünde), *Viúva, porem honesta* (1957, Witwe, aber ehrbar), **Guilherme de Oliveira Figueiredo** (1915) sozial engagierte Hörspiele und Dramen: *Um deus dormiu lás em casa* (1949, Ein Gott hat da im Haus geschlafen).

Das literarische Theater PUERTO RICOS institutionalisierte sich auf der Insel und in New York: **Emilio S. Belaval** (1903–73) gründete 1940 den *Grupo Areyto* der Universität Río Piedras und das Internationale Theaterfestival. Dazu kamen die Experimentalgruppen *El Cemí*, *Alta Escena*, *La Máscara*, *Tablazos* sowie die Wanderbühne *Teatro Rodante Puertoriqueño* in New York. **Fernando Sierra Berdecía** (1903–63) schrieb mit *Esta noche juega el jóker* (1939, Heute abend spielt der Joker) eine Komödie über Puertoricaner in New York.

In KUBA beginnt die moderne Dramatik mit **José Antonio Ramos** (1885–1946), Diplomat, Beamter, Anarchist, später Marxist. Gründete 1910 die *Sociedad para el fomento del teatro*, 1913 die *Sociedad del Teatro Cubano* und die Zs. *Teatro Cubano*. Schrieb populär-kreolistische *sainetes* (*A la Habana me voy*, 1910, Nach Havanna geh ich) und das naturalistische, von Ibsen beeinflußte bürgerliche Familiendrama *La Tembladera* (1916, Der Tümmler), das sich mit patriotisch-kubanischen und lateinamerikanistischen Akzenten gegen die Vereinnahmung kubanischer Ländereien durch US-Konzerne wandte.

Um den Ersten Weltkrieg herum nahm entsprechend dem Amüsier- und Freizeitbedürfnis der durch den Zuckerboom zahlungskräftigen Mittel- und Oberschichten und der US-Touristen das kommerzielle Unterhaltungstheater (*Alhambra*, *Teatro Martí*, später *Tropicana*) mit Revue, Zarzuela, Operette, Chanson unter französischem Music-hall- und US-Broadway-Einfluß ungeheuren Aufschwung.

Gleichzeitig wird das politisch-soziale Theater von **Paco Alfonso** (1906–90), Arbeiter, Autodidakt, Zarzuelasänger, Piscator-Anhänger, Militant der SVP (KP), begründet. Er schrieb über 40 teils didaktisch-realistische, teils poetisch-onirische Stücke mit emphatischer Sprache. Nach großem Erfolg als kommerzieller Showtheaterautor Begründer des Theaterverbandes (1933) und des politischen Theaters in

Kuba (1930) mit *Teatro Cubano de Selección*, 1940 *Teatro de la Juventud*, 1942 *Teatro popular* mit Stücken von Gorki, Lorca und Sowjetdramatik. Seine sozialistisch-realistischen Dramen mit Marginalisierten als Protagonisten handeln von Mieterhöhungen, Hitlerkrieg, Rassendiskriminierung, Latifundistenunrecht und KP-Jahrestagen.

Ab den 30er Jahren werden Film und Rundfunk zu Konkurrenten des Boulevard- und zirzensischen Volkstheaters. Viele Autoren schreiben gutbezahlte Film-Drehbücher (in Mexiko und Argentinien) oder Hörspiele. In Santiago de Cuba werden für den ganzen Subkontinent populäre sentimentale *radionovelas*, Vorläufer der TV-Serien, produziert.

Die Synthese zwischen Avantgardismus und Realitätsengagement

In den 20er bis 40er Jahren verstärkte sich zunächst die Frontstellung realistische Denunziationsliteratur vs. Avantgardismus. Angesichts von Spanienkrieg, Faschismus, Zweitem Weltkrieg und Polarisierung der politischen Kräfte (Kommunismus gegen Kapitalismus, Ost gegen West, Kalter Krieg), also im Zusammenhang mit Weltpolitik und Internationalisierung Lateinamerikas kam es zu einer politischen und sozialen Sensibilisierung, die zurückschlug auf eine kritisch-denunziatorische Sicht der eigenen lateinamerikanischen Verhältnisse und deren realistische Darstellung durch linke und liberale Autoren (Gallegos, Céspedes).

Die meisten politisch und sozial engagierten Romanciers (Icaza, Fallas, Azuela, Amado) verblieben beim sozialen oder sozialistisch-realistischen Realismus. Junge Romanciers mit politisch-ideologischer Schreibmotivation orientierten sich an realistischen Mustern (Demetrio Malta,

Otero Silva, Adalberto Ortiz). Liberal-demokratisch orientierte Autoren (Gallegos) hielten literarisch am traditionellen Realismus, politisch am Reformismus fest. Politisch-soziales Engagement verband sich mit Traditionalismus, Realismus, Costumbrismus und sozialistischem Realismus.

Auf der anderen Seite war der Avantgardismus ein eigenständiges literarisches Kommunikationssystem, das *poesía pura*, Formalismus, *l'art pour l'art*, experimentelle Literatur, Lyrik, Roman und Theater umfaßte. Doch es kam auch zu einer Synthese von Realismus und Avantgardismus. Autoren wie der Mexikaner Revueltas setzten avantgardistische (surrealistische) Gestaltungsweisen und vom sozialistischen Realismus verpönte Psychoanalyse zu neorealistischer Wirklichkeitsdarstellung ein. Der costaricanische Publizist **Marín Cañas** (1904–81) hatte mit dokumentaristisch-naturalistischen Antikriegsromanen Erfolg: *Coto* (1934) über den Krieg zwischen Costa Rica und Panama von 1921 und *El infierno verde* (1935, Die grüne Hölle), fiktiver Report des deutschen Korrespondenten Erkens über den Chacokrieg. *Pedro Arnáez* (1942) dagegen ist fern politischer oder sozialer Thematik die Darstellung individueller Biographie und existentiellen Lebensalltags.

Andererseits wandten sich infolge politischer und Gewissenszwänge avantgardistische Lyriker wie Neruda, Vallejo und Guillén politisch-sozialer Realität zu, ohne ihre avantgardistischen Techniken aufzugeben, fanden avantgardistische Romanciers (Asturias, Carpentier, Uslar Pietri) wegen Diktatur und sozialer Misere und unter Sartreschem Einfluß zu politischem Engagement, während der Avantgardist **Juan Marinello** (cub 1898–1977) das Dichten zugunsten kommunistischer Politik und marxistischem Essay aufgab. Mariátegui hatte bereits viel früher literarischen Avantgardismus mit politischem Engagement verknüpft, als seine Zs. *Amauta* ab Nr. 17 marxistisch-revolutionär wurde.

Dieser Prozeß zeitigte auch eine Interiorisierung durch Fokussierung der Literatur auf Psychisches, Unter- und

Unbewußtes und Übernahme entwickelter Erzähltechniken. So ging **Marta Brunet** (chi 1901–67), Journalistin, Diplomatin, von kreolistischer Bauerndarstellung zu interiorisierter Sicht von Frauenfiguren in den Erzählungen *Aguas abajo* (1943, Flußabwärts) und in dem Roman *María Nadie* (1957, Maria Nichts) über.

María Luisa Bombal (chi 1910–80) steigt in dem psychoanalytischen Roman *La última niebla* (1935, Der letzte Nebel) ins Unterbewußsein einer durch Konvenienzehe frustrierten, in der Privatsphäre von männlicher Erwerbswelt getrennten Frau der chilenischen Oberschicht. Sie träumt von Ehebruch und Begegnung mit dem Geliebten im Nebel. Zwecks Darstellung psychischer Realien (Bewußtsein, Unbewußtem, Verdrängung, Komplexen, Onirischem) verwendet Bombal avantgardistische, untraditionelle Erzähltechniken moderner US-Autoren sowie des Surrealismus: *stream of consciousness*, inneren Monolog, Tagebuch, Briefe, Traumprotokolle, kinematographische Juxtaposition unabhängiger, theatralisch inszenierter Szenen. Die aktoriale Ich-Erzählerin (Protagonistin = Erzählerin) aus marginaler femininer, statt traditionell auktorialer machistischer Zentralperspektive, erlebt und schreibt gleichzeitig im Präsens, wodurch das Problem Fiktion vs. Realität als *mise en abyme* erscheint.

Eduardo Mallea (arg 1903–82), Essayist, Journalist, Diplomat, aus der Oberschicht stammend, sieht die argentinische Identität in dem plurikulturellen, kosmopolitischen Miteinander von Einwanderern und Eingesessenen und das größte Hindernis in Einsamkeit und Kommunikationslosigkeit (*Todo verdor perecerá*, 1941, Alles Grün verdorrt), wobei er dem Schriftsteller und dem Roman eine große Rolle für Identitätsfindung und Kommunikation zumißt. In *La bahía de silencio* (1940, Die Bucht des Schweigens) will der Schriftsteller Martín Tregua mit Gleichgesinnten ein modernes Argentinien schaffen, auch als Alternative zum Faschismus, den er in Europa erlebt, worauf in narrativ-allegorischer *mise en abyme* beschrieben wird, wie der Ich-Erzähler einen rettungversprechenden Roman schreibt. Mallea wendet Psychoanalyse und -therapie (literarische Einflüsse: Rilke, Pirandello, Nietzsche) auf die als Kollektivindividuum gesehene argentinische Nation an. *Historia de una pasión argentina* (1935, Geschichte einer argentinischen Leidenschaft), autobiographische Essay-Erzählung, ist nationale psychologische Selbstanalyse nach Wirtschaftskrise und Staatsstreich von 1930. Als herrschender Typ des Argentiniers erscheint in *Una vida blanca* (1942, Ein weißes Leben) der sich selbst inszenierende, rhetorisch-schauspielernde Vertreter der Oberklasse. Essayistische nationale Psychoanalyse und Zivilisationskritik betrieb angesichts Wirtschaftskrise, Faschismus und Militärputsch **Ezequiel Martínez Estrada** (arg 1895–1964) in *Radiografía de la Pampa* (1933, Röntgenbild der Pampa) und in *Muerte y transfiguración de Martín Fierro* (1948, Tod und Verklärung von Martín Fierro).

Der brasilianische introspektive Roman ist das Pendant zu hispanoamerikanischer Verinnerlichung bei gleichen Mustern (angelsächsische, deutsch-österreichische und portugiesisch-französische Autoren) und Erzähltechniken.

In *Fronteira* (1935, Grenze) von **Cornélio Pena** (1896–1958) nehmen Erzähler und Protagonist subjektiv die reale Alltagswelt als Chaos und Alptraum wahr. *A Menina morta* (1954, Das tote Mädchen) kombiniert psychologischen Ansatz mit kritischer Darstellung der Sklavenhalter und Grundbesitzer in der Interpretation Freyres als Familien- und Sozialdrama. **Lúcio Cardoso** (1913–68) beschrieb in Synthese von Regionalismus und Psychologismus im Debütroman *Maleita* (1934, Wechselfieber) Psyche, Angst und existentielle Bedrängnisse der Sertão-Bewohner als Produkt des Ambiente (erstmaliger Einfluß Faulkners). *Salgueiro* (1935, Weide) und *A Luz no Subsolo* (1936, Ein Licht auf dem Untergrund) thematisieren psychotische Folgen des Niedergangs der Fazendeiros von Minas Gerais. *Crônica da*

Casa assassinada (1959, Chronik des ermordeten Hauses) ist alptraumhafte homodiegetische Darstellung des Innenlebens eines verarmten Gutsbesitzers mittels Selbstaussagen (Briefe, Tagebuchnotizen). **Cyro dos Anjos** (1906) schrieb psychoanalytische Romane über die Vereinzelung in moderner großstädtischer Massengesellschaft (*O Amanuense Belmiro*, 1937, Der Amtsschreiber Belmiro). **Otávio de Faria** (1908–80) vollendete 13 von 20 Bänden der *Tragédia burguesa*, darunter *Mundos mortos* (1937, Tote Welten) und *O Retrato da Morte* (1961, Das Porträt des Todes), psychologische Analysen des Bereicherungsdenkens anhand christlicher Begriffe (Sünde, Schuld) via inneren Monolog.

Literaturhinweise

Gullón, Germán: El Surrealismo en Hispanoamérica, Pennsylvania 1977; Helena, Lucia: Modernismo brasileiro e vanguarda, São Paulo 1986; Morães Belluzzo, Ana Maria de (Hrsg.): Modernidade: vanguardas artísticas na América Latina, São Paulo 1990; Paz, Octavio: Los hijos del limo. Del romanticismo a la vanguardia, Barcelona 1974; Schwartz, Jorge: Vanguarda e Cosmopolitismo, São Paulo 1983; Osorio, Nelson (Hrsg.): Manifiestos, proclamas y polémicas de la vanguardia literaria hispanoamericana, Caracas 1988.

VII

Gesamtlateinamerikanische Strömungen der zweiten Hälfte des 20. Jahrhunderts: Von der Verinnerlichung über den magischen Realismus zum Neuen Roman

Der Zweite Weltkrieg bedeutete für Lateinamerika wenig Verlust an Menschen und Material, statt dessen wirtschaftliche Aufwärtsentwicklung infolge kriegsbedingter Produktionserhöhung und politische Demokratie im Konsens mit den Alliierten. Doch in der Nachkriegszeit stagnierten sowohl Demokratisierung als auch Industrialisierung. Auch die Kultur – Volksbildung, Hochschule, Wissenschaft und Technik – blieb hinter Westeuropa und Nordamerika zurück. Das kreolische *desarrollo*-Konzept des Aufholens politischer, wirtschaftlicher und kultureller Rückstände war gescheitert, damit aber auch das literarische Avantgarde-Projekt, wie schon zuvor das Modernismus-Projekt kulturellen Gleichziehens mit dem Okzident. Doch partizipierten die Intellektuellen stark an der internationalen Kommunikation und eigneten sich moderne Schreibweisen an, so daß weder Verharren im Avantgardismus noch Rückkehr zu Costumbrismus, Indigenismus oder Kreolismus in Frage kam.

Beide Extreme, ein okzidentaler, kosmopolitischer Avantgardismus wie ein autochthoner Amerikanismus oder Novomundismus schieden aus. Neue Literatur wurde nur bei Einsicht in die Unmöglichkeit dieser Alternative möglich. Lateinamerika stellte sich in der kulturgeschichtlichen Reflexion als Subkontinent heraus, der weder okzidental noch nichtokzidental, sondern eine Kultur sui generis, eine Drittweltkultur, ein Synkretismus mehrerer Ethnien, Kulturen, Geschichts- und Kulturepochen war. Daraus zogen die Autoren, die die Literatur weiterentwickeln wollten, Konsequenzen für Schreibweise und Literaturbegriff.

Das Finale des mexikanischen Revolutionsromans

Auf die innere Kultur, Mentalität und Persönlichkeit stießen Romanciers, als die mexikanische Bourgeoisie ihre desarrollistischen Ziele erreicht und ihre Herrschaft gesichert hatte, ohne den Status westlicher Industrienationen zu erlangen. Statt der Bespiegelung des äußeren objektiven Revolutionsgeschehens durch den Revolutionsroman ging es ihnen um die psychisch-mentalen Motivationen und Ergebnisse der Revolution, um die Auslotung der Subjektivität und Mentalität des Mexikaners im Lichte der Psychoanalyse und von Samuel Ramos' Schlüsselwerk *El perfil del hombre y la cultura mexicana* (1934, Das Profil des Menschen und die mexikanische Kultur) unter Verwendung moderner angelsächsischer Verinnerlichungstechniken (Joyce, Dos Passos, Faulkner).

Den Ausbruch aus dem sozialen und sozialistischen Realismus initiierte **José Revueltas** (1914–76), Essayist, KP-Mitglied (Ausschluß wegen Kritik an Stalinismus). *Los muros de agua* (1941, Die Wassermauern) handelt von strafgefangenen Kommunisten, doch abweichend vom üblichen Schema denunziert der Roman weder sonderlich die inhumanen Haftbedingungen noch agitiert er für politische Befreiungsaktionen, sondern beschreibt tiefenpsychologisch, ohne Ideologie und Didaktik, in metaphorisch-poetischer Sprache die Psyche, die sexuellen Frustrationen und die existentielle Einsamkeit der lesbischen Kommunistin Rosario in ihrer Zelle. *El luto humano* (1943, dt. Die Trauer des Menschen) schildert statt Dörflerelends die vergebliche Flucht einer Bauerngruppe vor Hochwasser (Allegorie der Revolution) und ihre existentielle Verzweiflung, ihren Fatalismus, ihre Resignation vor dem Tod, ihre Einsamkeit. Alle, ob Revolutionär oder nicht, erleben den Tod durch herniederstürzende Geier als *mexicanidad*, als vorkolumbische Tradition. Statt allwissenden Erzählers multiple Erzählperspektiven und Figurensichten, statt Chronologie Rückblende.

Agustín Yáñez (1904–80), Publizist, Jurist, Universitätsprofessor, beschreibt in *Al filo del agua* (1947, Auf Wassers Schneide) das Erwachen eines Dorfes durch die Revolution unter Konzentration auf das Figureninnere mit inneren Monologen und erlebter Rede. Komplexe Gestaltung der Frauenpsyche zeichnet seinen *Archipiélago de mujeres* (1943, Frauenarchipel) wie auch *La negra Angustias* (1944) von **Francisco Rojas González** (1904–51) aus. Ausbruch aus politisch-sozial denunzierendem Indigenismus und Aufbruch zum auf Psyche und Persönlichkeit des Indios abhebenden Neoindigenismus markiert **Miguel Ángel Menéndez** (1905) in *Nayar* (1941). In der zur Cárdenas-Zeit spielenden Handlung – ein Militärkommandant sorgt sich um die vom Vorgänger schikanierte Indiogemeinde – erscheinen Psychologie und mythisches Kollektivbewußtsein des Cora-Stammes als Alterität okzidentalen Denkens.

Wichtigster Fortsetzer der Yáñez- und Revueltas-Linie und Vorläufer des Neuen Romans ist **Juan Rulfo** (1918–86) aus einem Dorf in Jalisco. Reiste nach abgebrochenem Jura- und Literaturstudium als Beamter durch das Land, war Buchhalter, Werbefilmer, Mitarbeiter des *Instituto Nacional Indigenista. El llano en llamas* (1953, Der Llano in Flammen) sind 16 alptraumhafte Erzählungen mit gewaltsamen, meist tödlichen Konflikten vor dem Hintergrund der Cristero-Aufstände gegen die kirchenfeindliche Calles-Regierung. Lateinamerikanische Grundthemen: Violencia, Machismo, Vetternwirtschaft, Patriarchalismus, Caciquismo, Atavismen, bedingt durch harte Natur und soziale Ausweglosigkeit. Erstmals werden die Handlungen einfacher Menschen nichtokzidentaler Mentalität tiefenpsychologisch aus ödipalen und Inzestkonflikten begründet. Mit dem oralen, emotionslosen Sprechduktus der Dorferzähler (Rulfo hatte die meisten Geschichten von Dörflern erzählen hören) erzählt ein »demokratischer«, weder intellektuell-distanzierter noch akkulturierter Ich-Erzähler schreckliche Geschehen oder Gehörtes. Erzähler und Protagonisten sind im Gegensatz zur Revolutionsrhetorik wortkarg, ihr Sprechen reduziert sich auf Murmeln und Wispern wie in Sophokles-Schicksalstragödien. Rulfo vollzieht konsequent den Paradigmenwechsel zu modernen angelsächsischen Erzählern (Hemingway, Faulkner, Joyce), zu *stream of consciousness* und innerem Monolog ohne Subjekt, oft als Selbstgespräch, beschreibt behaviouristisch ohne Interpretation menschliches Verhalten.

Die Tiefenstruktur des Kurzromans *Pedro Páramo* (1955) enthüllt die spezifisch mexikanische, unokzidentale Todesthematik in Verbindung mit dem aztekischen Totenkult sowie den Violencia-Trieb. Juan Preciado, unehelicher Sohn des Pedro Páramo, sucht in Comala seinen Vater, der als Kazike die Bewohner, als Machist die Frauen beherrscht, einsam lebt und ermordet wird, als die Violencia auf ihn zurückschlägt. Comala ist ein Friedhof Toter und Ermordeter, Metapher für Violencia und Überlebtheit versteinerter (lateinamerikanischer) Verhältnisse. Der Text ist psychoanalytische Traum- und Erinnerungsarbeit, enthüllt Verdrängung, Libido, Frustration, Ödipus- und Elektrakomplex der Comaler. Der autodiegetische Erzähler Juan Preciado ist nicht nur als Protagonist, sondern auch als Erzähler tot (postmortale Erzählerperspektive), Erzählen reduziert sich auf dramaähnliche Juxtaposition von Mono- und Dialogen. Ungeheure semantische Dichte durch Intertextualitäten:

Assoziiert werden Dante (Reise ins Jenseits), Lukian (Totengespräche), Homer (Telemach, *Odyssee*), Aischylos (*Elektra*). Diese Anspielungen sind nur Oberfläche, universalisierende Assoziation anthropologischer Ursituationen, nicht Tiefenstruktur oder Thematisierungen.

Die neue Innerlichkeit von magischem Realismus, Neoindigenismus, Dorf- und Stadtroman

Uslar Pietri, Asturias und Carpentier, Avantgardisten der 20er Jahre, die sich im Paris der 30er Jahre durch ethnologische, historische und linguistische Studien eingehende Kenntnisse von Psyche und Mentalität der weißen Kreolen, Indios und Afroamerikaner und durch Umgang mit dem Surrealismus einen verfremdeten Blick für lateinamerikanische Spezifika angeeignet hatten, entdeckten das partiell magische Denken und die mythische Weltsicht der Lateinamerikaner, die von rationalistisch-cartesianischer okzidentaler Mentalität differierte, doch Affinität zu surrealistischen Traumgebilden und tiefenpsychologischen Manifestationen kollektiven Unterbewußtseins aufwies. Um dieses Bewußtsein darzustellen, griffen sie zu innerem Monolog und erlebter Rede, zwecks Wiedergabe zyklischer Zeitstruktur und nichtkausaler Ereignisfolge dieses Denkens, zu nichtlinearen Romanstrukturen statt traditioneller Chronologie. Diese Schreibweise nannten sie »magischen Realismus« (nach Franz Rohs Buch über den deutschen Postexpressionismus). Lektüre-Paradigmen: Surrealisten, Existentialisten (Camus, Sartre), griechische Antike (Homer, Sophokles), deutsch-österreichische Moderne (Thomas Mann, Broch, Musil, Hesse, Kafka, Jünger, Spengler, Heidegger).

Arturo Uslar Pietri (ven 1906), Generalssohn, Politik- und Wirtschaftswissenschaftler, Diplomat, 1945–50 im Exil, entwickelte nach antikreolistischem Frühwerk eine 1948 erstmals von ihm »realismo mágico« genannte Ästhetik, die nicht realistisch auf den lateinamerikanischen Menschen als Produkt von Geschichte und gesellschaftlichen Umständen bzw. kreolistisch von Natur und Landschaft abhob, sondern auf »die kreolische Wesensart unserer Menschen«, gefaßt als Synthese dreier Ethnien und Kulturen, von Rationalismus und Mythos, dargestellt mit dokumentgestützter Sachlichkeit und Phantastik. Seine Romane sind *rescritura* kreolistischer Prosa in der Sprache der Avantgarde. *Las lanzas coloradas* (1931, dt. Die roten Lanzen) setzt Aberglauben, Träume, Vorstellungen dreier Rassen in eine Handlung während der Unabhängigkeitskriege um. Poetisch-balladeske Sprache, filmische Montage und Zoom führen in Schlachtszenen ungehemmte kreolische Wesensart und Violencia als schöpferisch-destruktiven Impuls vor. Kreolischer Protagonist von *El camino de El Dorado* (1948, dt. Rauch über El Dorado) ist der rebellische Conquistador Aguirre, der den Eldorado-Mythos durchschaut und seinerseits vom Volk mythisiert wird. Die Protagonisten von *Oficio de difuntos* (1976, dt. Totenmette) verkörpern zwei Typen des repressiven, einsamen, mißtrauischen kreolischen Caudillo: luxusliebender Wüstling vs. charismatischer Patriarch (Modelle: Cipriano Castro vs. Vicente Gómez).

Miguel Ángel Asturias (gua 1899–1974), als Kind vertraut mit oralen indianischen Überlieferungen, ging in Opposition zum Diktator Estrada Cabrera. Im Pariser Exil Maya-Studien, Übersetzung des *Popol Vuh* und Kenntnis von Surrealismus und Tiefenpsychologie. Publikationsverbot. Später Botschafter. Nobelpreis 1967. Faßte magischen Realismus als Schreibweise zur Literarisierung indianischer Wirklichkeitswahrnehmung. *Gran lengua* der schriftlosen Maya. Empfand deren Bilddenken und traumhafte, magisch-mythische Weltsicht als Realisierung surrealistischer Evokation des Unbewußten (*Leyendas de Guatemala*, 1930, dt. Legenden aus Guatemala, poetische Nacherzählung sieben traumhafter Mayamythen). *El señor presidente* (1932, publ. 1946, dt. Der Herr Präsident), lateinamerikanischer Diktatorenroman par excellence, Geschichte vom Aufstieg, Fall und unglücklicher Liebe des Günstlings Cara de Ángel zu Camila, Tochter des oppositionellen Generals Canales, unter der Diktatur. Asturias evoziert beklemmend die Allgegenwart von Angst und Terror vermittels Valle-Incláns *esperpento*-Technik (im Diktatorenroman *El Tirano Banderas*), surrealistisch-indianischer Wortmagie und lyrisierter Sprache (Onomatopoesien, Synästhesien, Neologismen, Archaismen, rhythmische Wiederholungen). Der Diktator wird aus Indio-Erzählperspektive und in erlebter Figurenrede mythisiert. Traumprotokoll und Bewußtseinsstrom enthüllen kollektives Unterbewußtsein.

Hombres de maíz (1949, dt. Die Maismänner) schildert den Konflikt zwischen Indios unter dem Kaziken Gaspar Ilóm, die Mais als Nahrungsmittel züchten, und Ladinos unter Oberst Godoy, die diese Pflanze zwecks gewinnbringenden Kommerz anbauen. Der animistische, nichtokzidentale Maya-Mythos, wonach der Mensch aus Mais gemacht ist, beherrscht die Perspektive der direkten und erlebten Rede des Protagonisten und des heterodiegetischen Erzählers mit präkolumbischen (*ritmo trimembre*) und surrealistischen Stilmitteln (asemantisch juxtaponierten Syntagmata). Indianisches Sprechen und Denken sind verbunden mit Jungschen Archetypen (Fusion Unbewußtes – Bewußtsein im Über-Ich). Im letzten Teil wird der Übergang der Figuren zu abendländischem Gelddenken durch okzidentale Weltsicht, traditionelle Erzählweise, Sachsprache markiert. Keine Geschichtensammlung, sondern Szenenfolge mehrerer Träume (ähnlich *Weekend en Guatemala*, 1956, dt. Weekend in Guatemala, Alptraumszenen vom US-Bombardement 1954). Auch die Bananentrilogie (*Viento fuerte*, 1950, dt. Sturm; *El Papa verde*, 1954, dt. Der grüne Papst; *Los ojos de los enterrados*, 1960, dt. Die Augen der Begrabenen), Geschichte der United Fruit und der gescheiterten Revolution in Guatemala, polarisiert: mytheninitiierte, naturverbundene Indios vs. mythenfremde, pragmatische US-Geschäftsleute. Ersteren ist surrealistischer, letzteren realistischer Diskurs zugeordnet. Wegen unterschiedlicher Persönlichkeit von Indios und Yankees scheitert die bikulturelle Synthese in Privat- und Geschäftsleben.

Tres de cuatro soles (publ. 1977, Drei von vier Sonnen) ist Synkretismus von Traumprotokoll, Kosmogonie, *ars poetica*, Poem und Roman. *Mulata de tal* (1963, dt. Eine gewisse Mulattin), verschachtelte Geschichte vom Holzfäller Celestino, der dem Maisteufel Tazol seine Frau gegen Geld und Mulattenhure überläßt, thematisiert den Konflikt Mythos vs. Geld, indigene vs. katholische Dämonen.

El gran tambor de la piel nocturna, el gran tambor de la piel de sangre, el gran tambor de la piel de nube, el gran tambor de la piel de monte, recobraron su brillo tundente a los pies de los Gigantones, lanzados a la enmarañada danza de paladear o mordisquear el suelo, según bailaran con la planta o la punta de los dedos, sin quedar el movimiento de los aros de obsidiana del negro tambor, de los aros coralinos del tambor rojo, de los aros de copal del tambor blanco, de los aros de jadeíta del tambor verde, sogas de ahorcamiento que en superpuestos círculos sonoros subían de sus pies a lo largo de sus cuerpos de gigantes hasta salir por arriba de sus cabezas, y, ¡ay! de aquel que al pasar la soga del sonido por su cuello, se turbaba en la danza, allí mismo cerraba los ojos, perdía el aliento y quedaba colgado de la noche infinita.

Mulata de tal, Madrid: Alianza Tres Losada, 1983, S. 177.

Die große Trommel mit dem Fell der Nacht, die große Trommel mit dem Fell des Blutes, die große Trommel mit dem Fell der Wolke, die große Trommel mit dem Fell des Berges bannten wieder mit ihrem scharfen Ton die Füße der Riesen, die sich in den verwirrenden Tanz stürzten, den Boden zu schmecken oder zu beißen, je nachdem, ob sie auf der Fußsohle oder auf den Zehenspitzen tanzten, ohne daß die Schlagreifen aus Obsidian bei der schwarzen Trommel, die Schlagreifen aus Koralle bei der roten Trommel, die Schlagreifen aus Harz bei der weißen Trommel, die Schlagreifen aus Jade bei der grünen Trommel nachließen. Tönende Henkerseile stiegen in Kreisen von den Füßen her die ganze Länge des Riesenkörpers empor bis über ihre Köpfe. Wehe dem, der beim Tanz bestürzt wurde, wenn das tönende Seil an seinem Hals vorbeiglitt, auf der Stelle schloß er die Augen, verlor den Atem und war ein Gehenkter in der grenzenlosen Nacht.

Eine gewisse Mulattin, übers. von Waldemar Kabus, Genf/Hamburg: Kossodo, 1964, S. 163.

Alejo Carpentier (cub 1904–80), Architektensohn, Avantgardist, Minorist, Haft, Exil in Frankreich, Verkehr mit Surrealisten, Verfasser französischer Gedichte und Ballettlibretti, ab 1939 in Caracas Kritiker und Werbetexter, nach 1959 Verlagsdirektor und Kulturattaché in Paris. *¡Ecué Yamba-Ó! Historia afrocubana* (1927–33) ist außer Denunziation von US-Konzernen und Wahldemagogie sowie Beschreibung des sozialökonomischen Seins der Neger tiefenpsychologische Evokation kollektiven Unterbewußtseins, afrokubanischer Mythen und anderer Afro-Kulturalien in surrealistischer Sprache.

1943 Theorie des *real maravilloso* als Theorie der lateinamerikanischen Realität und Kultur. Lateinamerikanische Realität sei, anders als im soziologischen Wirklichkeitsbegriff der Realisten, das »wundersame Zusammentreffen« von Tradition und Moderne, Geschichte und Gegenwart, Regionalem und Universalem, Autochthonem und Europäischem, Mythos und Rationalismus, ein *real maravilloso* im Unterschied zum literarischen *merveilleux* des Surrealismus. *El reino de este mundo* (1949, dt. Das Reich von dieser Welt), Geschichte des Negersklaven Ti Noël während der haitianischen Revolution, Sequenzenfolge statt linearen Handlungskontinuums, thematisiert den Konflikt magisches Bewußtsein der Haitianer vs. aufgeklärten Rationalismus der Franzosen. Die historisch-kulturellen Unterschiede bedingen wechselseitiges Mißverstehen: Rationalistische Weiße halten Kommunikation aufrührerischer Neger mittels Trommeln für Musik, voodoogläubige Neger identifizieren ein Racine-Drama mit Wirklichkeit, eine Schauspielerrolle mit dem Schauspieler als realer Person. Der heterodiegetische Erzähler mit eurookzidentalem *viewpoint* bringt in erlebter Figurenrede extraokzidentale Perspektive ein.

Después de sentir el nada mentido sortilegio de las tierras de Haití, de haber hallado advertencias mágicas en los caminos rojos de la Meseta Central, de haber oído los tambores del Petro y del Rada, me vi llevado a acercar la maravillosa realidad recién vivida a la agotante pretención de suscitar lo maravilloso que caractérizó ciertas literaturas europeas de estos últimos treinta años. [...] la vieja y embustera historia del encuentro fortuito del paraguas y de la máquina de coser sobre una mesa de disección [...]. Esto se me hizo particularmente evidente durante mi permanencia en Haití, al hallarme en contacto cotidiano con algo que podríamos llamar lo real maravilloso. [...] Pero pensaba, además, que esa presencia y vigencia de lo real maravilloso no era privilegio único de Haití, sino patrimonio de la América entera.

De lo real maravilloso americano, in: Tientos y diferencias, Havanna: Unión de Escritores y Artistas, Serie Contemporáneos, ²1974, S. 95–98.

Nachdem ich den keineswegs erdichteten Zauber Haitis verspürt, auf den roten Wegen des Hochlandes im Landesinnern Anzeichen von Magie gefunden, die Trommeln von Petro und Rada gehört hatte, sah ich mich veranlaßt zu einer Gegenüberstellung: hier die jüngst erlebte wunderbare Wirklichkeit, dort das für manche europäische Literaturen in den letzten dreißig Jahren charakteristische, bis zur Erschöpfung mühsame Bestreben, das Wunderbare künstlich herzustellen. [...] die alte trügerische Geschichte von der zufälligen Begegnung des Regenschirms und der Nähmaschine auf einem Seziertisch. [...] Dies wurde mir besonders klar während meines Aufenthaltes in Haiti im täglichen Kontakt mit etwas, was wir das wunderbar Wirkliche nennen könnten. [...] Ich dachte aber auch, daß diese Gegenwart und Gültigkeit des wunderbaren Wirklichen nicht das Privileg Haitis sondern Erbteil von ganz Amerika sei.

Essays, hrsg. von Hans-Otto Dill, übers. von Anneliese Botond, Berlin: Volk und Welt, 1985, S. 17–21.

Los pasos perdidos (1953, dt. Die verlorenen Spuren): Die Reise des Protagonisten von der US-Metropole in den Urwald ist Reise durch die Zeit infolge lateinamerikanischer Simultaneität der Zeiten: Steinzeit, Mittelalter, Romantik, 20. Jh. koexistieren (*real maravilloso*). Intertextueller Bezug zu Indiomythen, Conquistalegenden (Eldorado), Reiseberichten Gumillas und Humboldts, Bibel, Antike (*Odyssee*, Sisyphus, Prometheus). Paradigmatische Einflüsse: Thomas Mann (*Doktor Faustus*), Heidegger (Dasein), Sartre (Essenz und Existenz), Ortega y Gasset, Spengler (*Untergang des Abendlandes*). Konstruktion einer Utopie Amerika (Irdisches-Paradies- und Eldorado-Topoi) als Alternative zum entfremdeten, kommerzialisierten Abendland. Innerer Monolog des autodiegetischen Erzählers als Tagebuch.

El acoso (1958, dt. Die Hetzjagd) beschreibt Verfolgung und Liquidierung eines Terroristen nicht »realistisch«-chronologisch, sondern in Sequenzen mit vielen Retrospektiven. Der *récit* umfaßt Jahre, die *histoire* die Aufführungsdauer der *Eroica*. Erlebte Rede enthüllt Inneres des Protagonisten und Äußeres der Stadt Havanna als lateinamerikanische Stadt mit eklektisch-synkretischem Neobarock (entsprechend Carpentiers Theorie des Barock als Spezifikum Lateinamerikas, auch in *Concierto barroco*, 1974, Barockkonzert). Carpentiers Vereinigung von Theorie des *real maravilloso* und Theorie des Barock zur »Theorie des Kreolen« als synkretischer Mischung aller Epochen, Ethnien und Kulturen ist Grundlage der Figurenensembles und Ambientes des neuen lateinamerikanischen Romans.

Das Entstehen kreolischen Selbstbewußtseins am Vorabend der Unabhängigkeitsrevolution gestaltete er in *El siglo de las luces* (1962, dt. Explosion in der Kathedrale) am Beispiel junger Havannesen, die sich angesichts der kolonialistischen Haltung des rationalistischen revolutionären und napoleonischen Frankreich ihres kreolischen Andersseins bewußt werden. Auch hier Reisestruktur, hart gegeneinander montierte Episoden, Vielzahl intertextueller Beziehungen zur Weltliteratur (Voltaire, Choderlos de Laclos, Humboldt, Goethe, France). Formalisierende statt inhaltliche Textstrukturierung durch musikalische Makrostruktur: Krebs-Komposition der Zwölftonmusik in *Viaje a la semilla* (1944, Reise zum Ursprung). Untraditionelle Zeitbehandlung inhaltlich-ästhetisch (Simultaneität historischer Epochen) und auf Diskursebene (durch Diskongruenz von Erzählzeit und erzählter Zeit, *récit* und *histoire*, Zeitraffer, Zeitlupe, Anachronismen).

José María Arguedas (per 1911–69), Neoindigenist, in ketschuasprachlichem Ambiente aufgewachsen, Vorkämpfer indianischer Emanzipation im biethnischen Peru, Lehrer, Beamter. 1939 Gefängnis aus politischen Gründen. 1958 Ethnologie-Lehrstuhl. Sympathisant der kubanischen Revolution. Psychiatrische Behandlung, Selbstmord aus Verzweiflung über sozial-ethnische Aporien. Will Emanzipation des Indios und Wahrung seiner kulturellen Identität mittels Literatur fördern. Aus Gegnerschaft zu Akkulturations-, Integrations- und Mestizierungskonzepten, gestützt auf Freudsche Tiefenpsychologie, sein neoindigenistischer Ansatz: Literatur nicht als politisch-soziale Denunziation, sondern als Ausdruck psychomentalen Andersseins des Indios: Indio-Selbstbild statt indigenistischen Fremdbilds. Hauptproblem war nicht die Figuren-, sondern die Diskurs- und Kommunikationsebene: da das Spanische abendländisches Weltbild und Denkstruktur widerspiegelte, so wie das Ketschua indianisches (unhierarchische Gleichberechtigung aller Naturwesen und des Menschen), übertrug er statt additiver Lexik die Ketschuastruktur (Bildhaftigkeit und Syntax) ins Spanische. Meist indianische Erzähler- und

Figurenperspektive. In *Yawar Fiesta* (1941, Blutfest) wollen »aufgeklärte« Beamte und »fortschrittliche« Studenten mythisches indianisches Stieropfer verhindern. Altgläubige Indios setzen dieses Identitätsfest mitsamt indigenen Bräuchen durch.

Beschreibung der ganzheitlichen Indiowelt und Entdekkung des Mythisch-Magischen durch den Protagonisten und Ich-Erzähler Ernesto in dem Entwicklungsroman *Los ríos profundos* (1958, dt. Die tiefen Flüsse) im andinischen Cuzco. Ort und Zeit werden bipolarisiert: Licht vs. Dunkel, Vorderhof vs. Hinterhof des Internats, Stadt vs. Natur, spanisch-christliche Barockkathedrale vs. inkaisch-indigene Untermauern der Häuser, »indigenistische« Trinität Bürgermeister, Pfarrer, Großgrundbesitzer vs. dienende, arbeitende Indios. Rückerinnernder autodiegetischer Erzähler mit Kinder- und Indioperspektive vs. weiße Erwachsenenperspektive. Gleichwertigkeit rationaler wie mythischer Wirklichkeitsinterpretationen in der Schülerschar. Statt okzidentaler Sprache Ketschua-Wahrnehmungs- und Denkweise, statt Metaphern Metonymien (narrative Kohärenz!).

Todas las sangres (1964, dt. Trink mein Blut, trink meine Tränen), Aufstandsgeschichte mit kollektivem Helden, zeigt Aufeinanderprall und Vermischung des alten und modernen Perus, Indigenisierung der weißen Herren und Aneignung weißen Wissens durch Indios. Allwissender Erzähler mit viel direkter Figurenrede in Ketschua-Struktur. Der unvollendete Roman *El zorro de arriba y el zorro de abajo* (publ. 1971, Der Fuchs von oben und der Fuchs von unten) spielt in Chimbote während dessen Urbanisierung und Industrialisierung mit Technokratie, Korruption, US-Kapital und Renaissance indigener Werte (Fuchssymbol spielt auf den Helfer von den Anden und den von der Küste, auf die Regionalisierung Perus an). Moderne Zweiteilung in textintegrierte Paratexte und fiktionale Passagen. Synkretischer Romankörper besteht aus Vorwort (Garcilaso-Preis-Rede des

Autors), Tagebüchern und Epilogen des Autor-Erzählers, Psychogramm des todessüchtigen Autors, Interpretamenten für fiktive Teile, Retrospektive seines Schaffens samt Urteilen über andere Autoren.

Augusto Roa Bastos (par 1917), Mestize, als Kind mit oralem Guaraní-Erzählen vertraut, Soldat im Chacokrieg gegen Bolivien (ESSO gegen Shell), Literaturwissenschaftler, Journalist, wegen Teilnahme am Aufstand und wegen Stroessner-Diktatur 25 Jahre Exil. Gründer der Gruppe *Vy'á Raity* (Nest der Freude), die soziologischen Realismus ablehnte, Wirklichkeit in Träumen und Erfindungen aufscheinen lassen wollte. Definiert Engagement als Mitfühlen und Mitleiden. Für mestizische Mischung von okzidentaler Bildung und Guaraní-Weisheit im bikulturellen, bilingualen Paraguay. Schuf phonetisch und syntaktisch mestizierte Spanisch-Guaraní-Literatursprache. Die Erzählungen *El trueno entre las hojas* (1952, dt. Die Nacht der treibenden Feuer) beschreiben die reiche, korrupte Oberschicht und den harten Existenzkampf der Armen, ihre soziale Notlage sowie die Violencia, allegorisiert durch den Donner zwischen den Blättern. Die Guaraní-Figuren werden durch mythisch-magisches, mit Christentum synkretisch vermischtes Denken charakterisiert. Der Roman *Hijo de hombre* (1960, dt. Menschensohn) besteht aus Episoden des Chacokrieges. *Histoire:* Der indianischblütige Protagonist Miguel Vera aus Itapé rebelliert, wird als Soldat in den Krieg geschickt, erlebt dessen Violencia hautnah und stirbt als Bürgermeister von Itapé einen gewaltsamen Tod. Im *récit* (Diskurs) bringt der Autor statt Einzelfall ein Bild vom Volk. Christus ist Allegorie des Menschensohns, des »Menschen, der vom Menschen gekreuzigt wird«, und des Widerstands gegen Degradation. Der *récit* reproduziert über die Chaco-*histoire* hinausgehendes Geschichtsbewußtsein in Gestalt oralen Volkswissens, personifiziert in Macario, dem wandelnden Dorfgedächtnis mit Erinnerungen an den Krieg der Tripel-Allianz und die beiden López-Diktaturen.

Die Geschichte des Jesuitenstaates evoziert ein russischer Schatzsucher. Der orale Diskurs legt sich über die Realität, der Roman ist Roman über Diskurse. Als Komplement figuriert der skripturale Diskurs: das Tagebuch Veras mit magischer Weltwahrnehmung, der Begleitbrief der Ärztin als heterodiegetischer Ich-Erzählerin mit distanziert okzidentaler Weltsicht an den Autor Roa Bastos und dessen heterodiegetischer Herausgeber-Diskurs in dritter Person. Der *récit* entfernt sich von der *histoire* durch locker verbundene Sequenzen, Anachronismen und Zeitsprünge, nur vom Erzähler-Protagonisten zusammengehalten.

Diese Autoren erneuern die Literatur durch Einbeziehung des bäuerlich-kreolischen, indigenen, afroamerikanischen oder mestizischen Elements. Im weißen, durch Euro-Einwanderung europäisierten, urbanisierten La Plata hingegen wird erstmals die neue amerikanische Großstadt protagonisiert. **Leopoldo Marechal** (1900–70), Ästhetik-Professor, Journalist, Peronist, rekurriert auf das bodenständige Substrat von Avantgarde (Macedonio Fernández, Arlt, Borges, Bioy Casares) und Metaphysiktradition, liefert statt Leidensgeschichten Ironie und Satire in *Adán Buenosayres* (1931–48), Großstadt-Pikareske, Kindheitserinnerung, metaphysische Spekulation und essayistischer Schlüsselroman über Ultraisten-Clan. Erzähler verbringt nach Beerdigung des Protagonisten Adán Buenosayres retrospektiv 36 Stunden mit diesem in Buenos Aires (vom Protagonisten personifizierte Hauptstadt) mit Spaziergang, Diskussion auf der Straße, literarische *tertulia*, Bordellbesuch. Dieser auktorial-biographische Teil ist paratextuelle Einleitung zu zwei Manuskripten Adáns, einer petrarkistischen Meditation über die Liebe und einer metaphysischen Erörterung des Besuchs der Bonaerenser Unterwelt Cacodelphia mit dem Astrologen Schulze als Vergil. Marechal dekonstruiert den realistischen Roman (seine Rezeptionsparadigmata: Joyce, Bibel, Dante) und den positivistischen, spiritualistischen, kreolistischen und avantgardistischen La Plata-Diskurs von Sarmiento, Rodó, Martínez Estrada. Die Mischung Text – Paratext und Text – statt Realitätsreferenz findet sich wieder in der *nueva novela*.

Der Boom des Neuen hispanoamerikanischen Romans 1960–1980

Der Boom des Neuen hispanoamerikanischen Romans in den 60er Jahren war das größte weltliterarische Ereignis der lateinamerikanischen Literaturgeschichte. Er beendete die Vorherrschaft der Lyrik, des Regionalismus und Realismus endgültig. Der Roman, in Buchform verbreitetes Genre, nahm in dem halbanalphabetischen Kontinent Aufschwung Ende der 50er Jahre, als sich Großverlage in Argentinien, Mexiko und Brasilien entwickelten und Kolumbien zum »Schwellenland« im Buchwesen wurde. Taschenbücher, billige Editionen von Klassikern und Gegenwartsautoren, ambulant vertriebene Oralliteratur (Brasilien, Kuba, Nicaragua) in Heftchen (*cordel*) sorgten für stärkere Verbreitung von Literatur. Durch größere Zahl von Lehrern, Freiberuflern und überhaupt von Intellektuellen erhöhte sich die Zahl anspruchsvoller Leser. Literaturkritik und Wissenschaft wirkten in Universität, Feuilleton, Radio, Fernsehen, Literatur- und Kulturzeitschriften als Vermittler und Vermarktungshilfen. Stimulantien für Schriftsteller waren hochdotierte Literaturpreise (Rómulo Gallegos, Juan Rulfo, Casa de las Américas). Das neue schriftliterarische Kommunikationssystem war nicht nur national, sondern auch supranational wie einstmals der Modernismo. Es formierte sich Anfang der 60er Jahre um die neuen Romanciers herum, nicht nationalen, sondern subkontinentalen Spitzenautoren (Vargas Llosa, Fuentes, García Márquez, Donoso, Onetti, Cortázar). Hinzu kamen subkontinentale Literatursupplemente (*¡Siempre!*, Mexiko) und Zs. (*Marcha*, *Primera plana*, Montevideo, *Casa de las Américas*, Havanna, *Mundo Nuevo*, Paris), »neue« Kritiker (Rodríguez Monegal, Ángel Rama, José Ortega, Fernández Retamar) und Boom-Verlage (Seix Barral, Knopf, Hispanoamericana, Losada). Die neuen Romanciers wurden ab 1963 Seriengewinner des Biblioteca-breve-Preises von Seix Barral. Wichtig die Nr. 26 (1964) von *Casa de las Américas* mit repräsentativen Boom-Autoren-Texten und programmatischem Essay Ramas *Diez problemas para el novelista latinoamericano*. 1964 verwandten Rama in *Marcha* und Fuentes in *¡Siempre!* den Terminus »Neuer Roman«. Die Boom-Autoren bildeten untereinander und mit Kritikern und Verlegern ein Syndikat mit Cliquencharakter und persönlich-familiären Freundschaften (»Goldene Linke« Barcelonas: Barral, García Márquez, Vargas Llosa, Donoso; »Fuentes-Mafia« in Mexiko mit Buñuel und Monterroso), gemeinsamen Happenings und Feten. Als »kommunizierende Röhren« beeinflußten sie sich gegenseitig, lobten sich wechselseitig hoch (Vargas Llosas Vergottung von García Márquez in *Historia de un deicidio*) und zitierten einander intertextuell. Den kontinentalen Zusammenhalt, gefördert durch politische und verkehrsmäßige Integration im Düsenzeitalter, sicherten Besuche und gemeinsame Kongresse (Kulturkongreß in Concepción 1962, Begegnungen in der *Casa de las Américas*). Einigend wirkte die kubanische Revolution mit Bildungsreform, Alphabetisierung und Kulturförderung. Brasilien arbeitete im Lateinamerikanischen Schriftstellerverband mit (Vizepräsident Guimarães Rosa).

Das lateinamerikanische Zusammengehörigkeitsgefühl, das sich im Amerikanismus der Romane äußerte, wurde wesentlich durch die Erkenntnis gemeinsamer Geschichte, gemeinsamer sozialer, politischer und kultureller Strukturen und Identität gefördert. Die kubanische Revolution und Kennedys Allianz für den Fortschritt erweckten die Hoffnung, der Subkontinent könne ökonomisch wie politisch mit Westeuropa und den USA gleichziehen, ohne seine kulturelle Identität aufzugeben.

Seinen universalen Charakter erwarb der Boom durch Rezeption meist okzidentaler Modelle: des philosophisch-literarischen Existentialismus Sartres, Camus', Heideggers und Jaspers, der Frankfurter Schule sowie des für die *escritura* relevanten Strukturalismus und Poststrukturalismus Barthes', der Gruppe *Tel Quel* (Kristeva/Sollers), Todorovs, Derridas; der Erzähltechniken angelsächsischer Romanciers (Joyce, Faulkner, Hemingway, Dos Passos, Virginia Woolf), besonders der Verinnerlichungstechniken (innerer Monolog, *style indirect libre*, *stream of consciousness*) und literarischer Modelltopographien (Faulkners stilisierte Grafschaft Yoknapatawpha); des essayistisch-intellektuellen deutsch-österreichischen Romans (Thomas Mann, Broch, Musil, Hesse); antiker Mythen-Modelle in Freudscher Interpretation (Homer, Aischylos, Sophokles); der visuellen Sachlichkeit des *nouveau roman* Robbe-Grillets, Butors, Sarrautes; der neorealistischen Aufwertung Flauberts (Vargas Llosa: *La orgía perpetua*, 1975, dt. Flaubert und »Madame Bovary«. Die ewige Orgie).

Seine einmalige Originalität erreichte der Neue Roman teilweise durch Verbindung des okzidentalen Erbes mit lateinamerikanischer Tradition (Entdeckungs- und Conquista-Chroniken, Kolonialbarock, Modernismo, avantgardistischem Roman) und den Schreibweisen der Vätergeneration (magischem Realismus, *real maravilloso*, phantastischer Erzählung Rulfos, Uslar Pietris, Asturias', Carpentiers, Borges').

Charakteristisch die starke Literarisierung der *nueva novela* (Text als Narration und Deskription, Metapher, Metonymie, Symbol), die Ausschaltung extraliterarischer Diskurse und Funktionen, die Tendenz zu Text als Metatext, Literatur über Literatur, Diskurs über Diskurs, zu Intertextualität, zur Verarbeitung anderer Diskurse als bloßer

Strukturelemente literarischen Diskurses; zur Literarisierung von Paratexten; zur *mise en abyme* als Beschreibung des Schreibens des Romans, zum totalen Roman als *grand récit* und Gesamt komplizierter Strukturen, dialogisch-pluraler Perspektiven, Zeiten, Schauplätze; zur Autonomisierung von Literatur als autoreferentiellem Diskurs. Der quantitative Reichtum qualitativ hochwertiger, zeitaufwendiger und voluminöser Werke war möglich durch Professionalisierung und finanzielle Unabhängigkeit der Autoren, Disposition über viel Schreibzeit und Freiheit von zeitraubendem Nebenerwerb, Übernahme literaturaffiner Tätigkeiten (Literaturprofessuren), Ausstattung mit Sekretären und Agenten, ihre Vermarktung und Publicity wie bei Filmstars, Politikern oder Gangstern und ihre weltweite Internationalisierung durch Übersetzung, wodurch der hispanoamerikanische Roman für Jahrzehnte zum interessantesten Teil der Weltliteratur wurde. Die Autoren engagierten sich gegen die US-Blockade Kubas und Militärinterventionen in Dominikanischer Republik und Vietnam, Kulturimperialismus, Besetzung der ČSSR. Mit der Padilla-Affäre in Kuba endeten die kontinentale Solidarität der Schriftsteller und der Neue Roman als Strömung.

Juan Carlos Onetti (ur 1909–94), Zöllnersohn, Redakteur der Zs. *Marcha*, Werbeagent, Bibliotheksdirektor, Exil ab 1975 in Madrid, Cervantes-Preis. *La vida breve* (1950, dt. Das kurze Leben) führt die Schreibweise der Avantgarde (*mise en abyme*, Metaliterarisierung, Übergänge Fiktion – Realität) fort: Brausen, eine gescheiterte Existenz, schreibt ein Drehbuch mit der Filmrolle des Arztes Dr. Grey und schlüpft in diese sowie die des Zuhälters Arce. Nach des wirklichen Brausens Tod leben die fiktiven Grey und Arce wie geklonte Zwillinge ihre kurzen Leben in der La-Plata-Modellstadt Santa María weiter.

Der Santa-María-Zyklus verfügt über dasselbe Personal (Larsen, Petrus, Brausen) und Motivrepertoire: den Gegensatz einheimische Latinos vs. deutschstämmige Einwanderer; verbrauchte Menschen und zerstörte Stadtlandschaften, triste Intérieurs der Baulichkeiten und menschlichen Seelen: alles als genuin lateinamerikanische existentielle Erfahrung von Entfremdung und Verfall. Sinnbilder: Petrus-Werft, Larsen-Bordell. Fahnenwort *asco* (Sartre: *La Nausée*). Hintergrund: Wirtschaftskrise als existentiell-ontologischer Zustand. Protagonisten: Scheiternde, Entfremdete, Marginalisierte, Alternde. Die Welt wird aus ihrer Sicht physiologisch, chemosomatisch, olfaktorisch, visuell wahrgenommen als unbedeutend, armselig, schmutzig. Behaviouristische Darstellung ohne Biographie und Handlungsmotivationen der Protagonisten, um realistischen Kausalnexus Milieu – Individuum, Gesellschaft – Psyche abzublocken, und ohne erklärende Vorgeschichte, wodurch Verrottung als normal erschiene. Statt zielorientierter Handlungen sinnentleerte Gesten: die Arbeit in der Werft ist nur Fiktion von Arbeit.

In *El astillero* (1961, dt. Die Werft) kehrt Larsen nach Santa María zurück, um auf Petrus' Werft Karriere zu machen und dessen Tochter zu heiraten. Aber die Werft ist pleite, seine Verlobte wahnsinnig, er selber gibt gealtert und vereinsamt auf. Figurennaher (heterodiegetischer) auktorialer Erzähler mit behaviouristischer *nouveau-roman*-Wahrnehmungsperspektive Larsens (Blick ohne Erinnerung und Assoziation) in *style indirect libre*. Die Fabel ist Allegorie der Vergeblichkeit menschlicher Existenz und existentialistischen Lebensgefühls vor dem spezifischen Hintergrund der La-Plata-Ideologiegeschichte Sarmientos, Malleas, Martínez Estradas. La-Plata-Realität: provisorische Häuser, marode Industrieanlagen, unbehauste Bewohner in uneigentlicher Existenz. Existentielles Eingeschlossensein der Menschen: Santa María und Larsens Bordell sind Gefängnisse.

Juntacadáveres (1964, dt. Leichensammler) bringt Vorgeschichte (Einfluß von Camus' *L'Étranger*): Larsens Bemühen, ein Bordell in Santa María zu eröffnen, scheitert an Xenophobie, Heuchelei und Vorurteil.

Ernesto Sábato (arg 1911), aus Italo-Einwandererfamilie, Müllerssohn, Physik- und Mathematikprofessor. Bruch mit Kommunismus wegen Stalinismus, mit Wissenschaft aus Widerwillen gegen technokratisch entfremdete Welt. Freier Schriftsteller, Zeitschriftenherausgeber (*Mundo Argentino*), Kulturbeamter. Existentialistisch-marxistischer Denker. Essays: *Uno y el universo* (1945, Die Eins und das All), *El escritor y sus fantasmas* (1963, Der Schriftsteller und seine Phantasmen). Setzt Okzident mit Menschheit und Universalität gleich, Krise des Okzidents (Verlust der Basisinstinkte, Verdinglichung, Urbanisierung, Technokratie, Kommunikationslosigkeit, Entsolidarisierung) ist Krise der Zivilisation.

In *El túnel* (1948, dt. Der Maler und das Fenster) ist der Tunnel Metapher der Kontaktarmut des Malers Pablo Castel, des Ich-Erzählers aus neurotischer Perspektive, dem als Künstler keine Kommunikation mit dem Publikum und als Mann keine Kommunikation mit der Geliebten María gelingt, die er aus pathologischer Eifersucht tötet.

Sobre héroes y tumbas (1961, Über Helden und Gräber) ist totaler Roman (*grand récit*), Metaerzählung über Literatur, Essay über *argentinidad* (Nationalmythen von Fangio und Gardel, Geschichte der Caudillos vom 19. Jh. bis Perón, intertextueller Bezug zu Arlt, Güiraldes, Borges). Die Tötung Fernandos durch seine Tochter Alejandra bei Peróns Sturz 1955 führt zur Rekonstruktion einer Familiensaga ab der Rosas-Diktatur und Dekonstruktion des bürgerlich-oligarchischen *argentinidad*-Nationalmythos. In einer Art Detektivroman wird die Wahrheit über Alejandra rekonstruiert und ihr Bild als Erotomanin, inzestuöser Liebhaberin, Vatermörderin destruiert. Der Text ist Dialog des narrativen mit dem essayistischen Diskurs (Exkurse über Juden, Kommunisten, Banken, Kapitalisten, Sport, Frauen, Immigranten) mit Polyphonie der Erzählerstimmen. Kein direktes auktoriales Erzählen, immer erlebte Rede, innere Monologe, Diskurs der Mutmaßungen und

Grübeleien. Als nachgelassenes Fremdmanuskript figuriert Fernandos »Bericht über die Blinden«, eine traditionell-realistisch geschriebene Vision eines Paranoikers mit extremem Verfolgungswahn von der Verschwörung einer Geheimgesellschaft böser Blinder (Metapher für Juden, Kommunisten, störende Minderheiten, Verfolgte) gegen die Menschheit (Rekurs auf Arlts, Borges', Nervals, Rimbauds, Lautréamonts Gegenwelten des Bösen). Zweck: Bewußtmachung und Therapie ideologischer Paranoia.

Abbadón el exterminador (1974, dt. Abbadon) ist essayistischer Roman über einen Roman, Bericht über die qualvolle Niederschrift des Romans als *mise en abyme.* Die Romanfigur Sábato diskutiert autodiegetisch über ihre Autobiographie mit realen Personen und fiktiven Figuren. Die Fabel, die von Inzest, Eifersucht, Terrorismus, Folter und der Zerstörung von Buenos Aires handelt, hat eine Puzzlestruktur mit vielen Bewußtseins- und Zeitebenen und über hundert Erzählfragmenten. Statt Blinden- nun Che-Guevara-Bericht.

Julio Cortázar (arg 1916–84), aus wohlhabender Familie, nach Philosophiestudium Lehrer für französische Literatur. Antiperonist, ab 1951 in Paris, UNESCO-Übersetzer. Problematisierte die Existenz des okzidentalen Menschen La-Plata-Westeuropas in technisierter, urbanisierter, entfremdeter Welt, vor allem sein pragmatisches, erfolgsorientiertes, rationalistisches Handeln. Suchte »wahren«, uninstrumentalisierten, sich selbst verwirklichenden Menschen und die »andere«, authentische Realität. Einflüsse: Baudelaire, Dada, Surrealismus, Existentialismus, absurdes Theater, *nouveau roman*, Carroll, Poe, Joyce, Borges, Sábato, Onetti, Felisberto Hernández, Lezama Lima; Metaphysiker und Mystiker (Kabbala, Buddhismus, Zen, Okkultismus, Esoterik, Alchemie, Meister Eckhart, Klages' Lebensphilosophie). Gegner des realistischen Traditionalismus und (deterministischen) Psychologismus sowie des borgesianischen Rationalismus.

Phantastische Kurzgeschichten *Bestiario* (1951, dt. Bestiarium), die eine nichtrationale, nichtlogische Ordnung des Unterbewußtseins, Verdrängungen, Komplexe, Ängste psychoanalytisch-exorzistisch manifest machen. Surrealistisch-humoristische Science-fiction-Phantastik in *Historias de cronopios y de famas* (1962, dt. Geschichten von Cronopien und Famen), wo die spießbürgerlich-inauthentischen Famen ständig von spontan-selbstbestimmt handelnden Cronopien geärgert werden. *Los premios* (1960, dt. Die Gewinner), Roman über Dampferfahrt von Preisgewinnern als Mikrokosmos des peronistischen Argentinien mit strukturalen Dichotomien (verboten vs. erlaubt, Alltag vs. Außergewöhnliches), kontrastierenden Erzählperspektiven und unkonventionellen Montagen von alternierenden Bordszenen und Monologen des Erzähler-Beobachters (Cortázar).

Der »neue Roman« *Rayuela* (1963, dt. Rayuela. Himmel und Hölle), experimenteller Collage-Text nach surrealistischem Muster, ist ein Triptychon aus je einem Paris-, Buenos-Aires- und Chaos-Kapitel (Zitate, Notate). Darin metaliterarische Erörterungen über spielerisches Schreiben und Lesen entsprechend dem Himmel-und-Hölle-Spiel, das aktive Mitarbeit des Lesers bei der Textsinngebung erfordert (*lector-cómplice* vs. passiver *lector-hembra*). Rayuela-Spiel ist freie, selbstbestimmte, eigentliche, andere Welt, führt von der Hölle in den Himmel. Literatur als Gegenwelt zur realen Bürgerwelt, Schreiben als gegeninstitutionelle ent-entfremdende Instanz und dekonstruktivistische Praxis, die das Andere (Zentrum) gegen das Seiende (Macht, Geld, instrumentelle Vernunft, Pragmatismus als *extrañamiento*, Exzentrizität) setzt. Oliveiras Suche nach Maga ist die Suche nach einem Zentrum als metaphysischem Glücksort. Der Name Maga evoziert Magie, Irrationalität.

Wichtig sind mittelalterlich-hermeneutische Figurenkonstellationen, magisch-antipsychologisch und unkausal wie Sternbilder (Dreiecksbeziehung, Paarbeziehung): Maga ist in der Himmel-und-Hölle-Konstellation die Figur des *lec-*

tor-hembra entsprechend Cortázars machistischem Frauenkonzept. Surrealistische »Erleuchtung« des Lesers statt rationaler Erkenntnis erfolgt nur bei gewisser Figurenkonstellation (Epiphanie). Ziel der Lektüre ist der neue, unentfremdete Mensch. Merkmale: hohe Intertextualität, Anspielungen auf literarische Mythen der Moderne und der 50er und 60er Jahre, viele Prätexte und Paratexte, Intermedialität (visueller Text als Mosaik von Zitaten), mobile Erzählperspektiven mit Zoom-Effekt und variabler Fokussierung durch Alternieren des homodiegetischen Ich-Erzählers Oliveira mit dem allwissenden Erzähler und mit Morelli als Double des Autors. Sprachspiele, viele Ebenen, Textsorten, zeichensprachliche intermediale Mischformen. Suche nach authentischer, unentfremdeter Sprache.

Aktivierung des Lesers auch in *62 modelo para armar* (1968, dt. 62/Modellbaukasten): Geschehen an verschiedenen Orten bilden »Figuren«, die der Leser selbständig zusammensetzen (»schreiben«) soll. *Libro de Manuel* (1973, dt. Album für Manuel), Textsorten-Collage von Fiktion, Zeitungsausschnitten und Statistiken über die Entführung eines Politikers durch Guerilleros zwecks Freipressung, erweist Cortázars Politisierung. Revolutionäres Tun wird nicht didaktisch, sondern als Spiel, Traum und Phantasie vorgeführt.

Mario Vargas Llosa (per 1936), Zögling der Kadettenanstalt Lima, Literaturwissenschaftler, Promotion über Rubén Darío, Monographien über García Márquez, *Madame Bovary*, *Tirant lo Blanc*. Rómulo-Gallegos-Preisträger. Anhänger der kubanischen Revolution und Zerwürfnis nach Padilla-Affäre. Unterlag 1990 als rechter Kandidat bei Präsidentschaftswahlen gegen Fujimori. Exil in Spanien, spanischer Staatsbürger. Wollte in einer Gesellschaft der Ungerechtigkeit und Entfremdung einen Roman schreiben wie ein Guerillero mit Gewehr. Der Autor sei ewiger Dissident, Neorealist in der Nachfolge Flauberts, der beschreibt, nicht wertet, ewiger Verweigerer ist, moderne Avantgardismen zur Darstellung eines Inhalts nutzt, der durch ein hinzugefügtes Element von Realität pur differiere. Lektüren: Woolf, Joyce, Faulkner, Hemingway, Kafka, Brecht, Weiss, Proust, Céline, Sartre, Ionesco.

La ciudad y los perros (1962, dt. Die Stadt und die Hunde), Erziehungsroman über die Persönlichkeitsdeformation junger Menschen durch Unterwerfungs- und Initiierungsrituale der Kadettenanstalt zwecks ihrer Verwandlung in Repressionsinstrumente. Handlungsauslösend: Ermordung eines Mitzöglings wegen Verrats. Titel-Opposition von Topie (Stadt) und Heterotopie (Kadettenanstalt): Kadettenanstalt (Militär) ist metonymes Komplement, nicht nur Allegorie der Gesellschaft. Aus homodiegetisch-pluraler Erzählperspektive dreier Ichs wird handelnd erzählt. Kriminalromanstruktur erzeugt Spannung und Leser-Mitarbeit. Das Buch wurde öffentlich verbrannt.

La casa verde (1965, dt. Das grüne Haus) ist mythisches Bordell und Symbol Perus, Kritik an gesellschaftlicher und kultureller Rückständigkeit, sozialem Banditismus, Machismo, moderner Sklaverei und Menschenhandel, an Mischung von Rückständigkeit und modernem Gelddenken. Antitraditionalistische Struktur: 72 Sequenzen in 4 Büchern mit 4 zerstückelten Geschichten plus Epilog, lokalisiert am Amazonas und am Pazifik, mit verschiedenem, aber austauschbarem Personal, geordnet durch Wiederkehr bestimmter Strukturelemente und Topoi. Pluralität der Diskurse: Mythos vom grünen Haus, renommierende Selbstdarstellung der »Bande der Unbesiegbaren«, orale Sage vom Conquistador Fushia, Harfenspielerlieder, mexikanische sentimentale Filme, triviale Abenteuergeschichten, nach dem Matroschka-Prinzip ineinandergeschachtelt. Diese Texte, nicht die Realität sind die Stoffgrundlage. Charakteristisch die simultane Ineinandermontage von realen Ereignissen und Diskursen im selben Satz, von direkter Rede mit Vorgangs- und Ambientebeschreibungen. Leser muß die Sprecher aus Aus- oder Angesprochenem erschließen:

La madre Angélica tenía mucha sed y a lo mejor un poco de fiebre, el espíritu seguía animoso pero el cuerpo ya estaba lleno de achaques, Madre Patrocinio y ella no, no, que no dijera eso, Madre Angélica, ahora que subieran los guardias tomaría una limonada y se sentiría mejor, ya vería. ¿Murmuraban de su persona?, el Sargento observa el contorno con ojos distraídos, ¿lo creían un cojudo?, se abanica con el quepí, ¡ese par de gallinas!, y de repente se vuelve hacia el práctico Nieves: secretos en reunión era falta de educación y él que mirara, Sargento, los guardias volvían corriendo. ¿Una canoa?

La casa verde, Barcelona: Seix Barral, [12]1981, S. 12.

Madre Angélica hatte großen Durst und am Ende gar ein bißchen Fieber, der Geist war immer noch willig, aber der Leib litt halt an Gebrechen, Madre Patrocinio, und die, nein, nein, sie sollte so etwas nicht sagen, Madre Angélica, sobald jetzt die Guardias heraufkämen, würde sie eine Limonade trinken und sich gleich besser fühlen, würde schon sehen. Flüsterten sie über ihn? der Sargento betrachtet zerstreut die Umgebung, hielten sie ihn für ein Arschloch? er fächelt sich mit dem Képi Luft zu, diese zwei alten Hennen! und unvermittelt wendet er sich dem Lotsen Nieves zu; Flüstern in Gegenwart dritter war schlechtes Benehmen, und der, er sollte schauen, Sargento, die Guardias kamen zurückgerannt. Ein Kanu?

Das grüne Haus, übers. von Wolfgang A. Luchting, Reinbek bei Hamburg: Rowohlt, 1968, S. 12.

Conversación en la Catedral (1970, dt. Gespräch in der Kathedrale) ist ein *grand récit* als Gespräch zwischen Santiago Zavala und Ambrosio, Ex-Chauffeur von Cayo Bermúdez, in der Eckkneipe »La Catedral« mit Einmischung 17 weiterer Stimmen. Hintergrund: Odría-Diktatur 1948–1956, Wahlen, Militärputsch, Sicherheitsdienste. Santiago ist Absteiger, Sohn eines mit US-Industriellen kungelnden Senators, Bermúdez ist Aufsteiger und Innenminister. Statt Figurenensemble fünf alternierende Erzählperspektiven als Totalität der Gesellschaft Perus (Amalia, Cayo Bermúdez, Santiago Zavala, die Prostituierte Aqueta, Ambrosio).

Denunziert werden Korruption, Machtmechanismen, wechselseitige Erpressung. Ein Balzac-Epigraph verweist auf die neorealistische Intention einer Privatgeschichte Perus als Komplement zur Historiographie, einen Realismus ohne allwissenden Erzähler, in dem nur Figuren das unkommentierte Wort haben (Referenztext: Flauberts *Éducation sentimentale*). Die Erzählerrede ist spärlich gegenüber abundanter direkter und erlebter Rede und Dialogen erlebter Reden.

Carlos Fuentes (mex 1928), Diplomat, Literaturwissenschaftler, bis Padilla-Affäre Anhänger der kubanischen Revolution, Kritiker der herrschenden PRI, Publizist (*Revista mexicana de literatura*, 1954), Essayist, Dramatiker, Drehbuchautor (für Buñuel). Sein Werk ist Auseinandersetzung mit der mexikanischen Revolution und der Geschichte von der Conquista bis zur USA-Abhängigkeit. Sieht Mexiko als bikulturelles, mestizisches Land (Einflüsse: Vasconcelos, Paz, Ramos). Mehr noch als die Revolution kritisiert er den Revolutionsroman wegen des Ignorierens von Mythologie, Ethnologie und Psychopathologie. Legte bourgeoise Erziehungsdeformation im traditionalistischen Bildungsroman *Las buenas conciencias* (1959, Die guten Gewissen) bloß.

Psychoanalytische Darstellung von Individualbewußtsein und kollektivem Unterbewußten mittels moderner Erzähltechniken des *nouveau roman* und Faulkners in *La región más transparente* (1958, dt. Landschaft in klarem Licht) mit der Hauptstadt Mexiko als kollektivem Protagonisten (spätere apokalyptische Megastadtromane: *Agua quemada*, 1981, dt. Verbranntes Wasser; *Cristóbal Nonato*, 1985, dt. Christoph, ungeborn). Karikierende, dadaistische Beschreibung des Geschäftslebens und parasitären Amüsements der Bourgeoisie. Die Protagonisten handeln stereotyp entsprechend interiorisierter Charaktermaske, die ihnen die Gesellschaft als behaviouristisches Modell und karnevalistisches Prinzip aufzwingt (*Los días enmascarados*, 1954, dt. Verhüllte Tage).

La muerte de Artemio Cruz (1962, dt. Nichts als das Leben) ist *rescritura* des Revolutionsromans. Der agonisierende Großbürger und Ex-Offizier Artemio Cruz bilanziert sein Leben, das in der Revolution durch Verrat und Korruption in Reichtumserwerb und Machtmonopolisierung abglitt (Modelle: Faulkners *As I Lay Dying*, Becketts *Malone meurt*, Butors *La Modification*). Drei Zeiten und drei Erzähler: Ich-Erzähler mit *stream of consciousness*, Du als distanzierender »anderer« alter Cruz, Er, der alles über Cruz wissende Erzähler. Collage von Szenen und von sprachlichen Äußerungen (Reklamespots, Schlagertexten, Klatsch).

Zentrales Symbol von *Cambio de piel* (1967, dt. Hautwechsel) ist das Ritual vom alljährlichen Hautwechsel entsprechend zyklischer Zeitauffassung der Azteken und die mehrschichtige Pyramide von Cholula als Sinnbild lateinamerikanischer Koexistenz vergangener und gegenwärtiger Zeit. Die *histoire* ist der Besuch der Pyramide durch Mexikaner, Deutsche und eine US-Amerikanerin, der erinnernde *récit* spielt jedoch zu mehreren Zeiten (Alt-Mexiko, Hitlerdeutschland, modernes Mexiko) in München, Prag, dem KZ Theresienstadt, Griechenland, New York. Moral: Nach Azteken- und KZ-Opfer ist ein neuer, unblutiger Zyklus fällig. Wenig direkte, viel indirekte erlebte Rede und innerer Monolog machen plurale Sichtweisen und Wertungen deutlich.

Terra nostra (1975), ein totaler Roman, spielt zur Zeit der Erbauung des Escorial unter Philipp II. Der *récit* erfaßt die Zeit von der Zeitenwende bis 2000 n. Chr. Orte: mittelmeerische Antike, nachkolumbisches Mexiko, Spanien Philipps II., Paris um 2000. *Terra nostra* meint hispanisch-romanische Weltkultur. *Nueva-novela*-Merkmale: Intertextualität (Siglo de Oro, Borges, Pound), Tlatelolco-Beschreibungen nach Texten von Cortés, Díaz del Castillo, León-Portilla und *testimonios* des Studentenmassakers von 1968, Bezüge zu Gründungsmythen (Christus, Quetzalcóatl, Karl V.).

Nebeneinander historischer (Juana la Loca, Philipp, Cervantes) und Kompositgestalten (Góngoras *peregrino*, Don Juan, Celestina). Ein unpersönlicher Rahmenerzähler und mehrere Binnenerzähler mit personaler Perspektive; Dialog und Mischung der Schreibweisen (Cervantes beschreibt den Beginn von Kafkas *Verwandlung*); Vielstimmigkeit der Figuren und Perspektiven; Indios und Spanier als gegenseitige Projektionen (Cortés als Quetzalcóatl, Escorial als aztekische Pyramide). *Terra nostra* ist der metafiktionale, metanarrative Geschichtsroman der 70er Jahre.

Lezama Lima schrieb mit dem neobarocken *Paradiso* (1966) eine Familiensaga mit Rekonstruktion des spätkolonialen und frührepublikanischen Kubas der Großbourgeoisie. Die oft traumhaften Sequenzen der Handlung sind allegorische danteske Wanderung vom Paradies der Kindheit zum Paradies der Literatur. Zwei Pole: Eros und Tod. Poesie als Auferstehung und Unsterblichkeit. Ein großer *récit* mit lyrischen und essayistischen Prä- und Paratexten. Fiktion und Autobiographie gehen, oft nachlässig gearbeitet, ineinander über. Einerseits spekulativ-metaphysischer Roman über den Sinn menschlicher Existenz und die Grenzenlosigkeit der Erkenntnis, zum anderen nostalgische Rekonstruktion vorrevolutionärer kreolisch-kubanischer Lebensart und Ambiente (*mito insular*).

Der Erzähler als *sujeto metafórico* erfindet metaphorische Träume und Bewußtseinszustände hinzu. Ironisch-souveräner Umgang mit abendländischer Bildung. Homoerotische Passagen und Gespräche zwischen Foción und Fronesis. Bildungsroman als Erziehung zur Homoerotik, zu Kreation = Kreativität statt zu Prokreation. In dem Roman wird alles zu Allegorien (Modelle: Dante, Gracián). Die Figuren sind poetische Metaphern, Allegorien, Personifikationen, abstrakte Konzepte: Fronesis personifiziert die Vernunft, Foción die homosexuelle Begierde, Cemí den Willen, Oppiano Licario die Poesie. (Aus einem Sonett Licarios an der Bahre Cemís wird das Romanfragment *Licario Oppiano*, publ. 1977.) Barock sind die verschlungene Handlungs- und Dialogführung, die komplizierte Satzverschachtelung und die Bevorzugung barocker Tropen.

Gabriel García Márquez (col 1928) aus dem Karibik-Dorf Aracataca wurde nach abgebrochenem Jurastudium Reporter, Europa-Korrespondent, Filmstudent in Rom, Mitarbeiter der kubanischen Nachrichtenagentur Prensa-Latina 1959–61, Drehbuchschreiber und Werbetexter in Mexiko, freier Schriftsteller und Journalist in Bogotá und Mexiko. Nach frühem KP-Engagement Sympathisant der kubanischen Revolution, Freund Fidel Castros. Nobelpreis 1982. Kritisch- und sozialistisch-realistische Frühwerke: *El coronel no tiene quien le escriba* (1961, dt. Der Oberst hat niemand, der ihm schreibt) und *La mala hora* (1962, dt. Die böse Stunde) über Violencia in Kolumbien 1948–58, beschreiben unter Einfluß von Psychoanalyse, Ortega y Gasset und Existentialismus seelische Deformationen durch die Violencia bei Opfern und Tätern. Erzähltechnische Modelle: der behaviouristische Lakonismus Hemingways, die Atmosphäre des Unheimlichen Kafkas, erlebte Rede und innerer Monolog Faulkners.

Zusammenführung von oraler Mythentradition, Interiorisierung und moderner Erzählweise und Anschluß an die moderne Narration Lateinamerikas in *Cién años de soledad* (1967, dt. Hundert Jahre Einsamkeit), Weltbestseller. Abgehen von einseitig rational-okzidentaler und Übernahme magisch-kreolischer Weltsicht und Erzählperspektive ähnlich magischem Realismus sowie von Technik, Gestus und Tonfall popularen oralen Erzählens. »Totaler Roman« als Darstellung der Geschichte des unabhängigen Kolumbiens in *histoire*, während der *discours* die Gesamtgeschichte Lateinamerikas, ihr spezifisches Neben- und Ineinander der Geschichtsformationen von der Gentilgesellschaft bis zur Moderne als vorher- und fremdbestimmt, als kolonial und peripher, sowie gleichnishaft die Menschheitsgeschichte von Schöpfung bis Apokalypse umfaßt. Diese Geschichte ist als Totalität politische und Wirtschaftsgeschichte, vor allem jedoch Geschichte der Kultur und des Menschen Lateinamerikas.

Der magische Ort Macondo durchläuft alle Phasen der Menschwerdung und Kreolisierung, seine Bewohner umfassen modellhaft alle Typen, Berufe und Ethnien Lateinamerikas, sind mestizisch, okzidental und nichtokzidental, Erster und Dritter Welt zugehörig. Ihre magische Psyche manifestiert sich in oral tradierten Mythen, Legenden und Anekdoten als kollektivem Gedächtnisbesitz des analphabetischen Volkes, als oraler, subversiver Diskurs gegenüber dem verschrifteten offiziellen Diskurs. Synkretisch das literarische Genre: Roman eines Individuums, des Protagonisten Aureliano Buendía, Nationalmythos des Landes Kolumbien (Gründung, Bürgerkriege Liberale vs. Konservative, Diktatur, Verwandlung in Bananenrepublik der United Fruit, Violencia und Massaker), Familiensaga einer Sippe (der Buendías) und Ortschronik Macondos. Die Einsamkeit Macondos ist die Isolierung Lateinamerikas von der (eurookzidentalen) Welt, die durch Einbeziehung in Weltkommunikation (mittels Flößen, Eisenbahn, Flugzeug) und Weltmarkt als Gemeinde aufgehoben wird, jedoch Vereinzelung und Einsamkeit der früher kollektiven Macondiner und Buendías als Individuen bedeutet.

Hoher Grad der Literarisierung durch Intertextualität (Bezug auf Genesis und Apokalypse, Mythen von Eldorado, Arkadien, Utopia, barocken Rabelais, Ritterroman, Nostradamus, Ramon Lull, Entdecker-Chroniken). Starke Metaphorisierung, Metonymisierung, Allegorisierung, Erzeugung ineinander vernetzter Tropensysteme. Den Romanstoff bilden statt der Wirklichkeit als solcher Mythen, Legenden, orale Literatur und Prophezeiungen (Melquíades-Manuskripte). Statt realistischer Darstellung von Streik, Demonstration und Massaker deren sprachlicher Reflex (bzw. Verschweigen) in Zeitung und Geschichtsschreibung. Der allwissende Erzähler enthüllt sich als personaler mit mythisch-magischer Weltsicht, wozu auch Zirkelstruktur und ein nichtokzidentaler Wahrscheinlichkeitsbegriff gehören. Der okzidentale Erzähler meldet sich in romantisch-realistischem Romanteil.

El coronel Aureliano Buendía promovió treinta y dos levantamientos armados y los perdió todos. Tuvo diecisiete hijos varones de diecisiete mujeres distintas, que fueron exterminados uno tras otro en una sola noche, antes de que el mayor cumpliera treinta y cinco años. Escapó a catorce atentados, a setenta y tres emboscadas y a un pelotón de fusilamiento. Sobrevivió a una carga de estricnina en el café que habría bastado para matar un caballo. Rechazó la Orden del Mérito que le otorgó el presidente de la República. Llegó a ser comandante general de las fuerzas revolucionarias, con jurisdicción y mando de una frontera a la otra, y el hombre más temido por el gobierno, pero nunca permitió que le tomaran una fotografía.

Cien años de soledad, Madrid: Espasa-Calpe, 1982, S. 155.

Der Herr Oberst Aureliano Buendía zettelte zweiunddreißig bewaffnete Aufstände an und verlor sie allesamt. Er hatte von siebzehn verschiedenen Frauen siebzehn Söhne, die einer nach dem anderen in einer einzigen Nacht ausgerottet wurden, bevor der älteste das fünfunddreißigste Lebensjahr erreichte. Er entkam vierzehn Attentaten, dreiundsiebzig Hinterhalten und einem Erschießungskommando. Er überlebte eine Ladung Strychnin in seinem Kaffee, die genügt hätte, ein Pferd zu töten. Er lehnte den Verdienstorden ab, den der Präsident der Republik ihm verleihen wollte. Er wurde sogar Oberbefehlshaber der Revolutionsstreitkräfte, der die Rechtsprechung und Befehlsgewalt von einer Grenze zur anderen innehatte, überdies wurde er der von der Regierung gefürchtetste Mann, ließ jedoch niemals zu, daß er fotografiert wurde.

Hundert Jahre Einsamkeit, übers. von Curt Meyer-Clason, Köln/Berlin: Kiepenheuer & Witsch, 1970, S. 126.

Der Diktatorenroman *El otoño del patriarca* (1974, dt. Der Herbst des Patriarchen), Höhepunkt neobarocker Darstellung mit Personifikationen, prunkvoll-verschachtelter Syntax und exzessiver Hyperbolik, führt per allwissendem Erzähler in *style indirect libre*, *stream of consciousness* und direkter Rede das Innenleben eines Diktators mit Violencia, Machismo und Populismus unter Rekurs auf Psychoanalyse und Massenpsychologie vor. Magisches Denken und Fühlen, Machismo und Violencia im Dorf gestaltet García Márquez in *Crónica de una muerte anunciada* (1981, dt. Chronik eines angekündigten Todes), fingierter Dokumentation in journalistisch-hemingwayscher Sachlichkeit.

José Donoso (chi 1924–97), aus Oberschicht, Hafenarbeiter, Englisch- und Literaturprofessor, freier Schriftsteller, nach Pinochet-Putsch kurzzeitig im Exil, gehört zur kosmopolitischen Generation von 1950 (Einflüsse: Carpentier, Onetti, Balzac, Stendhal, Tolstoi, Huxley, Stefan Zweig, *nouveau roman*, US-Erzähler, Kafka), die Regionalismus, Kreolismus, Realismus, Didaktik ablehnte und für Literarisierung, Ambiguität und Polysemie eintrat. Schrieb Entwicklungs- und Familienromane über die chilenische Oberklasse als karnevalistische Rollen- und Maskenspiele mit Sicht der Erwachsenen als Welt des Schreckens aus der Kinderperspektive.

Coronación (1957, Die Krönung) ist die Geschichte des frustrierten Jungen Andrés, der sich aus Protest gegen die kalte Bourgeoiswelt der Erwachsenen eine eigene Welt (die Antiwelt des von Blinden bewohnten Omsk) erfindet. *El lugar sin límites* (1967, dt. Ort ohne Grenzen) ist konsequente Darstellung von gebrochener Psyche, Pathologischem, Obsessionen, tierischer Deformation menschlicher Persönlichkeit. Kinder werden durch Erwachsene zu Monstern. Herr-Knecht-Verhältnis als verinnerlichte Habituation jenseits sozialer Ursachen. Rekurs auch auf orale Traditionen: Märchen, Legenden, Mythen der Kindheit aus dem Dienstboten-Gedächtnisbesitz, Phantastisches, Geträumtes.

Im Hauptwerk *El obsceno pájaro de la noche* (1970, dt. Der obszöne Nachtvogel), von einem oraler Tradition verpflichteten Hausmeister erzählt, vollziehen die Figuren ständig Metamorphosen. Alles wird zu erzählenden Stimmen und »Sprache«. Allegorischer Roman über Familien der Oberschicht. *Imbunche*, phantastisches Monster der Oralfolklore, dem sämtliche Körperöffnungen zugenäht sind, ist Metapher für deformierte und verarmte Objekt-Menschen in labyrinthisch-schizophrener, halluzinatorischer Welt. Alle Personen sind austauschbare Masken. *Tres novelitas burguesas* (1973, Drei bürgerliche Novelletten) schildert neorealistisch die bürgerliche Gesellschaft als Sprache, Maske und postmoderne Parodie unter metaliterarischem Vorzeigen der Arbeit des Schriftstellers am Roman als *mise en abyme*.

Der Postboom der 70er und 80er Jahre

Auch nach Auflösung der *nueva-novela*-Gruppe schreiben ihre Vertreter und im Ausland residierende Nachzügler kontinentale Erfolgsromane. Der neue Realismus des Postboom thematisiert die neu etablierten Trivialkünste und Massenmedien und stellt vor diesem Hintergrund unter Rekurs auf poststrukturalistische und postmoderne Philosophie die Höhenkammliteratur in Frage. Im Neuen historischen Roman (*nueva novela histórica*) werden liberaler und linker Geschichtsdiskurs und die desarrollistischen oder revolutionären Projekte und Utopien im Zeichen der Postmoderne dekonstruiert.

Manuel Puig (arg 1932–90), aus der Provinz, Sprach- und Philosophie- sowie Filmstudium (mit Einfluß des kinematographischen Diskurses – Montage, Zeitbehandlung, Zoom – auf seine Schreibweise), Flughafenangestellter in New York. Thematisiert und parodiert Massenmedien und Trivialkunst und deren Einfluß auf Psyche und Verhalten ihrer Rezipienten aus Mittel- und Unterschichten, die seine Protagonisten sind. *La traición de Rita Hayworth* (1968, dt. Verraten von Rita Hayworth) schildert Persönlichkeitsdeformationen einer kinogängerischen Provinzfamilie durch Rita Hayworth, die Beherrschung ihrer Lebensweise, Ideale und Beziehungen durch das audiovisuelle Medium.

El beso de la mujer araña (1976, dt. Der Kuß der Spinnenfrau), Gefängnisroman vor dem Hintergrund der Militärdiktatur, thematisiert die zwischenmenschliche Kommunikation, den Einfluß der Massenmedien sowie Homosexualität in Dialogen zwischen dem ungebildeten transsexuellen Spitzel Molina und dem asketischen, intellektuellen, machistischen Guerillero Valentín. Während Valentín politisiert, erzählt Molina wie in einer TV-Fortsetzungsserie fünf US-Filmstories der 40er Jahre (der Titel des Buches evoziert einen Gruselfilm über eine Frau, die sich bei einem Kuß in einen Panther verwandelt). Dazu als Paratexte wissenschaftliche Fußnoten vom Herausgeber und Autor über Homosexualität, Perón, politische und sexuelle Repression. Einmontierte Textsorten: Tobis-Film-Prospekte, Telefonate, Kassiber, Boleros, Selbstgespräche, Halluzinationen, Polizeidokumente, Gefängnisvorschriften. Innere Monologe und direkte Figurenrede in soziodialektalen Dialogen des Politfunktionärs und der Vorstadttunte dominieren gegenüber der Erzählerinstanz. Puig wertet triviale Kitschfilm-Ästhetik für eine innovative Postboom-Romanästhetik auf.

Massenmedien und Trivialkunst thematisiert auch Vargas Llosa in *La tía Julia y el escribidor* (1977, dt. Tante Julia und der Kunstschreiber) mit zwei asymmetrischen Handlungssträngen: der autobiographischen Darstellung des Liebesverhältnisses des Höhenkamm-Autors zu seiner Tante und den *radionovelas* des Trivialschriftstellers Pedro Camacho. Romanstoff ist nicht die Realität, sondern metaliterarisch die Höhenkamm- und Trivialliteratur.

García Márquez historisiert in *El amor en los tiempos del cólera* (1986, dt. Die Liebe in den Zeiten der Cholera) die Trivialkunst am Beispiel der Massenliteratur des Fin de siècle – des sentimentalen Liebesromans und des Liebesbriefstellers. Zwei Stränge: der Eheroman der Protagonistin im Proust-Flaubert-Maupassant-Pastiche (als Emma Bovary) und die Bel-Ami-Amouren des Protagonisten als Kitschromanfortsetzungsparodien. Dazu postmoderne Themen: Frauenemanzipation, Machismo, Seniorenproblematik, Jugendkult, Umweltzerstörung, Aids (= Cholera).

Als Neuer historischer Roman mit *rescritura* des liberalen historiographischen Diskurses und kreolischen Geschichtsmythos und durch seine Erzählweise ist Roa Bastos' Diktatorenroman *Yo el supremo* (1974, dt. Ich der Allmächtige) vorwärtsweisend und tendenzsetzend für die lateinamerikanische Literatur, wogegen die im selben Jahr erschienenen Romane von García Márquez und Carpentier zum gleichen Thema eher traditionell und thematisch sind. Roa Bastos dekonstruiert die *leyenda negra* über den Diktator Dr. Francia (1814–40), der nicht mehr nur als blutiger Diktator erscheint, sondern auch als progressiv-autoritärer Schöpfer einer Utopie-Insel, des unabhängigen, zweisprachig-bikulturellen, staatssozialistischen Paraguay, in welchem er den Traum der europäischen Aufklärung zu einem (auch als Allegorie realsozialistischer Machtaporien lesbaren) Alptraum von Tyrannei und Intoleranz macht. Die *histoire* umfaßt August–September 1840, der *récit* die Geschichte Paraguays mit Kolonie, Vizekönigreich, Kriegen des 19. und 20. Jh.s, Gegenwartsgeschichte Europas und Roa-Bastos-Exil. Die Psyche und die Motivationen des agonisierenden, über die Macht und ihre sozialen und psychisch-kulturellen Folgen reflektierenden Dr. Francia (Agonie ist seit Fuentes' *La muerte de Artemio Cruz* Standardtopos) werden in *style indirect libre*, *stream of consciousness* und direkter Rede unter Rekurs auf Freud gezeigt.

Das Besondere: Das Innenleben Francias wird weniger durch fiktive innere Monologe als vielmehr durch von ihm selbst geschriebene, diktierte oder befohlene Dokumente, Befehle, Notizen, Zirkulare und Tagebuchnotizen vorgeführt. Zum Ich des Diktators und dem Er der Dokumente gesellt sich das kritische Du des Korrektors. Der Autor mit Kommentaren in Fußnoten nennt sich folglich Kompilator (bzw. Korrektor) statt Romancier. Der Ich-Erzähler Francia liest, spricht, schreibt (diktiert) und realisiert die Geschichte; er liest Aufklärer und Utopisten, verwirklicht sie politisch-sozial und beschreibt diese Realisation samt metaliterarischer Reflexion über Folgen des Schreibens (*mise en abyme*) wieder. Ständiger Wechsel von Lektüre, Handeln, Schreiben und Kompilation. Text-Dialog zwischen Ich und Er.

García Márquez destruiert den offiziellen hagiographischen Diskurs über Simón Bolívar, indem er diesen Protagonisten des liberalen Gründungsmythos Lateinamerikas in dem Neuen historischen Roman *El general en su laberinto* (1989, dt. Der General in seinem Labyrinth) als Antihelden darstellt. In dem biographischen Fakten-Pastiche über die wenig bekannten letzten Lebensmonate des abgesetzten Bolívar in *style indirect libre* aus Agonieperspektive wird sich der Libertador der Vergeblichkeit des Bemühens um Emanzipation und Einigung Lateinamerikas inne.

Vargas Llosas *La guerra del fin del mundo* (1981, dt. Der Krieg am Ende der Welt) dekonstruiert, historisiert und relativiert als *rescritura* da Cunhas *Os Sertões.* In dem Geflecht widersprüchlicher Vielstimmigkeit der Informanten über diesen Armenaufstand ist keine Wahrheit vorfindlich, sondern die Gewißheit von der Vergeblichkeit utopisch-revolutionärer Veränderung.

Fernando del Paso (mex 1935), Diplomat, auf geschichtlicher Suche nach Mexikanität in *José Trigo* (1966) und *Palinuro de México* (1977), einer allegorischen Reise wie einst Vergils Steuermann durch die modern-postmoderne urbane, amerikanisierte und kommerzialisierte Welt, destruiert den offizialistischen liberalen Diskurs mit seiner Verteufelung und Tabuisierung des Habsburger Kaiserreiches in dem Neuen historischen Roman *Noticias del imperio* (1987, Nachrichten vom Kaiserreich) und entheroisiert den liberalen Nationalmythos Benito Juárez aus der Perspektive der irren Ex-Kaiserin Charlotte.

Alfredo Bryce Echenique (1939) aus peruanischer Oligarchie, Sympathisant der Linken, markierte mit dem Welterfolg *Un mundo para Julius* (1970, Eine Welt für Julius), einem detailhaft auf das großbürgerliche Ambiente beschränkten Entwicklungsroman aus Kinderperspektive mit provokativer Darstellung sorgloser Kindheit in der glücklichen Luxuswelt der Reichen, das Ende von totalem Roman und *grand récit*. Er dekonstruiert diese Welt durch ihre realsatirische Vorführung als absolute Leere. Die schriftsprachliche Reproduktion des gesprochenen Wortes in Form »neobarocker« Digressionen und variierender Wiederholungen der *charla* (des lokalen Konversationsstils der Limeñer Bourgeoisie beim »Quatschen mit Freunden«) ergibt die orale Grunderzählhaltung des Diskurses (Einflüsse: Proust, Sterne, Salinger, Céline, Hemingway).

Schwächer infolge Abgehens vom kolloquialen Erzählen ist *Tantas veces Pedro* (1977, So oft Pedro), Pastiche einer Heiligenpassion des in Paris lebenden Peruaners Pedro Balbuena. Sein Versuch, Liebesschmerz durch Erinnern zu lindern, ist metaliterarische Selbstthematisierung der Literatur als Vergessen, Erinnern, Kompensation, Therapie. Ein Diptychon in zwei »Heften« teilt in Weiterschreibung von Prousts Romanwerk das Lima der Reichen in eine Guermantes- und eine Swannwelt: *Cuaderno de navegación en un sillón Voltaire: La vida exagerada de Martín Romaña* (1981, Bordbuch einer Reise im Voltaire-Lehnstuhl: Das übertriebene Leben Martín Romañas). Dieses »blaue Heft« (*cuaderno azul*) über den Pariser Aufenthalt eines frustrierten Autors, modernen Candides und Limeñer Bourgeois *du côté de chez Swann* im Zusammenhang mit dem Studentenaufstand im Mai 1968 spiegelt die Pariser und Limeñer Oberschichten im *marcelprousteo. El hombre que hablaba de Octavia de Cádiz* (1985, Der Mann, der von Octavia de Cádiz sprach), das »rote Heft« (*cuaderno rojo*) beschreibt die aristokratische Guermantes-Welt. Abschied von der Utopie ist die Autobiographie *Antimemorias. Permiso para vivir* (1993, Antimemoiren. Erlaubnis zum Leben).

Vargas Llosas *Historia de Mayta* (1984, dt. Maytas Geschichte) über den gescheiterten Aufstand des Trotzkisten Mayta, Opfer eigenen Irrglaubens an die Volksrevolution, ist Absage an Revolution, Ideologie und Utopie vor dem Hintergrund des maoistischen *Sendero-luminoso*-Terrors. Terror von Coca-Mafia und Polizei, Violencia und Geiselnahme als Normalität im heutigen Kolumbien registriert in Rückkehr zum *testimonio* García Márquez in *Noticia de un secuestro* (1996, dt. Nachricht von einer Entführung), investigativer Recherche von Betroffenenschicksalen in mehrsträngigem romanaffinem Handlungspuzzle.

Literaturhinweise

Actual narrativa latinoamericana, Havanna 1970; Armbruster, Claudius: Das Werk Alejo Carpentiers. Chronik der »Wunderbaren Wirklichkeit«, Frankfurt a. M. 1982; Carpentier, Alejo: La novela latinoamericana en vísperas de un nuevo siglo y otros ensayos, Mexiko 1981; Cobo Borda, Juan Gustavo: La otra literatura latinoamericana, Bogotá 1982; Cobo Borda, Juan Gustavo: Letras de esta América, Bogotá 1986; D'Alessandro, María Elena: La novela urbana en Latinoamérica durante los años 1945 a 1959, Caracas 1992; Dill, Hans-Otto (Hrsg.): Literatur im Spannungsfeld von Kunst, Geschäft und Ideologie. Autor, Leser, Buch in Frankreich und Lateinamerika 1960–80, Köln 1986; Dill, Hans-Otto: Lateinamerikanische Wunder und kreolische Sensibilität. Der Erzähler und Essayist Alejo Carpentier, Hamburg 1993; Donoso, José: Historia personal del ›boom‹. Erw. Ausg. Barcelona 1983; Eidelberg, Nora: Teatro experimental hispanoamericano 1960–1980. La realidad social como manipulación, Minneapolis 1985; Fuentes, Carlos: La nueva novela hispanoamericana, Mexiko 1969; Gálvez, Marina: La novela hispanoamericana contemporánea, Madrid 1987; Harss, Luis: Los nuestros, Buenos Aires 1966; Janik, Dieter: Magische Wirklichkeitsauffassung im hispanoamerikanischen Roman des 20. Jahrhunderts. Geschichtliches Erbe und kulturelle Tendenz, Tübingen 1976; Kutejšikova, Vera / Ospovat, Lev: Novyj latino-amerikanskij roman, 50–60e gody, Moskau 1976; Lorentz, Günter W.: Die zeitgenössische Literatur in Lateinamerika, Tübingen/Basel 1971; Martínez Torres, Renato: Para una relectura del boom: Populismo y otredad, Madrid 1990; Márquez Rodríguez, Alexis: Lo barroco y lo real-maravilloso en la obra de Alejo Carpentier, Mexiko 1982; Mazzei, Norma: Postmodernidad y narrativa latinoamericana, Buenos Aires 1990; Rama, Ángel: La novela en América Latina – Panoramas 1920–1980, Bogotá 1982; Scheffel, Michael: Magischer Realismus. Die Geschichte eines Begriffes und ein Versuch seiner Bestimmung, Tübingen 1990; Shaw, Donald: Nueva narrativa hispanoamericana, Madrid 1981; Strausfeld, Mechtild (Hrsg.): Materialien zur lateinamerikanischen Literatur, Frankfurt a. M. 1976; Vargas Llosa, Mario: La novela en América Latina, Lima 1968; Verdevoye, Paul (Hrsg.): »Caudillos«, »Caciques« et dictateurs dans le roman hispano-américain, Paris 1978.

VIII

Ein halbes Jahrhundert Nationalliteraturen zwischen Südkegel und Karibik

Der gesamthispanoamerikanischen Avantgarde der 20er und 30er Jahre und dem Boom und Postboom der 60er und 70er Jahre entsprach keine gesamtkontinentale Distribution durch gemeinsame Verlage. Diese erfolgte vielmehr durch grenzüberschreitenden Handel mit von spanischen oder nationalen Verlagen produzierten Büchern. Grundlage der literarischen Kommunikation blieb der nationale Buchmarkt, der sich mit dem wirtschaftlichen Nachkriegsboom, dem nachfolgenden Wachstum der Mittelklassen und Intellektuellen und dem damit zusammenhängenden Bildungsschub und größeren Lektürebedarf auch in weniger entwickelten kleinen Ländern (Nicaragua, Paraguay, Honduras) entwikkelte. Die nationale Distribution von Verlag bis Buchhandel wird mit der Globalisierung in den 90er Jahren zu einer lokalen Dependance internationaler Medienkonzerne (Planeta), die gleichzeitig nationale und internationale Vermarktung betreiben.

Der Autoren fast aller Länder zu einer einheitlichen Bewegung zusammenführende Neue Roman verebbte nach dem Abbruch des politisch-ideologischen gesamtkontinentalen Aufschwungs Lateinamerikas im Kontext von kubanischer Revolution und Guerillakrieg. Mit der Demokratisierung kehrten zudem die meisten Schriftsteller, die im Exil in Barcelona oder Paris panlateinamerikanische Gruppen gebildet hatten, wieder in ihre Heimat zurück und integrierten sich in die jeweiligen Nationalliteraturen. Der kleinflächige nationalliterarische Zusammenhang wurde wieder bedeutsamer als der kontinentale des Booms mit seinen totalen Romanen und *grands récits.* Daher kommen wir nicht umhin, nachfolgend ein Panorama der einzelnen Literaturen zu skizzieren.

Die höhere Ebene ist nicht mehr die gesamtkontinentale, sondern wieder die Weltliteratur, allerdings nicht mehr unter kolonialen, neokolonialen und Drittwelt-Bedingungen, sondern im Zeichen der Globalisierung und Kosmopolitisierung. Das Nationale meint weniger die kulturelle Identität (*cubanía*, *mexicanidad*) als vielmehr die nationale Variante sich angleichender globaler, postmoderner Gesellschaft und Kultur.

Die Nationalliteraturen weisen eine große Reihe von auffälligen gemeinsamen literarischen Phänomenen und Tendenzen (die *ondas* der Jugendliteratur, die *novela-testimonio*, den Neuen historischen Roman usw.) auf, die weniger Zeichen für wechselseitigen Einfluß und die Existenz einer gemeinsamen Literatur als vielmehr Parallelentwicklungen sind, die sich aus gemeinsamen gesellschaftlichen und kulturellen Strukturen und gemeinsamen weltliterarischen Einflüssen und Trends ergeben.

Zu den literaturrelevanten sozialen und kulturellen Gemeinsamkeiten gehören: die Koexistenz von Modernität und Traditionalismus infolge »Rückständigkeit« (»Unterentwicklung«) und daraus folgendem heterogenem Nebeneinander von schriftliterarischer Stadtliteratur, oraler ländlicher Folklore und Trivialliteratur; die Präsenz indianischer und afroamerikanischer Ethnien neben der dominierenden euroiberischen »weißen« Ethnie; die Beeinflussung durch westeuropäische (französische, deutsch-österreichische, englische), seltener nord- und osteuropäische und US-Literatur.

Auch die Phasen der Literaturgeschichte verlaufen parallel:

In der Nachkriegszeit erfolgt der Übergang von sozial engagierter zu individuell-interiorisierter, von ideologischer zu psychologischer, von marxistisch zu existentialistisch beeinflußter Literatur (Einflüsse: Freud, Jung, Sartre, Heidegger). Man bedient sich der modernen *escritura* (Erzählweisen, Dramaturgien, lyrischen Verfahren) von Faulkner, Joyce, Woolf, Kafka, Thomas Mann, Pirandello, Williams, Sartre, Camus, O'Neill, Arthur Miller, Rilke, Ungaretti, Pound, T. S. Eliot, in den späten 50er Jahren des *nouveau roman* Butors und Robbe-Grillets.

Die 60er Jahre bringen einerseits den Beginn der Verselbständigung der literarischen Sphäre und die Zentrierung der Literatur auf Sprache, Struktur, Mythos und Text, andererseits als Gegenpositionen teils neorealistische, teils allegorische Dramatik (volkstümliches Off-Theater, Theater der Kollektiven Kreation, Brechttheater), unrhetorisch-antibarocke Lyrik (Exteriorismus, Antipoesie, konkrete Poesie), politisches Lied, testimoniale Prosa.

Überall sind die Jahre zwischen 1968 und 1973 eine wesentliche Zäsur: in Mexiko das Studentenmassaker von Tlatelolco, in Kuba die Padilla-Affäre, im Südkegel die Etablierung von Militärdiktaturen mit massenweisem Schriftstellerexil; hinzu kommt die Enttäuschung über die kubanische Revolution, das Ende der 68er Studentenrevolten in Europa und die Niederschlagung des Prager Frühlings.

In der Prosa, die gegenüber den anderen Gattungen dominiert, herrscht in den 50er Jahren der magische Realismus, in den 60er und 70er Jahren der Neue Roman (Boom und Postboom), die zugleich weltliterarische wie (latein)-amerikanische Perspektive der *grands récits.* Thematisiert werden lateinamerikanische Syndrome (Violencia, Diktatur, Guerilla, großstädtische Marginalisierung). Lateinamerika wird historisch-sozial und ökonomisch als Teil der Dritten Welt beschrieben. Neue Erzähltechniken werden angeeignet (Allegorisierung, plurale Erzählperspektive, Montage verschiedener Ambientes, Zeitebenen und Textsorten, *mise en abyme*, Neobarock, Rückgriff auf Magie und Mythos, Metaliterarisierung).

Ab der zweiten Hälfte der 60er Jahre werden wie im Postboom die sprachlichen Einflüsse der kommerzialisierten Massenmedien besonders auf die Jugendlichen, die Regio- und Soziolekte und die Werbe-, Medien- und Wissenschaftssprache dargestellt und parodiert.

In der Postmoderne der 80er und 90er Jahre werden die infolge Globalisierung in Lateinamerika voll durchschlagenden Probleme der Menschheit: Ökologie, Aids, Tourismus, Bevölkerungsexplosion, Megalopolisierung, Medialisierung, Drogenszene, thematisiert. Dazu gehören auch die Probleme von Minderheiten bzw. neuer gesellschaftlicher Gruppen in den Megalopolen: Frauen, Schwuler, grauer Panther, Jugendlicher (in den *ondas*), Ethnominoritäten, Marginalisierter, Einwanderer. Lateinamerikanische Spezifika: Pauperisierung, Informalität, Machismo und Violencia treten an die Stelle früher dominierender sozialer (Ausbeutung) und politischer (Diktatur, Imperialismus) Denunziation. Neo- oder hyperrealistische junge Autoren stellen in den 90er Jahren statt Drittwelt-Ambiente die postmoderne urban-kosmopolitische Realität dar.

Der Neue historische Roman, Dekonstruktion und *rescritura* des liberalen Geschichtsdiskurses, oft Historiographie »von unten« durch Rekuperation oraler Zeugnisse, befragt nationale Geschichte nach den Ursachen von Rückständigkeit und Fehlen einer Zivilgesellschaft.

Die Hinwendung zu Sprache und Struktur bedeutet: statt »Einflüsse« Intertextualitäten, statt Ironisierung von Realität Parodie von Diskursen und Texten; statt Dialogen von Menschen Dialog der Diskurse. Die professionelle Personalunion Schriftsteller-Literaturwissenschaftler-Literaturprofessor (Fuentes, Vargas Llosa, Roa Bastos) führt zu Metaliteratur, *mise en abyme*, literaturpraktischer Anwendung von Literaturwissenschaft und postmoderner Philosophie (Dekonstruktivismus, Strukturalismus, Poststrukturalismus) und zum Schreiben mit Blick auf die Strukturanalyse im Seminar.

Mutatis mutandis gelten diese Trends auch für Dramatik und Lyrik. Die Dramatik ist an die Institution Theater gebunden, die nicht vergleichbar mit deutschem Repertoiretheater und seinem Netz fester Häuser und Ensembles ist. Wenigen Staats- und kommunalen Bühnen (Buenos Aires, Montevideo, Mexiko, Havanna) stehen kommerzielle Off-Theater (in Buenos Aires ca. 50) gegenüber. Eine große Rolle für das experimentelle Theater spielten die Universitäts- und Studentenbühnen. Die Volkstheater (*Teatro político Bertolt Brecht*, Havanna, *Teatro de creación colectiva La Candelaria*, Bogotá) erarbeiten kollektiv eigene Stücke mit V-Effekt, Musik- und Tanzbegleitung und kinematographischen Projektionen im Piscator-Stil. Im Zusammenhang mit dem Amerikanismus des Neuen Romans schloß sich das Theater zu einer subkontinentalen Bewegung mit gemeinsamen Zs. (*Conjunto*, Havanna) und Festivals (Lateinamerikanisches Theaterfestival Havanna) und zum *Centro libre de experimentación teatral y artística* (CLETA) zusammen.

Charakteristisch ist die Konkurrenz zwischen dialektisch-didaktischem und experimentellem Theater. Im experimentellen Theater der Nachkriegszeit dominieren Einflüsse des Existentialismus (Sartre, Camus), der angelsächsischen Dramatik (Osborne, Arthur Miller, Williams), des absurden (Beckett, Ionesco) und grausamen (Artaud, Genet, Gatti) Theaters. In den politisierten 60er Jahren herrscht das dialektisch-didaktische Theater (Einflüsse: Brecht, auch Weiss, Dürrenmatt, Hochhuth). Boal, Buenaventura, Dragún, Solórzano behandeln Existenzprobleme städtischer Massen, denunzieren die politischen Verhältnisse (Diktatur und Imperialismus) und betonen den Drittwelt-Charakter Lateinamerikas. Die 80er und 90er Jahre bringen Entpolitisierung, Reprivatisierung, Autoreferentialität und Theater im Theater (Metatheater). Mit TV-Konkurrenz sowie Ruinierung der Mittelschichten als Stammpublikum kam es in den 90er Jahren zu Besucherrückgang und Schließungen.

Die Lyrik steht in der Nachkriegszeit unter dem Einfluß der Vater-(Mutter-)Figuren Vallejo, Huidobro, Mistral, Neruda, Nicolás Guillén, Borges. Modernismo/Posmodernismo und Vanguardismo werden modernisiert und intimistisch metaphysische oder existentielle Probleme des isolierten, entfremdeten, großstädtischen Individuums artikuliert (Einflüsse: Rilke, Éluard, Eliot, Pound, die *generación del 27*).

Gegen den Neobarock Lezama Limas und die Verbalität und Rhetorik Nerudas wendet sich in den 60er Jahren eine neue Sachlichkeit – die Antipoesie Parras, der Exteriorismus Cardenals, der Lakonismus Paz', die konkrete Poesie Melo Netos. Im Umkreis von kubanischer Revolution, Guerillakrieg und Militärdiktatur kommt es zu sozialer, politischer und Protestlyrik unter Brecht- und Beatnik-Einfluß (auch im Lied: *nueva canción chilena*, *nueva trova cubana*). Neue Lyrik reflektiert die Befindlichkeit der Jugendlichen, Frauen, ethnischen Minderheiten, Schwulen, übernimmt deren oralen, alltagsgeprägten Kommunikationsstil und parodiert die Sprache der Reklame und der Medien. Ab den 70er Jahren erscheint verstärkt autoreflexive Dichtung, die wie die Erzählprosa autonome sprachliche Welten aufbaut, zu Dichten über Paratexte, zu Textparodie und Pasticheproduktion, zu Metalyrik wird.

Die Südkegel-Literatur zwischen Demokratie und Diktatur

Beim Südkegel handelt es sich, im Unterschied zum polyethnischen Rest des Kontinents, um okzidentale, urbanisierte und industrialisierte »weiße« Staaten mit starker Mittelklasse und Arbeiterschaft und wenigen ethnischen Minoritäten. Bei geringem Analphabetismus sind Volks- und

Hochschulwesen sowie die printmediale und massenmediale Kultur gut entwickelt. Trotz demokratischer Tradition wurden in den 70er Jahren alle Länder vom Diktatur-Syndrom heimgesucht. Folge für die Literatur: Zensur, Exil, Thematisierung von Diktatur und Gewalt, geringe Neigung zu Autoreflexivität, Tendenz zu *testimonio* und historischem Roman.

ARGENTINIEN erlebte nach dem autoritären Perón-Regime 1946–55 von 1962 bis 1972 erneute Diktatur. Auf den Putsch gegen Isabel Perón 1975 folgten Repression unter Videla (30 000 »Verschwundene«) und Wirtschaftskrise. Nach dem Sturz der Junta wegen des verlorenen Falklandkrieges gegen Großbritannien kamen neoliberale Peronisten an die Macht. Diktatur und Peronismus sind Anlaß nationaler Selbstkritik und Geschichtsaufarbeitung.

Rodolfo Walsh (1927–77), investigativer Journalist, vom Militär umgebracht, beschreibt in *Operación Masacre* (1957), nüchternem *testimonio* mit harten filmischen Schnitten und Kamera-Auge zwischen Journalismus und Fiktion, die Folterung und Liquidierung von Gewerkschaftern und Arbeitern durch Junta-Soldaten. *Quién mató a Rosendo* (1969, Wer ermordete Rosendo) ist ein Kriminalroman über Militärterror mit Montage von narrativ-fiktionalen und journalistisch-historischen Dokumenten.

Der Neorealist **David Viñas** (1929) beschreibt nach historischen Romanen (*Los años despiadados*, 1956, Die erbarmungslosen Jahre) in dem politischen Roman *Los hombres de a caballo* (1967, Männer zu Pferde), mit Wechsel von zeugenschaftlicher homodiegetischer dritter und subjektiver erster Person, die Motivationen, Denk- und Verhaltensweisen und Putsch-Traditionen der Militärs. *Cuerpo a cuerpo* (1979, Im Clinch) ist Gesellschaftsbild am Vorabend und während des Militärputsches von 1976.

Für **Mempo Giardinelli** (1947), Journalist, Hochschullehrer aus Resistencia, Exilant nach 1976, sind Terror, Verfolgung und die Angstatmosphäre unter der Diktatur in der Provinz Thema oder Hintergrund. *La revolución en bicicleta* (1980, Die Revolution auf dem Fahrrad) thematisiert Diktatur, Exil, Solidarität, Sexualität, Machismo, Volksdenken und -sprache inkarniert in der Figur des paraguayischen Offiziers Gaite. Leitmotivtechnik, mehrere Zeitebenen, Wechsel von allwissendem Erzähler, homodiegetischem inneren Monolog und regiolektaler Figurensprache signalisieren Zugehörigkeit zu Postboom bzw. *onda*. In den Erzählungen *El castigo de Dios* (1993, Die Strafe Gottes) offenbaren Jugendliche über ihre Sprechweise ihre Ideale und Frustrationen im Diktaturalltag. Die Atmosphäre des Kriminalromans *Luna caliente* (1983, Heißer Mond), psychoanalytischer Studie eines Mörders, der eine Lolita umbringt, ist drückend infolge tropischer Schwüle und hintergründiger Diktatur.

Osvaldo Soriano (1943), Cineast, Exilant, verfaßte Politromane: Der Krimi *Triste, solitario y final* (1973, Traurig, einsam und endlich) mit Zügen der Filmgroteske spielt im US-Filmmilieu mit Osvaldo Soriano als Protagonisten. *Cuarteles de invierno* (1982, Winterquartiere), Geschichte gescheiterter Existenzen, eines Boxers und eines Tangosängers, Opfer der Eitelkeit und Violencia des Provinzmilitärs, stellt die Massenpsychologie des Diktaturalltags dar. *No habrá más penas ni olvido* (1979, Keine Strafen, kein Vergessen) erzählt interne Peronisten-Fehden.

Haraldo Conti (1925–1976?), Lehrer, Pilot, Kuba-Sympathisant, vom Militär ermordet, verknüpft die Darstellung von Terror unter Weiterführung argentinischer metaphorisch-phantastischer Tradition (Arlt, Bioy Casares, Cortázar, Marechal, Borges) mit utopischer Gegenperspektive, poetischer Phantastik und märchenhafter Allegorie. In *Sudeste* (1961, Südosten), Vagabundenroman in Nachfolge von Melville und Hemingway über Fernweh und odysseushaften Drang zu Seereisen, gibt es phantastische Korrespondenzen zwischen Seetieren und Menschen. *Mascaró, el* *cazador americano* (1975, Mascaró, der amerikanische Jäger) ist eine märchenhaft-groteske Allegorie von grausamer Diktatur, heroischem Widerstand und humanistischer Revolution, zu der eine Zirkusvorstellung im Spiel von Spiegelungen, Metamorphosen und Mensch-Tier-Figurenkonstellation unter dem Kommando eines Prinzen mutiert.

Der populistische Peronismus wurde als massenpsychologisches Phänomen dekonstruiert und als Allegorie von Gewaltherrschaft beschrieben. In einer Art Boom wurde Evita Perón in den 90er Jahren als Vorläuferin von Massenmedialisierung und Alltagsmythisierung aktualisiert. **Tomás Eloy Martínez** (1934), Exilant, Literaturprofessor in New Jersey, schrieb zwei *vies romancées*: *La novela de Perón* (1984) und *Santa Evita* (1995). In Synthese von *novela-testimonio* und magischem Realismus, Montage von Dokument und Phantastik im García-Márquez-Stil (hyperbolische Vervielfältigung und Irrfahrten der Leiche Evitas) wird die massenpsychologische Wirkung der Perón enthüllt. *Evita Perón* (1995) von Alicia Duvojne Ortíz, *vie romancée* mit Dokumenten und oralen Zeugnissen (Klatsch), rekonstruiert den politischen Hintergrund und die systemstützende Rolle des per Radio und Mikrophon von der Ex-Schauspielerin selber verbreiteten Eva-Mythos. Abel Posses *La pasión según Eva* (1992, dt. Evita. Der Roman ihres Lebens) ist psychologische Introspektion der Frau zwischen De- und Remythisierung (Wechsel zwischen innerem Monolog der Ich-Erzählerin und objektivierendem Außen-Erzähler).

Auf die Megalopolisierung der Hauptstadt, die Kumulierung ihrer sozialen und kulturellen Probleme und die Anonymisierung und Entfremdung von Großstadtindividuum und Masse reagiert eine kosmopolitische, anticostumbristische Buenos-Aires-Literatur in Marechal-Nachfolge.

Bernardo Kordon (1915), Journalist, erzählt von den sozialen wie psychisch-emotionalen Frustrationen und Mythen der Bewohner der Megalopolis (*Vencedores y vencidos*,

1965, Sieger und Besiegte; *Alías Gardelito y otros cuentos*, 1974, Alías Gardelito und andere Erzählungen). **Hector A. Murena** (1924–75), Publizist, Walter-Benjamin-Herausgeber, schrieb die stark intertextuelle, psychologisierende, existentialistisch-metaphysische Trilogie *Historia de un día* (1955–65, Geschichte eines Tages), in der die Einsamkeit und Orientierungslosigkeit der Bonaerenser in raffiniert wechselnder Erzähler- und Figurenperspektive beleuchtet wird (Einflüsse: Proust, Sartre, Mallea, Marechal). **Héctor Bianciotti** (1932), Argentinier in Paris, rekonstruiert Vergangenheit in Proust-Nachfolge als Suche nach der eigenen Identität des Protagonisten in innerem Monolog (*La busca del jardín*, 1977, Die Suche nach dem Garten).

Manuel Mujica Láinez (1910–84), Beamter aus wohlhabender Familie, für Argentiniens Kosmopolitismus charakteristischer Autor historischer Romane über europäische Sujets aus dem Mittelalter (*El unicornio*, 1965, Das Einhorn), Renaissance (*Bomarzo*, 1962) und Barock (*El laberinto*, 1974, Das Labyrinth), fokussierte seine stark intertextuellen Buenos-Aires-Romane unter Rückgriff auf Proust, Kafka und Thomas Mann auf die als parasitär, luxuriös und menschlich ausgebrannt dargestellten »großen Familien« (*La casa*, 1954, Das Haus; *Los viajeros*, 1955, Die Reisenden).

Estela Canto (1920) schrieb eine *dolce vita* der Bonaerenser Oberschicht im Stil Fellinis: *Los otros, las máscaras* (1973, Die anderen, die Masken). **Eduardo Gudiño Kiefer** (1935) denunziert nach *Para comerte mejor* (1968, Damit ich dich besser fressen kann), Erzählprosa in Macedonio-Fernández-Nachfolge, in *Carta abierta a Buenos Aires* (1970, Offener Brief an Bueno Aires) die Hauptstadt als Ort von Caudilloismo und Konsumdenken. *Guía de pecadores* (1972, Sünden-Führer) examiniert kritisch Gewissen und Moral der Bonaerenser.

Komplementär dazu beschreibt realistisch-denunzierend **Bernardo Verbitzky** (1909–79) in *Villa Miseria también es*

América (1957, Auch die Elendsvilla ist Amerika) das Buenos Aires der vom Lande in die Stadt geflüchteten Arbeitslosen der Elendsviertel, die er jedoch auch als kulturelle Bereicherung und Authentizitätsgewinn für die Stadt herausstellt. **Jorge Asís** (1947) verfaßt einen Zyklus über Vorstadtmarginalisierte in Arlt-Nachfolge: *Carne picada* (1981, Hackfleisch) und *La calle de los caballos muertos* (1982, Die Straße der toten Pferde).

Schreibende Frauen im Rahmen der feministischen Emanzipation: **Silvina Bullrich** (1915–90), Diplomatentochter, gefördert von Borges und Mallea, verfaßt unter Einfluß von George Sand und Simone de Beauvoir feministische Romane mit pluraler Erzählperspektive über Frau und Familie in Konflikt mit Diktatur, Geschäft und Machtbesessenheit der Männer (*Los burgueses, los monstruos sagrados*, 1971, Die Bourgeois, diese heiligen Monster; *La Argentina contradictoria*, 1986, Widersprüchliches Argentinien). **Norah Lange** (1906–72), ultraistische Lyrikerin, beschreibt Frauenschicksale in autobiographisch grundierten Romanen (*Personas en la sala*, 1950, Personen im Saal). **Beatriz Guido** (1924) thematisiert Liebe, Sex, Familie, Ehe und Machismo in *Escándalo y soledades* (1970, Skandal und Einsamkeiten). **Marta Traba** (1930–83), Kunstkritikerin, Lyrikerin (*Historia natural de la alegría*, 1966, Naturgeschichte der Freude), erzählt in technisch innovativen Texten vom Frauenfrust im machistischen Argentinien (*Las ceremonias del verano*, 1966, Die Sommerzeremonien), dessen Gesellschaft sie scharf analysiert (*Homérica Latina: crónica*, 1979). **Alicia Duvojne Ortiz** (1940), jüdische Juntagegnerin, Exilantin, Lektorin in Paris, Lyrikerin, schrieb autobiographisch grundierten Frauenentwicklungsroman *El buzón de la esquina* (1977, Der Eckbriefkasten). Anpassungs- und Lebensprobleme der für La Plata typischen Einwanderer schildern **Luisa Sofovich** (1912; *Pueblo Pan*, 1967, Pan-Dorf) und **Iverna Codina** (1924; *Detrás del grito*, 1962, Hinter dem Schrei).

Argentinische Geschichte thematisiert **Antonio di Benedetto** (1922–86), Journalist, Exilant (Lektüren: Kafka, Sartre, Camus, Thomas Mann, Neuer Roman). *Zama* (1956), Roman über den Liebesfrust eines spanischen Beamten Ende des 18. Jh.s als Metapher des Zusammenbruchs des Kolonialregimes und des Peronismus. In *Los suicidas* (1967, Die Selbstmörder), interiorisierender Narration mit Kontrapunktik von narrativem vs. reflexiven Selbstmörder-Diskurs, ist Suizid metaliterarische Metapher für Absage an Realismus. Schrieb auch von Mediensprache beeinflußte experimentelle Erzählungen (*Mundo animal*, 1953, Tierwelt).

Ricardo Piglia (1941), Historiker, Erzähler, Exilant, schrieb *Respiración artificial* (1980, Künstliche Beatmung), einen antimimetischen, stark intertextuellen, metaliterarischen Bildungs- und Neuen historischen Roman zwischen Fiktion, Literaturgeschichte und Historiographie über Geschichte, Literatur und Nationwerdung Argentiniens vor dem alptraumhaften Hintergrund der Diktatur (Einflüsse: Benjamin, Joyce, Kafka, Nietzsche, Ortega y Gasset) mit Seitenhieben auf den Eurozentrismus des Grafen Keyserling und der Aufklärung.

Pedro G. Orgámbide (1929) schreibt, mehr von Borges als von empirischer Realität inspiriert, *Aventuras de Eduardo Ziller en tierras del nuevo mundo* (1977, Eduardo Zillers Abenteuer in der Neuen Welt), einen parodistischen, intertextuellen und metaliterarischen *grand récit* und Neuen historischen Roman über einen jüdischen Einwanderer.

Rescritura des argentinischen literarisch-historiographischen Diskurses betreibt **María Roa Lojo** (1954), Journalistin, Literaturwissenschaftlerin. Sie rekonstruiert in *La pasión de los nómades* (1994, Die Passion der Nomaden) Mansillas *Excursión a los indios ranqueles* durch Wiederholung der Reise mit ironischen Vergleichen zwischen ausgehendem 19. und ausgehendem 20. Jh. **César Aira** (1949) dekonstruiert mit parodistischem Verschnitt von Mansillas *Excursión*, Echeverrías *La Cautiva* und Flauberts *Madame Bo-*

vary in *Ema, la cautiva* (1981, Die Gefangene Emma) den bürgerlichen Roman des 19. Jh.s.

Rescritura der Gesamtgeschichte Lateinamerikas betreibt **Abel Posse** (1934), nach Politik- und Literaturstudium in Tübingen Berufsdiplomat. *Los perros del paraíso* (1987, Die Hunde des Paradieses) ist neobarocke parodistische Darstellung der Entdeckung mit Wechsel der historischen Rollenverteilung und aus amerikanischer Perspektive: die Europäer werden durch die Indios »entdeckt«. Die kulturelle Andersartigkeit Amerikas erweist sich in der Erotik gegenüber dem prüden christlich-okzidentalen Europa. *Daimón* (1978) handelt vom Empörer Lope de Aguirre, der als früher Latino in antikolonialistischem Umkehrungs- und Umwertungseffekt die Europäer aus amerikanischer Gegensicht betrachtet und okzidentale Geschichte und Fortschrittsideologie desakralisiert. Aguirre, der durch die Geschichtsepochen in immer gleiche Rollen schlüpft, enthüllt in innerem Monolog Machismo und Sexismus, Macht- und Bereicherungsgier als wahres Wesen des Okzidents. *El largo atardecer del caminante* (1992, Der lange Abenddämmer des Wanderers) ist *rescritura* der Autobiographie des Conquistadors Núñez Cabeza de Vaca.

In der Lyrik dominieren zwischen 1950 und 1960 existentialistische, von Desnos, Éluard und Breton beeinflußte Surrealisten um die Zs. *A partir de cero* von Enrique Molina, um **Alejandra Pizarnik** (1936–72; *Los trabajos y las noches*, 1965, Die Arbeiten und die Nächte) und die Gruppe *Neohumanismus* (1955) um **Attilio Jorge Castelpoggi** (1919, *Las máscaras*, 1967, Die Masken).

Die Nachkriegsgeneration vollzieht angesichts Militarismus, Violencia und neuer sozialer, kultureller und demographischer Phänomene eine Wendung von Neogongorismus und Neuromantik zu Politik, Realität und Alltag. Inspiriert von kubanischer Revolution und Che Guevara formiert sich Rebellen-Dichtung um die Zs. *El Grillo de papel* (1959), *Agua Viva* (1960), *Eco Contemporáneo* (1961) und *Meridiano 70*.

César Fernández Moreno (1919), poetischer und politischer Avantgardist, artikuliert von *Argentino hasta la muerte* (1954/63, Argentinier bis zum Tod) bis *Buenos Aires me vas a matar* (1982, Buenos Aires, du bringst mich noch um) in interpunktionslosem, kolloquialem, metaphernarmem, narrativem Freivers lateinamerikanische, argentinische und *porteño*-Befindlichkeit im Alltäglichen wie im Sozialen als Alterität, der sich das lyrische Ich in der Reibung am Europäischen bewußt wird.

Juan Gelman (1930), als Jude und Juntagegner in doppelter Exil-Diaspora, bedeutendster Poet der Generation, verbindet politische Betroffenheit, Geschichtsbewußtsein und Glauben an die soziale Nützlichkeit von Poesie mit Ironie und Sprachexperiment. Dichtet demonstrativ im Juden-Spanisch (*Sefiní*, 1964; *dibaxu*, 1994, unten).

Angesichts des Scheiterns aller amerikanistischen und sozialen Utopien und der massenmedialen Bedrohung der Literatur kehrte der Neoavantgardist **Osvaldo Lamborghini** (1940–85) gegen engagierte Literatur den Autonomiestatus der Dichtung hervor (*Poemas*, 1980), eine Linie, die bei den Neoavantgardisten (*maximalistas*) um die Zs. *Último Reino* (1978) und *XUL* (1980) unter Einfluß von Lezama Lima, Sarduy und Góngora zum argentinischen Neobarock und zur Verselbständigung spielerisch gehandhabter Sprache führt, die jedoch **Néstor Perlongher** (1949–93), der bedeutendste Neobarockist, in *Alambres* (1980, Stacheldraht) zur Denunziation des mörderischen Wirkens der Folterer instrumentalisiert.

Dem Widerspiel von Neoavantgardismus und Neorealismus in Prosa und Lyrik entspricht auf der Bühne die Opposition experimentelles vs. dialektisches Theater. **Samuel Eichelbaum** (1894–1967), Sohn jüdischer Immigranten, initiierte nach ibsenscher psychologisch-naturalistischer Enthüllung von Sex und Frustration als menschlichen Handlungsmotiven (*La mala sed*, 1929, Der böse Durst) mit *Dos brasas* (1955, Zwei Kohlengluten), inspiriert von Arlt und Artaud, das existentialistisch-grausame, halluzinatorische Drama: Ein Ehepaar wird in der Geldgesellschaft habgierig bis zu Selbstzerstörung und Gattenmord.

Carlos Gorostiza (1920) vom psychologisch-existentialistischen experimentellen *Teatro construido* führt in *El puente* (1949, Die Brücke) den argentinischen Familienmythos demaskierende Verhaltensweisen am Fall des Unfalltodes eines Hausgenossen vor. *El lugar* (1970, Der Ort) zeigt kafkaesk Kommunikationslosigkeit und massenpsychologische Gewöhnungsautomatismen mit minimalistischer, zeit- und raumloser Dramaturgie ohne Dekors und Möbel. Gesten, paraverbale Sprache und Figuren-Semantik sind wichtiger als verbaler Diskurs.

Buenos Aires ist als nostalgische Evokation der großen Tangozeit weniger Thema als Ambiente. **Juan Carlos Ghiano** (1920) evoziert es in *Corazón de tango* (1966, Tangoherz), einer von drei *tragicomedias porteñas*, an Pirandello und das *grotesco criollo* der 30er Jahre anknüpfende Dramatisierungen von Tangotexten. Hier stehen die Bonaerenser Vorstadttypen der 30er Jahre (die Prostituierte aus verlorener Unschuld, die Gardel-Anbeterin) mit *lunfardo*-Sprache und -Ambiente im modernen Café »Tangoherz« wieder auf. Fernando Solanas, Filmemacher im Exil, schrieb *El exilio de Gardel* (1985), *tanguedia* mit musikalischer und literarischer Intertextualität. **Omar del Carlo** (1918) mythologisiert neoklassizistisch Buenos Aires vermittels antiker Mythologie in *Prosérpina y el extranjero* (1951, Proserpina und der Fremde): Hades ist Chef der Bonaerenser Unterwelt, Proserpina eine dortige Prostituierte, Acheron der La Plata.

Osvaldo Dragún (1929), Vertreter des epischen Anti-Illusions-Theaters (Gruppe *Fray Mocho*), schrieb *Historias para ser contadas* (1962, Geschichten zum Erzähltwerden), vier Einakter zwischen Farce, absurdem Theater, brechtscher Parabel und *sainete criollo* über großstädtische Entfremdung und Entsolidarisierung. In *Milagro en el mercado viejo* (1962, Wunder auf dem alten Markt) exekutieren tradierte Typen (Blumenmädchen, Nachtwächter, Schmierenkomödiant, bestrafter Richter) symbolisch den Marktwirtschaftsmenschen. In *Heróica de Buenos Aires* (1966) zieht Brechts Mutter Courage ihren Karren durch Buenos Aires.

Der Brecht-Einfluß – weniger didaktisches Agitprop als die lateinamerikanischer Rezeptivität entsprechenden Parabeln – ist in den politisierten 60er Jahren stark. **Agustín Cuzzani** (1924), Gruppe *La Máscara*, beherrscht den Spielplan mit Stücken mit V-Effekt: *Una libra de carne* (1956, Ein Pfund Fleisch). *El centroforward murió al amanecer* (1955, Der Mittelstürmer starb im Morgengrauen) ist eine allegorische *farsátira*: Ein berühmter Fußballer wird an einen Sammler besonderer Menschenexemplare verkauft, lehnt sich gegen diesen auf, weil der auch eine von ihm geliebte Tänzerin für sein Museum kauft, bringt ihn um und wird zum Tode verurteilt. *Los indios estaban como cabreros* (1958, Die Indios standen wie Ziegenhirten) nimmt, inspiriert von indigenem Mythos, phantastisch-allegorisch, auf realistische Wahrscheinlichkeit verzichtend, conquistakritische *rescritura* vorweg: ein Mexikaner-Prinz sucht Quetzalcóatl in Spanien, wo Kolumbus gerade zum Aufbruch rüstet, und findet Europa so unvollkommen wie Amerika.

Unter Diktatur und Zensur wurden politisches wie neoavantgardistisches Theater ins Exil oder zu parabolischer Dramatik getrieben. **Griselda Gámbaro** (1928), beeinflußt von Pirandello, Ionesco und Brecht, führt in *Los siameses* (1967) Henker und Opfer als siamesische Zwillinge vor und denunziert parabelhaft in *El campo* (1967, Das Feld) und *Decir sí* (1981, Jasagen) Passivität und Mitläufertum. Trotz Attentaten attackierte in Buenos Aires ab 1981 das offene Theater parabelhaft Diktatur und Gewalt: in Gámbaros *La mala sangre* (1982, Böses Blut) ist in einer Mármol-*rescri-*

tura die Rosas-Diktatur Allegorie der Militärjunta. Unter Vorwegnahme des Evitabooms schrieb im Exil **Raúl Damonte** (gen. Copi, 1939–87) *Eva Perón* (1970), ein neobarockes Spiel über den Polit-Mythos der *Primera Dama*, das Zusammenspiel von Flitter, Macht und Medien.

Literaturhinweise

Arrieta, Rafael Alberto: Historia de la literatura argentina, 6 Bde., Buenos Aires 1958–60; Carilla, Emilio: Autores, libros y lectores en la literatura argentina, Tucumán 1979; Ghiano, Juan Carlos: Constantes de la literatura argentina, Buenos Aires 1953; Ghiano, Juan Carlos: Poesía argentina del siglo XX, Mexiko / Buenos Aires 1957; Orgámbide, Pedro / Yahni, Roberto: Enciclopedia de la literatura argentina, Buenos Aires 1970; Pelletieri, Osvaldo: Cien años de teatro argentino (1886–1990), Buenos Aires 1990; Spiller, Roland (Hrsg.): La novela argentina de los años 80, Frankfurt a. M. 1991; Viñas, David (Hrsg.): Historia social de la literatura argentina, 14 Bde., Buenos Aires 1985–89; Zanetti, Susana (Hrsg.): Historia de la literatura argentina, 4 Bde., Buenos Aires 1980–86.

Uruguay, lange Jahrzehnte ein von liberalen *Colorados* und konservativen *Blancos* regierter demokratischer Wohlfahrtsstaat (»südamerikanische Schweiz«), wurde 1970 zwecks Unterdrückung des *Frente Amplio* und der Tupamaro-Guerilleros zur Diktatur mit Konzentrationslagern, Tausenden »Verschwundenen« und Zensur. Die »neuen Kritiker« Emir Rodríguez Monegal, Ángel Rama und Fernando Ainsa mußten ins Exil. In der Literatur verzahnen sich Themen und Richtungen: Großstadt, Exil, Diktatur, Frauenprobleme, Neuer historischer Roman, Metaliteratur.

In der Erzählprosa überdauern Costumbristen wie **Francisco Espínola** (1901–73), der Sitten, Folklore und Legenden der Gauchos und Dörfler mit moderner Erzähltechnik behandelt (*El rapto y otros cuentos*, 1950, Die Entführung und andere Erzählungen), und kreolistische Schilderer des Landlebens wie **Jesualdo** (1905; *El garañón blanco*, 1971, Der weiße Hengst). Erneuerung bringt neben der Vaterfigur Onetti **Mario Benedetti** (1920), Journalist, Kritiker, Büroangestellter, realistischer, oft humoristischer Epiker der hauptstädtischen Mittelschichten, der liebedienernden, kommunikationsgestörten Verwaltungsmenschen mit ihren Alltagsproblemen und existentiellen Psychosen (*Montevideanos*, 1959). *La tregua* (1959, Der Aufschub) ist desillusionierter innerer Monolog (Tagebuch) eines pensionierten Angestellten über sein leeres Dasein; *Gracias por el fuego* (1965, dt. Danke für das Feuer) beschreibt im Stil des *nouveau roman* anhand eines Generationenkonflikts zwischen rebellierendem idealistischen Sohn und korruptem machistisch-faschistoiden Vater die geldgierigen, existenzbedrohten Kleinbürger während der Wirtschaftskrise. *Primavera con una esquina rota* (1982, dt. Frühling im Schatten) erzählt in fragmentierter Struktur das Zerbrechen einer Beziehung zwischen Mann und Frau als Folge von Diktatur und Exil.

Mehr als die Diktatur wird die Guerilla thematisiert: **Jorge Musto** (1927) schrieb mit *El pasajero* (1977, Der Passagier) einen psychologischen Roman über Einsamkeit, Solidarität und politisch-moralische Motivation der Stadtguerilleros. Von Revolutionären und Widerständlern gegen die Militärdiktatur handeln unpathetisch Erzählungen von **Fernando Butazzoni** (1952; *Los días de nuestra sangre*, 1979, Die Tage unseres Blutes; *La noche abierta*, 1981, Die offene Nacht). Im Kontrast dazu der kontroverse Roman *El paredón* (1963, Die Mauer) von **Carlos Martínez Moreno** (1917–86) über die Exekutionsjustiz kubanischer Guerilla.

Stärker ist die Exilliteratur. **Eduardo Galeano** (1940), Journalist, Essayist, Kuba-Sympathisant, langjähriger Exilant, schreibt mit *Días y noches de amor y de guerra* (1978, Tage und Nächte von Liebe und Krieg) einen autobiographischen Exilreport 1975–77 in 229 Prosastücken, Mischung von *testimonio*, Reisetagebuch und Kommentaren über Unrecht, Gewalt, Solidarität und Widerstand in der jüngsten Geschichte Lateinamerikas. Montage von Exilnotizen, Zeitungsmeldungen und Zeitdokumenten machen *Memoria del fuego* (1982/86, Erinnerungen an das Feuer) zu einem hochgradig authentischen subjektiven *testimonio*.

Peri Rossi verarbeitet Diktatur und Exil als Hintergrund oder Thema ihrer Erzählungen in Auseinandersetzung mit dem machistisch-patriarchalischen Diskurs. *La nave de los locos* (1984, dt. Iks), traumartiger, teils auktorial, teils aktorial erzählter Text mit intertextuellen Bezügen zu bildender Kunst, nichtfiktionalen Diskursen und Literatur thematisiert metaliterarisch die Exilliteratur mittels einer Weltreise durch Gebiete der Freiheit und der Unterdrückung: für Exilierte ist nur das Meer frei. »Schiff« ist Exil-Topos.

Montevideo ist Protagonistin uruguayischer Großstadtprosa in der Romansatire über die uruguayischen Intellektuellen *Nos servían como de muro* (1962, Sie dienten uns wie eine Mauer) von **Mario César Fernández** (1928) und der Beschreibung des Marginalisierten-Ambientes (*Macadán*, 1948, dt. Asphalt; *La isla*, 1970, Die Insel) und dem schwarzen Humor kafkaesker Erzählungen über Bürokratie, Kriminalität und politische Subversivität in *Despegues* (1974, Starts) von **Alfredo Dante Gravina** (1913).

Armonía Somers (1917) erregte Skandal wegen der gewagten sexuellen Thematik und Sprache im Roman *La mujer desnuda* (1950, Das nackte Weib) und in den Erzählungen *El derrumbamiento* (1953, Der Zusammenbruch). Frauenthemen behandeln auch **María Inés Silva Vila** (1929; *La mano de nieve*, 1951, Die Schneehand) und **Silvia Lamp** (1932; *Trajano*, 1962).

Cristina Peri Rossi (1941) schrieb im Exil Liebes- und Alltagsgeschichten von Frauen in ihren Beziehungen zu Männern vor dem Hintergrund des politischen und sozialen Niedergangs und der Diktatur in Uruguay. Mehr als Frauen sind Kinder ihre Protagonisten. In *La noche del dinosaurio* (1976, dt. Der Abend des Dinosauriers) werden in phantastischen Traumszenen, im Wechsel zwischen mehreren subjektiven Erzählern, kindliche und jugendliche Protagonisten mit autoritärer Erziehung konfrontiert, die als familiäre Entsprechung von Faschismus und Diktatur identifiziert wird. Besondere Effekte erreicht Peri Rossi, indem sie die kindlichen Protagonisten nicht naiv, wie Senel Paz oder Pereira, sondern antirealistisch mit dem Wissen von Intellektuellen den offiziellen Diskurs konterkarieren oder parodieren oder mit Gegenterror die Gewalt der Erwachsenen beantworten läßt (*La rebelión de los niños*, 1980, Die Rebellion der Kinder).

Die *rescritura* des Entdeckungsdiskurses bezichtigt diesen der Lüge – in einer besonders unversöhnlichen Variante des Neuen historischen Romans. Galeano tut das faktenreich in dem weitverbreiteten geschichtsphilosophischen Essay *Las venas abiertas de América Latina* (1971, dt. Die offenen Adern Lateinamerikas), selbstbewußtem Entkolonisierungsdiskurs aus der Perspektive der Lateinamerikaner. **Alejandro Paternain** (1933) erfindet die hypothetische Entdeckung Europas durch die Indios in seinem aus amerikanischer Erzählperspektive im Stil von Montesquieus *Lettres persanes* geschriebenen eurokritischen Neuen historischen Roman *Crónica del descubrimiento* (1980, Chronik der Entdeckung), in dem Europa als armselig gegenüber amerikanischer Exuberanz erscheint. Neuschreibung der Entdeckung aus der Narrensicht in der stilisierten Chronistensprache eines fiktiven retrospektiven Ich-Berichts an Kaiser Karl betreibt **Napoleón Baccino Ponce de León** (1947) in *Maluco. La novela de los descubridores* (1989, Maluco. Der Roman der Entdecker). Den uruguayischen Geschichtsdiskurs dekonstruiert **Tomás de Mattos** (1947) im Brief- und Archivroman *Bernabé, Bernabé* (1988), der den Nationalhelden Rivera als Aktivisten der Ausrottung der Indios bloßstellt. Kritische Sicht von 150 Jahren uruguayischer Geschichte verbindet Saúl Ibargoyen in *Noche de espadas* (1987, Nacht der Schwerter) mit Suche nach eigener Identität und historischen Vorbildern. Der polyphone, sprachschöpferische Roman aus multipler Erzählerperspektive mit fiktivem Kompilator gibt ein Lebensbild Ambrosiano Ilhas, Kommandeurs der *Bandas Orientales* im 19. Jh., der sterben mußte, weil er sich mit Indios und Gauchos verbrüderte: Allegorie des Schicksals sozialer Utopisten. – Angesichts der desolaten Lage Uruguays ist rein experimentelle Literatur (Montage von narrativer Fiktion, Comic strips und Pop-art im Erzählband *Cualquiercosario*, 1966, Allerleidingsbums, und dem Roman *Contramutis*, 1967, von **Jorge Onetti**, 1931) selten.

In der Nachkriegslyrik dominiert unter Einfluß von Ibarbourou, Neruda, Vallejo und Surrealismus die *generación de la crisis*, die die Befindlichkeit des Ich in der durch Wirtschaftskrise und politische Richtungskämpfe geschüttelten Hauptstadt artikuliert.

Washington Benavides (1930), Literaturprofessor, Komponist, schreibt Gedichte (*Los sueños de la razón*, 1967, Die Träume der Vernunft) über das Großstadt-Ich (Einflüsse: Machado, Vallejo), volkstümlich-rurale, schlagerähnliche Dichtung mit Pampa-Kolorit über heimatliche Landschaften und Menschen (*Tata Vizcacha*, 1955; *Las milongas*, 1965) und von Drummond de Andrade und konkreter Poesie beeinflußte experimentelle Texte (*Hokusai*, 1975; *Murciélagos*, 1981, Fledermäuse).

Carlos María Gutiérrez (1936) denunziert das Gefängnissystem im autobiographischen *Diario de Cuartel* (1970, Gefängnisjournal). Benedetti lyrisiert in unpoetischer Alltagssprache (*poesía conversacional*) das prosaische Angestelltenleben (in dem Bestseller *Poemas de la oficina*, 1956, Gedichte aus dem Büro) und die Guerillas (in dem Versroman *el cumpleaños de juan ángel*, 1971, juan angels geburtstag).

Saúl Ibargoyen (1930), Publizist (*Primera plana*), lange im mexikanischen Exil, verfaßte sprachlich und graphisch innovative, spielerische Lyrik zu existentiellen, erotischen und philosophischen Themen mit unaufdringlichem sozialkritischen und politischen Engagement, in die Reiseerlebnisse und die Erfahrung von Militärdiktatur und Exil eingeschmolzen sind (*Sin regreso*, 1962, Ohne Rückkehr; *Nuevo octubre*, 1978, Neuer Oktober; *Palabra por palabra*, 1979, Wort für Wort).

In der Nachfolge Juana de Ibarbourous formierte sich eine starke Frauenlyrik: die nerudianische, klassizistisch-barocke **Sara de Ibáñez** (1905–71; *Hora ciega*, 1943, Blinde Stunde) und die surrealistische, von Juan Ramón Jiménez beeinflußte, existentielle Probleme des Ich artikulierende **Clara Silva** (1905–78; *Antología*, 1966). **Dora Isella Russel** (1925) evoziert in *El canto irremediable* (1946, Der unrettbare Gesang) und *Los barcos de la noche* (1954, Nächtliche Schiffe) in klassizistischer Form moderne existentielle Befindlichkeiten: Lebensangst, Flüchtigkeit menschlichen Lebens, Todesahnung. Tod, Einsamkeit und Liebe, aber auch Besorgnis um Weltfrieden, Vietnamkrieg und Guerilleros artikuliert **Idea Vilariño** (1920) in *Cielo, paraíso perdido* (1949, Himmel, verlorenes Paradies) und in *Nocturnos del pobre amor* (1989, Nokturnen von armer Liebe), leidenschaftlicher, interpunktionsloser, lakonischer Lyrik (»Inútil decir más / Nombrar alcanza« – »Es ist unnötig, mehr zu sagen, / es genügt zu nennen«). Ihren Übergang vom Marxismus zum Katholizismus spiegelt die intimistische Symbolistin **Esther de Cáceres** (1903–71) in *El alma y el ángel* (1937, Die Seele und der Engel). In den erotischen Seestükken von Peri Rossi (*Descripción de un naufragio*, 1975, Beschreibung eines Schiffbruchs) ist die Frau in männlicher Perspektive seit sadistischer Conquista passiv-vegetabiles masochistisches Eroberungsobjekt.

Das Theater erneuerte sich in der Nachkriegszeit mit dem unabhängigen Theaterverband FUTI (1947). Unter dem Einfluß der Exilspanierin Xirgú wurden die Experimentaltheater *Teatro del pueblo*, *La isla de los niños* und 1949 *El galpón* (nach Lorcas *Barraca)* gegründet. Ab 1957 dominierten Brecht und die sozialkritischen Dramatiker der *generación del 45*: Mauricio Rosencoff, Benedetti, Juan Carlos Legido, Andrés Castillo, Hiber Conteris, Jacobo Langsner. **Carlos Maggi** (1922) verband die Tradition von Florencio Sánchez mit Ionescos absurdem Theater und existentialistischem Universalismus in Stücken für Off-Theater und die *Comedia Nacional uruguaya*. *La Trastienda* (1958, Der Hinterladen) ist groteskes Drama über Verstrickung Mensch – Sache, Verdinglichung durch Besitz an Sachen bei Suche nach dem Erbe eines verstorbenen Verwandten. In *El apuntador* (1960, Der Souffleur), dem technisch besten Stück Maggis, vergißt ein altgewordenes Schauspielerpaar seine Rollen und vergeht vor Angst und Einsamkeit beim Warten à la Godot und Pirandello auf ihre Besetzung. Theater im Theater.

Die Wirtschaftskrise brachte Schauspielerarbeitslosigkeit. Das Theater wurde durch Zensur der Militärs (Dekret Nr. 62 vom 2. Februar 1972) faktisch zerschlagen, *El galpón* ins mexikanische Exil vertrieben. **Jacobo Langsner** (1927; *Pater Noster*, 1979) und andere Autoren thematisierten Gewaltherrschaft und Exil. Nach Demokratisierung, Aufhebung der Zensur und Ende des Exils erholte sich das Theater langsam vom Kahlschlag.

Literaturhinweise

Benedetti, Mario: Literatura uruguaya siglo XX, Montevideo [3]1988; Bollo, Sarah: Literatura uruguaya, 1807–1965, 2 Bde., Montevideo 1976; Englekirk, J. E.: La narrativa uruguaya, Berkeley / Los Angeles 1967; Rela, Walter: Historia del teatro uruguayo, 1808–1968, Montevideo 1969.

In CHILE, »weißem« Bergbauland mit demokratischer Tradition, herrschte nach Wirtschaftskrise und politischer Polarisierung ab 1947 der Diktator González Videla, dem nach christdemokratischen Regierungen die *Unidad popular* unter Allende (1970–73) folgte. Wirtschaftliche Schwierigkeiten und Feindschaft der USA führten zum Militärputsch und zur Pinochet-Diktatur 1973–89.

Die Literatur reagierte mit der antifaschistischen *generación del 38*, brechtscher Dramaturgie und politischer Lyrik (*nueva canción chilena*). Gegenströmungen: die formalistische und kosmopolitische *generación del 50* sowie die *antipoesía.* Repression und Zensur unter Pinochet bedeuteten für die Schriftsteller Tod (Jara) und Exil. Nach der Demokratisierung erfolgte statt Vergangenheitsaufarbeitung Thematisierung von Sprache, Medien, Trivialkunst. Im Zusammenhang mit Globalisierung und Neoliberalisierung wurden die Schriftsteller professionalisiert und in die Kulturwirtschaft zwecks Vermarktung durch Medienkonzerne (Edwards, Zig-zag, Planeta) mittels Literaturkritik, Literaturpreisen, Bestsellerlisten und Reihen (*Colección Biblioteca del Sur*) integriert.

In den 50er Jahren dominiert die sozial engagierte *generación del 38*: **Carlos Droguett** (1912), Telegraphistensohn, Journalist, unter Pinochet Exilant, schrieb realitätsorientierte, nichtmimetische, oft groteske Texte unter existentialistischem Einfluß. Episches Personal: Marginalisierte, Verbrecher, Arbeiter, Einsame, Traumatisierte, deren Psyche durch inneren Monolog oder erlebte Rede dargestellt wird. *Sesenta muertos en la escalera* (1953, Sechzig Tote auf der Treppe) über ein Polizeimassaker zeigt die für Droguett typische groteske physische Deformation der Figuren. *Eloy* (1960) ist innerer Monolog, Lebensbilanz eines chilenischen Banditen, die diesen nicht als Negation, sondern als Resultat einer egoistischen Gesellschaft entlarvt. Der Protagonist von *Patas de perro* (1965, Hundepfoten) ist kindliches Monster, halb Mensch, halb Hund: die in chilenischer Literatur häufige Deformation, basierend auf oralen volkstümlichen Überlieferungen, ist Symbol für Entmenschung. *El compadre* (1967, Der Gevatter) ist innerer Monolog des verunglückten Zimmermanns Ramón als Lebensbilanz mit Einsatz oraler Bibelversionen und anderer Prätexte.

Manuel Rojas (chi/arg 1892–1972), Gelegenheitsarbeiter, Autodidakt, vom Existentialismus beeinflußter Anarchosozialist. Protagonist seines autobiographisch grundierten Romans *Hijo de ladrón* (1951, dt. Der Sohn eines Diebes) ist ein Vagabund, der einsam, aus der Perspektive »von unten«, über Gesellschaft, Vergangenheit und eigene Gefühlserziehung reflektiert. Subjektives Bewußtsein ist sowohl Mittel kritischer Reflexion als auch Darstellungsgegenstand. Autodiegetischer Erzähler mit innerem Monolog und Retrospektiven in Faulknerscher Technik.

Francisco Coloane (1910), Robbenfänger aus Chiloé, Autodidakt, 1963 Berufsverbot wegen KP-Betätigung, inneres Exil unter Pinochet. Schrieb abenteuerliche Erzählungen im Stil Londons und Melvilles über Südchile in Gegenwart und Geschichte, den Ethnozid unter Indios und Öko-Verbrechen der europäischen Siedler und Goldsucher, den harten Existenzkampf in subpolarer Natur (*Cabo de Hornos*, 1941, Kap Hoorn; *El camino de la ballena*, 1962, Der Weg des Wals).

Fernando Alegría (1918), Literaturhistoriker, politisch engagierter Nonkonformist, Exil in Wahlheimat USA, vereint Realitätsbezogenheit und Engagement mit antitraditioneller, nichtmimetischer Schreibweise. Auf *Como un árbol rojo* (1938/68, Wie ein roter Baum), romanhafte Biographie des KP-Gründers Recabarren, folgte *Mañana de los guerreros* (1964, Frühling der jungen Krieger), moderne Pikareske eines zum Proleten mutierenden Vertreters der Oligarchie, Panorama Chiles zwischen Nazismus und Volksfront am Vorabend des Zweiten Weltkrieges. *Amerika, Amerikka, Amérikka* (1970) ist autobiographisch grundierte *nueva no-*

vela über Anpassungs- und Identitätsprobleme eines Latino in den USA.

Die *generación del 50* opponierte vehement gegen Traditionalismus und Realismus. Prominentester Vertreter neben Donoso ist der großbürgerliche **Jorge Edwards** (1931), Journalist, Diplomat. Nach antimimetischen Erzählungen über junge Leute (*El patio*, 1952, Der Hof) berühmter autobiographischer Report *Persona non grata* (1973) über seine konfliktive Diplomatentätigkeit in Havanna. Kritischer Schilderer von Großbourgeoisie, Intellektuellen und Jugendlichen in parabolischen oder phantastischen Romanen. In *Los convidados de piedra* (1978, Die steinernen Gäste) memorieren ein intellektueller Ich-Erzähler und andere Stimmen bei bourgeoiser Geburtstagsfeier nach Pinochet-Putsch kritisch sein und der Gäste Leben sowie die Geschichte Chiles im 20. Jh. in monologisch-polyphonem Rückblick.

Enrique Lafourcade (1927), Journalist, Kosmopolit, Existentialist, schrieb mit *Pena de muerte* (1952, Todesstrafe) einen psychologischen Roman über einen älteren homosexuellen Künstler in Intellektuellen-Sprache mit viel direkter Figurenrede. *La fiesta del rey Acab* (1959, Das Fest des Königs Acab) ist Satire auf einen Diktator. *Invención a dos voces* (1963, Zweistimmige Erfindung), wie Cortázars *Rayuela* in mehreren Reihenfolgen lesbar, montiert zwei Handlungsebenen: die USA-Reise eines von religiösen Ängsten verfolgten Jünglings und die Nutzung von moderner Technik (Roboter) durch die Diktatur. *Palomita blanca* (1971, Weißes Täubchen) äußert kritische Sicht auf die Exilanten.

Poli Délano (1936), Professor für US-Literatur, Übersetzer, ist antitraditioneller Neorealist in Erzählungen (*Gente solitaria*, 1960, Einsame Menschen; *Cambio de máscara*, 1973, Maskenwechsel).

Exilliteratur: Unmittelbar nach dem Putsch erschienen im Ausland viele *testimonios* und Dokumentationen, z. B. **Hernán Valdés'** (1934) *Tejas verdes* (1974, Grüne Dächer), *testi-*

monio über Gefängnisse Pinochets. Nach Exilende kamen dokumentarische oder allegorische, später stark literarisierte Darstellungen der Diktatur und Auseinandersetzungen mit kommunistischen Gastländern (Kuba, DDR, Sowjetunion) heraus.

Ariel Dorfman (1942), Literaturprofessor, Kulturarbeiter unter Allende (medienkritische Analyse der Walt-Disney-Produktionen *Para leer al pato Donald*, 1971, Um die Ente Donald zu lesen), schrieb im Exil *Viudas* (1983, Witwen), Roman über »Verschwundene« in einem griechischen Dorf als zensurumgehende Parabel auf die Pinochet-Diktatur mit symbolischer Verwendung des Antigone-Mythos.

Volodia Teitelboim, Herausgeber der Exil-Zs. *Araucaria*, mischte im parabolisch-nichtmimetischen Roman *La guerra interna* (1979, Der innere Krieg) Verfahrensweisen des Neuen Romans und des Postbooms, fiktionale und historische Gestalten mit solchen von Trivialliteratur und -Horrorfilm (Frankenstein, King Kong, Peter Lorre): über satirisch-denunzierende Darstellung der Pinochet-Diktatur hinaus eine Allegorie von Gewalt- und Terrorregimes. Alegrías *El paso de los gansos* (1980, Stechschritt), fiktives *testimonio* über den Pinochet-Putsch, ist innerer Monolog eines Pressephotographen mit einmontierten Dokumenten (Pressezitaten, Allende-Rede, Befehlen). Donosos *Casa de campo* (1978, dt. Das Landhaus) ist eine Familiengeschichte der Oberschicht mit üblichem Donoso-Personal: Eltern, frühreife Kinder, Dienstboten. Die Kinder werden von Eltern im Landhaus unter Aufsicht der Lakaien als Schutz vor den »Menschenfressern« gelassen. Sie stürzen deren autoritäre Ordnung und verbrüdern sich mit den Kannibalen. Eltern führen Diktatur durch bewaffnete Domestiken mit Folter und KZ ein. Sprechchorähnliche Kollektivdiskurse von Gruppenfiguren, Diskurs der Autorität und subversiver Gegendiskurs der Kinder. Karnevalisierung der Macht. Metaliterarische Diskussion des Autors in *mise en abyme* mit Verleger und Leser über Machart des Romans, gegen realistischen Roman und konventionelle *nueva novela.* Der Roman ist nicht Allegorie des Putsches, sondern der Putsch Allegorie der chilenischen Gesellschaft.

Carlos Cerda (1942), Kritiker und Theaterwissenschaftler, KP-Journalist, Exilant in Ostberlin. Auf deutsch erschienene Erzählungen (*Begegnung mit der Zeit*, 1978) zu Putsch- und Exilthematik. Autobiographisch grundierter Exil-Roman *Morir en Berlín* (1993, dt. Santiago – Berlin, einfach), Abrechnung mit dem Exil-Getto der KP Chiles. **Roberto Ampuero** (1953), Exil in Havanna und Ostberlin, Journalist in Bonn bis 1992, Makler (auf deutsch phantastische Erzählungen: *Ein Känguruh in Bernau*, 1984), schrieb Kriminalromane mit deutschem, kubanischem und Exilhintergrund: *¿Quién mató a Cristian Kustermann?* (1993, dt. Der Schlüssel lag in Bonn), *El alemán de Atacama* (1996, Der Deutsche von Atacama).

Eduardo Labarca (1938), Journalist, Exilant, UNO-Übersetzer, verarbeitete im Roman *Aczullá* (1990) Exilerfahrungen im oralen Gestus des homodiegetischen Erzählerdiskurses mit zerdehnter Syntax, graphischer und phonetischer Schreibweise unter Parodierung der Reklame- und Modediskurse. Der Neue historische Roman *Butamalón* (1994), Archivroman über den spanischen Priester Juan Barba, der sich als Gefangener der Mapuche-Indios mit diesen identifizierte und im Kampf gegen die Conquistadoren fiel, ist *rescritura* des offiziellen Geschichtsdiskurses aus amerikanischer Perspektive. Die Handlung wird in Mega-*mise-en-abyme* verknüpft mit der Beschreibung der Recherchen, der Niederschrift des Romans sowie dem Leben und der Identitätskrise des Autors im Exil.

Frauenliteratur: Auf Mistral, Brunet, Bombal folgt die postmoderne Frauendarstellung durch **Diamela Eltit** (1949), Performerin, bildende Künstlerin, Feministin, im experimentellen Text *Lumpérica* (1983). Die Protagonistin Lumpérica, Personifikation der Marginalisierten, probt mit Lumpenproletariern eine (metaliterarisch als *mise en abyme* fungierende) Performance mit viel Violencia und Selbstverwundung auf der Plaza de armas. Antipatriarchalisch-antimachistischer Text besonders auf linguistischer Ebene (Einfluß poststrukturalistischer und feministischer Theorien). Anspielungen auf Putsch und Diktatur (Gesten- statt verbaler Sprache wegen Zensur usw.). Die Protagonistin allegorisiert das gegenüber dem Zentrum Europa – USA periphäre Lateinamerika, der Lumpenchor ist nicht die soziale Klasse der Armen, sondern die Minderheit der Marginalisierten. Heterogene Momentaufnahmen statt Kapitel, Pluralität von Perspektiven statt Perspektivenmonopol, postmoderner Verzicht auf Gesamtsicht (kontextlose Detailbeschreibung der Violencia).

Isabel Allende (1942), Diplomatentochter, Nichte Präsident Allendes, Journalistin mit langem Exil, schreibt Familiensaga-Bestseller. *La casa de los espíritus* (1982, dt. Das Geisterhaus) inspiriert von García Márquez' *Hundert Jahre Einsamkeit*, führt auch mit Blick auf die Diktatur patriarchalische Familienstrukturen um die machistische Zentralfigur des Senators Esteban Trueba auf der prototypischen Hacienda »Las Tres Marías« vor. Vermittelt wird ein traditionelles Frauenbild (mehr Gefühl als Verstand, mehr Familie als Öffentlichkeit), Phantastik und magischer Realismus sind oberflächlich, nicht aus Personalität der Figuren oder narrativer Logik erwachsen. *De amor y de sombra* (1984, dt. Von Liebe und Schatten) ist eine Liebesgeschichte vor dem Hintergrund der Diktatur, ausgelöst durch Auffindung von Massengräbern von Junta-Opfern, *Paula* (1996) ist Frauenpsychogramm der Erzählerin-Autorin während einer gefährlichen Erkrankung der Tochter.

Die *onda chilena*, Jugendlichen-Literatur, korrespondiert mit der *onda mexicana*: **Antonio Skármeta** (1940), Kulturfunktionär Allendes, schrieb nach Putsch im Berliner Exil Dramen, Hörspiele (*Nixpassiert*, 1978, über deutsche Ausländerfeindlichkeit), Filmskripte (*Tiro libre*, 1973, Freistoß). Die Protagonisten sind Jugendliche der unteren Mittelschichten mit ihren typischen Themenbereichen: Sport, Freizeit, Liebe, Trivialmusik, Träume von Berühmtwerden und Erfolgskarrieren, Kinogang, Schlagerwelt, alles im Jugendjargon in direkter Figurenrede mit Zitaten und Parodien der Sprache der Radio- und Sportreporter und Reklame. *Soñé que la nieve ardía* (1975, Ich träumte, der Schnee brennt), Roman über den Frust eines jungen Provinzlers mit dem Traum von einer Fußballerkarriere im Schatten des Putsches. *La trama* (1981, dt. Aufstand in León), Film und Buch über Sandinistenaufstand. *Ardiente paciencia* (1983, dt. Brennende Geduld) über Nerudas Verhältnis zu einem Briefträger vor Putschhintergrund mit metaliterischer Diskussion über Oral- und Hochliteratur.

Poli Délano schreibt ironisierende, auf Subjektivität und oralen Sprachgestus zentrierte, dramatische Alltagsgeschichten junger Leute mit homodiegetischem Ich-Erzähler in erlebter oder direkter Figurenrede (Einflüsse: Beatniks, Hemingway, Salinger, *onda mexicana*). Der Roman *En este lugar sagrado* (1978, An diesem heiligen Ort) ist innerer Monolog zwischen Hoffnung und Latrinenparolen eines auf einer öffentlichen Toilette zufällig Eingeschlossenen – Allegorie der Lage unter Pinochet – über sein bisheriges Leben und Suche nach einer Karriere.

Alberto Fuguets (1964) *Mala onda* (1991, Auf schlechter Welle), mit viel Publicity im Rahmen des *Miniboom chileno* vermarktete Geschichte des Neureichen-Jugendlichen Matías Vicuña, der gegen Korruption und antinationale Medienkultur rebelliert, sich in Vorstädten an Liedern von Silvio Rodríguez und Victor Jara ergötzt, im Klub mit Papa den 11. September (Putschjubiläum) feiert und dessen Stütze im Familienclan wird (alternierend in erster und zweiter Person erzählt). Zur *onda* gehören auch Eltit (*Vaca sagrada*, 1991, Heilige Kuh) und **Pablo Huneus** (1940), der humorig in *En aquel tiempo. Historia de un chileno durante Allende* (1985, Zu jener Zeit. Geschichte eines Chilenen unter

Allende) die neoliberale Moral verkündet: individuelle Regelung statt sozialer Revolution.

Das Theater wird von Studentenbühnen entwickelt; an der *Universidad de Chile* 1941 das *Teatro experimental* und das *Instituto del teatro*, das *Teatro de ensayo de la Universidad Católica*, die Universitätsbühne Concepción u. a. 1969: Festival der 22 brechtianischen Universitätstheater. Charakteristisch der Einsatz avantgardistischer Techniken zur Darstellung von Wirklichkeitsproblemen.

Jorge Díaz (1930), Regisseur der Gruppe ICTUS, setzt auf absurdes Theater im Stil Arrabals, dadaistische Schocks und Parabolik: *El cepillo de dientes* (1961, Die Zahnbürste) ist surrealistische Moralkritik: die Ehebeziehungen der Protagonisten regeln sich via Zahnbürste. Der Mann bringt die Frau um, die jedoch im zweiten Akt als andere erscheint und den Mann umbringt. Beide spielen so etwas jeden Tag aus Spaß. Das Theater als Institution wird aufgelöst, die Kulissen am Stückende ausgeräumt. In *El velero en la botella* (1962, Das Buddelschiff) rebelliert der Junge David, durch seine Tanten von der Realität abgeschirmt, dank Aufklärung durch Dienstbotin (typisch chilenisch!) und verschwindet aus der Flasche. *Topografía de un desnudo* (1967, Topographie eines Akts) ist »Schema für eine zwecklose Untersuchung« über den Krieg lateinamerikanischer Regierungen gegen die Armen.

Egon Wolff (1926) warnt vor gesellschaftlichen Katastrophen: in dem Parabelstück im Brecht-Stil *Los invasores* (1963) wollen sich Proletariermassen (als Chor) in den Privatsphären der Kapitalisten niederlassen. Ein Ehepaar der Oberklasse, Meyer und Pietà, wird von Lumpen bedrängt, doch ist fast alles nur ein Traum. In *Flores de papel* (1968, Papierblumen) liebt die distinguierte Eva den Lumpen El Merluza, der Zeitungspapierblumen fertigt. In einer Hochzeitsparodie verlassen sie das Haus Richtung Welt der Obdachlosen.

Agitprop-Theater machte dagegen das aus Laien und Profis gemischte Ensemble der Gewerkschaft CUT *El teatro nuevo popular* mit Stücken für die Wahlkampagne Allendes. **Alejandro Sieveking** (1934) übte in *Pequeños animales abatidos* (1975, Kleines Schlachtgetier) Kritik am Verhalten der Bourgeoisie unter der Allende-Regierung. Während der Diktatur wurde politisches Theater verfolgt, ein Theaterzelt wegen eines Antijuntastücks von Nicanor Parra abgebrannt. Nach der Demokratisierung entstanden viele Off-Theater.

Die Lyrik wird in der Nachkriegszeit von den Antipoden Neruda und Huidobro und den Naturlyrikern der Generation von 1950 beherrscht.

Gonzalo Rojas (1917), Literaturprofessor, Publizist (surrealistische Zs. *Mandrágora*, 1938–41) verfaßte mit *La miseria del hombre* (1948, Das Elend des Menschen) und *Contra la muerte* (1964, Wider den Tod) expressionistische Schreckensbilder menschlichen Daseins voll Bitterkeit und Resignation. **Enrique Lihn** (1929), Kritiker, Gegner Nerudas, schrieb antiintellektualistische, ironisch-desillusionierende Poesie (*La pieza oscura*, 1963, Das dunkle Zimmer).

Beherrschende Gestalt ist **Nicanor Parra** (1914), Lehrer, von der antimodernistischen 38er Generation, Begründer der antirhetorischen, antinerudianischen Antipoesie (Einflüsse: Lorca, Kafka, Huidobro, Vallejo, Caviedes, Villon, Brecht). Entmythisiert nach folkorisierendem Beginn (*La cueca larga*, 1958, Die lange Cueca) die Poesie samt ihren tradierten Rezeptionsmustern durch prosaische, reimlose, selbstironische, kolloquiale, alogische Alltagssprache. *Poemas y antipoemas* (1954) sind Parodien von Prätexten (Anstands- und Erziehungsbüchern, spießbürgerlichen Redensarten) mittels Stilbrüchen, Koppelung von Unzusammengehörigem, von Konkreta mit Abstrakta (El humorismo sangriento de la teoría de la relatividad, Der blutende Humorismus der Relativitätstheorie). *Chistes para des-*

orientar a la policía (1983, Witze zur Irreführung der Polizei) sind Sgraffiti, Collage-Postkarten mit verbalen und graphischen Botschaften.

Autorretrato

Considerad, muchachos,
Este gabán de fraile mendicante:
Soy profesor en un liceo obsuro,
He perdido la voz haciendo clases.
(Después de todo o nada
Hago cuarenta horas semanales).

¿Que les dice mi cara abofeteada?
¡Verdad que inspira lástima mirarme!
Y qué les sugieren estos zapatos de cura
Que envejecieron sin arte ni parte.

Antipoemas. Antología 1944–1969, Barcelona: Seix Barral, 1972, S. 78.

Selbstbildnis

Seht doch, Jungs, diesen
Bettelbruder-Überzieher:
Ich bin Lehrer an einem obskuren Gymnasium,
Habe vom vielen Unterricht die Stimme verloren
(Nach allem oder nichts
Reiß ich vierzig Wochenstunden runter.)

Was sagt euch mein Ohrfeigengesicht?
Mein Anblick flößt Mitleid ein, nicht wahr!
Und was sagen euch diese Pfaffenschuhe,
Die alt geworden sind ohne Sinn und Verstand.

In den 60er und 70er Jahren berauschte sich die politisch-engagierte Lyrik an der kubanischen Revolution und der *Unidad popular.* Die Exillyrik reflektiert den Schock über den Putsch und das Erleben kultureller Alterität des Gastlandes. Die Exilerfahrung gestattet verfremdeten Blick auf eigene Identität. Innere Exilanten kultivieren wegen Zensur allegorische Schreibweisen. **Omar Lara** (1941), Gründer

der Zs. *Trilce*, Verleger, Kulturarbeiter unter Allende, unter der Diktatur Haft. Verfaßt in Bukarest Exillyrik (*Oh buenas maneras*, 1975, Oh gute Manieren), Haiku-ähnliche Kurzgedichte, kolloquial, deskriptiv, prosaisch-alltagssprachlich. Herausgeber der Anthologie *Poesía de la Resistencia y del exilio* (1978), Mitarbeit an Exilzs. (*Araucaria*, hrsg. von Teitelboim).

Nueva canción chilena: **Violeta Parra** (1917–67, Selbstmord) kreierte im *Peña de los Parra* (1965) und eigenem Zirkuszelt politische, Liebes- und Alltagslyrik (*Gracias a la Vida*, 1957, Dank an das Leben). **Victor Jara** (1938–73), Landarbeitersohn, Regisseur, von Pinochet-Junta ermordet, schrieb politisch-sozial engagierte Lieder (*Plegaria a un labrador*, Bitte an einen Bauern; *Palomita ver te quiero*, Täubchen, ich möchte dich sehen). Aus Universitäts-*peñas* entstanden 1969 während der Wahlkampagne Allendes Singegruppen (Quilapayún, Inti-Illimani), die mittels Folklore (Cueca, Angelitos [Kindertotenlieder], Velorios [Totenwachegesänge]) soziale Forderungen artikulierten und die kubanische Revolution und den Guerillakampf mythisierten. Weitere Liedermacher: Patricio Manns, Osvaldo Rodríguez, Tito Fernández.

Literaturhinweise

Alegría, Fernando: La poesía chilena. Orígenes y desarrollo del siglo XVI al XIX, Mexiko / Buenos Aires 1954; Alegría, Fernando: La literatura chilena del siglo XX, Santiago 1967; Cánepa Guzmán, M.: El teatro en Chile. Desde los indios hasta los teatros universitarios, Santiago de Chile 1966; Goic, Cedomil: La novela chilena. Los mitos degradados, Santiago de Chile 1968; Promis, José: La novela chilena actual, Buenos Aires 1977; Silva Castro, Raúl: Panorama de la novela chilena (1843–1953), Mexiko / Buenos Aires 1955; Silva Castro, Raúl: Panorama literario de Chile, Santiago de Chile 1961; Szmulewicz, Efraín: Diccionario de la literatura chilena, Santiago de Chile ²1977.

Paraguay, kulturell zur Andenregion gehörig, hat infolge langer blutiger Geschichte (Tripel-Allianz-Krieg, Chacokrieg), dünner Besiedlung (4 Mio. Einwohner auf 400 000 km^2), weitverbreiteter Armut, langer Militärdiktatur und Fehlen eines schriftliterarischen Kommunikationssystems eine wenig umfängliche Literatur. Eine Besonderheit ist der Bilinguismus (95 % Mestizen): Schriftsprache ist Spanisch, Umgangssprache Guaraní. Die durch Stroessner-Diktatur und Zensur geknebelte Literatur thematisierte vorwiegend die Repression.

Bedeutendster Romancier neben Roa Bastos ist **Gabriel Casaccia** (1907–80), Außenminister, Feldrichter, Exilant. Starke Identifikation mit der Heimat in *Hombres, mujeres y fantoches* (1930, Männer, Frauen und Hampelmänner), neorealistischer Text mit Einflüssen von Proust und Baroja zwischen Ästhetizismus und kruder sozialer Denunziation. *La babosa* (1952, Die Geifernde) demontiert die paraguayische Bourgeoisie am Vorabend der Stroessner-Diktatur. Ein Provinznest, von der *babosa* (Klatschtante) im Namen von Religion und Moral beherrscht, ist Metapher des Landes. Der Protagonist scheitert beruflich und literarisch in Alkohol und Einsamkeit am Mittelmaß des langweiligen Ortes voller verfeindeter Einwohner. In *Los exiliados* (1966) führt ein allwissender Erzähler in erlebter Rede die von Sieg und Revolution schwadronierenden Exilanten zwischen Kneipe und Bordell vor.

Josefina Pla (1909) beschreibt innere wie äußere Isolierung, Terror, Angst, Kommunikationslosigkeit und Einsamkeit unter der Diktatur in *La mano en la tierra* (1963, Die Hand in der Erde). Pla ist hermetische Lyrikerin in *La raíz de la aurora* (1960, Die Wurzel der Aurora).

Rubén Bareiro Saguier (1930), Professor für Guaraní und lateinamerikanische Literatur, Publizist (Zs. *Alcor*), Lyriker (*Biografía del ausente*, 1964, Biographie des Abwesenden), verinnerlicht in *Ojo por diente* (1972, Auge gegen Zahn) in erlebter Rede, innerem Monolog und der Sprechweise einfacher mestizischer Soldaten und Bauern deren Mentalität und Motivationen in Krieg und Bürgerkrieg.

Der bedeutendste Lyriker, **Elvio Romero** (1926), Ex-Guerillero, Journalist, denunziert in rhythmischen, kolloquialen Versen die Diktatur, beschreibt die Leiden einfacher Paraguayer, die Befindlichkeit des Exilierten, die prekären Beziehungen zwischen Exilautor und Publikum (*Días roturados*, 1947, Zerpflügte Tage; *Los innombrables*, 1970, Die Unnennbaren) und die Liebe vor dem Hintergrund von Trennung und Heimweh (*Un relámpago herido*, 1967, Ein verwundeter Blitz).

Literaturhinweise

Bareiro, Rubén: Situación de la literatura paraguaya contemporánea, in: Cahiers des Amériques Latines 1 (1967); Bareiro, Rubén: Roa Bastos y la nueva narrativa paraguaya, in: Actual narrativa latinoamericana, Havanna 1970; Roa Bastos, Augusto: La narrativa paraguaya en el contexto de la narrativa hispanoamericana actual, in: Saúl Sosnowski: Augusto Roa Bastos y la producción cultural americana, Buenos Aires 1986; Rodríguez-Alcalá, H.: Sobre la poesía paraguaya de los últimos veinte años, in: Revista Hispánica Moderna 23,3–4 (1957).

Die Andenregion zwischen Neoindigenismus und Postmoderne

Gemeinsamkeiten sind die starke indianisch-mestizische Bevölkerungsmehrheit, extreme Armut, geringe Industrialisierung, eine von Bergbau und Plantagenkultur dominierte Wirtschaft sowie regionale Zersplitterung.

Literaturhinweise

Cometta Manzoni, Aida: El Indio en la novela de América, Buenos Aires 1960; L'indigénisme andin. Approches, Tendances, Perspectives. Actes du 4e colloque. Grenoble 1980.

Bolivien: Das überwiegend indianische, zweisprachige Land mit monopolistischem Zinnabbau (Zinnkönig Patiño) wurde durch verlorenen Chacokrieg und Diktatur an der Entwicklung von Zivilgesellschaft und Literatur behindert. Nationalisierung des Bergbaus und Agrarreform brachte die Revolution von 1952, danach Wechsel von Diktatur und Demokratie. Eine Zäsur ist der Guerillakrieg und Tod Che Guevaras 1967. Am Coca-Anbau bereichern sich ausländische Dealer; die Bevölkerung ist arm.

Vom Chacokrieg bis zur Revolution von 1952 dominiert angesichts der für Evasion wenig Raum lassenden Realität der politisch engagierte Roman mit drei ineinander verflochtenen Hauptrichtungen: der historisch-testimoniale über den Chacokrieg, der liberale und proletarische zur Bergbau- und Bergarbeiterthematik, der indigenistische zur Indioproblematik. Erst Cerruto und die Autoren der 60er und 70er Jahre bringen den Paradigmenwechsel von sozialer zu subjektiver Literatur. Die Interiorisierungstendenz des lateinamerikanischen Romans wird vor allem von Exilierten übernommen, die in Abkehr vom traditionellen linearen Realismus zur Darstellung des modernen Ich übergehen.

Der Chacokrieg wurde mit dem ethnischen Problem verbunden. Céspedes, Kriegsteilnehmer, wandte sich im testimonial-fiktionalen Erzählband *Sangre de mestizos* (1936, Mestizenblut), Darstellung des Krieges aus mestizischer Perspektive »von unten«, sowohl gegen die marxistische als auch die konservative Ignoranz des ethnischen Problems. Den Mestizen stellte er als Inkarnation der Nation dar. Lara verbindet in *Repete, diario de un hombre que fue a la guerra del Chaco* (1938, Repete, Tagebuch eines in den Chacokrieg ziehenden Mannes), einem homodiegetisch die Ethno- und Sozialpsyche des Indio ausleuchtenden Tagebuchroman, den Chacokrieg mit dem ethnisch-nationalen Problem. In *Mariano Choque Huanca* (1940) beschreibt **Luis Landa Lyon** (1892) per *rescritura* des weiß-nationalistischen Diskurses die Ahnungslosigkeit eines Indio-Soldaten.

Der politisch-sozial engagierte Bergbauroman von Céspedes und Ramírez Velarde wurde von **Néstor Taboada Terán** (1929) mit dem Zinnbergarbeiterroman *El precio del estaño* (1960, Der Zinnpreis) fortgesetzt, der dokumentierten Geschichte einer indianischen Bergarbeitergemeinde (durch einmontierte Zeitungsmeldungen mit dem Zweiten Weltkrieg und der internationalen Lage in Beziehung gesetzt) mit dem Standardtopos Streik–Aufstand–Massaker und geringer Individualisierung der Protagonisten.

Jesús Lara (1898–1980), aus ärmlichen Verhältnissen, KP-Mitglied, Lehrer, inhaftiert, Ketschua-Lyriker (*Aráwij Arawiku*, 1927), stellte in *Yanacuna* (1952), ohne Ausbeutung und Rechtlosigkeit zu verschweigen, erstmals den Ketschua-Indio von innen dar. Eine Indianerin erlebt alles Unrecht der Welt, wird ihres Glücks und ihrer Lebenserfüllung beraubt. Die Kommune, deren Personifikation sie ist, verliert ihre sozialökonomischen Rechte. Die Lösung sieht Lara in einer sozialen Revolution, deren Anfänge er in einer Trilogie über die Kämpfe der Bauernguerillas gegen Grundbesitzer für die Agrarreform von 1953 beschreibt (*Yawarninchij*, 1959; *Sinchikay*, 1962; *Llalliypacha*, 1965). In der Schärfe der Anklage von Icaza beeinflußt, weisen Interiorisierung, Integration von Ketschuanismen ins Literaturspanische und die bikulturelle Heterogenität auf den Neoindigenismus José María Arguedas'.

Ähnlich führt **Raúl Botelho Gosálvez** (1917) statt der traditionellen homogenen eine moderne, sozial differenzierte Indio-Kommune (*Borrachera verde*, 1938, Grüner Rausch; *Altiplano. Novela india*, 1945, Hochebene. Indioroman) vor. Der Indio (*Con la muerte a cuestas*, 1975, Den Tod auf dem Buckel, Erzählungen) erscheint in kultureller *otredad*, heterogen zur okzidentalen Kultur.

Den Übergang von Gesellschaftszentriertheit zu Subjektivismus vollzieht exemplarisch **Oscar Cerruto** (1912–81), Journalist (*Bandera Roja*) und Diplomat. Der Reiseroman *Aluvión de fuego* (1935, Feuerflut) wird weniger vom Chacokrieg als von der Präsenz der Indios auf dem Lande und der Arbeiterklasse in den Zinnminen, der Beschreibung ihrer sozialen Lage und ihrer sozialhumanitären Forderungen, der Anklage von Violencia und Machtmißbrauch geprägt. Der Erzählband *Cerco de penumbras* (1958, Kreis der Dämmerungen) markiert den Paradigmenwechsel: von der sozialpolitischen Realität zu Traum, Wahnsinn, Alter, Tod. Das mythisch-zeremoniöse Poem *Patria de sal cautiva* (1958, Vaterland gefangenen Salzes) evoziert das Hochland Boliviens, die Landschaft der Kindheit, Vergänglichkeit, Entsolidarisierung der Bolivianer, Perspektivlosigkeit und geistige Unwirtlichkeit und die existentielle Einsamkeit des lyrischen Ich. Die Gedichtsammlung *Estrella segregada* (1975, Getrennter Stern) beklagt Sittenverfall und Korruption gegenüber der Unverdorbenheit der Natur (des Titicaca).

Verspätete Hinwendung zur Stadtthematik erfolgt durch den Lyriker Jaime Sáenz, der den Chacokrieg als Identitätssuche eines Bolivianers in dem Roman *Felipe Delgado* (1979) thematisiert. **Manuel Vargas** (1952) beschreibt das Schicksal eines Indios in der Stadt in *Los signos de la lluvia* (1978, Die Zeichen des Regens) mit Montage verschiedener Erzählebenen. **Oscar Alborta-Velasco** (1911) thematisiert das Drogenproblem unter Marginalisierten der Großstadt Santa Cruz in *Boy García* (1972), Gonzalo Silva Sanjínes schreibt über Drogen, Sex und Homosexualität in der Großstadt (*La Muela del Callo*, 1986), **Raúl Teixido** (1943) gestaltet in *Los habitantes del alba* (1969, Die Bewohner der Dämmerung) existentielle Suche nach Ich-Identität.

Die frustrierte Revolution von 1952 und die politische Realität werden kritisch aufgearbeitet von **Fernando Medina Ferrada** (1925) in den Romanen: *Laberinto* (1967, Labyrinth) und *Los muertos están cada día más indóciles* (1972, Die Toten sind jeden Tag unbotmäßiger) und von dem historisch interessierten **Arturo Von Vacano** (1938) in *Sombras del exilio* (1970, Schatten des Exils). *Los réprobos* (1971, Die Ruchlosen) ist bolivieninterne Aufarbeitung des gescheiterten Bolivien-Unternehmens Guevaras. **Renato Prada Oropeza** (1937), Linguist, Semiotiker, verfaßte in modernster narrativer Technik (mehrere Handlungen, Orte, Perspektiven) mit Sympathien für die Guerillas und Pessimismus für ihr Anliegen *Los fundadores del alba* (1969, Die Begründer des Morgengrauens), einen der ersten Romane über den Tod Che Guevaras als *rescritura* seines Tagebuches. Psychologisierende Romane zur nationalen und ethnosozialen Thematik mit moderner *escritura* schrieben **Julio de la Vega** (1924) mit *Matías, el apostol suplente* (1971, Mathias, der Ersatzapostel) in experimenteller, oralsprachlicher, autodiegetischer, wechselnder Erzählperspektive und Taboada Terán mit *El signo escalonado* (1975, Das gestaffelte Zeichen) mit innerem Monolog, filmischer Montagetechnik und neobarocker Syntax.

Bedeutendster Lyriker nach Cerruto: **Pedro Shimose** (1940), der in *Triludio del exilio* (1961), *Sardonia* (1967), *Quiero escribir, pero me sale espuma* (1969, Ich will schreiben, doch alles wird zu Schaum) von experimenteller zu religiöser und politischer Dichtung (Thematisierung des Exiltraumas) überging. **Jaime Sáenz** (1921) schreibt metaphysisch-existentielle, das moderne Ich reflektierende Lyrik (*Recorrer esta distancia*, 1973, Diese Entfernung zurücklegen), **Gonzalo Vázquez Méndez** (1927) thematisiert semantische Probleme der Sprache (*Del sueño y la vigilia*, 1966, Von Traum und Wache).

Das Theater betrieb Suche nach historischer Identität und Geschichtsbewußtsein, so **Raúl Salmón** (1920), Macher des *Teatro social* des *Ateneo* (1944) mit neocostumbristisch-dokumentarischen Stücken (*Viva Belzú*, 1952) über historische Figuren des 19. Jh.s und dem phantastischen *Tres generales* (1972), in dem die bolivianischen Generäle Santa Cruz, Belzú und Melgarejo im Jenseits mit drei gefallenen revolutionären Studenten der 52er Revolution diskutieren.

Der philosophisch-spiritualistische **Guillermo Francovich** (1901–90) dramatisierte historische bolivianische Legenden: *El monje de Potosí* (1954, Der Mönch aus Potosí). Brechtianisch die Farce *El fabricante de dedos de gansos* (1957, Der Gänsezehenfabrikant) sowie das neoindigenistische *Yawarninchij* (1959). Bedeutendster Dramatiker des Landes: **Adolfo Costa du Rels** (1891–1980), Diplomat, Publizist. Denunzierte in *Los estandartes del rey* (1957, Die Königsstandarten) und *El quinto jinete* (1967, Der fünfte Reiter), naturalistisch-costumbristischen Dramen über bolivianische Geschichtssujets, die Habgier und Grausamkeit europäischer Eroberer als Allegorien heutiger Zustände.

Literaturhinweise

Guzmán, A.: Panorama de la novela en Bolivia, La Paz 1973; Diez de Medina, Fernando: Literatura boliviana, Madrid 1959; Sanjinés, Javier C. (Hrsg.): Tendencias actuales en la literatura boliviana, Minneapolis/Valencia 1985; Zayas de Lima, Perla: La novela indigenista boliviana 1910–1960, Buenos Aires 1985.

In PERU brachten nach dem Sturz der Odría-Nachkriegs-Diktatur 1956 demokratische Regierungen Wirtschaftskatastrophen, worauf 1968 die linke Militärdiktatur der Generale Velasco Alvarado und Morales Bermúdez den Groß-grund- und Bergwerksbesitz enteignete. Auch nach dem Gegenputsch 1975 lösten Liberale und Apristen trotz Reprivatisierungen und Demokratisierung keine der grundlegenden Fragen: Rückständigkeit, die Gegensätze Luxus vs. Armut, Küste vs. Sierra, Weiße vs. Indios. Folgen waren Landflucht, Verslumung, Informalität (illegale Wirtschaft), maoistischer Terror (*Sendero luminoso*), Militär-Violencia. Fujimori, der Sieger der Präsidentschaftswahlen 1990 über

Vargas Llosa, setzte einen autoritären Neoliberalismus durch.

Neben dem kosmopolitischen Lima pflegen Provinzzentren (Trujillo, Puna, Chimbote, Piura, Cuzco, Arica) regionale Themen. Statt zentralisierter Literaturkommunikation mittels Großverlagen existieren überwiegend Kleinverlage und ein informeller Buchmarkt mit photokopierten Selbsteditionen, Raubdrucken und Straßenrezitatoren.

Erzählprosa: Die realitätsorientierte *generación de 1950* entdeckt die durch bäuerliche Indios und Mestizen chaotisch wachsende Megalopolis Lima. Initialzündung war der suggestive, auf die neue menschliche Großstadtwirklichkeit hinweisende Essay *Lima, la horrible* (1955, Lima die schreckliche) von **Sebastián Salazar Bondy** (1924–65).

Der große neorealistische Erneuerer der peruanischen Erzählung, **Julio Ramón Ribeyro** (1929–97), Journalist, UNESCO-Beamter, thematisierte 1960 im Roman *Crónica de San Gabriel* (1960) den Gegensatz Großstadt – Land, die Kommunikationslosigkeit zwischen dem auf Besuch in der Sierra weilenden jungen Städter, dem patriarchalischen Hacendado und den mißtrauisch-schweigsamen Ketschuas auf hohem erzähltechnischen Niveau (homodiegetischer Ich-Erzähler mit retrospektivem inneren Monolog und viel direkter Rede). *Los geniecillos dominicales* (1965, Die Sonntagskobolde), Geschichte eines anarchisch-bohemehaften, selbstzerstörerischen Protests gegen bürgerlich-kreolische Konvention, und *Cambio de guardia* (1973, Wachablösung) sind radikale Zuwendung zur Großstadtdarstellung und totale Abkehr von erzählerischem Totalitätsanspruch durch detaillierte Ambiente-Rekonstruktion von Limeñer Elendsvierteln und *informalidad* (chaotischen Siedelns, Produzierens und Handeltreibens). *Los gallinazos sin plumas* (1959, dt. Aasgeier ohne Federn) beschreibt dramatische Verteilungskämpfe Marginalisierter auf Müllhalden, *Al pie del acantilado* (1964, dt. Am Fuße des Acantilado) illegale

Landnahme durch Obdachlose am Steilufer, die gegen die harte Natur siegen, aber gegen die tourismusinteressierte Gemeinde verlieren. *La palabra del mudo* (1977, Das Wort des Stummen) ist erzählerischer Selbstausdruck des Analphabetismus. Ribeyros Schreibweise (Sprache, Metaphorik, Symbolik, Groteske, *esperpento*) hindert vordergründige Aktualisierung.

Weitere Großstadterzähler: **Enrique Congrains Martín** (1932), Publizist, Verleger, Neorealist, vom italienischen Film beeinflußt, verfaßte *Lima, hora cero* (1954, Lima, Stunde Null), eine apokalyptische Vision von Elendsvierteln und Informalität. Der moderne Stadt-Costumbrismo des aus Trujillo stammenden **Cronwell Jara** (1950) drückt sich in direkter regiolektaler Rede und im oralen Erzählgestus nordperuanischer Bauern aus. *Patíbulo para un caballo* (1989, Schafott für ein Pferd) beschreibt die neue groß- bzw. vorstädtische Straßenkultur der Informalität am Schicksal marginalisierter, von Violencia und Staatsmacht bedrohter Gründer der *barriada* Montacerdos in einer Mischung von Dokument, Phantasmagorie und Karnevaleskem. Rückfälle des homodiegetischen Testigo-Ich-Erzählers ins kollektive Wir markieren den dorfgemeinschaftlichen Ursprung der Neu-Städter.

Fernando Ampuero (1949) ist in *Miraflores melody* (1978) Chronist der städtischen Hippiewelt. **Osvaldo Reynosa** (1932) stellt Limeñer Jugendentwicklungen in *Los inocentes* (1961, Die Unschuldigen) und *El escarabajo y el hombre* (1970, Der Käfer und der Mann) dar.

Auch Land und Sierra bleiben im Blickfeld der Prosa: **Carlos Zavaleta** (1929) beschreibt mit moderner Erzähltechnik von *La batalla* (1954, Die Schlacht) bis *Los aprendices* (1970/73, Die Lehrlinge) die politisch-sozialen Dramen der 40er und 50er Jahre samt damaligen Utopien. **Miguel Gutiérrez** (1940) ist sozial engagiert in *El viejo saurio se retira* (1969, Der alte Saurier zieht sich zurück).

Die indianische Sierra gestaltet der Neoindigenist **Manuel Scorza** (1928–83), Mestize, Lehrer, Exilant, von der sozialkritischen *generación del 50*, im Zyklus *La guerra silenciosa* (1970–76, Der stille Krieg). Kollektiver Protagonist ist die Kommune; die individuellen Protagonisten wechseln von Band zu Band. Die *rescritura* der vom sozialrealistischen Indigenismus abgehandelten Konflikte zwischen Indiobauern und Großgrundbesitzern/US-Gesellschaft *Cerro de Pasco Corporation* und der offiziellen Historiographie ist identitätsstiftende Erinnerung auf Grund oraler Überlieferung. *Redoble por rancas* (1970, dt. Trommelwirbel für Rancas), *Garabombo, el invisible* (1972, dt. Garabombo der Unsichtbare), *El jinete insomne* (1976, dt. Der schlaflose Reiter), *Cantar de Agapito Robles* (1976, dt. Der Gesang des Agapito Robles) sind Chroniken aus magisch-mythischer indianischer Innenperspektive. Gegen den assimilatorischen Indigenismus setzt Scorza neoindigenistische Heterogenität: Weiße und Indios sind zwei Klassen und Kulturen. Der stark intertextuelle Text, Mischung von magischem Realismus und *esperpento*, ist Montage verschiedener Textsorten: Presseartikel des als Figur auftretenden Autors, Mariátegui-Zitate, Balladen, Fragmente aus Ritterromanen und Pikaresken mit intertextuellem Bezug zu *Don Quijote*, den Totengesprächen Rulfos und Lukians und dem Mythos vom Inkarrí. – Erzähler der Provinz kultivieren moderat modern indigene Themen: **Victor Borrero** (1943) aus Sullana formte Indiolegenden zu Erzählungen um (*Cuentos Tallanes*, 1989).

In der Lyrik kultivieren Dichter der älteren Provinzgeneration wie **Julio Garrido Malaver** (1909), Trujillo, kreolistische Themen wie Landschaft, Heimat, indigene Vergangenheit, soziale und politische Konflikte (*La dimensión de la piedra*, 1955, Die Dimension des Steins). Sozialhumane Lyrik zwischen Engagement und Neoavantgarde schreibt Salazar Bondy (*Máscara del que duerme*, 1949, Maske des

Schlafenden; *Los hijos del pródigo*, 1951, Die Söhne des Verlorenen).

Radikaler in der Ablehnung von Traditionalismus und im Übergang zu sprachzentriertem Dichten ist die Generation von 1950 (Zs. *Las Moradas*, hrsg. von Westphalen). **Carlos Germán Belli** (1927), Philologe, Journalist, begann als Surrealist. Seine Spezialität ist schwarzer Humor. *Poemas* (1958), sensationelles Sprachexperiment, waren ob ihres Antitraditionalismus fundamental für die Vargas-Llosa-Generation. Charakteristika seiner Lyrik von *Oh hada cibernética* (1962, O Zauber der Kybernetik) bis *En alabanza del bolo alimenticio* (1979, Zum Lobe der Nahrungspille): Gefühl des Bis-zum-Halse-Stehens, Lust an der Aufgabe des Menschseins, Widerständigkeit gegen Entfremdung, Spannung zwischen frustrierender Realität und unerreichbarer Idealität, zwischen Existenz und Anderssein, Elektronik und Poesie; Ironisierung des Menschlichen-allzu-Menschlichen. Sprachliche Innovationen: Aktualisierung des Siglo de Oro und des Petrarkismus, Gebrauch von Neogongorismen, von Wissenschafts- und Techniksprache, Lima-Jargon und Archaismen zwecks Lyrisierung moderner Seelenzustände.

Francisco Bendezú (1928), Literaturprofessor, KP-Journalist, von italienischer Poesie und Kunst beeinflußter Ungaretti-Schüler, ist surrealistischer »Imaginist« zwischen Creacionismo und Neobarock. Die Themen von *Los años* (1961, Die Jahre) sind Zeit, Schönheit und Liebesekstase. *Cantos* (1971, Gesänge), elegisch-chaotische Verse voll surrealistischer Bilder, onirischer Metonymien und rhythmischer Kadenzen, sind lyrische Übersetzungen von fünf Bildern De Chiricos in metaphysischer Zeitlosigkeit und verbalem Paroxysmus für Elite-Leser.

Alejandro Romualdo (1926) verfaßte in *La torre de los halucinados* (1949, Der Turm der Halluzinierten) nach dem Vorbild Nerudas und Jorge Guilléns unsentimentale konkrete Poesie über den Menschen in seiner erbärmlichen Nacktheit.

Die Lyriker der 60er und 70er Jahre bilden viele Gruppen: *Estaciones reunidas*, *Alfay*, *Gleba*, magische Gruppe, Visualismo-Gruppierung, meist um Zs. (*Hora Zero*, *Textual*, *Creación y crítica*, *La tortuga ecustre*, *Amaru*, *Mabú*, *Hipócrita Lector*, *La manzana mordida*, *Melibea*). Vorbilder und Einflüsse: Pound, Brecht, Eliot, Pessoa, Vallejo, Neruda, Paz. In den 60er Jahren dominieren vom Guerillakampf, der kubanischen Revolution und dem lateinamerikanischen Selbstbefreiungsprojekt faszinierte Poeten: **Javier Heraud** (1942–63), Englischlehrer, Filmstudium in Kuba, Guerillero, mit 21 Jahren erschossen. Lyrisches Ich protokolliert Begegnungen mit Natur, Bauten, Liebe, konnotiert Orte mit Violencia, Unrecht, Heimat, artikuliert antiimperialistisches Bekenntnis, prognostiziert eigenen frühen Tod. Kolloquiale reimlose, frei rhythmisierte Gedankenlyrik mit Satzwiederholungen und -umdrehungen: *El río* (1960, Der Fluß), *El viaje* (1961, Die Reise). **Edgar Tello** (1942–65), Philologiestudent, 1962 mit Heraud in Kuba, jung als Guerillero gefallen, schrieb kolloquiale, fiktiv dialogische Gedichte über Befindlichkeiten und Sehnsüchte des Guerilleros: *Poemas* (publ. 1966). **Hildebrando Pérez** (1941), Publizist (Zs. *Prólogo*, *Hipócrita Lector*), verfaßte neoindigenistische Gedichte: *Aguardiente y otros cantares* (1978, Schnaps und andere Gesänge). **Winston Orrillo** (1941), Literaturprofessor, Publizist, unakademischer Nachgestalter des Denkens und Sprechens der jungen Generation, montiert *rescrituras* und Dokumente zu apokalyptischen Visionen der modernen Welt zwischen Onirik und Realismus in *El último diario (nocturno) de Ana Frank* (1986, Das letzte [nächtliche] Tagebuch der Anne Frank), Liebes- und politisch-philosophische Lyrik in *Homenaje a W. A. Mozart y al cine* (1991, Hommage an W. A. Mozart und das Kino), graphisch-visuellen parataktischen Poemen, die eine modern-jugendhafte Rezeption älterer Kunstwerke reproduzieren. **Julio Ortega** (1942) ist Intimist in *De este reino* (1964, Von dieser Welt), sozial engagiert in *Tiempo en* *dos* (1966, Zweitakt). **Rodolfo Hinostroza** (1941) verbindet Antike-Muster (Horaz, Vergil) mit Modernität und Aktualität in *Consejero del lobo* (1965, Wolfsberater).

Der bedeutendste Lyriker der Generation, **Antonio Cisneros** (1942), Englischlehrer, von Befreiungstheologie (seines Freundes Gustavo Gutiérrez) beeinflußter Marxist, Kritiker der kubanischen Revolution ab 1990, schrieb Dichtung im Konversationsstil (Einfluß: Brecht, Eliot, Pound) als respektlose *rescritura* großer Weltmythen und Volkslieder. *Comentarios reales* (1964, Königskommentare) entmythisieren die Geschichte Perus durch *rescritura* Garcilasos mittels brechtscher Verfremdung. *Canto ceremonial contra un oso hormiguero* (1968, Zeremonialgesang gegen einen Ameisenbären) dekonstruiert und entmythisiert in ironisch-narrativem Objektivismus die Geschichte mittels Ent-Entfremdung und Freisetzung verdrängter Erinnerung: Geschichte nicht als Staats-, sondern als private Aktion (*Crónica del Niño Jesús de Chilca*, 1980, Chronik des Jesuskindleins von Chilca). – Die jüngste Lyrikergeneration – beachtlich der *boom de la poesía femenina* in den 90er Jahren – geht wegen größerer Marktchancen zum Roman über.

Im Theater dominieren Großstadt- und Indiothematik. In den 40–60er Jahren herrschte Salazar Bondy mit nichtmimetisch-neorealistischen Satiren auf die Limeñer Gesellschaft (*Algo que no quiere morir*, 1951, Etwas, das nicht sterben will) und Farcen im Brecht-Stil (*El fabricante de deudas*, 1963, Der Schuldenfabrikant), **Bernardo Roca Rey** (1918) peruanisierte Lope de Vega aktualisierend in *Las ovejas del alcalde* (1948, Die Schafe des Dorfrichters). Neoindigenistische Aktualisierung der Inkatragödie in *La muerte de Atahualpa* (1950, Atahualpas Tod). Indigenität, Technik und peruanische Unterentwicklung bringt **Enrique Solari Swayne** (1915) in Synkretismus von inkaischem Viracocha- und antikem Sisyphus-Mythos in problemreiche Zusammenhänge: *Collacocha* (1956) ist Selbstbewährungsdrama eines mestizischen Ingenieurs beim (hypothetischen) Bau eines Tunnels zwischen Küste und Urwald. Ab 1959 werden vom *Teatro universitario* der San-Marcos-Universität, dem *Teatro del Sol* (ab 1971 *Cuatro tablas*) und dem Off-Theater *Yuyachkani* kollektiv Stücke geschrieben und inszeniert (*Tu país está félix*, 1971, Dein Land ist glücklich).

Literaturhinweise

Castro Arenas, Mario: La novela peruana y la evolución social, Lima [2]1967; Cornejo Polar, Antonio: La formación de la tradición literaria en el Perú, Lima 1989; González Vigil, Ricardo: El Perú es todas las sangres. Arguedas, Alegría, Mariátegui, Martín Adán, Vargas Llosa y otros, Lima 1991; Lauer, Mirko: El Sitio de la literatura. Escritores y política en el Perú del siglo XX, Lima 1989; Sánchez, Luis Alberto: Introducción crítica a la literatura peruana, Lima [2]1974; Tamayo Vargas, Augusto: Literatura peruana, 2 Bde., Lima [3]1954.

In ECUADOR, exportorientiertem Agrar- und Bergbauland mit Bananen- und Kaffee-Monokulturen an der Küste und Erdölfeldern in der Sierra, wurden demokratische Präsidenten 1963 und 1976 durch Diktaturen abgelöst. Bei hoher Analphabetenrate existiert ein schwach entwickeltes, auf Quito und Guayaquil beschränktes literarisches Kommunikationssystem.

Jorge Enrique Adoum (1923) beherrscht die Literaturszene. Nach Jura- und Philosophie-Studium wegen politischen Engagements Ausweisung, Sekretär Nerudas, UNESCO-Beamter. Schrieb bedeutendsten, radikal experimentellen, Lexik und Sprache erneuernden Roman Ecuadors auf *nueva-novela*-Niveau: *Entre Marx y una mujer desnuda* (1976, Zwischen Marx und einer nackten Frau), geschichtsphilosophische Reflexion, metaliterarischer Text (Schlüsselroman über *Gruppe von Guayaquil*) und *mise en* *abyme* (Autorreflexion beim Schreiben des Romans über Schreiben des Romans). Der Gedichtzyklus *Los cuadernos de la tierra* (1963, Die Hefte von der Erde) schreibt die Geschichte Ecuadors (Eldorado) neu (Einflüsse: Neruda, Vallejo, Eliot, Hikmet, Ritsos, Prévert). Individuelle Existenzprobleme: Begehren, Liebe, Einsamkeit, Tod dominieren in *Las ocupaciones nocturnas* (1963, Die nächtlichen Beschäftigungen). Nach epischem Beginn in Nerudaschem Wortfluß verarbeiten spätere Teile tradierte Chroniken und Mythen. *Informe personal sobre la situación* (1973, Persönlicher Lagebericht) artikuliert Ernüchterung, Niederlage und Todesbewußtsein in agonischer, verhäßlichter Sprache angesichts bedrückender Gegenwart. Darin: *Prepoemas en postespañol,* entmythisierende Dekonstruktion früheren Dichtens. Ecuador als Hure made in USA auf Zementboden vor Aztekenpyramide. Linguistische Violencia durch Austausch der Wortklassen (»te número te telefóneo aburrido«).

Lyrik: In Opposition zum traditionalistischen Carrera Andrade bildeten sich ab 1944 avantgardistische Gruppen. **César Dávila Andrade** (1918–67), Sozialist, brach mit Modernismo und Surrealismus durch sprachlich-experimentelle neoindigenistische Dichtungen (*Boletín y elegía de las mitas*, 1960, Bulletin und Mita-Elegie). Seine hermetische Spätphase (*Materia real*, 1970) ist beeinflußt von Esoterik und asiatischer Philosophie. Auf die wertkonservativen Gruppen *Presencia* und *Umbrales* (**Francisco Tobar García**, 1928; *Segismundo y Zalatiel*, 1952) folgte die prokubanische *generación del 60* (Zs.-Gruppen *Niziah*, *Syrma*, *Tzatza*, *La bufanda del sol*) mit **Ignacio Carvalho Castillo** (1937; *Ombligo del mundo*, 1966, Nabel der Welt).

Die Erzählprosa wird nach langer Vorherrschaft indigenistischer und sozialkritischer Autoren (Aguilera Malta, Icaza) ab den 60er Jahren durch experimentelles, meist sozial engagiertes Schreiben erneuert (Vorbilder: Adoum,

García Márquez, Vargas Llosa, Dos Passos, Virginia Woolf). **Alfonso Barrera Valverde** (1929), Diplomat, schrieb Texte unter neoindigenistischem Einfluß über die Marginalisierten Quitos: *Dos muertes en una vida* (1971, Zwei Tote in einem Leben).

Miguel Donoso (1931), nach Haft 18 Jahre Exil in Mexiko und Kuba, Kulturhausleiter, Publizist, thematisiert in Lyrik (*Primera canción del exiliado*, 1976, Erstes Lied des Exilierten) und Prosa das Exil. Erzähltechnischer Erneuerer der ecuadorianischen Erzählung in *Todo lo que inventamos es cierto* (1990, Alles was wir erfinden ist gewiß). *Nunca más el mar* (1981, Niemals mehr das Meer) ist in Inhalt wie Schreibweise vom Neuen Roman beeinflußt.

Fernando Tinajero (1940) beschreibt den Alltag von Repression und Autoritarismus der 60er Jahre mit ihren seelischen Folgen für die Bewohner in dem gesellschaftsanalytischen Roman *El desencuentro* (1976, Das Verfehlen). **Alicia Cossío Yáñez** (1929) vertritt den Feminismus (*Yo vendo unos ojos negros*, 1979, Ich verkaufe ein paar schwarze Augen), **Jorge Dávila Vázquez** (1947) die *nueva novela histórica* mit *María Joaquina en la vida y en la muerte* (1976, Maria Joaquina in Leben und Tod) über die Veintemilla-Diktatur. **Lupe Rumazo** (1935) thematisiert in *Carta larga sin final* (1978, Langer Brief ohne Schluß), Brief- und Tagebuchroman, Leben und Tod als metaphysische Probleme.

Im Theater dominierte nach dem Scheitern von Icazas Wanderbühne in den 50er Jahren auf neugegründeter Staatsbühne und in der *Escuela de Arte Dramático* Stanislawskisches Identifikationstheater. In den 60ern wurden im *Teatro Ensayo* (vom UNESCO-Berater Pachionni gegründet) und im *Teatro Experimental de la Universidad Central de Quito* klassische Autoren, im *Teatro independiente* das Theater des Absurden und Grausamen (Einfluß von Ionesco, Artaud, Kafka und Beckett) mit existentialistischer Weltsicht gepflegt. **Francisco Tobar** (1928), kritischer Darsteller der Kleinbürger, lieferte mit *Las sobras para el gusano* (1965, Der Rest für den Wurm), alptraumhafter Agonie einer Alten (Topos Fuentes' und Faulkners), eine delirierend-verzerrende Vergangenheitsrekonstruktion mit ständigem Zeitebenenwechsel. In *Atados de pies y manos* (1975, Gefesselt an Händen und Füßen) bringt der Ausbruch aus der Zwangsjacke die Erkenntnis der Ohnmacht des gegen Gott rebellierenden Menschen. **José Martínez Queirolo** (1931) schrieb symbolistisch-absurde Stücke. In *Q.E.P.D.* (1968) betrachten die bei einem Autounfall umgekommenen Protagonisten Enriqueta und Simón aus dem Sarg (Einflüsse: Beckett, Rulfo, Lukian) die Vorbereitungen für ihre Bestattung. Fazit: Scheinheilige Erinnerungen rechnen sich nicht, ihr Leben war Farce wie die Trauer der Hinterbliebenen. Aguilera Malta schrieb nach Dramatisierungen eigener sozialrealistischer Erzählungen (*Lázaro*, 1941) magisch-realistische, gleichnishafte Stücke mit paralinguistischen Rekursen (Lichtbewegungen, Gesten) und Textcollagen. In *Infierno negro* (1970, Negerhölle) macht ein Erfinder aus Negerfleisch Salami und rationiert die Atemluft der Menschen entsprechend sozialer Zugehörigkeit. Ein Farbigentribunal verurteilt ihn, als Neger zu leben.

Literaturhinweise

Adoum, Jorge Enrique: La gran literatura ecuatoriana del 30, Quito 1984; Andrade y Cordero, C.: Ruta de la poesía ecuatoriana contemporánea, Cuenca 1951; Arias, Augusto: Panorama de la literatura ecuatoriana, Quito ^{5}1971; Barrera, Isaac J.: Historia de la literatura ecuatoriana, Quito 1977; Descalzi, César Ricardo: Historia crítica del teatro ecuatoriano, 6 Bde., Quito 1968; Rojas, Ángel Felicísmo: La novela ecuatoriana, Mexiko / Buenos Aires 1948; Sacoto, Antonio: La nueva novela ecuatoriana, Cuenca 1981.

Die südkaribischen Länder

Die südkaribischen Nachbarländer Kolumbien und Venezuela haben eine gemeinsame kolonial-neugranadinische und großkolumbische Geschichte, ähnliche Landschaften und Klimata und verwandte Wirtschafts-, Sozial- sowie Ethnostrukturen (starker Anteil von Negern und Mulatten).

In KOLUMBIEN führten die politischen und sozialen Zuspitzungen der Nachkriegszeit zum *bogotazo*-Militärputsch (1948), zur Rojas-Pinilla-Diktatur und zur Violencia (Gewalt, Massenmord, Terror) von 1948 bis 1958. Ab 1957 wechselnde liberal-konservative Regierungen. Trotz Demokratisierung ab den 70er Jahren Violencia von Paramilitär, Armee und Guerilla, dazu Aktivitäten der Drogenmafia. Entwickelte literarische Kommunikation und Infrastruktur im Verlagswesen (Oveja negra); staatliche Literaturförderung, hochstehende Literaturkritik und Philologie (*Instituto Caro y Cuervo*). Literarische Zentren: Bogotá, Cali, Barranquilla.

Erzählprosa: Bedeutendste Nachkriegsströmung ist der Violencia-Roman, ein Corpus von 81 Texten. Anfängliche naturalistische Krudität mit wenig Soziologie und Psychologie weicht psychologisch-interiorisierender Darstellung der seelischen Folgen der Violencia bei Tätern und Opfern in modernen Erzählweisen. Violencia-Romane sind García Márquez' *El coronel no tiene quien le escriba* und *La mala hora*.

Enrique Posadas (1936) betreibt in *Bestias de agosto* (1964, Augusttiere) existentialistische Grenzsituationsanalyse der Protagonistin; Psychologisierung der Täter in *Marea de ratas* (1960, Rattenflut) von **Arturo Echeverri Mejía** (1918–64). Moderne Erzählweise durch Fragmentierung und Mehrsträngigkeit, visuell-dingliche Perspektive des *nouveau roman*, *mise en abyme* in *La rebelión de las ratas* (1962, Die Rebellion der Ratten) von **Fernando Soto Aparicio** (1933). **Fernando Ponce de León** (1917) erfaßt Subjektivität durch Einmontieren von Traumvisionen, denen eine im Stil des *nouveau roman* versachlichte Dingwelt gegenübersteht (*Cara o sello*, 1966, Wappen oder Zahl).

Bedeutendster Violencia-Autor ist **Gustavo Alvarez Gardeazábal** (1945), Beamter, Bürgermeister, Verfasser einer Dissertation über den Violencia-Roman. In *Condores no entierran todos los días* (1972, Kondore beerdigen nicht alle Tage) und *Dabeiba* (1973) wird die Violencia als Tradition und Ideologie dargestellt, deren sich Aufsteiger zur Befriedigung ihrer Bereicherungs- und Machtgelüste bedienen. Für die Massenpsyche spielen physische und machistische Attraktivität der Täter und das archaisch-magische Faszinosum der Macht eine Rolle. Das Erinnern erfolgt als kollektiver innerer Monolog oft mehrerer Sub-Erzähler und eines allwissenden, korrigierenden Erzählers. In *La tara del papa* (1971, Vaters Fehler) wird aus multipler Erzählperspektive die Violencia widersprüchlich-differenziert ontologisch als lateinamerikanischer, anthropologisch als menschlich-existentieller Wesenszug interpretiert. Starke weltliterarische Intertextualisierung mit gelegentlichen metaliterarischen Passagen (Motto: Sieger schreiben Geschichte, Verlierer Romane).

Eduardo Caballero Calderón (1910), Hacendado-Sohn, Diplomat, Publizist, beschreibt mit realistisch-traditioneller Fabel und harter Sprache, psychologisierend-moralisierend, in *El Cristo de espaldas* (1952, Der abgewandte Christus) die Schrecken der Violencia, die Komplizenschaft korrupter Behörden und Kaziken und den Gewissenskonflikt des als Vermittler scheiternden, sich von Christus verlassen wähnenden Pfarrer-Protagonisten. Später gestaltete er unter Einfluß Sartres die *conditio humana* und existentielle Grenzsituationen mittels verinnerlichendem inneren Monolog und *stream of consciousness* (Einfluß: Joyce, Faulkner) in *Manuel Pacho* (1962), Entwicklungsroman einer infolge Inzest verkrüppelten Existenz. *El buen salvaje* (1965, Der gute Wilde) beschreibt metaliterarisch das typisch lateinamerikanische Paris-Syndrom anhand des unglücklichen Lebens eines Kolumbianers in Frankreich, der beim Schreiben eines »lateinamerikanischen« Romans an der Nichtkompatibilität der Kulturen scheitert.

Manuel Zapata Olivella (1920) artikuliert in *Detrás del rostro* (1963, Hinter dem Gesicht) und *Changó el gran puta* (1983, Changó, das große Arschloch) die Befindlichkeit marginalisierter Afrokolumbianer im alltäglichen Violencia-Kontext in *nouveau-roman*-Technik.

Manuel Mejía Vallejo (1923) schildert in *El día señalado* (1967, Der Stichtag) die Violencia: einmal die Stationierung von Soldateska im Dorf durch einen allwissenden Erzähler, zum anderen eine personal erzählte, im Verzicht auf private Violencia endende Bildungsreise.

Gegen die Detailsicht des Violencia-Romans richteten sich die totalen Romane der 60er Jahre im Stil der *nueva novela.* **Alvaro Cepeda Samudio** (1926–72), Verkäufer, Journalist, Cineast, eignete sich mit Germán Vargas, Alfonso Fuentemayor und García Márquez in der *Gruppe von Barranquilla* (1947) Techniken angelsächsischer Erzähler an. Sein Roman *La casa grande* (1962, Das große Haus), aleatorische Szenenmontage und Collage verschiedener Textsorten (Fiktion, Zeitungsmeldungen, Dialoge) über die United-Fruit-Bananenkrise mit Streik-, Massaker- sowie »Haus«-Topos versucht eine Totalsicht. Das Werk ist in Struktur wie Aussage ein Vorläufer von García Márquez' *Cien años de soledad.*

Modische Desakralisierung und Mythendekonstruktion machten vor dem Überwerk des Landsmanns García Márquez nicht halt. **Flor Romero** (1933) parodiert mit den magisch-realistischen *Triquitraques del Trópico* (1972) García Márquez' Meisterwerk ebenso wie Gardeazábal im Tuluá-

Zyklus (1970–73), einer Gegenmacondo-Chronik und Anti-Buendía-Familiensaga, und **Marco Tulio Aguilera Garramuño** (1949) in seiner skurrilen *Breve historia de todas las cosas* (1975, Kurze Geschichte aller Dinge), die statt Realien Mythen, Schreibweisen und Diskurse metaliterarisch und autoreferentiell auf sich selbst bezieht. Das hatte als Vorläufer bereits **Jorge Zalamea** (1905–69), Ex-Minister, Lyriker, in *El gran Burundún-burundá ha muerto* (1952, Der große Burundun Burunda ist tot) getan, einer Satire auf die bombastisch-karnevalistischen Rituale und Aufmärsche beim Begräbnis eines Diktators und Parodie nicht der Tyrannei, sondern ihres schwülstigen Diskursstils.

Extreme Literarisierung betreibt der neobarocke **Rafael Humberto Moreno Durán** (1947) in der Trilogie *Fémina Suite* (1983) mit metaliterarischen Anspielungen, Sprachspielen und Intertextualitäten (Einflüsse: Carpentier, Borges, Sarduy). Metaliterarisch geriert sich der Literaturwissenschaftler **Alvaro Pineda-Botero** (1942) in *Cárcel por amor* (1994, Gefängnis aus Liebe), Roman über den Maler Aurelio Méndez Tovar, dessen tödliche Liebe und Nichtadaptation an die andere Kultur der USA in der New Yorker Psychiatrie endet. Ein Tagebuch-Monolog wird vom Psychiaterinnenkommentar und der Herausgeber-Einleitung ergänzt.

Der Neue historische Roman Kolumbiens macht die Violencia am Ursprung, an Simón Bolívar, fest, García Márquez in *El general en su laberinto* (1989, dt. Der General in seinem Labyrinth), **Fernando Cruz Konfly** (1943) in *La ceniza del libertador* (1987, Die Asche des Befreiers), metaliterarischer Allegorie des Scheiterns von Literatur bei der Suche nach geschichtlicher Wahrheit, **Alvaro Mutis** (1923) in *El último rostro* (1978, Das letzte Gesicht). Mutis, der die kolumbianische Erzählung durch Polyphonisierung und Polyperspektivik modernisierte, schuf mit Maqroll die Figur des kosmopolitischen modernen Odysseus, der sich auf

Lateinamerikas großen Strömen (*La nieve del almirante*, 1986, dt. Der Schnee des Admirals; *Un bel morir*, 1989, dt. Ein schönes Sterben) sucht und verliert. Biblische Archetypen und psychoanalytische Selbstinspektion des modernen Ich in *La mansión de Aracuima* (1978, Aracuimas Haus).

Der Großstadtroman reflektiert die überhitzte Urbanisierung von Bogotá und Medellín. **Héctor Sánchez** (1941) schreibt mit *Los desheredados* (1972, Die Enterbten) die unaufgeregte Geschichte von kommunikationsunfähigen, sprachlosen Kiezbewohnern. Marginalisierung und Trivialkunst (analog zu Puig) verknüpft *Aire de tango* (1973, Tangomelodie): Der stellungslose Messerwerfer Jairo recherchiert für eine Gardel-Biographie und wird vom Ich-Erzähler ermordet. Vorstadt-Marginalisierte sind Protagonisten von *Al pie de la ciudad* (1972, Zu Füßen der Stadt). Danach Entwirklichung im metasprachlichen Roman *La casa de las dos palmas* (1989, Das Haus mit den zwei Palmen). **Luis Fayad** (1945), in Berlin wohnhaft, beschreibt in *Los sonidos del fuego* (1968, Die Töne des Feuers), *Olor de lluvia* (1974, Regengeruch) und *Los parientes de Ester* (1978, dt. Auskunft über Esters Verwandte) das Wachstum der Stadt und den simultanen Vorgang des Zerfalls der traditionellen Familie.

Andrés Caicedo (1951–77) schrieb mit *Ojo al cine* (1977, Achte aufs Kino) und *¡Que viva la música!* (1977, Es lebe die Musik) Texte im Stil der *onda* über städtische Jugend, ihre Medien, Kontrakultur, Sprache und Freizeit mit Rockmusik und Drogen.

Die Frauenliteratur kritisiert machistische Violencia und Patriarchat: **Helena Iriarte** (1937) in *¿Recuerdas Juana?* (1989, Erinnerst du dich, Juana?), **María Helena Uribe de Estrada** (1928) in *Reptil del tiempo* (1986, Reptil der Zeit). Die Denunziation der machistischen Violencia der Medien erfolgt als weiblicher Diskurs und Sprache in *Los amores de Afrodita* (1983, Aphrodites Liebschaften) und *¡Líbranos de todo mal!* (1989, Befreie uns von dem Übel) von **Fanny Buitrago** (1946).

In der Lyrik folgten auf *Piedra y Cielo* radikale Antitraditionalisten wie die *generación sin nombre* und die philosophisch orientierte Gruppe und Zs. *Mito* mit **Jorge Gaitán Durán** (1924–62), Metaphysiker in um die Achse Eros – Tod kreisenden, teilweise metaliterarischen Gedichten (*Si mañana despierto*, 1961, Wenn ich morgen erwache). Die *Cuadernícolas* und *Nadaístas* mit den Zs. *Golpe de Dados* (1983) und *Eco* (1960–85) bekennen sich zu Existentialismus, Beatniktum und neodadaistischer Antiestablishment-Kultur (Chaos, Antirationalismus, Drogensucht, Befreiung von sexuellen und anderen Tabus), wie dies das *Manifiesto nadaísta* (1958) des Begründers **Gonzalo Arango** (1931–76) formulierte. Dessen Abschiedspoem *Adiós al nadaísmo* (1963) signalisierte schnelle Auflösung des Nadaismus durch den herrschenden Literaturbetrieb. Mutis denunzierte kolumbianische Feierlichkeit und Rhetorik in *Los elementos del desastre* (1953, Die Elemente der Katastrophe) und der lyrischen Prosa von *Reseña de los Hospitales de Ultramar* (1963, Überprüfung der Überseehospitäler). Seine Aktivierung von Phantasie und Sprachpotenz wird von der *generación desencantada* der 80er und 90er Jahre fortgesetzt, von **Jaime Escobar Jaramillo** (1930), Antikonventionalist, in *Los poemas de la ofensa* (1968, Gedichte von der Beleidigung) und **Gustavo Cobo Borda** (1948), Essayist, Diplomat, in *Remington 22* (1969) und *Deberes del poeta* (1991, Dichterpflichten).

Das Theater erfuhr in den 50er Jahren Aufschwung durch die Gruppen *El Buho*, *El Duende* und *Teatro Libre de Bogotá* sowie das *Teatro escuela* bzw. *experimental de Cali*, gegründet von **Enrique Buenaventura** (1925), politisch engagierter, lange exilierter Brechtianer. *A la diestra de Dios padre* (1960, Zur Rechten Gottes) ist dramatische Parabel nach einem populären Missionsstück aus der Conquistazeit (*mojiganga*) über Jesus und Sankt Peter, die dem Bauern Peralta fünf Wünsche erfüllen und vergeblich helfen, die verkehrte Welt in Ordnung zu bringen. Szenenfolge über die Violencia ist *Los papeles del infierno* (1982, Die Höllenpapiere), darin: *La tortura, La autopsía.*

Berühmt wurde das kollektive Theater *La Candelaria* (1976, Leiter Santiago García) mit der in Überblendungstechnik von zwölf SchauspielerInnen geschriebenen Szenenfolge nach John Reeds Oktoberrevolutionsreportage *Los diez días que estremecieron al mundo* (1978, Zehn Tage, die die Welt erschütterten). Ebenfalls kollektiv geschrieben: *Guadalupe, años sin cuenta* (1976, Guadalupe, Jahre sonder Zahl / im Jahre 50), Dokumentarstück über den vom Militär ermordeten Guerillero Guadalupe Salcedo, widerlegende Umkehrung von Sartres *Les Jeux sont faits* und somit Abkehr vom Existentialismus.

Sergio Mejía, Fausto Cabrera und Guillermo Maldonado vom *Grupo Teatral de Cúcuta* denunzierten die Besitzverhältnisse auf dem Lande in *La perra vida de Minifundio* (1975, dt. Juans Hundeleben auf dem Minifundium) und *Por estos santos latifundios* (1975, In diesen heiligen Latifundien). **Jorge Navajas** (1948) schrieb mit *La agonía del difunto* (1976, Die Agonie des Verstorbenen) eine phantastische Allegorie: Aufständische Landarbeiter begraben sich totstellenden Grundbesitzer lebendig.

Literaturhinweise

Curcio Altamar, Antonio: La evolución de la novela en Colombia, Bogotá 1957; Pfeiffer, Erna: Literarische Struktur und Realitätsbezug im kolumbianischen Violencia-Roman, Frankfurt a. M. [u. a.] 1984; Pineda-Botero, Alvaro: Del mito a la posmodernidad. La novela colombiana de finales del siglo XX, Bogotá 1990.

In VENEZUELA herrschte nach dem Sturz des Schriftsteller-Präsidenten Gallegos von 1948 bis 1958 die Pérez-Jiménez-Diktatur. Nach der Demokratisierung brachte der Erdölboom Reichtum und die Verwandlung von Caracas in eine Superstadt. Ende der 80er Jahre folgten Inflation, Guerilla und Violencia. Der Verlags- und Literaturaufschwung (Monte Avila Editores, viele literarische Zs. wie *En Letra Roja*, *talleres* und Zentren auch außerhalb von Caracas) endete mit einer Kulturkrise infolge Konkurrenz der von der US-TV- und Filmindustrie beherrschten Medien.

Erzählprosa: Neben Uslar Pietri ist der Verleger und Journalist **Miguel Otero Silva** (1908–85) Vaterfigur. Nach traditionell realistischem *Fiebre* (1939, dt. Fieber) über Studentenkämpfe und Straflager unter Diktator Gómez porträtiert er in *Casas muertas* (1955, Tote Häuser) ein durch Diktatur und Mißwirtschaft verödetes Provinznest – Symbol des Scheiterns des liberalen Projekts – mittels moderner Interiorisierungstechnik und Textstrukturierung (multiple Handlungsführung, Rückblende). *La muerte de Honorio* (1963, dt. Der Tod des Honorio) schildert das Schicksal von fünf politischen Häftlingen aus deren Sicht mit erlebter Rede und multipler Erzählperspektive im Stil der *nueva novela*. *Lope de Aguirre, príncipe de la libertad* (1979, dt. Lope de Aguirre, Fürst der Freiheit) ist Neuer historischer Roman, *rescritura* des offiziellen Diskurses: der Conquistador als Vorkämpfer der Unabhängigkeit.

Guillermo Meneses (1911–78), Journalist, Diplomat, in den 30er und 40er Jahren Verfasser sozialrealistischer Romane über Neger, Mestizen, Prostituierte und kleine Leute (*El mestizo José Vargas*, 1942), schrieb ab den 50er Jahren neoavantgardistische Texte über metaphysisch-existentielle Probleme von Sein, Zeit und Identität: *El falso cuaderno de Narciso Espejo* (1952, Das falsche Heft des Narciso Espejo) spielt in einer *mise-en-abyme*-Handlung, dem Schreiben einer Autobiographie, das Verhältnis Selbstbild – Fremdbild durch.

Neuer historischer Roman zwischen Dokument und magischem Realismus mit *rescritura* der Conquista ist auch *La luna de Fausto* (1983, Faustmond) von **Francisco Herrera Luque** (1927–91), Psychiater und Historiker, über den deutschen Conquistador Philipp von Hutten, in dem die Verbindung europäischer (Faust, Odysseus, Sisyphus, Parzival) mit Neuweltmythen (Eldorado, La Sayona, María Lionza) typisch lateinamerikanischen Synkretismus erzeugt. Verinnerlichte Figurensicht durch erlebte und direkte Rede sowie fragmentierte Raum- und Zeitstrukturen erinnern an den Neuen Roman.

José Vicente Abreu (1927–87), Spanischprofessor, KP-Publizist, Exilant nach Zuchthaus 1952–57, denunzierte in *Se llamaba S. N. Novela-testimonio* (1964, Er hieß S. N. Testimonio-Roman) die alptraumhaft-halluzinatorische Violencia-Welt der Gefängnisse und Lager in parataktisch-protokollarischer Sachprosa und Synthese von testimonialem Roman und moderner Fiktion.

Charakteristisch für Venezuela ist die nationale Selbstbefragung. Eine Gesamtschau Venezuelas als innere Reise liefert **José Balza** (1939), Psychologe und Publizist, in *Marzo anterior* (1965, Vorigen März), Roman über die Vielgestaltigkeit des menschlichen Seins mit deiktischer Raum- und Zeit-Verzerrung durch die Protagonistenperspektive. In *Largo* (1968) ist die Thematik (aus ödipalem Grund wird der Protagonist Guerillero) Vorwand für das Erzählen. In *D* (1977) erzählt ein Ich (Stimme der medial vervielfachten Menschenmassen) die nationale Geschichte Venezuelas als Geschichte der Medien.

Die *Sardio*-(und *Tabla redonda*-)Gruppe veranstaltete die dadaistische Ausstellung *El techo de la ballena* (Das Waldach) gegen kreolistischen Kitsch, *venezolanidad* und Traditionalismus und für europäisch-kosmopolitische Moderne (Existentialismus, absurdes und grausames Theater, Beatniks). Sie entdeckte die Großstadt Caracas mit ihrer Subkultur.

In *Los pequeños seres* (1959, Die Kleinwesen) von **Salvador Garmendia** (1928) erwandert der Protagonist zweifelhafte Orte der Großstadt (Bordell, Zirkus, Bahnhof), Metaphern für verlorene Identität des Individuums in entfremdeter Massengesellschaft. Nach weiteren Erzählungen (*Doble fondo*, 1966, Doppelter Grund) und Romanen (*La mala vida*, 1968, Das schlechte Leben), die Caracas als Stadt der Violencia und ungeheurer Arm-Reich-Gegensätze mit dem sachlichen Blick des *nouveau roman* darstellen, setzt er mit Erinnerungen an das verlorene Paradies der Kindheit in der Provinz (*Memorias de Altagracia*, 1974) einen Kontrapunkt zum verderblichen Anderssein der Megalopolis. *El único lugar posible* (1981, Der einzig mögliche Ort) mischt in inkohärenter Szenenfolge Realität und Traum, ersetzt Realität durch Sprache und Struktur.

Adriano González León (1931) eröffnete die harte Großstadtliteratur mit dem Erzählband *Asfalto-Infierno y otros relatos demoníacos* (1962/79, Asphalthölle und andere dämonische Erzählungen), und *Otra memoria* (1967, Andere Erinnerung), einem subjektiven Stadtbild. *País portátil* (1969, Tragbares Land) ist ein Megalopolisroman in nüchterner Sachsprache über die Stadtlandschaft von Caracas aus der Sicht eines Guerilleros (Vorbilder: Carpentiers *El acoso*, Joyces *Ulysses)* mit assoziativ verbundenen Sequenzen und dem Gegensatz Supercity – Land als Achse.

Isaac Chocrón (1932), Ökonom und Dramatiker, zentrierte seine Romane mit innovatorischer Struktur und Sprache (*Se ruega no tocar la carne por razones de higiene*, 1970, Bitte aus Gründen der Hygiene das Fleisch nicht berühren) auf Kommunikationsprobleme in der Stadtanonymität.

Luis Britto García (1940), Universitätsprofessor, thematisiert großstädtische Entfremdung in *Abrapalabra* (1979, dt. Rein ins Wortgefecht), Roman über Marginalisierte, die über ihre Sprache dargestellt werden. Auf vier Zeitebenen von 1900 bis in die 70er Jahre wird die politische und Kulturgeschichte Venezuelas als Projekt Cataclix dargestellt, ein Programm der Identitäts- und Kommunikationszerstörung, das in sprachlichen Exkrementen endet. Populistische Sprache wird als Maske der Macht und Gendarm der Demokratie entlarvt. Der Autor nutzt seine Untersuchung zu Kulturindustrie, Sprachkommerzialisierung und Enteignung der Minderheiten (Schwule, Frauen, Ethnien) von ihren Gegenkultursymbolen: *El imperio contracultural: del rock a la postmodernidad* (1991, Das gegenkulturelle Imperium: vom Rock zur Postmodernität).

In der Nachkriegszeit dominierte das kollektive, sozialkritische *teatro popular* der von Rengifo initiierten Wanderbühnen, ab 60er Jahre sekundiert vom *Centro Latinoamericano de Creación e Investigación Teatral* (CELCIT). **César Rengifo** (1915–80), marxistischer Regisseur (Einflüsse: Valle-Inclán, García Lorca), schrieb zwei Trilogien als Dekonstruktion und *rescritura* des venezolanischen Geschichtsdiskurses »von unten«: *Mural de la guerra federal* (1950–60, Wandbild vom Föderalen Krieg) über die Bürgerkriege um die Mitte des 19. Jh.s und die Sklavenbefreiung und *Mural del petróleo* (1954–70, Wandbild vom Erdöl) über Segen und Fluch des Erdöls.

Modernes Theater wurde nach Rückkehr von Theaterleuten aus dem Exil gespielt. Das *Ateneo* Caracas, Chocróns *El nuevo grupo* und die *Compañía Nacional de Teatro* bereicherten das Theater des Absurden, die Brecht-Strehlersche Verfremdung und Brooks Autoren-Regisseur-Schauspieler-Dramaturgie durch Elemente kollektiven Stegreifspiels.

Chocrón, der mit den Regisseuren Chalbaud und Cabrujas Stücke verfaßte, schrieb Liebes- und Familiendramen einsamer Menschen in entfremdeter Gesellschaft (*El quinto infierno*, 1961, Die fünfte Hölle) und das tabubrechende Homosexuellenstück *La revolución* (1972).

Rescritura der Geschichte fand im Neuen historischen Drama statt. In *Bolívar* (1982) von **José Antonio Rial** (1911) nach dem Vorbild von Weiss' *Marat-Sade* entdecken Häftlinge bei der Aufführung eines Bolívar-Stückes den Widerspruch zwischen Bolívars Idealen und der Diktatur-Gegenwart. In **José Ignacio Cabrujas'** (1937) *Acto cultural* (1976, Kulturakt), metaliterarischer Problematisierung à la Pirandello der Beziehung Realität – Fiktion, bewirkt während der Inszenierung eines Kolumbus-Stückes das Gefühl, im Leeren zu wirken, den Verzicht auf die Einstudierung.

Ida Gramcko (1924) bringt in symbolistischen Stücken Heimat- und Naturverbundenheit auf die Bühne. *La hija de Juan Palomo. Cuento infantil* (1961, Juan Palomos Tochter. Kindermärchen) ist eine moderne Version des Faust-Stoffes. – Subventionsentzug und TV-Konkurrenz ruinierten das Theater nach 1980.

In der Lyrik wiederholten in der Nachkriegszeit zahllose Poeten in vielen Gruppen und Zs. (*Viernes*, *Presente*, *Suma*, *Contrapunto*, *Yunque*) die traditionellen Themen von Liebe und Vergänglichkeit. Modernisierung brachte die Gruppe *Sardío* mit dem Surrealisten **Juan Sánchez Peláez** (1923; *Elena y los elementos*, 1951). **Juan Calzadilla** (1931), Journalist, vollzog unter Einfluß von Dadaismus, Surrealismus, absurdem Theater und Nicanor Parra die Wende zum modernen Großstadtdichter in *Ciudadanos sin fin* (1969, Stadtbewohner ohne Ende). Großstadtlyriker ist **Eugenio Montejo** (1938) in *Muerte y memoria* (1972, Tod und Erinnerung). **José Antonio Castro** (1930) denunziert die Violencia nach Beatnikart in *Album para delincuentes* (1966, Verbrecher-Album).

Politische Dichtung pflegte die Gruppe um die Zs. *Tabla Redonda.* **Rafael Cadenas** (1930), Essayist, 1952–56 im Exil, verhöhnte in *Los cuadernos del destierro* (1960, Die Hefte aus der Verbannung) alle Institutionen in monologischer Chronik mit brüchiger Redelogik und quasiautonomer Sprache. *Falsas maniobras* (1966, Falsche Manöver) dialogisiert mit früheren Werken aus der Sicht eines enttäuschten und gescheiterten Ich. *Memorial e Intemperie* (1977, Memorial und Unbehaustsein) sieht fernöstliche Mystik (Zen-Buddhismus) als Alternative zum Inferno jüdisch-christlicher Kultur, Diskursivität und Sprache. – Junge Lyriker werden vom *Taller de poesía* des *Centro de Estudios Latinoamericanos »Rómulo Gallegos«* gefördert.

Literaturhinweise

Díaz Seijas, Pedro: Historia y antología de la literatura venezolana, Caracas [4]1962; Lewis, Marvin A.: La novela y el ensayo en Venezuela, Caracas 1972; Márquez Rodríguez, Alexis: Historia y ficción en la novela venezolana, Caracas 1990; Medina, José Ramón: Examen de la poesía venezolana contemporánea, Caracas 1956; Olivares, Jorge: La novela decadente en Venezuela, Caracas 1984; Osorio, Nelson: La formación de la vanguardia literaria en Venezuela. Antecedentes y documentos, Caracas 1985; Picón Salas, Mariano: Formación y proceso de la literatura venezolana, Caracas 1984; Salas, C.: Historia del teatro en Caracas, Caracas 1967; Uslar Pietri, Arturo: Letras y hombres de Venezuela, Caracas 1958.

Mexiko

Die Literatur vor Tlatelolco

Die populistische Diktatur der großbürgerlichen Staatspartei PRI unter Präsident Alemán forciert 1946–52 die wirtschaftliche Modernisierung Mexikos, wobei sich die Polarisierung zwischen der reichen Industrie- und Finanzbourgeoisie und den unbemittelten Arbeitern, indianischen Bauern sowie den Marginalisierten in den Favelas der

Megastädte verstärkt. Die Lebensweise der Oberschicht wird mit Swimmingpool und Cocktailparty amerikanisiert, der Revolutionsfilm hollywoodisiert, die Mariachi-Musik zum Touristenspektakel. Skandalsüchtige Enthüllungs-Massenromane über *dolce vita* und Korruption von Wirtschaft und Gewerkschaft (**Luis Spota**, 1925, Journalist, mit dem Roman *Casi el paraíso*, 1956, dt. Der Verführer) werden Bestseller.

Die Literatur geht von der Kritik an Revolution und Revolutionsroman zu kosmopolitischen Themen und Schreibweisen, die kulturphilosophische Essayistik vom Kreolismus zu mexikanischem Kosmopolitismus über. 1940–42 hatte **Leopoldo Zea** (1912), Philosoph, in der Zs. *Tierra Nueva* und in *Conciencia y posibilidad del mexicano* (1952, Bewußtsein und Möglichkeit des Mexikaners) Nationalismus und Kosmopolitismus als gleichwertig versöhnt, eine These, die Octavio Paz in den Zs. *Plural* und *Vuelta* weiterführt. Beeinflußt von Sartre, Nietzsche, Heidegger, Freud und Bergson, erklärt er ontologisierend und archetypisierend die Conquista zum Trauma der *chingada*, des *malinchismo*, der »Einsamkeit«, aus denen die mexikanische Identitätsproblematik der Selbstverleugnung und Dekulturation (Maske als karnevaleskes Symbol) erwachse. Er bezeichnet die mexikanische Alterität als mestizische Modifikation kosmopolitisch-abendländischer Mentalität (*El laberinto de la soledad*, 1950, dt. Das Labyrinth der Einsamkeit). Als Peripherie verbleibe Mexiko im Labyrinth der Einsamkeit. Nur in der – stets dissidentischen – Dichtung offenbare sich verschüttete Alterität und Identität.

In der Lyrik der 50er und 60er Jahre schlägt sich Paz' Sicht mexikanischer Kultur als Synthese von präkolumbischer Tradition und okzidentaler Zivilisation nieder in *Libertad bajo palabra* (1949, dt. Freiheit, die sich erfindet). Lyrik-Erneuerung äußert sich im Rückbezug auf präkolumbische Vergangenheit in *Piedra de sol* (1957, dt. Sonnenstein). Fernöstliche und orientalische Tradition (Haiku) universalisieren sein Dichten über das Abendländische hinaus (*Ladera este*, 1969, dt. Osthang).

Die kosmopolitische Lyrik der *generación del 50* artikuliert sich an der UNAM Mexico (Carballido, Monterroso, Cardenal) und in Zs. (*Punto de partida*, *Revista de la Universidad*, *Diálogos*). **Alí Chumacero** (1918), Publizist, (*Tierra Nueva*, *Letras de México*), Nachfahr der *Contemporáneos* (Einflüsse: Villaurrutia, Gorostiza, Huidobro, Eliot, Valéry, Saint-John Perse), schrieb hermetische, dann kolloquiale Dichtung. Themen: Einsamkeit, Tod, Traum, Liebe, Zerfall (*Palabras en reposo*, 1956, Worte im Ruhestand). **Jaime Sabines** (1926) verfaßte im Gesprächston in unregelmäßigen Versen und einmontierten Prosablöcken individualistisch-existentielle Dichtung über Alltag, Liebe und Tod (*Recuento de poemas*, 1962, Gedichtaufzählung) und artikulierte in *Maltiempo* (1972, Unzeit) philosophischen Pessimismus. **Marco Antonio Montes de Oca** (1932) ist sinnlicher, kontrast- und farbenreicher Dichter zwischen Creacionismo und Surrealismus in *Poesía semoá* (1953–70), **Manuel Durán** (1925) erster Dichter existentieller Entfremdung der Großstadt mit surrealistisch-magischen Versen (*Puente*, 1954, Brücke). **Juan Vicente Melo** (1932), Mediziner, Musikkritiker, fixiert in monologischen Gedichten (*El festín de la araña*, 1962, Das Fest der Spinne) existentiell-psychische Extremsituationen: Einsamkeit und Verweigerung. Homero Aridjis' *Los ojos desdoblados* (1960, Die verdoppelten Augen) und *Quemar las naves* (1975, Die Schiffe verbrennen) artikulieren technisch perfekt existentielle Probleme (Angst, Tod).

Im Gegenzug artikuliert sich realitätsorientierte Dichtung mit starker Subjektivität und moderner *escritura*: Rosario Castellanos verbindet Liebes- und Todesthematik mit Frauen- und Indioproblematik in *El rescate del mundo* (1952, Die Rettung der Welt), lyrischer Wiederbegegnung mit Kindheit und Indios in Chiapas. Die Gruppe *La Espiga*

Amotinada desakralisiert und veralltäglicht die Lyrik, engagiert sich gegen den PRI-Desarrollismus und für die kubanische Revolution, ohne zur Agitationslyrik der 30er Jahre zurückzukehren: **Jaime Labastida** (1939), Verlagsleiter (siglo XXI editores) mit philosophischer, stark intertextueller Collagelyrik (*Obsesiones con un tema obligado*, 1975, Obsessionen mit einem obligaten Thema), **Eráclito Zepeda** (1937), Film- und TV-Autor mit alltagssprachlicher Dichtung (*Benzulul*, 1959).

José Emilio Pacheco (1939), Übersetzer, bekanntester Lyriker der Generation, schreibt formal innovative experimentelle Texte in whitmanschem Gestus mit einmontierten Prosablöcken über Alltag, soziale Probleme Mexikos und Weltpolitik in philosophischer, fragender Diktion (*Irás y no volverás*, 1969, Du gehst und kehrst nicht zurück).

Die Prosa der 50er und 60er Jahre führt die Individualisierung, Interiorisierung, Kosmopolitisierung und Großstadtthematik weiter, vor allem in der an Borges und Reyes orientierten Kurzgeschichte (Zs. *El cuento*). **Edmundo Valadés** (1915), Publizist, denunziert in von journalistischer Recherche gespeisten neorealistischen Werken (*Las dualidades funestas*, 1966, Die finsteren Dualitäten) im Stadtjargon patriarchalische Moralnormen. **Juan José Arreola** (1918), Autodidakt, Journalist, verbindet bei der Darstellung existentieller Bedrängnisse des modernen Mexikaners Regionalismus mit universalen Mythen und moderner Weltliteratur (Baudelaire, Kafka, Borges, López Velarde), kolloquialoralen Gestus mit Metaphorik, Groteske und Satire mit Symbolik und Phantastik (*Confabulario total*, 1951–61). **Sergio Galindo** (1925), Publizist (Zs. *La palabra y el hombre*, Xalapa), entlarvt das machistisch hierarchisierte Familienleben am Schicksal einer Ledigen in *Polvos de arroz* (1958, Reispuder). *Nudo* (1970, Knoten) thematisiert sexuelle und moralische Promiskuität und Auflehnung Jugendlicher aus pluraler Erzählperspektive mit verschiedenen Zeitebenen und Textsorten.

In den 60er Jahren verstärkt sich die Orientierung auf Sprache und Medien. **Vicente Leñero** (1933), Journalist, Ingenieur, erzählt in *Los albañiles* (1964, Die Maurer) eine auf Psychologie von Opfer und Täter abhebende Detektivgeschichte um einen Bauarbeitermord mit sozialen und religiösen Hintergründen nicht als *histoire* mit *effet du réel*, sondern in sechs verschiedenen Versionen der Verdächtigen. *Redil de ovejas* (1973, Schafweide) spielt mit der Ambiguität von Realität und Fiktion bei Verselbständigung der Sprachstrukturen (Einfluß: *nouveau roman*).

Die kosmopolitische Tendenz vertritt **Salvador Elizondo** (1932), Übersetzer, Sinologe. Beeinflußt von Visualität und Sachlichkeit des *nouveau roman* und von der Sprache der Medien (Photographie, Film) schildert er in dem Roman *Farabeuf o la crónica de un instante* (1965, dt. Farabeuf oder die Chronik eines Augenblicks) das subjektive Erleben eines heutigen französischen Naturwissenschaftlers beim Betrachten des Photos einer Exekution vom chinesischen Boxeraufstand (1907). Die interkontinentalen und interepochalen Raum-Zeit-Beziehungen zwischen Betrachter und Objekt sind im Wortsinn kosmopolitisch-universal.

Statt Auseinandersetzung mit der Revolution erfolgt im Neuen historischen Roman die Auseinandersetzung mit dem Diskurs der Revolution, besonders dem Revolutionsroman, der parodiert oder umgeschrieben wird. Rulfos Werk wird weniger als Beschreibung von Realität denn als Verschriftung von Mythos und »Erzählen«, als Literatur zweiter Potenz entdeckt. Ähnlich interpretiert Fuentes den Neuen Roman in *La nueva novela hispanoamericana* (1969).

Ironisierende magisch-realistische Selbstaufhebung des Revolutionsromans betreibt **Elena Garro** (1920) aus Puebla, Journalistin, Drehbuchautorin, in *Los recuerdos del porvenir* (1963, Erinnerungen an die Zukunft), Erinnerungen der Protagonistin an die tragische Liebe zu einem General, gepaart mit kollektiven Memoiren der Stadt Textepec an den Cristero-Aufstand. Aufgedeckt werden die Mythen, Verdrängungen und Tabuisierungen offizieller Historiographie und des Revolutionsromans.

Jorge Ibargüengoitia (1928–83), Ingenieur, dekonstruiert mit fiktiven Memoiren im inneren Monolog in einer Mischung von Ironie und Sarkasmus in *Relámpagos de agosto* (1965, Augustblitze) den Mythos vom Heldentum der Revolutionäre als Korruption, Heuchelei und Egoismus.

Rosario Castellanos (1925–74), Mestizin aus Chiapas, Theaterleiterin, Neoindigenistin, vereinigt Sozialkritik, Ethnoliteratur und Frauenproblematik (begründete mexikanischen Feminismus mit Dissertation über feminine Kultur). *Balún-Canán* (1957, dt. Die neun Wächter) verbindet die Leidensgeschichte der Indios nach dem Chamala-Aufstand 1867 mit der Cárdenas-Agrarreform der 30er Jahre. Statt aus weißer, auktorialer Revolutionsromanperspektive wird aus der durch Mythos und Sprache bedingten, sich aus ihrer Leidensgeschichte ergebenden, spezifisch weiblichen Sicht der India bzw. Mestizin erzählt. Das Erleben der 7jährigen Erzählerin (Gutsbesitzerstochter) verschwimmt mit den Erzählungen der India-Amme. Letztere bilden zusammen mit dem schriftlichen Protest eines Indio gegen das weiße Unrecht einen Dialog der Diskurse. Starke India-Figuren konterkarieren Paz' fatalistisch-machistischen Malinche-Mythos. In *Oficio de tinieblas* (1962, Karfreitagsmette) opfert die Anti-Malinche-Figur Catalina einen Indio als gleichberechtigten Christus durch Kreuzigung. Gesprochener innerer Monolog und erlebte Rede, reale (landberaubte Indios vs. landraubende Ladinos) und diskursive Antinomien (*Popol Vuh* vs. Neues Testament, weiße Schrift vs. indianische Oralität) verdeutlichen ethnosoziale Heterogenität.

Die *onda mexicana* der 60er Jahre beschreibt das Treiben der Großstadtjugend, ihr antipatriarchalisches Verhalten, ihre sexuelle Befreiung, ihr Leben in der Gegenwart statt in

Geschichte oder zyklischer Zeit, ihre Freizeit, den Konsum von Massenkunst (*hippiteca* = hippy + aztekisch). Die Darstellung ist hart neorealistisch (*realismo estilo kódac*) und affirmativ als Gegenkultur zu Verlogenheit und Gerontokratie der Väter, setzt gegen deren *mexicanidad* das Kosmopolitisch-Nordamerikanische. Ihr Erzählduktus entspricht der Rockmusik, ihre Sprache ist der jugendliche Argot, ihr Aufrichtigkeitskult bringt Nähe zum *testimonio*. Sie beschreibt die Gegenkultur betuchter Jugendlicher gegen die bürgerliche Väterkultur und die der jugendlichen Marginalisierten gegen die Mariachifolklore.

José Agustín (1944) begann mit 16 Jahren den Roman *La tumba* (1964/66, Das Grab), dessen Protagonist ein Siebzehnjähriger aus reichem Haus ist, dessen Lebensinhalt von Autos, Alkohol, Diskothek und Sex bestimmt wird. **Gustavo Saínz** (1940) beschreibt in *Gazapo* (1965) realistisch-testimonial den Jugendlichen-Alltag mit Jargon, Kleidung, Fast-food, Kult der US-Film- und Rockstars (Elvis Presley, James Dean) und *spanglish*. Der homodiegetische Erzähler-Protagonist mit Jugendlichen-Jargon und alltagssprachlichen Anakoluthen erzeugt Identität zwischen implizitem und realem Leser, der heterodiegetische schafft epische Distanz. Chronologie wird durch Achronismen ersetzt. Collage verschiedener Textsorten (Briefe, Notizen, Tonbandaufnahmen) und Matroschka-Struktur entsprechen der Hochliteratur.

Parménides García Saldaña (1944–82) thematisiert in *Pasto verde* (1968, Grünes Weidegras) jugendlichen Drogenkonsum. Abgesang ist Agustíns Parodisierung und Ironisierung der *onda*-Mythen: *¿Cuál es la onda?* (1968, Was ist die *onda*?).

Das Nachkriegstheater (Einflüsse: Pirandello, Sartre, Brecht) dekonstruiert parallel zum Roman die Revolutionsmythen. **Rodolfo Usigli** (1905–70) verbindet in *El gesticulador* (1947), Denunziation der Rhetorik und Mordpraxis der politischen Neureichenklasse und die Demontage eines gleisnerisch redenden, opportunistischen Revolutionspolitikers mit erbarmungsloser Analyse der frustrierten Revolution. Sein Protagonist schlüpft in die Rolle eines totgeglaubten Revolutionsgenerals, wird so revolutionär in Taten wie jener in Worten und daher von Rivalen ermordet. *Corona de sombra* (1943, Schattenkrone), erster Teil einer Trilogie, *rescritura* eines Werfel-Dramas und des offiziellen liberalen Diskurses, Vorwegnahme des Neuen historischen Romans, psychologisiert das von der Revolutionsmythologie verpönte Kaiserreich in fiktiven Erinnerungen der wahnsinnigen Carlota, sieht das Habsburger Reich in der Erinnerung Charlottes – Retrospektiven in Form kinematographischer Überblendungen – neu. Wichtiger als Gesellschaftspolitik ist die Psychologie Charlottes, deren Ehrgeiz Maximilian ins Verderben stürzte. *Corona de fuego* (1960, Feuerkrone), über die Conquista, und *Corona de luz* (1963, Lichtkrone), über das Wunder von Tepeyac, sind symbolisch-mythische Neudeutungen nationaler Geschichte im Rahmen von Ramos' und Paz' *mexicanidad*-Begriff. Das neonaturalistische Stück *El niño y la niebla* (1951, Der Junge und der Nebel) über eine hereditär belastete Familie (schlafwandelnder Sohn, neurotische suizidgefährdete Frau) ist Allegorie der Ermordung Carranzas und des Huerta-Regimes.

Emilio Carballido (1925), Kritiker, Erzähler, thematisierte in Alltagssprache und unter Einfluß von Film und TV neorealistisch das Leben mittelständischer Provinzfamilien, später psychologisierend in phantastischen Märchenstücken Kommunikationsprobleme des modernen Individuums unter Ausklammerung mexikanischer oder politischer Realität (*Un pequeño día de ira*, 1962, Ein kleiner Tag des Zorns).

Das experimentelle Straßentheater als szenische *onda* gerierte sich intermedial unter Piscator-Einfluß (José Agustín: *Abolición de la propiedad*, 1968, Abschaffung des Eigentums) unter Verwendung von Monitor, Rock, Tonband und Rückgriff auf orale Tradition.

Die Literatur nach Tlatelolco

Die politisierte Jugend- und Studentenbewegung gegen das PRI-Establishment, von Parallelbewegungen in Paris und Prag, kubanischer Revolution und lateinamerikanischen Guerillas beflügelt, wurde durch das Regierungsmassaker mit mehreren tausend Toten 1968 auf dem Platz der drei Kulturen (*Tlatelolco*) geschlagen, das einen langen Schock hinterließ. Das Gemetzel wurde sofort und direkt von der *generación del 68* beschrieben und denunziert.

Elena Poniatowska (1933), polnisch-französischer Herkunft, Journalistin, widerlegte in *La noche de Tlatelolco* (1971, Die Nacht von Tlatelolco), Chronik des 2. Oktober 1968, den offiziellen Legitimations- und Vergessenheits-Diskurs mittels des oralen *testimonio* (Modell: die mexikanischen *oral-history*-Tonbandprotokolle *The Children of Sánchez*, 1961, des US-Soziologen Oscar Lewis). Neu ist die Erzählperspektive der Marginalisierten der Favelas der Megalopole. Schon in dem narrativen *testimonio Hasta no verte Jesús mío* (1969, dt. Allem zum Trotz ... das Leben der Jesusita) hatte Poniatowska aus der Perspektive der Slumbewohnerin Fundamentalkritik an der institutionalisierten Revolution und am offiziellen Revolutionsdiskurs geübt.

Weitere Tlatelolco-Literatur: **Gerardo de la Torres** (1938) *Un cadáver en la esquina* (1974, Eine Leiche an der Ecke), Juan García Ponces *Crónica de la intervención* (1982), 1200seitige Dokumentation des Massakers, und Fuentes' *Cristóbal nonato* (1987, dt. Christoph, ungeboren).

Tlatelolco ist der Bankrott des damaligen Diskurses der Linken. Der Gesellschaftskrise Ende der 70er Jahre und dem Wirtschaftszusammenbruch der 80er Jahre folgten Neoliberalismus und die Wirtschaftsintegration Mexiko – USA – Kanada. Die Ausbreitung kommerzieller Massenkultur bedrohte sowohl Folklore als Elitekultur. Der kulturkritische Diskurs entfaltete sich zwischen den Gegenspielern der Kulturszene, Paz/Fuentes und Monsiváis. Beide sind gegen politisches PRI-Establishment, doch Paz/Fuentes gehören zum intellektuellen Establishment: Fuentes verteidigt in *De Quetzalcóatl a Pepsicóatl* (in: *Tiempo mexicano*, 1973, dt. Mexikanische Zeit) und *Cristóbal Nonato* (aus der Perspektive des ungeborenen Kolumbus) die viele Epochen einschließende mexikanische Kultur gegen eindimensionale Nur-Gegenwarts-Kultur.

Carlos Monsiváis (1938), Hauptakteur der Studentenrevolte, bekämpft im Namen der »Gegenkultur« das literarisch-kulturelle Establishment. Seine Zs. *El corno emplumado* (1962–69), deren Titel (Die gefiederte Trompete) als Metapher der Synthese von US-Jazz und Maya-Quetzalcóatl zu verstehen ist, ist programmatisch für die jugendliche, jazz- und später rockgeprägte Gegenkultur. In Kulturessays (Zs. *Nexos*) vertritt Monsiváis die *cultura popular* als *contracultura* gegen die elitär-bürgerliche Position von Paz' *Vuelta*, gegen revolutionsoffizielle Wandmalerei und Revolutionsroman. Die kulturelle »Leichtindustrie« (Volkstheater, Varieté, Cantinflas-Filme, Comics, sentimentale Schnulzen der SchlagersängerInnen wie Agustín Lara, Prozessionen zur Heiligen Jungfrau von Guadalupe) als Gegenkultur zur »Schwerindustrie« der Elite bedeute Befreiung, Selbstorganisation, Entmythisieren von Institutionen, Abwerfen von verordnetem Desarrollismus. *Entrada libre. Crónicas de la sociedad que se organiza* (1987, Freier Eintritt. Chroniken der sich organisierenden Gesellschaft) beschreibt das Chaos der Hauptstadt nicht als Apokalypse, sondern als Neubeginn. Harte Montage verschiedener Paratexte und Textsorten (Zitate, Dokumente, Liedtexte, Reden) machen die Essays zu großformatigen *testimonios* mit der polyphonen Struktur moderner Prosafiktion (*nuevo ensayo, nuevo testimonio*).

Aus Einsicht in die Unmöglichkeit nachholender Modernisierung Lateinamerikas vollzieht Néstor García Canclini (*Las culturas híbridas. Estrategias para entrar y salir de la modernidad*, 1990, Die hybriden Kulturen. Strategien für den Eintritt und den Ausgang aus der Moderne) den Paradigmenwechsel von *mestizaje* zur Versöhnung von Paz/Fuentes und Monsiváis durch postmodernes, heterogenes Nebeneinander von Elite- und Subkultur, Höhenkamm- und Popularkunst als lateinamerikanisches Kulturmodell. Saínz wechselt in *Obsesivos días circulares* (1969, Obsessives Kreisen der Tage) von Kontrakultur zur Thematisierung von Violencia und Marginalisation, Agustíns *Tragicomedia mexicana* (1990) resümiert die Popularkultur. **Héctor Manjarrez** (1945) satirisiert die ins Establishment gewechselte *onda*-Jugend in *LAPSUS* (1971). *Onda* und Nach*onda* sind Teil der neuen Großstadtliteratur.

Guillermo Samperio (1948), Kritiker, Drehbuchautor, verfaßte Kurzgeschichten (*Lenin en el fútbol*, 1978, Lenin und der Fußball; *Gente de la ciudad*, 1986, Leute aus der Stadt) über Großstadtalltag, Familien- und Liebestragödien kleiner Leute mit Sehnsüchten und Enttäuschungen (Einflüsse: Beatles, Camus, McCullers, Felisberto Hernández, Arlt). Er kombiniert heterogene Textsorten (Fiktion, Chronik), übernimmt vom *nouveau roman* Kameraauge und Lupe für die Nahaufnahme von Details (Schuh, Insekt) und nutzt Kinderperspektive für antiautoritäres Schreiben.

Juan Villoro (1956), Publizist, Übersetzer, Diplomat (Einflüsse: Salinger, Miller, Agustín, Godard, Lennon), schreibt mit *El disparo de argón* (1991, dt. Die Augen von San Lorenzo), Ich-Roman eines Augenarztes über illegalen Organhandel, zugleich die Biographie des Stadtteils San Lorenzo vor dem Hintergrund von zwanzig Jahren Geschichte Mexikos.

Paco Ignacio Taibo II (1949), anarcholinker investigativer Journalist, beschreibt in humorigen Krimi- und Spionageromanen (*Taib*, 1988) die Kriminalität und Korruptheit von Wirtschaft und Beamtenschaft und die Verbindung von Gewerkschaftskampf und Sex. *La bicicleta de Leonardo* (1993, dt. Das Fahrrad des Leonardo da Vinci) ist Actionkrimi über Politkorruption, CIA-Machenschaften und Organhandel unter Verwendung von Versatzstücken des Neuen Romans: Matroschka-Prinzip, *mise en abyme*, Montage verschiedener Textsorten (Essay, Dokument, Brief), die plurale Perspektive von allwissendem, personalem, homo- und heterodiegetischem Erzähler, Erzählebenen in verschiedenen Ländern und Epochen (Italien der Renaissance, Barcelona der 20er Jahre, Vietnam der US-Intervention, Mexiko von heute).

Der Neue historische Roman konzentriert sich auf von der offiziellen Historiographie tabuisierte oder einseitig interpretierte Epochen. Del Paso dekonstruiert in den metahistorischen Kapiteln von *Noticias del Imperio* (1987, Notizen aus dem Kaiserreich) über das Kaiserreich den Juárez-Mythos aus der Perspektive der Kaiserin Charlotte. Zugleich wirft der Erzähler in parodierender Umkehr europäischer Lateinamerikasicht seinen verfremdenden Blick entkolonisierend auf Europa. **Homero Aridjis** (1940), Lyriker, Präsident des Welt-PEN, stellt in *Vida y tiempos de Juan Cabezón de Castilla* (1985, Leben und Zeiten von Juan Cabezón de Castilla) aus marginaler Perspektive eines jüdischen Konvertiten die »Entdeckung« in den offiziell heruntergespielten Kontext der 1492 beendeten Judenvertreibung.

Arturo Azuela (1938), Musiker, Literaturprofessor, schreibt *El tamaño del infierno* (1973, Das Format der Hölle), eine Mittelklassen-Familiengeschichte von 1870 bis 1970, und *La casa de las mil orígenes* (1989, Das Haus der tausend Ursprünge), Stadtviertelchronik anhand des Schicksals einer Gruppe Jugendlicher.

Sergio Pitol (1933), Diplomat, Übersetzer, Kenner ost- und südosteuropäischer Literaturen (Einflüsse: Monsiváis, Thomas Mann, Hofmannsthal, Iwaskiewicz, Gombrowicz, Brandys, Havel, Bachtin, Schklowski), schreibt metaliterarische, interkulturelle, utopisch-karnevaleske Romane mit vielfacher *mise en abyme* über die Rolle von Literatur und

Hochkultur in polykulturell-intermedialer Welt von Kommerz und Trivialkunst: *Domar a la divina garza* (1988, Den göttlichen Reiher zähmen) ist der pikareske Schriftstellertraum einer Reise nach Konstantinopel. *El arte de la fuga* (1996, Die Kunst der Fuge), literarische Autobiographie, ist Collage heterogener Textsorten (Essay, Tagebuch, Porträt, Reisebericht, Gemäldeanalyse, Lektüre, Poetik, Traumprotokoll).

Frauenliteratur: Eine große Zahl von Schriftstellerinnen beschreibt die Lage der Frau, denunziert den Machismo und fordert Emanzipation ein. Die Barockdichterin Sor Juana wird als Vorkämpferin angesehen, Malinche hingegen, Cortés' indianische Geliebte, deren Mythos von Paz kolportiert wurde, treibt die Autorinnen zu Rechtfertigungszwang. Elena Garro beschwört parodistisch in *La culpa es de los Tlaxcaltecas* (1964, Die Tlaxcaltecas sind schuld) die aus dem Kollektivbewußtsein verdrängte Malinche. **Margo Glantz** (1930) gibt in *La lengua en la mano* (1983, Die Zunge in der Hand) den machistischen Conquistadoren die Schuld an Malinches Rolle und denunziert das Spanische als logozentrisch-maskulines Instrument der Conquistadoren, die den Körper der Indias zur Etablierung des eigenen Sprachsystems mißbrauchen.

Elena Poniatowska verbindet in *Querido Diego, te abraza Quiela* (1978, dt. Lieber Diego) Kritik am Machismo Diego Riveras mit Dekonstruktion der Mythisierung des Begründers der Wandmalerei. **Ángeles Mastretta** (1949) schrieb den Erfolgsroman *Arráncame la vida* (1985, Entreiß mir das Leben), Abrechnung mit der Revolution durch parodistische Schilderung der Vita der Ehefrau eines Caudillo. **Silvia Molina** (1946) verfaßte mit *La mañana debe seguir gris* (1977, Der Morgen soll grau weitergehn) einen weiblichen Bildungsroman, mit *La familia vino del Norte* (1987, Die Familie kam aus dem Norden) eine Familiensaga. **Carmen Boullosa** (1954) wendet sich in *Son vacas* *somos puercos* (1991, Sie sind Kühe, wir Schweine) gegen die biologische Definition der Frau. Femininer Bewußtseins-Wortstrom mit syntaktischen Verdrehungen und semantischer Ambiguität hebt die männliche Kausalordnung auf. **Bárbara Jacobs** (1947) beschreibt den Alltag pubertierender Mädchen (*Doce cuentos en contra*, 1982, Zwölf Erzählungen dagegen), **Aline Petterson** (1954) die existentielle Dimension weiblicher Subjektwerdung und Identitätsfindung (*Sombra ella misma*, 1985, Sie selber Schatten), **Ethel Krauze** (1954) in *Intermedio para mujeres* (1982, Zwischenraum für Frauen) den Kampf mehrerer Frauen um Selbstbehauptung gegen männliche Liebespartner. *Donde las cosas vuelan* (1985, Wo die Sachen fliegen) schildert Liebesprobleme unter sozialen Fremdzwängen. Krauzes Protagonistinnen sind keine leidenden, sondern rebellische Frauen, deren Sensibilität mit dem Stumpfsinn der Männer kontrastiert. **María Luisa Puga** (1944) beschreibt in *Las posibilidades del odio* (1978, Die Möglichkeiten des Hasses), Schlüsselwerk mexikanischer Frauenliteratur, die Frau im Kolonialismus (in Kenia) in je verschiedenen Kontexten von Abhängigkeit, Unverständnis und Intoleranz. **María Luisa Mendoza** (1930) analysiert mit schwarzem Humor die Mann-Frau-Beziehungen in *Con él, conmigo, con nosotros tres* (1971, Mit ihm, mit mir, mit uns dreien). **Laura Esquivel** (1950) parodiert in dem verfilmten Bestseller *Como agua para chocolate* (1989, dt. Schäumend wie heiße Schokolade) gängige Liebes- und Familien-Fortsetzungsromane: Die Protagonistin setzt sich in der Familie durch ihre Kochkünste, dem traditionellen Frauenbild entsprechende Fähigkeiten, durch.

Schwulen-(Gay-)Literatur erscheint erst dank sozialer, moralischer und sexueller Tabubrechung durch Studentenbewegung und *onda*. Sie nutzt die formalen Errungenschaften moderner Literatur zur Psychologisierung (innerer Monolog) unter Verwendung szenetypischer Topoi (auffällige

Bekleidung und Gestik, verkommene oder elegante Lokalitäten, Liebe zur Musik), schreibt gegen die massenmedialen Stereotypen des Homosexuellen an und stellt letzteren als meist tragische, scheiternde Persönlichkeit mit einer besonderen (Gay-)Kultur dar.

Miguel Barbachano Ponce (1930; *El diario de Toledo*, 1964, Das Tagebuch von Toledo) und **José Ceballos** (1919; *Después de todo*, 1969, Nach alledem) beschreiben in ihren Romanen Repression und trotzige Selbstbehauptung homophiler Protagonisten. In einer Atmosphäre größerer Liberalität geht **Luis Zapata** (1951) in *El vampiro de la colonia Roma* (1978, Der Vampir der Roma-Siedlung) das Thema gelöst und selbstbewußt an: Der Text besteht aus Tonbandgeständnissen des Protagonisten, emphatischen Berichten über seine pikaresken homoerotischen Abenteuer und endlosen paroxystischen Sinnesorgien als Selbstverwirklichung.

José Joaquín Blanco (1951) schildert in *Las púberes canéforas* (1983) das autobiographische Romanprojekt einer homoerotischen Ehe zwischen zwei Männern unterschiedlichen Standes, die aus kulturellen und ökonomischen Gründen scheitert. Parodie auf die »Normalität«, den Mutterschaftskult und die »aufgeklärte« Zivilisation ist *Utopía gay* (1983), Roman der Flucht eines homoerotischen Paares in die ländliche Utopie von **José Rafael Calva** (1953). In der Erzählung *El hábito oculto* (1984, Die versteckte Kutte) entlarvt **Ignacio Betancourt** (1948) in parodistischem Conquistachronistenstil die frömmelnde Heuchelei eines homosexuellen Klerikers der Kolonialzeit.

Soziopolitische Spannungen thematisiert das didaktische Theater der 60er Jahre nach Brechtmodellen in kollektiven Erarbeitungen auch unter Rückgriff auf indianisches Erbe, so in *Las tandas de tlancualejo* (1975, *tanda* = Sonnenzeit des Aztekenkalenders), von der UNAM-Gruppe Marino Lanzilottis. Neue Historiendramen sind Leñeros *Martirio de Morelos* (1982, Morelos' Martyrium) und *La noche de Hernán Cortés* (1991, Die Nacht des Hernán Cortés), brechtianische Dekonstruktion und *rescritura* des offiziellen Mythos von Conquista und Unabhängigkeit. In Fuentes' *Todos los gatos son pardos* (1971, Nachts sind alle Katzen grau) trägt Cortés US-Generalsuniform, Moctezuma Präsidentenschärpe, und ein von Cortés getöteter Azteke stirbt als Student in Tlatelolco.

Von 1968 bis zur Krise von 1982, in der die *talleres*, kleine Verlage und Zs. eingingen, war die Lyrik äußerst produktiv. Nach Tlatelolco statt Politik, Realität pur oder eherner Kampfideologie nun Ironie und Sachlichkeit (parallel zu Antipoesie, konkreter Poesie, Exteriorismus) oder parodistisches Wiederkäuen von bereits Gesagtem.

José Emilio Pacheco besticht durch Lakonismus, Kolloquialität sowie Bezug zu *Contemporáneos*, Vorkolumbischem, Barock und Modernismo. *Hoy todo en México es Comala* (1968, Heut ist in ganz Mexiko Comala), poetische Reflexion über Mexiko nach Tlatelolco, ist Collage von eigenen Versen und Ausschnitten aus Rulfos *Pedro Páramo*. Sein Spätwerk ist kollektives Gedächtnis der Nation (*Los trabajos del mar*, 1983, Die Arbeiten des Meeres; *La sangre de la Medusa*, 1990, Das Blut der Medusa). **David Huerta** (1949) dekonstruiert in *Incurable* (1987, Unheilbar) mit Collagen von Foucault- und Derrida-Zitaten und Gedichtfetzen von Neruda die Poesie seines Vaters Efraín.

Literaturhinweise

Brushwood, John: México en su novela, Mexiko 1973; Castellanos, Rosario: La novela mexicana contemporánea y su valor testimonial, Mexiko 1964; Castro-Leal, Antonio: La novela de la Revolución Méxicana, 2 Bde., Mexiko [4]1963; Dauster, F.: Breve historia de la poesía mexicana, Mexiko 1956; Dessau, Adalbert: Der mexikanische Revolutionsroman, Berlin 1967; González Peña, Carlos: Historia de la literatura mexicana.

Desde los orígenes hasta nuestros días, Mexiko ⁹1984; Gunia, Inke: ¿›Cuál es la onda‹? La literatura de la contracultura juvenil en el México de los años '60 y '70, Frankfurt a. M. 1994; Hölz, Karl (Hrsg.): Literarische Vermittlungen: Geschichte und Identität in der mexikanischen Literatur. Akten des Kolloquiums Trier, Tübingen 1988; Iberoamerica 46 (1992) [Sonderheft mit Länderschwerpunkt Mexiko]; Kohut, Karl (Hrsg.): La literatura mexicana de hoy. Del '68 al ocaso de la revolución, Frankfurt a. M. 1988; Kohut, Karl (Hrsg.): La literatura mexicana hoy II. Los de fin de siglo, Frankfurt a. M. 1993; Leiva, R.: Imagen de la poesía mexicana contemporánea, Mexiko 1959; Magaña Esquivel, Antonio / Stenton Lamb, Ruth: Breve historia del teatro mexicano, Mexiko 1958; : Rodríguez Coronel, Rogelio (Hrsg.): Recopilatión de textos sobre la novela de la Revolución Mexicana, Havanna 1975.

Mittelamerika: kleine Länder mit großen Literaturen

Die Staaten Mittelamerikas weisen geographische, historische, wirtschaftliche und ethnische Gemeinsamkeiten auf, die sich auch in den Literaturen reflektieren. Die Südfrüchte-, Kaffee- und Kakao-Monokulturen der »Bananenrepubliken« sind meist in US-Besitz (United Fruit); ein schroffer Gegensatz zwischen Arm und Reich existiert. Diktatur und Guerilla verhindern Demokratie und Frieden. Analphabetismus bedeutet wenig Verlage, Buchhandlungen und Bibliotheken. Das literarische Gefälle zwischen Nicaragua auf der einen und Honduras auf der anderen Seite ist quantitativ wie qualitativ beträchtlich.

Literaturhinweise

Acevedo, Ramón Luis: La novela centroamericana (desde el *Popol Vuh* hasta los umbrales de la novela actual), Río Piedras 1982; Ruíz, Mario: Mestizaje, mitología y alquimia: ingredientes del surrealismo centroamericano, Pennsylvania 1977.

In NICARAGUA kam es unter dem Somoza-Clan, der die meisten Betriebe und Ländereien besaß, zu wirtschaftlicher Modernisierung und zum Wachstum städtischer Mittelschichten und Marginalisierter. Die schriftliterarische Kultur war bei 50 % Analphabeten und 3 Buchhandlungen im Land unterentwickelt. Eine politische und kulturelle Zäsur war der Sieg der Sandinisten 1979.

Die Diktatur bedeutete Folter, Zensur, Exil für die oppositionellen, meist sandinistischen Schriftsteller. 1956 erschoß der Dichter Rigoberto López Somoza sen. Der Publizist und Erzähler Pedro Joaquín Chamorro C., 1974 Gründer der Demokratischen Befreiungsunion UDEL und Gatte der nachmaligen Präsidentin Violeta Chamorro, wurde 1979 ermordet. Ab 1960 entstanden an der Universität León radikale Literaturgruppen: *Frente Ventana*, *Grupo M*, *U de Boaca*, *Granada* sowie die konservative *generación traicionada.* Die *generación del 60* unterstützte die Sandinisten, vereinte Politik und literarische Avantgarde und brachte die Literatur auf kontinentales Niveau. Die Sandinistenregierung revolutionierte die kulturelle Infrastruktur, gründete Literatur- und Maler-*talleres*, Theater und Verlage. Nach der Wahlniederlage 1990 wurden diese Errungenschaften zurückgedreht.

Die Erzählprosa geht von costumbristisch-regionalistischer Landlebenschilderung Mitte der 70er Jahre unter Anknüpfung an populares orales Geschichtenerzählen zu sozialer und politischer Thematik und Darstellung der neuen Stadtlandschaft mit modernen Schreibweisen über.

Fernando Silva (1927), Mediziner, Maler, stellt ländliche Lebenswirklichkeit in *De tierra y agua* (1965, Zu Lande und zu Wasser) dar. *El vecindario* (1976, Die Nachbarschaft) ist polyphone Romanpikareske aus der Provinz mit umgangssprachlicher Figurenrede. *El comandante* (1969), nicaraguatypisch in poetischer Prosa, evoziert die mythisch-magische Welt der Kindheit auf dem Lande als verlorenes Paradies.

Bedeutend die *testimonio*-Literatur: **Pedro Joaquín Chamorro C.** (1924–79) schrieb Texte über das Leben unter der Diktatur (*Diario de un preso*, 1952, Tagebuch eines Gefangenen; *Estirpe sangrienta*, 1958, Blutige Sippe) und Experimentalprosa zwischen *nueva-novela*-Phantastik und antidiktatorialem Denunziationsroman (*Tolentino Camacho*, 1977). **Omar Cabezas** (1950), FSLN-Guerillero, verfaßte ein autobiographisches *testimonio* über den Guerillakrieg: *La montaña es algo más que una inmensa estepa verde* (1981, dt. Die Erde dreht sich zärtlich, Compañera).

Eine Wende war die Übernahme von Schreibweisen der *nueva novela*. **Lizandro Chávez Alfaro** (1929), Bibliotheksdirektor, sandinistischer Diplomat, schrieb mit *Los monos de San Telmo* (1963, dt. Die Affen von San Telmo) eine Satire auf die Somoza-Diktatur in gleichnishaften Tiererzählungen (Einfluß: Kipling, Quiroga) unter Übernahme von Erzähltechniken Fuentes' und Kafkas. Ein Sohn-Vater-Konflikt ist Metapher nationaler Problematik in *Trágame tierra* (1969, Verschling mich, Erde). Der Sohn eines auf US-Wohlstand hoffenden Mittelständlers geht zu den Sandinisten. Dieser Totalroman hebt auf die Herausbildung nationaler Subjektivität (*nicaraguanidad*) und auf die Realität von Kerker, Violencia und Folter des Somoza-Regimes ab, tendiert jedoch zu relativer Verselbständigung der sprachlichen Strukturen.

Erneuerung brachten auch Psychologisierung und Verinnerlichung. **Mario Cajina-Vega** (1929), Soziologe, Literaturwissenschaftler, christlicher Antisomozist, lange inhaftiert und exiliert, schrieb psychologische Erzählungen über Bauern und Städter vor dem Hintergrund der Somozadiktatur (*Familia de cuentos*, 1968, Erzählfamilie), **Carlos Alemán Ocampo** (1949) einen psychologischen Roman über drogenabhängige Jugendliche (*En esos días*, 1972, In diesen Tagen). **Rosario Aguilar** (1938), Pädagogin, beschreibt in *Primavera sonámbula* (1976, Somnambuler Frühling) mit psychologischem Realismus zwischen Realistik und Phantastik Subjektivität und Unterbewußtsein. *Siete relatos sobre el amor y la guerra* (1986, Sieben Geschichten von Liebe und Krieg) schildern Frauenbefindlichkeiten in erlebter Rede aus weiblicher Perspektive.

Sergio Ramírez (1942), Verleger, Berliner DAAD-Stipendiat, Vizepräsident der Sandinistenregierung, debütierte mit experimentellen *Cuentos* (1963, Erzählungen) über US-Überfremdung der Oberschicht mit phantastischen, anticostumbristischen Einfällen wie dem Besuch Jacqueline Kennedys in Nicaragua (*Charles Atlas también muere*, 1976, Auch Charles Atlas stirbt). Danach malte er mit barock wuchernder Phantasie im Stil von *Cien años de soledad* in dem Neuen historischen Roman *Tiempo de fulgor* (1970, dt. Chronik des Spitals San Juan de Dios, aufgezeichnet von der Schwester María Teresa) ein Bild der Stadt León im 19. Jh. Oraler Erzählgestus, Interiorisierung und experimentelle Erzählperspektive charakterisieren *¿Te dio miedo la sangre?* (1977, dt. Die Spur der Caballeros), dessen Handlung die Zeit von Sandinos Tod bis zu den 60er Jahren erfaßt, als Neuen Roman.

Weltbekanntester nicaraguanischer Lyriker nach Rubén Darío ist **Ernesto Cardenal** (1925) von der *generación del 40,* Priester, Theologe der Befreiung, beeinflußt vom Marxismus und Teilhard de Chardins Evolutionstheorie, 1966 Gründer der christlich-ökologischen Kommune Solentiname, sandinistischer Kulturminister, Träger des Friedenspreises des Deutschen Buchhandels. Sein Exteriorismus besteht in metaphernarmer, antirhetorischer, antibarocker, kolloquial-narrativer, oft parataktischer Deskription von Außenwelt. Seine Montagetechnik verbindet Elemente der Trivialkunst (Film), Medienwelt und Reklame mit Prätexten (Chroniken, Urkunden, Briefen, *testimonios*) und nichtpoetischen (wissenschaftlichen, historiographischen, theologischen) Textsorten. Seine Werke fokussieren oft parodistisch auf den Alltag der Wegwerfgesellschaft und die Codes der Medien. (Einflüsse: Pound, Ginsberg, Beatniks, Coronel Urtecho, Pablo Antonio Cuadra).

En la noche iluminada de palabras:
PALMOLIVE CHRYSLER COLGATE CHESTERFIELD
PEPSI-COLA
que se apagan y se encienden y se apagan y se encienden,
las luces rojas verdes azules de los hoteles y de los bares
y de los cines, los trapenses se levantan al coro
y encienden sus lámparas fluorescentes
y abren sus grandes Salterios y sus Antifonarios
entre millones de radios y de televisiones.
Ison las lámparas de las vírgenes prudentes esperando
¡al esposo en la noche de los Estados Unidos!

Poesía escogida, Barcelona: Seix Barral, 1974, S. 32.

In der Nacht leuchten die Wörter:
PALMOLIVE CHRYSLER COLGATE CHESTERFIELD
PEPSI-COLA
erlöschen und flammen auf und erlöschen und flammen auf,
rote, grüne, blaue Lichter an Hotels und an Bars
und an Kinos, die Trappisten erheben sich zum Chorgebet
und entzünden die fluoreszierenden Lampen
und öffnen die großen Psalter und Antiphonen
inmitten von Tausenden Radios, inmitten von Tausenden
Fernsehern.
Das sind die Lampen der Klugen Jungfrauen, die auf den
Bräutigam warten in der Nacht der Vereinigten Staaten.

In der Nacht leuchten die Wörter. Gedichte, übers. von Stefan Baciu, Berlin/Weimar: Aufbau, 1979, S. 48.

Drei Schaffensperioden: 1. politisch-soziale Dichtung über Somoza, Sandino, Roosevelt usw., 2. mystisch-religiöse Gedichte der 60er Jahre, 3. deskriptiv-narrative Gedichte der 70er und 80er Jahre über Geschichte, Präkolumbien und Conquista.

La hora cero (1960, dt. Die Stunde Null) konstatiert eine Wende im zentralamerikanischen Fatalismusdenken durch die kubanische Revolution. *Salmos* (1964, dt. Zerschneide den Stacheldraht), Psalm-Paraphrasen, drücken Widerwillen gegen die apokalyptische Welt von Terror, Krieg, Reklame, Kommerz und Konsum aus. *Oración por Marilyn Monroe* (1965, dt. Gebet für Marilyn Monroe) interpretiert Trivialkultur aus nicaraguanischer Perspektive. Bearbeitung vorkolumbischer Prätexte und Aufarbeitung der marginalisierten Indiokulturen in *Homenaje a los indios americanos* (1969, dt. Man muß Fische säen in den Seen. Für die Indianer Amerikas). Sandinistisches Engagement in *Canto nacional* (1973, dt. Nationaler Gesang). Die Kosmologie *Cántico cósmico* (1989, dt. Gesänge des Universums) vereint Physik, Religion und Geschichtsphilosophie.

Charakteristisch für die neuere Poesie ist die Verbindung von Kollektivem mit Individuellem, von Gesellschaftlichem mit Persönlichem, von Liebe und Militanz bei Abwesenheit von Didaktik und Propaganda. In den 60er Jahren dominierte die *generación traicionada*, die Beatgeneration. **Horacio Peña** (1936), Professor für spanische Kultur, kombiniert individuelle und kosmische Themen in existentiell bedrohter Welt in *Ars moriendi* (1967), makabrer Geschichtschronik der Menschheit bis zum atomaren Inferno. **Ernesto Mejía Sánchez** (1923), Philologe, Publizist, schrieb antisomozistische Freiheits- und Protestdichtungen (*Prosemas del Sur y del Levante*, 1968, Proseme des Südens und der Levante) mit mathematisch genauen Strukturen und magischer Faszination des Sprachklangs. **Leonel Rugama** (1949–70) und **Ernesto Castillo** (1959–78), jung als Guerilleros gefallen, hinterließen jugendhafte Bekenntnis- und Liebesgedichte. Lyrikerinnen der Gruppe *Gradas* thematisieren den Gleichklang von Erotik und Revolution: **Gioconda Belli** (1948), Ex-Guerillera, artikuliert weiblichen Anspruch in Liebe und Kampf mit Rekurs auf indigenen Naturmythos im Roman *La Mujer habitada* (1988, dt. Die bewohnte Frau) und Gedicht (*Línea de fuego*, 1978, Feuerlinie).

Das Theater beherrschen Off-Gruppen (*Teatro experimental* Managua ab 1950). Die Sandinisten förderten experimentelles Volks- und Brecht-Theater bei geringer Tendenz zur Großstadtthematik und zu ludischem oder selbstreflexivem Theater. **Rolando Steiner** (1936) pflegt onirisch-magischen Realismus mit *Antigona en el infierno* (1958, Antigone in der Hölle), Aktualisierung des antiken Stoffes im Blick auf den Widerstand gegen die Diktatur. **Alberto Ycasa** (1935) demontiert surrealistisch Bürgermoral und Alltagsmythen (*Asesinato frustrado*, 1967, Gescheiterter Mord). Horacio Peñas existentialistischer Monolog *El hombre* (1970, Der Mann) bekundet Geworfensein des modernen Nicaraguaners.

Literaturhinweise

Arellano, Jorge Eduardo: Panorama de la literatura nicaragüense, Managua 1982; Argüello, Arturo: Nicaragua y su poesía, in: Letras en Cuzcatán 1,2 (1956); Ycaza, J.: La poesía y los poetas de Nicaragua, Managua 1958.

In GUATEMALA folgen auf die Revolution von 1944 und die Bodenreform unter Arbenz 1954 US-Invasion, Restitution der United-Fruit-Ländereien, Diktatur, Violencia von Todesschwadronen und Guerillas. Zögernde Modernisierung und Demokratisierung bei Massenarmut, Analphabetismus, fortdauerndem Bürgerkrieg und Marginalisierung der Mayas.

Die Erzählprosa erneuert sich unter Einfluß von Asturias, Neuem Roman und kosmopolitischen Tendenzen. **Augusto Monterroso** (1921), Publizist, Autodidakt, in Mexiko lebend, gehört zur kosmopolitischen mexikanischen, nicht zur eher traditionalistischen guatemaltekischen Szene (Einflüsse: Borges, Proust, Thomas Mann, Swift, Kafka). In seinen ironischen, minimalistischen, mit dem oralen Gestus des Plauderns erzählten Kurzgeschichten, Anekdoten, Fabeln und narrativen Gedankenfetzen, zumeist Satiren auf Bürokraten, Politiker und Geschäftsleute, verschmelzen Essay, Erzählung, Sachtext und Prosagedicht (*Lo demás es silencio*, 1978, Der Rest ist Schweigen).

Mexiko-Asylanten sind auch **Carlos Solórzano** (1922) mit psychoanalytisch-existentialistischen, von Camus beeinflußten, um das moderne Individuum kreisenden Romanen (*Las celdas*, 1971, Die Zellen) und der Lehrer und Herausgeber der Zs. *Saker-Ti* und *Surco Nuevo*, **José María López Valdizón** (1929), der sozialkritisch mit starker Interiorisierung und Dialogisierung das Guatemala der Revolution als Gegenstück zur mexikanischen Revolution unter Anlehnung an Rulfos Erzähltechnik beschreibt (*Sudor y protesta*, 1953, Schweiß und Protest). Der Roman *La sangre del maíz* (1966, Das Blut des Maises) mit mestizischer Dorfgemeinschaft als kollektivem Protagonisten ist in lokkeren Erzählsequenzen in Asturias-Nachfolge mit Techniken der *nueva novela* geschrieben. **Arturo Arias** (1950), Soziologe, Kritiker, schrieb *Itzam na* (1981), Roman über städtische Jugendliche der Mittelklasse mit Sex und Drogen als inneren Monolog im Alltagsjargon mit Montage von Zeitungsausschnitten, Briefen, Tagebüchern, Liedern.

Die Lyrik entwickelt sich in vielen Gruppen: Unter der Ubico-Diktatur in dem rebellischen *Grupo Tebeus* mit Raúl Leiva (*Nunca el olvido,* 1957, Niemals vergessen). Der marxistische *Saker-Ti* (Referenzen: Mariátegui, Neruda, Vallejo) fusionierte mit *Acento* unter **Antonio Brañas** (1922; *Isla en mi mano*, 1958, Insel in meiner Hand) zum *Grupo Nuevo Signo* (Zs. *La Gran Flauta*). Otto-Raúl González von *Acento*, ab 1954 in Mexiko exiliert, denunziert ironisch-bitter die Repression in *La siesta del gorila* (1972, Die

Siesta des Gorillas) und solidarisiert sich aus Sicht des hispanoguatemaltekischen »Anderen« mit dem Indio. Ähnlich **José Luis Villatoro** (1932), der die Indios poetisch wahrnimmt in *Canción registrada* (1972, Registriertes Lied). Rebellisch-zornige junge Dichter gegen Diktatur-Establishment sind **Julio Fausto Aguilera** (1929; *Canto y mensaje*, 1960, Gesang und Botschaft), **Luis Alberto Arango** (1933; *Cargando el arpa*, 1975, Beim Spannen der Harfe), **Francisco Morales Santos** (1940; *Poesía para lugares públicos*, 1976, Dichtung für öffentliche Plätze). Früh starben nach Folter und Haft **Roberto Obregón** (1940–71; *Poemas para comenzar la vida*, 1961, Gedichte zu Beginn des Lebens) und **Otto René Castillo** (1936–67), der in *Tecún Umán* (1964) Machtmißbrauch und Violencia anprangerte und den Opfertod im Befreiungskampf predigte.

Das Theater erhielt durch Asturias' magisch-realistische Dramatik poetisch-märchenhaften Charakter. In *Soluna* (1955) kitten Maya-Gottheiten eine zerbrochene Ehe mit Hilfe des Zauberers Soluna, der die Alltagsrationalität in Einklang mit dem Mythos bringt. Aufwertung der Nationalgeschichte erfolgt per Evokation von Conquista und Las Casas in *La audiencia de los confines* (1957, Die Audienz der Begrenzungen). Modernisiert wurde die Dramaturgie des Off- und Boulevardtheaters durch Rückgriff auf Farce, Stegreifspiel, Dada, absurdes und grausames Theater zwecks verfremdender Darstellung gesellschaftlicher Probleme.

Manuel José Arce (1935) führt in der Groteske *Delito, condena y ejecución de una gallina* (1969) Verbrechen, Verurteilung und Hinrichtung einer Henne vor. **Hugo Carrillo** (1928) thematisiert provokativ sexuelle und andere Tabus in *La calle del sexo verde* (1959, Die Straße des grünen Geschlechts) und *Autopsia para un teléfono* (1972, Autopsie für ein Telephon); **Lionel Méndez** (1939) schrieb das Violencia-Greuelstück *Los desaparecidos* (1971, Die Verschwundenen).

Solórzano verfaßte allegorische, kosmopolitisch-zeitlose Stücke (Einfluß: Existentialismus, Eliot, Faulkner). In *El hechicero* (1954, Der Zauberer) verliert Merlin den Stein der Weisen, mit dem er Kriegsblei in Friedensgold umwandeln will, durch einen Raubmord, doch der Stein gibt sein Geheimnis nicht preis. *Las manos de Dios* (1956, Die Hände Gottes) ist *auto sacramental* im Siglo-de-Oro-Stil über Unmündigkeit und Freiheit nach Goethe, Guimarães Rosa und Suassuna.

Literaturhinweise

Arias, Arturo: Ideologías, literatura y sociedad durante la revolución guatemalteca 1944–1954, Havanna 1979; Menton, Seymour: Historia crítica de la novela guatemalteca, Guatemala 1985.

COSTA RICA litt wenig unter Diktatoren, die Demokratie ist tiefer verwurzelt, die Armut geringer, das Niveau der Volksbildung höher als in den Nachbarländern. In der Literatur dominierte lange der Kreolismus.

In der Erzählprosa überwiegen anfangs traditionelle Plantagenarbeiterromane. Die Protagonisten des sozialen Realisten **Fabián Dobles Gavidia** (1918), Unternehmer, Journalist, Sozialist, sind kleine Leute. *Ese que llaman pueblo* (1942, Was man so Volk nennt) denunziert großgrundbesitzerliche Willkür. Die satirischen *Historias de Tata Mundo* (1955, Geschichten von Papa Welt) konterkarieren den Kreolismus und privilegieren die Sprache durch Einführung des fiktiven Erzählers Tata mundo mit Perspektive, oralem Sprachgestus und Regiolekt der Bauern.

Carmen Naranjo (1931), Versicherungsangestellte, Kritikerin, Ministerin, analysiert satirisch den menschlichen

Substanzverlust der modernen, technisierten Welt infolge Entfremdung, Bürokratie und Politikerfilz in *Memorias de un hombre palabra* (1968, Memoiren eines Wort-Mannes) und *Diario de una multitud* (1974, Tagebuch einer Menge) mit Innensicht der Figuren, verfremdender Realitätsdeformation, Techniken der *nueva novela* und Montage von Fragmenten verschiedener Textsorten.

Quince Duncán (1940) beschreibt menschliche Folgen der Modernisierungsprozesse auch für die farbige Bevölkerung mit moderner Erzähltechnik (*Los cuatro espejos*, 1973, Die vier Spiegel). **Samuel Rovinski** (1932), Architekt, Diplomat, Cineast, reproduziert im gesellschaftskritischen Roman *Ceremonia de casta* (1976, Kastenzeremonie) in inneren Monologen und Dialogen den Regiolekt und Soziolekt der Provinz. **Alfonso Chase** (1945) gestaltet die großstädtische Jugend von San José in Lebensweise, Freizeit, Idealen und Jugendjargon in indirekter Figurenrede (*Los juegos furtivos*, 1967, Die flüchtigen Spiele). Mischung von surrealistischem Traumprotokoll und sozialem Realismus ist die psychologisch-verinnerlichende Prosa von **Gerardo César Hurtado** (1949; *Irazú*, 1972). Marín Cañas' Spätwerk *La exterminación de los pobres y otros pienses* (1974, Vertilgung der Armen und andere Denkanregungen) ist voll schwarzen Humors, phantastischer Hyperbeln und Dadaismen.

Das Theater institutionalisiert sich in den 50er Jahren mit dem kommerziellen *Coliseo*, der *Escuela de Artes Dramáticas de la Universidad*, dem *Teatro Universitario* – Studentenbühnen mit kosmopolitisch-existentialistischer Tendenz – und dem experimentellen *Tiempo tiempo*. **Alberto F. Cañas** (1920), Rechtsanwalt, Journalist, Begründer der modernen costaricanischen Dramatik, enthüllt die Borniertheit von Kleinbürgertum und Mittelschichten im Erwerbs- und Familienleben: seine Protagonisten sind angepaßte Konformisten ohne Persönlichkeit (*El luto robado*, 1967, Die geraubte Trauer). Pessimismus, schwarzer Humor und Dada vereinen sich in der Groteksatire *Eficaz plan para resolver la desnutrición infantil y de paso los problemas fiscales* (1962, Wirksamer Plan zur Lösung der Kinderunterernährung und nebenbei der Steuerprobleme).

Der wichtigste Lyriker der 50er Jahre, **Alfredo Cardona Peña** (1917), Hispanist, marxistischer Kritiker, Verleger, thematisiert bei Ablehnung von Kosmopolitismus wie Nationalismus die Geschichte Lateinamerikas samt vorkolumbischer Wurzeln metaphernreich und barock überbordend oder einfach und durchsichtig (*Los jardines amantes*, 1952, Die liebenden Gärten). Neoavantgardistisch ist *Cosecha mayor* (1964, Haupternte).

Die postavantgardistische *generación del 60* ist von Rilke, Machado, Aleixandre, Jorge Guillén, Neruda und Vallejo beeinflußt. **Jorge Debravo** (1938–67), Versicherungsagent, schrieb provokatorisch-erotische Gedichte über Befindlichkeit der modernen Jugend zwischen Zurückgebliebenheit und Moderne (*Devocionario del amor sexual*, 1963, Devotionarium der sinnlichen Liebe). Zum *Grupo trascendentalista* und zum *Círculo de Escritores Costaricenses* der 70er Jahre gehört **Laureano Albán** (1942), der die Lateinamerika- und Menschheitsthematik in modern strukturierten Dichtungen aufgreift (*Solamérica*, 1972, Sonnamerika; *Sonetos laborales*, 1977, Arbeitssonette).

Literaturhinweise

Fernández, Gerardo: Los caminos del teatro en Costa Rica, San José 1977; Sandoval de Fonseca, Virginia: Resumen de literatura costarricense, San José 1978.

In EL SALVADOR, relativ industrialisiertem und urbanisiertem Agrarland mit Latifundien und Plantagenmonokultur, überwiegt arme, mestizische Landbevölkerung. 1931–1967 herrschte mit Unterbrechungen Diktatur mit Geheimdienst, staatlicher Folter und Todesschwadronen. Die Schriftsteller waren Oppositionelle, Exilanten oder Guerilleros (*Frente Farabundo Martí*). Die literarische Kommunikation ist in dem halbanalphabetischen Land schwach entwickelt.

In der Lyrik profilierte sich in den 50er Jahren der politisch engagierte, avantgardistische *Grupo Octubre* und *Hoja* der *Casa de la Cultura* (Zs., hrsg. von Roque Dalton) von der *generación comprometida.* **Oswaldo Escobar Velado** (1916–61), Begründer des Avantgardismus, der sich gegen Diktatur und soziales Unrecht auflehnte (Einflüsse: Neruda, Hikmet, Majakowski), schrieb im Zweiten Weltkrieg antifaschistische Gedichte (*Rebelión de la sangre rebelde*, 1945, Rebellion des rebellischen Blutes) und solidarisierte sich poetisch mit den Landarbeitern gegen Partei- und Gewerkschaftsbonzen (*Diez sonetos para mil y más obreros*, 1950, Zehn Sonette für abertausend Arbeiter).

Claribel Alegría (1924), Literaturwissenschaftlerin, schrieb gegen Rückständigkeit und moderne Entfremdung exterioristische Lyrik, kolloquial, antirhetorisch, parataktisch, deskriptiv, visuell, metaphernlos (*Suite de amor, angustia y soledad*, 1951, Suite von Liebe, Beklemmung und Einsamkeit; *Aprendizaje*, 1970, Lehrzeit).

David Escobar Galindo (1944) verfaßte metaphernreiche, von Neruda und Quevedo beeinflußte skeptische Dichtung über Violencia, Bürgerkrieg, materielle und moralische Verwüstung des Landes; seine Hoffnung: Rettung durch Liebe (*Extraño mundo del amanecer*, 1970, Seltsame Welt des Morgengrauens; *La barca de papiro*, 1976, Das Papyrusboot).

Der bedeutendste Dichter, **Roque Dalton** (1935–75), Jesuitenzögling, Anthropologe, KP-Mitglied, Sympathisant der kubanischen Revolution und der Guerilla seines Landes, wurde von Linksextremisten ermordet. Für ihn war Leben Poesie (Einflüsse: Neruda, Alberti, Sartre, Frankfurter Schule, Strukturalismus), Literatur mit revolutionärer Erneuerung der Gesellschaft identisch. Schrieb essayistisch-intellektualistische Rebellen-, Exil-, Gefängnis-, philosophische und Liebesgedichte. Techniken: filmische Montage, Zitateinblendung, Traumprotokoll, Metaphern aus Alltag, Politik und Wissenschaft, Wechsel zwischen graphisch unterschiedenen Textsorten. *El turno del ofendido* (1962, Der Beleidigte ist dran) ist kolloquiale Dichtung mit narrativen bzw. kinematographischen Strukturen. *Taberna y otros lugares* (1969, dt. Und andere Orte), Konstrukt heterogenster Textsorten: Aperçus, Wirtshausgesprächsfetzen, *oral history*, Enquete, erklärt die Kneipe zum poetischen Ort, verbindet Sehnsucht nach Kindheit mit Statements zur Diktatur.

José Roberto Cea (1939) ersetzt Schwulst von Romantik, Modernismo und Avantgarde durch schmucklose, assoziationsreiche Sprache unter Integration von Indio-Legenden (*Todo el Codice*, 1968, Der ganze Code).

In der Prosa dominiert über zwei Jahrzehnte der heimat- und naturliebende neorealistische Geschichtenerzähler **Salarrué** (d. i. Salvador Salazar Arrué, 1899–1975). Von *Cuentos de barro* (1933, Erzählungen vom Lehm) bis zu *Cuentos de Cipotes* (1958, Geschichten aus Cipotes), Werken von starker Sprachmusikalität, werden Indios, Peone und Bauern in ihren psychosozialen Problemen, ihrer Mischung von Hochsprache und Regiolekt, von Animismus und Christentum dargestellt, wobei der Verfasser Erzählmuster des französischen Realismus/Naturalismus mit dem subjektiv-interiorisierenden *viewpoint* angelsächsischer Erzähler amalgamiert.

In den 60er Jahren verstärken sich Kritik an Diktatur und Violencia sowie antikreolistisch-anticostumbristische, phantastische Modernisierungstendenzen. **Hugo Lindo** (1917), Diplomat, Minister, schrieb mit *¡Justicia, señor gobernador!* (1960) einen alptraumhaften, an Kafkas *Prozeß* erinnernden antimimetischen Roman über einen Richter, der wegen zu gewissenhafter Prozeßführung ins Irrenhaus kommt.

Alvaro Menén Desleal (1931), Soziologe, Journalist, nach Gefängnis im BRD-Exil, schrieb phantastisch-absurde Science-fiction-Erzählungen (Einfluß von Borges, Arévalo Martínez, Arreola): *Una cuerda de nylón y otros cuentos breves y maravillosos* (1970, Ein Nylonfaden und andere Kurz- und Wundergeschichten). Wie im Indiomythos verschmelzen Wachen und Träumen, Raum und Zeit. Deformierung der Realität erzeugt Verfremdung und Entautomatisierung der Wahrnehmung.

Manlio Argueta (1935) von der *generación comprometida*, Jurist, als Widerständler im Gefängnis und Exil, ist Lyriker der psychischen Beklemmungen des Ich und der magischen Alptraumwelt von Violencia und Diktatur (*El costado de luz*, 1968, Die Lichtseite). Der Roman *El valle de las hamacas* (1970, Das Tal der Hängematten) ist Suche nach kultureller Identität (*salvadoreñidad*), *Un día en la vida* (1980, Ein Tag im Leben) *testimonio*-Roman (Bekenntnisse der Bäuerin Guadalupe Guardado) über Armut, Violencia und Gewerkschaftskampf aus der homodiegetischen Perspektive einfacher Leute. Statt linearem Realismus Interiorisierung und Polyphonie der oralen Diskurse und Dialoge der Sub-Erzähler.

Claribel Alegría sucht Vorläufer heutiger Violencia in dem Neuen historischen Roman *Cenizas de Izalco* (1966, Die Aschen von Izalco; mit D. J. Flakoll) über die blutige Unterdrückung des Bauernaufstands von 1932, einer Darstellung von Trauma und Verdrängung via Volksmythen aus dem Kollektivbewußtsein der Stadt Izalco.

Roberto Armijo (1937) von der *generación comprometida*, lange im Gefängnis und im Exil, rekonstruiert Kindheit, Familiengeschichte und *salvadoreñidad* im Roman *El asma de Leviatán* (1990, Leviathans Asthma); der mythische Großvater verkörpert das Kollektiv-Unbewußte der Nation.

Theater: Nach dem Krieg und in den 50er Jahren wurden, u. a. vom Exilspanier Edmundo Barbero, experimentelle Gruppen gegründet. Der bedeutendste Dramatiker, **Walter Béneke** (1928–80), führt in existentialistischen Stücken menschliche Folgen von Entfremdung vor (*El paraíso de los imprudentes*, 1956, Das Paradies der Unklugen). *Funeral home* (1959) hinterfragt in einer Verwechslungs- und Selbstmordgeschichte während einer Totenwache den Erlösungsgedanken und jede Illusion.

Literaturhinweise

Gallego Valdés, Luis: Panorama de la literatura salvadoreña, San Salvador 1982.

PANAMA fand wegen verzögerter Selbständigkeit (1903) und langer US-Oberhoheit über die Kanalzone spät zu Kulturidentität und Nationalliteratur. Die Zone kam 1977–1982 durch das Torrijos-Carter-Abkommen unter panamaische Kontrolle. Die Putschmentalität der Nationalgarde macht die Demokratie instabil (US-Intervention 1989 wegen Drogenmafia und Aburteilung Präsident Noriegas).

Die Erzählprosa stellte sich der Realität von Großstadtfaszinosum, Grundbesitz, US-Kanalzone, Korruption und Militärherrschaft. **Ricardo Miró** (1883–1940) schrieb den ersten avantgardistischen Großstadtroman zwischen Reportage und Krimi *Noches de Babel* (1913, Die Nächte von Babel). Joaquín Beleño entdeckt Stadt und Kanalzone in dem Entwicklungsroman *Luna verde* (1951, Grüner Mond): Ein Junge vom Lande findet in Panama-Stadt nicht das vom Stadtmythos verheißene Glück, sondern Prostitution, Rassendiskriminierung und Violencia. Ähnlich denunziatorisch: *Gamboa Road gang (Los forzados de Gamboa)* (1960, Gamboa Road Gang [Die Sträflinge von Gamboa]) über Rassenjustiz (Verurteilung eines Farbigen wegen angeblicher Vergewaltigung) und *Flor de banana* (1970, Bananenblüte) über die Willkür der US-Behörden in der Kanalzone.

Gesellschaftskritik mit moderner Schreibweise verbindet erst **Gloria Guardia** (1940) in *El último juego* (1977, Das letzte Spiel): In einem inneren Monolog als Lebensbilanz zieht sich der Protagonist aus Großstadt und Politik zurück.

Rogelio Sináns Roman *Plenilunio* (1947, Vollmond) über das Panama der vierziger Jahre mit US-Präsenz, Violencia, sozialen und ethnischen Widersprüchen, tropischer Natur, Erotik, Magie und Cabaret nimmt als Collage von Neorealismus, Dadaismus, magischem Realismus und experimenteller Schreibweise (Kontrapunktik von oraler Tradition und eruditer Schriftkultur, wechselnde Erzählperspektive) die *nueva novela* vorweg. Zu dieser gehört sein totaler Roman *La isla mágica* (1977, Die magische Insel) über die Insel Toboga, eine auf Mythos und Afrofolklore rekurrierende erotische Pikareske über ein halbes Jahrhundert panamaischer Geschichte als US-Kolonie mit korrupten Machthabern und Rassendiskriminierung, ein mittelamerikanisches *Decameron* in einhundert Parallelhandlungen und zehn Dekalogen. Material ist nicht die Realität, sondern Prätexte (Liturgie, Reiseberichte, Bibel, Boccaccio).

Die Lyrik verharrte lange in regionalistisch-ländlicher Thematik und spätmodernistischer Schreibweise. **Changmarín** (d. i. Carlos Francisco Chang Marín, 1922), Regionalist, bevorzugt in *Poemas corporales* (1956, Körperhafte Gedichte) ländliche Themen und Ambientes in bäuerlicher Sprache mit Denunziation von Latifundismus, Ausbeutung und Armut.

José de Jesús Martínez (1929), Antikonformist, modernisiert dagegen durch Adaptation von Vallejo, Neruda, Dadaismus und Futurismus (*One Way*, 1972) Inhalt und Form der panamaischen Lyrik. In seiner Dichtung tritt der großstädtische, kosmopolitische Intellektuelle (Typ: Cortázars Oliveira) als neues lyrisches Ich im kolloquialen, an fiktive Hörer gerichteten Diskurs auf (*Invitación al coito*, 1964, Einladung zum Koitus; *En el nombre de todos*, 1976, Im Namen aller).

Die Dramatik ist schwach entwickelt. Traditionell das religiöse Theater im Viertel San Miguelito der Hauptstadt. In der Nachkriegszeit entstand ein sozial engagiertes *teatro popular*. José de Jesús Martínez denunziert in dem existentialistischen Stück *El mendigo y el avaro* (1970, Bettler und Geizhals) den extremen Gegensatz von Arm und Reich.

Literaturhinweise

Miró, Rodrigo: La literatura panameña. Origen y proceso, Panama [6]1976; Sinóm, R.: La poesía panameña, in: Cuadernos Americanos 21,1 (1962).

HONDURAS, Land monokultiver Bananenplantagen, durch Kriege, Bürgerkriege, Putsche, Diktaturen politisch instabil, mit indianisch-mestizischer, halbanalphabetischer Bevölkerung, hat nur rudimentäre literarische Infrastrukturen und eine quantitativ schwache Literatur.

Die Szene wird beherrscht von **Julio Escoto** (1944), Literaturwissenschaftler, Publizist. *El árbol de los pañuelos*

(1968, Der Taschentuchbaum) ist düster-magischer Roman über harten Alltag und Erwerbsleben. Mit zwei Werken zur honduranischen und mittelamerikanischen Geschichte partizipiert Escoto am Neuen historischen Roman: *El general Morazán marcha a batallar desde la muerte* (1992, Der General Morazán marschiert aus dem Tod in die Schlacht) ist *rescritura* der Vita eines liberalen Präsidenten und Militärs der Unabhängigkeit, der in der Agonie seiner Hinrichtung (ähnlich Faulkners und Fuentes' Protagonisten) in erlebter Rede und innerem Monolog Leben und Werk überdenkt.

Die anklingende Frage nationaler honduranischer Identität ist organisierendes Zentrum des totalen neuen Romans *Rey del albor. Madrugada* (1993, König der Dämmerstunde. Morgenfrühe). In einer abenteuerlichen Gegenwartshandlung werden in essayistischen Weltanschauungsdisputen und einmontierten Handlungsfragmenten honduranische und mittelamerikanische Geschichte von der Republik über Unabhängigkeit und Kolonie bis zur Entdeckung zurückverfolgt, das Verhältnis zu Spanien, den USA, den Indios und Afroamerikanern, zu Kuba, zum Sandinismus, zu Gorbatschow in vielen Diskursen, Figuren, Perspektiven und Sprachformen reflektiert.

Theater: Erst 1965 wurde das *Teatro nacional* gegründet. Auf das Ideendrama von **Medardo Mejía** (1907; *El sueño de Matías Carpio*, 1961, Der Traum von Matías Carpio) folgte das von Brecht inspirierte politische Parabeldrama des Exilspaniers **Andrés Morris** (1928): *El guarizama* (1966) über die Violencia und *La miel del abejorro* (1968, Hummelhonig) über Machenschaften der Bananengesellschaft.

Lyrik existiert meist in Zeitschriften und Anthologien (*Antología de la poesía amorosa en Honduras*, 1975, Honduranische Liebeslyrik, hrsg. von Julio Escoto; *Poesía hondureña de hoy*, 1971, Honduranische Poesie von heute). **Roberto Sosa** (1930) schrieb sozial engagierte, rebellische, unpathetische Freiverslyrik (Einflüsse: Machado, Neruda, Whitman): *Los pobres* (1969, Die Armen), *Un mundo para todos dividido* (1971, Eine für alle geteilte Welt).

Literaturhinweise

Castañeda Batres, O.: Panorama de la poesía hondureña, in: Cuadernos Americanos 20,6 (1961).

Die Karibik zwischen Afroliteratur und Postmoderne

Erst nach Bewußtwerden ähnlicher maritim-insularer, tropischer Naturgegebenheiten, Wirtschaftsstrukturen (Plantagen, Tourismus) und des hohen Anteils von Nachkommen afrikanischer Sklaven mit ihrem kulturellen, religiösen (Voodoo) und musikalischen Erbe bei Abwesenheit indigener Kultur bildete sich in Kuba, Puerto Rico und der Dominikanischen Republik eine karibische Kulturidentität heraus. Allen hispanophonen Ländern der Karibik ist Besorgnis über wirtschaftliche, politische und kulturell-sprachliche Vereinnahmung durch die nahen USA und Abgrenzung von, wie Solidarität mit den anglo- und frankophonen Nachbarinseln gemeinsam. Die späte Befreiung vom spanischen Kolonialismus und die enge Bindung an die hispanische Kultur reflektieren sich in der von Martí, Eugenio María de Hostos und Pedro Henríquez Ureña betonten Zugehörigkeit der Karibik zu Lateinamerika.

Literaturhinweise

Gewecke, Frauke: Die Karibik. Zur Geschichte, Politik und Kultur einer Region, Frankfurt a. M. [2]1988; Kohut, Karl (Hrsg.): Rasse, Klasse und Kultur in der Karibik, Frankfurt a. M. 1989; Sander, Reinhard (Hrsg.): Der karibische Raum zwischen Selbst- und Fremdbestimmung. Zur karibischen Literatur und Gesellschaft, Frankfurt a. M. 1984.

Das 1898 von den USA zu einem assoziierten Territorium der USA umgewandelte, relativ industrialisierte, wenig analphabetische PUERTO RICO betrachtet sich als Nation mit hispano-afrokaribischer Identität, die von US-Kultur ergänzt und zugleich bedroht wird. Die Literatur spielt bei der Wahrung dieser Identität eine große Rolle.

In der Lyrik fokussierte die bedeutendste Nachkriegs-Gruppierung, der existentialistische *Movimiento trascendentalista*, auf die durch die Urbanisierung und Modernisierung San Juans gegebene Entfremdung des Individuums. **Félix Franco Oppenheimer** (1912; *El hombre y su angustia*, 1950, Der Mensch und seine Angst) und **Francisco Lluch de Mora** (1925; *Canto desesperado a la ceniza*, 1961, Verzweifelter Aschengesang) artikulieren moderne Ängste. **Jorge María Ruscalleda Bercedóniz** (1944; *Posesión de plena permanencia*, 1966, Im Besitz voller Bleibe), beeinflußt von Vallejo und Neruda, ist realitäts- und alltagsorientiert (Zs. *Zona de carga y descarga*).

Die Erzählprosa rückt die Identität der Halbkolonie in den Mittelpunkt; direktes Engagement für politische Unabhängigkeit wie das von **Pedro Juan Soto** (1928; *El franco tirador*, 1969, Der Freischütz) ist selten.

René Marqués (1919–79) beschreibt konventionell-realistisch die politischen und menschlichen Probleme des Landes im Roman *La víspera del hombre* (1959, Der Mensch am Vorabend). **Enrique A. Laguerre** (1906), Begründer der modernen Narration, thematisiert in dem proletarischen Roman *La llamarada* (1935, Der Ruf) die Identität der Puertoricaner und die Kolonialisierung durch die USA, wobei er die Zugehörigkeit der Insel zu Lateinamerika, weniger zur Karibik herausstellt.

In geopsychologischen Essays (*Los problemas de la cultura puertorriqueña*, 1935) und Ideendramen unter Einfluß Valle-Incláns (*La muerte*, 1950, Der Tod), begründet der Jurist und Dramatiker **Emilio S. Belaval** (1903–72) von der nationalistischen *generación del 30* die Kulturidentität der Insel. Sie bestimmt Thematik und Personal seiner ironisch-parodistischen Meistererzählungen (*Cuentos para fomentar el turismo*, 1946, Erzählungen zur Förderung des Tourismus), deren neobarock-parodistische, magisch-realistische, esperpentische Schreibweise die Befreiung von Costumbrismus und Realismus bedeutet.

Guillermo Cotto-Thorner (1916) ist Romanchronist der puertoricanischen Emigration in New York mit ihren menschlichen Existenz- und kulturellen Identitätsproblemen (*Trópico de Manhattan*, 1951, Tropen in Manhattan), die auch Laguerre in *La ceiba en el tiesto* (1956, Die Ceiba im Blumentopf) thematisiert.

Emilio Díaz Valcárcel (1929), Universitätsprofessor, Publizist, Herausgeber der independentistischen *Claridad*, verarbeitet realistisch das Trauma ethnisch-kultureller Diskriminierung in der US-Armee im Koreakrieg im Zusammenhang mit Immigrantenschicksalen in New York. Protagonisten: Marginalisierte mit sexuellen und Drogenproblemen (*El asedio*, 1958, Die Belagerung; *Napalm*, 1971). *Figuraciones en el mes de marzo* (1972, Einbildungen im Monat März) gestaltet Exil als Vereinsamung in konsumistischer Großstadt und fremdem kulturellen Kontext. Unter Einfluß von *nouveau roman* und *nueva novela* erhält dieser Roman durch Fokussierung auf Sprache und Diskurs experimentellen Charakter. Charakteristisch die Montage von Fiktion, Zitaten und Alltagstexten, Collage von Fragmenten verschiedener Textsorten (Gebrauchsanweisungen, Quittungen, Briefe, Horoskope), Konfrontation von Anglo- und Hispanophonie, Juxtaposition von oralem Regiolekt und skripturalem Diskurs.

Luis Rafael Sánchez (1936) erneuert mit dem experimentellen Roman *La guaracha del Macho Camacho* (1976) im Stil des Postboom die Erzählprosa. Medien, Trivialkunst, Folklore und Nachtklub-Amüsement sind das Ambiente der Narration. Nationale Identität wird an Musik und Bikulturalität, von der farbigen TV-Guaracha-Sängerin Irís Cachón doppelt personifiziert, festgemacht. Die karibische Guaracha ist musikalisch-artifizielles Strukturprinzip des Romans.

Einen geschichtsphilosophisch anspruchsvollen Neuen historischen Roman schrieb **Edgardo Rodríguez Juliá** (1946), Literaturwissenschaftler, mit *La renuncia del héroe Baltasar* (1974, Der Verzicht des Helden Balthasar), Lebenschronik eines Farbigen, der durch Opportunismus den Aufstieg in die rassistische Oberschicht des 18. Jh.s schafft. In *La noche oscura del niño Avilés* (1984, Die dunkle Nacht von Avilés dem Kind) wird die heterogene nationale Identität durch zwei symbolische Orte allegorisiert: den weißen Herrschaftssitz San Juan und eine Siedlung entlaufener Negersklaven, die den schwarzen Heiland erwarten. Zu Autoreferentialität tendiert **Manuel Ramos Otero** (1948) in *La novela-bingo* (1976, Der Bingo-Roman), einem Fest sprachlicher Spielereien in Stil und Struktur Cabrera Infantes und Cortázars. **Rosario Ferré** (1937), Literaturwissenschaftlerin, ging zu poststrukturalistisch beeinflußten Metaromanen über. *Maldito amor* (1986, Verfluchte Liebe) thematisiert in einer einzigen *mise en abyme* das Romaneschreiben.

Das Theater wechselte vom Existentialismus zu denunziatorischem Realismus unter Integration experimenteller Schreib- und Spielweisen. René Marqués, Regisseur und

Piscator-Schüler, verfaßte mit *La carreta* (1953, Der Karren) ein Stück über den Überlebenskampf einer Bauernfamilie beim Übergang zur Industrie-, Konsum- und Geldgesellschaft. Die Familie wandert aus ihrem Dorf über die Elendsviertel von San Juan nach New York, dem desillusionierenden Paradies, und wieder in die Heimat zurück. Die Didaktik wird durch die mythisch-gleichnishafte Struktur (Auszug und Heimkehr des verlorenen Sohnes, danteske Wanderung durch Hölle, Fegefeuer, Paradies) gedämpft. **Francisco Arriví** (1915), Theaterdirektor (Experimentalgruppe *Tinglado Puertorriqueño*), schrieb *Máscaras puertorriqueñas* (1956–58, Puertoricanische Masken), eine poetische Parabel über puertoricanische Identität und Geschichte, und *Club de solteros* (1953, Junggesellenklub), eine dadaistisch-ubueske Kasperliade in drei Schreckensbildern.

Stücke über nationale Problematik (*Encrucijada*, 1958, Kreuzweg) unter Einfluß des absurden Theaters Ionescos und Becketts schrieb **Manuel Méndez Ballester** (1909). Existentialistisch ist *Los soles truncos* (1958, Die Sonnenstümpfe) über drei ledige Schwestern Alt San Juans, die sich gegenseitig frustrieren und sadomasochistisch quälen. Als sie ihren Familiensitz im Zuge der Modernisierung gegen ein Appartement eintauschen sollen, begehen sie im Konflikt zwischen zerstörerischer Zeit und sich der US-Modernität verweigernder puertoricanischer Tradition Selbstmord. Luis Rafael Sánchez machte in *La pasión según Antígone Pérez, crónica americana* (1968, Die Antigone-Pérez-Passion, amerikanische Chronik) den Sophokles-Stoff zum Gleichnis des Kampfes gegen Gewalt. Die Realität wird in brechtscher Manier grotesk verfremdet. Eine Satire über die Frau in der Macho-Gesellschaft ist *Arriba las mujeres* (1968, Hoch leben die Frauen).

Literaturhinweise

Gómez Tejera, C.: La novela en Puerto Rico, San Juan 1947; Rivera de Alvarez, Josefina: Literatura puertorriqueña. Su proceso en el tiempo, Madrid 1983; Rosa-Nieves, Cesáreo: La poesía en Puerto Rico, San Juan [2]1958; Sáez, A.: El teatro en Puerto Rico, San Juan 1950.

In der DOMINIKANISCHEN REPUBLIK bedeutete die lange Diktatur von Leónidas Trujillo (1930–61) politische Unterdrückung, Massaker unter der haitianischen Minderheit (20000 Opfer), Modernisierung von Wirtschaft und Gesellschaft und bescheidenen Wohlstand. Nach Juan Boschs Wahlsieg 1962 kam es zum Militärputsch und nach der April-Revolution 1965 zur US-Militärintervention. Präsident Balaguer regierte 1966–78 autoritär und ab 1986 moderat repressiv. Hauptprobleme: Instabilität der Demokratie, Korruption, Massenarmut, Analphabetismus, Spannungen zwischen Dominikanern und Haitianern. Zensur und Personenkult trieben oppositionelle Schriftsteller in den 50er und 60er Jahren ins Exil. Nach der unpolitisch-avantgardistischen *poesía sorprendida* der 40er Jahre herrschte Mittelmaß, Apologetik und Costumbrismo des offiziellen Diskurses. Denunziation diktatorischer Repression wagten nur Exilanten.

Prominentester Schriftsteller ist **Juan Bosch** (1909), Historiker, liberaler Trujillo-Gegner, 1933–61 im Gefängnis bzw. Exil, 1962 Staatspräsident, durch US-Einmischung gestürzt. Einer der besten Kurzgeschichtenerzähler Lateinamerikas, Verfasser realistischer, oft tragischer, sozial motivierter Psychodramen (*La muchacha de La Guaira*, 1955, Das Mädchen von La Guaira; *Cuentos escritos en el exilio*, 1962/64, Erzählungen aus dem Exil). Enthüllt die karibische Psyche, die Alltags- und Gesellschaftskonflikte ländlicher Protagonisten in erlebter oder direkter Rede. Die

Bürgerkriege mit ihren für die Bauern undurchschaubaren Hintergründen werden im Roman *La Mañosa* (1936, Die Störrische) als ziellose Geschichte aus Kinderperspektive beschrieben.

Die *generación del 60* lehnte das Vorbild der Exilanten für die Vergangenheitsaufarbeitung wegen deren Realitätsunkenntnis ab. Auch erschien ihr sozialer Realismus ungeeignet zum Sagen des Unsagbaren. Neue Modelle: Kafka, nord- und hispanoamerikanische Erzähler (Faulkner, Cortázar). Experimentelle Formen drückten optimal die Denunziation der Diktatur, Besinnung auf hispanoafrikanische Nationalkultur und metaliterarische Reflexion aus. Autoreferentialität und ludischer Umgang mit Sprache und Literatur waren selten.

Die Enthüllung der Verbrechen der Diktatur erfolgte zuerst in testimonialer Erzählprosa. **Virgilio Díaz Grullón** (1924), Rechtsanwalt, schrieb das späte autobiographische *testimonio* über die Trujillo-Diktatur *Antinostalgia de una era* (1989, Antinostalgie einer Ära). Testimoniales wird literarisiert von **Freddy Prestol Castillo** (1913), als Jurist an der »Untersuchung« des Massakers unter den Haitianern beteiligt. Auf Grundlage seiner Notate entstand der Bestseller *El masacre se pasa a pie* (1973, Das Massaker passiert im Stehen), weniger Rekonstruktion äußerer Vorgänge als Erforschung der Psyche und Motivation von Opfern, Tätern und *cómplices*, hinter deren personalen Perspektiven der Erzähler zurücktritt. Montage von testimonialer Chronik und Fiktion mit modernen narrativen Verfahren: sequentielle statt chronologischer Handlung, Traumvisionen, historische Reminiszenzen.

Stärkere erzähltechnische Modernisierung erfolgt durch **Aída Cartagena Portalatín** (1918), Anthropologin, Kunsthistorikerin, von *La poesía sorprendida* zu *Brigadas dominicales* übergewechselt. *Escalera para Electra* (1970, Treppe für Elektra) erzählt die inzestuöse Beziehung der Tochter

Swain zum Vater, die Ermordung des Vaters durch die Mutter und den mörderischen Kampf beider Frauen gegeneinander. Statt Verdrängung wird die Biographie Swains zum Zwecke der Therapie rückhaltlos aufgezeichnet. Damit wird gleichnishaft von Historiographie und Literatur die Aufarbeitung verdrängter Nationalgeschichte verlangt. Die Katharsis erfolgt autobiographisch während der Griechenlandreise der Autorin mit Kommentaren zur Violencia, auf der literarischen Ebene der *Elektra* des Euripides und der metaliterarischen Ebene romantheoretischer Erörterungen.

Veloz Maggiolo (1936), Archäologe, Journalist, Diplomat, arbeitet in *De abril en adelante. Protonovela* (1975, Von April an gerechnet. Protoroman) die Aprilrevolution von 1965 auf. In dem metaliterarischen Neuen historischen Roman um einen Romancier, der mit einem Romanprojekt um Anerkennung ringt, werden drei nationale Katastrophen in Alternanz von Faktion und Fiktion (*capítulos* und *anticapítulos)* dargestellt: die US-Invasion 1965, der Krieg von 1865 und die Verwüstung des Vizekönigsitzes im 16. Jh. *Materia prima* (1989, Rohstoff) ist aufklärerische Satire über das Post-Trujillo-Santo-Domingo.

Pedro Vergés (1945), Universitätsprofessor, Kulturinstitutsleiter, beginnt die Großstadtliteratur mit *Sólo cenizas hallarás, Bolero* (1980, Nur Asche wirst du finden, Bolero), Romanchronik der Hauptstadt vom Tode Trujillos 1961 bis zum Wahlsieg Boschs 1965. Strukturierend die Bolero-Musik als Identifikationsmuster von Volk und Opposition.

In *Curriculum. El síndrome de la visa* (1982, Curriculum. Das Visum-Syndrom), teilweise metaliterarischem Roman von **Efraim Castillo** (1941), entdeckt der Protagonist »Beto« bei Recherchen die menschliche Vereinsamung und Entfremdung der Großstädte Santo Domingo und New York (Einflüsse: Marechal, Carpentier, Camus, Beckett, Kafka, Sartre, Neuer Roman) und rekonstruiert die Violencia unter Trujillo und Balaguer. Die Konfrontation des Protagonisten in den USA mit trivialer Kommerzkultur

(Comics, Film, TV, Werbung) und US-Englisch stellt die Frage nationaler Kulturidentität.

José Alcántara Almánzar (1946), Soziologe, Professor für dominikanische Literatur, lieferte sozialkritische Zustandsbeschreibungen der Marginalisierten und anderer Großstadtbewohner in modernster narrativer Technik nach dem Vorbild Cortázars: typographisch hervorgehobene Polyphonie, multiple Erzählperspektive, Montage und Collage von Texten verschiedener Diskursarten (*Las máscaras de la seducción*, 1983, Die Masken der Verführung).

Roberto Marcallé Abreu (1946), New Yorker Journalist, thematisiert soziale, existentielle und kulturelle Identitätsprobleme dominikanischer Immigranten in den USA mittels innerem Monolog und erlebter Rede in kolloquialer Alltagssprache (*Alternativas para una existencia gris. Relatos de New York* (1987, Alternativen für eine graue Existenz. Geschichten aus New York). **Pedro Peix** (1952), Rechtsanwalt, schrieb Erzählungen über Violencia mit Polyphonie und Polyperspektivik, innerem Monolog und erlebter Rede (*Las locas de la Plaza de los Almendros*, 1977, Die verrückten Frauen von der Plaza de los Almendros).

In der Lyrik denunzierte die *generación del 40* Diktatur und gesellschaftliche Mißstände. **Pedro Mir** (1913), seit 1982 *poeta nacional*, schrieb im Exil das Langgedicht *Hay un país en el mundo* (1949, Es gibt ein Land in der Welt), Chronik dominikanischer Geschichte und Gegenwart mit kritischem Blick auf den Reichtum der Großgrundbesitzer und das armselige Leben der *campesinos* und Zuckerrohrschnitter. **Héctor Inchaustegui Cabral** (1912–79), *trascendentalista*, drückt Sorge um Integrität, Solidarität und Zukunft des Menschen unter enthumanisierenden Bedingungen in *Rebelión vegetal y otros poemas menos amargos* (1956, Pflanzliche Rebellion und andere weniger bittere Gedichte) aus.

Theater und Drama entwickelten sich infolge Zensur und Repression wenig. Ende der 50er Jahre wurden das *Teatro Universitario* und die experimentelle Gruppe *Ika Tanya Payan* gegründet und *Muestras nacionales de teatro* sowie seit 1980 der *Día Nacional del Teatro* organisiert.

Franklín Domínguez (1931) ist meistgespielter Autor mit über 60 populären Stücken zwischen aktueller Gesellschaftssatire und Boulevardkomödie (*Se busca un hombre honesto*, 1964, Anständiger Mensch gesucht). **Reynaldo Disla** (1956), Puppenspieler (*Teatro guiñol*), läßt in *Bolo Franscisco* (1985) das Kasperle während der Wahlen gegen Armee und korrupte Abgeordnete kämpfen. Kosmopolitische Stücke im Stil Arrabals schrieb der Regisseur **Iván García Guerra** (1938; *Fábula de los cinco caminantes*, 1965, Fabel von den fünf Wanderern).

Literaturhinweise

Alcántara Almánzar, José: Estudios de poesía dominicana, Santo Domingo 1979; Algan Durand, V.: Historia de la poesía en Santo Domingo, Ciudad Trujillo 1953; Balaguer, Joaquín: Historia de la literatura dominicana, Santo Domingo [6]1986; Gewecke, Frauke: Der Wille zur Nation. Nationsbildung und Entwürfe nationaler Identität in der Dominikanischen Republik, Frankfurt a. M. 1996; Pimentel, Miguel: Ideología de la novela criolla (1880–1944), Santo Domingo 1986.

In KUBA, der Insel des Zuckers, des Tabaks und Tourismus, herrschte nach politisch instabiler Nachkriegszeit von 1952 bis 1959 der Diktator Batista. Er trieb existentialistische (Carpentier, Otero, Piñera) und kommunistische Autoren (Guillén, Pita Rodríguez) sowie marxistische Theoretiker (Marinello, Portuondo) ins äußere oder innere Exil. Unpolitische Transzendentalisten (García Marruz, Lezama

Lima, Vitier) suchten in ihrer Dichtung ein Refugium vor der sie anwidernden Realität.

1959 errichteten Castro und Che Guevara eine basisdemokratische Diktatur mit Agrarreform und einer Kulturrevolution mit literarisch bedeutsamen Umwälzungen: Alphabetisierung, Verlagsgründungen, Stiftung der *Casa de las Américas* als Diskussionsforum lateinamerikanischer Künstler, Gründung des Schriftsteller- und Künstlerverbandes UNEAC, der Kulturzs. *Casa de las Américas*, *La Gaceta de Cuba*, *Lunes de Revolución*, *El Caimán Barbudo*, soziale Absicherung der Schriftsteller, denen Castro künstlerische Freiheit innerhalb der Revolution zusicherte (*Palabras a los intelectuales*, 1961).

In der Lyrik beherrschten die Gegensätze zwischen Transzendentalisten (Lezama Lima, Diego, Vitier) und engagierten Dichtern (Guillén, Navarro Luna, Regino Pedroso) die Nachkriegsszene und die 50er Jahre. Die Revolution wurde von den meisten Lyrikern begrüßt. **Roberto Fernández Retamar** (1930), Literaturpolitiker und Chef der Zs. *Casa de las Américas*, verfaßte mit *Con las mismas manos* im gleichnamigen Band (1962, Mit den gleichen Händen) ein paradigmatisches Gedicht über die Einheit von Revolution und individuellem Glück. **Fayad Jamis** (1930), Graphiker, Journalist, dessen Lyrik um die Opposition *polvo – tierra* kreist, identifizierte sich mit der Revolution als Realisation menschlicher Solidarität (*Por esta libertad*, 1962, Für diese Freiheit). Nicolas Guillén schrieb das revolutionäre Bekenntnisbuch *Tengo* (1964, Ich habe). In whitmanschem Tonfall feierte der Altkommunist und Kritiker **Ángel Augier** (1910) die Revolution in *Isla en el tacto* (1965, Insel im Takt). Revolutionshymnen schrieb auch **Manuel Díaz Martínez** (1936; *Vivir es eso*, 1968, Dies ist Leben).

Die *nuevos*, die nach der Revolution debütierten, haben unterschiedliche Handschriften. Miguel Barnets Dichtung über politische und persönliche Sujets von *La piedrafina y el pavorreal* (1963, Feinstein und Pfau) bis zu *Carta de noche* (1982, Nächtlicher Brief), zwischen Intellektualität und Betroffenheit schwankend, verrät den Ethnologen und Folkloristen. *Isla de Güijes* (1964) und *Orikis y otros poemas* (1980) beziehen sich auf Afrotradition und -mythologie.

Letztere ist Hauptpotential der Mulattin **Nancy Morejón** (1944), Kritikerin, Publizistin, das sie mit dem Erbe Guilléns und der *négritude* (Césaire, Senghor, Depestre), dem Surrealismus Bretons und Éluards sowie dem Transzendentalismus Lezama Limas, Eliseo Diegos und Fina García Marruz' verbindet. Ihre dialogische Dichtung drückt ihr Selbstbewußtsein als Farbige und als Frau aus (*Richard trajo su flauta*, 1967, Richard brachte seine Flöte; *Octubre imprescindible*, 1982, Unverzichtbarer Oktober). – Der schwarze Lyriker **Cos Causse** (1945) aus Santiago artikuliert afroantillisches Selbstbewußtsein.

César López (1933), Kunstkritiker, schrieb Gedichtzyklen und Epigramme, oft im Konversationston, an einen imaginären Adressaten über politische, moralische und literarische Probleme des Intellektuellen in der Revolution (*Primer y segundo libro de la ciudad*, 1967–71, Erstes und zweites Buch von der Stadt).

Doch artikulierten die *nuevos* in einer Deklaration im *Caimán Barbudo* früh den Anspruch des Ich auf Selbstverwirklichung und die mögliche Kollision mit Revolution und Kollektiv.

Charakteristisch ist der Gestus von **Raúl Rivero** (1945), Journalist, Verfasser kraftvoller, nachdenklicher Dichtungen von metaphorischer Genauigkeit (*Poesía sobre la tierra*, 1973, Poesie auf Erden) in seinem antihagiographischen Rollengedicht *Mambí particular*, in dem sein Ahne sich rühmt, im Unabhängigkeitskrieg weder in der Vor- noch in der Nachhut gekämpft zu haben:

No realicé ninguna hazaña
sólo expuse mi sangre
para que Cuba fuera libre.
Sé que mi nombre y mi retrato no aparecen en los libros de historia.

Poesia sobre la tierra, Havanna: UNEAC, 1973, S. 9f.

Ich vollbrachte keinerlei Heldentat,
bot lediglich mein Blut dar,
daß Kuba frei sei.
Ich weiß, weder mein Name noch mein Porträt erscheint in den Geschichtsbüchern.

Luis Suardíaz (1936), Journalist, Kulturfunktionär, läßt seine eigenwilligen, das Politische nur streifenden Dichtungen aus Anekdotischem und zufälligen Beobachtungen auf der Straße, der Reise oder dem Anblick einer Frau erwachsen (*Como quien vuelve de un largo viaje*, 1975, Wie jemand, der von langer Reise zurückkehrt; *Todo lo que tiene fin es breve*, 1983, Alles, was endlich ist, ist kurz).

David Cherician (1940), Journalist, Nachdichter, verfaßte neoklassizistische, meist gereimte Bekenntnisdichtung, vor allem jedoch Lyrik für Kinder (*La onda de David*, 1967, Die Schleuder Davids; *Dindorindorolindo*, 1980).

In Rogelio Nogueras *Imitación de la vida* (1981, Nachahmung des Lebens) verträgt sich Folkloristisches mit elitärer Tradition, optimistischer Hymnus auf die Epoche mit intimer Ich-Aussage, Bekenntnis zur Revolution mit Absage an die Revolutionsrhetorik (»Streichquartett statt Sinfonie«).

Francisco de Oráa (1929), Journalist, Kulturarbeiter, schreibt in individueller Syntax, Metaphorik und Zeitenfolge persönliche, zurückhaltende, spät gereifte Gedankendichtungen über die Großstadt Havanna, die er für die Lyrik entdeckt, über Vergangenheit, Vergänglichkeit, Revolution, individuelle Verzweiflung und Hoffnung (*Ciudad*

ciudad, 1979, Stadt Stadt). **Luis Marré** (1929) fixiert surrealistische Traumgebilde in *Para mirar la tierra con otros ojos* (1977, Um die Erde mit anderen Augen anzusehen). Angeregt von den Jungen schrieb Guillén *El gran zoo* (1967), Satire auf politische und moralische Verhaltensweisen, *La rueda dentada* (1972, Das Zahnrad), existentielle und Liebesdichtungen, und *El diario que a diario* (1972, Die Zeitung, die täglich erscheint), experimentelle Collage und historisch-satirische kubanisch-afrokubanische Revue mit Montage von Dokumenten, Reklamespots und anderen Fremdtexten.

Im Lied erfolgte ein Generationswechsel. **Jesús Orta Ruíz** (gen. El Indio Naborí, 1922) kultivierte die hispanokubanische Liedtradition der *décima guajira* (*Boda profunda*, 1957, Profunde Hochzeit). **Carlos Puebla** (1917) verfaßte spritzige zeitkritische Alltagssatiren in kreolischen und afrokubanischen Guarachas, Sones und Boleros (*Hablar por hablar*, 1984, Reden, um zu reden). Diese Traditionalisten wurden verdrängt von der *Nueva Trova Cubana* (**Pablo Milanés**, 1943, und **Silvio Rodríguez**, 1946), die ein jugendliches Publikum bediente und sich auf Popmusik, Chanson, Song und Protestlied stützte (Anthologie *Creadores, canciones e intérpretes de la Nueva Trova*, 1978).

In der Narration wirkte bis in die Revolution hinein ein sozialkritischer, heimat- und landschaftsverbundener Kreolismus. **Félix Pita Rodríguez** (1909), Journalist, Seemann, Altkommunist, erzählt in Kurzgeschichten mit der wiederkehrenden Figur des naiven Dörflers Tobías (*Tobías*, 1954) im Gestus oralen Erzählens, mit der Emotionalität und oft Weinerlichkeit des kleinen Mannes die Tragödien, Demütigungen und Schicksalsschläge der Guajiros.

Jorge Onelio Cardoso (1914–86), Lehrer, Journalist, Kurzgeschichtenautor, nimmt den oralen Gestus der Geschichtenerzähler (*El cuentero*, 1958, Der Geschichtenerzähler), die Phantastik der Guajiro-Legenden und das Seemannsgarn der Fischer in dialogreichen Geschichten auf. Aus kleinen Begebnissen entwickelt er poetische Wachtraum- und Abenteuergeschichten (*El caballo de coral*, 1960, Das Korallenpferd).

Auf die Pikareske greift der Folklorist **Samuel Feijóo** (1914) zurück. *Juan Quinquín en Pueblo Mocho* (1964) ist ein kubanischer Eulenspiegel, der bei einem Aufstand gegen Wahlbetrug und Arbeitslosigkeit fällt, aber als Legende überlebt. Kreolische Fortsetzung von Quevedos pikareskem *Buscón*, dem der Wechsel aus dem Dorf nach Havanna übel bekommt, ist *Aventuras de Gáspar Pérez de Muela Quieta* (1982, dt. Abenteuer des Gaspar Pérez aus Mahlzahns Ruh) des Juristen und Diplomaten **Gustavo Eguren** (1925). Kreolistisch ist **Dora Alonsos** (1910) Darstellung des vorrevolutionären Dorfes (*Tierra inerme*, 1961, Wehrloses Land).

Hagiographisch illustriert die testimoniale Erzählprosa, die Protagonisten in gute Revolutionäre und böse Konterrevolutionäre aufteilend, die Peripetien der Geschichte: Lisandro Otero mit *Cuba Z.D.A.* (1960, Kuba, Zone der Agrarentwicklung) die Bodenreform, César Leante mit *Con las milicias* (1962, Mit den Milizen) die paramilitärischen Milizen, **Daura Olema** (1937) mit *Maestra voluntaria* (1962, Freiwillige Lehrerin) die Alphabetisierungskampagne, **Raúl González de Cascorro** (1922) mit *Gente de Playa Girón* (1962, Leute von Playa Girón) die Contra-Invasion 1961.

In diesem Kontext entwickelte der Ethnologe und Ortíz-Schüler **Miguel Barnet** (1940) auf der Basis von Tonbandprotokollen die *novela-testimonio*, den testimonialen Roman, aus der *oral history* des US-Soziologen Oscar Lewis. Die oralen Zeugnisse, Sprache und Perspektive der aus Schriftkultur und offizieller Geschichtsschreibung Ausgeschlossenen (Analphabeten, Neger, Marginalisierte, Immigranten) sollten bewahrt werden. In *Biografía de un cimarrón* (1966, dt. Der Cimarrón) erzählt der hundertjährige

Esteban Montejo sein Leben als Negersklave, Entlaufener (*cimarrón*), Kämpfer der Unabhängigkeitsrevolution und Zuckerrohrschnitter bis zur postrevolutionären Gesellschaft im Kuba Castros. Die Verschriftlichung der stimm- und sprachlosen Analphabeten durch Barnet ist Zeugnis von Rassengleichheit: im Unterschied zu okzidentaler Ethnographie ist der Neger nicht Objekt einer »Fallstudie«, sondern mit dem Autor-Kompilator Barnet gleichberechtigter, sich im inneren Monolog aussprechender Ich-Erzähler, Subjekt afrokubanischer Widerstandskultur. In *La canción de Rachel* (1969, dt. Das Lied der Rachel) wird der innere Monolog einer Alhambra-Soubrette im Stil der *nueva novela* durch andere Zeugen-Stimmen (Solistin vs. Chor) und metaliterarische Einschübe des Autors zur Polyphonie. *El Gallego* (1981, dt. Alle träumten von Cuba: die Lebensgeschichte eines galicischen Auswanderers) und *La vida real* (1986, dt. Ein Kubaner in New York) über Emigranten in New York vervollständigen die Tetralogie polykultureller kubanischer Geschichte »von unten«.

Ähnlich **Enrique Cirules** (1938) mit *Conversación con el último norteamericano* (1973, Gespräch mit dem letzten Nordamerikaner). Reynaldo González schreibt mit *La fiesta de los tiburones* (1978, Das Haifischfest) ein *testimonio* nach dem Polyphonie-Strukturmodell des Neuen Romans. Kombinierten Einfluß von *nueva novela* und *novela-testimonio* verraten die polyphonen Textmontagen von Interviews und Gerichtsprotokollen González de Cascorros über Terroristen in der Escambray 1960–63 (*Aquí se habla de combatientes y de bandidos*, 1975, Hier ist von Kämpfern und Banditen die Rede). Über dasselbe Sujet schrieb **Norberto Fuentes** (1943), Zeichner, Journalist, *Condenados de Condado* (1968, Verdammte von Condado), psychologisch und motivational differenzierende testimoniale Kurzprosa mit oraler Umgangssprache in Figurenrede, beeinflußt von Babels *Roter Reiterarmee*, Hemingway und der *nueva novela*.

Revolutionsroman und -erzählung fokussieren die Handlung auf den Guerillakrieg. Innerer Konflikt ist Revolution vs. Privatleben (Liebe, Familie), Bewußtsein vs. physisch-psychische Widerstandskraft bei Folter, wogegen der Widerspruch Revolution vs. Konterrevolution nie ein innerer ist, sondern extern zwischen verschiedenen Personen ausgetragen wird. Das führt zu manichäistischer Aufteilung des Figurenpersonals in edle Revolutionäre und grausame Folterknechte (Typisierung statt Individualisierung). Schreibmotivation ist nicht Aufklärung, sondern Erzeugung von Emotionen (Abscheu vor der Diktatur, Identifizierung mit der Revolution). Später wurde das Genre auf den Befreiungskrieg gegen Spanien 1894–98 und die Revolution von 1933 zwecks Einordnung der Revolution in die historische Tradition ausgeweitet (Carpentiers *El recurso del método*, 1974, dt. Die Methode der Macht; über den Kampf der Minoristen).

Humberto Arenal (1926), Journalist, Cineast, publizierte im US-Exil den ersten Revolutionsroman *El sol a plomo* (1959, Die bleierne Sonne) über die Entführung des Boxers Kid Mexico aus einem Havannaer Hotel durch Guerilleros und die Folterung und Ermordung der Geiselnehmer.

José Soler Puig (1916), Ex-Machetero, Handelsvertreter, Journalist in Santiago, erzählt in *Bertillón 166* (1960) mit filmischen Schnitten und Überblendungen vom illegalen Antibatistakampf (zwei Liebende, Castristen, benötigen ein Gewehr, um in die Sierra zu gehen) in der esperpentischen Angstatmosphäre Santiagos. *El pan dormido* (1975, Das schlafende Brot) ist Stadtchronik Santiagos und bis zur Machado-Diktatur zurückgreifende Familiensaga einer Bäckerfamilie (Einflüsse: Zola, Miguel de Carrión, García Márquez) in 23 Bildern mit Wechsel aus der Kindes- in die Erwachsenenperspektive. *El caserón* (1976, Das Haus) ist die Familiengeschichte armer Leute in ineinandermontierten Monologen und Briefen zweier Schwestern als Dialog verschiedener Textsorten mit doppelten Erzählperspektiven und Zeitebenen. Mit verinnerlichernder Erzähltechnik, Intertextualität, Integration afrokaribischer Mythologie und oraler Tradition schreibt Soler Puig in *Un mundo de cosas* (1982, Eine Welt von Dingen) die Parallelgeschichte einer Santiagoer Magnaten- und Arbeiterfamilie im *nueva-novela*-Stil.

Der existentialistische Roman projiziert mit interiorisierenden Darstellungstechniken Sartresche Philosophie auf die Extremsituation des Widerstands, so **José Lorenzo Fuentes** (1928), Ex-Guerillero, Lehrer für Kunstgeschichte und Journalist, in *El sol, ese enemigo* (1963, Die Sonne, dieser Feind), und auf das Geworfensein des entfremdeten Intellektuellen oder Kleinbürgers, so Virgilio Piñera in *Pequeñas maniobras* (1963, Kleine Manöver).

Hauptvertreter: **Edmundo Desnoes** (1930), im US-Exil, danach lange im castristischen Kuba, schrieb *Memorias del subdesarrollo* (1965, Erinnerungen an die Unterentwicklung), durch Aleas Film weltberühmt, innerer Monolog des homodiegetischen Ich-Erzählers Malabre, Sohn eines Möbelfabrikanten, der nach der Revolution nicht der Familie in die USA folgt, sondern seine Grenzsituation mit kritischem Verständnis für die ihm fremd bleibende Revolution auskostet. Der Protagonist ersetzt die Sarmientosche Opposition Barbarei – Zivilisation durch die Dichotomie Unterentwicklung vs. US-Hochtechnologie / geistige Kultur Europas. Revolution als Ausbruch aus der Unterentwicklung.

Lisandro Otero (1932), Journalist, Diplomat, in Mexiko lebend, vereint Existentialismus mit US-Behaviourismus, Carpentiers Barockismus mit Hemingways Lakonismus. *La situación* (1963, dt. Schaler Whisky) ist Röntgenbild der Oligarchie mit ihrer Lebensweise zwischen Geschäft und Highlife. Der Protagonist Luis Dascal, der Bourgeoisie entfremdet, voll existentieller Ängste, wandelt sich über eine moralische Krise zum inneren Rebellen. Seine subjektive Perspektive im inneren Monolog wird durch einen objektiven Erzähler ergänzt, der die übergreifende Geschichte der kubanischen Oligarchie durch einmontierte Fragmente zweier wiederkehrender Serien von Parallelhandlungen auf historisch anderen Zeitebenen des späten 19. und frühen 20. Jh.s erzählt: *Oro blanco* und *Un padre de la patria* führen die Entwicklung der Zuckerbourgeoisie anhand der Geschichte der kolonial-hispanischen Sarrías und der republikanisch-nordamerikanisierten Cedróns vor.

Ab Mitte der 60er Jahre wurde die Revolutionsthematik teils experimentell, teils phantastisch unter Einfluß des Neuen Romans weitergeführt. **Ezequiel Vieta** (1922), Lehrer, schrieb *Vivir en Candonga* (1966, Leben in Candonga), allegorischen Thesenroman über unpolitischen Entomologen, der in Candonga, einem mythischen Modell-Ort, nach Auffinden der seltenen Stella Aequalis durch Beschuß der Batista-Truppen stirbt.

Die Loslösung von der endlosen hagiographischen Guerilla- und Revolutionsthematik brachten Erzählungen über den Alltag junger Leute, unheldisch-humoristisch, in kolloquialer Volks- und Jugendlichensprache ähnlich der mexikanischen *onda*. Die jungen Autoren negierten in Thematik und Stil die Vaterfiguren Carpentier, Guillén und Lezama Lima. **Sergio Chaple** (1938) in *Ud. sí puede tener un buick* (1969, Auch Sie können 'nen Buick kriegen), **Julio Travieso** (1940) in *Los corderos beben vino* (1971, Die Lämmer trinken Wein), **Eduardo Herás León** (1940) in *Los pasos en la hierba* (1970, Schritte im Gras), Jesús Díaz in *Los años duros* (1966, Die harten Jahre).

Pablo Armando Fernández (1930), Publizist und Diplomat, offerierte in *Los niños se despiden* (1968, Die Kinder verabschieden sich) eine neue, differenzierte Sicht vorrevolutionärer Vergangenheit, Weiterschreibung der von Lezama Lima als *mito insular* entwickelten *cubanía* als einer mehr psychisch-innerlichen als sozial-äußerlichen Realität. Nähe zum Neuen Roman durch experimentelle Struktur, Lyrisierung, mythisches Substrat, Allegorie, Traumprotokoll und Intertextualität.

José Lorenzo Fuentes analysiert in *Viento de enero* (1968, Januarwind) die bisher ignorierte Psyche eines karrieresüchtigen Batista-Folterknechts, der nach der Revolution sein Leben zurückspult, in moderner Technik: erlebte oder direkte Rede in erster oder zweiter Person, zwei Zeitebenen, aleatorisch-filmische Montage von Episoden und Traumprotokollen (Modelle: *nouveau roman*, Joyce, Faulkner).

Reynaldo González (1940), Bankangestellter, Publizist, beschreibt in *Siempre la muerte, su paso breve* (1968, dt. Der rasche Schritt des Todes) die bedrückende Atmosphäre eines mythischen vorrevolutionären »Macondo« namens Ciego del Anima (d. i. Ciego de Avila, der Geburtsort des Autors) unter Verzicht auf *effet du réel* und *testimonio* als sich selbst genügende fiktionale Welt: Auf einer Totenwache wird einem Fremden die Geschichte des Ortes in Monologen (mit drei Personalpronomen wie in Fuentes' *Artemio Cruz*), parallelen Zeit- und Erzählebenen, Intertextualitäten und Bezug zu Mythos wie in der *nueva novela* erzählt.

Nach langer US-Blockade ging das Land an den realsozialistischen Aufbau mit Parteidiktatur, Personenkult, Planwirtschaft und Nationalisierung der Privatbetriebe. Verhärtung auch auf künstlerischem Gebiet: der Kongreß für Erziehung und Kultur denunzierte 1971 elitäre Kunst und verpflichtete die Schriftsteller auf den Marxismus-Leninismus.

Den Tiefpunkt bildet die Verhaftung und öffentliche Demütigung **Heberto Padillas** (1932) wegen revolutionskritischer Gedichte. *Fuera del juego* (1968, dt. Außerhalb des Spiels) wirbelte mehr Staub auf als das gleichzeitige Gemetzel von Tlatelolco, weil der Dichter sich auf die Kassandra-Rolle als kritisches Gewissen und ewigen Spielverderber festlegt, der sich nicht in Machtmechanismen integrieren läßt. Padilla wurde verhaftet und ging außer Landes. Frontale Kritik war danach nur aus dem Exil möglich. Die verheißungsvolle Entwicklung der Literatur riß ab, die 70er

Jahre wurden zum »schwarzen Loch« des sozialistischen Realismus.

Manuel Cofiño López (1936), Ex-Fabrikant, schrieb mit *La última mujer y el próximo combate* (1971, Die letzte Frau und der nächste Kampf) den ersten sozialistisch-realistischen Roman über die Kollektivierung. Der Protagonist Bruno leitet den Aufbau einer Baumschule und den Kampf gegen Saboteure. Gegenüber diesem hagiographisch geschilderten positiven Helden sind der Konterrevolutionär Siaco und seine frustrierte Frau Natí differenziert gezeichnet. Durch wechselnde Erzählsperspektiven, innere Monologe, Rückblenden, Einmontage oraler Legenden und Hemingwayscher Vignetten hat der Roman eine Faulkner, magischem Realismus und der *nueva novela* verpflichtete Struktur.

Miguel Cossío Woodward (1938), Ökonom, führt in *Sacchario* (1971) die revolutionäre Wandlung seines Protagonisten zum Revolutionär vor. Montagen von Fiktion und Dokument, orale Sprache und interessante Gestaltung der Erzählperspektiven bei leicht plakativem Schluß.

Literarisches Hauptprodukt der 70er Jahre ist der leicht rezipierbare Kriminalroman, der bei fehlendem Buchimport gleichermaßen das massenweise Leserbedürfnis nach Spannung, Unterhaltung und Evasion aus unerquicklichem Alltag und ideologischem Zwang wie die offiziell erwünschte Indoktrination durch Fokussierung auf politisch motivierte Verbrechen bediente. In über 100, meist mit Spionageromanen identischen Revolutionskrimis werden CIA-Leute, Konterrevolutionäre, Bummelanten, Schwule oder afrokubanische Santería-Anhänger als Verbrecher entlarvt, so in *La ronda de los rubíes* (1973, Die Rubinkette) von **Armando Cristóbal Pérez** (1938) oder *El cuarto círculo* (1976, Der vierte Kreis) von **Luis Rogelio Nogueras** (1945–85) und **Guillermo Rodríguez Rivera** (1943). Nogueras betont in *Y si muero mañana* (1978, Und stürbe ich morgen) das Kollektiv und die »Sache« gegenüber dem Einzelnen, die »Weichheit« kubanischer Agenten gegenüber harten James-Bond-Typen. Durch Montage von Fiktion und Dokument und Wechsel zwischen homodiegetischem Ich- und allwissendem Erzähler erreicht dieser Krimi den Standard der Höhenkammliteratur.

Daniel Chavarría (1933), aus Uruguay stammender Flugzeugpirat und Lateinlehrer, schrieb mit *La sexta isla* (1984, Die sechste Insel) eine *rescritura* von Stevensons *Schatzinsel* mit Strukturen von Ecos *Der Name der Rose*, die auf verschiedenen Zeitebenen das heutige Kuba mit einem Flibustierschicksal der Kolonialepoche in Beziehung setzt. Die Spionagegeschichte *Allá ellos* (1993, dt. Die Wunderdroge), verbindet eine trübe CIA-Story und eine spanische Familiensaga mit der Geschichte aller Kriege des Jh.s zum Epochenpanorama. – Eine Alternative bot auch die kubanische Science-fiction (**Ángel Arango**, 1926; *El planeta negro*, 1966, Der schwarze Planet; **Daina Chaviano**, 1957; *Amoroso planeta*, 1983, Verliebter Planet).

Frauenliteratur: Es gibt viele Autorinnen, aber kaum feministische Literatur oder *escritura feminina*, obwohl trotz beruflicher und rechtlicher Emanzipation in Alltag und Familie der Machismus fortdauerte. **Renée Méndez Capote** (1901) schrieb nostalgische Bestsellermemoiren *Memorias de una cubanita que nació con el siglo* (1964, Erinnerungen einer Kubanerin, die mit dem Jahrhundert geboren wurde) über das Durchhaltevermögen der Frauen einer verarmten Pflanzerfamilie als Modell für heute. Aida García Alonso verfaßte mit *Manuela la Mexicana* (1968) die Biographie einer Köchin aus den Slums von Havanna mit Anpassungsschwierigkeiten an die Revolution. Am gelungensten sind Humberto Solás' Episodenfilm *Lucía* (1968) über Frauen im Unabhängigkeitskrieg, in der Machado-Diktatur und der Revolution 1959, sowie der Roman *El juicio final* (1977, Das Jüngste Gericht) von **David Buzzi** (1932) über postrevolutionären Machismo und Frauenprobleme in Arbeit und Familie.

Während der wirtschaftlichen *rectificación* der 80er Jahre erfolgte eine spürbare Liberalisierung. Statt ideologischer Indoktrination, großer *récits* und Rhetorik ging es den meist jungen Autoren um einen neuen Realismus, Extratextualität, Jugendalltag, Artikulation privat-persönlicher Lebensansprüche. Sie wollten dialogisieren, keine sakrale Autorität, sondern Worthandwerker sein und metaliterarisch oder in *mise en abyme* das Textverfertigen vorführen (Pablo Armando Fernández' *El vientre del pez*, 1989, Der Fischbauch). Für die Jungen charakteristische Gesellschaftskritik, Unbekümmertheit, Wortwitz und Ironie gegenüber Zuständen und Funktionären findet sich in *Strip-Tease. Cuentos de mal humor* (1986, Striptease. Übellaunige Geschichten) von **Antonio Orlando Rodríguez** (1956). Im Jugendlichen-Jargon artikuliert sich Widerwille gegen das gestelzte Neobarock der vorigen Generation und das Funktionärsspanisch als karnevalistisch-intertextuelle Parodie. In *Sobre un montón de lentejas* (1989, Über einem Berg Linsen), Roman über die Unabhängigkeitsrevolution, parodiert Rodolfo Alpízar (1931) mit Blick auf die Funktionärsrhetorik den heroischen Stil der Conquista-Chronisten. Ähnlich persifliert in *Fabriles* (1983, Fabriksachen) **Reinaldo Montero** (1953) den mittelalterlichen Dogmatik-Diskurs. Parodie massenmedialer Trivialliteratur ist *Dígale que sí a su niño* (1989, Sagen Sie ja zu Ihrem Kind) von Jesús Díaz.

Neu ist die Verwendung eines personalen naiv-kindlichen Erzählstandpunkts für eine wach-kritische, unideologisiert rückblickende Vergangenheitsbewertung. **Manuel Pereira** (1948), Journalist, Cineast, schrieb *El comandante Veneno* (1979), einen Roman aus der Erzählperspektive eines halbwüchsigen Alphabetisators (Einfluß von García Márquez, Grass' *Blechtrommel*, Handke), der die Kampagne als Western erlebt. Wechsel unterschiedlicher Textsorten: erlebte Rede, Vignetten, Epigraphe, Dokumente, Traumprotokolle.

Senel Paz (1950), Journalist, Cineast, reproduziert in erlebter Rede oder innerem Monolog kindliche Umgangssprache und Wahrnehmungsweise des naiven Kindes, das Familienverhältnisse, Alltag und soziale Lage auf dem Dorf in kindgemäßer Brechung interpretiert und den impliziten Erwachsenendiskurs konterkariert (*El niño aquél*, 1980, Dieser Junge da; *Un rey en el jardín*, 1986, Ein König im Garten).

Totale Subjektivierung durch erlebte Rede und inneren Monolog im Wechsel zwischen erster und dritter Person bietet *La caja está cerrada* (1984, Klappe zu) von Antón Arrufat, Entwicklungroman eines Pubertierenden mit kindlich-jugendlichem Maskenspiel von Ali Baba bis Tarzan in bürgerlich-vorrevolutionärem Ambiente.

Jesús Díaz (1944), Philosophie-Dozent, Publizist (*El Caimán Barbudo*), Cineast, in Madrid lebend, schrieb mit *Las iniciales de la tierra* (1987, Die Initialen der Erde) einen Erziehungsroman in innerem Monolog bzw. erlebter Rede des Protagonisten Carlos, der vor der Auszeichnung als *obrero destacado* seine Biographie von vorrevolutionärer Kindheit über den Kampf gegen Konterrevolutionäre in der Sierra Escambray bis zur Zuckerrohrernte 1970 vorüberziehen läßt, wobei der Erzähler in die jeweilige Sprache, Denkweise und Mentalität des märchenbeeinflußten Kindes, afrokubanischen Wundergläubigen, westernkundigen Halbwüchsigen, gläubigen Jungrevolutionärs schlüpft. Schon der Titel von *Las palabras perdidas* (1991, Die verlorenen Worte), intertextuelle Anspielung auf Carpentiers *Los pasos perdidos*, verweist auf den metaliterarischen Charakter dieses Schlüsselromans über die *Caimán-Barbudo*-Equipe, in dem Carpentier, Guillén, Lezama Lima von jungen Literaten parodistisch in Frage gestellt werden.

Neorealistische Tendenz auch bei **Arturo Arango** (1955) in *Historias y raíces* (1980, Geschichten und Wurzeln) und **Abel Prieto** (1950), Publizist, UNEAC-Präsident, in *Los bitongos y los guapos* (1980, Die Kindsköpfe und die Raufbolde).

Auch in Kuba gibt es einen Neuen historischen Roman. Cintio Vitier erzählt in einer Romantrilogie die Saga einer großbürgerlichen Familie über drei Generationen von 1895 bis 1970, vom Mitkämpfer Martís über dessen korrupten Sohn zur Enkelin, die sich den Guerilleros anschließt (Bd. 1: *De Peña Pobre. Memoria y novela*, 1979, dt. Eine Straße in Havanna). Neben geschichtsphilosophischer Verknüpfung der Martíschen Revolution mit der castristischen thematisiert Vitier die Widersprüche Politik vs. Literatur und Katholizismus vs. Revolution, indem er autobiographisch beglaubigte Innensichten aus dem Kreis der Transzendentalisten in die Handlung einmontiert und auf eine Versöhnung der Gegensatzbündel hinschreibt. Bd. 2: *Los papeles de Jacinto Finalé* (1984, Die Papiere des Jacinto Finalé) führt in innerem Monolog, in Briefen, Artikeln, Gedichten, metaliterarischen Partien und *mise en abyme* die Narration bis zum Massenexodus über den Hafen Mariel 1980 weiter.

Die Geschichte der ersten kubanischen Republik nicht als politische, sondern als Alltagsgeschichte wird anhand eines Kriminalfalles in *Techo y sepultura* (1984, Dach und Begräbnis) von **Noel Navarro** (1941) rekonstruiert. Ambitioniert ist der an der *nueva novela* orientierte, nicht lateinamerikanische, sondern karibische Neue historische Roman *El mar de las lentejas* (1979, Das Linsenmeer) von **Antonio Benítez Rojo** (1931), der ein Jahr nach Erscheinen des Buches Kuba verließ. Er beschreibt die Geschichte der Karibik (»Meer der Antillen [Linsen]«), die in vier Handlungssträngen mit vier Protagonisten, dem agonisierenden, gegenreformatorischen Philipp II. und drei fiktiven Conquistadoren, einem Kaufmann, einem Hidalgo und einem Pikaro, aus vier verschiedenen Perspektiven als gescheiterte Aktion im Sinne des conquistakritischen Diskurses erzählt wird.

In der Nachkriegszeit überlebte das politisch-soziale Theater. Wie Paco Alfonso schrieben Marcelo Salinas (1889), José Montes López (1901) und Juan Domínguez Arbelo (1909) Thesendramen über Rassendiskriminierung, Bauernelend und Faschismusgefahr. Stärkeren Einfluß gewann das symbolisch-phantastische, mit märchenhaften, magischen und Science-fiction-Elementen arbeitende Theater von **Roberto Bourbakis** (1919; *Survey*, 1950) und der Existentialismus von Dramatiker-Regisseuren, die Befindlichkeiten des westeuropäischen Intellektuellen auf Kuba übertrugen (Einflüsse: Pirandello, Sartre, Kafka, Cocteau, antikes Drama). Das *Teatro Experimental* (1949) und das *Teatro Estudio* (1958) standen unter dem Einfluß von Broadway (O'Neill, Piscator) und Sartre. **Luis A. Baralt** (1892–1962) schrieb ethisch-politische Stücke (*La luna en el pantano*, 1936, Der Mond im Moor), der von Synge und O'Casey beeinflußte Carlos Felipe Psychodramen über existentielle Ängste (*El Chino*, 1947, Der Chinese).

Rolando Ferrer (1925–76) beleuchtet in psychoanalytischen Familiendramen (Einflüsse: Pirandello, Tennessee Williams) das Innere frustrierter kubanischer Kleinbürger und Havannaer Charaktere einschließlich der afrokubanischen Vorstädter in *Lila, la mariposa* (1954, Lila, der Schmetterling), Drama einer Frau, die das Erwachsenwerden ihres Kindes nicht wahrhaben will. Sexuelle Hemmungen und Vorurteile behandelt *La hija de Nacho* (1951, Nachos Tochter).

Virgilio Piñera (1912–79) schreibt, beeinflußt von Kafka, Ionesco, Beckett, Pinter, Sartre und Artaud, mit surrealistischen Zügen, schwarzem Humor und fragmentarisierender Dramaturgie in *Electra Garrigó* (1945) das Atridendrama in existentialistischer Beleuchtung als sinnlose Mordverkettung einer kubanischen Familie auf dem Lande. *Falsa alarma* (1949, Falscher Alarm) ist kafkaeske Groteske: In einem Mordprozeß gewinnen irrationale, leere Rhetorik (Wortkannibalismus) von Richter und Witwe des Opfers und verdrängte Rachsucht über juristische Argumente die Oberhand. *Los viejos pánicos* (1968, Die panischen Alten) proben jeden Tag ihre wechselseitige Ermordung à la Beckett.

Nach dem Staatsstreich Batistas brachten die Theaterleute Rita Montaner, Rine Leal, Vicente Revuelta mit neuen

Gruppen (TEDA 1952, *Arena* 1954, *Futurarte* 1955) Aufschwung. Die Zs. *Teatro* und *Nuestro tiempo* forderten vertiefte Darstellung des kubanischen Nationalcharakters (*cubanía*). Modelle: der italienische neorealistische Film, das *Théâtre national populaire*, Stanislawski und Piscator. Weiteren Aufschwung nahm das Theater nach der Revolution: Mit dem Gesetz 379 über die Schaffung eines Nationaltheaters erfolgte die Gründung des Escambray-Wandertheaters für Bauernpublikum, von Marionetten- und Pantomimentheatern, des *Cabildo Teatral* Havanna, des *Teatro popular*, von Theaterschulen. Anfangs dominierten die Adepten von Sartre, Artaud und Beckett in kosmopolitischen Stücken: Piñeras Parabel *El flaco y el gordo* (1959), in dem der siegreiche Dünne so dick wird, daß er den einst Dicken frißt, ist warnende Allegorie der Revolution.

José Triana (1931) zerstört in *La noche de los asesinos* (1964, Die Nacht der Mörder) den bürgerlich-hispanischen Familienmythos. Kinder spielen die Ermordung ihrer Eltern wegen Heuchelei, Lüge und Konvention und gehen vom Spiel zu wirklicher Violencia über. Generationenkonflikt, Sprachlosigkeit und Kommunikationshemmung werden retrospektiv als Spiel im Spiel während des Verhörs in kubanischer Alltagssprache nachgespielt (Einflüsse: Freud, Beckett, Artaud).

Antón Arrufat (1935), Publizist (Zs. *Ciclón*, *Lunes de Revolución*, *Casa de las Américas*), setzte das absurde Theater in kubanischem Ambiente fort mit *El último tren* (1963, Der letzte Zug). *Los siete contra Tebas* (1968, Sieben gegen Theben) wurde im Umfeld der Padilla-Affäre als konterrevolutionäre Metapher verurteilt.

Ganz anders, volkstümlich, kreolistisch, **René R. Brene** (1927), Seemann, Schmuggler, Autodidakt, mit über 30 Komödien, Farcen und Melodramen voll Lust an witziger Volkssprache und Fabulieren mit Antihelden als Protagonisten. Das humorige Familienstück *Santa Camila de la Habana Vieja* (1962, Die heilige Camila von Althavanna) handelt von Marginalisierten, Milizionären und Volkstypen der Hauptstadt. *El ingenioso criollo don Matías Pérez* (1978, Der geniale Kreole Don Matías Pérez) ist die Geschichte des sprichwörtlich gewordenen, im zurückgebliebenen Kuba modern denkenden ersten kubanischen Ballonfahrers Matías Pérez.

Héctor Quintero (1942), Komponist, Regisseur, Theoretiker des lateinamerikanischen Theaters, Bewunderer russischer Dramatik (Gogol, Tschechow, Puschkin), schrieb *El premio flaco* (1964, Der magere Preis): Ein Wanderzirkuspaar gewinnt ein Haus, das Batistas Luftwaffe zerstört, und muß zurück ins Artistenleben. Spiegelsymmetrie Aufstieg – Abstieg. Statt Sentimentalismus der TV-Stücke schwarzer Humor, Parodie und brechtsche Verfremdung. *Lo musical* (1971, Das Musicalhafte) ist Tango-, Musical- und Zarzuela-Parodie von Frauen-Stereotypen (mondäner Vamp, Nachtklubsängerin als Dirne, Sekretärin als Ghostwriterin).

Abelardo Estorino (1925), Zahnarzt, Regisseur, Piñera-Schüler, Neorealist des ländlichen Ambiente, führt kritisch die traditionelle hispanokreolische Verteilung der Geschlechter- und Generationenrollen in der Trilogie *Variaciones machistas sobre familias provincianas* (1962–64, Machistische Variationen über Provinzfamilien) vor. Inkarnationen des Provinzmacho und seines Opfers sind die in allen drei Stücken auftretende Figuren Cristóbal und Rosa. *El robo del cochino* (1961, Der Schweineraub) ist ein Psychodrama vom naiven ödipalen Sohn, der gegen den Vater, einen spießigen Mittelstands-Macho mit sexuellen Extratouren, opponiert und sich, als die Polizei den aufständischen Nachbarssohn unter dem Vorwand eines Schweinediebstahls umbringt, den Guerillas anschließt.

In den dogmatischen 70er Jahren ist das didaktische Agitprop-Lehrstück Brechts Modell. **Gerardo Fernández** (1941) führt in *A nivel de cuadra* (1978, Auf Häuserblockebene) einen Nachbarschaftskonflikt mit demokratischer Entscheidung über das Abholzen störender Straßenbäume vor. *De como algunos hombres perdieron el paraíso* (1972, Wie einige Leute das Paradies verloren) greift die Zeugen Jehovas an, weil deren ethisch begründete Ablehnung des Tabakanbaus Sabotage an der Revolution sei. *Dónde está Marta* (Wo ist Marta) propagiert die Frauenrolle im Kuhstall der Genossenschaft. Das Escambray-Theater thematisierte Schwarzhandel, Machismus, Aberglauben, Alkoholismus. Das Brecht-Theater artikuliert sich sozialistisch und drittweltlerisch in der *Tercer-mundo*-Gruppe, dem *Taller dramático* und dem *Teatro político Bertolt Brecht*. **Mirta Yáñez** (1947), Literaturwissenschaftlerin, führt in *Todos los negros tomamos café* (1976, Wir Neger trinken Kaffee) die harte Arbeit der Alphabetisatorinnen vor. **Orlando Vigil-Escalera** (1938) agitiert in *La cuerda floja* (1980, Das Schlappseil) gegen den versöhnlerischen dritten Weg zwischen Kapitalismus und Sozialismus. **Nicolás Dorr** (1947) dagegen bleibt im metaliterarischen *El agitado pleito entre un autor y un ángel* (1972, Der bewegte Streit zwischen einem Autor und einem Engel) bei der avantgardistischen Tradition von Allegorie, Metaliteratur und pirandelloschen Übergängen Rolle – Fiktion – Wirklichkeit, um Forderungen nach plakativem »positiven Helden« und einseitig-parteilicher Wirklichkeitsdarstellung zurückzuweisen.

Nach 1989 kam es wegen des Demokratiedefizits und wegen Versorgungsmängel in der Sonderperiode zum Exodus vieler Schriftsteller ins politische und Wirtschaftsexil. Der Exil-Diskurs ist politische Abrechnung mit dem Castrismus, mit den Kulturfunktionären und mit auf der Insel verbliebenen castrotreuen Schriftstellern (Reinaldo Arenas' *Antes que anochezca*, 1992, dt. Bevor es Nacht wird). Weniger werden die Exilerfahrungen in den USA reflektiert, eher Differenzen in Mentalität und Kultur zum Gastgeberland und lateinamerikanische Identitätsprobleme. In Miami befinden sich die meisten Exilverlage und -zs. (*Linden Lane Magazine*).

Severo Sarduy (1923–97) blieb als Stipendiat, danach Verlagslektor in Paris. *Nouveau roman* und Strukturalismus beeinflußten die experimentelle Schreibweise des homophilen Autors. Theoretiker des (Neo-)Barock, sieht er sich, Carpentier und Lezama Lima als barocke Schriftsteller par excellence. Der Roman *De dónde son los cantantes* (1967, Woher die Sänger sind), nach einem Son von Matamoros, verarbeitet kubanisches Sprachmaterial als Ausdruck der Multikulturalität des Landes (China-, Afro-, Eurokulturen), Pop-Kultur, Folklore und Schlagertexte als Prätexte. *Colibrí* (1984), barocke Geschichte eines Transvestiten im Urwaldbordell, hat intertextuellen Bezug zu Vargas Llosas *La casa verde*, Onettis *Astillero* und Carpentiers *Los pasos perdidos*.

Heberto Padilla publizierte das Memoirenbuch *En mi jardín pastan los héroes* (1981, dt. In meinem Garten grasen die Helden). *El hombre junto al mar* (1981, Der Mann am Meer) sind Exilgedichte ohne die Wucht früherer Dissidentenverse. **Armando Valladares** (1937), Ex-Mitarbeiter des batistianischen Sicherheitsdienstes, Behinderter, nach Haft durch Fürsprache Mitterrands befreit, publizierte Gefängnisverse mit Beschreibung psychischer und physischer Folter (*Desde mi silla de ruedas*, 1976, Von meinem Rollstuhl aus). **Ángel A. Castro** (1930), Spanisch-Dozent in Virginia, schrieb *Cuentos del exilio cubano* (1970, Geschichten aus dem kubanischen Exil), neun Short stories über kubanische Exilanten in den USA mit kulturell-linguistischen Mentalitäts- und Identitätsproblemen.

Guillermo Cabrera Infante (1929) hatte in Kuba *Así en la paz como en la guerra* (1960, dt. Wie im Kriege also auch im Frieden) publiziert, Kurzgeschichten mit hemingwayschem Lakonismus über Jugend im vorrevolutionären Kuba, unterbrochen von Vignetten – Szenen des Polizeiterrors gegen Castristen. Im Exil schrieb er *Tres tristes tigres* (1967, dt. Drei traurige Tiger), neobarocken, karnevalesken Neuen Roman über Havanna und sein Nachtleben. Sprachliche Codes und Stimmen Havannas sind Protagonisten, die Sprache Carpentiers, Guilléns, Martís, der afrokubanischen Santería und der Bibel wird parodiert. Mittels proliferierender Querverweise wird die Welt zu sprachlicher Welt und metaliterarischem Spiel. *La Habana para un infante difunto* (1979, Havanna für einen verstorbenen Infanten) ist nostalgische Autobiographie, Suche von verlorener Zeit und verlorenem Paradies.

Reinaldo Arenas (1943–90), Buchhalter, Redakteur, zeitweilig wegen Homosexualität interniert, Selbstmord im New Yorker Exil wegen Aids. *Celestino antes del alba* (1967, Celestino vor dem Morgengrauen) beschreibt autobiographisch fundiert, magisch-realistisch und sprachspielerisch eine dörfliche Kindheit aus der Perspektive eines sonderbaren Jungen, der die Wirklichkeit mit verzerrender Schärfe sieht. Fortsetzung: *El palacio de las blanquísimas mofetas* (1975, dt. Der Palast der blütenweißen Stinktiere), Roman einer Drei-Generationen-Familie in einem Elendsviertel mit bedrückenden Szenen aus dem Alltag des Land- und Vorstadtproletariats. *El mundo alucinante* (1966/69, dt. Wahnwitzige Welt), trotz UNEAC-Preis 1966 nicht publiziert wegen versteckter Kritik an Revolution, ist transtextuelle *rescritura* der Selbstbiographie Servando Teresa de Miers mit dessen Kritik an Vizekönigen (= Castro), Widerlegung von Carpentiers revolutionsoptimistischem, in der gleichen Epoche spielendem *El siglo de las luces*. Multiple Perspektive sich widersprechender Erzähler (autodiegetischer Ich-, Du- und Er-Erzähler) im Zeichen der Ambiguität. Neuer historischer Roman als Abenteuerroman. In *Otra vez el mar* (1982, Wieder das Meer) ist Kuba ein karibischer Gulag.

Weniger unversöhnlich gerieren sich andere Exilanten. Der Organisator des Stockholmer Treffens zwischen kubanischen Exil- und Inselliteraten 1994, **René Vázquez Díaz** (1925), Übersetzer und Journalist, schrieb mit *La era imaginaria* (1987, Die Ära der Imagination) einen essayistischen

Roman über soziale und philosophische Probleme, von Polemik freier Dialog zweier Dörfler, von denen der eine bleibt, der andere Kuba verläßt.

Literaturhinweise

Alvarez, Imeldo: La novela cubana en el siglo XX, Havanna 1980; Bernard, Jorge L. / Pola, Juan A.: Quiénes escriben en Cuba, Havanna 1985; Bueno, Salvador: Historia de la literatura cubana, Havanna 1963; Diccionario de la literatura cubana, 2 Bde., Havanna 1980; Fernández Retamar, Roberto: La poesía contemporánea en Cuba (1927–1953), Havanna 1954; Franzbach, Martin: Kuba. Die neue Welt der Literatur in der Karibik, Köln 1984; Huertas, Begoña: Ensayo de una cambio. La narrativa cubana de los 80, Havanna 1993; Lazo, Raimundo: La literatura cubana. Esquema histórico (desde sus orígenes hasta 1966), Havanna 1967; Leal, Rine: Breve historia del teatro cubano, Havanna 1980; Menton, Seymour: La narrativa de la revolución cubana, Madrid 1978; Portuondo, José Antonio: Kubanische Literatur im Überblick, hrsg. von Rudolf Noack, Leipzig 1974; Prats Sariol, José: Por la poesía cubana, Havanna 1988; Rodríguez Coronel, Rogelio: La novela de la revolución cubana, Havanna 1986; Sánchez-Boudy, José: Historia de la literatura cubana en el exilio, Miami 1975; Souza, Raymond D.: Major Cuban Novelists. Innovation and Tradition, Columbia/London 1976; Vitier, Cintio: Lo cubano en la poesía, 2 Bde., Las Villas 1970.

Brasilien, ein Land mit eigenem Boom und eigenem Neuen Roman

Unter den Präsidenten Vargas (1950–54) und Kubitschek (1956–61) wurde Brasilien industrialisiert, eine Energiebasis und Infrastrukturen in Verkehr und Kommunikation geschaffen, die Hauptstadt Brasília erbaut. Die Militärdiktatur 1964–85 förderte Hochtechnologie und Export (brasilianisches Wirtschaftswunder), unterdrückte jedoch gewaltsam die Opposition, verfolgte die Schriftsteller mit Zensur oder trieb sie ins Exil. Öffnung (*abertura*) ab 1978. Durch massive Landflucht entstanden Megastädte (São Paulo, Rio, Salvador, Recife) mit Konsumgesellschaft, neuen Mittelschichten und Favelas. Neue literarische Themen und Protagonisten sind Großstädter, Kriminelle, Drogensüchtige, Marginalisierte, Favela-Bewohner, Migranten, Jugendliche, Frauen. Die Modernisierung des Bildungswesens hatte neue Leserschichten und die Differenzierung der Leser in Elite und Masse zur Folge. In den regionalen Kommunikationszentren (Rio, Salvador, Recife, São Paulo) wurde die Distribution (Verlage, Zs., Buchhandlungen) modernisiert. Der Aufschwung der Literatur in den 60er und 70er Jahren erfolgte ohne Beziehung zur *nueva novela* Hispanoamerikas. Die Spitzenautoren gerierten sich weniger kosmopolitisch als brasilianisch auf Grundlage der *brasilidade*, definiert durch Kulturidentität im Denken und Fühlen, brasilianisches Portugiesisch und neobrasilianische afrokatholische Religiosität. Die Überschwemmmung mit Trivialliteratur und die Konkurrenz der audiovisuellen Medien problematisierten die Funktion von Literatur und provozierten autoreferentielles Schreiben. Die Schriftstellerexistenz zwischen Kunst, Politik und Kommerz thematisiert **Fernando Sabino** (1923), Jurist, Journalist, Diplomat, in *O Encontro marcado* (1956, dt. Schwarzer Mittag), Entwicklungsroman mit psychoanalytisch-sprachkritischem und metaliterarischem Ansatz, Geschichte eines Provinzschriftstellers, der sich von der Mittelklasse nicht korrumpieren läßt.

Hauptthema der Erzählprosa ist die schnell wachsende Großstadt. Der *Segundo Neorealismo*, der sozialen Realismus mit Existentialismus in modernen Erzählstrukturen verknüpft, stellt im *realismo violento* die Unterprivilegierten der Megalopolen (Straßenkinder, Obdachlose, Migranten aus dem Nordosten), entwurzelte Mittelständler und problematische Intellektuelle in den Mittelpunkt.

Dalton Trevisan (1925), Journalist aus Curitiba, beschreibt in meisterhaften Erzählungen (*Novelas nada exemplares*, 1959, Unexemplarische Novellen; *O Vampiro de Curitiba*, 1965, Der Vampir von Curitiba) die Kleinbürger und Marginalisierten der Provinzgroßstadt, die Innensicht ihrer Charaktere (Sprache, Gestik) und Räume (Interieurs), ihr Privatleben in Liebesszenen von Entjungferung bis Ehebruch mit Bordellkitsch und Trivialkultur. Die immergleichen klischeehaften Handlungen verweisen referentiell auf die monoton-inhaltsleere Realität und autoreferentiell aufeinander. Diese Konstrukte über Prätexten (Boulevardpresse, Trivialliteratur) reflektieren distanziert und heterodiegetisch den deprimierenden Alltag und das Ambiente: Wohnung, Bordell, Gefängnis, Pension, Kneipe. Brasilianische Zustände als Parabeln der frustrierten, schuldigen, kommunikationsunfähigen Menschheit.

Der Protagonist des von der Zensur verbotenen Romans *Zero. Romance pre-histórico* (1967–69, dt. Null. Prähistorischer Roman) des Paulaners **Ignácio de Loyola Brandão** (1936) wird aus Existenznot Kammerjäger statt Richter, avanciert aus Protest zum Terroristen und erlebt Verhaftung und Folter. Die Faktur ist experimentell: mehrere Erzählperspektiven, Montage verschiedener Textsorten, Nebeneinanderdruck. *No verás País nenhum* (1979, dt. Kein Land wie dieses) warnt die Brasilianer in parabolischer Schreibweise vor einer im Jahr 2000 mittels moderner Technik totalitär regierten-regierenden Superstadt São Paulo.

Rubem Fonseca (1925) ästhetisiert die Brutalität Rio de Janeiros: .Violencia und Verbrechen sind Anlaß für spannende Stories (*Os Prisioneiros*, 1963, Die Gefangenen; *Vastas Emoções e Pensamentos imperfeitos*, 1988, dt. Grenzenlose Gefühle, unvollendete Gedanken). Marginalisierte und Kriminelle Rios sind Protagonisten der Romane von **João Antônio** (1937; *Malagueta, Perus e Bacanaço*, 1963) und **José Louzeiro** (1932; *Infância dos Mortos*, 1977, Kindheit der Toten). **Antônio Callado** (1917) entwirft in *Concerto*

Carioca (1985) eine Gegenwelt zur Stadthölle Rio: der Botanische Garten als verlorenes Paradies und Refugium jugendlicher Städter.

Mit dem Zusammenstoß von Patriarchalismus und neuen Lebensformen in den Großstädten werden Geschlechter- und Generationenfragen thematisiert, kommen Frauen und Jugendliche als diskriminierte Personengruppen zu Wort. Die Literatur von Frauen für Frauen protestiert gegen die passive Objektrolle der Frau und gegen Machismo und reklamiert den Anspruch auf Anderssein und Selbstverwirklichung.

Ligia Fagundes Telles (1923), Pädagogin, Journalistin, beschreibt aus weiblicher Erzählperspektive die herrschende maskuline Psychowelt als grausam und bösartig. In *Ciranda de Pedra* (1954) scheitert die Protagonistin beim Versuch, sich von frustrierender bürgerlicher Umgebung durch sexuelle Hemmungslosigkeit zu emanzipieren. Frauenschicksale der Oberklasse São Paulos werden in *As Meninas* (1973, dt. Mädchen am blauen Fenster), phantastisch-grotesken Biographien dreier Studentinnen unter der Diktatur, thematisiert. Berufliche und politische Emanzipation reklamiert Queiroz im *Memorial de Maria Moura* (1992): Die Protagonistin, unternehmende Grundbesitzerin, setzt sich gegen Machos durch.

Meist dominieren Standardthemen: Mutter-Tochter-Beziehung, Scheidung, alleinerziehende Frauen, das Recht auf Sinnlichkeit und Sexualität (**Nélida Piñon**, 1936; *A República dos Sonhos*, 1984, Die Republik der Träume; **Adélia Prado**, 1935; *Terra de Santa Cruz*, 1982, Land von Santa Cruz; Anthologien *Muito Prazer*, 1980, Sehr erfreut, und *O Prazer é todo meu*, 1984, Die Freude ist ganz meinerseits, hrsg. von Márcia Denser).

Otto Lara Resende (1922), Journalist und Diplomat aus Minas Gerais, schrieb psychoanalytische Erziehungsromane über die Ängste Heranwachsender. Der Erzählband *Boca do Inferno* (1957, Höllenschlund), Psychogramm entfremdeter Individuen der Megalopolen-Mittelklasse, verhandelt den Widerspruch zwischen religiöser Erziehung und sozialer Realität. *O Braço direito* (1963, Der rechte Arm) demonstriert Sozialisationsschäden von Waisenkindern durch autoritäre Erziehung aus der Opferperspektive (Tagebuch des Ich-Erzählers in Kinder- bzw. Jugendlichen-Sprache).

Doch nicht die Stadtliteratur, sondern der auf Provinz und Dorf abhebende Neoregionalismus besonders des Nordostens erneuert großflächig die brasilianische Literatur durch den *novo romance brasileiro*, der mit der *poesia concreta* die *nova literatura brasileira* bildet. Durch Abhebung auf kulturelle Identität erfolgt eine historische und ethnische Neubewertung der regionalen Variante der *brasilidade.*

Bedeutendster Vertreter ist **João Guimarães Rosa** (1908–67), Großgrundbesitzersohn aus Minas Gerais, Mediziner, Diplomat, der sozialen Realismus und politisches Engagement ablehnt (Modelle: Thomas Mann, Musil, Kafka, Rilke; Brecht-Gegner). Ihn interessiert der Sertanejo nicht in seiner sozialen, sondern in seiner kulturellen, metaphysischen und ästhetischen Dimension als schöner Mythos in seiner Dualität von Gott-Teufel und Tod-Leben. Charakteristisch die relative Verselbständigung der Sprache: Lyrisierung der Prosa; Ersatz grammatikalischer Regeln durch rhetorische Figuren; telegraphische Syntax, Sprachmusik, Wortmagie, Wortaleatorik, Verarbeitung oraler Sertão-Literatur wie Fabeln, Sprichwörter, Märchen. Antiformalist: wesentlich ist für ihn der metaphysische Inhalt. *Sagarana* (1946) präsentiert eine neue Literatursprache aus Dialekt, Archaismen, Aphorismen, Rückübersetzungen, wissenschaftlichen Termini, chaotischer Syntax.

Hauptwerk: *Grande Sertão: Veredas* (1956, dt. Grande Sertão), ein Jahrhundertbuch, schildert die Lehr- und Wanderjahre des Grundbesitzersohnes Riobaldo als Räuber (*jagunço, cangaceiro*) und seine Rückkehr ins Alltagsleben. Diese Zentralfigur steht in Beziehung zu weltliterarischen Gestalten, ist Parzival, Faust, fahrender Ritter, brasilianisch-rustikale Variante von Joyces *Ulysses*. Seine Räuberkarriere, Allegorie der beiden Trinitäten Glaube, Liebe, Hoffnung und Freiheit, Gleichheit, Brüderlichkeit, des metaphysischen Kampfes von Gut und Böse und der Wahrheitssuche, endet schuldlos-schuldig. Der homodiegetische Ich-Erzähler beichtet monologisch einem Zuhörer seine Lebensgeschichte unter Aufnahme oraler Rede und Mythologie.

> [...] o diabo, è ás brutas; mas Deus è traiçoeiro. [...]
> Um dia, num curtume, a faquinha minha que eu tinha caiu dentro dum tanque, só caldo de casca de curtir, barbatimão, angico, lá sei – »Amanha eu tiro ...« - falei comigo. Porque era de noite, luz nenhuma eu não disputava. Ah, então, saiba: no otro dia, cedo, a faca, o ferro dela, estava sido roído, quase por metade, por aquela agüinha escura, toda quieta. Deixei, para mais ver. Estala, espoleta! Sabe o que foi? Pois, nessa mesma tarde, aí: da faquinha só se achava o cabo ... O cabo-por não ser de frio metal, mas de chifre de galheiro. Aí está: Deus ... Bem, o senhor ouviou, o que ouviou sabe, o que sabe me entende.
>
> Grande Sertão. Veredas, Rio de Janeiro: Livraria José Olympio, 61968, S. 21.

> [...] Der Teufel fällt mit der Tür ins Haus, aber Gott ist ein Leisetreter! [...]
> Eines Tages, in der Gerberei, fiel mir ein Messerchen, das ich bei mir hatte, in einen Tank mit Gerbsäure oder so was Ähnlichem.
> »Morgen hole ichs heraus ...«, sprach ich bei mir. Denn es war Nacht, im Dunkeln wollte ichs nicht suchen. Nun hören Sie: am nächsten Tag, gleich in der Früh, war das Messer, die Klinge, halb durchgerostet von dem schwarzen stillen Wasser. So ließ ichs drin, um zu sehen, was noch kommen würde. Knall und Fall! Und wissen Sie was? Am selben Nachmittag war vom Messerchen nur noch der Griff übrig ... Der Griff, weil er nicht aus kaltem Metall war, sondern aus Hirschhorn. Da haben Sie's: Gott ... Schön, Sie habens gehört, Senhor, was Sie gehört haben, wissen Sie, was Sie wissen, verstehen Sie mir.
>
> Grande Sertão, übers. von Curt Meyer-Clason, Köln/Berlin: Kiepenheuer & Witsch, 1964, S. 26.

Corpo de Baile (1956–69, dt. Corps de Ballet), Bilderbogen aus sieben Prosastücken (*poemas, romances, contos*), ist innere Biographie des Protagonisten Migelim in Harmonie mit Mensch und Natur.

Ein Hauptthema des *novo romance* ist die Migration von der Region in die Megalopolis. **Antônio Torres** (1938) beschreibt in *Essa Terra* (1976, dt. Diese Erde), einem hervorragend in Raum- und Zeitsegmenten durchstrukturierten Roman, einen in Unglück und Selbstmord endenden Exodus von Bahia nach São Paulo. Den Amazonas als brasilianische Region mit Landschaft und Mythen entdeckt **Márcio Souza** (1946) in *Galvez, O Imperador do Acre* (1976, dt. Galvez, Kaiser von Amazonien), Satire auf die wirtschaftliche Erschließung des Gebietes. **João Ubaldo Ribeiro** (1941) schreibt in *Viva o Povo brasileiro* (1984, dt. Brasilien, Brasilien) die Geschichte Bahias neu.

Neu ist die Rekonstruktion der Geschichte und Kultur ethnokultureller Minderheiten und Immigranten mittels *testimonio* bzw. *oral history*. Das jüdische Ingredienz verfolgt **Moacyr Scliar** (1937) in der dokumentarischen Romanbiographie eines Arztes der Jahrhundertwende (*Sonhos tropicais*, 1992, Tropenträume) und humoristisch-nachdenklichen Romanen (*O Exército de um Homem só*, 1973, dt. Die Ein-Mann-Armee). Deutsche Einwanderer finden Berücksichtigung in der Historie des Südens, die **Josué Guimarães** (1921–86) in der unvollendeten Trilogie *A Ferro e Fogo* (Mit Eisen und Feuer): *Tempo de Solidão* (1972, Zeit der Einsamkeit) und *Camilo Mortágua* (1980) schreibt. Die halbanalphabetische Negerin **Carolina Maria de Jesús** (1914) berichtet in *Quarto de Despejo* (1960, Zimmerräumung) über ihr Leben als rassisch und sozial Unterprivilegierte in den Favelas von São Paulo. Amado entdeckt im von *nueva novela* und *novo romance* beeinflußten Alterswerk die afrobrasilianischen Voodoo- und Candomblé-Rituale und -Tänze als Kulturidentität Bahias – auch in Opposition zur kommerziellen Trivialmusik – wieder: in *O*

Sumiço da Santa (1988, Das Verschwinden der heiligen Barbara) und dem magisch-phantastischen Roman *A Descoberta da América pelos Turcos* (1994, dt. Die Entdeckung Amerikas durch die Türken).

Negativ ist die Bilanz in bezug auf das indianische Substrat: in Antônio Callados *Quarup* (1967) trifft ein Missionar keine Indios zum Evangelisieren mehr an, weil von der Modernisierung dezimiert, was seine Umkehr bewirkt: er wird Armenpriester, Theologe der Befreiung und Widerständler gegen die Diktatur.

Dekonstruktion des ontologischen *brasilidade*-Mythos betreibt der Ethnologe **Darcy Ribeiro** (1922–96) in Experimentalromanen: *Maíra* (1976) schildert den Ausstieg aus der Zivilisation, die Unmöglichkeit indobrasilianischer Kultur und das tragische Scheitern der Beziehung zwischen einem Indio und einem Weißen. *Utopia selvagem. Saudades da Inocência perdida* (1982, Wildes Utopia. Sehnsucht nach der verlorenen Unschuld) ist Collage von Amerika-Utopien.

Der *novo romance brasileiro*, kritisch begleitet von dem historisch-soziologisch orientierten **Antônio Cândido** (1918; *A Educação pela Noite e outros Ensaios*, 1987, Die Abendschule und andere Essays) ist wie die *nueva novela* fokussiert auf Subjektivität, Mythos und Sprache. **Adonias Filho** (1915), Kakaopflanzersohn aus Ilhéus, Bahia, Verleger, Abgeordneter, schrieb mit religiös-moralisch geprägter Weltsicht sein neoregionalistisches Romanwerk über Sertão und Bahia mit Fokussierung auf die mythisch-magische afrobrasilianische Psyche der *caboclos* (kleinen Leute), die beherrscht werden von Angst, Machismus und Violencia. Lektüreparadigmen: Faulkner, James, Hesse, Wassermann; Parallelen zu Rulfo. Erzähltechnik: kinematographische Montage, multiple Erzählperspektiven, fragmentierte mehrsträngige Handlung, mehrere Zeitebenen (*Os Servos da Morte*, 1946, Die Todesdiener). In dem Sertão-Roman *Corpo vivo* (1962, Lebendiger Leib) wird die ödipale Gewalt des Protagonisten durch Liebe besiegt. Die Schlechtigkeit des Landmanns erscheint ehrlicher als die des Städters. *O Forte* (1965, Das Fort) ist historischer, alptraumhafter Bahia-Roman mit zwei Zeitebenen und Figurengruppen: den Lebenden und den Toten. In der tragischen Weltsicht des Autors ist die seinshafte Schlechtigkeit der Menschen nicht durch Revolution, nur durch innere Veränderung und individuelles Engagement aufhebbar.

Bleiben Guimarães Rosas und Filhos Subjektivierung bei aller Allgemeinmenschlichkeit neoregionalistisch, brasilianisch-sertãohaft, rekurrieren sie bei aller Verarbeitung universaler Mythen zuvörderst auf Legenden, Mythen und Oralität des Sertão, bezieht sich ihr privilegierender Umgang mit der Sprache auf das Brasilianische, so rückt bei anderen Autoren die *brasilidade* zugunsten des Kosmopolitischen in der okzidentalen Stadtgesellschaft (Frauen, Ethnominderheiten, Marginalisierte, Schwule) in den Hintergrund. Sie konzentrieren sich auf die Interiorisierungsprobleme des Individuums. Auch der Antitraditionalismus ihrer Schreibweise ist radikaler (Einfluß von *nouveau roman* und Borges).

Waldomiro Freites Autran Dourado (1926) aus Minas Gerais, Jurist, Pressechef Präsident Kubitscheks, erzählt in *Sombra e Exilio* (1950, Schatten und Exil) eine Schuld-und Sühne-Familiengeschichte als Bewußtseinsvorgang. Das Widerspiel zwischen Massen- bzw. Kollektiv- und Individualpsychologie bestimmt die Handlung von *A Barca dos Homems* (1961, dt. Brandung) und *Opera dos Mortos* (1967, Totenwerk). Die Bewohner von Minas Gerais verfügen in seiner Darstellung über eine barocke Mentalität. Das Regionale ist Parabel des Universalen, das sich in ständiger Wiederkehr von Mythen, Figuren und Situationen äußert, die der Autor kinematographisch zu Szenen montiert. Der psychisch-mentale Gegensatz zwischen Städtern und Migranten aus Norden und Nordosten wird zu einem solchen zwischen zwei brasilianischen Personalitätsformen in *Uma Vida em Segredo*, 1964, dt. Ein Leben im Verborgenen).

Parabolisch-hyperbolische Neophantastik komplementiert den Neorealismus, tarnt aber auch vor der Zensur. **José Cândido de Carvalho** (1914–89), Journalist aus Campos, wechselt nach realistischen Lebensgeschichten vor dem Hintergrund des Übergangs von Zuckerrohrmonokultur zur Industrialisierung (*Olha para o Céu, Frederico!*, 1939, Blick hoch zum Himmel, Frederico!) zur Neophantastik in *O Coronel e o Lobisomen* (1964, Der Oberst und der Wolfsmensch), einer psychologisch-typologisierenden Persönlichkeitsanalyse. **Murilo Rubião** (1916) erzählt in *O Pirotécnico Zacarias* (1965, Der Feuerwerker Zacharias) eine Alltagsgeschichte als Allegorie der Diktatur, deren Schlüssel in Bibelzitaten liegt. Der offene Schluß fordert den Leser zum Weiterdenken auf. Zur phantastischen Literatur gehört auch *O Sargento Getúlio* (1971, dt. Sargento Getulio) von Ubaldo Ribeiro.

Nach der *abertura* erschienen *testimonios* und Romane über die »Schweigezeit«. Die berühmten Memoiren von **Fernando Gabeira** (1943) mit *O que é isso, Companhero?* (1979, dt. Die Guerilleros sind müde) rechnen weniger mit der Diktatur und ihren Mitläufern als mit der politischen Linken ab. *Em Liberdade: Uma Ficção de Silviano Santiago* (1981, In Freiheit, eine Fiktion von Silviano Santiago) von **Silviano Santiago** (1936) ist spekulative *rescritura* des Gefängnistagebuches von Graciliano Ramos, Synekdoche der Diktatur und metaliterarische Narration über die Schwierigkeit dokumentarischer Wirklichkeitsaneignung.

Renommierteste brasilianische Erzählerin und Hauptvertreterin des *novo romance* ist **Clarice Lispector** (1925–77) aus der Ukraine, Journalistin, Diplomatenfrau. Sie beschreibt durch psychologisierende Porträtierung existentielle Probleme weiblicher Individuen im Konflikt der Geschlechter und Generationen, Identitätskrisen, Leere der gesellschaftlichen Normen, Kontaktarmut. Ihr metaphysischer Daseinsgrund wird den Protagonistinnen als Epiphanie, als Erkenntnis der Absurdität und Einsamkeit menschlichen Daseins plötzlich bewußt (Einfluß Sartreschen Existentialismus). *Perto do Coração selvagem* (1944, dt. Nahe dem wilden Herzen), introspektiver Roman, ist Psychogramm eines starken weiblichen Ich in steter Spannung zur Umwelt. *A Hora da Estrela* (1977, dt. Die Sternstunde) stellt metaliterarisch den Neorealismus in Frage: das Schicksal von Macabéa, Migrantin aus dem Nordosten, ist Anlaß, über Schreiben als Abheben von der Realität zu reflektieren.

Die Lyrik der *geração de 45* (Neomodernismo, Anthologie *Panorama da Nova Poesia Brasileira*, 1951) war spiritualistisch-metaphysische, der Form nach neoklassizistische Negation des obsoleten Modernismo. Sie griff auf französische *poésie pure* (Valéry), Pessoa, Eliot, Pound und Ungaretti zurück. Bei starker Interiorisierung und Dignifizierung des Alltags wenig soziales Engagement, sondern Fokussierung auf den »eigentlichen« literarischen Diskurs.

Cecília Meireles (1901–64) aus dem Mittelstand, Pädagogin, Diplomatin, bedeutendste Lyrikerin Brasiliens, erzielte nach symbolistischen Anfängen in den 40er und 50er Jahren als Neomodernista den Durchbruch mit *Mar absoluto* (1945, Absolute See), Seestücken mit Meer als Thema und Symbol. Ein Versepos mit national-revolutionärer Geschichtsthematik in popularen lusitanischen Romanzen: *Romenceiro da Inconfidência*, 1953, Romanzero der Inconfidência). *Metal rosicler* (1960, Morgenglühendes Erz) und *Poemas escritos na India* (1961, In Indien verfaßte Gedichte) drücken Ernüchterung, Melancholie, Schuldgefühl, Unbefriedigtsein über mangelnde Selbstverwirklichung und vor allem das Gefühl der Vergänglichkeit aus.

Henriqueta Lisboa (1903), aus Beamten- und Politikerfamilie von Minas Gerais, Pädagogin, verfaßte bekenntnishafte, subjektzentrierte Gedankenlyrik (*Flor da Morte*, 1949, Todesblüte) sowie historisierend-regionalistische Dichtung über die *bandeirantes* von Minas Gerais (*Madrinha Lua*, 1958, Pate Mond). **Adalgisa Nery** (1905), Diplomatin, Journalistin, sozialistische Abgeordnete, betreibt Introspektion des weiblichen Ego in *A Imaginária* (1959, Die Imaginäre) und *Mundos oscilantes* (1962, Oszillierende Welten).

Odorico Buenos de Rivera jr. (1914) opponiert in *Mundo submerso* (1944, Unterwasserwelt) und *Luz do Pantâno* (1948, Sumpflicht) gegen den Prosaismus und Kolloquialismus des Modernismo, votiert für reine Dichtungssprache und Poetisierung des zeitlosen Alltags (Einkauf, Abendessen, Zahltag). Neoklassizistisch ist **Geir Campos** (1924) in *Coroa de sonetos* (1953, Sonettkranz), 14 ineinander verschlungenen Sonetten mit metaphysischem Gesamtsinn. **Lêdo Ivo** (1924), Beamter, Journalist, ist Neomodernista mit entmetaphorisierter, versachlichter Sprache und Engagement gegen soziales Unrecht und US-Hegemonie in lexikalisch modernisierten Sonetten und Elegien in *Estação Central* (1964, Hauptbahnhof).

João Cabral de Melo Neto (1920) aus Recife, Diplomat, paßt früh die Poesie an Wissenschaft und Technik an (*Psicologia da Composição*, 1947, Psychologie der Komposition), entsubjektiviert und entmythisiert sie (*O Engenheiro*, 1945, Der Ingenieur) als technisches Konstrukt und dekonstruiert den regionalistischen Landschaft-Mensch-Mythos in der sozialkritisch-dokumentarischen Pernambuco-Trilogie *Cão sem Plumas* (1950, Hahn ohne Federn) und dem Sertão-Versepos *Morte e Vida severina* (1956, Tod und Leben des Severino). Rationalisierung des Gedichts und Desakralisierung der Rolle des Dichters verweist auf die *Noigambres*-Dichtung.

Meus olhos têm telescópios
espiando a rua,
espiando minha alma
longe de mim mil metros.

Mulheres vão e vêm nadando
em rios invisíveis.

Automóveis como peixes cegos
compõem minhas visões mecânicas.

Há vinte anos não digo a palavra
que sempre espero de mim.
Ficarei indefinidamente contemplando
meu retrato eu morto.

Poesia completa, Rio de Janeiro: Imprenta Nacional / Casa de Moeda, 1986, S. 375.

Meine Augen haben Teleskope
und bespähen die Straße,
bespähen meine Seele,
die tausend Meter von mir entfernt ist.

Frauen kommen und gehen,
schwimmend in unsichtbaren Flüssen.
Aus Automobilen, die blinden Fischen gleichen,
werden meine mechanischen Visionen zusammengefügt.

Seit zwanzig Jahren sage ich nicht das Wort,
das ich immer von mir erwarte.
Unentwegt werde ich
mein Totenbild betrachten.

In der Anthologie *Noigambres* der gleichnamigen Gruppe erscheint 1952–58 konkrete Poesie und Poetik (*Plano-piloto para Poesia concreta*, 1958; *Teoría da Poesia concreta*, 1965), in der zweiten Hälfte der 50er Jahre propagiert vom Sonntagsfeuilleton des *Diario do Brasil.* Sie radikalisiert den Neomodernismo ähnlich Parras Antipoesie und Cardenals Exteriorismus, ist Absage an formgebundene und Bekenntnislyrik, meint materiell-physiologische Konkretheit, graphisches Ideogramm, visuelle Poesie, phonemisches Lautgedicht, collagenartige Verwendung moderner Wegwerfgesellschaftsprodukte als Gedichtkonkreta (*pop-cretos*). Modelle: Mallarmé, Apollinaire, Huidobro, Pound (Urheber der Bezeichnung *noigambre*), Oswald de Andrade. Es geht um die Erzeugung von alogisch-agrammatischen Cluster-Poesien, die allein durch ihre phonemisch-semantische körperliche Konkretheit wirken, nicht Kalligramm, sondern Wortding sind (ähnlich Pessoa, Jandl, Bense).

Haraldo de Campos (1929), Jurist, Marxist, verfaßt konkrete Poesie als totalen Sprachrealismus und sinnlich wahrnehmbare Sprache, das Gedicht als Gemachtes. Unter Verzicht auf Strophe, Rhythmus und Versmaß entwickelt er mittels Montage, Atomisierung und Zeilengestalt den Gedichtkörper aus Wortmaterial in *Auto do Possesso* (1950, Besitzakt), *Cidades* (1951, Städte) und *Thálassa Thálassa* (1951). In *Fome de Forma* (1957–59, Formenhunger) erfolgt ideogrammatische antidiskursive Juxtaposition von Wortzellen aufgrund phonetischer Nähe. *Signantia: quasi coelum* (1979) sind Lückengedichte durch Fragmentierung des Bedeutungsgeflechts. Ziel ist die Epiphanie, plötzliches Innewerden höherer Wahrheit durch konkrete Wortkonstellation. Charakteristika: Collage, Polyphonie, Dialog verschiedener Texte (Gedichtsequenzen alternieren mit Fragmenten von Dante-Übersetzungen des Autors). Literarizität statt *brasilidade*.

Tenzone

um ouro de provença
(ora direis) uma doença
de sol   um sol queimado
desse vento mistral (que doura e adensa)
proveedor de palavras   sol-provença
ponta de diamante   rima en ença
como quem olha   a contra-sol
e a contravento   pensa

Cogolin, Provence

A Educação dos cinco Sentidos, in: Poemas, São Paulo: Ed. Brasiliense, 1985, S. 35.

Tenzone – Zweikampf

Ein Gold der Provence
(Geld, würdet ihr sagen) ein Leiden
von Sonne   eine verbrannte Sonne
verbrannt von diesem Mistral (der vergoldet und bräunt)
der mit Wörtern versorgt   Sonnen-Provence
Diamantenzacke   Reim auf Trance
da sieht jemand   gegen die Sonne
und denkt   gegen den Wind

Cogolin, Provence

Augusto de Campos (1931), experimenteller Dichter, Theoretiker der *poesia concreta*, erreicht in *O Rei menos o Reino* (1951, König ohne Reich) und *Poetamenos* (1953, Minuspoet) Körperlichkeit der Poesie durch syntaktische Fragmentierung, Simultaneität thematischer Zellen, Assoziation von Spracheinheiten mit spezieller Klangfarbe wie die Zwölftonmusik. *Poemóbiles* (1968–74) sind Objektgedichte, *Caixa preta* (1975, Schwarzer Kasten) Design-Dichtung.

Em sincronização com a terminologia adorada pelas artes visuais e, até certo ponto, pela música de vanguarda (concretismo, música concreta), diria eu que há uma poesia *concreta.* Concreta no sentido em que, postas de lado as pretensões figurativas da expressão (o que não quer dizer: posto á margem o significado), as palavras nessa poesia atuam como objetos autónomos. Se, no entender de Sartre, a poesia se distingue da prosa pelo fato de que para esta as palavras são signos enquanto para aquela são *coisas,* aqui essa distinção de ordem genérica se transporta a um estágio mais agudo e literal, eis que os *poemas concretos* caracterizar-se-iam por uma estruturação ótico-sonora irreversível e funcional, e, por assim dizer, geradora da idéia, criando uma entidade todo-dinámica, »verbivocovisual« – e o termo de Joyce – de palavras dúcteis, moldáveis, amalgamáveis, a disposição do poema.

Poesia concreta, in: Teoria da poesia concreta. Textos críticos e manifestos 1950–1960, São Paulo: Ed. Brasiliense, 1987, S. 40.

> In Übereinstimmung mit einer Terminologie, die sich an den visuellen Künsten und bis zu einem bestimmten Punkt an der Avantgardemusik (Konkretismus, konkrete Musik) begeistert, würde ich sagen, daß es eine *konkrete* Poesie gibt. Konkret in dem Sinne, daß, wenn man den figurativen Anspruch auf Ausdruck beiseite setzt (was nicht heißen will, daß die Bedeutung an den Rand gedrängt wird), die Worte in dieser Poesie wie autonome Objekte handeln. Wenn im Sartreschen Verständnis sich die Poesie von der Prosa durch die Tatsache unterscheidet, daß für letztere die Wörter Zeichen sind, während sie für erstere Dinge sind, wird hier diese Unterscheidung in einen akuteren und wörtlicheren Zustand überführt, so daß die *konkreten Gedichte* durch eine unumkehrbare und funktionale optisch-klangliche Strukturierung charakterisiert werden, die gewissermaßen Erzeugerin der Idee ist, wodurch eine volldynamische, »verbivocovisuelle« – das ist ein Terminus von Joyce – Erscheinung formbarer, schmiegsamer, verschmelzbarer Wörter geschaffen wird, die dem Gedicht zur Verfügung steht.

Décio Pignatari (1927), die Gruppe *poesia praxis* (1962–1972) mit **Mário Chamie** (1933) sowie die Gruppe *poema processo* (1967–73) mit **Vlademir Dias-Pino** (1927) verknüpfen konkrete Poesie und soziales Engagement. Auch die existentialistische Richtung existiert weiter: **Carlos Néjar** (1939) thematisiert elementare Lebensäußerungen und -empfindungen (Glaube, Angst, Hoffnung, Liebe, Naturverbundenheit).

Analog zu Liedbewegungen anderer Länder formierte sich eine gegenkulturelle, breite Massen erreichende *música popular*, die die ländliche Romanzentradition aktiviert. Der Liedermacher **Chico Buarque** (1944), Wortkünstler, Kuba-Sympathisant, artikuliert in antikonsumistischen Alltagsliedern das Ineinander von Liebe und Politik und die Ängste und Sehnsüchte der Marginalisierten.

Die auf Spontaneität setzende *poesia marginal* als Gegenkultur (Anthologie *26 Poetas hoje*, hrsg. von Heloísa Buarque de Hollanda) hebt Widerspruch von Kommerz und

Literatur durch Selbstverlag und -verkauf photokopierter Texte auf.

Auf das existentialistische und absurde Nachkriegstheater folgte experimentelles Theater sowie, im Rahmen politischer Theaterkonzeptionen, ein dezentrales, populares Straßen-, Zimmer- und Wandertheater mit Elementen von Singspiel und Varieté (*Teatro Brasileiro de Comédia*, *Teatro de Cultura Artística*, *Teatro Bela Vista*, *Os Comediantes*, *Teatro Experimental do Negro*, *Pasqual Carlomagnos*, *Teatro de Arena* São Paulo).

Vorläufer: Nelson Rodrigues mit *Um Vestido de Noiva* (1943, Ein Brautkleid), das Maeterlinckschen Symbolismus mit Traumprotokoll, Unterbewußtseinsfetzen, Verdrängungen und libidinösen Wunschprojektionen einer Sterbenden verbindet. Tabus betreffs (Homo-)Sexualität brachen seine neorealistischen, mit filmischer Montagetechnik arbeitenden *tragédias cariocas* der 50er Jahre. In *O Beijo no Asfalto* (1960, dt. Kuß im Rinnstein) wird der Protagonist von der Sensationspresse wegen eines mitleidigen Kusses für einen Sterbenden zum Homosexuellen gestempelt und in den Wahnsinn getrieben.

Alfredo Dias Gomes (1922–99) dramatisiert in *O Pagador de Promesas* (1962, Der Gelübdeerfüller) mit viel religiöser Folklore den Konflikt orthodox-iberisches Alt- vs. afrobrasilianisches Neuchristentum (Darf ein Bauer wegen eines erkrankten Esels mit einem Holzkreuz nach Bahia pilgern?). **Gianfrancesco Guarnieri** (1934) schrieb *Eles não usam Black-tie* (1958, dt. Sie tragen keinen Smokingschlips), das populärste sozialkritische Stück der Zeit. Mit Boal, Ko-Direktor von *Arena*, schrieb und inszenierte er die marxistische Historienserie *Arena conta* (Arena erzählt, z. B. *Arena conta Tiradente*).

In den 60er Jahren dominierte die prokubanische Szene, vor allem das politisch-sozial engagierte *Teatro do Oprimido* des Regisseurs und Dramatikers **Augusto Boal** (1931), Chemieingenieur, Spezialist für afrobrasilianisches

Kulttheater, Marxist. Seine Stücke (Polittheater im Agitprop-Stil mit Chor und Spruchbändern) folgten Modellen von Brecht sowie Vilar, Strehler, Brook. Bei US-Blockade Kubas wurde ein Proteststück Boals auf der Treppe des *Teatro municipal* aufgeführt. Für Bauern schrieb er Spiele mit Anweisungen für den Einsatz von Insektiziden. *Revolução na América do Sul* (1960, dt. Revolution auf südamerikanisch) wurde zum Polit-Erfolgsstück im Rahmen der Kuba-Welle.

Im *Teatro Oficina* (1958) erneuerte José Celso Martinez Correa den Inszenierungsstil mit Brecht-Stücken und epischem Theater. Das *Tropicalismo*-Theater war Mischung von Drama, Varieté, Operette und Happening mit kritischer Zurschaustellung der »Unterentwicklung«. Soziale Zustände denunzierte Chico Buarque in *Pedro Pedreiro* (1965, Peter der Steineklopfer). In Rio de Janeiro machte der *Grupo Opinião* (1964) politisches Theater der *esquerda festiva* mit *Liberdade, Liberdade* (1968) von **Millôr Fernandez** (1923) sowie Showtheater mit Collagen aus Film, Photo, Dokumentprojektionen, Texten von Brecht und Büchner.

Plinio Marcos (1935) brach Tabus mit Stücken über Marginalisierte, Homosexuelle, Prostituierte und Kriminelle (*Dois Perdidos numa Noita suja*, 1965, Zwei Verlorene in einer schmutzigen Nacht). Die Bewegung der *Centros Populares de Cultura* gewann ungebildete Zuschauer für Stücke mit einfacher Sprache und Form zwecks revolutionärer Bewußtseinsbildung, im Nordosten das regionalistische *Movimento de Cultura Popular* mit aktuell-politischen Stücken zur Bodenreform.

Ariano Suassuna (1927), Gouverneurssohn aus Pernambuco, Hochschullehrer, Gründer des *Teatro do Estudante de Pernambuco*, schrieb neukatholisch-sozialkritische Volksstücke als Beitrag zur Definition regionaler Kulturidentität: *Auto da Compadecida* (1955, Spiel von Unserer Mitleidsvollen Frau), Alltags-Fronleichnamsspiel über neubrasilianische Religiosität, in dem ein schwarzer Christus nach christlichem Begräbnis eines Hundes Gericht mit dem Teufel als Staatsanwalt hält und einen Verstorbenen auferstehen läßt.

Die Szenenvielfalt wurde durch verschärfte Zensur ab 1968 beschnitten (sogar eine Zensorenschule wurde eröffnet). Von 1968 bis 1978 wurden über 400 Aufführungen verboten oder verstümmelt. 1971 ging Boal, 1974 Martinez Correa ins Exil. Mit der *abertura* ab 1978 Dokumentarstücke über Repression (Gianfrancesco Guarnieri mit *Ponto de Partida*, 1976, Ausgangspunkt, über die Ermordung des Journalisten Vladimir Herzog durch Regime-Polizei). Mit Diktaturende Abstieg des Theaters wegen Fortfall politischer Brisanz, Depolitisierung und Konkurrenz der Massenmedien.

Literaturhinweise

Bosi, Alfredo: História concisa da Literatura brasileira, São Paulo 1970; Campos, Augusto de / Pignatari, Décio / Campos, Haroldo de: Teoria da poesia concreta. Textos críticos e manifiestos 1950–1960, São Paulo 1987; Cândido, Antônio: Formação da Literatura brasileira. Momentos decisivos, São Paulo 1959; Cândido, Antônio: A Educação pela Noite e outros Ensaios, São Paulo 1987; Cândido, Antônio / Castello, Aderaldo: Presença da Literatura brasileira, 3 Bde., São Paulo / Rio de Janeiro [2]1968–71; Coutinho, Afrânio: A Literatura no Brasil, 6 Bde., Rio de Janeiro [2]1968–71; Helena, Lucia: Modernismo brasileiro e vanguarda, São Paulo 1986; Literatura brasileira, 6 Bde., Rio de Janeiro 1977; Mertin, Ray-Güde / Kalwa, Erich / Schönberger, Axel: Brasiliana. Studien zur Literatur und Sprache Brasiliens, Frankfurt a. M. 1991; Ribeiro, Darcy: Unterentwicklung, Kultur und Zivilisation. Ungewöhnliche Versuche, Frankfurt a. M. 1984; Strausfeld, Mechtild (Hrsg.): Brasilianische Literatur, Frankfurt a. M. 1984.

Statt eines Ausblicks

Die Literatur wird auch künftig in Lateinamerika ihr erstes Produktionsgesetz erfüllen, Neues zu produzieren und das Leserbedürfnis nach neuer Lektüre zu befriedigen, zumal wenn sich Marktlücken für Novitäten auftun, seien diese inhaltlicher oder formaler Art, der Realität, der Kultur, den Medien oder der Literatur selber geschuldet. Dies ist auch in Zukunft kein schlechthin unendlicher Prozeß (in Richtung auf immer vollständigere Realitätserfassung oder immer stärkere Autoreflexivität), sondern stetes Pendeln zwischen neuer Realitätsorientierung/Realitätsaneignung und neuer Autoreflexivität entsprechend neuer Realitäts-, Kultur- und Literaturentwicklungen. Ist die je neue Wirklichkeit dargestellt, schreitet Literatur zur Verselbständigung der neuen Formen und Strukturen und zur Autoreflexivierung fort, um bei neuen Wirklichkeitsmodifikationen sich dieser erneut zuzuwenden. Durch Globalisierung gleicht sich die Wirklichkeit Lateinamerikas immer mehr der des europäischen und US-amerikanischen Abendlandes an, was das Ähnlichwerden der Literaturen beider Weltteile zur Folge hat. Doch erhalten bleibt die für Lateinamerika charakteristische Polyethnie, das indianische Erbe, das afroantillische Substrat, die tropisch-exuberante Natur, die einmalige Tradition von Magie, Mythos und kolonialem Barock, literarischem Modernismo, Neuem Roman und *novela-testimonio.* Ebenso unaufhebbar ist das In- und Nebeneinander von Höhenkamm- und Feuilletonliteratur, wobei letztere infolge der Kommerzialisierung – in Konkurrenz zu den audiovisuellen Massenmedien, die die orale Literatur zum Erliegen bringen – immer mehr Hauptbedürfnis wird, das die Leserbedürfnisse und Schreibmotivationen lenkt.

Verzeichnis der Abkürzungen

arg	Argentinien
bol	Bolivien
bra	Brasilien
chi	Chile
col	Kolumbien
cos	Costa Rica
cub	Kuba
dom	Dominikanische Republik
ec	Ecuador
gua	Guatemala
hon	Honduras
mex	Mexiko
nic	Nicaragua
pan	Panama
par	Paraguay
per	Peru
pt	Puerto Rico
sal	El Salvador
ur	Uruguay
ven	Venezuela

Namenregister

Abreu, Casimiro de 152
Abreu, José Vicente 405
Abril, Xavier 258
Acabado, Martín 80
Acevedo Díaz, Eduardo 181
Acevedo Hernández, Antonio 298
Acosta, Agustín 213 f.
Acosta, José de 44, 67
Acosta Enríquez, José Mariano 104
Acuña, Manuel 147
Adán, Martín 258, 285
Adoum, Jorge Enrique 393 f.
Aguilar, Rosario 427 f.
Aguilera, Julio Fausto 433
Aguilera Garramuño, Marco Tulio 400
Aguilera Malta, Demetrio 175, 394, 396, 234, 301
Aguirre, Juan Bautista 94
Aguirre, Lope de 32 f., 38, 40, 311, 358, 404
Aguirre, Nataniel 133
Agustín, José 415 f., 419
Agustini, Delmira 215
Ailly, Pierre d' 22
Ainsa, Fernando 362
Aira, César 357
Aischylos 310, 323
Albán, Laureano 436
Alberdi, Juan Bautista 122, 128, 154
Alberti, Rafael 252, 262, 438
Alborta-Velasco, Oscar 384
Alcántara Almánzar, José 452
Alcântara Machado, Antônio de 291 f.
Alcedo, Antonio de 93
Alea (Gutiérrez Alea), Tomás 461
Alegría, Ciro 227 f., 230
Alegría, Claribel 437, 439
Alegría, Fernando 370, 372
Aleijadinho (Antônio Francisco Lisboa) 117
Aleixandre, Vicente 436
Alemán, Miguel 409
Alemán Ocampo, Carlos 427
Alembert, Jean Le Rond d' 104
Alencar, José de 135–137, 142, 151, 154, 162, 164
Alfieri, Vittorio 97, 109
Alfonso, Paco 300 f., 468
Allende, Isabel 374
Allende, Salvador 253, 369, 372, 374, 377, 379
Almafuerte (Pedro B. Palacios) 150
Almeida, Antônio de 162, 167
Almeida, José Américo de 243
Alonso, Dora 458
Alpízar, Rodolfo 466
Altamirano, Ignacio Manuel 129 f., 147
Althaus, Clemente 149
Alva, Bartolomé de 80
Alva Ixtlilxóchitl, Fernández de 31

Alvarado Tezozómoc, Hernando 31
Alvarenga Peixoto, José Inácio 118
Alvares Correia, Diego 119
Alvarez Gardeazábal, Gustavo 398 f.
Alvensleben, Ludwig von 28
Amado, Jorge 245–247, 301, 481 f.
Amarilis 73
Amiel, Henri Frédéric 196, 198
Amorim, Enrique 238 f.
Amoroso Lima, Alceu 202
Ampuero, Fernando 388
Ampuero, Roberto 373
Amunátegui, Miguel Luis 158
Amunátegui Solar, Domingo 158
Anakreon 117
Anastasio el Pollo *s.* Campo
Anchieta, José de 61
Ancona, Eligio 133, 135
Andrade, Mário de 282 f., 292
Andrade, Oligario 132, 142
Andrade, Oswald de 281 f., 291, 487
Andreä, D.W. 19
Andrejew, Leoni 219, 229
Aniceto el Gallo *s.* Ascasubi
Anjos, Cyro dos 305
Antonil, André João 89
Antônio, João 447
Apollinaire, Guillaume 248, 250 f., 263, 286, 487
Aragon, Louis 248, 251
Arango, Ángel 465
Arango, Arturo 467
Arango, Gonzalo 402
Arango, Luis Alberto 433
Aráujo Porto Alegre, Manuel de 143, 151
Arbenz, Jacobo 431
Arboleda, Julio 141
Arce, Manuel José 433
Arenal, Humberto 460
Arenas, Reinaldo 472, 474
Arendt, Erich 252
Aretino, Pietro 134
Arévalo Martínez, Rafael 286, 439
Argüedas, Alcides de 169, 184
Arguedas, José María 317–319, 383
Argüello, Santiago 193
Argueta, Manlio 439
Arias, Arturo 432
Aridjis, Homero 411, 420
Ariost, Ludovico 33, 47 f., 51, 55, 65, 70
Arlt, Roberto 288 f., 297, 320, 326 f., 353, 356, 360, 419
Armijo, Roberto 439 f.
Arnedo, James 88
Arp, Hans 248
Arrabal, Fernando 376, 453
Arreola, Juan José 412, 439
Arriví, Francisco 448
Arrufat, Antón 467, 470
Artaud, Antonin 350, 360, 395, 469 f.
Ascasubi, Hilario (gen. Aniceto el Gallo) 122, 178 f.
Ascencio Segura, Manuel 116
Asturias, Miguel Ángel 228, 248, 268 f., 299, 302, 310–314, 323, 431–433
Atahualpa 16, 37, 39, 46, 71, 96, 149, 392
Augier, Ángel 454
Augustinus 274
Averroes 288
Ayala Michelena, Leopoldo 298

Azevedo, Arturo 178
Azuela, Arturo 420
Azuela, Mariano 221–223, 301

Babel, Isaak 459
Baccino Ponce de León, Napoleón 365
Bachtin, Michail 420
Baciu, Stefan 429
Bakunin, Michail 141
Balaguer, Joaquín 449, 451
Balboa, Silvestre de 56
Balbuena, Bernardo de 64 f., 72 f., 76 f., 100
Ballagas, Emilio 273, 275
Balza, José 405
Balzac, Honoré de 137, 159–163, 166, 242, 332, 338
Bambula-Díaz, Juliane 18
Bandeira, Manuel 214
Banville, Théodore de 194
Baralt, Luis A. 469
Baralt, Rafael María 112
Barba Jacob, Porfirio (Miguel Ángel Osorio) 261, 268, 272, 286
Barbachano Ponce, Miguel 423
Barbusse, Henri 229
Barco Centenera, Martín del 42, 51
Bareiro Saguier, Rubén 380
Barletta, Leónidas 229 f., 294, 297
Barnet, Miguel 454 f., 458 f.
Baroja, Pío 380
Barral, Carlos 322
Barrera Valverde, Alfonso 395
Barrès, Maurice 198, 200
Barreto Murat, Luis 154
Barrios, Eduardo 171
Barros Grez, Daniel 168
Barthes, Roland 323
Baschkiriew, Marie 198
Batista, Fulgencio 240 f., 244, 275, 453, 463, 469
Batres Montúfar, José 116, 156
Baudelaire, Charles 186 f., 190, 192, 194, 198, 238, 251, 261, 412
Bayle, Pierre 93
Beaumarchais, Pierre Augustin Caron de 97
Beauvoir, Simone de 356
Beckett, Samuel 333, 350, 395 f., 448, 451, 469 f.
Bécquer, Gustavo Adolfo 142, 190
Beecher Stowe, Harriet 167
Bejarano, Lázaro 49
Belaval, Emilio S. 300, 446
Beleño, Joaquín 234, 441
Belgrano, Manuel 111
Belli, Carlos Germán 390
Belli, Gioconda 430
Bello, Andrés 112 f., 125, 143, 148, 253
Belzú, Francisco 385
Bembo, Pietro 49
Benavente *s.* Motolinía
Benavides, Washington 366
Bendezú, Francisco 390
Bendoza Chirveches, Armando 170
Benedetti, Mario 363, 366, 368
Benedetto, Antonio di 357
Béneke, Walter 440
Benítez Rojo, Antonio 468
Benjamin, Walter 355, 357
Bense, Max 488
Béranger, Pierre Jean de 152
Bergson, Henri 410
Berkeley, George 287
Bernard, Claude 173
Bernárdez, Francisco Luis 256

Bernardin de Saint-Pierre, Jacques Henri 120, 138 f.
Bertonio, Ludovico 49
Betancourt, Ignacio 423
Bianciotti, Héctor 355
Bilac, Olavo 201
Bilbao, Manuel 133
Bioy Casares, Adolfo 288, 320, 359
Blanco, José Joaquín 423
Blanco-Fombona, Rufino 208
Blest Gana, Alberto 159 f.
Blest Gana, Guillermo 149
Blym, Hugo 228
Boal, Augusto 350, 491–493
Bocanegra, Matías de 76, 80
Boccaccio, Giovanni 54, 134, 441
Böhringer, Wilfried 103
Boiardo, Matteo Maria 47, 51, 65
Bolívar, Simón 108, 110, 112, 342, 400, 408
Bombal, María Luisa 303, 373
Bonifácios, José 118
Bopp, Raúl 293
Borges, Jorge Luis 238, 254, 257, 279, 286, 288, 320, 323, 326 f., 333, 351, 353, 356 f., 400, 412, 432, 483
Borja, Francisco de, Príncipe de Esquilache 64, 72
Borrero, Juana 193
Borrero, Víctor 389
Borstendoerfer, Adolf 180
Boscán, Juan 47
Bosch, Juan 449–451
Boström, Annemarie 189
Botelho de Oliveira, Manuel 89
Botelho Gosálvez, Raúl 383
Boti, Regino E. 272
Botond, Anneliese 316
Boullosa, Carmen 421 f.
Bourbakis, Roberto 469
Bourget, Paul 172, 196
Bramón, Francisco 65, 80
Brañas, Antonio 432
Brandão, Ignácio de Loyola 477
Brandys, Kazimierz 420
Brecht, Bertolt 239, 330, 348, 350 f., 361, 376 f., 386, 391 f., 402, 407, 415, 423 f., 431, 443, 448, 471 f., 479
Brene, René R. 470 f.
Breton, André 248, 251, 256, 358, 455, 492
Britto García, Luis 406 f.
Broch, Hermann 310, 323
Brook, Peter 407, 492
Brull, Mariano 272
Brunet, Marta 303, 373
Bryce Echenique, Alfredo 343 f.
Buarque, Chico 490, 492
Buarque de Hollanda, Heloísa 490
Büchner, Georg 492
Buenaventura, Enrique 350, 402
Buenos de Rivera, Odorico jr. 486
Buenrostro, Alonso 58
Bürger, Gottfried August 152
Buitrago, Fanny 401
Bullrich, Silvina 356
Buñuel, Luis 322, 332
Bustamente y Ballivián, Enrique 213
Bustillo Oro, Juan 294
Butazzoni, Fernando 363
Butor, Michel 323, 333, 348
Buzzi, David 465
Byrne, Bonifacio 204
Byron, George Gordon Noel, Lord 114, 120, 122, 127, 140, 144, 146, 152, 189

Caballero, José Agustín 113
Caballero Calderón, Eduardo 398 f.
Cabello de Carbonera, Mercedes 170 f.
Cabezas, Juan de las 56
Cabezas, Omar 427
Cabral, Manuel del 279 f.
Cabrera, Fausto 403
Cabrera, Lydia 278
Cabrera Infante, Guillermo 447, 473
Cabrujas, José Ignacio 407 f.
Cáceres, Andrés Avelino 193
Cáceres, Esther de 367
Cáceres, María Letitia 74
Cadenas, Rafael 408
Caicedo, Andrés 401
Cajina-Vega, Mario 427
Caldas, Francisco de 92, 94, 99
Caldera, Rafael 113
Calderón, Fernando 155
Calderón de la Barca, Pedro 79 f., 83, 89, 95 f.
Callado, Antônio 477 f., 482
Calles, Plutarco Elías 221, 223, 308
Calva, José Rafael 423
Calzadilla, Juan 408
Cambaceres, Eugenio 172, 196
Caminha, Adolfo 176
Camões, Luis de 49–51, 89, 117 f.
Campero Echazú, Octavio 257
Campo, Estanislao del (gen. Anastasio el Pollo) 179
Campo y Rivas, Manuel de 105
Campos, Augusto de 489 f.
Campos, Geir 486
Campos, Haraldo de 488 f.
Campos Cervera, Hérib 257
Camus, Albert 310, 323, 325, 348, 350, 357, 419, 432
Cañas, Alberto F. 435 f.
Cândido, Antônio 482
Cândido de Carvalho, José 484
Cantinflas (Mario Moreno) 296, 418
Canto, Estela 355
Carballido, Emilio 411, 416
Cardenal, Ernesto 351, 411, 428–430, 487
Cárdenas, Juan de 41
Cárdenas, Lázaro 265, 308, 414
Cardona Peña, Alfredo 436
Cardoso, Lúcio 304 f.
Cardoza y Aragón, Luis 269
Carlo, Adelia di 230
Carlo, Omar del 360
Carlota *s.* Charlotte
Carlyle, Thomas 208
Caro, José Eusebio 148
Caro, Miguel Antonio 52
Carpentier, Alejo 41, 63, 248, 272, 302, 310, 314–317, 323, 338, 406, 451 f., 460, 462, 467, 473 f.
Carranza, Eduardo 262
Carranza, Venustiano 416
Carrasquilla, Tomás 210
Carrera Andrade, Jorge 260 f.
Carrillo, Hugo 433
Carrió de la Vandera, Alonso (Concolorcorvo) 102 f.
Carrión, Miguel de 209, 460
Carroll, Lewis 327
Cartagena Portalatín, Aida 450 f.
Carvajal, Fray Gaspar de 25
Carvajal y Robles, Rodrigo de 72

Carvalho Castillo, Ignacio 394
Casaccia, Gabriel 380
Casal, Julián del 190, 193, 272
Castellanos, Jesús 209
Castellanos, Juan de 51–53, 135
Castellanos, Rosario 411, 414
Castelnuovo, Elías 230
Castelpoggi, Atilio Jorge 358
Castera, Pedro 174
Castiglione, Baldesar 49
Castillo, Andrés 294
Castillo, Efraim 451
Castillo, Ernesto 430
Castillo, Fray Francisco de (gen. Ciego de la Merced) 95
Castillo, Moisés 270
Castillo, Otto René 433
Castillo y Guevara, Josefa 87
Castro, Ángel A. 473
Castro, Cipriano 311
Castro, Fidel 214, 244, 335, 454, 459, 474
Castro, José Agustín de 95
Castro, José Antonio 408
Castro Alves, Antônio de 153 f.
Catull 109
Caupolicán 33
Causse, Cos 455
Cavalcanti, Domingos Olímpio 165
Caviedes *s.* Valle Caviedes
Cea, José Roberto 438
Ceballos, José 423
Céline, Louis-Ferdinand 330, 343
Celso Martinez Correa, José 492 f.
Cepeda Samudio, Alvaro 399
Cerda, Carlos 373
Cerda (Sandoval Cerda Silva y Mendoza), Gaspar 83
Cerruto, Oscar 382–385
Cervantes de Salazar, Francisco 40
Cervantes Saavedra, Miguel de 50, 157, 334
Césaire, Aimé 455
Céspedes, Augusto 232, 301, 382 f.
Cetina, Gutierre de 49
Cevallos, Pedro 111
Chacón Nardi, Rafaela 273
Chalbaud, Román 407
Chamie, Mário 490
Chamorro, Pedro Joaquín 426 f.
Chamorro, Violeta 426
Changmarín (Carlos Francisco Chang Marín) 441 f.
Chaple, Sergio 462
Charlotte (Kaiserin von Mexiko) 343, 416, 420
Chase, Alfonso 435
Chateaubriand, François-René de 109, 114, 120, 138–140, 142, 167
Chavarría, Daniel 402
Chaves, Fernando 226
Chaviano, Daina 465
Chénier, André 97
Chericián, David 456
Chimpu Ocllo, Isabel 46
Chioino, José 298
Chocrón, Isaac 406 f.
Chumacero, Alí 411
Cicero 39
Cid, El (Rodrigo Díaz de Bivár) 18
Ciego de la Merced *s.* Castillo, Fray Francisco de
Cieza de León, Pedro 38 f.
Cione, Otto Miguel 177

Cirules, Enrique 459
Cisneros, Antonio 392
Cisneros, Luis Jaime 74
Clarín (Leopoldo Alas) 209
Clarinda 73
Clavijero, Francisco Javier 93, 100
Cobo Borda, Gustavo 402
Cocteau, Jean 293, 469
Codina, Iverna 356
Coelho Neto, Henrique Maximiliano 242
Cofiño López, Manuel 464
Coleridge, Samuel Taylor 122
Coloane, Francisco 370
Colón, Cristóbal *s.* Kolumbus
Colón, Diego 135
Colonna, Vittorio 49
Comte, Auguste 121 f., 125
Concepción Valdés, Gabriel de la (gen. Plácido) 144 f.
Concolorcorco *s.* Carrió de la Vandera
Condillac, Étienne Bonnot de 93
Congrains Martín, Enrique 388
Conrad, Joseph 209, 289
Conteris, Hiber 368
Conti, Haraldo 353 f.
Contreras, Francisco 207
Contreras y Valverde, Vasco de 80
Cooper, James Fenimore 167
Corneille, Pierre 81, 95
Corocoran, Mary Helen Patricia 70
Coronado, Martín 182
Coronel Urtecho, José 267 f., 299, 429
Correa, Julio 299
Cortázar, Julio 322, 327–329, 353, 371, 442, 447, 450, 452
Cortés, Alfonso 213
Cortés, Hernán 19, 23, 38, 40, 50, 140, 333 f., 421, 424
Cortés, Martín 40
Cossío Woodward, Miguel 464
Cossío Yáñez, Alicia 395
Costa, José Cláudio Manuel da 117, 119
Costa Arguedas, José Felipe 228
Costa du Relz, Adolfo 386
Cotto-Thorner, Guillermo 446
Cousin, Victor 121 f.
Covarrubias, Francisco 97
Crébillon, Claude-Prosper Jolyot 97
Cristóbal Pérez, Armando 464
Cromberger, Juan (Hans) 43, 48
Cruchaga, Ángel 212
Cruz, Sor Juana Inés de la (Juana Ramírez de Asbaje) 64, 72, 82–87, 92, 96, 264 f., 421
Cruz e Sousa, João da 202
Cruz Konfly, Fernando 400
Cruz Varela, Juan 109, 111
Cuadra, José de la 241
Cuadra, Manolo de la 267, 291
Cuadra, Pablo Antonio 267 f., 299, 429
Cuauhtémoc 23, 140
Cuculambé, El *s.* Nápoles Fajardo
Cuervo Márquez, Emilio 200
Cueto y Mena, Juan de 80
Cueva, Juan de la 50
Cunha, Euclides da 165 f., 342
Cuzzani, Agustín 361

Dalton, Roque 437 f.
Damonte, Raúl (gen. Copi) 362
D'Annunzio, Gabriele 191 f., 198, 200, 213, 215
Dante Alighieri 48 f., 70, 310, 320, 334, 488
Darío, Rubén 143, 189, 191–195, 199, 201, 205 f., 211, 213, 267 f., 329
Darwin, Charles 125, 171, 176, 208, 286
Daudet, Alphonse 173
Dávalos, José Manuel 99
Dávalos y Figueroa, Diego 49
Dávila Andrade, César 394
Dávila Vázquez, Jorge 395
Dean, James 415
Debravo, Jorge 436
De Chirico, Giorgio 390
Defilippis Novoa, Francisco 297
Defoe, Daniel 105
Délano, Poli 371, 375
Delgado, Jaime 54
Delgado, Rafael 161, 173
Denser, Márcia 478
Depestre, René 455
Derrida, Jacques 323, 424
Descartes, René 83, 102, 287
Desnoes, Edmundo 461
Desnos, Robert 248, 358
D'Halmar, Augusto 174, 212
Dias Gomes, Alfredo 491
Dias-Pino, Vlademir 490
Díaz, Alonso 71
Díaz, Francisco 30
Díaz, Jesús 462, 466 f.
Díaz, Jorge 376
Díaz, Leopoldo 193
Díaz, Porfirio 129, 170, 220 f.
Díaz Covarrubias, Juan 132
Díaz de Guzmán, Ruy 42
Díaz del Castillo, Bernal 21–23, 135, 333
Díaz Grullón, Virgilio 450
Díaz Martínez, Manuel 454
Díaz Mirón, Salvador 189 f.
Díaz Rodríguez, Manuel 199
Díaz Romero, Eugenio 193
Díaz Sánchez, Ramón 233
Díaz Valcarcel, Emilio 446
Dickens Charles 159, 161, 163
Diderot, Denis 104
Diego, Eliseo 274, 454 f.
Diego, Gerardo 78
Diego, Juan 77 f.
Dill, Hans-Otto 189, 205, 277, 316
Discépolo, Armando 297 f.
Disla, Reynaldo 453
Disney, Walt 372
Dobles Gavidia, Fabián 233, 434
Domínguez, Franklín 453
Domínguez, Luis Adolfo 77
Domínguez Arbelo, Juan 468
Domínguez Camargo, Hernando 71 f., 78 f.
Dominici, Pedro César 198–200, 207
Donoso, José 321 f., 338 f., 372
Donoso, Miguel 395
Dorfman, Ariel 372
Dorr, Nicolás 472
Dos Passos, John 244, 307, 323, 394
Dostojewski, Fjodor 170, 219, 227, 258, 289, 297
Dourado, Waldomiro Freites Autran 483
Dragún, Osvaldo 350, 360
Drake, Francis 43, 52
Droguett, Carlos 396

Drummond de Andrade, Carlos 284, 366
D'Sola, Otto 262
Dürrenmatt, Friedrich 350
Dumas, Alexandre (père) 122, 128, 154, 166 f., 200
Duncán, Quince 435
Durán, Manuel 411
Duvojne Ortíz, Alicia 354, 356

Eça de Queiros, José Maria 164, 175 f., 201, 209, 245
Echeverri Mejía, Arturo 397 f.
Echeverría, Esteban 122–125, 127, 140, 357
Echagüe, Pedro 154
Eckhart, Meister 327
Eco, Umberto 465
Edwards, Jorge 371
Eguren, José María 212 f., 258
Eguren, Gustavo 458
Ehrenburg, Ilja 229
Eichelbaum, Samuel 294, 297, 359
Eliot, T. S. 262, 348, 351, 391 f., 394, 411, 434, 485
Elizondo, Salvador 413
Eloy Blanco, Andrés 262
Eloy Martínez, Tomás 354
Eltit, Diamela 373–375
Éluard, Paul 283, 351, 358, 455
Emar (Alvaro Yáñez Bianchi) 290
Engler, Erhard 164
Enzensberger, Hans Magnus 19, 26, 260
Erb, Roland 23
Ercilla y Zúñiga, Alonso de 32–34, 48, 51 f., 55, 70 f.
Escobar Galindo, David 437
Escobar Jaramillo, Jaime 402
Escobar Velado, Oswaldo 437
Escobar y Mendoza, Antonio de 71
Escoto, Julio 442 f.
Escragnolle, Visconde de Taunay, Alfredo d' 164 f.
Escudero, Gonzalo 260
Espínola, Francisco 362
Espinosa Medrano, Juan de (gen. Lunarejo) 63, 72 f., 92
Espinosa Pólis, Aurelio 110
Espronceda, José Leonardo de 144
Esquivel, Laura 422
Estorino, Abelardo 471
Estrada Cabrera, Manuel 193, 299, 311
Euripides 451

Fagundes Telles, Ligia 478
Fagundes Varela, Luís Nicolau 153
Falcón, Antonio 49, 64
Fallas, Carlos Luis 233, 301
Fangio, Juan Manuel 326
Faria, Otávio de 305
Faria e Sousa, Manuel de 63
Faulkner, William 304, 307, 309, 323, 330, 332 f., 335, 348, 370, 399, 434, 443, 450, 463 f., 482
Fayad, Jamis 343
Fayad, Luis 401
Feijóo, Fray Benito Jerónimo 93, 102
Feijóo, Samuel 458
Fellini, Federico 355
Felipe Segundo *s.* Philipp II.
Felipe, Carlos 469
Fénelon, François de Salignac de la Mothe 102

Ferdinand VII. (König von Spanien) 96
Fernandes Brandão, Ambrósio 60
Fernández, Gerardo 471 f.
Fernández, Macedonio 254, 289 f., 292, 320, 355
Fernández, Mario César 364
Fernández, Millôr 492
Fernández, Pablo Armando 462, 466
Fernández, Tito 379
Fernández de Castro y Bocángel, Jerónimo 96
Fernández de Castro y Bocángel, Vera 96
Fernández de Lizardi, José Joaquín 105 f., 130
Fernández de Oviedo y Valdés, Gonzalo 44, 135
Fernández de Valenzuela, Fernando 80
Fernández Moreno, Baldomero 212
Fernández Moreno, César 359
Fernández Retamar, Roberto 322, 454
Fernando VII *s.* Ferdinand VII.
Ferré, Rosario 447
Ferreires, Alfredo Mario 256 f.
Ferrer, Rolando 469
Filho, Adonias 482 f.
Flakoll, D. J. 439
Flaubert, Gustave 164, 199 f., 208 f., 323, 329, 332, 341, 357
Flores, Juan José 110
Florit, Eugenio 273
Fombona Pachano, Jacinto 262
Fonseca, Rubem 477
Fornaris, José 145
Foscolo, Ugo 115, 139
Foucault, Michel 424
Foxa, Francisco Javier 155
França, José Joaquim da, jr. 168
France, Anatole 163, 200, 317
Francia, Dr. (Tomás Rodríguez Francia) 341
Franco Oppenheimer, Félix 445
Francovich, Guillermo 368
Frank, Anne 391
Franz von Assisi 274
Freud, Sigmund 282, 296, 317, 323, 341, 410, 470
Freyle *s.* Rodríguez Freyle
Freyre *s.* Jaimes Freyre *und* Melo Freyre
Frías, Heriberto 169
Frías y Soto, Hilario 173
Friedrich II. (König von Preußen) 98
Frost, Robert Lee 267
Fuentemayor, Alfonso 399
Fuentes, Carlos 321 f., 332–334, 341, 349, 413, 417–419, 427, 442, 463
Fuentes, José Lorenzo 461, 463
Fuentes, Norberto 459
Fuentes del Arco, Antonio 97
Fuguet, Alberto 375
Fujimori, Alberto 329, 386

Gaitán Durán, Jorge 402
Galdós, Benito Pérez 160 f., 173, 297
Galeano, Eduardo 363, 365
Galich, Manuel 30, 299
Galilei, Galileo 93
Galindo, Sergio 412
Gallardo, Salvador 264
Gallegos, Rómulo 237, 301 f.
Galsworthy, John 244
Galve, Conde de 281

Gálvez, Manuel 174, 199, 219
Gama, José Basílio da 118, 140
Gámbaro, Griselda 361
Gamboa, Federico 173 f.
Garcés, Enrique 49
García, Marcos 32
García, Santiago 403
García Alonso, Aida 465
García Calderón, Ventura 239
García Canclini, Néstor 418 f.
García de Villagrá, Gaspar 51
García Guerraq, Iván 453
García Hurtado de Mendoza 32, 55
García Lorca, Federico 248 f., 252, 257, 262, 268–270, 272, 277, 279, 293, 295, 301, 377, 407
García Márquez, Gabriel 241, 244, 293, 321 f., 329, 335–338, 341 f., 344, 354, 374, 395, 397, 399 f., 460, 466
García Marruz, Fina 274, 453, 455
García Moreno, Gabriel 157
García Saldaña, Parménides 415
García Velloso, Enrique 296
Garcilaso de la Vega 47, 50, 65
Garcilaso de la Vega, El Inca 46–48
Gardel, Carlos 297 f., 326, 360, 401
Garmendia, Salvador 406
Garrido Malaver, Julio 389
Garro, Elena 413, 421
Gatti, Armand 350
Gautier, Théophile 185, 201
Gavidia, Francisco 193
Gaztelu, Ángel 274
Gelman, Juan 359
Genet, Jean 350
Gerbasi, Vicente 262 f.
Gerchunoff, Alberto 208
George, Stefan 192
Ghiano, Juan Carlos 360
Giardinelli, Mempo 352 f.
Gide, André 244
Ginsberg, Allen 429
Giraudoux, Jean 295
Girondo, Olivero 254 f.
Glantz, Margo 421
Godard, Jean-Luc 419
Godoy, Juan Gualberto 111
Goethe, Johann Wolfgang 113, 138 f., 146, 189, 317, 437
Gogol, Nikolai 227, 471
Goldoni, Carlo 81, 97
Gombrowicz, Witold 420
Gomes, Antônio Carlos 136
Gómez, Juan Vicente 208, 262, 311, 404
Gómez Carrillo, Enrique 200
Gómez de Avellaneda, Gertrudis 137 f., 145
Gonçalves Azevedo, Aluísio 175 f.
Gonçalves de Magalhães, Domingos José 109, 119, 142, 151
Gonçalves Dias, Antônio 119, 137, 152
Goncourt, Edmond de 175, 191
Goncourt, Jules de 175, 191
Góngora y Argote, Luis de 55, 63, 73, 77 f., 83, 87–89, 102, 248 f., 258, 262, 271, 277, 279, 334
Gonzaga, Tomás Antônio 118
González, Otto-Raúl 269, 432
González, Reynaldo 459, 463
González de Cascorro, Raúl 458 f.
González de Eslava, Fernán 59

González García, Matías 234
González Lanuza, Eduardo 256
González León, Adriano 406
González Martínez, Enrique 211 f.
González Prada, Manuel 182 f., 189
González Videla, Gabriel 253, 369
Gorbatschow, Michail 443
Gorki, Maxim 176, 219, 227, 229–231, 258, 289, 297, 301
Gorostiza, Carlos 294, 360
Gorostiza, José 264, 411
Gounod, Charles 179
Gramcko, Ida 408
Gracián, Baltázar 334
Granja, Conde de la 94
Grass, Günter 466
Gravina, Alfredo Dante 364
Greiff, León de 261
Groussac, Paul 173, 296
Guardia, Gloria 441
Guarnieri, Gianfrancesco 491, 493
Guayacapuro Pardo, Francisco 148
Gudiño Kiefer, Eduardo 355
Guerrero, Vicente 132
Guevara, Ernesto Che 327, 358, 382, 385, 454
Guevara, Juan de 64
Guevara, Miguel de 76
Guido, Beatriz 356
Guido y Spano, Carlos 150
Guillén, Alberto 257
Guillén, Jorge 248, 262, 390
Guillén, Nicolás 257, 270, 272, 275–279, 302, 351, 436, 453–455, 457, 462, 467, 474
Guillén Pinto, Alfredo 228
Guimarães, Josué 481
Guimarães Rosa, João 322, 434, 479–481, 483
Güiraldes, Ricardo 239 f., 326
Guirao, Ramón 275, 278
Guizot, François 125
Gumilla, José 99, 316
Gusmão, Alexandre de 89 f.
Gutenberg, Johannes 287
Gutiérrez, Carlos María 366
Gutiérrez, Eduardo 181
Gutiérrez, Gustavo 392
Gutiérrez, Joaquín 233
Gutiérrez, Juan María 122, 143, 150
Gutiérrez, Miguel 388
Gutiérrez, Ricardo 150
Gutiérrez de Santa Clara, Pedro 39
Gutiérrez González, Gregorio 148
Gutiérrez Nájera, Manuel 190
Guzmán, Alonso Enrique de 40 f.
Guzmán, Martín Luis 223 f.

Handke, Peter 466
Havel, Václav 420
Hauptmann, Gerhart 176, 211
Heidegger, Martin 310, 316, 323, 348, 410
Heine, Heinrich 120, 122, 134, 144, 147, 152, 187, 192
Hemingway, Ernest 309, 323, 330, 335, 343, 353, 375, 459, 461, 464, 473
Henríquez, Fray Camilo 109
Henríquez, Rafael Américo 279
Henríquez Ureña, Pedro 187, 444
Herás León, Eduardo 462

Heraud, Javier 391
Herder, Johann Gottfried 112, 125
Heredia, José María 97, 114
Hérédia, José-Maria de 153
Heredia, Nicolás 157
Hernández, Felisberto 291, 327, 419
Hernández, Gaspar Octavio 270
Hernández, José 179 f.
Hernández, Miguel 252, 269
Hernández Arana, Francisco 30
Hernández Catá, Alfonso 209
Hernández Miyares, Enrique 204
Herrera, Ernesto 177
Herrera, Fernando de 50
Herrera, Flavio 238
Herrera Luque, Francisco 405
Herrera Sevillano, Demetrio 270
Herrera y Reissig, Julio 192 f., 201, 215
Herzog, Vladimir 493
Hesse, Hermann 310, 323, 482
Hidalgo, Alberto 257
Hidalgo, Bartolomé 111
Hidalgo y Costillo, Miguel 108, 132
Hikmet, Nazim 239, 394, 437
Hinostroza, Rodolfo 392
Hochhuth, Rolf 350
Hofmannsthal, Hugo von 192, 420
Hojeda, Diego de 64, 69–71
Homer 51, 117, 310, 323
Horaz 109, 147 f., 392
Hostos, Eugenio María de 158, 187, 444
Huaina Capac, Inca 110
Huamán Poma de Ayala, Felipe 31
Huerta, David 424
Huerta, Efraín 267, 424
Huerta, Victoriano 416
Hughes, Langston 277
Hugo, Victor 131 f., 134, 137, 143 f., 150, 153–155, 159, 161, 189, 192
Huidobro, Vicente 248, 250 f., 253 f., 256, 262, 264, 268, 270, 285, 299, 377, 411, 487
Humboldt, Alexander von 93, 112 f., 316 f.
Hume, David 287
Huneus, Pablo 375
Huntington, Archer M. 33
Hurtado, Gerardo César 435
Hutten, Philipp von 405
Huxley, Aldous 244, 338
Huysmans, Joris-Karl 172, 175 f., 196–200

Ibáñez, Sara de 367
Ibarbourou, Juana de 215
Ibargoyen, Saúl 366 f.
Ibargüengoitia, Jorge 414
Ibsen, Henrik 170, 176, 178, 198, 211, 297 f., 300, 360
Icaza, Jorge 227, 301, 383, 394 f.
Inchaustegui Cabral, Hector 452
Inclán, Luis G. 156
Indio Naborí, El *s.* Orta Ruíz
Ingenieros, José 219
Inglês de Sousa, Herculano Marcos 175
Ionesco, Eugène 330, 350, 361, 368, 395, 448, 469
Iriarte, Helena 401
Irisarri, Antonio José de 130 f.
Isaacs, Jorge 138 f., 235

Isabella (Königin von Kastilien) 22
Isella Russel, Dora 367
Itúrbide, Agustín (Kaiser von Mexiko) 132
Ivo, Lédo 486
Iwaszkiewicz, Jarosław 420
Ixililxochitl, Alva 80

Jacobs, Bárbara 422
Jaimes Freyre, Ricardo 191 f., 194, 199
James, Henry 482
Jamis, Fayad 454
Jandl, Ernst 488
Jara, Cronwell 388
Jara, Victor 369, 375, 379
Jarry, Alfred 286
Jaspers, Karl 323
Jesualdo (Jesualdo Sosa) 363
Jesús, Carolina María de 481
Jesús Galván, Manuel de 135, 137
Jets, Klaus 223
Jiménez, Juan Ramón 248 f., 251, 258, 262, 270–274, 367
Johann IV. (König von Portugal) 89
Johann VI. (König von Portugal) 151, 162
Johanna die Wahnsinnige (Königin von Kastilien) 334
Jotabeche *s.* Vallejo, José Joaquín
Joyce, James 290, 307, 309, 320, 323, 327, 330, 348, 357, 399, 406, 463, 480, 489 f.
Juana la Loca *s.* Johanna
Juárez, Benito 129, 343
Jünger, Ernst 310
Jung, Carl Gustav 312, 348
Junqueira Freire, Luis José 152
Jurado, Ramón H. 233

Kabus, Waldemar 314
Kafka, Franz 244, 285 f., 310, 330, 334 f., 338, 348, 355, 357, 377, 395, 412, 427, 432, 439, 450 f., 469, 479
Karl der Große (römisch-deutscher Kaiser) 18
Karl V. (König von Spanien, römisch-deutscher Kaiser) 25, 33, 333
Kennedy, John F. 322
Kennedy, Jacqueline 428
Keyserling, Hermann, Graf 357
Kircher, Athanasius 83
Kipling, Rudyard 238, 427
Klages, Ludwig 327
Körner, Theodor 189
Kolumbus, Christoph 15, 19, 21–23, 25, 52, 361, 408, 418
Kopernikus, Nikolaus 22, 93
Kordon, Bernardo 354 f.
Krauze, Ethel 422
Kristeva, Julia 323
Kubitschek, Juscelino 475, 483

Labarca, Eduardo 373
Labastida, Jaime 412
Laclos, Pierre Choderlos de 317
Lacunza, José María 135
Laferrière, Gregorio de 177
Lafertte, Elías 232
Laforgue, Jules 192
Lafourcade, Enrique 371
Laguerre, Enrique A. 446
Lamartine, Alphonse de 114, 120, 140, 142, 146, 151 f.
Lamborghini, Osvaldo 359
Lamennais, Félicité Robert de 142

Lamp, Silvia 364
Landa, Fray Diego de 45
Landa Lyon, Luis 382
Landívar, Rafael 99, 113
Lange, Norah 356
Langsner, Jacobo 368
Lanzilotti, Marino 423
Lara, Agustín 418
Lara, Jesús 257, 383
Lara, Omar 378 f.
Lara Resende, Otto 478 f.
Larra, Mariano José de 134, 155, 157
Larreta, Enrique 200, 206–208
Lars, Claudia 269
Las Casas, Bartolomé de 19, 25 f., 31, 66, 89, 135, 141, 433
Latorre, Mariano 210
Lautréamont, Comte de (Isidore Ducasse) 251, 256, 327
Lavardén, Manuel José de 97 f., 109
Leal, Rine 469
Leante, César 458
Leconte de Lisle, Charles Marie 153, 191, 201
Legido, Juan Carlos 368
Leguizamón, Martiniano 181
Leibniz, Gottfried Wilhelm 120
Leiton, Roberto 226
Leiva, Raúl 269, 432
Leñero, Vicente 413, 423 f.
Lennon, John 419
León, Fray Luis de 50
León de Mera, Juan 141, 149, 158, 183
León-Portilla, Miguel 17, 333
Leonardo da Vinci 419
Leopardi, Giacomo 190 f.
Le Pera, Alfredo 298
Lévy-Bruhl, Lucien 282
Lewis, Oscar 417, 458
Lezama Lima, José 273 f., 327, 334 f., 351, 359, 453–455, 462, 467, 473
Lihn, Enrique 377
Lillo, Baldomero 174 f., 232
Lillo, Eusebio 149
Lima, Jorge de 283
Lima Barreto, Afonso Henriques 242 f.
Lindo, Hugo 269, 439
Lins do Rêgo, José 243
Lisboa, Henriqueta 485
Lispector, Clarice 484
List Arzubide, Germán 263 f.
Liza, Padre 37
Lizardi *s.* Fernández de Lizardi
Lizárraga, Fray Reginaldo de (Baltasar de Ovando) 45
Lleras, Miguel N. 295
Llerena, Cristóbal de 58
Llorens Torres, Luis 204, 278
Lluch de Mora, Francisco 445
Lobo Lasso de la Vega, Gabriel 51
Lohmann Villena, Guillermo 74
Longfellow, Henry Wadsworth 149
Lope de Vega Carpio, Félix 70, 73, 79–81, 88, 96, 277, 392
Lopes de Sousa, Pero 60
López, César 455
López, Fidel Vicente 131 f.
López, Lucio Vicente 172
López, Luis Carlos 212
López Albujar, Enrique 226
López de Gómara, Francisco 22, 24
López de Rojas Velasco, Juan 41

López Portillo y Rojas, José 161
López Valdizón, José María 432
López Velarde, Ramón 257, 263, 412
López y Fuentes, Gregorio 224 f.
López y Planes, Vicente 111, 122
Lorca *s.* García Lorca
Lorre, Peter 372
Loti, Pierre 198
Louÿs, Pierre 200
Louzeiro, José 477
Loveira, Carlos 209
Loynaz, Dulce María 273
Loyola, Ignacio de 71, 78
Luaces, Joaquín Lorenzo 146
Luchting, Wolfgang A. 337
Lugones, Leopoldo 191 f., 194, 208, 215, 248
Luisi, Luisa 216
Lukan 34
Lukian 102, 310, 389
Lukrez 148
Lull, Raimund 83, 336
Lunarejo *s.* Espinosa Medrano
Lynch, Benito 240

Macedo, Joaquím Manuel de 154, 162, 167
Machado, Antonio 248, 252, 366, 436, 444
Machado, Gerardo 214, 271 f., 436
Machado de Assis, Joachim Maria 163 f., 167, 201, 245, 291
Machiavelli, Niccolò 23
Macpherson, James 140
Madero, Francisco J. 223
Maeterlinck, Maurice 491
Magalhães Gândavo, Pedro 60
Magariños Cervantes, Alejandro 112, 143, 181
Magdaleno, Mauricio 225, 294
Maggi, Carlos 368
Maitín, José Antonio 143, 148
Majakowski, Wladimir 437
Maldonado, Guillermo 403
Malewitsch, Kasimir 229
Malfatti, Anita 281
Mallarmé, Stéphane 191 f., 261, 487
Mallea, Eduardo 303 f., 325, 355 f.
Malta *s.* Aguilera Malta
Mañach, Jorge 272
Mancera, Marqués de 83
Mancera, Marquesa de 82
Mancisidor, José 224
Manco Inca 32
Manjarrez, Héctor 419
Mann, Thomas 244, 310, 316, 323, 348, 355, 357, 420, 432, 479
Manns, Patricio 379
Mansilla, Lucio Victorio 156, 167, 357
Manzano, Juan Francisco 137 f.
Manzoni, Alessandro 131, 160 f.
Maples Arce, Manuel 263
Marañón, Gregorio 23
Marcallé Abreu, Roberto 452
Marcos, Plinio 492
Marechal, Leopoldo 320 f., 353–355, 451
Mariani, Roberto 230
Mariátegui, José Carlos 213, 219, 225, 248, 258, 302
Marín Cañas, José 302, 435
Marinello, Juan 272, 302, 453
Marinetti, Filippo Tommaso 248, 254, 256 f.

Marino, Giambattista 89
Marisicovétere Durán, Miguel 299
Marlowe, Christopher 80
Mármol, José 127 f., 154, 296, 361
Marmontel, Jean-François 104
Marqués, René 445–447
Marques Pereira, Nuno 90
Márquez, José Arnaldo 149
Marré, Luis 457
Marroquín, José Manuel 156
Martí, José 167, 186–189, 197, 201, 211, 213, 271 f., 444, 468, 474
Martínez, José de Jesús 442
Martínez, Luis 210
Martínez Cuitiño, Vicente 296
Martínez Espinel, Vicente 37
Martínez Estrada, Ezequiel 304, 321, 325
Martínez Moreno, Carlos 363
Martínez Queirolo, José 396
Martínez Villena, Rubén 271 f.
Martins Pena, Luís Carlos 119
Marx, Karl 393
Mastreta, Ángeles 421
Matamoros, Miguel 473
Mateos, Juan 130, 132
Matienzos, Juan de 44
Matto de Turner, Clorinda 156, 169, 182 f.
Mattos, Grégório de 88 f.
Mattos, Tomás de 365
Maturana, José de 296
Maupassant, Guy de 162–164, 173, 175, 209, 341
Maximilian (Kaiser von Mexiko) 129 f., 416
Maya, Rafael 261
Mayo, Hugo 260
Maziel, Juan Baltazar 111
Mazzini, Giuseppe 122
McCullers, Carson 419
Meireles, Cecília 284, 485
Mejía, Medardo 443
Mejía, Sergio 403
Mejía Sánchez, Ernesto 430
Mejía Vallejo, Manuel 399
Melgar, Mariano 116
Melgarejo, Mariano 385
Melo, Juan Vicente 411
Melo Freyre, Gilberto de 241 f., 304
Melo Neto, João Cabral de 351, 486
Melville, Herman 353, 370
Mem de Sá 61
Mendès, Catulle 190, 194
Mendes, Murilo 284
Méndez, Lionel 433
Méndez Ballester, Manuel 448
Méndez Capote, Renée 465
Méndez Plancarte, Alfonso 84
Mendieta, Fray Jerónimo de 44
Mendive, Rafael María de 146
Mendoza, Jaime 231
Mendoza, María Luisa 422
Menén Desleal, Alvaro 439
Menéndez, Miguel Ángel 308
Menéndez y Pelayo, Marcelino 65
Meneses, Guillermo 404
Meneses Barreto, Tobias de 154
Menotti del Picchia, Paulo 281
Mexía de Fernangil, Diego 49, 64, 73
Michelet, Jules 131, 142
Mier, Fray Servando Teresa de 103 f., 474
Milanés, José Jacinto 145, 155

Milanés, Pablo 457
Miller, Arthur 348, 350
Miller, Henry 419
Mir, Pedro 452
Miramontes y Zuázola, Juan de 70
Miranda, Francisco 112
Miranda de Villafaña, Luis 42
Miró, José María (gen. Julián Martel) 172
Miró, Ricardo 269 f., 440 f.
Miró, Rodrigo 71
Miró Quesada, Aurelio 47
Mistral, Gabriela (Lucila Godoy Alcayaga) 110, 113, 143, 212, 216–218, 251, 253, 286, 351, 373
Mitjans, Aurelio 158
Mitre, Bartolomé 122, 128, 154
Mitterrand, François 473
Moctezuma 140, 424
Molière (Jean-Baptiste Poquelin) 80, 95, 97
Molina, Enrique 256, 358
Molina, Silvia 421
Molina el Cuzqueño, Cristóbal 17
Molinari, Ricardo E. 256
Moncloa, Conde de 73
Monforte, Jerónimo de 96
Monroe, Marilyn 430
Monsiváis, Carlos 418–420
Montalvo, Juan 157
Montaner, Rita 469
Monte, Domingo del 114, 137
Monteagudo, Bernardo de 96
Monteforte Toledo, Mario 228
Monteiro Lobato, Bento 219, 281
Montejo, Eugenio 408
Montero, Reinaldo 466
Monterroso, Augusto 322, 411, 431 f.
Montes de Oca, Marco Antonio 411
Montes López, José 468
Montesclaros (Mendoza y Luna, Marqués de Montesclaros), Juan de 64
Montesquieu, Charles-Louis de Secondat de 93, 102, 365
Montezuma *s.* Moctezuma
Mook, Armando 298
Morães, Vinícius de 284
Morales Bermúdez, Francisco 386
Morales Santos, Francisco 433
Moréas, Charles 192, 194
Moreau, Gustave 190
Morejón, Nancy 455
Morelos, José María 108, 132, 424
Moreno *s. auch* García Moreno
Moreno, Mariano 93, 111
Moreno Durán, Rafael Humberto 400
Moreno Jiménez, Domingo 214
Morillas, Pedro 157
Moro, César 257 f.
Morris, Andrés 443
Morúa Delgado, Martín 169
Morus, Thomas 105
Motolinía (Fray Toribio de Paredes) 45
Müller, Heinz 218
Mujía, María Josefa 193
Mujica Láinez, Manuel 355
Muñoz, Rafael Felipe 224
Muñoz Camargo, Diego 31
Murena, Hector A. 355
Murger, Henri 200
Musil, Robert 292, 310, 323, 479

Musset, Alfred de 122, 146, 190
Musto, Jorge 363
Mutis, Alvaro 400–402
Mutis, José Celestino de 99

Nalé Roxolo, Conrado 294, 296
Napoleon III. (Kaiser der Franzosen) 129, 153
Nápoles Fajardo, Juan Cristóbal (gen. El Cuculambé) 145
Naranjo, Carmen 434 f.
Narváez, Pánfilo de 27
Narziß, Georg A. 24
Navajas, Jorge 403
Navarrete, Fray Manuel de 109
Navarro, Noel 468
Navarro Luna, Manuel 214, 454
Néjar, Carlos 490
Neruda, Pablo (Neftalí Ricardo Reyes Basoalto) 110, 113, 143, 217, 251, 257, 262, 265, 268 f., 278 f., 285, 302, 351, 366 f., 375, 377, 390 f., 393 f., 424, 432, 436–438, 442, 444 f.
Nerval, Gérard de 327
Nervo, Amado 191, 197, 212, 215
Nery, Adalgisa 485 f.
Netzahualcóyotl 29, 140
Neuendorff, Georg Hellmuth 237
Nicklas, E.A. 247
Nietzsche, Friedrich 171, 192, 200, 208, 211, 279, 286, 288, 304, 357, 410
Nin Frías, Alberto 197
Nóbrega, Manuel da 60
Nogueras, Rogelio 456, 464 f.
Noriega, Manuel 440
Nostradamus 336
Novás Calvo, Lino 278
Novo, Salvador 264, 294 f.
Núñez, Serafina 273
Núñez Cabeza de Vaca, Alvar 27 f., 42, 47, 65, 358
Núñez de Balboa Vasco 270
Núñez de Pineda y Bascuñán, Francisco 67
Núñez de Vela, Blasco 38

Obadia, María Olimpia de 270
Obligado, Rafael 180
Obregón, Alvaro 224
Obregón, Roberto 433
Ocampo, Silvina 286
Ocampo, Victoria 286
Ocaña, Diego de 60
Ocantos, Carlos María 160
O'Casey, Sean 469
Odría, Manuel A. 331; 386
Odriozola, Manuel 94 f.
Offenbach, Jacques 155
Olavide y Jáuregui, Pablo de 104
Olema, Daura 458
Olivari, Nicolás 256
Oliveira Figueiredo, Guilherme de 299
Olmedo, José Joaquín de 109 f.
Olmos, Fray Andrés de 57
Olympio, José 220
Oms de Santa Pau, Manuel, Mârqués de Castell-dos-Ríus 94
Oña, Pedro de 49, 55 f., 64, 70 f., 73
O'Neill, Eugene 293, 295, 348, 469
Onelio Cardoso, Jorge 457 f.
Onetti, Jorge 366
Onetti, Juan Carlos 322, 324 f., 327, 338, 363, 473

Oquendo de Amat, Carlos 258
Oráa, Francisco de 456
Orellana, Francicso de 25
Orgámbide, Pedro G. 357
Orozco, Clemente 221
Orrego Luco, Luis 172
Orrillo, Winston 391
Orta Ruíz, Jesús (gen. El Indio Naborí) 457
Ortega, Francisco 109
Ortega, José 322
Ortega, Julio 391 f.
Ortega y Gasset, José 248, 316, 335, 357
Ortiz, Adalberto 234 f., 302
Ortiz, Fernando 275
Ortiz, José Joaquín 148
Ortiz de Montellano, Bernardo 265
Ortíz Pacheco, Nicolás 257
Osborne, John 350
Otero, Lisandro 453, 458, 461 f.
Otero Silva, Miguel 302, 404
Othón, Manuel José 147
Ovalle, Alonso de 66
Ovando, Leonor de 48
Oviedo y Baños, José de 93
Oviedo y Herrera Luis Antonio de 69
Owen, Gilberto 285

Pacheco, José Emilio 412, 424
Pacheco, José Ramón 132
Pacheco, Ramón 167
Padilla, Heberto 324, 329, 332, 348, 463, 470, 473
Paez, Federico 234
Pagano, José León 296
Palacio, Pablo 285
Palacios, Eustaquio 133
Palacios, Pedro B. *s.* Almafuerte
Palafox y Mendoza, Juan 65 f.
Palés Matos, Luis 278 f.
Palés Matos, Vicente 278
Palma, Ricardo 133 f., 156
Pando, Martín de 32
Pape, Gisela 218
Pardo García, Germán 261 f.
Pardo y Aliaga, Felipe 116
Paredes, Conde de 83
Pareja Diez-Canseco, Alfredo 234
Parra, Nicanor 351, 377 f., 408, 487
Parra, Teresa de la 218
Parra, Violeta 379
Parra del Riego, Juan 257
Paso, Fernando del 342 f., 420
Pasos, Joaquín 268
Paternain, Alejandro 365
Patiño, Simón 184, 232, 382
Pauw, Corneliusz de 98 f.
Payró, Roberto J. 209, 297
Paz, Octavio 265–267, 332, 351, 391, 410 f., 414, 416, 418 f., 421
Paz, Senel 365, 466 f.
Pazos Kanki, Vicente 133
Pedro, Dom 151
Pedroso, Regino 272 f., 454
Peix, Pedro 452
Peladan, Joseph 200
Pellegrini, Aldo 256
Pellicer, Carlos 265
Pena, Cornélio 304
Peña, Horacio 430 f.
Peón y Contreras, José 168
Peralta, Alejandro 258
Peralta, Arturo (Gamaliel Churata) 258
Peralta Barnuevo, Pedro de 94 f.
Pereira, Manuel 365, 466

Pereira da Graça Aranha, José 242
Pereira da Souza Caldas, Antônio 118
Pérez, Hildebrando 391
Pérez Alfonseca, Ricardo 214
Pérez Bonalde, José Antonio 147 f., 187
Pérez de Fuente, José Antonio 80
Pérez de Zambrana, Luisa 145 f.
Pérez y Ramírez, Juan 58 f.
Peri Rossi, Cristina 364–367
Pericholi, La (Micaela Villegas) 97
Perlongher, Néstor 359
Perón, Eva (Evita) 354, 362
Perón, Isabel 352
Perón, Juan Domingo 254, 288, 340, 352 f., 357
Pesado, José Joaquín 133, 140
Pessoa, Fernando 391, 485, 488
Petrarca, Francesco 47–50, 320
Petterson, Aline 422
Pezoa Véliz, Carlos 212
Philipp II. (König von Spanien) 31 f., 168, 207, 333 f., 468
Pichardo Moya, Felipe 214
Picón Febres, Gonzalo 161
Piglia, Ricardo 357
Pignatari, Décio 490
Pimentel, Francisco 158
Pineda-Botero, Alvaro 400
Piñera,Virgilio 453, 461, 469, 471
Piñeyro, Enrique 158
Pinochet, Augusto 253 f., 338, 369, 371 f., 375, 379
Piñon, Nélida 478
Pinter, Harold 469
Pirandello, Luigi 286, 290, 293, 295–297, 304, 348, 360 f., 368, 415, 469
Piscator, Erwin 229, 294, 300, 350, 416, 448, 469 f.
Pita, Santiago de 96
Pita Rodríguez, Félix 453, 457
Pitol, Sergio 420 f.
Pizarnik, Alejandra 358
Pizarro, Francisco 38 f., 94, 141
Pizarro, Gonzalo 38, 141
Pizarro, Pedro 39
Pla, Josefina 380
Plácido *s.* Concepción Valdés
Plackmeyer, Wilhelm 47
Platon 143
Pocaterra, Rafael 208 f.
Podestà, Manuel 181
Podestà, Pablo 181
Poe, Edgar Allan 147, 238, 261, 267, 327
Polo, Marco 21 f.
Pombal, Sebastián José 117
Pombo, Rafael (gen. Edda) 149
Ponce, Aníbal 170
Ponce de León, Fernando 325
Poniatowska, Elena 417, 421
Portuondo, José Antonio 453
Posadas, Enrique 397
Posse, Abel 354, 358
Pound, Ezra 333, 348, 351, 391 f., 429, 484, 487
Poveda, José Manuel 213
Poveda y Armenteros, Francisco 145
Prada Oropeza, Renato 385
Prado, Adélia 478
Prado, Emilio 212
Presley, Elvis 415
Prestes, Luis Carlos 246
Prestol Castillo, Freddy 450

Prévert, Jacques 394
Prieto, Abel 467
Prieto, Guillermo 147
Prieto Letelier, Jenaro 286
Proust, Marcel 218, 290, 330, 341, 343 f., 355, 380, 401, 432
Puebla, Carlos 457
Puga, María Luisa 422
Puig, Manuel 339 f.
Puschkin, Alexander 471

Queiroz, Raquel de 478
Queremel, Ángel Miguel 262
Quetzalcóatl 333 f., 361
Quesada, Gonzalo de 188
Quevedo, Francisco de 74, 81, 83, 88, 102, 104, 134, 258, 437, 458
Quintana, Manuel José 110
Quintana Roo, Andrés 116
Quintero, Héctor 471
Quiroga, Horacio 238, 427

Rabasa, Emilio (gen. Sancho Pansa) 161, 170
Rabelais, François 134, 224, 336
Racine, Jean 104, 315
Rama, Ángel 271, 322, 362
Ramírez, Sergio 428
Ramírez Velarde, Fernando 231, 383
Ramos, Graciliano 245, 484
Ramos, José Antonio 209, 300
Ramos, Samuel 307, 332, 416
Ramos Otero, Manuel 447
Raynal, Guillaume 99
Razzeto, Mario 18
Rebêlo, Marques 245
Recabarren, Luis Emilio 370
Recinos, Adrián 30
Reed, John 403
Rengifo, César 407
Restif de la Brétonne, Nicolas 105
Reverdy, Pierre 185, 248–250
Revuelta, Vicente 469
Revueltas, José 302, 307
Reyes, Alfonso 272, 412
Reyles, Carlos 173, 196, 198, 207 f.
Reynosa, Osvaldo 388
Rial, José A. 408
Ribeira s. Sahagún
Ribeiro, Darcy 482
Ribeiro, Júlio 176
Ribeiro, João Ubaldo 481–484
Ribeyro, Julio Ramón 387 f.
Ricardi, Antonio 43
Ridruejo, Dionisio 28
Rilke, Rainer Maria 262, 274, 304, 348, 351, 436, 479
Rimbaud, Arthur 192, 251, 327
Ritsos, Jannis 394
Riva Palacio, Vicente 133, 156
Rivadavia, Bernardino 111
Rivarola, Pantaleón 111
Rivera, Diego 221, 421
Rivera, Fructuoso 365
Rivera, José Eustasio 235–237
Rivero, Juan 99
Rivero, Raúl 455
Roa Bárcena, José María 130, 140 f.
Roa Bastos, Augusto 319 f., 341 f., 349
Roa Lojo, María 357
Robbe-Grillet, Alain 323, 348
Robertson, William 99
Roca Rey, Bernardo 392
Rod, Édouard 196

Rodó, José Enrique 197 f., 206, 321
Rodrigues, Nelson 299, 491
Rodríguez, Antonio Orlando 466
Rodríguez, Luis Felipe 209
Rodríguez, Osvaldo 379
Rodríguez, Silvio 375, 457
Rodríguez, Simón 108, 112
Rodríguez Freyle, Juan 53–55, 143
Rodríguez Galván, Ignacio 133, 140, 155
Rodríguez Juliá, Edgardo 447
Rodríguez Monegal, Emir 103, 322, 362
Rodríguez Rivera, Guillermo 464
Roh, Franz 310
Rojas, Gonzalo 377
Rojas, Jorge 262
Rojas, José Antonio 104
Rojas, Manuel 370
Rojas, Ricardo 219, 221
Rojas González, Francisco 308
Rojas Pinilla, Gustavo 397
Rokha, Pablo de (Carlos Díaz Loyola) 253 f.
Roldán, Belisario 296
Romains, Jules 272
Romero, Elvio 381
Romero, Flor 399
Romero, José Rubén 224
Romero de Terreros, Manuel 68
Romero García, Manuel Vicente 156, 207
Romualdo, Alejandro 390
Roosevelt, Theodore 205
Rosa-Nieves, Cesáreo 278
Rosales y Rosales, Vicente 269
Rosas, Manuel de 123, 125, 127 f., 154, 296, 326, 362
Rosas de Oquendo, Mateo 48
Rosencof, Mauricio 368
Rousseau, Jean-Jacques 93, 108, 111
Rovinski, Samuel 435
Rubalcava, Manuel Justo de 114
Rubén Romero, José 224
Rubião, Murilo 484
Rugama, Leonel 430
Rugeles, Manuel Felipe 263
Ruiz de Alarcón, Juan 81 f.
Rulfo, Juan 227, 308, 310, 323, 389, 396, 413, 424, 482
Rumazo, Lupe 395, 432
Ruscalleda Bercedóniz, Jorge María 445

Saavedra y Guzmán, Antonio de 51
Sabat Ercasty, Carlos 212
Sábato, Ernesto 326 f.
Sabines, Jaime 411
Sabino, Fernando 476
Saenz, Jaime 384 f.
Sahagún, Fray Bernardino de 41, 45
Saint John-Perse (Alexis Saint-Léger Léger) 411
Saint-Simon, Claude Henri de Rouvroy de 122
Saínz, Gustavo 415
Saínz de Medrano, Luis 59, 180
Salarrué (Salvador Salazar Arrué) 438
Salaverry, Carlos Augusto 149
Salazar Bondy, Sebastián 298, 387, 389 f., 392
Salazar Torres, Agustín 64
Salgado, Plinio 281

Salgari, Emilio 166
Salinas, Marcelo 468
Salinas, Pedro 262
Salinger, Jerome David 343, 419
Salmón, Raúl 385
Salvador, Frei Vicente do 45, 60
Samain, Albert 192
Samper, José María 116
Samperio, Guillermo 419
San Carlos, Frei Francisco de 118
San Martín, José de 108, 111, 132
Sanchas, José 104
Sánchez, Florencio 177, 211, 298, 368
Sánchez, Héctor 401
Sánchez, José Faustino 116
Sánchez, Luis Rafael 447 f.
Sánchez de Tagle, Manuel 116
Sánchez Peláez, Juan 408
Sanfuentes Torres, Salvador 141
Sand, George 356
Sandino, César Augusto 428
Sannazaro, Iacopo 64 f.
Santa Anna, Antonio López de 128 f.
Santa Cruz, Andrés de 385
Santa Cruz Pachacuti Yamqui Salcamaygua, Juan de 32
Santa Cruz y Espejo, Francisco Javier Eugenio de 101 f.
Santa Rita Durão, José de 118, 140
Santander, Francisco de Paula 108
Santiago, Silviano 484
Santillana, Marqués de (Iñigo López de Mendoza) 47
Santos Chocano, José 193, 268
Santos Vargas, José 133
Sarduy, Severo 359, 400, 473
Sarmiento, Domingo Faustino 122, 125, 127, 132, 165, 178 f., 181, 206, 237, 321, 325, 461
Sarmiento de Gamboa, Fray Gaspar de 44
Sarraute, Nathalie 323
Sartre, Jean-Paul 302, 310, 316, 323, 325, 330, 348, 350, 355, 357, 398, 403, 410, 415, 438, 451, 461, 469 f., 485, 489 f.
Sastre, Marcos 122
Schiller, Friedrich 152, 189, 256
Schklowski, Viktor 420
Schlegel, Friedrich 122
Schopenhauer, Arthur 171 f., 208, 287
Scliar, Moacyr 481
Scorza, Manuel 389
Scott, Walter 128, 131, 137, 160 f., 166
Senghor, Léopold 455
Selva, Salomón de la 267
Serpa, Enrique 240 f.
Serrano, Francisco R. 213
Shakespare, William 58, 206
Shaw, George Bernard 295, 298
Shimose, Pedro 385
Sierra, Stella 270
Sierra Berdecía, Fernando 300
Sieveking, Alejandro 377
Sigüenza y Góngora, Carlos de 64, 67 f., 71 f., 76–78, 92
Sigüenza y Silva Alvarenga, Manuel Inácio da 118
Silva, Antônio José da 109
Silva, Clara 367
Silva, Fernando 426
Silva, José Asunción 190 f., 197 f., 213
Silva Guimarães, Bernardo Joaquim da 162, 167, 292

Silva Sanjínes, Gonzalo 384
Silva Vila, Maria Inés 364
Simón, Pedro 40
Sinán, Rogelio 270, 441
Siqueiros, David Alfaro 221
Skarméta, Antonio 374
Soares de Sousa, Gabriel 60
Sofovich, Luisa 356
Solanas, Fernando 360
Solari Swayne, Enrique 392 f.
Solás, Humberto 465
Soler Puig, José 460 f.
Sollers, Philippe 323
Solórzano, Carlos 432, 434, 350
Somers, Armonía 364
Somoza, Anastasio 267, 426 f.
Sophokles 309 f., 323, 448
Soriano, Osvaldo 353
Sosa, Roberto 443 f.
Soto, Hernando de 47
Soto, Pedro Juan 445
Soto Aparicio, Fernando 398
Soto-Hall, Máximo 206
Souza, Márcio 481
Spengler, Oswald 310, 316
Spota, Luis 410
Staël, Germaine de 151
Stanislawski, Konstantin 395, 470
Steiner, Rolando 431
Stendhal (Henri Beyle) 159, 338
Sterne, Laurence 138, 163, 343
Stevenson, Robert Louis 289, 465
Storni, Alfonsina 216
Strehler, Giorgio 407, 492
Strindberg, August 176, 297
Stroessner, Alfredo 380
Suardíaz, Luis 456
Suárez de Peralta, Juan 40
Suárez y Romero, Anselmo 137 f.
Suassuna, Ariano 434, 492 f.
Sucre, Antonio José 108
Sudermann, Hermann 176, 211
Sue, Eugène 128, 167, 200
Swedenborg, Emmanuel 213
Swift, Jonathan 105, 432
Synge, John Millington 469

Tablada, José Juan 191, 263
Taboada Terán, Néstor 383, 385
Tacitus 19
Tagore, Rabindranath 273
Taibo II, Paco Ignacio 419 f.
Taine, Hippolyte 121
Tallet, José Z. 272
Tamayo, Franz 298 f.
Tansillo, Luigi 49
Tapia, Alejandro 146
Tasso, Torquato 48 f., 70 f., 89
Tavora, Franklin 164
Teilhard de Chardin, Pierre 428
Teitelboim, Volodia 232, 372
Teixeira, Bento 61
Teixido, Raúl 384
Tello, Edgar 391
Ternaux, Henri 28
Terralla y Landa, Esteban de 100 f., 104, 212
Terrazas, Francisco de 50 f.
Terrazas, Mariano Ricardo 167
Thackeray, William Makepeace 163
Theile, Albert 218
Thiers, Adolphe 131
Theokrit 64
Tinajero, Fernando 395
Tiradentes, Joaquín José da Silva Xavier 117
Tirso de Molina 79
Titu Cusi Yupanqui 31
Tobar García, Francisco 394 f.

Tocqueville, Alexis de 131
Todorov, Tzvetan 323
Toledo, Francisco de 64
Toller, Ernst 294
Tolstoi, Leo 150, 170, 176, 230, 297, 338
Toribio de Paredes, Fray s. Motolinía
Toro, Fermín 112, 141, 156
Torre, Gerardo de la 417
Torre, Guillermo de 254
Torres, Antônio 481
Torres, Camilo 274
Torres, José Antonio 167
Torres Bodet, Jaime 265, 285
Torres Quintero 79
Torres Villaroel, Diego de 102
Torrijos, Omar 440
Toscanelli (Paolo del Pozzo) 22
Traba, Marta 356
Travieso, Julio 462
Trejo, Nemesio 211
Trejo, Pedro 49
Trevisan, Dalton 77
Triana, José 470
Trujillo, Diego de 39
Trujillo, Leónidas 449–451
Tschechow, Anton 471
Tupac Amaru 16, 96
Tupac Inca 31
Turgenjew, Iwan 211
Tzara, Tristan 248

Ubico, Jorge 432
Ugarte, Manuel 206
Uhrbach, Carlos Pío 193
Uhrbach, Federico 193
Ulloa, Antonio de 93
Unanue, Hipólito 99
Ungaretti, Cesare 348, 390, 485
Urbaneja Achsenpohl, Luis Manuel 207
Ureña de Henríquez, Salomé 141
Uribe de Estrada, María Helena 401
Uribe Piedrahita, César 237
Uriburu, José 230
Usigli, Rodolfo 294 f., 414 f.
Uslar Pietri, Arturo 248, 302, 310 f., 323

Vaccarezza, Alberto 211
Valadés, Edmundo 412
Valdelomar, Abraham 213, 258
Valdés, Antonio 96
Valdés, Hernán 371
Valencia, Guillermo 191 f.
Valéry, Paul 191, 262, 272, 411, 485
Valladares, Armando 473
Vallartasa, José María 93
Valle, José Cecilio del 116
Valle, Rosamel del 254
Valle Caviedes, Juan del 72–76, 92, 212, 377
Valle Goicochea, Luis 258
Valle-Inclán, Ramón María del 312, 407, 446
Vallejo, César 213, 227 f., 231, 258–260, 268, 302, 351, 366, 377, 391, 394, 432, 436, 445
Vallejo, José Joaquín (gen. Jotabeche) 156 f.
Vargas, Germán 399
Vargas, Getúlio 283, 475
Vargas, Manuel 384
Vargas Llosa, Mario 321–323, 329–332, 340, 342, 344, 349, 395, 473
Vargas Vila, José María 200

Varela, Alfredo 239
Varela y Morales, Félix 114
Varnhagen, Francisco Adolfo 151
Varona, Enrique José 187, 271
Vasconcelos, José 220 f., 224, 265, 332
Vasseur, Alvar Armando 256
Vaz de Caminha, Pero 60
Vaz Ferreira, María Eugenia 215
Vázquez Díaz, René 474 f.
Vázquez Méndez, Gonzalo 385
Veintemilla, Ignacio de 157, 395
Veintimilla de Galindo, Dolores 182
Vela, Arqueles 285
Vela, Eusebio 96
Velasco Alvarado, Juan 386
Veloz Maggiolo, Marcio 451
Vera de Ventosa, Justo 104 f.
Verbitzky, Bernardo 355
Vergés, Pedro 451
Vergil 34, 51, 54, 70, 100, 110, 117, 147 f., 392
Veríssimo, Erico 243 f.
Verlaine, Paul 185, 190 f., 194, 251, 258, 261, 277
Verne, Jules 166
Vernon Ebersole, Alva 82
Viana, Javier de 181, 208
Vida, Gerolamo 70
Videla, Jorge Rafael 352
Vieira, Antônio de 89
Vieta, Ezequiel 462
Vigil-Escalera, Orlando 472
Vigny, Alfred de 122, 152
Vilar, Jean 492
Vilariño, Idea 367
Vilha-Lobos, Heitor 281
Villa, Pancho 220 f., 223 f.
Villalobos, Arias de 58
Villar Buceta, María 272
Villaroel, Fray Gaspar de 66 f., 104
Villatoro, José Luis 433
Villaurrutia, Xavier 261, 265, 294 f., 411
Villaverde, Cirilo 160 f.
Villon, François 258, 277, 377
Villoro, Juan 419
Viñas, David 352
Viscarra Fabre, Guillermo 257
Vitier, Cintio 115, 274, 454, 467 f.
Vívar, Gerónimo de 25
Vizcardo, Juan Pablo 100
Voltaire (François Marie Arouet) 97, 104, 317, 343
Von Vacano, Arturo 384

Wagner, Richard 194, 198, 281
Wallparrimachi Myta, Juan 36
Walsh, Rodolfo 352
Wassermann, Jakob 482
Wedekind, Frank 298
Weiss, Peter 330, 350, 408
Werfel, Franz 416
Westphalen, Emilio Adolfo 258
Whitman, Walt 193, 213, 267, 277, 279, 444, 454
Wild Ospina, Carlos 237 f.
Wilde, Eduardo 172
Wilde, Oscar 192, 213, 295
Williams, Tennessee 348, 350, 469
Winterling, Carl Maria 33
Wolff, Egon 376
Woolf, Virginia 244, 323, 330, 348, 395
Wordsworth, William 122

Xufré del Aguila, Melchor 51

Ycasa, Alberto 431
Yáñez, Agustín 308
Yáñez, Mirta 472
Yepes, Ramón José 148
Yerovi, Leónidas 298
Young, Edward 120
Yunque, Alvaro 230

Zalamea, Jorge 400
Zamudio, Adela 193
Zapata, Luis 423
Zapata Olivella, Manuel 399
Zárate, Agustín de 39
Zarco, Francisco 129
Zavaleta, Carlos 388
Zea, Leopoldo 410
Zenea, Juan Clemente 146
Zeno Gandía, Manuel 175
Zenteno, González 232
Zepeda, Eráclito 412
Zequeira y Arango, Manuel 114
Zilly, Berthold 166
Zola, Émile 160, 163, 165–176, 196, 209, 211, 227, 230, 234, 242, 460
Zorrilla, José 140, 142, 144
Zorrilla de San Martín, Juan 37, 141 f.
Zweig, Stefan 338

[illegible]

Philipp Reclam jun. Stuttgart

Spanische Literatur

IN RECLAMS UNIVERSAL-BIBLIOTHEK

Pedro Antonio de Alarcón, *Der Dreispitz.* 126 S. UB 2144

Gustavo Adolfo Bécquer, *La ajorca de oro / Der goldene Armreif.* Legenden. Zweispr. 189 S. UB 8398

Jorge Luis Borges, *Die Bibliothek von Babel.* Erzählungen. 85 S. UB 9497

Calderón de la Barca, *Dame Kobold.* 76 S. UB 6107 – *Das große Welttheater.* 56 S. UB 7850 – *El gran teatro del mundo / Das große Welttheater.* Zweispr. 168 S. UB 8482 – *Das Leben ist ein Traum.* 96 S. UB 65 – *Der Richter von Zalamea.* 86 S. UB 1425

Miguel de Cervantes, *Das Zigeunermädchen.* 92 S. UB 555

Der Cid. Das altspanische Heldenlied. 232 S. UB 759

Federico García Lorca, *Bernarda Albas Haus.* 62 S. UB 8525

Gabriel García Márquez, *Un día después del sábado / Ein Tag nach dem Samstag.* Zweispr. 75 S. UB 9859

Francisco García Pavón, *Kriminalgeschichten.* Zweispr. 79 S. UB 7631

Balthasar Gracián, *Handorakel und Kunst der Weltklugheit.* 163 S. UB 2771

Leben und Wandel Lazaril von Tormes. 120 S. UB 1389

Lope de Vega, *Fuente Ovejuna.* Zweispr. 279 S. UB 8884

Spanische Lyrik des 20. Jahrhunderts. Zweispr. 528 S. UB 8035

Spanische Lyrik von der Renaissance bis zum späten 19. Jahrhundert. Zweispr. 509 S. UB 8610

Tirso de Molina, *Don Juan. Der Verführer von Sevilla und der steinerne Gast.* 94 S. UB 3569

Miguel de Unamuno, *San Manuel Bueno, mártir / San Manuel Bueno, Märtyrer.* Zweispr. 120 S. UB 8437

Philipp Reclam jun. Stuttgart